GRIECHISCHE PAPYRUSURKUNDEN KLEINEREN FORMATS
NEUEDITION

SPP III² 449–582

ÖSTERREICHISCHE AKADEMIE DER WISSENSCHAFTEN
PHILOSOPHISCH-HISTORISCHE KLASSE
KOMMISSION FÜR ANTIKE RECHTSGESCHICHTE

PAPYROLOGICA VINDOBONENSIA

HERAUSGEGEBEN VON
FRITZ MITTHOF, BERNHARD PALME
& GERHARD THÜR

BAND 6

(PAP. VIND. 6)

ÖSTERREICHISCHE AKADEMIE DER WISSENSCHAFTEN
PHILOSOPHISCH-HISTORISCHE KLASSE
KOMMISSION FÜR ANTIKE RECHTSGESCHICHTE

GRIECHISCHE PAPYRUSURKUNDEN KLEINEREN FORMATS NEUEDITION

SPP III² 449–582
QUITTUNGEN FÜR DIE GETREIDESTEUER

HERAUSGEGEBEN
VON
CLAUDIA KREUZSALER

Verlag der
Österreichischen Akademie
der Wissenschaften

Wien 2007

ÖAW

Vorgelegt von k. M. GERHARD THÜR in der Sitzung am 24. Juni 2005

Die verwendete Papiersorte ist aus chlorfrei gebleichtem Zellstoff hergestellt,
frei von säurebildenden Bestandteilen und alterungsbeständig.

ISBN 978-3-7001-3533-3

Druck: Börsedruck Ges.mb.H., A-1230 Wien

http://hw.oeaw.ac.at/3533-3
http://verlag.oeaw.ac.at

INHALTSVERZEICHNIS

TEXTE

VORWORT

Der vorliegende Band enthält eine Neuedition der unter den Nummern 449–582 von C. Wessely in der Reihe *Studien zur Palaeographie und Papyruskunde* (Band III, 1904) herausgegebenen „Papyri kleineren Formats". Die Begrenzung auf diese Texte orientierte sich an der von Wessely vorgenommenen inhaltlichen Gruppierung der Dokumente. Den Schwerpunkt des Bandes bilden die Quittungen für die Getreidesteuer. Dies ließ es angebracht erscheinen, neben der Edition auch weitergehende Beobachtungen zu dieser Textkategorie festzuhalten und in einem Einleitungsteil das Formular der Quittungen sowie zusammengehörige Textgruppen gesondert zu besprechen.

Die Arbeit entstand zum großen Teil im Rahmen meiner dreijährigen Mitarbeit (1998–2001) an dem von Bernhard Palme geleiteten START-Projekt „Papyri aus dem ptolemäischen, römischen, byzantinischen und früharabischen Ägypten". Nach meinem Wechsel an das Leopold-Wenger-Institut für Rechtsgeschichte, antike Rechtsgeschichte und Papyrusforschung in München (Jänner 2002) und nun an die Kommission für Alte Geschichte und Epigraphik des Deutschen Archäologischen Instituts in München (September 2006) wurde das Editionsprojekt zum Abschluß gebracht und die Drucklegung vorbereitet.

Bei der Verwirklichung des Projektes genoß ich die Unterstützung verschiedener Institutionen sowie zahlreicher Kollegen und Freunde, denen ich zu großem Dank verpflichtet bin. An erster Stelle sei der Wissenschaftsfonds (FWF) genannt, der das START-Projekt finanzierte. Die Österreichische Akademie der Wissenschaften ermöglichte die Anbindung des Projektes an die Kommission für Antike Rechtsgeschichte unter ihrem Obmann Gerhard Thür.

Dem Projektleiter Bernhard Palme bin ich nicht nur für das Angebot zur Mitarbeit im Projekt und den damit ermöglichten beruflichen Einstieg in die Wissenschaft sehr zu Dank verpflichtet. Er selbst stand mir mit allzeitiger Hilfsbereitschaft und wichtigen Ratschlägen zur Seite. Durch die kooperative Atmosphäre im Projekt konnte ich viel von seinen und den Kenntnissen meiner Kollegen Csaba La'da, Fritz Mitthof, Federico Morelli, Amphilochios Papathomas und Sven Tost profitieren. Fritz Mitthof und Bernhard Palme haben Teile der Arbeit gelesen und mir wertvolle Anregungen gegeben. Mein besonderer Dank gilt Amphilochios Papathomas, der nicht nur das Werden des Bandes mit vielen Ratschlägen begleitete, sondern es vor allem auf sich nahm, das ganze Manuskript vor Drucklegung zu lesen und mit unzähligen Vorschlägen und Korrekturen wesentlich zum Abschluß der Arbeit beitrug.

Der Papyrussammlung der Österreichischen Nationalbibliothek, insbesondere dem ehemaligen Direktor Hermann Harrauer und der derzeitigen Direktorin Cornelia Römer, danke ich für die Möglichkeit zur Nutzung der hervorragenden Infrastruktur der Sammlung. Mein Dank gilt auch den Angestellten der Sammlung für ihre Unterstützung, besonders der Restauratorin Andrea Donau sowie Josef Stadler, für die der Band angesichts der Vielzahl an Texten einen beträchtlichen Arbeitsaufwand mit sich brachte.

Die Edition der Papyri aus verschiedenen ausländischen Sammlungen wäre nicht möglich gewesen ohne die Hilfsbereitschaft der betroffenen Institutionen und der für die jeweiligen Sammlungen verantwortlichen Kollegen. Besonders danken möchte ich Günter Poethke für die Zusendung des gesamten Bildmaterials der Berliner Texte aus SPP III und VIII, Rosario Pintaudi, der mir dazu verhalf, die Papyri der Prager Nationalbibliothek am Original zu studieren, und dem Département des Antiquités Égyptiennes du Musée National du Louvre, besonders dessen Kurator Marc Etienne, der mir während meines Aufenthaltes in Paris beim Auffinden der entsprechenden Papyri und der Katalogeinträge behilflich war und mir die Erstellung von Bildmaterial für den Tafelband ermöglichte. Maria Scherrer nahm sich mit dankenswertem Engagement der graphischen Gestaltung des Tafelteils an.

Bei der Aktualisierung des Manuskripts für die Drucklegung waren mir das Heidelberger Gesamtverzeichnis und die WörterListen eine unschätzbare Hilfe. Dieter Hagedorn und allen Mitarbeitern am HGV sei herzlich für ihre wertvolle Arbeit gedankt.

Der Band ist eine gekürzte und aktualisierte Fassung der im November 2003 der Universität Wien als Dissertation vorgelegten Arbeit. Meinen beiden Betreuern und Mentoren auf dem Gebiet der antiken Rechtsgeschichte, Peter E. Pieler und Gerhard Thür, bin ich für vielfältige Unterstützung zu großem Dank verpflichtet. Gedankt sei auch der Österreichischen Akademie der Wissenschaften für die Gewährung des DOC-Stipendiums, das mir die Möglichkeit zum konzentrierten Abschluß des Projektes unter optimalen Bedingungen gab.

Gewidmet sei die vorliegende Arbeit meinen Eltern, Erni und Gerd Kreuzsaler, die mich bei all meinen Plänen immer liebevoll und tatkräftig unterstützen.

München, im Oktober 2006 Claudia Kreuzsaler

VERZEICHNIS DER ABGEKÜRZT ZITIERTEN LITERATUR

Die Zitate der papyrologischen Editionen, Reihen und Kongreßberichte folgen den Abkürzungen von J. F. Oates, R. S. Bagnall, S. J. Clackson, A. A. O'Brien, J. D. Sosin, T. G. Wilfong, K. A. Worp, *Checklist of Editions of Greek, Latin, Demotic and Coptic Papyri, Ostraca and Tablets*, Oxford [5]2001 (BASP Suppl. 9). Später erschienene Publikationen sind nach der aktuellen Netzversion zitiert: http://odyssey.lib.duke.edu/papyrus/texts/clist.html.
Zitate von Zeitschriften außerhalb der *Checklist* verwenden die Siglen der *Année Philologique*.
Editionen arabischer Papyri sind zitiert nach P. M. Sijpesteijn, J. F. Oates, A. Kaplony, *Checklist of Arabic Papyri,* BASP 42 (2005) 127–166 (die Internetversion der Checklist ist unter www.ori.unizh.ch/isap/isapchecklist.html einsehbar).

Elektronische Hilfsmittel:

DDBDP = *Duke Databank of Documentary Papyri.* CD-ROM-Version, erstellt im Auftrag des „Packard Humanities Institute" (PHI#7); Internet-Version unter folgender Adresse: http://odyssey.lib.duke.edu/papyrus/texts/DDBDP.html.

APD = *The Arabic Papyrology Database*, im Internet abrufbar unter der Adresse: http://orientx.unizh.ch:9080/apd/project.jsp

HGV = *Heidelberger Gesamtverzeichnis der griechischen Papyrusurkunden Ägyptens einschließlich der Ostraka usw., der lateinischen Texte, sowie der entsprechenden Urkunden aus benachbarten Regionen*, im Internet unter folgender Adresse abrufbar: http://www.rzuser.uni-heidelberg.de/~gv0/gvz.html.

WL = *WörterListen aus den Registern von Publikationen griechischer und lateinischer dokumentarischer Papyri und Ostraka*, kompiliert von Dieter Hagedorn (9. Fassung vom 29. Aug. 2006); im Internet abrufbar unter: http://www.papy.uni-hd.de/WL/WL.html.

Darüber hinaus für Monographien und Artikel verwendete Kurztitel:

Bagnall, Worp, *CSBE*[2] = R. S. Bagnall, K. A. Worp, *Chronological Systems of Byzantine Egypt*, 2nd edition, Leiden 2004.

Battaglia, *Artos* = E. Battaglia, *'Artos'. Il lessico della panificazione nei papiri greci*, Milano 1989.

Bogaert, *Κολλεκτάριοι* = R. Bogaert, *Les* κολλεκτάριοι *dans les papyrus*, CdÉ 60 (1985) 5–16 = ders., *Trapezitica Aegyptiaca. Recueil de recherches sur la banque en Égypte gréco-romaine* (Pap.Flor. 25), Firenze 1994.

Calderini, Daris, *Dizionario* = A. Calderini, S. Daris, *Dizionario dei nomi geografici e topografici dell'Egitto greco-romano I–V & Suppl. I*, Milano 1935–1988; *Suppl. II*, Bonn 1996; *Suppl. III*, Pisa 2003.

Crum, *Coptic Dictionary* = W. E. Crum, *A Coptic Dictionary*, Oxford 1939.

Daris, *Lessico latino* = S. Daris, *Il lessico latino nel Greco d'Egitto* (Estud.Pap. 2), Barcelona ²1991.

Diethart, *Pros. Ars.* = J. M. Diethart, *Prosopographia Arsinoitica I* (MPER N.S. 12), Wien 1980.

Diethart, Worp, *Notarsunterschriften* = J. M. Diethart, K. A. Worp, *Notarsunterschriften im byzantinischen Ägypten* (MPER N.S. 16), Wien 1986.

Drew-Bear, *Nome Hermopolite* = M. Drew-Bear, *Le nome Hermopolite. Toponymes et sites* (Am.Stud.Pap. 21), Missoula 1979.

Duncan-Jones, *Grain-measure* = R. P. Duncan-Jones, *Variation in Egyptian Grain-measure*, Chiron 9 (1979) 347–375.

Falivene, *Herakleopolite Nome* = M. R. Falivene, *The Herakleopolite Nome* (Am.Stud.Pap. 37), Atlanta 1998.

Gallo, *Wandering Personnel* = P. Gallo, *The Wandering Personnel of the Temple of Narmuthis in the Faiyum and Some Toponyms of the Meris of Polemon*, in: J. H. Johnson, Life in a Multi-Cultural Society: Egypt from Cambyses to Constantine and Beyond, Chicago 1992, 119–131.

Gascou, *Grands domaines* = J. Gascou, *Les grands domaines, la cité et l'état en Égypte byzantine*, Travaux & Mémoires 9 (1985) 1–89.

Gignac, *Grammar I & II* = F. Th. Gignac, *A Grammar of the Greek Papyri of the Roman and Byzantine Periods*, Vol. I: Phonology & Vol. II: Morphology, Milano 1976 & 1981.

Hardy, *Large Estates* = E. R. Hardy, *The Large Estates of Byzantine Egypt*, New York 1931.

Heuser, *Personennamen der Kopten* = G. Heuser, *Die Personennamen der Kopten*, Leipzig 1929.

Johnson, West, *Byzantine Egypt* = A. C. Johnson, L. C. West, *Byzantine Egypt: Economic Studies* (Princ.Stud.Pap. 6), Princeton 1949.

Karayannopulos, *Finanzwesen* = J. Karayannopulos, *Das Finanzwesen des frühbyzantinischen Staates*, München 1958.

LSJ⁹ = H. G. Liddell, R. Scott, H. S. Jones (with assistance of R. McKenzie), *A Greek-English Lexicon*, Oxford ⁹1940; with a Revised Supplement (edited by P. G. W. Glare, A. A. Thompson), Oxford 1996.

Lüddeckens, Thissen, *Demotisches Namenbuch* = E. Lüddeckens, H.-J. Thissen, *Demotisches Namenbuch*, (unter Mitarbeit von W. Brunsch, G. Vittmann, K.-Th. Zauzich), Wiesbaden 1980–2000.

Maresch, *Nomisma* = K. Maresch, *Nomisma und Nomismatia. Beiträge zur Geldgeschichte Ägyptens im 6. Jahrhundert n. Chr.* (Pap.Col. 21), Opladen 1994.

Mayerson, *Κάγκελλον Artab Measure* = P. Mayerson, *The κάγκελλον Artab Measure Equals Five Modii Xysti?*, BASP 40 (2003) 179–185.

Mayser, *Grammatik* = E. Mayser, *Grammatik der griechischen Papyri aus der Ptolemäerzeit* I.1–II.3, Leipzig, Berlin 1906–1934; I.1², Berlin 1970 (bearbeitet von H. Schmoll).

Mitthof, Papathomas, *Sambas-Archiv* = F. Mitthof, A. Papathomas, *Das Archiv des ἐλαιουργός Sambas*, ZPE 103 (1994) 53–84.

Morelli, *Olio* = F. Morelli, *Olio e retribuzioni nell'Egitto tardo*, Firenze 1996.

Mueller, *Mastering Matrices and Clusters* = K. Mueller, *Mastering Matrices and Clusters. Locating Graeco-Roman Setttlements in the Meris of Herakleides (Fayum/Egypt) by Monte-Carlo-Simulation*, APF 49 (2003) 218–254.

Mueller, *Places and Spaces* = K. Mueller, *Places and Spaces in the Themistou Meris (Fayum/Graeco-Roman Egypt). Locating Settlements by Multidimensional Scaling of Papyri*, AncSoc 33 (2003) 103–125.

Packman, *Taxes in Grain* = Z. M. Packman, *The Taxes in Grain in Ptolemaic Egypt. Granary Receipts from Diospolis Magna 164–88 B.C.* (Am.Stud.Pap. 4), New Haven, Toronto 1968.

Papathomas, Αρχείο του Θέωνος = A. Papathomas, Το αρχείο του Θέωνος. Νέα κείμενα ενός σημαντικού παπυρικού αρχείου της ύστερης αρχαιότητας, in: B. Mandilaras (Hg.), Πρακτικά Α´ Διεθνούς Συμποσίου Αρχειακών, Athen 2001, 53–59.

PERF = J. Karabacek, J. Krall, C. Wessely, *Papyrus Erzherzog Rainer — Führer durch die Ausstellung*, Wien 1894.

Preisigke, *NB* = F. Preisigke, *Namenbuch, enthaltend alle griechischen, lateinischen, ägyptischen, hebräischen, arabischen und sonstigen semitischen und nichtsemitischen Menschennamen, soweit sie in griechischen Urkunden (Papyri, Ostraka, Inschriften, Mumienschildern usw.) Ägyptens sich vorfinden*, Heidelberg 1922.

Preisigke, *WB* = F. Preisigke, *Wörterbuch der griechischen Papyrusurkunden, mit Einschluss der griechischen Inschriften, Aufschriften, Ostraka, Mumienschilder usw. aus Ägypten, I–III*, Heidelberg, Berlin 1924–1931.

Pruneti, *Ossirinchite* = P. Pruneti, *I centri abitati dell'Ossirinchite. Repertorio toponomastico* (Pap.Flor. 9), Firenze 1981.

Ranke, *Ägyptische Personennamen* = H. Ranke, *Die Ägyptischen Personennamen. Bd. I: Verzeichnis der Namen*, Glückstadt 1935.

Ruozzi Sala, *Lexicon nominum semiticorum* = S. M. Ruozzi Sala, *Lexicon nominum semiticorum quae in papyris graecis in Aegypto repertis ab anno 323 a.Ch.n. usque ad annum 70 p.Ch.n. laudata reperiuntur*, Milano 1974.

Rupprecht, *Quittung* = H.–A. Rupprecht, *Studien zur Quittung im Recht der graeco-ägyptischen Papyri* (Münch.Beitr. 57), München 1971.

Schmelz, *Kirchliche Amtsträger* = G. Schmelz, *Kirchliche Amtsträger im spätantiken Ägypten nach den Aussagen der griechischen und koptischen Papyri und Ostraka* (APF Beih. 13), München, Leipzig 2002.

Schnebel, *Landwirtschaft* = M. Schnebel, *Die Landwirtschaft im hellenistischen Ägypten*, (Münch.Beitr. 7), München 1925.

Shelton, *Artabs* = J. Shelton, *Artabs and choenices*, ZPE 24 (1977) 55–67.

Simonsen, *Caliphal Taxation System* = Jørgen Bæk Simonsen, *Studies in the Genesis and Early Development of the Caliphal Taxation System. With special references to circumstances in the Arab Peninsula, Egypt and Palestine*, København 1988.

Sirks, *Food for Rome* = B. Sirks, *Food for Rome. The Legal Structure of the Transportation and Processing of Supplies for the Imperial Distributions in Rome and Constantinople*, (Stud.Amst. 31), Amsterdam 1991.

Timm, *Christlich-koptisches Ägypten* = S. Timm, *Das christlich-koptische Ägypten in arabischer Zeit I–VI*, Wiesbaden 1984–1992.

Wallace, *Taxation* = S. Wallace, *Taxation in Egypt from Augustus to Diocletian*, Princeton 1938.

Wessely, *Pariser Papyri* = C. Wessely, *Die Pariser Papyri des Fundes von El-Faijûm*, Denkschriften der Kaiserlichen Akademie der Wissenschaften, Phil.-Hist. Kl. 37, Wien 1889, 97–256.

West, Johnson, *Currency* = L. C. West, A. C. Johnson, *Currency in Roman and Byzantine Egypt* (Princeton Univ. Studies in Papyrology 5), Princeton 1944.

Wilcken, *Grundzüge* = U. Wilcken, *Grundzüge und Chrestomatie der Papyruskunde I.1*, Leipzig, Berlin 1912.

Wilcken, *Tafeln zur Palaeographie* = U. Wilcken, *Tafeln zur älteren griechischen Palaeographie*, Leipzig, Berlin 1891.

Wipszycka, *Industrie textile* = E. Wipszycka, *L'industrie textile dans l'Égypte romaine* (Archiwum Filologiczne IX), Wroclaw, Warszawa, Kraków 1965.

Wipszycka, *Ressources* = E. Wipszycka, *Les ressources et les activités économiques des églises en Égypte du IVe au VIIIe siècle* (Pap.Brux 10), Bruxelles 1972.

Wuthnow, *Semitische Namen* = H. Wuthnow, *Die semitischen Menschennamen in griechischen Inschriften und Papyri des vorderen Orients*, Leipzig 1930.

EINLEITUNG

A. VORBEMERKUNGEN

Der vorliegende Editionsband umfaßt eine Neuedition jener Papyri aus SPP III, die Karl Wessely in seinem Inhaltsverzeichnis als „Natural-Zahlungen" bezeichnete (449–575), sowie der nachfolgenden, von ihm im Inhaltsverzeichnis nicht erfaßten Texte 576–578 und der Gruppe „an die κύριοι μεσῖται ὀρρίων" (579–582), deren Hauptteil allerdings in SPP VIII 1140ff. ediert wurde.

Die Zusammenstellung der Urkunden nach inhaltlichen Kriterien im Rahmen der Erstedition der „Papyri kleineren Formats"[1] legte nahe, auch die Neuedition an diesen Textgruppen zu orientieren. Neben dem inhaltlichen Gesichtspunkt, daß auf diese Weise die Neuedition auch einen repräsentativen Überblick über bestimmte Urkundengattungen bieten könne, war das Hauptanliegen für die Beibehaltung der Editionsnummern, eine kontinuierliche Zitierweise und damit die Verwendbarkeit der Zitate in der Literatur eines ganzen Jahrhunderts zu gewährleisten. Dieses Vorgehen führte allerdings auch zu manchen Schwierigkeiten: Die Gruppierung der Urkunden in SPP III und VIII ist bloß kursorisch und oft nicht konsequent. Manche der hier bearbeiteten Texte zeigten durch die Neulesung einen gänzlich anderen Inhalt als die Quittierung einer Getreidezahlung (**465** ist eine Quittung für Geld, **569** entpuppte sich als Teil der Lohnquittung SPP III 304), einige Texte waren bereits nach Wesselys Transkription als Urkunden anderer Art zu erkennen (etwa die Zahlungsaufträge **457** und **558**). Die auf die Naturalzahlungen folgenden Texte **575–578** stehen mit der Zahlung von Getreide nur in sehr losem oder keinem Zusammenhang.

Bei der Gruppe der Getreidequittungen **449–575** legte Wessely eine „chronologische" Ordnung zugrunde, indem er die Texte nach dem Tagesdatum reihte. Die Neulesung ergab aber oft ein völlig anderes Datum (etwa **450**: 9. Pachon statt 25. Thoth), weshalb diese Anordnung nun ihren Sinn verloren hat. Ohnehin war die Reihung der Quittungen nach Tagesdatum auch wegen der dadurch nötigen Mißachtung des größeren zeitlichen Zusammenhangs problematisch. Eine echte chronologische Anordnung der Texte wäre freilich gar nicht möglich, da die meisten Quittungen bloß paläographisch datiert werden können und nur in Einzelfällen inhaltliche Kriterien, wie etwa prosopographische Daten, eine konkretere zeitliche Einordnung erlauben. Die paläographische Datierung ist immer nur in eine größere Zeitspanne möglich und bloß bedingt verläßlich. Diese Unsicherheit trat gerade bei den Datierungen der SPP-Texte deutlich zutage. Die Neuedition zeigte, daß Wesselys Zeitangaben in vielen Fällen willkürlich waren[2]. Außerdem waren nach dem heuti-

[1] Zur Struktur der Erstpublikation und zu den Kriterien der Neuedition s. S. Tost, SPP III^2 1–118, Einleitung S. XXIII–XXXI.

[2] Vgl. den zweimal edierten Papyrus aus Paris, den Wessely unter **450** ins 7. Jh., unter **555** ins 6. Jh. datiert; gleiches gilt für die Dossiers, wo oft von demselben Schreiber ausgestellte Quittungen unterschiedlich datiert wurden.

gen Erkenntnisstand, der auf einer viel größeren Anzahl datierter Papyri aus der Spätantike beruht, seine Datierungen im Schnitt ein Jahrhundert zu früh angesetzt. Die teils falschen Datierungen und die zeitlich ungeordnete Reihung der Texte führten dazu, daß Veränderungen im Formular nicht ersichtlich waren, Textgruppen aufgrund unterschiedlicher Datierungen nicht als zusammengehörig erkannt werden konnten und eine historische Einordnung der Texte unmöglich war.

Konkret sind die Quittungen **479a–c** und **556** (Anfang 5. Jh.) deutlich früher anzusetzen als alle übrigen Texte. Sie folgen auch einem leicht abweichenden Formular. Die anderen Papyri sind paläographisch in die Zeitspanne zwischen dem 6. und dem 8. Jh. zu datieren, wobei das 6. Jh. nur für eine geringe Zahl der Texte überhaupt in Betracht zu ziehen ist, während für die Hauptmasse der Quittungen eine Datierung ins 7. oder 8. Jh. anzunehmen ist. Ein Teil der Texte (etwa die Quittungen des Georgios-, des Kalos- und des Timotheos-Dossiers) stammt mit Sicherheit aus arabischer Zeit, bei einigen anderen ist dies zumindest wahrscheinlich. Zumeist läßt sich aber nicht feststellen, ob eine einzelne Quittung noch in byzantinischer Zeit oder bereits unter arabischer Administration ausgestellt wurde, da das Formular im Wesentlichen gleich bleibt. Veränderungen der Steuererhebung in dieser Phase lassen sich daher aus den Quittungen alleine kaum ableiten (vgl. aber unten **B. 7.**). Nicht ausgeschlossen ist vielmehr, daß ein Großteil der aus einem Fund stammenden Quittungen innerhalb einer sehr kurzen Zeitspanne ausgestellt wurde.

Zuverlässiger sind Wesselys Angaben bezüglich der Herkunft der Papyri. Bei Urkunden, die keine Ortsangabe enthalten, bezog er sich dabei jeweils auf den Ankauf der Stücke. Die Texte aus dem sog. 1. Fayumer Fund, dem Ankauf 1883[3], wies er entsprechend den Gauen Arsinoites oder Herakleopolites zu. Bei den Papyri aus dem Ankauf des Jahres 1887, dem Erwerbsjahr der el-Aschmunein-Papyri[4], vermerkte er durchweg „angeblich Hermopolites" bzw. „angeblich Hermupolis". Diese Ausdrucksweise zeigt, daß bereits Wessely der von den Händlern angegebenen Herkunft skeptisch gegenüber stand. Tatsächlich zeigte sich bei zusammengehörenden Textgruppen, daß mehrere Papyri aus diesem Ankaufsjahr mit Sicherheit aus dem Arsinoites stammen[5]. Das stellt auch die Glaubwürdigkeit der Herkunftsangabe bei den restlichen Texten aus den Ankauf 1887 in Frage. Schon gegenüber den Angaben über den Ankauf im handschriftlichen Inventarverzeichnis ist Vorsicht geboten, wie sich am Beispiel von **473** und **530** zeigt: In **530** wurden zwei nicht zusammengehörige Fragmente ediert, die angeblich aus dem Ankauf 1883 stammen. Das eine Fragment gehört tatsächlich zu **473**, einer Quittung aus dem Ankauf 1887. Eher als der getrennte Ankauf zusammengehöriger Fragmente ist ein Fehler im Inventarverzeichnis vorstellbar, der auf die fälschliche Verbindung von Fragmenten zurückzuführen ist[6].

Im vorliegenden Band gibt es dennoch kaum Zweifel über die Herkunft der einzelnen Papyri. Als hermopolitanische Texte bleiben nur **473**, **572** und **573**. Bei **473** sprechen neben der Angabe des Ankaufs auch das Formular und onomastische Kriterien für eine Herkunft aus dem Hermopolites (s. **473** Einleitung). Die Herkunft von **572** ist durch die

[3] Zu den Umständen des Fundes und des Kaufes der Papyri s. die ausführliche Darstellung von H. Loebenstein, *Vom „Papyrus Erzherzog Rainer" zur Papyrussammlung*, in: P.Rain.Cent., S. 3–39, bes. 20–24.

[4] Vgl. H. Loebenstein, P.Rain.Cent., S. 6.

[5] Das sind die Marnitas-Quittung **570**, die Timotheos-Quittung **571** (dies gilt auch für SPP VIII 957 und 1038) sowie die Quittung **574** aus dem Georgios-Dossier.

[6] Ein vergleichbares Beispiel bietet die Zusammenfügung von SPP III 79 und VIII 1276; vgl. SPP III[2] 79.

Nennung des hermopolitanischen Dorfes Enseu sichergestellt. **573** gehört zum Dossier des Leontios, Hypodektes von Hermupolis. Alle übrigen Texte kommen aus dem Fayum und stammen vermutlich alle aus dem 1. Fayumer Fund, also von einer Müllhalde nahe von Arsinoiton Polis[7].

Ein weiteres Problem stellte sich der Neuedition durch die von Wessely vorgegebene Textauswahl. Daß er nicht nur die Veröffentlichung von bislang unbekanntem Material, sondern auch eine geschlossene Publikation der einzelnen Textgruppen anstrebte, zeigt die Aufnahme von bereits veröffentlichten Texte anderer Papyrussammlungen. Den Großteil dieser Texte machen die Papyri der ägyptischen Sammlung des Louvre aus, die Wessely selbst vor Ort transkribierte[8] und die, wie sich aus den zahlreichen Verbindungen zwischen Wiener und Pariser Texten ergibt, aus demselben Papyrusfund stammen dürften. Daneben erfaßte Wessely aber auch einige Urkunden anderer Sammlungen (Berlin, London, Oxford etc.), von denen er nur die Transkription der Erstpublikation ohne Revision kopierte. Die Erstellung eines lückenlosen Corpusbandes ist in der Papyrologie freilich immer ein unerreichbares Ziel. Schon Wessely konnte nicht alle zu seiner Zeit bekannten Getreidequittungen zusammenstellen. So hat er in SPP VIII 1148 eine weitere Weizenquittung aus Berlin nachgetragen; die Quittung aus dem Timotheos-Dossier SPP III 595 hat er wohl nicht als solche erkannt. Erwartungsgemäß wurden auch in den Jahrzehnten nach SPP III und VIII weitere im Formular vergleichbare Getreidequittungen bekannt. Allerdings handelt es sich bei diesen um eine relativ kleine Anzahl von Texten. Es fällt auf, daß fast alle dieser Texte zu Dossiers von Quittungsausstellern gehören, die bereits in SPP III vertreten sind: P.Dubl. I 27 zum Dossier des Agathammon, P.Prag. I 85 zum Dossier des Ioannes, P.Prag. I 84 und P.Ross.Georg. V 46 Nr. 2 zum Dossier des Kammon, P.Aberd. 33 zum Dossier des Kalos, CPR XIV 22 und 28 zum Dossier des Makarios und P.Prag. I 83 zum Dossier des Timotheos. Darüber hinaus sind nur einzelne weitere Getreidequittungen des SPP-Formulares bekannt geworden, etwa P.Münch. III 116 und P.Louvre II 126.[9]

Der vorliegende Band ist insoweit als Neuedition unter Beibehaltung der vorgegebenen Auswahl in zweierlei Hinsicht kein Corpusband von Getreidequittungen: Einerseits wurden auch die inhaltlich differierenden Texte aus SPP III aufgenommen und andererseits konnten keine neuen Quittungen in den Editionsteil integriert werden. Immerhin stellen die im Folgenden edierten Papyri die Hauptmasse der bislang bekannten arsinoitischen Getreidequittungen aus dem 6.–8. Jahrhundert dar und können daher auch zu einer eigenständigen Untersuchung des Formulars und der so beurkundeten Transaktionen herangezogen werden. Bei der Kommentierung des Quittungsformulars und der Dossiers sind die Paralleltexte freilich berücksichtigt. Die sich aus der gesammelten Betrachtung der Quittungen ergebenden Neulesungen und Veränderungen der inhaltlichen Interpretation von anderen Urkunden sind bei der jeweiligen Erwähnung der Texte vermerkt.

---

[7] Die im Editionsteil im Lemma der einzelnen Texte angegebenen Herkunftsorte, sind die im Text genannten Dörfer und als Zieladresse bzw. Wohnsitz des Adressaten der Quittung zu verstehen. Als Aufbewahrungs- und Fundort wäre jeweils Arsinoiton Polis zu vermuten.

[8] Herausgegeben in C. Wessely, *Die Pariser Papyri des Fundes von El-Faijûm*, Denkschriften der Kaiserlichen Akademie der Wissenschaften, Phil.-Hist. Kl. 37, Wien 1889, 97–256.

[9] Daneben ist eine größere Anzahl von Quittungen aus Karanis in P.Mich. VI 399–411, SB VI 9436 a–u und SB XXII 15839–15841 publiziert worden, die allerdings etwas älter sind und einem leicht abweichenden Formular folgen; s. unten **479a–c**.

Im Folgenden sind noch einige einleitende Bemerkungen zu den Quittungen als Gesamtheit angebracht, wobei sich das Weitere nur auf die arsinoitischen Quittungen aus dem 6.–8. Jh. bezieht, die das unter **B.** besprochene Quittungsformular aufweisen.

Inhaltliche Einordnung: Die erste Frage gilt der inhaltlichen Qualifizierung der Texte. Das Formular der Quittungen selbst enthält keinen generellen Hinweis darauf, daß es sich um Bestätigungen für Zahlungen einer Steuerleistung in Getreide handelt. In Betracht zu ziehen wären auch private Zahlungen oder solche im Rahmen einer Domänenverwaltung. Tatsächlich dürften einige Texte einen speziellen Hintergrund haben: In **551** erfolgte die Getreidezahlung von eine Domäne (κτῆσις) des Theon für eine Bäckerei oder einen Bäkker. Die Quittung **452** aus dem Elias-Dossier (vgl. **452** Einleitung und F. Mitthof, SPP III[2] 119–238, S. XXXI–XXXVI) gehört zwar in das Umfeld der Getreidesteuer; beurkundet wurde aber der Empfang von Steuerweizen durch den Bäcker, der die Weiterverarbeitung für die lokale Versorgung im Rahmen der *annona* übernahm.

Für die Mehrzahl der Texte bleibt dagegen an einer Identifizierung als Steuerquittungen kein Zweifel: Bei einzelnen Quittungen ist ausdrücklich der Steuerterminus ἐμβολή erwähnt. In etlichen Papyri sind Gebühren genannt, wie die εἰκοστή und das ναῦλον, die den Steuerzweck des bezahlten Getreides zeigen. Ein weiterer Anhaltspunkt ist die Zusammengehörigkeit der Mehrzahl der Texte zu Dossiers von Unterzeichnenden, die offensichtlich über den geographischen Raum einer Domäne hinaus tätig waren. Letztlich ist auch das immer gleich gehaltene Formular ein Anzeichen für den offiziellen Charakter der Schriftstücke. Das in der ersten Zeile genannte Produkt σίτου bzw. κριθῆς kann durchaus als Steuertitel aufgefaßt werden, ähnlich wie bei den Merismos-Quittungen für die Demosia. Daß das Formular auch genau jene Angaben enthält, die bei Steuerquittungen typischerweise zu finden sind, zeigt ein Vergleich mit den Quittungen für die Weizensteuer aus ptolemäischer und römischer Zeit[10] und ein Blick auf die Rechtsquellen der Spätantike. Kaiserkonstitutionen, die den Inhalt der Steuerquittungen[11] festlegen, nennen genau dieselben Elemente, die auch in den hier vorgelegten Getreidequittungen angeführt sind; vgl. C.Th. 12, 1, 173 (410; = C.I. 10, 22, 1): *sed et aurum, quod ex huiusmodi contributione redigitur, ita debet susceptori aurario consignari, ut securitatibus nomen inferentis, dies consul mensis, causa et summa conprehendatur* ... „Aber auch das Gold, das von solchen Steuern eingehoben wird, soll vom dem Empfänger des Goldes so quittiert werden, daß auf den Quittungen der Name des Überbringers, Tag, Konsul, Monat, Grund und Betrag erfaßt ist ...“[12].

---

[10] Die Quittungsformulare und die daraus ableitbaren Informationen wurden für die ptolemäische Zeit ausführlich erörtert von Packman, *Grain Taxes*. Für die römische Zeit ist immer noch Wilcken, *Ostraka* maßgeblich. Zu Struktur und rechtlicher Natur der Quittung im papyrologischen Quellenmaterial aus ptolemäischer und römischer Zeit s. die Untersuchung von Rupprecht, *Quittung*, bes. 58ff.

[11] Die Bezeichnung der Quittungen selbst schwankt. In C.Th. 9, 42, 16 (399) und 11, 1, 2 (315) werden sie als *cautiones* bezeichnet, in C.Th. 12, 6, 27 (400) wird dagegen der vom Griechischen entlehnte Begriff *apocha* verwendet. In den Novellen kommen ἀποχαί (Nov. Iust. 17, 8 [535]) und ἀμεριμνίαι (Nov. Iust. 128, 3 [545]) vor. In den Papyri des Bandes wird, soweit von einer anderen Quittung die Rede ist, neben dem Terminus ἀποχή (**509**, 3 und **561**, 4) auch das allgemeinere Wort πιττάκιον (**476**, 3 und **483**, 6) verwendet.

[12] Vgl. auch die Strafbestimmung C.Th. 12, 6, 18 (383): *Quisquis posthac, quem exactionis vel susceptionis provincia manet, non specialiter et quid et in qua specie et ex quibus titulis et pro qua indictione videatur accepisse rescripserit, quadrupli eius rei, quam debitor dedisse se dicit, inlatione multetur.*

Zweifel am Quittungscharakter der Texte könnten allerdings aufkommen, wenn man den einheitlichen Fundzusammenhang (s. bereits oben) in Betracht zieht. Der Ankauf der Texte aus dem Papyrusfund nahe von Arsinoiton Polis bedeutet, daß die Urkunden in bzw. bei der Gauhauptstadt aufbewahrt wurden. Dies muß freilich nicht für jeden einzelnen Papyrus zutreffen; für den Hauptteil der Urkunden ist es sicherlich richtig. Den Archivcharakter des Fundes zeigt auch die Zugehörigkeit der Mehrzahl der Texte zu Dossiers von Quittungsausstellern (s. dazu unten **C.**), die teils noch zueinander in Beziehung gesetzt werden können[13].

Quittungen sollten aber ihrer Bestimmung nach dem Leistenden, hier dem Steuerzahler, ausgehändigt werden. Nahmen die einzelnen Steuerzahler ihre Quittung zurück in ihr Dorf und bewahrten sie dort auf, so wären die Papyri dieses Bandes in mehr als vierzig verschiedenen, im arsinoitischen Gau verstreut gelegenen Dörfern zu finden gewesen. Diese Fundsituation ist mit Sicherheit auszuschließen. Eine mögliche Erklärung wäre, daß es sich bei den auf uns gekommenen Texten nicht um die eigentlichen Quittungen handelt, sondern um Belegexemplare, die bei den Verwaltungsträgern verblieben und in der Folge zentral archiviert wurden. Ob es eine solche Praxis der doppelten Ausfertigung überhaupt gab, wissen wir nicht. Aus Gründen der Transparenz der Steuereintreibung und zur Vermeidung von Korruption wäre es durchaus denkbar. Unnötig aufwendig wäre dann aber die Ausstellung der Duplex-Exemplare in dem gleichen Formular auf ebenso kleinen Blättern, wenn diese ohnehin zusammen blieben. Rationeller und kostengünstiger wäre zu diesem Zweck die Eintragung in Listen. Gegen die Annahme, daß es sich bei den erhaltenen Papyri um Kopien handelt, spricht vor allem der in vielen Texten zu erkennende Händewechsel, während Abschriften gewöhnlich von einem einzigen Schreiber hergestellt werden.

Wahrscheinlicher ist, daß es sich bei den erhaltenen Dokumenten doch um Quittungen im eigentlichen Sinn handelt, die bei Ablieferung des Getreides an den Steuerzahler ausgegeben wurden. Demnach müßten die Einzelquittungen in der Folge in Arsinoiton Polis gesammelt worden sein. Dieser Vorgang konnte der Registrierung und der administrativen Kontrolle dienen. Eine solche Registrierung der Quittungen ist schon an der Durchstreichung mancher Texte erkennbar, die eine Art „Entwertung" darstellt (s. dazu unten **B. 12.**). Daß Steuerlisten auf Dorfebene geführt wurden, findet man zum Beispiel bei den Karanis-Quittungen aus dem 4. Jh. und in **506** belegt[14]. Diese Register dienten vermutlich dazu, die Erfüllung der durch die Umlage auf das einzelne Dorf entfallenen Steuerpflicht zu überwachen. Eine entsprechende Registrierung dürfte es auch auf Gauebene gegeben haben; vgl. die aus dem 7. Jh. stammenden Steuerkodizes des Logisterion von Hermupolis P.Sorb. II 69 und CPR IX 44–53, 56 mit SB XXII 15711.

Der Zweck eines solchen Systems wird in der Kontrolle der Steuereintreiber liegen. Diese könnte durch eine doppelte Ausfertigung von Quittungen nicht wirksam erfolgen, ohne

---

[13] So stehen die 33 Quittungen des Georgios-Dossiers und die 5 Kalos-Quittungen wegen des gleichen Steuerzahlers in **451** und **509** in einem engeren zeitlichen Zusammenhang; falls P.Ross.Georg. V 46 Nr. 2 tatsächlich zum Georgios-Dossier gehört, ließe sich auch ein Konnex zum Elias-Dossier herstellen (s. **C. 3.** und **452** Einl.).

[14] Die Quittungen aus P.Mich. VI wurden gebündelt gefunden; von einer der Quittungen ist auch der parallele Eintrag in einer Steuerliste erhalten, vgl. H. C. Youtie, O. M. Pearl, P.Mich. VI 399–411 Einl., S. 101f.; zu den Steuerlisten der Dörfer im 4. Jh. s. auch R. S. Bagnall und K. A. Worp, *The Fourth-Century Tax Roll in the Princeton Collection*, APF 30 (1984) 53–82 (Neuedition von SB V 7621) mit weiteren Beispielen.

auch die Originalquittungen zu sammeln und die Übereinstimmung zu überprüfen[15]. Tatsächlich war Korruption bei der Eintreibung von Steuern ein ständiges Problem, das sich auch in der byzantinischen Kaisergesetzgebung widerspiegelt. Zahlreiche Konstitutionen wenden sich gegen überhöhte Forderungen, Eintreibung nicht geschuldeter Steuern, Erpressung seitens der Beamten, Verwendung falscher Maße und allerlei Formen des Betrugs seitens der Steuereintreiber[16]. Mehrfach versuchte man die Zahlungsbelege selbst vor Fälschung und Mißbrauch zu schützen, unter anderem mittels Sammlung und zentraler Archivierung der Steuerquittungen: Nach C.Th. 11, 1, 2 (315/313) wurden die Steuerzahler dazu angehalten, die Quittungen den *tabularii* abzuliefern, damit nicht Steuerleistungen aufgrund von falschen oder nichtexistenten ἀποχαί eingetragen wurden[17]. Gemäß C.Th. 11, 26, 2 (400) sollten die Belege der Steuerzahler in den öffentlichen Archiven registriert werden, um unzulässige Mehrforderungen hintanzuhalten[18].

Diese uns erhaltenen Kaiserkonstitutionen sind deutlich älter als die hier behandelten Getreidequittungen; sie können insoweit keine Erklärung für den Befund der gesammelten Steuerquittungen geben, als es schon fraglich ist, inwieweit solche Gesetze in der Administration spürbaren Niederschlag fanden und kaum mit einer nachhaltigen Wirkung solcher Anlaßgesetzgebung zu rechnen ist. Die Rechtsnormen können aber als Parallelen eine plausible Begründung aufzeigen für die anhand der Steuerquittungen erkennbaren Verfahrensschritte der Sammlung und Registrierung der individuellen Zahlungsbelege, nämlich den Schutz des Steuersystems und damit der Staatskasse vor Korruption seitens der die Steuer eintreibenden Funktionäre.

---

15 Dem Kontrollzweck dienten sicherlich auch die in einem Teil der Quittungen vorhandenen Gegenzeichnungen einer oder mehrerer Personen, vgl. vor allem das Georgios-Dossier (**C. 3.**).

16 Vgl. etwa C.Th. 11, 7, 1 (313/315); 11, 1, 9 und 11 (365); 11, 8, 1 (397) und 11, 8, 3 (409).

17 *Possessores cum satisfecerint publicae conlationi, cautiones suas ad tabularios publicos deferant ut eas tabularii sive sexagenarii periculi sui memores suscipiant a conlatoribus, ipsas species quae debentur ex horreis suis ad civitates singulas per menses singulos perlaturis, ne inlatio tributorum ex solis apochis falsis vel imaginariis cognoscatur.*

18 *Maximas praedas hoc pacto agi de provincialibus certum est, ut acceptae semel securitates et regestae polyptychis a discussoribus vel apparitoribus denuo postulentur, non quod utilitas publica flagitat, sed ut, si casu est amissa securitas, maior praeda nascatur. Decernimus itaque, ut, quando insertae securitates ratiociniis publicis continentur, rursus per iniuriam non petantur.*

B. FORMULAR DER STEUERQUITTUNGEN

B. 1. ALLGEMEINER AUFBAU

Die folgenden Beobachtungen zum Quittungsformular orientieren sich in erster Linie an den arsinoitischen Steuerquittungen aus dem 6.–8. Jh., die auch den Hauptteil der Edition ausmachen[19]. Die anderen Urkunden sind von ihrer Zahl her zu wenig, um allgemeinere Prinzipien zu erkennen: Die arsinoitischen Weizenquittungen **497a–c** und **556** sind etwas älter (Anfang 5. Jh.). Sie unterscheiden sich im Formular von dem Rest der Quittungen durch die Erwähnung des ναῦλον, das in den späteren Texten aus dem Arsinoites nicht vorkommt. Die drei Urkunden aus dem Hermopolites (**473**, **572** und **573**) weichen in unterschiedlicher Weise vom Grundschema ab. **473** nennt als Steuereinheit ein *onoma* und bestätigt eine Zahlung vom Konto der Osprigitai. **573** gehört zum Dossier des Leontios und folgt dem Formulartyp ἔσχον παρὰ τοῦ δεῖνος. **572** nennt kein Tagesdatum, beginnt stattdessen mit der Angabe der κώμη und vermerkt eine Zahlung ὑπὲρ τοῦ δεῖνος. In **572** und **573** ist die bezahlte Menge in *modii* angegeben, was in den arsinoitischen Quittungen nicht vorkommt.

Die arsinoitischen Quittungen aus spätbyzantinischer und früharabischer Zeit sind regelmäßig folgendermaßen aufgebaut:

† Monat — Tag — Steuerprodukt (σίτου/κριθῆς) — Indiktionsjahr
Dorfname — Steuerzahler mit Patronymikon und/oder Beruf (ev. διά NN)
Artaben — Summe in Worten — Artabenzeichen — Summe in Ziffern
† Unterschrift des Quittungsausstellers, meist eingeführt durch δι' ἐμοῦ.

Abweichungen von diesem Muster sind selten. Auch die entsprechende Zeileneinteilung wird von den meisten Quittungsschreibern — je nach Platzmöglichkeit — beibehalten.

Besonders die Datumszeile wird sehr unveränderlich gehandhabt (s. dazu **B. 2.**). Der Dorfname entfällt nur selten und steht fast immer am Beginn des „Quittungskörpers". Die Angaben zum Steuerzahler variieren stärker und werden an den individuellen Fall angepaßt. Mehrfach handelt es sich um διά-Zahlungen, bei denen der Steuerpflichtige und der den Weizen Abliefernde gesondert ausgewiesen sind (s. **B. 4.**). Die Angabe der geleisteten Summe wird oft ergänzt durch Zusätze wie σὺν εἰκοστῇ, ῥυπαραί, καγκέλλῳ und μόνον (im Detail **B. 6.–9.**). Jede Quittung weist den Namen des Ausstellers auf, wobei oft mehr als eine Person unterzeichnet und/oder der Funktionär durch einen Kollegen vertreten wird. Viele Unterschriften sind durch δι' ἐμοῦ eingeleitet; manchmal läßt sich dennoch die Hand

[19] Die statistischen Angaben dieses Abschnitts beruhen jeweils nur auf den hier edierten Quittungen. Die in der Zwischenzeit darüber hinaus bekannt gewordenen Paralleltexte sind von so geringer Zahl (s. oben **A.** S. XVII), daß sie die Statistik nicht beeinflussen. Bei der Analyse des Quittungsschemas und der Zusammenstellung der Dossiers werden diese Texte freilich einbezogen.

des Quittungsschreibers von der des Unterzeichnenden deutlich unterscheiden. Daneben sind in seltenen Fällen Ausstellungsvermerke wie σεσημείωμαι anzutreffen.

B. 2. DATUMSZEILE

Die erste Zeile der Quittungen ist in fast allen Texten gleich gestaltet: Dem oft abgekürzten Monatsnamen folgt das in Ziffern angegebene Tagesdatum, danach die nie fehlende Nennung der bezahlten Getreideart[20] und schließlich das Indiktionsjahr. Die Jahreszahl ist fast immer in Worten angegeben[21], was vermutlich nachträgliche Veränderungen zum Zweck der Fälschung verhindern sollte.

Die Trennung von Tages- und Jahresangabe durch die Steuerkategorie legt auch einen Bedeutungsunterschied nahe: Während der genannte Tag sicher jener ist, an dem das Getreide abgeliefert und übergeben wurde, dürfte das angegebene Indiktionsjahr das Steuerjahr bezeichnen, für das die betreffende Weizenmenge geleistet wird. Diese Interpretation läßt sich auch an der Quittung **477** aus dem Kammon-Dossier (s. **C. 6.**) festmachen, wo in Z. 1–2 vier hintereinander liegende Indiktionsjahre genannt sind (bei der quittierten Zahlung dürfte es sich eher um Restposten als um die gesamte Steuerleistung der vergangenen vier Jahre handeln; s. **477** Einl.)[22]. Im allgemeinen wird sich zwar das Steuerjahr mit dem Jahr der tatsächlichen Bezahlung decken, die Jahresangabe also auch Auskunft über den Zeitpunkt der gegenständlichen Zahlung geben. Nicht auszuschließen ist dennoch, daß wir in einzelnen Quittungen Zahlungen von Differenzbeträgen vor uns haben, die erst nach Ablauf des Indiktionsjahres beglichen wurden.

Bei der Ausstellung der Quittungen wurde zumindest bei einem Teil der Texte die Datumszeile vorweg ausgefüllt. Dies zeigt schon **472**, wo nur diese erste Zeile mit einem kleinen *vacat* für das Tagesdatum stehen blieb, während das Blatt nicht seiner Bestimmung gemäß verwendet wurde, vielleicht weil für den betreffenden Monat zu viele derartige Blankoformulare vorhanden waren. Bei den ausgefertigten Quittungen ist manchmal zwischen der Datumszeile und dem übrigen Text ein Handwechsel zu erkennen. So können bei den Texten des Makarios-Dossiers vier verschiedene Hände in den Datumszeilen unterschieden werden, während die restlichen Zeilen aller Texte von ein und demselben Schreiber abgefaßt wurden (s. **C. 7.**). Nicht in allen Texten ist von einem solchen „Handwechsel" zwingend auf zwei verschiedene Schreiber zu schließen, sondern manche Veränderung der Schrift

---

[20] In **452** ist diese wohl im verlorenen Teil der Quittung nachgestellt. In **456** wird in Z. 1 kein Steuerprodukt angegeben, die Quittung ist aber derart fragmentarisch, daß sich nicht einmal feststellen läßt, ob es sich überhaupt um eine Quittung für die Getreidesteuer handelt.

[21] Davon weichen nur **449**, **452**, **478** ab sowie die drei Embolequittungen **481**, **507** und **572** ab, wobei bei den Quittungen für die Embole die bezifferte Angabe des Indiktionsjahres verhältnismäßig häufig vorkommt.

[22] Zwei Indiktionsjahre, das 2. und das 3. Jahr, sind auch in **560** genannt. Der fragmentarische Erhaltungszustand des Textes läßt aber auch andere Deutungsmöglichkeiten als die einer Steuerquittung zu. Die hermopolitanische Embolequittung des Leontios **573** bescheinigt wahrscheinlich (wie die Parallele SPP III^2 77) ebenfalls eine Zahlung für eine Periode von zwei Indiktionsjahren, dort wird es aber auch im Formular präziser ausgedrückt: (ὑπὲρ) ἐμβολ(ῆς) ἑνδεκάτης (καὶ) δωδεκάτης ἰνδ(ικτίωνος).

kann auch durch den unterschiedlichen Zeitpunkt von Niederschrift der Datumszeile und Ausfüllen des restlichen Quittungstextes, respektive die verwendete Tinte, die Schreibunterlage, die Flüchtigkeit des Schreibers und ähnliche Umstände bedingt sein.

Zeitpunkt der Zahlungen: Eine Gegenüberstellung der Anzahl der Zahlungen in den einzelnen Monaten (s. Diagramm 1) zeigt einen signifikanten Anstieg der Steuerleistungen im Epeiph (Juli) und auch, daß mehr als 85 % der Einzahlungen im Sommerhalbjahr (von Pachon bis Phaophi = Mai bis Oktober) erfolgten. Dieser Zahlungszeitraum hängt in erster Linie von der Ernte ab, die im Fayum Ende Pharmuthi (April) beginnt, wobei das Dreschen gewöhnlich von Pachon bis Epeiph stattfindet[23]. Das Bild stimmt aber auch mit den Ergebnissen von Bagnall, Worp, *CSBE*², 22–35 und 127f. überein, wonach in spätbyzantinischer Zeit der Beginn des Indiktionsjahres im Arsinoites zwar mit dem 1. Epeiph später angesetzt ist, für Fiskalzwecke aber der Beginn der Steuerindiktion im Anschluß an die *delegatio* auf den 1. Pachon fällt. Die hier dokumentierten Getreidezahlungen setzen tatsächlich mit Beginn des neuen Steuerjahres ein, während aus den Wintermonaten, gegen Ende des Steuerjahres, nur einzelne Zahlungen belegt sind.

Diagramm 1: Verteilung der Quittungen auf die einzelnen Monate

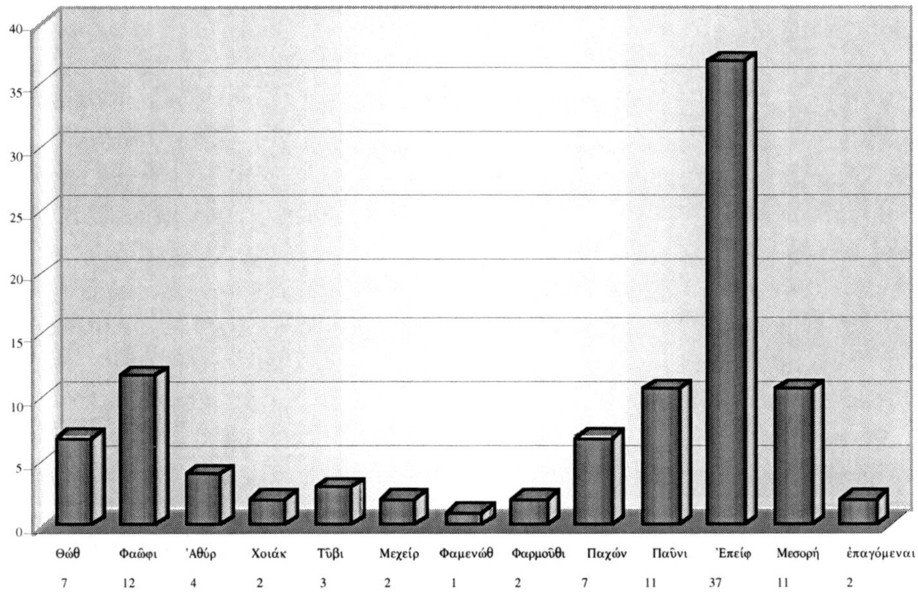

Für die Abhängigkeit der Zahlungen von der Ernte spricht auch, daß sich die Statistik mit den von Packman, *Taxes in Grain*, 59–63, Taf. 1–8 und 22–24 für die ptolemäische Zeit erzielten Ergebnissen deckt. Die Kurve bei den von ihr analysierten thebanischen Steuerquittungen ist einen Monat nach vorne verschoben, da auch die Ernte im Süden um etwa einen Monat früher begann. Der Verlauf der Linie innerhalb des Jahres ähnelt dem hier dargestellten (vgl. vor allem Taf. 22 mit einer Spitze im Juni).

Vorsicht ist jedoch bei der analog zu den Untersuchungen Packmans (Tafel 22 und 23) versuchten Gegenüberstellung von Weizen- und Gerstezahlungen (s. Diagramm 2) geboten, da trotz der großen Gesamtzahl der Getreidequittungen die darunter befindlichen Gerste-

[23] So bereits die Ausführungen von Schnebel, *Landwirtschaft*, 162–167.

zahlungen (19 Texte) wohl schon von ihrer Anzahl her nicht genügend repräsentativ sind. Die Gerstequittungen stammen überdies ausschließlich aus den Dossiers des Apphuas und des Georgios. Diese, durch die Fundsituation bedingte, mangelnde Streuung läßt vermuten, daß nicht, wie die hier gegebene Statistik glauben machen könnte, fast alle Gerstezahlungen in den beiden Monaten Pachon und Epeiph stattfanden.

Diagramm 2: Verhältnis der Weizen- und Gerstezahlungen in den einzelnen Monaten

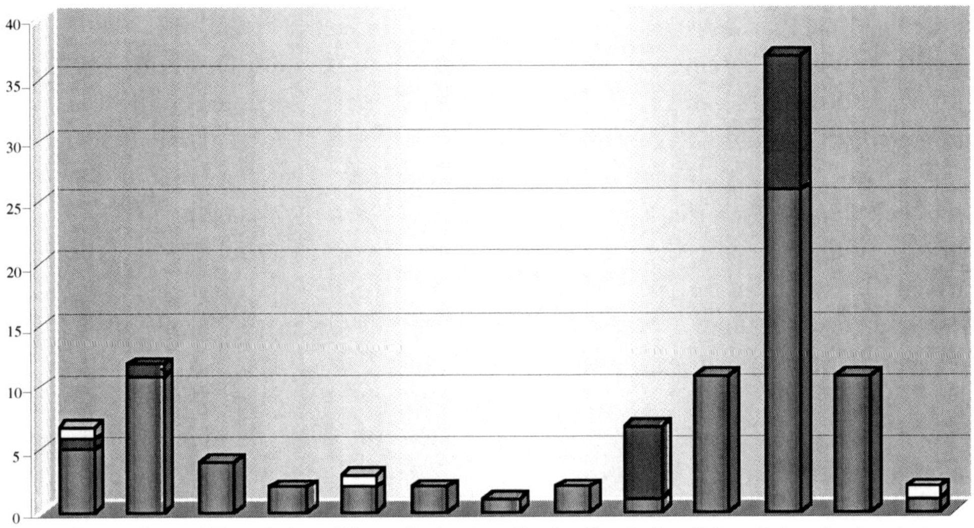

	Θώθ	Φαῶφι	Ἀθύρ	Χοιάκ	Τῦβι	Μεχείρ	Φαμενώθ	Φαρμοῦθι	Παχών	Παῦνι	Ἐπείφ	Μεσορή	ἐπαγόμεναι
unbek.	1				1								1
Gerste	1	1							6		11		
Weizen	5	11	4	2	2	2	1	2	1	11	26	11	1

B. 3. ORTSANGABE

In den meisten der hier edierten Getreidequittungen wird am Beginn der Zeile 2 ein Dorf genannt. Diese akzentuierte Stellung der Ortsangabe hängt vermutlich mit dem System der Steuerveranlagung mittels Delegation zusammen. Wurde für jedes Dorf als Steuereinheit eine Gesamtsumme des einzutreibenden Weizens festgelegt, so mußten die individuellen Zahlungen in einem ersten Schritt der entsprechenden Ortschaft zugeordnet werden.

Unterstellt man diesen Vorgang, scheinen die vereinzelten Quittungen ohne geographische Angabe merkwürdig. Tatsächlich sind es nur eine Handvoll Ausnahmen, etwa die drei Kammon-Quittungen des Bandes[24] und drei der 33 Georgios-Quittungen. An den Dossiers zeigt sich, daß derselbe Quittungsaussteller nicht zwingend in jeder Quittung den Dorfna-

[24] Gleiches trifft auch für die Kammon-Quittung P.Prag. I 84 zu. Dagegen ist in P.Ross.Georg. V 46 Nr. 2 das Dorf Ampeliu genannt, weshalb davon auszugehen ist, daß auch die anderen Quittungen arsinoitische Zahlungen belegen.

men vermerkt, es sich also nicht um Abweichungen einzelner Schreiber vom Formular handelt. Das Fehlen der Ortsangabe kann in einzelnen Fällen vielleicht aus inhaltlichen Besonderheiten erklärt werden. Manche dieser Quittungen weichen im Formular auch sonst von den Steuerquittungen ab; etwa **480**: In diesem Text bestätigt Georgios die Begleichung eines Restpostens vom Konto einer Sophia durch ihre Schwester Athanasia. Vielleicht machte die Spezifizierung als Restzahlung oder die eventuell vorliegende Girozahlung eine Ortsangabe unnötig. In zwei Texten ohne Ortsangabe (**451** und **509**) kann von dem Steuerzahler, einem Archidiakon der μεγάλη ἐκκλησία, auf eine Zahlung aus der Gauhauptstadt Arsinoiton Polis geschlossen werden. Die Gauhauptstadt wurde vielleicht nicht wie die Dörfer aus dem Umland in den Quittungen eigens bezeichnet. Im Hinblick auf die Titel der Steuerzahler könnte die fehlende Ortsangabe in den Kammon-Quittungen **454** (Ioannes, *chartularius*) und **508** (Kosmas, Logistes) ebenfalls dadurch zu erklären sein, daß es sich um Zahlungen aus Arsinoiton Polis handelt. Ob das Fehlen der Ortsangabe in der im Formular sonst ganz gewöhnlichen Quittung **528** für einen Tischler Neilammon auch durch einen der eben genannten Gründe zu erklären ist, läßt sich nicht sagen.

Nahezu immer steht nur der bloße Dorfname ohne zusätzliche Angaben. Sonderfälle sind das Dorf Belu, das in **547** und **562** als χωρίον bezeichnet ist, das χωρίον Dikaiu (so in fast allen Apphuas-Quittungen), die κώμη Busiris in **479a** und **b**, das χωρίον Makronos in dem Register **506**, das χωρίον Pseuenaphrios in **525** und die hermopolitanische κώμη Enseu in **572**.

Überraschend selten wurde vermerkt, daß es sich um eine Getreidezahlung für eine Domäne handelt: vgl. die κτῆσις Δόμνου von Kynon in **468**, die οὐσία Εὐδοξία von Phanesis in **469**, die οὐσία Ἰεγούνθου von Kalophanu in **532**, die οὐσία von Dikaiu in **533** und die κτῆσις Θέωνος von Psenyris in **551**. Dies wirft angesichts der Intensivierung der Latifundienwirtschaft in byzantinischer Zeit eine Frage auf: Sind uns aufgrund des Fundzusammenhanges nur spärlich Quittungen für Steuerzahlungen der Großgrundbesitzer erhalten oder wurde bei solchen Zahlungen regelmäßig der Ortsname alleine und nicht die zu diesem gehörige οὐσία vermerkt? Zu beobachten ist, daß jede Nennung eines Landgutes zusammen mit einem Dorfnamen erfolgt. Die Domänen standen also nicht außerhalb der Steuerdelegation auf die Dörfer, sondern wurden innerhalb dieses Systems besteuert. Das könnte auch erklären, warum nicht zwingend ausgewiesen werden mußte, ob der Steueranteil eines Dorfes zu einer Domäne gehört oder nicht.

B. 4. STEUERZAHLER UND VERTRETER

Die Angaben zum Steuerzahler sind der am stärksten variierende Teil im Formular der Quittungen. In der einfachsten Form wird der Zahlende mit seinem Namen und Vatersnamen bezeichnet. Des öfteren ist statt des Vatersnamens oder zusätzlich zu diesem der Beruf oder das Amt des Steuerzahlers angegeben. Die erwähnten Berufe sind vielfältig und reichen bis zu gehobenen Funktionen, wie dem Amt des Logistes in **508**. Es fällt auf, daß die meisten Berufe in keinem Zusammenhang zum Grundbesitz stehen: Menas in **449** ist Goldschmied, Ioannes in **454** ist Chartularius, Neilos in **461** und **464** ist Schreiber. Für Spekulationen über die Häufigkeit bestimmter Gewerbe sind die Angaben deutlich zu wenige. Sichtlich gehäuft treten allerdings kirchliche Ämter in Erscheinung. Dazu gehören der Priester in **487**, die Diakone in **496** und **507**, und höhere kirchliche Würdenträger, wie der Archidiakon der μεγάλη ἐκκλησία in **451** und **509** oder der Abt in **475**[25].

Oft wird der Steuerzahler bei der Ausführung der Zahlung durch eine andere Person vertreten. Dies ist durch die Formel διὰ τοῦ δεῖνος gekennzeichnet. Der Vertreter kann durch seinen Personennamen individualisiert sein; etwa zahlt in **451** und **509** der Archidiakon der μεγάλη ἐκκλησία Sambas durch einen lediglich als Ioannes bezeichneten Vertreter. Manchmal ist statt seines Namens die Beziehung zum Steuerzahler angegeben, so zahlt in **508** der Logistes Kosmas διὰ τῆς γαμετῆς, der *chartularius* Ioannes in **454** διὰ τοῦ παιδὸς αὐτοῦ.

Die letzten beiden Texte, **454** und **508**, stammen aus dem Dossier des Kammon, der in allen Quittungen eine διά-Zahlung vermerkt. Es wäre denkbar, daß dies nicht bloßer Zufall ist, sondern hier eine persönliche Eigenart des Quittungsausstellers begegnet, der in allen Texten den Vertreter angibt, während andere Schreiber ihn vielleicht verschweigen. Das würde bedeuten, daß eventuell deutlich mehr Zahlungen durch Vertreter geleistet wurden, als für uns ersichtlich. Die Übernahme des Transportes für andere Steuerzahler gab es den Papyri nach; vgl. das Weizendarlehen P.Harrauer 52 (5. Jh.), das vermutlich diesen Zweck hatte. Dort wird auch ausdrücklich vermerkt, daß der „Darlehensgeber" eine Steuerquittung auf seinen Namen erhalten soll (Z. 2: δέξασθαί σοι τούτω̣ν̣ ἐπ' ὀ̣ν̣ό̣μ̣α̣τ̣ό̣ς σου ἀποχήν). Möglicherweise sind solche Sammellieferungen aus einem Dorf der Grund, weshalb manchmal mehrere Quittungen vom selben Tag für ein Dorf erhalten sind[26].

Die umgekehrte Formulierung Vertreter + ὑπέρ + Steuerzahler kommt nur in den aus dem 5. Jh. stammenden Quittungen **479a** und **b** vor, sowie in der fragmentarisch erhaltenen Quittung **570**, deren Aufbau allerdings nicht ganz erkennbar ist.

Einzelne Texte enthalten Hinweise, daß die der Quittung zugrundeliegende Leistung an Weizen als eine Art von Girozahlung konstruiert war: In **474** erfolgt die Zahlung durch eine ἀπόδειξις des Amira Mozeeil von den Speichern von Babylon. In **476** diente zur Zahlung ein Pittakion der „großen Getreidespeicher" über den dort zuvor abgelieferten Weizen. In **509** bezahlt ein Archidiakon der μεγάλη ἐκκλησία, vertreten durch Ioannes, ἀπὸ ἀποχ(ῆς) αὐτ(οῦ), bei der es sich vermutlich auch um eine Quittung für zuvor bereits geleisteten Weizen handelt. **480** quittiert die Begleichung von Restposten vom Konto einer Sophia. Und die hermopolitanische Quittung **473** vermerkt eine Zahlung ἀπὸ λό(γου) τοῦ ὀσπριγί(του).

Inwieweit diese Zahlungen tatsächlich Girozahlungen waren, ist nicht festzustellen. Der Vermerk eines πιττάκιον oder einer ἀποχή könnte auch anders zu deuten sein: Wurde der Weizen nicht beim Steuereintreiber abgeliefert, sondern an anderer Stelle, bekam man dafür eine Quittung, die offensichtlich nicht als Beleg für die Steuerleistung genügte, weshalb die Zahler gegen Aushändigung dieser ersten Quittung die eigentliche Steuerquittung erhielten. Dieses Verfahren läßt sich aus den beiden zum Elias-Dossier gehörenden Quittungen **452**

[25] Die Funktionen von Klerikern verschiedener Stufen bei der Steuereintreibung auf Dorfebene wurde zuletzt ausführlich von Schmelz, *Kirchliche Amtsträger*, 295–318, bes. 316f. behandelt.

[26] Vgl. die beiden Georgios-Quittungen (**517** und **518**) vom 5. Epeiph der 12. Indiktion für Ampeliu und die sechs Apphuas-Quittungen (**533**, **536–538** und **541**) vom 26. Epeiph eines 10. Indiktionsjahres für Dikaiu.

und P.Ross.Georg. V 46 Nr. 5 ersehen (s. **452** Einleitung). In einem solchen Fall beruhte die Ausstellung der zweiten Quittung dann nicht auf einer Girozahlung, sondern auf der Übergabe eines Empfangsscheins.

B. 5. GELEISTETE ARTABEN

Die Höhe der entgegengenommenen Steuerleistungen in den einzelnen Quittungen variiert stark und läßt keinerlei Systematisierung zu. Die Mehrheit der Zahlungen liegt bei kleineren Beträgen zwischen 1 und 5 Artaben, gelegentlich sind auch größere Summen von 20, 40 oder mehr Artaben belegt. Einzelne Quittungen bestätigen beträchtliche Summen von 120 und mehr als 200 Artaben (**565** und **497**). Auch eine Untergrenze ist nicht zu ersehen; von den hier edierten Texten sind die geringfügigsten Zahlungen die von 1/12 Artaben in **527** und **554**.

Rückschlüsse auf die Berechnung der Getreidesteuer lassen sich aus den Quittungen überhaupt nicht ziehen, da die wichtigsten Parameter, die Grundstücksgröße und -qualität, nicht angegeben sind. Auch muß nicht jede Quittung die Steuerleistung eines ganzen Jahres bescheinigen. Ratenzahlungen dürften häufig gewesen sein. Ausdrücklich ist eine solche nur in der Embolequittung **562** vermerkt. Weitere Fälle sind erkennbar, wenn uns der Überlieferungszufall zwei Quittungen eines Steuerzahlers aus demselben Jahr erhalten hat: Zwei Berliner Texte (s. **493**) quittieren Weizenzahlungen eines Konstantinos vom selben Tag. In **533** und **534** zahlt Phib, Sohn des Petros, Gerste an zwei aufeinanderfolgenden Tagen. Bei einigen Zahlungen, insbesondere bei den ausnehmend kleinen Posten, könnte es sich um Begleichungen von ausständigen Restposten handeln[27], so daß auch solche Quittungen keinerlei Auskunft über die jährliche Steuerpflicht geben können. Bei anderen Texten wurde vielleicht mehr als die Leistung eines einzelnen Steuersubjekts quittiert: Zahlt etwa der *stationarius* Kyros in **460** die Summe von 54 2/3 Artaben, so scheint die Höhe der Zahlung mit seiner Funktion zusammenzuhängen. Es ist wahrscheinlich, daß Kyros hier eine Gesamtzahlung für zuvor eingetriebene Steuerquoten leistet, die mit seinem privaten Grundbesitz in keinerlei Relation steht.

Die Teilung der Artaben: Die in den Quittungen regelmäßig zu findenden Brüche sind: 1/2, 1/3, 1/4, 1/6, 1/12 und 1/24 sowie gelegentlich 2/3. Die Bruchreihe basiert demnach auf einem Nenner von zwölf. Ein Unsicherheitsfaktor ist allerdings, daß in zahlreichen Quittungen die Anzahl der Artaben sowohl in Worten als auch in Ziffern abgekürzt geschrieben wurde; etwa könnte man in die in **467** angegebenen αρ τρεις εικ -ο- γ κ als 3 1/20 oder als 3 1/24 Artaben auffassen. Die sicher und häufig verwendeten Bruchzahlen 1/3 und 1/12 sprechen für die Auflösung zu 1/24. Demgegenüber ist in **497** und **522** ausgeschrieben εἰκοστόν zu lesen, die Ziffer κ in **522** daher ausnahmsweise als 1/20 zu verstehen. Die Verwendung einer Bruchreihe mit einem Nenner von zehn war also jedenfalls nicht ausgeschlossen. An der hier vor-

[27] Vgl. die Kammon-Quittung **477**, in der ein Zahlungszeitraum von vier Indiktionsjahren genannt ist, die Zahlung aber nicht ausdrücklich als ἀποπλήρωσις gekennzeichnet ist.

gezogenen Auflösung von ειꝁ und ꝁ zu εἰκ(οστοτέταρτον) und κ(δ)ʹ ändert das insoweit nichts, als gerade die ungekürzte Schreibung von εἰκοστόν zeigt, daß dieser irreguläre Bruch vom Schreiber ausgeschrieben wurde, um Verwechslungen zu vermeiden.

Die Teilung der Artabe auf der Basis des Zwölftel könnte bedeuten, daß der Steuerweizen in Artaben von 48 Choinikes gemessen wurde[28]. Da in Einzelfällen auch die Dezimalteilung vorkommt und zwar, wie die Georgios-Quittungen zeigen, auch im gleichen Zeitraum wie die Zwölferteilung, muß dies ungewiß bleiben.

B. 6. ZUSÄTZLICHE ABGABEN: εἰκοστή UND ναῦλον

Bereits seit der römischen Zeit wurden auf die Getreidesteuer bestimmte Zuschläge berechnet, die zusammen mit der primären Steuerleistung zu bezahlen waren. In den Dokumenten über die Steuereinhebung wird entsprechend vermerkt, daß der bezahlte Betrag inklusive oder exklusive solcher Abgaben berechnet ist; vgl. die in byzantinischer Zeit gängige Formel σὺν ναύλοις καὶ ἑκατοσταῖς καὶ εἰκοσταῖς καὶ παντοίοις ἀναλώμασι (etwa BGU XII 2165ff. = SB XXII 15317ff.). In den hier edierten Quittungen kommen nur das ναῦλον, die Schiffsfrachtgebühr, und die εἰκοστή, eine 5%-Abgabe, vor. Die ἑκατοστή, dem Namen nach eine 1%-Abgabe, ist ein in anderen Texten häufig genannter Zuschlag, dessen Zweck unklar ist. Den byzantinischen Belegen nach zu urteilen, hatte die Abgabe in Wahrheit nicht immer die Höhe von 1%, vgl. etwa P.Col. VII 238 (4. Jh.), wo die Angabe σὺν ρʹ für einen tatsächlichen Aufschlag von 10% steht[29]. Unter den παντοῖα ἀναλώματα wurden verschiedene Arten von Zuschlägen zusammengefaßt, die wir nicht genau zuordnen können[30].

Die 5%-Abgabe εἰκοστή: Die Eikoste ist in 24 der hier vorliegenden Quittungen in den bezahlten Betrag einberechnet. Dabei zeigt sich eine gewisse Regelmäßigkeit innerhalb der Dossiers: Es sind alle Zahlungen des Agathammon- und Makarios-Dossiers σὺν εἰκοστῇ, hingegen keine der Steuerleistungen aus dem Apphuas-, Georgios-, Ioannes-, Kalos-, Kammon- und Neilos-Dossier. Nur bei den Marnitas- und den Timotheos-Quittungen kommt der εἰκοστή-Vermerk bloß in Teilen der Dossierquittungen vor. Es fällt auf, daß keiner der mit Sicherheit aus arabischer Zeit stammenden Belege die Angabe σὺν εἰκοστῇ

---

[28] Zur Diskussion um die verschiedenen Maßeinheiten vgl. R. P. Duncan-Jones, *The Price of Wheat in Roman Egypt under the Principate*, Chiron 6 (1976) 241–262; ders., *The Choenix, the Artaba and the Modius*, ZPE 21 (1976) 43–52; ders., *The Size of the Modius Castrensis*, ZPE 21 (1976) 53–62; Shelton, *Artabs*; Duncan-Jones, *Grain-measure*; J. Jahn, *Zum Rauminhalt von Artabe und modius castrensis: ein Diskussionsbeitrag*, ZPE 38 (1980) 223–228; J. C. Shelton, *Two Notes on the Artab*, ZPE 42 (1981) 99–106; S. P. Vleeming, *The Artaba, and Egyptian Grain-Measures*, Proceedings of the 16th International Congress of Papyrology, Chico 1981, 537–545; D. H. Fowler, *A Note on Fractions of an Artab*, ZPE 52 (1983) 273–274 und D. W. Rathbone, *The Weight and Measurement of Egyptian Grains*, ZPE 53 (1983) 265–275.

[29] Vgl. die Einleitung zur Erstedition des Textes P.Princ. III 136.

[30] Ein paar vermutete Beispiele erwähnt P. J. Sijpesteijn in P.Vind.Sijp. 14, Komm. zu Z. 6: „Hafengelder, Bewachungskosten, ein Prozentsatz, um das Risiko der Fäule im Getreide zu decken". Zu den verschiedenen Bedeutungen von ἀναλώματα s. Wallace, *Taxation*, 265 und Johnson, West, *Byzantine Egypt*, 300.

hat. Da aber die Mehrzahl der Quittungen nicht eindeutig der byzantinischen oder der arabischen Epoche zugewiesen werden kann, muß es Spekulation bleiben, ob es sich bei der Weglassung der Angabe um eine zeitliche Entwicklung handelt bzw. ob die Eikoste in arabischer Zeit nicht mehr erhoben wurde.

Die vorliegenden Steuerquittungen bilden zusammen mit den Karanis-Quittungen aus dem 4. Jh. (P.Mich. VI 399ff., O.Mich. I 171f., SB VI 9436a–u und SB XXII 15839–15841) den Hauptteil der papyrologischen Evidenz für die Wendung σὺν εἰκοστῇ. In ganz wenigen Texten ist anstelle von εἰκοστή das aus dem lateinischen übernommene βικήσιμον zu lesen; vgl. P.Sorb. II 69 passim mit Komm. S. 29–30.

Die Eikoste taucht in den Papyri erst im 4. Jh. auf. Man vermutet eine Identifikation der εἰκοστή mit der römischen διχοινικία[31]. Dagegen spricht aber, daß die διχοινικία eine Abgabe von 2 Choinikes pro Arure und nicht pro Artabe war, während die εἰκοστή pro Artabe berechnet wird. Wie bereits für die ἑκατοστή festgestellt, ist unsicher, ob die Höhe der Eikoste immer 5% betrug, oder ob vielmehr der Name auch bei steigender Höhe beibehalten wurde.

Zum möglichen Verwendungszweck der εἰκοστή gibt es verschiedene Überlegungen. In P.Sorb. I 60 (431–432) wurden für die Reinigung des Steuerweizens ein Aufschlag von πέντε ἑκατοστάς bezahlt, womit die Eikoste gemeint sein könnte. Dagegen zeigen die Steuerregisterauszüge BGU XII 2165ff. aus dem 5. Jh., daß die εἰκοστή auch für σῖτος καθαρός erhoben wurde. In P.Cair.Masp. II 67169, Anm. zu Z. 18 wird hinter der εἰκοστή ein Zuschlag zur Risikoabdeckung von Verlust oder Fäulnis von Weizen während des Transportes vermutet.

Die Schiffsfrachtgebühr ναῦλον[32]: Dieser Zuschlag ist in vorliegendem Band nur in den Quittungen vom Anfang des 5. Jh., **479a, b**[33] und **556**, sowie in der hermopolitanischen Quittung **573** (Leontios-Dossier) vermerkt. In den arsinoitischen Getreidequittungen aus dem 6.–8. Jh. findet hingegen die Frachtgebühr keine Erwähnung. Dies ist nicht darauf zurückzuführen, daß das ναῦλον bei Steuerzahlungen dieser Zeit im Arsinoites nicht erhoben wurde, wie erhaltene Quittungen für die Leistung des ναῦλον ἐμβολῆς belegen; vgl. etwa P.Prag. II 152 (Ampeliu, 653?). Offensichtlich wurde die Frachtgebühr in Geld bezahlt

---

31 Der Vorschlag wurde erstmals eingebracht von J. de M. Johnson, V. Martin, A. S. Hunt in P.Ryl. II 188 Komm. zu Z. 4–5 und von T. Kalén, in P.Berl.Leihg. Anhang XI, S. 305–317 weiter vertieft. In der späteren Forschung wurde diese Theorie mehrfach zugrunde gelegt, etwa bei Wallace, *Taxation*, 361, Anm. 10, P.Mich. VI S. 103 und P.Vind.Sijp. 14 Komm. zu Z. 6.

32 Die Nichtexistenz eines zusammengesetzten Wortes ναυλεπλοῖον hat bereits P. J. Sijpesteijn, *Ναυλεπλοῖον: A Ghost Word?*, ZPE 64 (1986) 117–118 überzeugend dargelegt. Ob die in den Papyri oft abgekürzt geschriebenen Bestandteile im Singular oder Plural aufzulösen sind, ist angesichts der Uneinheitlichkeit der ausgeschriebenen Zeugnisse schwer zu entscheiden. Belegt ist ναύλου πλοίου (etwa P.Kell. I 53, 13) ebenso wie ναῦλα πλοίων (BGU III 802 Kol. 4, 13) sowie die Mischform ναύλου πλοίων (P.Ross.Georg. IV 10, 5). Darüber hinaus läßt sich angesichts der mangelhaften Orthographie mancher Schreiber oft die intendierte Form überhaupt nicht feststellen. So könnte etwa in O.Mich. I 171, 2–3 σὺν ... ναυλων πλυον für Singular ναύλῳ πλοίου aber auch für Plural ναύλοις πλοίων stehen. Arithmetisch spricht die Überzahl der Belege für den doppelten Singular, der demnach auch in dieser Edition bei der Auflösung von Abkürzungen verwendet wird. Bei der Verwendung des Plurals ναῦλα wird meistens auch die Apposition πλοίων in den Plural gesetzt; s. zu dieser Fragestellung schon P. J. Sijpesteijn, *Varia Papyrologica IV*, ZPE 108 (19959 195–223, bes. Anm. 34.

33 Hier steht das Wort selbst nicht geschrieben, sondern die eigentliche Formel der Karanis-Quittungen χωρὶς ναύλου πλοίου wurde zu einem kurzen χορ/ reduziert, s. **479a**, Komm. zu Z. 5.

und der Erhalt in einer eigenen Quittung bestätigt. Gleiches dürfte für die Quittungen **479a, b** und **573**[34] gelten, die den Vermerk χωρὶς ναύλου πλοίου haben. Gemeint ist wohl nicht, daß bei den betreffenden Steuerleistungen der Zuschlag nicht anfiel, sondern daß er in dem bestätigten Betrag nicht enthalten ist.

B. 7. καγκέλλῳ-ARTABEN

In 56 der hier edierten Getreidequittungen ist die bezahlte Summe an Artaben durch den Zusatz καγκέλλῳ qualifiziert. Diese Angabe wird fast immer dem Betrag vorangestellt[35]. Weizen und Gerste werden gleichermaßen im Kankellon-Maß gemessen. Καγκέλλῳ steht zusammen mit μόνον und ῥυπαραί, allerdings niemals mit dem Vermerk σὺν εἰκοστῇ. Der grammatikalisch wohl richtige Dativ (*sc.* μέτρῳ καγκέλλῳ; vgl. etwa BGU III 838, 24 [578]) wird im Apphuas-Dossier bei den von Apphuas selbst ausgestellten Quittungen und in der Kalos-Quittung **509** durch den Genitiv καγκέλλου ersetzt[36], der vielleicht aus einer Attraktion durch das genitivische σίτου zu erklären ist; vgl. σίτου μέτρου καγκέλλου in P.Oxy. I 142, 4 (534).

Über die Bedeutung der Angabe καγκέλλῳ konnte bislang kein Konsens gefunden werden. Das Wort ist in vereinzelten Belegen aus dem 1. Jh. greifbar[37] und dann ab byzantinischer Zeit vielfach bezeugt. Angesichts der frühen Texte wird heute allgemein die Worterklärung von C. H. Becker, P.Heid.Arab. I, S. 31f. über das persische Qanqal-Maß abgelehnt und (wieder) eine Ableitung des Wortes vom lateinischen *cancelli* (Pluralwort) angenommen. Becker ging selbst jedoch gar nicht davon aus, daß das Wort erst mit der persischen Okkupation im 7. Jh. nach Ägypten kam (S. 32), sondern zog einen viel früheren Import analog zur Bezeichnung Artabe in Betracht. Beckers Worterklärung ist demnach auch angesichts der Belege aus römischer Zeit zu berücksichtigen. Sie scheint mir insoweit auch vorzugswürdig, als *qanqal* ein Getreidemaß ist, während der Weg vom *cancelli* (= Gitter, Absperrung) über eine bestimmte Krugform[38] zu einer Maßeinheit sehr weit ist. Der

---

34 Dies betrifft auch mehrere der Karanis-Quittungen aus dem 4. Jh. sowie P.Kell. I 53 (Kellis, 4. Jh.), PSI XIII 960 (Antinoites, 385–388), P.Athen.Xyla I 20 (Antinoites, 6. Jh.) und P.Lond. V 1759 (Hermopolites, 6.–7. Jh.).

35 Die wenigen Ausnahmen sind **478**, **547** und die beiden Kalos-Quittungen **501** und **554**, wo der Kankellon-Vermerk nachgestellt ist, sowie **529** und **575**, in denen die Angabe mit der Summe wiederholt wird.

36 Diese Schreibung tritt nicht ausschließlich in den erwähnten Texten auf, andere Belege für die Genitiv-Form weisen aber oft eine durch weitere Fehler hervorgerufene Entstellung des Wortes auf (etwa κακέλλου und κάλλου in P.Münch. III 116, 5 [6.–7. Jh.]) und stützen entsprechend eher die Annahme eines Fehlers als die einer korrekten genitivischen Variante.

37 P.Oxy. XII 1447 (44 n. Chr.); P.IFAO I 8 (64 n. Chr.); P.Oxy. XLIV 3163 (72 n. Chr.); P.Oxy. XXXVIII 2841 (85 n. Chr.); SB XIV 12169 (96 n. Chr.) und wahrscheinlich P.Lond. II 256a, S. 98f. (15 n. Chr.; s. hierzu J. R. Rea, P.Oxy. LV 3804 Komm. zu 141, S. 129). In P.Oxy. XXXVIII 2841, 8; XLIV 3163, 9 und SB XIV 12169, 13 lautet die vollständige Maßangabe μέτρῳ δημοσίῳ ξυστῷ καγκέλλῳ. Ebenso könnte in P.Oxy. XII 1447, 4–5 statt dem eigenartigen μ̣[έτρῳ] τ̣ῷ καν|κέλλῳ in der Lücke μ̣[έ(τρῳ) ξυσ]τ̣ῷ verborgen sein.

38 Vgl. die ausführliche Beschreibung bei J. R. Rea, P.Oxy. LV 3804 Komm. zu Z. 141f. (S. 129) und im Anschluß daran Mayerson, *Κάγκελλον Artab Measure*.

Versuch, dem Kankellon-Maß eine konkrete Größe zuzuweisen, scheitert am Quellenmaterial[39]. Häufig wurde die Kankellon-Artabe der Artabe von 40 Choinikes gleichgesetzt[40]. Daß die Kankellon-Artabe diesen Umfang haben konnte, läßt sich anhand einiger Texte bestätigen, nicht aber, daß gerade dieses durch den Zusatz καγκέλλῳ bezeichnet wurde. Vielmehr zeigen die mehrfachen Gegenüberstellungen von καγκέλλῳ-Artaben und μέτρῳ-Artaben in Texten, in denen beide Artabenarten aus 40-Choinikes zusammengesetzt sind, daß darin nicht die spezifische Eigenschaft der Kankellon-Artaben liegt[41]. Nach einer neuen Interpretation von J. R. Rea, P.Oxy. LV 3804, Komm. zu Z. 141f. (S. 128) für die in byzantinischer Zeit vorwiegend in Dokumenten aus der Domänenverwaltung gebrauchte Angabe drückt καγκέλλῳ dort die Berechnung des Betrages einschließlich von Zuschlägen aus und steht damit im Gegensatz zu μέτρῳ, das exklusive der Zuschläge bedeutet. Dieses Verständnis könnte man auch für die hier vorgelegten Quittungen in Erwägung ziehen, insbesondere da die Kankellon-Artaben nie mit der Eikoste genannt werden.

Eine gegensätzliche Erklärung für die arsinoitischen Steuerquittungen setzt an dem arabischen Papyrus P.Heid.Arab. I 3 = Chrest.Khoury I 91 (710) an: Es handelt sich um ein Schreiben aus der Amtskorrespondenz des Qurra ben Sharik. In dem Brief schärft er eine zuvor getroffene Regelung erneut ein, wonach bei der Steuereintreibung ausschließlich das *qanqal*, das wohl mit dem Kankellon-Maß zu identifizieren ist[42], verwendet werden durfte, damit die Bevölkerung nicht übervorteilt werde. Die einschlägige Passage (Z. 36–56) lautet in der Übersetzung Beckers: „Auch habe ich schon die Beamten der Staatsspeicher angewiesen, daß sie von dem Landvolke das Getreidemaß voll, aber nicht das Geringste mehr nehmen sollten. Auch habe ich sie zuvor angewiesen, daß sie nicht mit dem δημόσιον (genannten) Maß messen sollten; denn ich habe verboten, dies beim Landvolke anzuwenden. Vielmehr befiel den Qabbāls[43], daß sie mit dem Qanqalmass messen sollen; ferner deponiere bei Dir ein Normal-Qanqalmaß, mit dem Du nachprüfst, was die Quabbāls von dem Volke der Ortschaften nehmen, und, wenn Du einen von den Quabbals dabei ertappst, das Maß zu überschreiten gegenüber dem Landvolk, oder das Geringste mehr zu nehmen, als Du ihm vorgeschrieben hast, so züchtige ihn mit hundert Hieben und schere ihm Bart und Kopfhaar und lege ihm eine Strafe von dreissig Dinar auf, nachdem Du ihm das abverlangt hast, was

[39] S. zuletzt Mayerson, *Κάγκελλον Artab Measure*, der angesichts der in römischer Zeit belegten gemeinsamen Verwendung von ξυστός und κάγκελλον eine Bedeutungsübernahme vermutet, wonach καγκέλλῳ in späterer Zeit die „gestrichene Artabe" bezeichnen würde. Die darauf folgende Gleichsetzung der Kankellon-Artabe mit 5 italischen modii xysti beruht auf mehreren unsicheren Annahmen (etwa der Unterstellung der für Zypern bei Epiphanius überlieferten Modiusgrößen) und bleibt daher stark hypothetisch. Die am Ende (S. 184f.) notierte Beobachtung, daß von 529 Ergebnissen bei einer Recherche in der DDBDP 373 aus Oxyrhynchos stammen, täuscht über die tatsächlichen Zahlenverhältnisse hinweg, da in einigen Abrechnungen aus dem Apionen-Archiv das Wort bis zu 30-mal in einem Text auftaucht. In Papyri gerechnet ist κάγκελλον alleine in diesem Band öfter bezeugt als in den oxyrhynchitischen Papyri.

[40] Vgl. von vielen P.Oxy. XVI 1910, Komm. zu Z. 15 und Duncan-Jones, *Grain-measure*, 354–355.

[41] Vgl. die Berechnung anhand von P.Oxy. XVI 1911, 101–102 (557) bei Shelton, *Artabs*, bes. 59.

[42] Selbst wenn man eine etymologische Erklärung über *cancelli* bevorzugt, liegt es näher, daß das von Qurra ben Sharik genannte *qanqal* keine neu einzuführende Maßeinheit ist, sondern eine Transliteration des bereits in Ägypten verwendeten κάγκελλον-Maßes, wie bei dem im Vergleich genannten μέτρον δημόσιον (*el-dīmūs*) und anderen aus dem Griechischen übernommenen Termini; vgl. Becker, P.Heid.Arab. I S. 31.

[43] Aus den Z. 25–30 des Papyrus ergibt sich, daß als *qabbal* gewählte Vertreter der Dörfer bezeichnet werden, die gegen ein Entgelt von 5 % der abgelieferten Artaben den Weizen von der Dorfbevölkerung eintreiben und an die Staatsspeicher von al-Fustât abliefern sollen; vgl. Becker, P.Heid.Arab. I, S. 45 und Simonsen, *Caliphal Taxation System*, 126.

er über meine Instruktion an Dich hinaus eingezogen hat". Diesem Zeugnis nach ist *qanqal* / κάγκελλον tatsächlich eine Meßgröße, die unter dem μέτρον δημόσιον liegt[44] oder jedenfalls zuverlässiger ist. Eine Bedeutung des Wortes im Sinne von „einschließlich von Zuschlägen" scheint damit für Belege aus arabischer Zeit ausgeschlossen.

Bei den arsinoitischen Steuerquittungen dieses Bandes ist der Zusatz καγκέλλῳ in den meisten Dossiers entweder immer oder nie zu finden[45]. Es fällt auf, daß die beiden sicher in arabische Zeit zu datierenden Dossiers des Georgios und des Kalos in jedem Text die Messung im Kankellon-Maß vermerken. Daneben ist καγκέλλῳ in allen Texten des Apphuas-Dossiers, bei vier Kammon-Texten und in einigen verstreuten Quittungen zu finden. Bei keinem dieser Zeugnisse ist eine Datierung in arabische Zeit ausgeschlossen. Das soll nicht bedeuten, daß das Kankellon-Maß vor arabischer Zeit überhaupt nicht für Steuergetreide verwendet wurde, das plötzliche und gehäufte Auftreten der Maßangabe in den Steuerquittungen könnte aber damit zu erklären sein, daß die arabische Administration die Verwendung ausschließlich des Kankellon-Maßes durchsetzen wollte. Bei aller Vorsicht, die angesichts der zufälligen Streuung der Texte und der insgesamt lückenhaften Überlieferung geboten ist (etwa läßt sich nicht ermitteln, ob die Steuerquittungen des Georgios und des Kalos vor oder nach 710 abgefaßt wurden bzw. wann erstmalig eine Anordnung zur Verwendung des Kankellon-Maßes getroffen wurde), zeigt der vorliegende Textbefund jedenfalls eine zeitbedingte Veränderung im Formular, die vermutlich mit der arabischen Verwaltung einhergeht.

B. 8. ῥυπαραὶ ἀρτάβαι

In wenigen der hier edierten Getreidequittungen (9 Texte) sind die bezahlten Artaben als ῥυπαραί gekennzeichnet. Die Angabe steht auch zusammen mit dem Vermerk καγκέλλῳ (**471**, **473**, **504**, **510**, **543**) und nach der Nennung der εἰκοστή (**559**). In **497** und **531**, in denen die bezahlte Summe in Säcken und Artaben angegeben wird (s. **B. 10.**), ist der Begriff deutlich der Maßeinheit der Artaben zugeordnet.

Im Unterschied zu den zahlreichen Texten, wo Weizen als ῥυπαρός bezeichnet wird, ist in den Quittungen explizit die Artabenmenge mit dem Adjektiv gekennzeichnet. Während σῖτος ῥυπαρός im allgemeinen „unreines Getreide" bedeutet und im Gegensatz zu σῖτος καθαρός, dem gereinigten Getreide, steht[46], hat sich bei Texten aus dem fiskalischen Be-

---

[44] Auch in den Texten, in denen καγκέλλῳ-Artaben den μέτρῳ-Artaben gegenübergestellt sind, könnte die jeweils höhere Anzahl der Kankellon-Artaben (etwa in P.Oxy. LV 3804 um je 15% vermehrt) darauf zurückgehen, daß das Kankellon-Maß kleiner ist.

[45] Alle Quittungen des Apphuas-, Georgios- und Kalos-Dossiers geben das Kankellon-Maß an, hingegen scheint der Zusatz in keinem der Texte aus dem Agathammon-, Ioannes-, Neilos- und Timotheos-Dossier auf. Kammon verwendet καγκέλλῳ in vier von fünf Quittungen, Marnitas in einer.

[46] Zu der üblichen Vermengung von Weizen mit Gerste als einem ägyptischen Spezifikum s. P. Mayerson, *σῖτος/πυρός in Egypt as Deliberate Mixtures of Wheat with Barley*, BASP 42 (2005) 51–62.

reich eine andere Interpretation im übertragenen Sinn durchgesetzt[47]: Eine „Rhypare" - Getreidezahlung ist eine Brutto-Zahlung unter Einschluß gewisser Abgaben und Zuschläge. Diese Deutung dürfte auch für die hier edierten Quittungen zutreffen.

Eine Durchsicht der Zeugnisse für die Verwendung von ῥυπαρός bei Getreidezahlungen zeigt, daß die Bedeutung des Wortes weniger von der Textart als von dem Bezugswort abhängt: Wo das Adjektiv dem Substantiv ἀρτάβη beigeordnet ist, wird damit grundsätzlich die übertragene fiskalische Bedeutung „brutto" ausgedrückt. Weitere Texte dieser Art sind etwa P.Vind.Worp 6 (5.–6. Jh.), SB XXII 15726 (6. Jh.)[48], P.Dubl. I 27 (6.–7. Jh.), P.Prag. I 68 (6.–7. Jh.) und 83 (6.–7. Jh.). Wo hingegen die Wortkombination σῖτος ῥυπαρός auftaucht[49], liegt im allgemeinem die sachlich, qualitative Bedeutung „ungereinigt" vor. Deutlich wird dies in jenen Texten, wo ῥυπαρός-Weizen ausdrücklich ohne Zuschläge verrechnet wird: vgl. P.Athen.Xyla 20, 3 (6. Jh.) [σίτου ῥυ]παρ(οῦ) χωρὶς ναύλο(υ) καὶ ἑκατοστ[ῶν ἀρ(τάβας) κτλ. und P.Lond. V 1759, 2 (6. Jh.) σίτο(υ) ῥ̣υ̣π̣α̣ρο(ῦ) χωρὶς ναύλω[ν] κα̣ὶ γό̣μ̣ο̣[υ] ἀ̣ρ̣τ̣ά̣β̣[ας] κτλ.

B. 9. BESTÄTIGUNG DER QUITTUNGSSUMME DURCH μόνον

Bei etwa der Hälfte der Steuerquittungen (von den hier edierten Papyri in genau 60 Texten) wird der Quittungstext mit dem Kürzel μ// oder μ°// (oder ähnlich; s. Index IX. B.) für μόνον bzw. μόνας[50] beendet. Oft wird dieser Zusatz als „netto" verstanden. Die Beifügung von μόνον in zahlreichen Quittungen, in denen die bezahlten Artaben als σὺν εἰκοστῇ und ῥυπαραί (also als einschließlich gewisser Zuschläge) ausgewiesen sind, zeigt unzweifelhaft, daß das nachgestellte μόνον nicht im buchhalterischen Sinne als „netto" zu verstehen ist.

Dagegen dürfte der μόνον-Klausel überhaupt keine inhaltliche Bedeutung zukommen. Es handelt sich wohl um eine Konvention, mit der die Quittungssumme als vollständig und beendet gekennzeichnet wird. Zweck dieser Beifügung war vermutlich der Schutz vor nachträglicher Fälschung des Schriftstückes. Darauf deutet auch, daß μόνον immer der

---

[47] Der Vorschlag wurde erstmals von Johnson, West, *Byzantine Egypt*, 245–247 eingebracht und ist in zahlreichen Editionen aufgenommen; vgl. etwa P.Dubl. I 27, Komm. zu Z. 4; P.Köln IX 373, Komm. zu Z. 8–9; P.Münch. III 103, Komm. zu Z. 5 und P.Sorb. II S. 245, Komm. zu 93B, Z. 1–8. Siehe auch die Darstellung bei A. Gara, *Prosdiagraphomena e circolazione monetaria. Aspetti dell'organizzazione fiscale in rapporto alla politica monetaria dell'Egitto Romano*, Milano 1976, 43–44.

[48] Und zwar dürfte in Z. 5 ρυπαρ/ den vorgenannten Artaben zuzuordnen sein und nicht den danach genannten Säcken; *l.* also ἀρτάβ(αι) | ἐννέα ἥμισυ δωδέκ(ατον) ῥυπαρ(αί), σάκκοι δ κτλ.

[49] Von den Belegen für diesen Ausdruck aus byzantinisch-arabischer Zeit stammt der Großteil aus dem oxyrhynchitischen Gau, was an ein geographisches Spezifikum denken läßt.

[50] Die Auflösung der Kürzung in den Transkriptionen des Textteils richtet sich nach den vergleichsweise wenigen Beispielen, in denen das Wort ausgeschrieben zu lesen ist. Eine derartige Recherche zeigt, daß die Schreiber beim Plural ἀρτάβας meistens auch μόνας als Adjektiv angleichen; vgl. etwa die Steuerquittung PSI I 46, 6–7 (5.–6. Jh.): ἀρτάβας τεσσεράκοντα | δύο μόνας. Weniger einheitlich sind die Belege, in denen von einer Artabe oder weniger die Rede ist. Für ἀρτάβην ... μόνην lassen sich immerhin noch einzelne Beispiele anführen, etwa μίαν ἀρτάβην | καὶ μό[ν]η[ν] in P.Lond. IV 1354, 12–13 (710). Dagegen scheint die Genitiv Singular μόνης überhaupt nicht auf. Im Anschluß an ἀρτάβης wird entweder der grammatikalisch falsche Akkusativ Plural μόνας (so in P.Col. VII 155, 8 etc.) oder das Adverb μόνον (wie in P.Col. VII 149, 17) gesetzt, das entsprechend in den hier edierten Texte aufgelöst wurde.

zweiten, in Ziffern geschriebenen Summe beigefügt wird. Ausgedrückt wird dadurch etwa „bezahlt wurden x Artaben, sonst nichts“.

B. 10. QUITTUNGEN MIT ANGABE DER SUMME IN SÄCKEN UND ARTABEN

Der in Säcken transportierte Weizen wird in einigen Quittungen auch in dieser Einheit registriert; vgl. etwa **485** oder P.Rain.Cent. 143 (6.–7. Jh.). Tatsächlich sind Säcke keine genauen Maßeinheiten; häufig, jedoch keineswegs immer, stehen sie zu Artaben im Verhältnis von 1 : 3[51]. Wohl aus diesem Grund wird in den folgenden fünf Quittungen die Menge des geleisteten Weizens sowohl in Säcken als auch in Artaben angegeben. Darüber hinaus ist in diesen Texten zwischen den Säcken und den Artaben eine durch πρός eingeführte Zahl benannt, die das Verhältnis zwischen den Artaben und den zuvor genannten Säcken bestimmt.

Übersicht:

Text	Säcke		Verhältniszahl		Artaben	
478	ιγ	13	λα[	31 [ ]	μγ′	40 1/3
497	νδ	54	λα[	31 [ ]	διακοσίας [ ] εἰκοστόν	200–299 [ ] 1/20
531	ιγ	13	λα β′	31 2/3	μ γ′ ι(β)′ κ(δ)′	40 1/3 1/12 1/24
551	γ	3	κε β′	25 2/3	ζ β′	7 2/3
P.Prag. I 83	ε	5	λα δ′	31 1/4	ιεγ′	15 1/3
SB XXII 15726[52]	δ	4	κδ?	24?	θ ∠ ιβ′	9 1/2 1/12

Der Zusammenhang zwischen Säcken, Artaben und Verhältniszahl ist deutlich zu sehen in **551**, wo 3 Säcke = 7 2/3 Artaben bezahlt wurden. Ein Sack faßt demnach 2,555 Artaben. Ein solcher Bruch (2 5/9) ist im System der in den Papyri verwendeten Bruchzahlen nicht exakt auszudrücken, zu erwarten wäre in Annäherung an den genauen Wert zum Beispiel 2 1/3 1/4 = 2,583. Die Verhältniszahl lautet jedoch 25 2/3, beläuft sich also auf das Zehnfache. Die Verhältniszahl ist demnach auf eine Maßeinheit von 1/10-Atabe bezogen. Tatsächlich wird die Artabe gewöhnlich nicht in Zehntel gesplittet (s. auch oben **B. 5.**). Einzig in vereinzelten metrologischen Texten wird ein Verhältnis von Artabe : Metron = 1 : 10 beziffert; vgl. P.Oxy. XLIX 3458, 7–8 (3. Jh.) und P.Oxy. I 9, Verso 8 (3.–4. Jh.)[53]. Möglicherweise

---

[51] Zum Versuch einer Kategorisierung von Sackgrößen s. zuletzt P. Mayerson, *The Sack (σάκκος) is the Artaba Writ Large*, ZPE 122 (1998) 189–194. Eine Durchsicht jener Texte, in denen Säcke in Artaben umgerechnet werden (unter Außerachtlassung der hier analysierten Gruppe), zeigt, daß in römischer Zeit ein Sack zwar überwiegend drei Artaben faßte, jedoch drastische Abweichungen von dieser Größe ebenso vorkommen; vgl. etwa P.Mil.Vogl. IV 212 Verso (109 n. Chr.), wo Säcke zu 7,8 und 8 Artaben zusammen mit 3-Artaben-Säcken bezeugt sind.

[52] Zur möglichen Korrektur der Zahlen in diesem Text s. unten.

[53] Zu der von B. Boyaval, *P.Michael. 62*, ZPE 26 (1977) 253–261 und *Encore P.Michael. 62*, ZPE 34 (1979) 36 vorgeschlagenen Deutung der Sigle α̥ in P.Michael 62 A, i und ii als 1/10 Artabe = 1 μέτρον τετραχοίνικον s. die abweichende Neuinterpretation von F. Morelli, *P.Michael. 62 A (PACK² 2308): un problema di matematica? Una storia di edizioni e di fraintendimenti*, ZPE 122 (1998) 135–138.

wurde dieses rechnerische Metron in der Größe von vier Choinikes (μέτρον τετραχοίνικον) zur Gegenüberstellung von Säcken und Artaben als Recheneinheit stillschweigend unterstellt. Da keine Sicherheit über die Bezeichnung der gemeinten Einheit erlangt werden kann, wird des Weiteren die der Verhältniszahl zugrundeliegende Meßgröße als Zehntel-Artabe bezeichnet.

Diesem Schema, x Säcke zu je y Zehntel-Artaben = z Artaben, folgen auch die anderen Texte, wobei die Rechnung teilweise nicht exakt ist. In **531** sollte die Artabenzahl nach 13 Säcken zu je 31 ²/₃ Zehntel-Artaben mit 41,166 etwas mehr sein als die angegebenen 40 ¹/₃ ¹/₁₂ ¹/₂₄ = 40,458 Artaben. In P.Prag. I 83 sind die bezahlten 15 ¹/₃ Artaben ebenfalls etwas weniger als die zu errechnenden 15,625 Artaben. Ähnliche Differenzen dürfte es bei **478** und **497** gegeben haben, wobei dort die Zahlen nicht vollständig erhalten sind. Die Abweichungen von der zu errechnenden Artabenmenge könnten durch rechnerische Differenzen, die aus dem Bruchzahlensystem resultieren, zu erklären sein.

In SB XXII 15726 (6. Jh.)[54] ist in Z. 3–5 nach der Edition zu lesen: σίτου σάκ(κους) τέσσερας πρ(ὸς) β δ′ | μέτρ(ῳ) τῆς οὐσ(ίας) τῶ(ν) εἴκοσι γί(νονται) ἀρτάβ(αι) | ἐννέα ἥμισυ δωδέκ(ατον). Entsprechend würde man davon ausgehen, daß anders als in den bisher genannten Texten die nach πρός angegebene Zahl in Artaben berechnet ist, also ein Sack die Größe von 2 ¹/₄ Artaben hat. Die Summe der Artaben müßte dann aber 9 und nicht 9 ¹/₃ ¹/₂ lauten, wofür auch der Herausgeber keine Erklärung findet und diese Abweichung dem in Z. 4 genannten Maß des Landgutes zuschreibt. Unterstellt man dem Text denselben Rechenvorgang wie in den anderen Quittungen, so erhält man eine Sackgröße von 23,958 = 24 Zehntel-Artaben. Tatsächlich läßt sich statt β δ′ einfach auch κδ lesen, da κ und β beide wannenförmig geschrieben sein könnten und das δ bezeichnenderweise keine Bruchzahlen-Markierung aufweist. Der Text folgt also wohl demselben Schema wie die anderen hier zusammengestellten Quittungen.

B. 11. SIGNATUR DER QUITTUNGSAUSSTELLER

Ausnahmslos alle Quittungen haben die Unterschrift eines oder mehrerer Verantwortlicher. Manchmal steht nur der Name des Quittungsausstellers (etwa in den Neilos-Quittungen **455**, **514** und **545**), wobei die Signatur immer mit einem Kreuz beginnt[55]. Meist wird der Name durch die Formel δι᾽ ἐμοῦ eingeführt[56]. Dieses „durch mich“ bedeutet, daß der Signierende selbst die Unterschrift leistet und damit die Zahlung bezeugt, nicht auch, daß er die Urkunde selbst ausgestellt hat, wie die teils erkennbaren Schreiberwechsel zwischen Quittungstext und Unterschrift zeigen.

[54] Ediert von P. J. Sijpesteijn, *Varia Papyrologica III*, ZPE 100 (1994) 259–282, bes. 273, Nr. 9b mit Tafel 16.

[55] Die meisten Schreiber setzen ein Kreuz vor und nach ihren Namen, manche stellen noch ein drittes Kreuz über die Zeile; besonders auffallend ist die Anhäufung von Kreuzen bei den Unterschriften im Georgios-Dossier.

[56] S. dazu auch die zahlreichen Abbildungen unterschiedlichster Signaturen in Diethart, Worp, *Notarsunterschriften*.

Oft endet die Unterschrift mit dem Zeichen des Ausstellers. Solche Paraphen können schlicht als geschwungene Ausstriche des Kreuzes gestaltet sein (vgl. etwa die Signatur des Agathammon in **503**), kompliziertere Figuren bilden (wie die Paraphe des Kalomenas aus dem Georgios-Dossier, etwa in **493**) und sogar zu großen, eigenständigen Gebilden werden, wie die Paraphe des Apphuas (s. unten **C. 2.**). Manche Paraphen sind derart komplex, daß hinter dem Schriftzug ein Sinngehalt zu vermuten ist, zum Beispiel die Paraphe des Kalos und seines Kollegen in **501**, **504** und **509**. Tatsächlich sind manche dieser bislang als Namenszeichen aufgefaßten bzw. von Wessely zuweilen als Tachygraphie beschriebenen Schriftzüge partiell entzifferbar. Es handelt sich dabei um eine wiederholte Angabe der bezahlten Artabensumme, die mit einem langen Querstrich durchstrichen wurde. Solche Kontrollvermerke sind in allen Texten des Apphuas-Dossiers und in den vier von Georgios alleine unterzeichneten Quittungen **474**, **480**, **520** und **565** zu finden. Bei diesen Kontrollvermerken stehen vor der Artabensumme jeweils einige im Duktus immer gleiche Schriftzeichen, bei denen die einzelnen Buchstaben nicht mehr auszumachen sind. Eventuell handelt es sich tatsächlich um tachygraphische Zeichen. Auch die durchgestrichenen Paraphen aus dem Kalos-Dossier könnten derartige Kontrollvermerke sein, jedoch kann ich dort die jeweilige Artabensumme nicht wiederfinden.

Der Kalos des gleichnamigen Dossiers (s. unten **C. 5.**) und Christophoros aus dem Georgios-Dossier fügen ihrem Namen den Vermerk σεσημείωμαι hinzu. Den Ausstellungsvermerk στοιχεῖ μοι findet man nur in den beiden hermopolitanischen Quittungen **572** und **573**.

Etliche Quittungen wurden vor mehr als einer Person gezeichnet. Dazu gehören fast alle Texte aus dem Georgios-Dossier, die oft sogar drei Unterschriften aufweisen. Hinzu kommt, daß in diesem Dossier oft Vertreter fungieren, die ihre Vertreterstellung mittels einer Signatur in der Form † ὁ δεῖνα, δι' ἐμοῦ τοῦ δεῖνος † kennzeichnen. Außerhalb des Georgios-Dossiers sind Kollegia nur vereinzelt zu finden: In der Quittung **479a** vom Anfang des 5. Jh. (Theophilos und Euphrantios)[57], in der Kalos-Quittung **509** (Kalos und NN für Theodoros), in den beiden Quittungen aus arabischer Zeit **532** (Presbyteros Phoibammon und Diakon Theodoros für einen Bischof) und **547** (Philotheos und NN) sowie in der hermopolitanischen Embolequittung **573** (Leontios vertreten durch Ioannes, Gegenzeichnung des Sitometres Theodosakios).

Diese ausdrückliche Unterscheidung des Verantwortlichen von dem die Unterschrift tatsächlich Leistenden in der Formel ὁ δεῖνα, δι' ἐμοῦ τοῦ δεῖνος ist ein Hinweis auf spezifische Kompetenzbereiche und abgegrenzte Funktionen der bei der Steuererhebung tätigen Personen. Die Gegenzeichnung dürfte dem Schutz vor Fälschung und Korruption gedient haben. Es fällt auf, daß bis auf **479a** und **573** alle Quittungen mit Unterschrift und Gegenzeichnung aus arabischer Zeit stammen. Da es vereinzelte frühere Beispiele gibt und andererseits nicht alle Quittungen aus arabischer Zeit die Kumulierung von Unterschriften aufweisen, ist es allerdings kaum möglich, aus diesem Befund auf eine administrative Veränderung am Beginn der arabischen Zeit zu schließen.

---

[57] Dieselben beiden Personen fungieren in P.Prag. I 82 als Quittungsaussteller.

B. 12. KENNZEICHNUNG DER ENTWERTUNG

Bei rund einem Drittel der Steuerquittungen wurde der Text nachträglich durchgestrichen, zumeist durch zahlreiche, einander kreuzende Linien, die ein schräges Gitternetz über dem Text bilden, s. etwa die Quittungen des Apphuas. Selten erfolgte die Durchstreichung durch parallele Schrägstriche, wie in der Elias-Quittung **452**. Diese Kennzeichnung (griechisch χιάζειν[58]) markiert gewöhnlich die Entwertung von Schuldscheinen und ist entsprechend häufig bei Darlehensurkunden zu finden[59].

Einem ähnlichen Zweck dürfte die Durchstreichung der Quittungen gedient haben. Vielleicht verloren sie durch die Eintragung in ein Register ihren eigentlichen Wert, da ab dann in erster Linie der Registereintrag maßgeblich war, während die Quittungen wohl eine Zeit lang zusätzlich archiviert wurden. Diese Vorgangsweise wurde bereits von H. C. Youtie, O. M. Pearl, P.Mich. VI 399-411 Einl., S. 102 für die durchgestrichenen Quittungen aus Karanis erörtert, wo auch zugehörige Sammellisten erhalten sind (P.Mich. VI 374ff.).

Einen entsprechenden Eintragungsvermerk stellt vermutlich auch das in **502** und **571** von jeweils einer anderen Hand hinzugefügte ἐτάγη dar, das allerdings außer in diesen beiden Texten bei Steuerquittungen nicht bezeugt ist. Die Unterstreichung der beiden Agathammon-Quittungen **496** und **503** könnte dieselbe Bedeutung wie die Durchstreichung haben (s. dazu **C. 1.**).

Daneben bleibt immer noch eine große Anzahl an Quittungen, die keinerlei Kennzeichen einer Entwertung bzw. Übertragung in Register aufweisen. Dabei lassen sich gewisse Regelmäßigkeiten innerhalb der Dossiers erkennen: So sind alle Texte des Apphuas, keine des Kammon, Ioannes, Makarios, Marnitas, Neilos und Timotheos durchgestrichen. Im Kalos-Dossier sind vier von sechs Quittungen entwertet, im Georgios-Dossier 19 von 33 Texten, wobei die Durchstreichung nur bei bestimmten der signierenden Kollegien vorkommt. Gerade bei diesen Quittungen aus einer engen Zeitspanne ist davon auszugehen, daß nicht nur ein Teil, sondern alle Einzelquittungen in Register übertragen wurden, wobei einige dann offensichtlich keine diesbezügliche Markierung erhielten.

[58] Zur Bedeutung des Wortes s. LSJ[9] 1991 *s.v.* II. und P.Oxy. XLII 3057, Komm. zu Z. 3 und 15ff.

[59] Die Rückzahlungsquittungen weisen oft die Klausel κεχιασμένην (bzw. -ον) εἰς ἀκύρωσιν in bezug auf den Darlehensschuldschein auf.

C. DOSSIERS EINZELNER QUITTUNGSAUSSTELLER

C. 1. DOSSIER DES AGATHAMMON

Zusammengehörige Texte: Von den fünf von Agathammon ausgestellten Weizenquittungen sind vier Papyri Teil des vorliegenden Bandes: **458**, **496**, **502** und **503**. Die *ed. pr.* gibt noch in keinem der Texte die Unterschrift des Agathammon wieder (**496**: Α[βρα]αμ/[ ]; **502**: δ(ι') ἐμοῦ 'Αμμων; **503**: δ/μ Καμμονι). In drei Texten wurde dies bereits von J. Diethart korrigiert: für **496** und **503** in *Ghost-names und andere Berichtigungen zu Wiener Papyri*, ZPE 39 (1980) 190[60] und in der *Pros. Ars.*, Nr. 121 mit Anm. 21[61]; für **502** in *Korr. Tyche 92*, Tyche 8 (1993) 223. Durch die Zusammenfügung des in SPP III als **458** von Wessely edierten Fragmentes mit dem bislang unedierten rechten Teil des Blattes zeigte sich die Zugehörigkeit auch dieses Textes zum Dossier. Die fünfte Quittung ist P.Dubl. I 27[62], die mit Sicherheit von der gleichen Hand stammt, im Formular aber leicht von den anderen Texten des Dossiers abweicht. Da in P.Dubl. I 27 derselbe Steuerzahler wie in **550** auftritt[63], kann auch **550**, in dem die Unterschrift nicht erhalten ist, zumindest in zeitliche Nähe des Dossiers gerückt werden. Die Schrift unterscheidet sich nicht wesentlich von P.Dubl. I 27, weshalb eine Zugehörigkeit auch von **550** zum Dossier möglich wäre, hier aber angesichts der nur vagen Vermutung außer Betracht bleiben soll. Außerdem gehört zu der Gruppe der Agathammon-Texte mit SB XX 14072[64] auch ein Zahlungsauftrag aus dem ägyptischen Museum in Kairo, in dem Agathammon als Mesites der großen Getreidespeicher auftritt.

---

60 Der ebenda als unediert bezeichnete Wiener Papyrus G 25863 ist mittlerweile als CPR VIII 56 publiziert.

61 Der dortige Verweis auf einen unedierten Pariser Papyrus M.N. E 7013 (C 17) ist irreführend, da es sich bei diesem um **502** handelt.

62 B. McGing verweist in der Edition (Komm. zu Z. 4) auf die drei damals bekannten Texte des Dossiers, ohne freilich die Identität der Unterschrift in allen Texten zu kennen. Die von ihm ebenfalls in Betracht gezogenen SPP III-Quittungen **454**, **477** (nochmals als SB I 4885 genannt), **508** sowie P.Ross.Georg. V 46 Nr. 2 weisen alle die Unterschrift des Kammon auf und gehören zusammen mit P.Prag. I 84 zu jenem Dossier, s. unten **C. 6.**

63 Zur Korrektur von πρεσ(βυτέρου) zu Παρεῦ in Z. 2 von P.Dubl. I 27 s. BL XI 74 (J. Gascou, briefl.) und unten **550**, Komm. zu Ż. 2. Der Steuerzahler ist in beiden Texten Phib, Sohn des Parey.

64 Vgl. die Edition von P. J. Sijpesteijn, *Vier byzantinische Texte des Kairener Museums*, Aeg. 68 (1988) 36–41 mit Abb. nach S. 40. Auf dem Photo ist in Z. 1 statt ὀρρ(ίων) πολιτικ̣(ῶν) besser ὀρρ(ίων) πολιτῶ(ν) zu lesen; zur Frage der Auflösung der entsprechenden Abkürzungen sowie zur mangelnden Bedeutung der Differenzierung s. **579**, Komm. zu Z. 1.

Übersicht[65]:

Quittungen

Text	Ind.	Datum	Ort	Betrag	Formular	Besonderheiten
496	3.	9. Payni	Tamauis	$^1/_3$	eikoste	Text unterstrichen
503	3.	28. Payni	Tamauis	$^1/_{12}$ $^1/_{24}$	eikoste	Text unterstrichen
502	4.	22. Payni	Psenyris	1 $^1/_3$ $^1/_{12}$ $^1/_{24}$	eikoste	
458	7.	6. Phaophi	Distichia	$^1/_{12}$ $^1/_{24}$	eikoste	
P.Dubl. I 27	9.	1. Epeiph	Alabantis	6 $^1/_2$ $^1/_3$	kankellon, rhyparai	gleicher Steuerzahler in **550**

Zahlungsauftrag

Text	Ind.	Datum	Betrag	Absender	Adressat	Transfer
SB XX 14072	4.	11. Phaophi	32	Mesitai d. großen Speicher	Mesitai d. städtischen Speicher	an Ioannes, Zygostates, vom Konto des *curator* Naraus

Herkunft: Alle Quittungen nennen Dörfer des Arsinoites, die in der ehemaligen Herakleidu Meris gelegen sind. In SB XX 14072 bietet der Text selbst keinen Hinweis auf eine Lokalisierung, in der Edition wurde jedoch als Herkunft Arsinoites vermerkt.

Datierung: Wessely datierte alle vier Papyri aus SPP III in das 6. Jh.; B. McGing gibt für P.Dubl. I 27 eine Datierung 6.–7. Jh. an, gleichermaßen P. J. Sijpesteijn für SB XX 14072. Tatsächlich sind manche Buchstabenformen (vgl. etwa δ und π) eher dem 7. Jh. zuzuordnen, das auch in Hinblick auf die Gesamtkonstellation des Fundes wahrscheinlicher ist. Mangels weiterer Anhaltspunkte wurde hier die vorsichtigere Datierung in das 6.–7. Jh. beibehalten.

Zeitlicher Rahmen: Die fünf Quittungen des Dossiers nennen ein drittes, viertes, siebentes und neuntes Indiktionsjahr, erstrecken sich also über einen Zeitraum von mindestens sieben Jahren. Der Zahlungsauftrag SB XX 14072 stammt ebenfalls aus einer vierten Indiktion. Bis auf **458** (6. Phaophi) fanden alle Zahlungen in den für die Naturalsteuerleistungen typischen Sommermonaten Payni und Epeiph statt (s. dazu oben **B. 2.**).

Formale Besonderheiten: Alle Papyri des Dossiers haben ein ähnliches Format von durchschnittlich 6 × 12 cm und sind damit deutlich breiter als das Gros der Steuerquittungen. In **496** und **503**, beide ausgestellt im Payni eines dritten Indiktionsjahres, sind die einzelnen Zeilen unterstrichen. Eine derartige Markierung ist ungewöhnlich und es ist fraglich, ob sie demselben Zweck diente wie die Durchstreichung mancher Quittungen zu ihrer Entwertung (s. dazu oben **B. 12.**).

[65] Die Tabellen sind in der Folge immer nach dem Indiktionsjahr und innerhalb dessen nach dem Tagesdatum der Quittung geordnet, auch wenn die aufsteigende Reihenfolge der Indiktionsjahre nicht unbedingt dem tatsächlichen chronologischen Ablauf der Quittungsausstellung entsprechen muß, da die Texte unter Umständen aus verschiedenen Indiktionszyklen stammen könnten.

Inhalt und Formular: Das Formular der Texte ist nicht einheitlich. In den vier Texten diese Bandes **458**, **496**, **502** und **503** wird jede Zahlung als unter Einschluß der 5%-Abgabe (σὺν εἰκοστῇ) ausgewiesen. In P.Dubl. I 27 sind die Artaben im Kankellon-Maß gemessen (s. dazu oben **B. 7.**). Die Zahlungsbeträge der Texte aus Wien und Paris sind verhältnismäßig gering; sie liegen alle unter 2 Artaben. Dagegen wird in P.Dubl. I 27 eine Zahlung von beinahe 7 Artaben quittiert. In SB XX 14072 werden die Mesitai der städtischen Getreidespeicher angewiesen, dem Zygostates Ioannes 32 Artaben zu Lasten des Kontos des *curator* Naraus auszuzahlen.

Schreiber und Quittungsaussteller: Die sechs Texte des Dossiers weisen große Übereinstimmungen im Schriftduktus auf; vgl. *e.g.* Παπνούθιος in **458** und **503**, Παῦνι in **496**, **502** und **503**, σίτου in **502** und P.Dubl. I 27, sowie die Schreibweise des Kreuzes, des Artabenzeichens und der Bruchzahlen in allen Texten. Einzig die Datumszeile in **458** ist weniger flüssig und geneigt als in den anderen Quittungen. Vermutlich wurden alle Quittungen und der Zahlungsauftrag von Agathammon selbst geschrieben und unterzeichnet[66]; in **458** hat vielleicht ein anderer Schreiber die Datumszeile im voraus ausgefüllt (zu diesem Usus s. **472**).

Die Unterschrift des Agathammon ist markant, insbesondere durch das an α unterhalb der Zeile angehängte θ. An den Namen schließt er gewöhnlich ein Kreuz mit Schlinge an. Einzig in dem Zahlungsauftrag SB XX 14072 folgt σεσημ(είωμαι). Der Name Agathammon ist in den Papyri sehr selten belegt. Neben vorliegendem Dossier ist der Genitiv Ἀγαθάμονος in O.Leid. 49, 1 (31 n.Chr.; Theben) und der Dativ Ἀγαθάμ̣μ̣ωνι in CPR VIII 56, 5 (5./6. Jh.; Herakleopolites [mit BL VIII 115]) bezeugt. Aufgrund der abweichenden Herkunft und Datierung kommt eine Identität der genannten Personen mit dem Quittungsaussteller nicht in Betracht. Ein möglicherweise oxyrhynchitisches Dorf mit selbigem Namen dürfte in P.Col. VII 191, 12 (Mitte 4. Jh.) überliefert sein: ἀπου^sic^ γῆς τῆς κώμ(ης) Ἀγαθάμμωνος (vgl. Pruneti, *Ossirinchite*, 23 [= BL VIII 88]).

C. 2. DOSSIER DES APPHUAS

Zusammengehörige Texte: Elf Quittungen für Gerste des vorliegenden Bandes können dem Dossier zugeordnet werden: **525–526** und **533–541**. Die Zugehörigkeit von **533**ff. zu einer Gruppe von Quittungen ist schon in der *ed. pr.* vermerkt. Durch die Revision konnten die Quittungen **525** und **526** dem Dossier hinzugefügt und die beiden in der *ed. pr.* getrennt edierten Fragmente **541** und **542** zu einem vollständigen Blatt vereint werden.

Trotz des bereits erkannten Zusammenhanges wurde die Unterschrift des Apphuas von Wessely uneinheitlich transkribiert: Ἀφουα in **536** und **540**, Ἀφου in **541** und **542**, Ἀπφουα in den übrigen Quittungen (jeweils ohne Akzent). Tatsächlich ist in allen Texten die Signatur † δι' ἐμοῦ Ἀπφουᾶ in immer gleichem Duktus zu lesen (vgl. schon Diethart,

66 In P.Dubl. I 27 ist nach Z. 1 ein Handwechsel vermerkt, der keineswegs zwingend und angesichts der Parallelen eher unwahrscheinlich ist.

Pros. Ars., Nr. 832 mit Anm. 153). Bei den beiden neu in das Dossier aufgenommenen Quittungen **525** und **526** ist jeweils nur der erste Teil der Signatur erhalten, die Zugehörigkeit der Texte zum Dossier läßt sich bereits an diesem Teil sowie an der Identität der Schreiberhände zweifelsfrei erkennen.

Übersicht:

Text	Ind.	Datum	Ort	Betrag	Formular	Besonderheiten
526	[10.]	24. Epeiph	Puet	5 [$^1/_x$] $^1/_{12}$	kankellon	2. Schreiber
534	10.	25. Epeiph	Dikaiu	26 $^1/_2$	kankellon	2. Schreiber; gleicher Steuerzahler in **533**?
525	[10.]	26. Epeiph	Pseuenaphris	[x] $^1/_3$	kankellon	
533	10.	26. Epeiph	Dikaiu	29 $^1/_3$ $^1/_{12}$	kankellon	gleicher Steuerzahler in **534**?
535	10.	26. Epeiph	Dikaiu	3	kankellon	
536	[10.]	26. Epeiph	Dikaiu	5 $^1/_2$ $^1/_3$	kankellon	
537	10.	26. Epeiph	Dikaiu	2 $^1/_2$ $^1/_3$ $^1/_{12}$	kankellon	
538	10.	26. Epeiph	Dikaiu	5 $^1/_2$ $^1/_3$	kankellon	
541	10.	26. Epeiph	Dikaiu	3	kankellon	
540	10.	27. Epeiph	Dikaiu	3 $^1/_{24}$	kankellon	
539	10.	[2-. Epeiph]	Dikaiu	6	kankellon	

Herkunft: Die schon in der *ed. pr.* dem Dossier zugeordneten neun Texte stammen aus dem Dorf Dikaiu, die neu hinzugekommenen Quittungen aus den Orten Pseuenaphris und Puet. Der enge zeitliche Konnex könnte ein Anhaltspunkt dafür sein, daß die drei Orte nicht weit voneinander entfernt lagen. Freilich sind Pseuenaphris und Dikaiu in Belegen der römischen Zeit unterschiedlichen Merides zugeordnet. Dies spricht insoweit nicht gegen eine räumliche Nähe, als Pseuenaphris — bei Richtigkeit der Identifizierung mit Sanufar (s. dazu **525** Komm. zu Z. 2) — zwar in der Herakleidu Meris, aber unmittelbar an der Grenze zur Polemonos Meris lag, in der das Dorf Dikaiu zu suchen ist. Weiters zeigt der Dossierzusammenhang, daß die von Timm, *Christlich-koptisches Ägypten I*, 474–478 (*s.v.* Buwet) vorgeschlagene Identifizierung von Puet mit dem außerhalb der Oase im Niltal gelegenen Ort Ibwit nicht richtig sein kann (s. **526** Komm. zu Z. 2).

Datierung: Die einzelnen Quittungen wurden in der *ed. pr.* durchgehend ins 6.–7. Jh. datiert, einzig bei **526** gibt Wessely das 7. Jh. als Datierung an. Nach paläographischen Kriterien wie den Formen von μ und π sowie insbesondere der Schrift des zweiten Schreibers in **526** und **534** mit kleinen Häkchen an den Unterlängen der Buchstaben ist das Dossier jedenfalls ins 7. Jh., und zwar eher schon in arabische Zeit, zu datieren (vgl. auch oben **B. 7.**).

Zeitlicher Rahmen: Alle Quittungen mit erhaltenem Datum stammen aus der Zeit vom 24. bis zum 27. Epeiph eines zehnten Indiktionsjahres, liegen also innerhalb eines Zeitraumes von lediglich 4 Tagen. Sieben der elf Empfangsbestätigungen wurden am 26. Epeiph ausgestellt, der 24., 25. und 27. sind nur in je einem Text erwähnt. Es liegt nahe, daß auch **539**, dessen Tagesdatum verloren ist, an einem dieser Tage geschrieben wurde (s. **539** Komm. zu Z. 1). Die zeitlich enge Beschränkung des Dossiers läßt darauf schließen, daß die

Quittungen **525**, **526** und **536**, von denen lediglich das Tagesdatum der Ausstellung erhalten ist, ebenfalls aus dem zehnten Indiktionsjahr stammen.

Formale Besonderheiten: Die einzelnen Blätter des Dossiers wurden alle mit einer auffallend konstanten Breite von 8,7 cm zugeschnitten (die Höhe variiert zwischen 5 und 6,7 cm). Alle Quittungen sind durch netzartige Durchstreichung (in **539** durch parallele Schrägstriche) als entwertet gekennzeichnet.

Inhalt und Formular: Die elf Quittungen sind völlig gleichförmig ausgestaltet und weisen kaum individuelle Besonderheiten auf. Der Datumszeile mit Tagesdatum, Produkt (ausschließlich Gerste) und Indiktionsjahr folgt in Z. 2 der Dorfname, Name und Vatersname des Steuerzahlers (einzig **533** nennt eine Zahlung für eine οὐσία), in Z. 3 die Summe der bezahlten Artaben, wobei immer die Angabe des Kankellon-Maßes beigefügt wird. Apphuas verwendet in den von ihm ausgefertigen Quittungen anstelle des üblichen Dativs καγκέλλῳ die genitivische Form καγκέλλου, die außerhalb des Dossiers nur sehr selten belegt ist (s. dazu oben **B. 7.** mit Anm. 36). Danach wird die Summe wiederholt unter Beifügung der Angabe μόνας (außer in **536** und **540**). Der Unterschrift des Apphuas folgt in jedem Text die Summe der bezahlten Artaben ein weiteres Mal in Zahlen, wobei diese letzte Nennung des Betrags als Kontrollvermerk mit einem horizontalen Strich durchgestrichen wurde (s. auch **B. 11.**). Zwischen Unterschrift und Summe gibt es mehrere im Duktus immer ähnliche Schriftzeichen (anders einzig in **535**), eine Art Paraphe, in der die (wohl ursprünglich intendierten) einzelnen Buchstaben nicht mehr zu erkennen sind.

Die Menge der geleisteten Artaben ist, verglichen mit den Weizenquittungen, verhältnismäßig hoch. Fast immer wurden mehr als drei Artaben bezahlt, die niedrigste Zahlung dürfte in **537** mit 2 11/12 Artaben vorliegen (in **525** ist die vor der Bruchzahl 1/3 stehende ganze Zahl nicht erhalten). Auffallend hoch sind die beiden Zahlungen in **533** (29 5/12 Artaben) und **534** (26 1/2 Artaben). Vermutlich ist sogar der Steuerzahler in beiden Quittungen identisch (vgl. **533** Komm. zu Z. 2), was zu einer Gesamtleistung von beinahe 56 Artaben führt.

Schreiber und Quittungsaussteller: Zwei verschiedene Hände lassen sich voneinander unterscheiden: In den beiden Texten **526** und **534** weicht die Schrift des Quittungstextes vom Duktus der Unterschrift ab, die dort auch deutlich nach unten abgesetzt ist. Diese Texte sind von einem anderen Schreiber als Apphuas ausgefertigt worden. Bei allen anderen Texten liegt kein solcher Wechsel der Schreiberhand vor (vgl. etwa den identischen Duktus der Summe in **533** Z. 4 und 5); diese Quittungen wurden vermutlich von Apphuas eigenhändig ausgestellt und unterschrieben. Die Verschiedenheit der Schreiberhände zeigt sich nicht nur am Duktus, sondern auch an kleinen persönlichen Eigenheiten in bezug auf das Formular und die verwendeten Abbreviaturen: vgl. etwa in **526** und **534** das Fehlen der Angabe χω(ρίου) vor dem Dorfnamen, die Kürzung καγκέλλ( ) statt des ausgeschriebenen Genitivs καγκέλλου bei Apphuas, ἀρ( ) statt der von Apphuas zumeist ἀρτάβ(ας) gekürzten Maßangabe, die Wiederholung des Produktes κρ(ι)θ(ῆς) vor der Wiederholung der Summe und die Verwendung des Artabenzeichens in der Betragswiederholung anstelle der Abkürzung ἀρ( ) bei Apphuas.

Der Wechsel der beiden Schreiberhände steht auch in Konnex mit den Ausstellungsdaten: Die beiden nicht von Apphuas geschriebenen Quittungen **526** und **534** liegen mit dem Ausstellungsdatum 24. bzw. 25. Epeiph zeitlich früher als die anderen am 26. und 27.

Epeiph ausgestellten Quittungen. Der Wechsel des Schreibers am 26. Epeiph kann auch in Hinblick auf das in **539** verlorene Tagesdatum in Betracht gezogen werden (s. **539** Komm. zu Z. 1).

Die Unterschrift des Apphuas ist je nach den Platzverhältnissen gedrängter oder großzügig geschrieben. Meist geht der Namenszug direkt in den durchgestrichenen Kontrollvermerk über. Unter der letzten Zeile befindet sich auf jedem Blatt die gleiche geschwungene Paraphe, beginnend mit einem links unten angesetzten Schrägstrich. Am besten zu sehen ist ihre Form in **535** (von dessen Photo die nebenstehende Zeichnung entnommen wurde) und **536**.

Der Name Apphuas ist ab dem 4. Jh. in verschiedenen Varianten bezeugt; vgl. Preisigke, *NB*, 43 (*s.v.* 'Απφοῦ). Unter den zahlreichen Belegen bietet keiner einen Anhaltspunkt für eine Identifizierung mit dem in den Texten des Dossiers unterzeichnenden Apphuas. Die beiden Geldquittungen SPP III 646 (8. Jh.) und SPP VIII 711 (7.–8. Jh.) sind zwar von einem Apphuas unterzeichnet, die Signaturen beider Texte unterscheiden sich jedoch deutlich voneinander und von der Unterschrift des Apphuas dieses Dossiers.

C. 3. DOSSIER DES GEORGIOS

Zusammengehörige Texte: Die Textgruppe zeichnet sich gegenüber allen anderen in diesem Band zusammengestellten Dossiers durch die große Anzahl von Texten aus. Von den hier edierten rund 120 Getreidequittungen gehören 33 Texte zu dem Dossier. Außerdem läßt sich über die Quittung **451** eine Verbindung zum Kalos-Dossier herstellen, da dort derselbe Steuerzahler wie in der Kalos-Quittung **509** auftritt. Die Zusammengehörigkeit eines so erheblichen Teiles aller Texte ist ein gewichtiges Indiz für einen einheitlichen Fundzusammenhang (s. dazu oben **A.**). Sie zeigt freilich auch, daß wir selbst die Gesamtzahl der hier vorgelegten Getreidequittungen mangels Streuung nur bedingt als repräsentativ betrachten dürfen.

Übersicht:

Text	Ind.	Datum	Ort	Betrag	Formular	Produkt	Unterschrift
553	1.	4. Mesore	Hiera Nesos	1 $^{2}/_{3}$	kankellon	Weizen	Kollegium 3a
474	2.	5. Hathyr	Oxyrhyncha	20	kankellon	Weizen	Georgios
483	2.	16. Phamenoth	Chara?	1 $^{1}/_{3}$ $^{1}/_{24}$	kankellon	Weizen	Kollegium 3b
505	2.	30. Epeiph	Sulis	4	kankellon	Weizen	Kollegium 1b
528	2.	30. Epeiph	—	$^{1}/_{3}$	kankellon	Weizen	Kollegium 1b
557	3.	4. Pachon	[ ]	1 $^{1}/_{2}$	kankellon	Gerste	Kollegium 3c
489	3.	8. Pachon	Arabon	2 $^{1}/_{12}$	kankellon	Gerste	Kollegium 2
490	3.	8. Pachon	Karpe	9	kankellon	Gerste	Kollegium 2
492	3.	8.? Pachon	Tassat	3 $^{1}/_{2}$ $^{1}/_{3}$ $^{1}/_{12}$	kankellon	Gerste	Kollegium 2

Text	Ind.	Datum	Ort	Betrag	Formular	Produkt	Unterschrift
450	3.	9. Pachon	Kerkethoeris	5 $^1/_2$ $^1/_3$ $^1/_{24}$	kankellon	Gerste	Kollegium 2
491	3.	9. Pachon	Tassat	14 $^1/_{12}$	kankellon	Gerste	Kollegium 2
499	3.	26. Payni	Kos	2 $^1/_{12}$ $^1/_{24}$	kankellon	Weizen	Kollegium 5b
522	3.	4.? Epeiph	Patres	2 $^1/_2$ $^1/_{20}$	kankellon	Weizen	Kollegium 5a
523	3.	14. Epeiph	Patres	5 $^1/_3$ $^1/_{12}$	kankellon	Weizen	Kollegium 5a
482	3.	1[ ]. Epeiph	Patres	2 $^1/_{12}$	kankellon	Weizen	Kollegium 5a
574?	3.	[ ]9. [ ]	[ ]	[ ]	[ ]	Weizen	[ ]
480	4.	2. Mecheir	—	$^1/_2$ $^1/_{12}$	kankellon	Weizen	Georgios
519	4.	1. Epeiph	Ampeliu	7 $^1/_3$ $^1/_{24}$	kankellon	Weizen	Kollegium 1c
471	6.	12. Epeiph	Arabon	3	kankellon, rhyparai	Weizen	Kollegium 7
543	6.	2. Mesore	Arabon	2 $^2/_3$	kankellon, rhyparai	Weizen	Kollegium 6
463?	7.	7. Phaophi	Kainu	$^1/_3$ $^1/_{12}$	kankellon	Gerste	Kollegium 9
451	9.	14. Thoth	Arsinoiton Polis ?	2 $^1/_2$ [$^1/_x$]	kankellon	Weizen	Kollegium 8
453	11.?	6.? Thoth	Kos	2 $^1/_6$	kankellon	Gerste	Kollegium 4
517	12.	5. Epeiph	Ampeliu	1 $^1/_3$	kankellon	Weizen	Kollegium 1a
518	12.	5. Epeiph	Ampeliu	7 $^1/_2$ $^1/_3$	kankellon	Weizen	Kollegium 1a
516	12.	11.? Epeiph	Ampeliu	8 $^1/_3$ $^1/_{12}$	kankellon	Weizen	Kollegium 1a
494	14.	15. Payni	Patres	2 $^1/_2$	kankellon	Weizen	Kollegium 1a
521	14.	5. Epeiph	Patres	5	kankellon	Weizen	Kollegium 1a
565	15.	1. Pharmuthi	[ ]	120	[ ]	[ ]	Georgios
493	15.	16. Pachon	Lenos	2	kankellon	Weizen	Kollegium 1a
498	15.	22. Payni	Kos	2 $^1/_2$	kankellon	Weizen	Kollegium 1a
520	[ ]	24. Epeiph	Phylakitike	$^1/_2$ $^1/_3$ $^1/_{12}$	kankellon	Weizen	Georgios
563	[ ]	[ ]	[ ]	2 $^1/_3$ $^1/_{12}$	kankellon	Weizen	Kollegium 3a

Der Name des Dossiers ist nach dem Quittungsaussteller gewählt, der in der Mehrzahl der Quittungen alleine oder als erster unterzeichnet. In manchen Quittungen tritt Georgios selbst dagegen gar nicht auf, die Verbindung zu seinen Texten läßt sich aber über die Kollegien, die auch zusammen mit ihm unterzeichnen, mit einiger Sicherheit herstellen. Die Zuordnung weiterer Texte unterliegt insoweit einer gewissen Unsicherheit, als die Quittungsaussteller des Dossiers sämtlich Allerweltsnamen haben, anhand derer sie nicht identifizierbar sind. Möglich wäre zum Beispiel, daß der in der Kalos-Quittung für die Gegenzeichnung vertretene Theodoros dieselbe Person ist wie der Theodoros des Georgios-Dossiers, mangels eigenhändiger Unterschrift ist dies aber nicht feststellbar[67]. Hinzu kommt, daß die in den Dossier-Quittungen mehrheitlich zu findende arabische „Minuskelschrift" so stilisiert ist, daß man kaum zuverlässig Schreiberhände identifizieren kann. Einzig die

[67] Eine mögliche Identität des in **478** unterzeichnenden Hypodekten Theodoros mit dem Theodoros des Archivs kann aus demselben Grund nicht konkretisiert werden. Die Unterschrift des γραμματεύς Georgios in **507** weist keine Ähnlichkeiten mit dem im Dossier bisweilen gegenzeichnenden Schreiber Georgios auf. Die beiden Texte bleiben daher des weiteren hier unberücksichtigt.

Kombination mehrerer in diesem Dossier auftretenden Quittungsaussteller erlaubt auch für andere Texte, die Zugehörigkeit zur Gruppe zu vermuten: Den Zahlungsauftrag über 36 Artaben Weizen SPP VIII 952 zeichnen Georgios, Kalomenas und Gerontios. Letzterer bezeichnet sich dort allerdings als Hypodektes, während sich der Gerontios von Kollegium 1b als Priester ausweist. Die Weizenquittung P.Ross.Georg. V 46 Nr. 2 unterzeichnen Kosmas, durch Phib, Elias, Christophoros und Theodoros durch Theodoros. Die Häufung der Namen von Quittungsausstellern aus dem Georgios-Dossier deutet darauf hin, daß es sich um dieselben Personen handelt (da P.Ross.Georg. V 46 Nr. 2 eine Zahlung durch eine Quittung des Bäckers Elias bescheinigt, ließe sich damit auch eine Verbindung zum Archiv der Brothändler Elias und Paeitos[68] ziehen). Da sie aber doch in anderer Zusammensetzung tätig wurden, kann die Quittung nicht mit hinreichender Sicherheit dem Dossier zugeordnet werden.

Herkunft: In zahlreichen Quittungen wird ein arsinoitisches Dorf ausdrücklich genannt, wobei manche Orte mehrfach vorkommen, etwa Ampeliu viermal (**516–519**) und Patres fünfmal (**482, 494, 521–523**). Aus dieser Übereinstimmung der Dossier-Texte kann man auf eine arsinoitische Herkunft des gesamten Dossiers schließen, also auch der vier Georgios-Quittungen, in denen kein Dorfname erhalten ist (**557, 563, 565** und **574**), sowie jener, die einen solchen überhaupt nicht nennen (**480, 483** und **528**). In **451** steht zwar keine Ortsangabe, aber genannt ist eine μεγάλη ἐκκλησία. Da so üblicherweise die Bischofskirche bezeichnet wird, dürfte diese Quittung, ausgestellt für einen ἀρχιδιάκονος, eine Zahlung aus der Gauhauptstadt, in unserem Fall Arsinoiton Polis, bezeugen. Problematisch ist das in **483** angeführte Chara, soweit es sich um einen Orts- und nicht einen Personennamen handelt (s. **483** Einleitung und Komm. zu Z. 2). Ein Dorf namens Chara ist bisher nur in zwei Texten für den Herakleopolites bezeugt, es ist aber unwahrscheinlich, daß inmitten von 30 arsinoitischen Quittungen ein Text aus dem Nachbargau auftaucht, es sei denn, das Dorf läge nahe der Grenze zum Arsinoites oder hätte seine Zugehörigkeit gewechselt. Vielleicht ist auch das in **483** genannte Χαρά eine namensgleiche und bislang nicht anderweitig belegte arsinoitische Ortschaft.

Datierung: Wesselys Datierungen der Quittungen variieren vom 6. bis zum 8. Jahrhundert. Nach den paläographischen Merkmalen der verschiedenen Schriften, insbesondere der „Minuskelschrift" des Georgios selbst, stammt das Dossier aus arabischer Zeit (s. die paläographischen Beobachtungen in CPR XXII Intr. S. 6–12). Diese Datierung läßt sich außerdem inhaltlich belegen, da in **474** neben dem Personennamen Μαλικ auch ein Amira Μοζεειλ genannt ist. Dem Schriftbild nach ist eine Datierung ins 8. Jh. vorzuziehen, wie die publizierten Tafeln von CPR XXII 17–23 (alle aus der 2. Hälfte d. 8. Jh.) zeigen.

Zeitlicher Rahmen: Die Texte des Archivs erstrecken sich über mindestens einen ganzen Indiktionszyklus, vielleicht auch mehr. Eine chronologische Reihung der Quittungen ist entsprechend nicht möglich. Manche Texte können aber aufgrund ihres Ausstellungsdatums und des signierenden Kollegiums zu engeren Gruppen zusammengefaßt werden: **450** und **489–492** vom 8. und 9. Pachon eines 3. Indiktionsjahres (Kolleg. 2); **516–518** vom 5. und 11.(?) Epeiph eines 12. Indiktionsjahres (Kolleg. 1a); **482, 522** und **523** Epeiph eines

[68] Zu dieser Textgruppe s. unten **452** und F. Mitthof, SPP III^2 119–238, S. XXXI–XXXVI.

3. Indiktionsjahres (Kollegium 5a); weiters vermutlich **493** und **498** vom 16. Pachon und 22. Payni eines 15. Indiktionsjahres (Kollegium 1a) sowie **494** und **521** vom 15. Payni und 5. Epeiph eines 14. Indiktionsjahres (Kollegium 1a).

Formular: Die Quittungen des Dossiers wurden mehrheitlich für Weizenzahlungen, zum Teil auch für Zahlungen von Gerste ausgestellt. Die bezahlten Summen variieren sehr stark, etwa wurden in **565** 120 Artaben geleistet, in **528** nur 1/3 Artaben. Die Maßeinheit ist in allen Texten als κάγκελλον-Artabe gekennzeichnet und fast überall steht nach dem Betrag μόνον (ein solcher Zusatz fehlt nur in **463**, **519** und **563**). In zwei Quittungen (**471** und **543**) sind die Weizenartaben außerdem als ῥυπαραί bezeichnet.

Schreiber und Quittungsaussteller: Fünfzehn der Quittungen des Dossiers wurden vermutlich von Georgios selbst ausgestellt (s. unten Kollegium 1a–c sowie **474**, **480**, **520** und **565**). In all diesen Texten zeichnet er mit eigenem Namen ohne Vertreter, ein Handwechsel vor der Unterschrift ist nicht ersichtlich. Der Duktus jener Texte ist klein, gerade und gleichmäßig, sie entspricht der typischen „Minuskelschrift" der arabischen Zeit[69]. Demgegenüber weisen die fünf von dem Diakon Menas als Vertreter des Georgios geschriebenen Texte (s. unten Kollegium 2) eine etwas größere und rundere Schrift auf, wobei mit breitem Kalamos meist sehr viel Tinte aufgetragen wurde. Bei der „Minuskelschrift" des Phib (s. Kollegium 3a–d) fällt auf, daß die Zeilen gegenüber den Georgios-Quittungen leicht unregelmäßig geführt sind und sich durch die schräge Zuspitzung des Kalamos breite Vertikalstriche gegenüber den schmalen Horizontalstrichen abheben. Die anderen, von unterschiedlichen Schreibern ausgefertigten Quittungen (Kollegium 4–8b) sind durchwegs in arabischer „Minuskelschrift" abgefaßt, weshalb eine Unterscheidung einzelner Hände nur bedingt möglich ist. Der von Georgios unterschriebene Text **453** zeigt eine auffallend von den anderen Schriften abweichende Schrift und wurde wohl nicht von demselben Georgios wie die obigen Quittungen niedergeschrieben.

Eine Besonderheit der Textgruppe liegt in der Komplexität von Unterschriften und Gegenzeichnungen. Nur eine geringe Zahl von Quittungen wurde von Georgios alleine ausgefertigt: **474**, **480**, **520** und **565**. Die anderen Quittungen des Dossiers wurden alle von Unterschriftenkollegien ausgestellt, in denen sich immer wieder dieselben Namen finden, wobei aber die jeweilige Konstellation wechselt. Sehr häufig ist die Substituierung des eigentlich Verantwortlichen durch einen Vertreter bei der Unterschrift vermerkt. Daher kann bei den Vertretenen, deren Signatur entsprechend nicht bekannt ist, auch nicht mit letzter Sicherheit entschieden werden, ob sich gleiche Namen immer auf dieselbe Person beziehen, insbesondere bei so alltäglichen Namen wie Menas.

---

69 Da diese Schriften stark stilisiert sind, können sie nicht zweifelsfrei einer Schreiberhand zugewiesen werden. Zusätzliche Anhaltspunkte für eine Identifizierung des Quittungsausstellers sind jedoch außer dem Kontext der immer gleiche Aufbau der Quittungen (vgl. die Wiederholung der Summe im Kontrollvermerk am Quittungsende) sowie die in zwei Texten verwendete braune Tinte. Bei Diethart, *Pros. Ars.*, sind schon wegen Wesselys unterschiedlicher Datierungen vier verschiedene Quittungsaussteller unterschieden: **474** = Nr. 1496, **480** = Nr. 1434, **520** = Nr. 1436, **565** = Nr. 1371; wobei unter Nr. 1434 auch mehrere andere Quittungen des Georgios-Dossiers verzeichnet sind.

Die folgende Übersicht soll die verschiedenen Gruppierungen der unterschreibenden Kollegien verdeutlichen:

Kollegium	Texte	Signaturen
	474, 480, 520, 565	Georgios
1a	**493, 494, 498, 516, 517, 518, 521**	Georgios, Kalomenas, Elias
1b	**505 528** SPP VIII 952?	Georgios, Kalomenas, Gerontios (Priester)
1c	**519**	Georgios, Christophoros vertreten durch Phib
2	**450, 489, 490, 491, 492**	Georgios vertreten durch Menas (Diakon), Theodoros vertreten durch Georgios (Schreiber)
3a	**553, 563**	Georgios vertreten durch Phib, Kalomenas, Elias
3b	**483**	Georgios vertreten durch Phib, Kalomenas verteten durch Menas (Diakon)
3c	**557**	Georgios vertreten durch Phib, Theodoros vertreten durch Georgios
	574	Unterschriften nicht erhalten, Schrift des Phib
4	**453**	Georgios vertreten durch Apa Iulios, Christophoros vertreten durch Phib
5a	**482, 522, 523**	Georgios vertreten durch N.N., Christophoros
5b	**499**	Georgios vertreten durch N.N., N.N. vertreten durch Menas (Diakon?), Christophoros
6	**543**	Georgios vertreten durch N.N., Gerontios
7	**471**	Georgios, Gerontios
8	**451**	Elias, N.N. vertreten durch Apa Phib
9	**463**	Kalomenas, Gerontios

C. 4. DOSSIER DES IOANNES

Zusammengehörige Texte: Vier der in diesem Band enthaltenen Getreidequittungen aus Wien sowie P.Prag. I 85 lassen sich zu einem Dossier zusammenfassen. Die Beziehung zwischen den drei SPP-Quittungen **461**, **464** und **466** wurde bereits von Wessely in der *ed. pr.* angemerkt, der allerdings davon ausging, daß der Steuerzahler in allen drei Texten derselbe ist (tatsächlich zahlt in **466** eine andere Person). Vermutlich nicht vom selben Schreiber geschrieben, sicher aber von demselben Ioannes unterzeichnet wurde P.Prag. I 85. Über die Verbindung zu P.Prag. I 85 läßt sich mit einiger Wahrscheinlichkeit auch das Quittungsfragment **567** dem Dossier zuordnen. Zwar ist die Unterschrift der Quittung nicht erhalten, der Text weist jedoch signifikante Übereinstimmungen mit P.Prag. I 85[70] auf, die eine Zugehörigkeit zum Dossier nahelegen (s. **567** Einl.). Ebenfalls mit dem Namen Ioannes signiert ist **487**, doch stammt die Unterschrift sicher von einer anderen Hand. Vermutlich handelt es sich um eine Namensgleichheit und die Quittung gehört nicht zum Dossier.

Übersicht:

Text	Ind.	Datum	Ort	Betrag	Form.	Produkt	Besonderheiten
567?	1.	2. Payni	Tamauis? iatimi	[ ]	[ ]	Weizen	2. Schreiber
P.Prag. I 85	1.	23. Payni	Tamauis iatimi	1 1/2 1/3	—	Weizen	2. Schreiber
461	7.	20. Phaophi	Tyis	1 2/3	—	Gerste	1. Schreiber gleicher Steuerzahler in **464**
464	7.	24. Phaophi	Tyis	3	—	Weizen	1. Schreiber gleicher Steuerzahler in **461**
466	7.	22. Phaophi	Tyis	1 1/2 1/3 1/12	—	Weizen	1. Schreiber Gegenzeichnung?

Herkunft: Die fünf Quittungen des Dossier nennen zwei arsinoitische Dörfer; **461**, **464** und **466** das Dorf Tyis, P.Prag. I 85 das Dorf Tamauis, **567** wahrscheinlich ebenfalls Tamauis (vgl. dort Komm. zu Z. 2). Da Tyis nicht lokalisiert werden kann (vgl. **461**, Komm. zu Z. 2) und die Tyis-Quittungen von denen für Tamauis zeitlich weit entfernt sind, lassen sich keine Vermutungen über einen engeren geographischen Kontext anstellen.

Datierung: In der *ed. pr.* datierte Wessely die Quittungen **461**, **464** und **466** ins 5.–6. Jh., das Fragment **567** ins 6. Jh. Wie so oft sind Wesselys Datierungen zu früh angesetzt. Die Schrift von P.Prag. I 85 weist manche Charakteristika des 7. Jh. auf und wurde entsprechend vom Herausgeber datiert. Zieht man alle drei Schriften heran, ist eine Datierung der Textgruppe in das ausgehende 6. oder das frühe 7. Jh. am wahrscheinlichsten.

Zeitlicher Rahmen: Die Tamauis-Quittungen stammen aus dem 1. Indiktionsjahr (**567** und P.Prag. I 85), die Tyis-Quittungen aus der 7. Indiktion (**461**, **464** und **466**). Die drei Quittungen **461**, **464** und **466** wurden innerhalb von vier Tagen im Phaophi ausgestellt. **567** und P.Prag. I 85 nennen den Monat Payni, wobei zwischen beiden Quittungen drei Wochen liegen.

[70] In Zeile 2 der Quittung folgt nach der *ed. pr.* auf den Ortsnamen διὰ τιμιω(τάτ)ου δι(ακόνου). Die Lesung stößt allerdings auf paläographische Schwierigkeiten. Der Vergleich mit **567** zeigt, daß in beiden Texten ιατιμι zu lesen ist (zur Deutung s. **567** Komm. zu Z. 2). Danach steht in P.Prag. I 85 ᾿Αιοῦλις, (die Steuer bezahlt also nicht Phoibammon, sondern sein Sohn Aiulis). Auf dem Verso ist eine koptische Zeile erhalten, die nach der *ed. pr.*] ⲠⲤⲀ/ⲆⲒⲀϨⲦⲒⲘⲒ [zu lesen ist. Tatsächlich ist an den Seiten kein Text verloren und zwischen Rekto und Verso kann nunmehr ein klarer Zusammenhang hergestellt werden: ⲠⲤⲀ/ könnte als Abkürzung für ⲠⲤⲀϨ gedeutet werden, anstelle von Ⲇ ist besser Ṇ zu lesen und ⲒⲀϨⲦⲒⲘⲒ ist die koptische Originalform des ιατιμι auf dem Rekto. ⲒⲀϨⲦⲒⲘⲒ (für ϮⲘⲈ = Dorf) bedeutet „Feld des Dorfes“ und ist vielleicht ein Flurname. ⲠⲤⲀϨ ⲚⲒⲀϨⲦⲒⲘⲒ ist dann der „Schreiber des Dorffeldes“; vgl. die Dorfschreiber (ⲠⲤⲀϨ ⲚⲦⲒⲘⲈ) in CPR IV 9, 17 (um 600) und 48, 28 (7. Jh.).

Inhalt und Formular: Die Quittungen sind im Formular sehr einheitlich mit Nennung des Dorfes, des Steuerzahlers und der Summe ohne Zusätze wie σὺν εἰκοστῇ oder καγκέλλῳ. Ein Charakteristikum ist in allen fünf Quittungen zu finden, das sonst ohne Parallelen bleibt: Im Anschluß an den Dorfnamen und vor dem Namen des Steuerzahlers wird eine Angabe eingefügt, die vielleicht als Zusatz zum Ortsnamen aufzufassen ist. Bei den drei Tyis-Quittungen steht an dieser Stelle ἡ ἀγορασία, vielleicht auch ἡ ἀγορὰ σ( ) (s. **461** Komm. zu Z. 2), zu Tamauis wird das koptische Kompositum ιατιμι beigefügt (s. oben Anm. 70 und **567** Komm. zu Z. 2).

Schreiber: Die fünf Quittungen wurden von einer anderen Hand als der des Ioannes geschrieben, Ioannes signiert die Texte jeweils mit bloßem Namen und einem nach links gezogenen Haken. Die Quittungen **461**, **464** und **466** wurden von demselben Schreiber ausgefertigt. P.Prag. I 85 stammt von einer anderen Hand, von der vermutlich auch **567** geschrieben wurde (vgl. vor allem den Duktus in Z. 2). Insgesamt sind in dem Dossier daher drei Schreiberhände zu unterscheiden: Der 1. Schreiber der Quittungen **461**, **464** und **466**, der 2. Schreiber der Texte **567** und P.Prag. I 85 sowie Ioannes, der alle Quittungen unterzeichnet.

C. 5. DOSSIER DES KALOS

Zusammengehörige Texte: Fünf Weizenquittungen aus SPP haben den Ausstellungsvermerk Καλὸς σεσημ(είωμαι). Von diesen wurden die drei Texte **501**, **510** und **554** bereits von Diethart, *Pros. Ars.* unter einem Eintrag für Kalos, Nr. 2833[71], zusammengefaßt. **504** ist dort nicht berücksichtigt, die Unterschrift des Kalos wurde jedoch bereits von Wessely transkribiert. Hinzu kommt nun noch **509**, wo die Unterschrift nur zum Teil erhalten ist, die Ergänzung aber schon aufgrund des Duktus von -ος σεσημ(είωμαι) sicher ist. Die Quittung **509** stellt auch einen Konnex der Kalos-Quittungen zum Georgios-Dossier (s. oben **C. 3.**) her, da in der Georgios-Quittung **451** derselbe Steuerzahler genannt ist. Zu diesen fünf Quittungen ist noch P.Aberd. 33, 4 hinzuzufügen, wo von derselben Hand die Unterschrift † Καλὸς σεσημ(είωμαι) † gesetzt wurde[72]. Die Signatur des Kalos in **500**

---

[71] In der zugehörigen Anm. 378 schlägt er die Identität dieses Kalos mit der Nr. 2826 (= SB I 4658, 21 und SB I 4747, 3) und der Nr. 2831 (= SPP III 585 [= SPP XX 185], 4 und SPP III 602, 4) vor. In keinem dieser Texte ist jedoch der Kalos des Dossiers wiederzufinden: Von dem in SB I 4658 und 4747 genannten Kalos, Vater des Ioannes, kennen wir seine Schrift nicht und es besteht kein inhaltlicher Grund, ihn mit dem bei der Getreideerhebung tätigen Kalos in Verbindung zu bringen. Die Unterschriften eines Kalos in den beiden Merismos-Quittungen SPP III 602 und SPP XX 185 weisen keine Ähnlichkeit mit der Signatur des Kalos dieses Dossiers auf, ein Zusammenhang scheint daher nicht gegeben.

[72] N. Gonis kontrollierte freundlicherweise die Identität der Unterschriften auf einem Photo von P.Aberd. 33; vgl. auch seine Berichtigungen der nach der Edition vermeintlichen Abweichungen zum üblichen Quittungsformular in *Korr. Tyche 327*, Tyche 14 (1999) 329. Fehlte nach der Erstedition sowohl in der ausgeschriebenen Nennung der Summe wie auch in deren Wiederholung die Angabe ἀρτάβης (Z. 3: καγκέλλ(ῳ) τρίτον, γί(νεται) σ̣ί̣τ̣(ου) γ̄), ist nach Gonis καγκέλλ(ῳ) ἀρ(τάβης) τρίτον, γί(νεται) (ἀρτάβης) γʹ μό(νον) zu lesen, wobei er statt γί(νεται) auch σί(του) in Betracht zieht. Zum vermeintlichen Ortsnamen Κάρου s. die folgende Anmerkung.

weicht im Duktus so grundsätzlich von den Unterschriften des Dossiers ab, daß ein Zusammenhang mit diesen Quittungen wohl auszuschließen ist.

Übersicht:

Text	Ind.	Datum	Ort	Betrag	Formular	Quittungsaussteller
P.Aberd. 33	2.	[x.] Mesore	—	1/3	kankellon	K. mit Appa Kyros
509	8.	1. Epeiph	Arsinoiton Polis?	2 1/2 1/12	kankellon	K. mit Theodoros, vertreten durch N.N.
501	12.	20. Payni	Oxyrhyn-cha	2 1/2 1/3	kankellon (nachgestellt)	K. vertreten durch Apa Hol
510	12.	12. Epeiph	Oxyrhyn-cha	1/6	kankellon, rhypare	Kalos alleine
504	12.	22. Epeiph	Eleusina	6 1/2	kankellon, rhyparai	Kalos alleine
554	12.	[ ]	[ ]	1/12	kankellon (nachgestellt)	K. vertreten durch Apa Hol

Herkunft: Die beiden ausdrücklich in den Quittungen genannten Ortsnamen sind Oxyrhyncha (**501** und **510**) und Eleusina (**504**), zwei Dörfer der früheren Polemonos Meris. Keine Ortsangabe hat **509**; da der Weizen von Sambas, Archidiakon der μεγάλη ἐκκλησία, bezahlt wurde, läßt sich für die Quittung eine Herkunft aus der Gauhauptstadt Arsinoiton Polis vermuten (s. bereits oben **C. 3.**). Verloren ist wohl ein Dorfname in **554**, wobei man für das erhaltene –δης eine Ergänzung zu Piarokleides erwägen könnte (s. **554** Einleitung). Das am Beginn von Z. 2 in P.Aberd. 33 genannte Κάρου ist sicher nicht als einmalig bezeugter Dorfname[73], sondern als Genitiv des Personennamens Κᾶρος zu verstehen, vgl. etwa CPR XIV 36, 8 (6.–7. Jh.) und P.Oxy. LXVII 4629 (6.–7. Jh.), Steuerzahler ist dann der Archihyperetes Karos, Sohn des Pau– (vielleicht Paulos); ein Dorfname ist, wie auch in anderen Quittungen, nicht genannt.

Datierung: Die fünf SPP-Quittungen wurden von Wessely sämtlich ins 6.–7. Jh. datiert. Wie häufig setzt seine Datierung nach paläographischen Gesichtspunkten zu früh an, vgl. etwa die Formen von δ und π, die αρ-Verbindungen und die kleinen Häkchen an den Unterlängen. P.Aberd. 33 wurde vom Editor ins 7. Jh. datiert. Nach dem Schriftbild sind die Texte ins 7. oder 8. Jh. zu datieren. Die zeitliche Einordnung der Textgruppe richtet sich aufgrund des in **451** und **509** genannten Archidiakon Sambas auch nach dem Georgios-Dossier, das sicher aus arabischer Zeit, vermutlich aus dem 8. Jh., stammt. Die Quittungen des Kalos sind daher ebenfalls dem späten 7., eher noch dem 8. Jh. zuzuweisen.

Zeitlicher Rahmen: Die sechs Quittungen erstrecken sich über einen Zeitraum von mindestens sechs Jahren, wobei vier Texte aus dem 12. Indiktionsjahr stammen (**501**, **504**, **510** und **554**). Daneben nennt **509** das 8., P.Aberd. 33 das 2. Jahr. Alle Texte mit erhaltenem

[73] Der im Editionskommentar gegebene Verweis auf P.Lond. 1419, 1337 (716) führt nicht weiter, da das dort bezeichnete Dorf dem Aphroditopolites zuzuordnen ist und P.Aberd. 33 sicherlich aus dem Arsinoites stammt, wofür bereits N. Gonis, *Korr. Tyche 327*, Tyche 14 (1999) 329 eintritt; vgl. auch Calderini, Daris, *Dizionario III*, 81 *s.v.* Κᾶρος in P.Aberd. 33: „non è certo che si tratti di un toponimo“.

Datum (in **554** ist dieses verloren) stammen aus den Sommermonaten Payni (**501**), Epeiph (**504, 509** und **510**) und Mesore (P.Aberd. 33).

Formale Besonderheiten: Die sechs Texte weisen äußerlich kaum Übereinstimmungen auf. **501** wurde auf der Rückseite eines Protokollblattes geschrieben. Die vier Quittungen **501, 504, 510** und **554** sind zur Kennzeichnung der Entwertung durchgestrichen.

Inhalt und Formular: Mit den unterschiedlichen Schreiberhänden verändert sich auch das Formular der Quittungen. Alle Texte weisen die bezahlten Artaben als Kankellon-Artaben aus, wobei die beiden Apa Hol-Quittungen **501** und **554** den Zusatz καγκέλλῳ erst am Ende anfügen und die Wiederholung der Summe mit einer erneuten Nennung des Produktes σί(του) einleiten. Die von Kalos selbst ausgestellten Quittungen **504** und **510** beginnen dagegen die Wiederholung der Summe mit der Angabe ῥυπαραί. **509** hat den unüblichen Genitiv καγκέλλου (s. oben **B. 7.** mit Anm. 36) ohne weitere Zusätze. Letztere Quittung bescheinigt eine Art Girozahlung: Der Archidiakon Sambas bezahlt, vertreten durch einen als κύριος bezeichneten Ioannes, den Weizen ἀπὸ ἀποχῆς. Diese Quittung ist wohl eine Bestätigung für bereits an anderer Stelle geleisteten Weizen (vgl. ähnliche Fälle in **474** und **476**).

Schreiber und Quittungsaussteller: Die fünf SPP-Quittungen mit Unterschrift des Kalos wurden von verschiedenen Schreibern ausgefertigt. **504** und **510** stammen mit Sicherheit von einer Hand, wahrscheinlich derselben Hand wie die Unterschrift (in beiden Quittungen unterzeichnet Kalos alleine). Eine abweichende Hand zeigen die beiden von Apa Hol unterschriebenen Texte **501** und **554**, wobei auch hier zwischen Quittungstext und Unterschrift kein Handwechsel deutlich wird. Eine ganz andere Schrift hat der Text der Quittung **509**, die insgesamt drei verschiedene Hände aufweist: den Schreiber der Quittung, die Unterschrift des Kalos und eine weitere Signatur eines Vertreters für Theodoros[74]. Die eigene Unterschrift des Kalos ist in den Quittungen **504, 509, 510** und P.Aberd. 33 zu sehen, wobei in **509** und P.Aberd. 33 zusätzliche Gegenzeichnungen anderer Personen zu finden sind. In **501** und **554** scheint Kalos selbst an der Ausfertigung der Quittung nicht beteiligt gewesen zu sein, die beiden Texte sind signiert von seinem Amtskollegen Apa Hol, der dort ausdrücklich als sein Vertreter fungiert.

[74] Der Name des Vertreters ist nicht mehr lesbar, dem Duktus nach handelt es sich nicht um den im Georgios-Dossier für Theodoros zeichnenden Georgios (nicht gesagt werden kann freilich, ob der jeweils vertretene Theodoros in allen Texten derselbe ist).

C. 6. DOSSIER DES KAMMON

Zusammengehörige Texte: Drei Weizenquittungen des vorliegenden Bandes wurden von einem Kammon unterzeichnet; **454** und **477** aus der Wiener Sammlung sowie **508** aus der Papyrussammlung des Louvre[75]. Zwei weitere Texte können dem Dossier zugeordnet werden: In P.Prag. I 84 ist die Unterschrift des Kammon zwar nicht erhalten, die Quittung wurde aber mit Sicherheit von derselben Hand wie **454** geschrieben, vgl. etwa den Duktus in Z. 1 und bei κ(αγ)κ(έ)λ(λῳ)[76]. Von P.Ross.Georg. V 46 Nr. 2 ist mir leider kein Foto zugänglich, deutliche Indizien der Zugehörigkeit zur Kammon-Gruppe sind aber die Unterfertigung der Quittung mit dem ansonsten kaum bezeugten Namen Kammon und einige aus der handschriftlichen Transkription der Edition zu ersehende Einzelheiten im Duktus der Schrift[77].

Übersicht:

Text	Ind.	Datum	Ort	Betrag	Formular	Besonderheiten
P.Ross.Georg. V 46 Nr. 2	5.	18. Phaophi	Ampeliu	$\frac{1}{2}$ $\frac{1}{3}$	kankellon	Zahlung für eine οὐσία
477	5.–8.	22. Choiak	—	2	kankellon	Zahlung durch Vertreter
508	7.	24. Epeiph	—	4 $\frac{1}{2}$ $\frac{1}{3}$	—	Zahlung durch Ehefrau
454	14.	27. Thoth	—	9	kankellon	Zahlung durch παῖς
P.Prag. I 84	14.	9. Hathyr	—	1 $\frac{1}{3}$ $\frac{1}{24}$	kankellon	Zahlung durch Vertreterin

Herkunft: In vier der fünf Quittungen bietet der Quittungstext keinerlei Anhaltspunkte für eine geographische Zuordnung des Dossiers. Einzig in P.Ross.Georg. V 46 Nr. 2 ist das arsinoitische Dorf Ampeliu genannt (zum Ort s. **516** Komm. zu Z. 2). Es ist daher für alle fünf Quittungen des Dossiers von einer arsinoitischen Herkunft auszugehen.

Datierung: In SPP III sind die drei Quittungen ins 6. Jh. datiert worden. Dies ist aus paläographischen Überlegungen sicher zu früh, die Schrift weist in allen Texten bereits zahl-

75 Die Identität des Unterzeichnenden in den drei SPP-Quittungen wurde bereits von Diethart, *Pros. Ars.*, Nr. 2845 und 2846 mit Anm. 380 vermerkt.

76 Die Feststellung der Zugehörigkeit zu den Kammon-Quittungen erlaubt nun einerseits die Ergänzung einer Z. 5 [† δ(ι') ἐμοῦ Κάμμων (*l.* Κάμμωνος) † *Paraphe*] sowie eine kleine Korrektur in Z. 4: statt εἰκ(οστοτέταρτον), (γίνεται) ἀ̣ρτ(άβη) α γ κ̣δ´ μ(όνη) ist εἰκ(οστο)τ(έταρτον), (ἀρτάβην) α γ´ κ(δ)´ μ(όνην) zu lesen; der vermeintliche Schrägstrich von (γίνεται) ist die geneigte Waagrechte eines kleinen, hochgestellten τ (vgl. dieselbe Kürzung in P.Ross.Georg. V 46 Nr. 2); anstelle von α̣ρτ( ) ist nur der obere Teil des für Kammon charakteristischen Artabenzeichens mit Anstrich zu sehen (vgl. dessen Form in **454**).

77 Die sehr peniblen Angaben der Edition ermöglichen kleine Korrekturen zum Text: Hinter den in Z. 3 gelesenen *b* κ˙ (aufgelöst als „(ἀρουρῶν) 20(?)“ mit der Anmerkung, über κ sei vielleicht ein kleines δ zu sehen) verbirgt sich sicherlich die für Kammon charakteristische Abkürzung von καγκέλλῳ als κκ^{λ}. Die von den Editoren abgezeichnete Passage in Z. 4 ist als εἰκ(οστο)τ(έταρτον) (ἀρτάβης) ∠ γ´ κ(δ)´ aufzulösen. Das Artabenzeichen stimmt mit der signifikanten Form in den anderen Texten überein; γ´ κ(δ)´ ist genauso in P.Prag. I 84, 4 zu sehen. In der anschließenden kleinen Lücke dürfte [μ(όνης)] zu ergänzen sein.

reiche Merkmale der „Minuskelschrift“ auf, die in arabischer Zeit anzutreffen ist (vgl. die Formen von δ, τ, π, μ und die αρ-Verbindungen). Die Texte stammen frühestens aus dem 7. Jh. (so auch die Datierung von P.Prag. I 84), vielleicht auch aus dem 8. Jh., wie dies die Editoren von P.Ross.Georg. V 46 Nr. 2 für jenes Pergamentblatt annehmen.

Zeitlicher Rahmen: Die fünf Quittungen erstrecken sich über einen Zeitraum von mindestens zehn Jahren; genannt sind das 5. (P.Ross.Georg. V 46 Nr. 2), das 5.–8. (**477**), das 7. (**508**) und das 14. Jahr (**454** und P.Prag. I 84). Die fünf Texte verteilen sich über die Sommer und Herbstmonate, respektive auf die Periode zwischen dem 18. Juli (**508**) und dem 18./19. Dezember (**477**).

Inhalt und Formular: Die einzelnen Quittungen des Dossiers weisen eine Reihe von Besonderheiten auf. In **477** wird eine Zahlung für vier Indiktionsjahre geleistet, bei der es sich vielleicht um eine Begleichung von Restposten handelt (s. Einl. zum Text). Alle fünf Steuerleistungen des Archivs weisen zusätzlich zum Steuerschuldner einen Vertreter aus: In **454** zahlt (vermutlich, s. Einl. zum Text) ein *chartularius* Ioannes durch seinen παῖς. In **477** zahlt der Obstgärtner Apa Kuthios durch eine Person namens Kosmas, Sohn des Krul. In **508** ist ein λογιστής Kosmas der Steuerzahler, die Zahlung wird ausgeführt durch seine namentlich nicht bezeichnete Ehefrau. In P.Prag. I 84 fungiert eine Frau namens Maria, Tochter des Imkers Kalos, als Steuerzahlerin; bezahlt wird durch Maria, die Ehefrau des Makarios. P.Ross.Georg. V 46 Nr. 2 vermerkt eine Zahlung für eine οὐσία Διδύμης, ausgeführt wird die Zahlung von dem γεωργὸς Μακάριος.

Markant ist an den Erwähnungen der Steuerzahler auch die regelmäßige Beifügung von Berufsbezeichnungen zu den genannten Personen (teilweise auch statt des Vatersnamens). Vermutlich handelt es sich eher um eine persönliche Eigenart des Schreibers als um eine geographische oder zeitliche Besonderheit. Dies könnte auch für den regelmäßigen Vermerk der Zahlung durch einen Stellvertreter gelten. Möglicherweise wurde viel öfter als für uns faßbar der Weizen nicht von dem Steuerzahler selbst abgeliefert, der Vertreter aber in den Quittungen nicht eigens erwähnt; vgl. auch das für die Bezahlung der Getreidesteuer gegebene Weizendarlehen P.Harrauer 52 (5. Jh.), wo der Empfang der Steuerquittung im Namen des anderen eigens erwähnt wird (Z. 2: δέξασθαί σοι τούτ̣ω̣ν̣ ἐ̣π̣' ὀ̣ν̣ό̣μ̣α̣τ̣ό̣ς̣ σου ἀποχήν; ebenso in Z. 12). Auffallend ist in jedem Fall, daß von fünf Texten gleich zweimal eine Frau als Vertreterin fungiert.

Die bezahlte Summe wird in allen Texten außer **508** in Kankellon-Artaben angegeben; sie variiert von weniger als einer bis zu neun Artaben.

Schreiber und Quittungsaussteller: Die Unterschrift des Kammon ist im Duktus in allen drei SPP III-Quittungen identisch. Der Quittungstext wurde in **454** und P.Prag. I 84 mit Sicherheit von derselben Hand — und zwar jener der Unterschrift — geschrieben. Zahlreiche Parallelen im Duktus weist auch **477** auf. Die aus der Transkription von P.Ross.Georg. V 46 Nr. 2 ersichtlichen Charakteristika lassen darauf schließen, daß auch diese Quittung von derselben Hand ausgefertigt wurde. Einzig **508** ist im Schriftbild unterschiedlich mit etwas runderen Buchstaben. Bedenkt man, daß zwischen der Niederschrift dieses Textes und der Abfassung der anderen Quittungen auch einige Jahre vergangen sein könnten, scheinen die Unterschiede zu gering, um eine zweite Schreiberhand mit Sicherheit anzunehmen.

Die drei SPP-Quittungen sind nur von Kammon unterschrieben, in P.Ross.Georg. V 46 Nr. 2 zeichnen zusätzlich noch Ioannakios und Georgios. In P.Prag. I 84 ist die Unterschriftenzeile verloren, eine einzelne Unterschrift des Kammon ist aufgrund der zeitlichen Nähe des Textes zu **454** am wahrscheinlichsten. Der Kammon des Dossiers ist gleichzeitig die einzige bislang bezeugte Person dieses Namens in nachchristlicher Zeit; vgl. daneben aus ptolemäischer Zeit PSI XIV 1403, 1 (2. Jh. v.Chr.)[78].

C. 7. DOSSIER DES MAKARIOS

Zusammengehörige Texte: Bei den meisten der neun SPP III-Quittungen des Dossiers war die Identität des Unterzeichnenden schon aus der Transkription C. Wesselys ersichtlich; vgl. Diethart, *Pros. Ars.*, Nr. 3321 (**511**, **512**, **513**, **546**, **552** und **568**). In CPR XIV 19–29 fügte G. Fantoni die SPP-Texte **460** (aufgrund der Unterschrift), **515** und **548** (anhand der Schrift als zugehörig erkannt) hinzu und ergänzte das Dossier durch zwei weitere erstmalig edierte Quittungen, CPR XIV 22 und 28.

Übersicht:

Text	Ind.	Datum	Ort	Betrag	Formular	Besonderheiten
460	12.	23. Phaophi	Tamauis	54 $^{2}/_{3}$	eikoste	
511	12.	26. Epeiph	Tamauis	2	eikoste	gleicher Steuerzahler in **548**
512	12.	27. Epeiph	Tamauis	2 $^{2}/_{3}$	eikoste	
513	12.	27. Epeiph	Tamauis	3	eikoste	
CPR XIV 22	12.	27. Epeiph	Tamauis	4 $^{1}/_{2}$ $^{1}/_{24}$	eikoste	
515	12.	29. Epeiph	Tamauis	2 $^{1}/_{3}$ [$^{1}/_{x}$?]	eikoste	
546	12.	3. Mesore	Tamauis	2 $^{1}/_{2}$	eikoste	
552	12.	3. Mesore	Tamauis	1 $^{1}/_{6}$	eikoste	
548	12.	4. Mesore	Tamauis	1 $^{1}/_{6}$	eikoste	gleicher Steuerzahler in **511**
CPR XIV 28	12.	4. Mesore	Tebetny?	1 $^{1}/_{2}$ $^{1}/_{12}$	eikoste	
568	12.	[ ]	[Tamauis?]	2 $^{1}/_{2}$ $^{1}/_{3}$ $^{1}/_{24}$	[eikoste]	

Einige Aspekte des Dossiers wurden bereits in der Einleitung zu CPR XIV 19–29 ausführlich besprochen, weshalb hier vorweg auf jene Ausführungen verwiesen sein soll.

Herkunft: In neun der elf Papyri ist das Dorf Tamauis genannt (zur Korrektur der verschiedenen Lesungen Ταμᾶις und Ταμᾶνις vgl. **460** Komm. zu Z. 2)[79], dies legt die Er-

[78] Der in SPP VIII 839, 7 (7. Jh.) von Wessely unterhalb der Z. 6 transkribierte Name Καμμ`ο'νικια ist eigentlich keine Unterschrift, sondern gehört zu einem quer durchgestrichenen Ausstellungsvermerk. Wesselys Lesung ist, abgesehen von dem über der Zeile stehenden Kreis, am Original nicht nachvollziehbar.

[79] Entsprechend ist auch in CPR XIV 22, 2 Ταμαῦις anstelle von Ταμᾶνις zu lesen. Das in Z. 4 transkribierte ϗ steht nicht für $^{1}/_{20}$ sondern als κ(δ)´ für $^{1}/_{24}$.

gänzung desselben Dorfnamens auch in **568** nahe (s. dort). Einzig CPR XIV 28 nennt mit Sicherheit nicht das Dorf Tamauis, die Tintenspuren des an dieser Stelle stark zerstörten Textes würden dazu überhaupt nicht passen. Anstelle der dortigen Transkription ̣ ̣ ̣ ̣ ̣ου würde ich die Lesung ̣ε̣ ̣ ̣ ̣νυ vorschlagen und eine Nennung des arsinoitischen Dorfes Τεβέτνυ erwägen. Die beiden im Dossier vorkommenden Dörfer wären dann Tamauis und Tebetny.

Datierung: In der *ed. pr.* sind die Texte fast alle ins 6. Jh., **460** und **548** ins 5.–6. Jh. datiert. Diese paläographisch deutlich zu früh angesetzte Datierung wurde bereits von G. Fantoni in CPR XIV korrigiert. Sie schlägt aufgrund der in CPR XIV 22 recto vorkommenden Eidesformel aus der Regierungszeit des Heraclius eine Datierung ins frühe 7. Jh. vor. Nicht auszuschließen ist freilich, daß die Zweitverwendung des Papyrus und damit die Niederschrift der Quittungen etwas später erfolgt ist.

Zeitlicher Rahmen: Die Quittungen stammen alle aus einem zwölften Indiktionsjahr, wobei neun Texte binnen neun Tagen im Juli ausgestellt wurden (26. Epeiph – 4. Mesore) und nur **460**, angefertigt im darauffolgenden Oktober, davon abweicht (in **568** ist das Tagesdatum nicht erhalten).

Formale Besonderheiten: Die drei am 27. Epeiph ausgestellten Quittungen **512**, **513** und CPR XIV 22 wurden in Zweitverwendung der Papyri auf die Versoseiten von älteren (ursprünglich viel größeren) Urkunden geschrieben. Ob es sich, wie in CPR XIV angenommen, bei den drei Rektoseiten tatsächlich um ein und dieselbe Urkunde handelt läßt sich mangels eindeutiger Zuordnung der übrig gebliebenen Textstellen und ohne evidente paläographische Übereinstimmungen nicht nachweisen.

Inhalt und Formular: Die elf Quittungen für Weizenzahlungen sind gleichförmig ausgestaltet. Im Anschluß an die Datumszeile wird das Dorf und dann der Steuerzahler mit Name und Vatersname bezeichnet. Die bezahlten Artaben liegen zwischen 1 und 5, einzig die Zahlung des *stationarius* Kyros (**460**) fällt mit einer Summe von 54 $^2/_3$ Artaben völlig aus der Reihe. In **511** vom 26. Epeiph und in **548** vom 4. Mesore bezahlt derselbe Steuerzahler Apa Hol einmal 2 und danach noch 1 $^1/_6$ Artaben. Ist die vorgeschlagene Auflösung der Abkürzung συ( ) korrekt (s. **460** Komm. zu Z. 3), so erfolgten alle elf Zahlungen einschließlich der 5%-Abgabe (εἰκοστή)[80].

Schreiber und Quittungsaussteller: Für **511–513**, **546** und **548** gibt Wessely einen Handwechsel vor der Unterschrift an. Demgegenüber nimmt Fantoni an, daß Quittungstext und Unterschrift von Makarios selbst geschrieben wurden, die Datumszeilen hingegen von vier verschiedenen Schreibern stammen. Tatsächlich ist die Schrift ab Z. 2 in allen Texten die gleiche (vgl. etwa den Duktus von Ταμαῦις). Die Unterschrift hat demgegenüber einen hastigeren und flüssigeren Duktus, der aber eher nicht auf einen Handwechsel zurückzuführen ist, sondern als typisches Charakteristikum einer Signatur gegenüber der normalen Schreibschrift gelten kann. Im Wesentlichen nachzuvollziehen sind auch die Kriterien, nach

[80] Auch in CPR XIV 22, 3 und 28, 3 ist anstelle von (σίτου) bzw. σ(ίτου) deutlich συ( ) zu lesen, das wie in den anderen Quittungen am ehesten als σὺ(ν εἰκοστῇ) aufzulösen ist.

denen Fantoni die Datumszeilen folgenden vier verschiedenen Händen zuweist: 1. Schreiber: **511**; 2. Schreiber: **512**, **513**, CPR XIV 22; 3. Schreiber: **460**, **515**, **546**, **568**; 4. Schreiber: **548**, **552**, CPR XIV 28. Schreiber 2 (alle Quittungen vom 27. Epeiph) und Schreiber 4 (Quittungen vom 3. und 4. Mesore) sind durch Charakteristika im Duktus und bei den Kürzungen einfach von den anderen Texten zu unterscheiden. **511** Z. 1 steht ohne paläographische Parallele etwas abseits. Einzig bei den Texten, die dem 3. Schreiber zugewiesen wurden, lassen sich nicht derart spezifische Kennzeichen ausmachen. Vielleicht stammen nicht unbedingt alle vier Datumszeilen von der gleichen Hand und es ist auch nicht auszuschließen, daß der eine oder andere dieser Texte gänzlich von Makarios geschrieben wurde.

C. 8. DOSSIER DES MARNITAS

Zusammengehörige Texte: Von den fünf Marnitas-Quittungen in SPP III wurden von Wessely nur die beiden Texte **475** (erst die Neuedition in SPP XX 200 hat Marnitas) und **559** als zusammengehörig erkannt. Dies ist darauf zurückzuführen, daß die Signatur in **462** aus Platzgründen sehr gedrängt geschrieben wurde (daher *ed. pr.*: † Μαξιμ †; SPP XX 178: † Μαξιμος †), in **529** durch die stellenweise verwaschene Tinte schwer lesbar ist (Zeichnung in der *ed. pr.*) und in **570** nur in ihrem hinteren Teil erhalten blieb (*ed. pr.*: Κο]σμᾶ †). In den beiden deutlich lesbaren Unterschriften **475** und **559** weicht der Duktus leicht voneinander ab (vgl. die αρ-Verbindung). Die Identität des Unterzeichnenden in allen fünf Texten liegt schon aufgrund der Seltenheit des Namens nahe, zeigt sich aber auch in manchen Charakteristika, wie dem von -ς direkt nach unten fortgeführten Kreuz.

Übersicht:

Text	Ind.	Datum	Ort	Betrag	Formular	Besonderheiten
462	3.	16. Phaophi	Kainu	$1\ ^{1}/_{3}\ ^{1}/_{12}\ ^{1}/_{24}$	eikoste	Handwechsel in Z. 2
475	3.	8. Choiak	Distichia	2	eikoste	
529	4.	8. Epeiph	Belu	$^{1}/_{2}\ ^{1}/_{3}$	kankellon (wiederholt)	Zahlung durch einen Hypodektes
570	4.	[ ]	[ ]	50	[ ]	Zahlung für einen γραμματεύς Viktor
559	[ ]	[ ]	Tamauis	$1\ ^{2}/_{3}$	eikoste, rhyparai	

Herkunft: Die Texte stammen aus verschiedenen Dörfern des arsinoitischen Gaues: **462** aus Kainu, **475** aus Distichia, **529** aus Belu und **559** aus Tamauis. In **570** ist vom (vermutlichen) Dorfnamen nur]ν̣τ̣() erhalten; Wessely gibt in der *ed. pr.* als Herkunft „angeblich Hermopolis“ an, da der Papyrus im Ankauf von 1887 erworben wurde. Dem Dossier-Zusammenhang nach dürfte die Quittung hingegen ebenfalls aus dem Arsinoites stammen.

Datierung: In SPP III ist für die Quittungen des Dossiers als Datierung das 6. Jh., einzig für **570** das 6.–7. Jh. angegeben. **462** datierte Wessely im Neudruck als SPP XX 178 bereits in das 7. Jh., eine Datierung die nach paläographischen Erwägungen für das gesamte Dossier als wahrscheinlicher zu erachten ist.

Zeitlicher Rahmen: Von den fünf Quittungen wurden zwei in einem 3. Indiktionsjahr (**462**: 12. [13.] Nov. und **475**: 4. [5.] Dez.) und zwei in einem 4. Indiktionsjahr (**529**: 2. Juli; in **570** Tagesdatum verloren) ausgestellt. Bei **559** ist die Datumszeile nicht erhalten.

Inhalt und Formular: Die Quittungen des Dossiers sind im Formular nicht einheitlich. In **462**, **475** und **559** sind die bezahlten Artaben σὺν εἰκοστῇ, in **529** καγκέλλῳ, in **570** ist die betreffende Stelle verloren. Die Angabe καγκέλλῳ wird in **529** in der zweiten Nennung der Summe wiederholt; in **559** werden die Artaben dort als ῥυπαραί bezeichnet. In **462** und **559** ist der Steuerzahler wie üblich mit Name und Vatersname bezeichnet, in **475** ist als Zahlender ein ἡγούμενος genannt, in **529** erfolgt die Zahlung durch einen Hypodektes für einen Pronoetes, in **570** wird die Zahlung ὑπὲρ Βίκτορος durchgeführt, der die Zahlung Ausführende war vielleicht gar nicht genannt.

Schreiber und Quittungsaussteller: Die Unterscheidung einzelner Schreiberhände innerhalb des Dossiers stößt auf Schwierigkeiten, da das Schriftbild jeder der fünf Quittungen individuelle Züge hat, in keiner Quittung jedoch ein Handwechsel zwischen dem Quittungstext und der Unterschrift feststellbar ist. Auch die Signatur des Marnitas selbst ist nicht immer gleich. Daraus läßt sich entweder schließen, daß alle Quittungen von Marnitas selbst geschrieben wurden, dessen Schrift je nach Schnelligkeit der Niederschrift variiert; oder man vermutet, daß Texte und Signaturen von jeweils anderen Schreibern ausgeführt wurden, die als Vertreter auch für Marnitas zeichneten, wobei gegen letzteres manche Übereinstimmungen im Duktus der Unterschriften sprechen. Einzig **462** weist einen deutlichen Handwechsel nach der Datumszeile auf. Ein solcher ist bei den anderen Texten nicht erkennbar, eher sogar auszuschließen.

Der ungewöhnliche Name Marnitas ist außer in diesen Texten noch in P.Berl. Zill. 8, 26 (663) zu finden, einer Sicherungsurkunde aus Arsinoiton Polis, der ein Κοσ[μᾶς] υἱὸς Μαρνιτᾶ als Zeuge beigezogen wurde. Es wäre denkbar, daß der Vater jenes Kosmas und der Steuerbeamte dieses Dossiers eine Person sind. Darüber hinaus ist ein ἀντιγεοῦχος dieses Namens in den beiden Zahlungsanweisungen SPP III 647, 1 (Oxyrhynchites, 7. Jh.; mit BL VIII 443) und SPP VIII 1139, 1 (Oxyrhynchites, 7. Jh.) mit dem Schreibervermerk δι' ἐμοῦ Μαρνίτου bezeugt (beide Texte stammen von einer Person, die aber nicht mit dem Marnitas des Dossiers identifiziert werden kann).

C. 9. DOSSIER DES NEILOS

Zusammengehörige Texte: Drei Weizenquittungen des vorliegenden Bandes haben die Unterschrift eines Neilos: **455**, **514** und **545**, wobei **545** erst durch die Zusammenfügung mit einem bislang unpublizierten Fragment (G 37422) dem Dossier zugeordnet werden konnte.

Übersicht:

Text	Ind.	Datum	Ort	Betrag	Formular
514	6.	[x.] Epeiph	Tamauis	1/2	—
545	6.	24. Mesore	nördl. Melitonos	1/3 1/12	—
455	6.	12. Thoth	nördl. Melitonos	1 1/2 1/12	—

Herkunft: Die beiden Quittungen **455** und **545** bescheinigen Zahlungen aus dem nördlichen Melitonos, in **514** wird das Dorf Tamauis genannt. Eine Zuordnung zu einem bestimmten Gebiet der Oase ist für das Dossier insoweit nicht möglich.

Datierung: Wessely datierte die drei Papyri unterschiedlich: **455** ins 5.–6. Jh., **514** ins 6. Jh. und **545** ins 6.–7. Jh.; nach den paläographischen Charakteristika (vgl. die Formen von μ, π und λ) läßt sich das Dossier am ehesten dem 7. Jh. zuweisen.

Zeitlicher Rahmen: Alle drei Texte bestätigen Zahlungen eines sechsten Indiktionsjahres, und zwar von drei aufeinanderfolgenden Monaten: **514** vom Epeiph, **545** vom 24. Mesore und **455** vom 12. Thoth. Die Zusammengehörigkeit der drei Quittungen fügt sich demnach gut zu den Ergebnissen von Bagnall, Worp, *CSBE*², 22–35 und 127f., wonach in spätbyzantinischer Zeit der Beginn des Indiktionsjahres für Dokumente der Steuererhebung auch im Arsinoites mit 1. Pachon anzusetzen ist.

Inhalt und Formular: Die Quittungen folgen ohne Abweichung dem allgemeinen Formular. Die bestätigten Beträge sind mit 1 7/12 (**455**), 1/2 (**514**) und 5/12 Artaben (**545**) relativ gering. Zusätzliche Angaben wie σὺν εἰκοστῇ kommen nicht vor. In allen Quittungen ist bei der Angabe des Indiktionsjahres der zu erwartende Genitiv fehlerhaft oder verkürzt ἕκτη(ς) ἰνδ(ικτίωνος) geschrieben.

Schreiber und Quittungsaussteller: Die drei Quittungen wurden von derselben Hand geschrieben; vgl. etwa die Schreibung von Μελίτων(ος) βορρ(ινοῦ) und δωδέ(κατον) in **455** und **545**, von ἥμισυ in **455** und **514**, sowie von ἰνδ(ικτίωνος) und ἀρ(τάβας) in allen Texten. Zwischen der Schrift des Quittungstextes und der Unterschrift läßt sich kein deutlicher Handwechsel feststellen, ist aber auch nicht auszuschließen.

C. 10. DOSSIER DES TIMOTHEOS

Zusammengehörige Texte: Zu den drei in diesem Band herausgegebenen Timotheos-Quittungen (**468**, **495** und **571**) gehört auch SPP III 595 (ein von Wessely irrtümlich unter die Quittungen für Geldzahlungen eingereihter Text)[81]. Von diesen vier SPP-Texten befin-

[81] Erhalten ist das rechte, untere Fragment der Weizenquittung. Da auf diesem nur die Summe der bezahlten Artaben steht, kann man zwei vorangehende, verlorene Zeilen annehmen. Statt dem von Wessely als Z. 1 transkribierten Text]ν τρίτον δωδέκ(ατον) μ(όνον γ̄ι(νεται) lautet diese Zeile [--- ἀρ(τάβην) μία]ν τρίτον δωδέκ(ατον), (ἀρτάβην) α γ′ ι[β]′.

den sich drei Papyri in der Wiener Sammlung und ein Dokument in der Bodleian Library in Oxford. Eine weitere Steuerquittung des Dossiers ist in P.Prag. I 83[82] veröffentlicht.

Neben den fünf Quittungen sind auch Papyri anderer Textgattungen von Timotheos erhalten. Drei Zahlungsaufträge wurden von ihm geschrieben bzw. unterschrieben: SPP VIII 957 ist ein an den Feinbäcker (σιλιγνιάριος) Kyrikos gerichteter Auftrag zur Auszahlung von 1/3 Artaben an den παῖς des Timotheos. Dieser unterzeichnet zwar nicht mit seinem Namen, sondern bloß mit einer Paraphe, er nennt aber seinen Namen in Z. 2 (im selben Duktus wie in den sonstigen Signaturen)[83]. SPP VIII 1038 ist ein Fragment eines von Timotheos an Mesitai gerichteten Zahlungsauftrages über 2 1/12 Artaben. Erhalten ist von der Unterschrift in Z. 5 nur † Τιμ[, die Ergänzung zu † Τιμ[όθεος und die Zuordnung zum Archiv ist angesichts der Schrift sowie des Kontextes der Getreideverwaltung sicher[84]. In P.Prag. I 68 beauftragt Timotheos als Vertreter der Mesitai der großen Getreidespeicher die Kollegen der städtischen Speicher (s. zu diesen unten **579** Komm. zu Z. 1) mit der Auszahlung von 66 Artaben vom Konto des Hypodektes von Magais an den Komes Theodoros[85].

Zwei weitere Zahlungsaufträge sind an den Mesites Timotheos gerichtet: SPP VIII 1151 (= BGU II 695), wo Timotheos von einem Zygostates Phoibammon angewiesen wird, an Theodoros 2 1/6 Artaben von der Ernte des 12. Indiktionsjahres auszuzahlen[86], und P.Prag. I 69, ein Auftag des Epistates Kyros zur Auszahlung von 100 Artaben an einen Menas, unterzeichnet ist dieser Text von einem Georgios[87].

---

82 Die Quittung wurde von Timotheos zusammen mit einem gewissen Pusi unterschrieben. Statt † Τιμόλεος τέ(κτων) der *ed. pr.* ist in Z. 4 die Signatur † Τιμόθεος † in dem den anderen Quittungen entsprechendem Duktus zu lesen. Der Text gehört zu derjenigen Gruppe von Quittungen, in denen die bezahlte Summe in Säkken und Artaben angegeben wird. In Z. 2 steht nicht ἐ̣κ̣ χ(ωρίου) Ερλαδ( ), sondern σάκ(κους) ε πρ(ὸς) λα δ΄, s. dazu oben **B. 10.** In Z. 3 steckt in dem Kürzungsstrich mit Schlinge bei καγκ(έλλῳ) wohl auch das Artabenzeichen, da die nachfolgende Summe zuvor eine Maßeinheit verlangt; *l.* also καγκ(έλλῳ) (ἀρτάβας) δεκαπέντε.

83 Die in der *ed. pr.* angegebene Überstreichung des Namens ist bloß der Kürzungsstrich bei φ von ἀδελφ(ῷ).

84 Am Beginn der Z. 2 ist statt πoντων der *ed. pr.* πολιτῶν zu lesen, wobei dieser Genitiv den als Absender des Zahlungsauftrages fungierenden Mesitai zuzuordnen ist. Z. 1 ist etwa folgendermaßen zu ergänzen: † τοῖς ἀδελφ(οῖς) [μεσίτ(αις) ... μεσῖτ(αι) ὁρρ(ίων)]. Z. 2: πολιτῶν· λογίσ[ασθε ... ἀπὸ λόγου] (statt λ[ο]γι[der *ed. pr.*). Wer der *magnificentissimus* ist, von dessen Konto die Zahlung getätigt werden soll, läßt sich anhand des einzig erhaltenen π am Ende der Z. 3 nicht feststellen.

85 Am Ende von Z. 3 ist anstelle von κα̣ὶ̣ Ἑρ(μοῦ πόλεως) besser καγκ(έλλῳ) zu lesen. Der Hypodektes ist also nur Hypodektes von Magais und nicht Hypodektes von Magais und Hermupolis (ein solcher ist somit nur noch in SPP VIII 1040, 1 aus dem 6. Jh. bezeugt, wobei auch dort die Lesung nicht zweifelsfrei ist). Die Spuren des zweiten ῥ̣(υ)π(αραί) in Z. 4 stimmen nicht mit dem ersten überein. Der Buchstabe auf Zeilenlänge hat keine Unterlänge; darüber gesetzt wurde ein kreisförmiges Zeichen. Zu lesen ist μ̣ό(νας) bzw. μ̣ό(ναι).

86 Die irrtümliche Auflösung der Berufsbezeichnung καγκελλ(αρίου) in Z. 5 und κ̣[α]γκε(λλαρίου) in Z. 6 wurde bereits von H. Harrauer und P. J. Sijpesteijn, *20 Bemerkungen zu Papyri*, Tyche 3 (1988) 144 zur Maßeinheit κάγκελλον korrigiert (= BL IX 22); auf dem Photo ist in Z. 5 καγκέλλ(ῳ) und in Z. 6 κ̣αγκέλλ(ῳ) zu lesen. Ausstellungsdatum der Quittung war nicht der 10., sondern der 11. Mesore (Z. 6: *l.* Μεσορ(ὴ) ια).

87 Die Lesung des Textes wird durch den starken Abrieb in den Z. 1–2 erheblich erschwert. Unsicher ist in Z. 1 der Name des Epistates Κῦ̣ρος und die Beifügung οὐσί(ας) zur Amtsbezeichnung des Mesites Timotheos; es wäre ebenso in Betracht zu ziehen, daß statt des ohne Parallelen stehenden Titels eines Mesites ὁρρ[(ίων)] μεγάλ(ης) οὐσί(ας) die Kürzung ὁρρ[(ίων)] μεγάλ(ων) aufzulösen ist und danach bereits der Name des Absenders folgt. Auch die Lesung τροφ[ῷ] in Z. 2 ist aus inhaltlichen Gründen und paläographisch sehr zweifelhaft. In Z. 5 kann anstelle von γ(ίνονται) das Artabenzeichen gelesen werden, das auch vom Formular her besser paßt.

Schließlich überliefert der Wiener Papyrus SB VIII 9771 (= H. Gerstinger, *Neue byzantinische Vertragsurkunden aus der Sammlung „Papyri Erzherzog Reiner“*^sic *in Wien*, JJP 13 [1961] 53–65, bes. 56–57) einen Schuldschein für ein Gelddarlehen, bei dem ein Mesites Timotheos Darlehensgeber war[88]. Es handelt sich mit ziemlicher Sicherheit um denselben Mesites Timotheos wie in den anderen Texten des Dossiers.

Übersicht:

Quittungen

Text	Ind.	Datum	Ort	Betrag	Formular	Besonderheiten
468	2.	8. Phaophi	Kynon	1 $^1/_{12}$	—	Zahlung für Domäne
495	5.	28. Payni	Psenyris	8 $^1/_2$ $^1/_4$	eikoste	
P.Prag. I 83	9.	25. Epeiph	Kynon	15 $^1/_3$	kankellon, rhyparai	Zahlung durch Hypodektes; Angabe in Säcken
571	[ ]	[ ]	[ ]	28 $^1/_3$ $^1/_{12}$	eikoste	Eintragungsvermerk?
SPP III 595	[ ]	[ ]	[ ]	1 $^1/_3$ $^1/_{12}$	[ ]	

Zahlungsaufträge

Text	Ind.	Datum	Betrag	Absender	Adressat	Transfer
P.Prag. I 68	7.	6. Epeiph	66	T., Mesites d. großen Speicher	Mesitai der städtischen Speicher	an den *comes* Theodoros, vom Konto des Hypodektes v. Magais
SPP VIII 957	9.	17. Phamenoth	$^1/_3$	T., Mesites	Bäcker Kyrikos	an den παῖς des T., für σίλιγνον
SPP VIII 1038	9.	[ ]	2 $^1/_{12}$	T., Mesites d. städtischen Speicher	Mesitai [ ]	an N.N., vom Konto des *magnificentissimus* P-
BGU II 695 = SPP VIII 1151	12.	11. Mesore	2 $^1/_6$	Phoibammon, Zygostates	T., Mesites d. städtischen Speicher	an Theodoros
P.Prag. I 68	15.	16. Thoth	100	Kyros(?), Epistates	T., Mesites der Speicher einer Domäne(?)	an Menas, vom Konto des Hypodektes

Herkunft: Die Quittungen des Dossiers nennen, soweit erhalten, arsinoitische Dörfer. Der Darlehensschuldsschein SB VIII 9771 erwähnt ausdrücklich, daß die Herkunft des Timotheos Arsinoiton Polis ist. Man kann daher für alle Texte des Dossiers eine Herkunft aus dem arsinoitischen Gau vermuten. Für SPP III 595 wird dies auch durch den Ankauf des Papyrus im Rahmen des sog. 1. Fayumer Fundes bestätigt. Problematisch ist aber, daß

[88] Zum Text vgl. bereits BL VII 214, wo der Darlehensgeber von Θωμᾶς Τιμόθεος in θαυμα(σιώτατος) Τιμόθεος korrigiert wurde (am Verso ist allerdings bei εἰς τὸν θαυμα(σιώτατον) nur τ mit Kürzung für τ(όν) zu sehen); daneben BL VI 159, eine Korrektur der Ziffer ξ in ζ (in Z. 9, 14 und am Verso ist darüber hinaus anstelle von *f* für $^1/_4$ deutlich ein δ mit waagrechtem Bruchzahlenstrich zu sehen); BL VIII 354, wo der Name des Quittungsausstellers Σα̣νσ̣νες zu Σανσνεῦ verbessert wurde; sowie zuletzt N. Gonis, *Notes on miscellaneous documents II*, ZPE 154 (2005) S. 203 Anm. 4, der für das Verso die Ergänzung von χ(ει)ρ(όγραφον) am Zeilenanfang vorschlägt.

Wessely für drei der Papyri des Dossiers die Herkunftsangabe „angeblich aus Hermupolis" (**571**, SPP VIII 957 und 1038) vermerkt. Damit bezog sich Wessely auf den Erwerb der Papyri im Jahr 1887, dem Ankaufsjahr der El Aschmunein-Papyri, (so die Auskunft des handschriftlichen Inventars). Bereits mehrfach zeigte sich, daß nicht alle der in diesem Jahr erworbenen Papyri aus dem Hermopolites bzw. aus Hermupolis stammen. Schon die Beifügung des einschränkenden „angeblich" zeigt, daß Wessely selbst dieser Angabe nicht vorbehaltlos vertraute (s. auch oben **A.**). Die Herkunft der übrigen Dossier-Texte aus dem Arsinoites rechtfertigt auch für die fraglichen Papyri die Annahme der Zugehörigkeit zu einem arsinoitischen Fund.

Datierung: In den Ersteditionen wurden die elf Texte des Dossiers sehr unterschiedlich datiert, nämlich von 5.–6. Jh. bis zur arabischen Zeit. Die einzelnen Schriften weisen deutliche Kennzeichen einer Schrift aus dem späten 7. Jh. auf. Vermutlich gehört das Dossier in arabische Zeit, also in die 2. Hälfte des 7. Jh. oder in das 8. Jh. (vgl. etwa die „Minuskelschrift" in P.Prag. I 69).

Zeitlicher Rahmen: Die elf Papyri verteilen sich über den Zeitraum mindestens eines Indiktionszyklus, möglicherweise aber auch einer längeren Zeitspanne. Auch die unterschiedlichen Funktionsbezeichnungen des Mesites Timotheos (s. dazu unten) lassen eine langfristige Tätigkeit desselben vermuten.

Formular der Quittungen: Vergleiche bezüglich des Formulars der fünf Steuerquittungen lassen sich wegen des fragmentarischen Erhaltungszustandes von **571** und SPP III 595 nur schwer ziehen. Die drei vollständigen Quittungen sind im Aufbau ungleich. In zwei Quittungen (**495** und **571**) wurde der Weizen unter Einschluß der 5%-Abgabe bezahlt; in P.Prag. I 68 ist das κάγκελλον-Maß angegeben und die Artabenzahl mit der Anmerkung ῥυπαραί versehen. In letzterer Quittung wird zusätzlich zur Artaben-Summe noch die Anzahl und Größe der gelieferten Säcke vermerkt (s. dazu oben **B. 10.**). Auch die bezahlten Beträge sind sehr unterschiedlich (zwischen 1 $^{1}/_{12}$ und 28 $^{5}/_{12}$ Artaben).

Schreiber und Quittungsaussteller: Von den elf Papyri wurden acht Texte von Timotheos unterschrieben bzw. ausgestellt. Ob alle acht Texte auch von ihm selbst aufgesetzt wurden, läßt sich nicht eindeutig feststellen. Auf den ersten Blick weisen alle Texte ein leicht voneinander abweichendes Schriftbild auf; dies gilt insbesondere für P.Prag. I 68. Dennoch sind zahlreiche Übereinstimmungen im Duktus einzelner Buchstaben und Buchstabenverbindungen zu beobachten, die aber nicht nur durch die Annahme einer einzigen Hand, sondern auch als typische paläographische Kennzeichen der Zeit erklärt werden könnten.

In den Steuerquittungen unterzeichnet Timotheos grundsätzlich alleine, nur in P.Prag I 68 folgt seiner Unterschrift die Gegenzeichnung eines Pusi.

Anhand der überlieferten Zahlungsaufträge und der Vertragsurkunde lassen sich für dieses Dossier ausnahmsweise Beobachtungen bezüglich der Tätigkeit des Timotheos als Mesites anstellen. In den fraglichen sechs Texten, in denen Timotheos als Mesites bezeichnet wird, ist er nicht immer derselben Speichereinheit zugeordnet: Er selbst bezeichnet sich in SPP III 957, 2–3 bloß als σὺν Θ(εῷ) μεσ(ίτης). In SPP VIII 1038, 1–2 erscheint er als Mitglied der [μεσῖτ(αι) ὁρρ(ίων)] πολιτῶν in der Funktion der anweisenden Gruppe, ebenso wird in SPP VIII 1151, 1–2 der angewiesene Timotheos angesprochen als μεσίτης ὁρρίων πολιτῶν. Ein wohl nur sprachlicher Unterschied liegt in SB VIII 9771 vor, wo Timotheos in der ersten erhaltenen Zeile als Mesites τ̣[ῶν πολι]τ̣ι̣κ(ῶν) ὁρρ(ίων) (so am Original) adressiert wird. Ein sachlicher Unterschied zwischen den mehrmals genannten ὅρρια πολιτικά und den ὅρρια πολιτῶν konnte bisher nicht festgestellt werden (s. dazu **579**, Komm. zu Z. 1 sowie CPR VI 9 Einl.), es dürfte sich bei beiden um die städtischen Getreidespeicher (vermutlich von Arsinoiton Polis) handeln.

Demgegenüber ist Timotheos in P.Prag. I 68, 1–2 einer der μεσῖτ(αι) ὁρρ(ίων) μεγάλ(ων). Da es sich — angesichts der von einer zur anderen Gruppe von Mesitai laufenden Zahlungsaufträge — sicher nicht um verschiedene Bezeichnungen für dieselben Getreidespeicher der Gauhauptstadt handelt, dürften die Papyri einen Wechsel der Tätigkeit des Timotheos von den „großen Getreidespeichern“ in der 7. Indiktion zu den städtischen Getreidespeichern in der 9. Indiktion (oder gegebenenfalls umgekehrt) bezeugen. Wie sich in diese mutmaßliche Chronologie die Steuerquittungen einordnen lassen, muß freilich offen bleiben.

Darüber hinaus könnte die auf Timotheos bezogene Anrede in P.Prag. I 69, 1 als Mesites ὁρρ[(ίων)] μεγάλ(ης) οὐσί(ας) eine weitere Tätigkeit des Timotheos bezeugen. Jenem Text nach sollte er in einem 15. Indiktionsjahr für den Speicher einer Domäne tätig gewesen sein. Eine μεγάλη οὐσία ist für den Oxyrhynchites mehrfach belegt, für den Arsinoites nur ein einziges Mal und zwar in Zusammenhang mit dem Dorf Σύρων; vgl. SPP X 149, 5 (6. Jh.). Es ist nicht auszuschließen, daß Timotheos vor oder nach seiner Beschäftigung in der Hauptstadt für einen solchen Domänenspeicher arbeitete. Allerdings ist die Lesung der Z. 1 an dieser Stelle sehr unsicher (vgl. schon oben Anm. 87) und es ist nicht auszuschließen, daß die Adresse (wie in P.Prag. I 68) μεσίτ(ῃ) ὁρρ(ίων) μεγάλ(ων) lautete, und daran direkt der Name des Absenders anschloß. Dann wäre Timotheos auch in P.Prag. I 69 als Mesites der „großen Getreidespeicher“ bezeugt.

KONKORDANZ DER INVENTARNUMMERN

BERLIN, ÄGYPTISCHES MUSEUM UND PAPYRUSSAMMLUNG

P.Berlin Aeg. Mus. 2675	**493**	P.Berlin Aeg. Mus. 5820	**580**
P.Berlin Aeg. Mus. 2678	**580** Einl.	P.Berlin Aeg. Mus. 6091	**487**

KAIRO, ÄGYPTISCHES MUSEUM

P.Giza Inv.-Nr. 10242	**556**

LONDON, BRITISH LIBRARY

P.Brit. Libr. 727	**506**

OXFORD, BODLEIAN LIBRARY

P.Bodl. Lib. MS Gr. Class f 56 (P)	**468**

PARIS, MUSÉE NATIONALE DU LOUVRE

P.Paris M.N. E 6480	**492**	P.Paris M.N. E 6881 W 463	**490**
P.Paris M.N. E 6500 W LXVbis	**508**	P.Paris M.N. E 6910 W 545 Rekto	**507a**
P.Paris M.N. E 6536	**505**	P.Paris M.N. E 6910 W 545 Verso	**507**
P.Paris M.N. E 6623	**450**	P.Paris M.N. E 6912 W 614	**451**
P.Paris M.N. E 6728a W 191	**491**	P.Paris M.N. E 6912 W 615	**509**
P.Paris M.N. E 6846 W 323	**510**	P.Paris M.N. E 6951 W 523	**579**
P.Paris M.N. E 6846 W 510	**501**	P.Paris M.N. E 7013 W LXV	**502**
P.Paris M.N. E 6846 W 578 Rekto	**581**	P.Paris M.N. E 7089 W 224	**544**
P.Paris M.N. E 6846 W 578 Verso	**581a**	P.Paris M.N. E 7111	**470**
P.Paris M.N. E 6846 W 590	**554**	P.Paris M.N. E 7331 W 725	**472**
P.Paris M.N. E 6846 W 712	**582**	P.Paris M.N. E 7415 W 900	**471**
P.Paris M.N. E 6846 W LXVter	**504**		

WIEN, PAPYRUSSAMMLUNG ERZHERZOG RAINER

P.Vindob. G 2123	**578**	P.Vindob. G 11377	**482**
P.Vindob. G 2154	**454**	P.Vindob. G 11379	**484**
P.Vindob. G 2155	**460**	P.Vindob. G 11380	**485**
P.Vindob. G 2159bis	**477**	P.Vindob. G 11382	**488**
P.Vindob. G 2167	**553**	P.Vindob. G 11383	**489**
P.Vindob. G 2172	**455**	P.Vindob. G 11385	**495**
P.Vindob. G 2176	**462**	P.Vindob. G 11386	**496**
P.Vindob. G 2179 Rekto	**486a**	P.Vindob. G 11387	**497**
P.Vindob. G 2179 Verso	**486**	P.Vindob. G 11388	**498**
P.Vindob. G 2182	**543**	P.Vindob. G 11389	**499**
P.Vindob. G 2190	**480**	P.Vindob. G 11390	**500**
P.Vindob. G 2198	**475**	P.Vindob. G 11391	**503**
P.Vindob. G 2202	**517**	P.Vindob. G 11392	**511**
P.Vindob. G 2203	**494**	P.Vindob. G 11393 Rekto	**512a**
P.Vindob. G 2212	**483**	P.Vindob. G 11393 Verso	**512**
P.Vindob. G 11350	**449**	P.Vindob. G 11394 Rekto	**513a**
P.Vindob. G 11351	**452**	P.Vindob. G 11394 Verso	**513**
P.Vindob. G 11352	**453**	P.Vindob. G 11395	**514**
P.Vindob. G 11355	**456**	P.Vindob. G 11396	**515**
P.Vindob. G 11356	**457**	P.Vindob. G 11397	**516**
P.Vindob. G 11357	**458**	P.Vindob. G 11399	**518**
P.Vindob. G 11358	**459**	P.Vindob. G 11400	**519**
P.Vindob. G 11360	**461**	P.Vindob. G 11401	**520**
P.Vindob. G 11362	**463**	P.Vindob. G 11402	**521**
P.Vindob. G 11363	**464**	P.Vindob. G 11403	**522**
P.Vindob. G 11364 Rekto	**465a**	P.Vindob. G 11404	**523**
P.Vindob. G 11364 Verso	**465**	P.Vindob. G 11405	**524**
P.Vindob. G 11365	**466**	P.Vindob. G 11406	**525**
P.Vindob. G 11366	**467**	P.Vindob. G 11407	**526**
P.Vindob. G 11367	**469**	P.Vindob. G 11408	**527**
P.Vindob. G 11368	**473**	P.Vindob. G 11409	**528**
P.Vindob. G 11369	**474**	P.Vindob. G 11410	**529**
P.Vindob. G 11371	**476**	P.Vindob. G 11411a	**473**
P.Vindob. G 11373	**478**	P.Vindob. G 11411b	**530**
P.Vindob. G 11374a	**479a**	P.Vindob. G 11412	**531**
P.Vindob. G 11374b	**479b**	P.Vindob. G 11413	**532**
P.Vindob. G 11374c	**479c**	P.Vindob. G 11414	**533**
P.Vindob. G 11376	**481**	P.Vindob. G 11415	**534**

P.Vindob. G 11416	**535**	P.Vindob. G 11438	**561**
P.Vindob. G 11417	**536**	P.Vindob. G 11439	**562**
P.Vindob. G 11418	**537**	P.Vindob. G 11440	**563**
P.Vindob. G 11419	**538**	P.Vindob. G 11441	**564**
P.Vindob. G 11420	**539**	P.Vindob. G 11442	**565**
P.Vindob. G 11421	**540**	P.Vindob. G 11443	**566**
P.Vindob. G 11422	**541**	P.Vindob. G 11444	**567**
P.Vindob. G 11423	**541**	P.Vindob. G 11445	**568**
P.Vindob. G 11425	**545**	P.Vindob. G 11446	**569**
P.Vindob. G 11426	**546**	P.Vindob. G 11447	**570**
P.Vindob. G 11427	**547**	P.Vindob. G 11448	**571**
P.Vindob. G 11428	**548**	P.Vindob. G 11449	**572**
P.Vindob. G 11429	**549**	P.Vindob. G 11450	**573**
P.Vindob. G 11430	**550**	P.Vindob. G 11451	**574**
P.Vindob. G 11431	**551**	P.Vindob. G 11452	**575**
P.Vindob. G 11432	**552**	P.Vindob. G 11453	**576**
P.Vindob. G 11434	**557**	P.Vindob. G 11454	**577**
P.Vindob. G 11435	**558**	P.Vindob. G 11456	**578bis**
P.Vindob. G 11436	**559**	P.Vindob. G 37422	**545**
P.Vindob. G 11437	**560**	P.Vindob. G 41395	**458**

Konkordanz der Editionsnummern

Berliner Griechische Urkunden

BGU II 548	**487**
BGU II 689	**580**
BGU II 688	**580** Einl.

Corpus Papyrorum Raineri

CPR XIV 19	**511**	CPR XIV 24	**546**
CPR XIV 20	**512**	CPR XIV 25	**568**
CPR XIV 20, Z. 5-9	**512a**	CPR XIV 26	**552**
CPR XIV 21	**513**	CPR XIV 27	**548**
CPR XIV 21, Z. 5–10	**513a**	CPR XIV 29	**460**
CPR XIV 23	**515**		

Grenfell, Hunt, Fayum Towns

P.Fay. 143	**556**

Grenfell, Hunt, Greek Papyri

P.Grenf. II 101	**468**
P.Grenf. II 104	**506**

Papyrus Erzherzog Rainer, Führer durch die Ausstellung

PERF Nr. 338	**578**	PERF Nr. 395	**486**
PERF Nr. 369	**454**	PERF Nr. 398	**543**
PERF Nr. 370	**460**	PERF Nr. 406	**480**
PERF Nr. 375	**477**	PERF Nr. 414	**475**
PERF Nr. 383	**553**	PERF Nr. 418	**517**
PERF Nr. 388	**455**	PERF Nr. 419	**494**
PERF Nr. 392	**462**	PERF Nr. 428	**483**

Sammelbuch Griechischer Urkunden

SB I 4837	**582**	SB XVIII 14002	**479c**
SB I 4885	**477**	SB XVIII 14003	**450**
SB I 4886	**462**	SB XVIII 14004	**479a**
SB I 4887	**475**	SB XVIII 14005	**479b**
SB XVIII 13975	**556**		

Studien zur Paläographie und Papyruskunde

SPP VIII 1140	**580** Einl.	SPP XX 178	**462**
SPP VIII 1141	**580**	SPP XX 181	**486**
SPP XX 124	**578**	SPP XX 184	**543**
SPP XX 155	**454**	SPP XX 192	**480**
SPP XX 156	**460**	SPP XX 200	**475**
SPP XX 161	**477**	SPP XX 204	**517**
SPP XX 169	**553**	SPP XX 205	**494**
SPP XX 174	**455**	SPP XX 214	**483**

Wessely, Pariser Papyri

168, App. 712	**582**	212, Nr. LXV 13	**505**
208–209, Nr. LXV 1	**502**	212, Nr. LXV 14	**470**
209, Nr. LXV 2	**508**	212, Nr. LXV 15	**472**
209, Nr. LXV 3	**504**	213, Nr. LXV 16	**450**
209, Nr. LXV 4	**492**	213, Nr. LXV 17	**544**
210, Nr. LXV 5	**501**	214, o. Nr.	**477**
210, Nr. LXV 6	**509**	215, Nr. 9048	**462**
210, Nr. LXV 7	**554**	215, Nr. 9049	**475**
211, Nr. LXV 8	**491**	242, App. 578	**581**
211, Nr. LXV 9	**450**	250, App. 463	**490**
211, Nr. LXV 10	**507**	251, App. 523	**579**
211, Nr. LXV 11	**510**	256, App. 900	**471**
212, Nr. LXV 12	**451**		

Wilcken, Tafeln zur älteren griechischen Paläographie

S. XIV, ad Tafel XIX c	**493**	S. XIV, ad Tafel XX b	**580**

Konkordanz zur Erstausgabe von SPP III

Verzeichnis zusammengefügter Fragmente

P.Vindob. G 11357 + 41395	**458**
P.Vindob. G 11368 + 11411a	**473**
P.Vindob. G 11422 + 11423	**541**
P.Vindob. G 11425 + 37422	**545**

Verzeichnis veränderter Editionsnummern

SPP III 479	**479a–c**
SPP III 484	CPR X 7
SPP III 530 rechtes Fragment	**473**
SPP III 542	**541**
SPP III 555	**450**
SPP III 569	SB XXVI 16718

Verzeichnis der Ersteditionen

P.Paris M.N. E 6846 W 578 Verso	**581a**
P.Paris M.N. E 6910 W 545 Rekto	**507a**
P.Vindob. G 2179 Rekto	**486a**
P.Vindob. G 11364 Rekto	**465a**
P.Vindob. G 37422	**545**
P.Vindob. G 41395	**458**

ZUR FORM DER EDITION

Beim Abdruck der Papyrustexte wird das sogenannte „Leidener Klammersystem“ verwendet; zu diesem vgl. U. Wilcken, APF 10 (1932) 211f. Die verwendeten Klammern und Zeichen bedeuten:

[αβγδε]	Lücke durch Beschädigung des Papyrus
[. . . . .]	vermutliche Anzahl der in der Lücke fehlenden Buchstaben
⟦αβγδε⟧	Tilgung durch den Schreiber
{αβγδε}	Tilgung durch den Herausgeber
<αβγδε>	Ergänzung oder Änderung durch den Herausgeber
(αβγδε)	Auflösung von Symbolen oder Abkürzungen
\`αβγδε´	vom Schreiber nachträglich hinzugefügte Buchstaben
. . . . .	nicht entzifferte Buchstaben
α̣β̣γ̣δ̣ε̣	stark beschädigte oder unsicher gelesene Buchstaben
αβ|γδε	Zeilenwechsel

Im Lemma der einzelnen Texteditionen werden folgende Kürzel verwendet:

Descr.	Beschreibungen, Inhaltsangaben und Leseproben des Papyrus
Ed. ant.	Edition(en) vor SPP III
Ed. pr.	SPP III (*editio prior*)
Ed. post.	Edition(en) nach SPP III
Korr.	Korrekturvorschlag mit Verzeichnis des Eintrags in der Berichtigungsliste
Lit.	Sekundärliteratur, in welcher der Papyrus erwähnt wird
Abb.	bereits veröffentlichte Abbildung des Papyrus

Um den kritischen Apparat übersichtlich zu halten, werden dort nicht die unzähligen abweichenden Lesungen aus den Editionen vor SPP III (vor allem Wessely, *Pariser Papyri*) verzeichnet, da diese sehr oft schon von Wessely in SPP III korrigiert wurden und damit längst zu veraltetem Textbestand gehörten. Die Ausnahmefälle der gegenüber SPP besseren Lesungen sind im Zeilenkommentar vermerkt.

Neben den im Deutschen allgemein üblichen werden folgende Abkürzungen gebraucht:

pap.	*papyrus*
om.	*omisit* (in SPP III nicht transkribiert)
imit. script.	*imitatio scripturae* (Zeichnung in SPP III)
Kol.	Kolumne
s. v.	*sub voce*

Auf Texte des vorliegenden Bandes wird unter Angabe der Publikationsnummer ohne Sigle in Fettdruck verwiesen. Die in den beiden Faszikel der Neuedition Pap.Vind. 2 und 3 erscheinenden Urkunden werden als SPP III^{2} zitiert.

Alle Jahresangaben beziehen sich, soweit nicht anders angegeben, auf nachchristliche Zeit.

Die Akzentuierung lateinischer Lehnwörter im Griechischen folgt den Usancen der papyrologischen Editionen, also z. B.: ἰνδικτίων, -ίωνος, selbst wenn aus mittelalterlichen Handschriften andere Akzentuierungen überliefert sind (vgl. zu ἰνδικτιῶν A. Papathomas, CPR XXV 34 Komm. zu Z. 3).

449. WEIZENQUITTUNG

P.Vindob. G 11350 — 3,7 × 6,8 cm — 7.–8. Jh.
Chalothis (Arsinoites) — Tafel I

Ed. pr.: SPP III 449 (7. Jh., Fayum?).
Revision am Original.

Das kleine, helle Pergamentstück ist bis auf die ausgebrochene rechte obere Ecke und eine kleine Beschädigung am linken Rand in intaktem Zustand. Das Blatt war viermal horizontal gefaltet in Abständen von 0,5, 1, 2 und 3 cm vom oberen Rand. Beschrieben mit schwarzer Tinte auf der Fleischseite. Die Haarseite ist leer.

1 † Θὼ̣θ ις σίτου ιδ ἰνδ(ικτίωνος) Χα̣λ̣[ώθεως]
2 Μηνᾶ χρυσωχ(όου) ἀρτ(άβης) ἥμισυ δ̣ω̣δ̣έ̣-
3 κατ(ον) εἰκοστ(οτέταρτον), γ̣ί̣(νεται) ἀρτ(άβης) ∠ ιβ′ κ(δ)′ μό(νον). † δ(ι') ἐμοῦ
4 'Ολυμπίου †.

1. θθ (*l.* θωθ) *ed. pr.* Χ.[*ed. pr.* 2. χρυσω^{χ} (*l.* -οχους) *ed. pr.* *l.* χρυσοχόου ἀρ$^{τ(άβας)}$ *ed. pr.* [δωδέ] *ed. pr.* 3. σι/( ) ἀρ^{τ} *ed. pr.* μό(νας) *ed. pr.*

„† Am 16. Thoth, an Weizen für das 14. Indiktionsjahr, für Chalothis, von Menas, dem Goldschmied, eine halbe, ein zwölftel und ein vierundzwanzigstel Artaben, das sind 1/2 1/12 1/24 Artaben, sonst nichts. † Durch mich, Olympios †."

Die einzige uns erhaltene Steuerquittung mit der Unterschrift eines Olympios ist nach der kursiven Schrift mit den Charakteristika der späteren „Minuskelschrift" in arabische Zeit zu datieren. Abweichend vom üblichen Formular der Steuerquittungen ist die Angabe des Indiktionsjahres in Ziffern und die Einleitung der Wiederholung der Summe durch γί(νεται) (s. Komm. zu Z. 3).

1. Θὼ̣θ ις = 13. (14.) September. Die *ed. pr.* hat Θ(ώ)θ; unter dem Mikroskop lassen sich jedoch Spuren eines kleinen ω zwischen den beiden θ erkennen.

Χα̣λ̣[ώθεως]: Der einzige zu den Spuren passende Ortsname ist Χαλῶθις, vgl. Calderini, Daris, *Dizionario V*, 109, wo vorliegender Text bereits s.v. Χαλῶθις aufgenommen wurde. Das Dorf Chalothis ist zweimal in römischer Zeit bezeugt, und zwar in P.Oxy. XLII 3063, 12 (2. Jh.) und in P.Fay. 122, 18 und 20 (100), einem Text aus dem Gemellus-Archiv, der die Lage des Ortes im Themistos-Bezirk nahe von Euhemeria vermuten läßt. Die anderen Belege stammen allesamt aus dem 7.–8. Jh.; vgl. neben Calderini, Daris, *loc. cit.*, Wessely, *Topographie*, 160, B. P. Grenfell, A. S. Hunt, P.Tebt. II S. 358 und 409 sowie Timm, *Christlich-koptisches Ägypten I*, 479 und zuletzt F. Morelli, CPR XXII 26, Komm. zu Z. 23.

2. Μηνᾶ χρυσωχ(όου): Aus dem 7. Jh. gibt es mit P.Lond. III 1315b, 2 (Herm.?) und SPP VIII 876, 1 (Ars. oder Herakl.) noch zwei weitere Zeugnisse für χρυσοχόοι namens Μηνᾶς. Eine etwaige Identität ist anhand der Dokumente nicht zu erweisen.

Zum Goldschmied in den Papyri s. S. Russo, *I gioielli nei papiri di età greco-romana*, Firenze 1999, 278–279.

3. εἰκοστ(οτέταρτον): Nach δωδέκατον ist εἰκοστ( ) trotz des in der Wiederholung alleine stehenden κ als 1/24 zu verstehen.

γ̣ί̣(νεται): Vor ἀρτ(άβης) ist eine stark abgeriebene Vertikale mit darüberliegendem horizontalen Strich und danach eine längere Senkrechte zu sehen. σι für σίτου (*ed. pr.*) kann nicht gelesen werden. γίνεται ist in den Weizenquittungen unüblich, wäre aber an dieser Stelle passend. Nicht auszuschließen ist auch, daß die Spuren zur Abkürzung von εἰκοστ(οτέταρτον) gehören.

450. QUITTUNG FÜR GERSTE AUS DEM GEORGIOS-DOSSIER

P.Paris M.N. E 6623 — 5,5 × 7,3 cm — 7.–8. Jh. (arab. Zeit)
Kerkethoeris (Arsinoites) — Tafel I

Ed. ant.: Wessely, *Pariser Papyri*, 211, Nr. LXV 9 und 213, Nr. LXV 16.
Ed. pr.: SPP III 450 (7. Jh., Fayum) — SPP III 555 (6. Jh., Fayum).
Ed. post.: P. J. Sijpesteijn, *SPP III 479: Eine Neuedition*, ZPE 65 (1986) 160, Anm. 1 (Z. 3–6) — SB XVIII 14003 (5./6. Jh., Herakleopolites?; BL VIII 440 und 442).
Abb.: ZPE 65 (1986) Tafel IX a.
Revision am Original.

Hellbrauner Papyrus mit gerade geschnittenen Rändern. Oberer, rechter und unterer Rand intakt; links ist das Blatt unregelmäßig abgebrochen. Die von Wessely in SPP III 450 angegebenen horizontalen Faltungen im Abstand von 1,2, 1,1, 1 und 1,2 cm sind nicht mehr zu sehen. Beschrieben mit schwarzer Tinte, größere Abriebstellen zu beiden Seiten. Schrift quer zur Faserrichtung. Verso leer.

Der Papyrus wurde von C. Wessely in den Wiener Denkschriften zweimal mit deutlich unterschiedlicher Transkription veröffentlicht und in der Folge auch in SPP III unter zwei Nummern — 450 und 555 — wiedergegeben. Dieses Mißverständnis wurde von P. J. Sijpesteijn in ZPE 65 (1986) aufgeklärt, wo auch eine verbesserte Transkription der Zeilen 3–6 gegeben und ein Photo des Textes publiziert wurde.
Im Apparat werden aus Gründen der Übersicht nur die Textveränderungen zu SPP III (als *ed. pr.* 450 und *ed. pr.* 555) und zu der von P. J. Sijpesteijn vorgeschlagenen Lesung angegeben. Der Text in SB XVIII 14003 entspricht in Zeilen 1–2 dem Text von SPP III 555, in Zeilen 3–6 dem Text Sijpesteijns und wird daher im Apparat nicht eigens vermerkt.
Die in *Pariser Papyri*, 211, Nr. LXV 9 und SPP III 555 vermerkte Appendixnummer 322 scheint in Paris nirgends auf. An der Verglasung des Papyrus selbst ist die Nummer E 6623 mit dem Zusatz „e L“ angebracht.

↓ 1 [† Πα]χ̣ὼ(ν) θ κρ(ι)θ(ῆς) τρ̣ίτης ἰ̣ν̣δ̣(ικτίωνος)
2 [Κερκ]εθο̣ή̣ρ̣ε̣(ως) Φοιβάμμ(ων) . . . .
3 [καγκέ]λ̣λ(ω̣) ἀ̣ρ̣τ̣(άβας) πέντε ἥμισυ τρίτ̣(ον)
4 [εἰκοσ]τ̣(οτέταρτον), (ἀρτάβας) ε ∠ γ̣ʹ κ(δ)ʹ μό(νας). † Γε̣ώ̣ρ̣γιος,
5 [δ(ι') ἐμοῦ Μ]η̣(νᾶ) διακ(όνου) †. (2. H.) † Θεόδωρος, δ(ι') ἐμοῦ
6 [Γεω]ρ̣[γ]ί̣[ου] γρ̣α̣(μματέως) †.

1. [† θω]θ κεʹ τρίτης [ἰνδικτιῶνος *ed. pr.* 450]θ κρ^{θ}(-ιθῆς) τρίτης [ἰνδ(ικτιῶνος) *ed. pr.* 555 2. [ἐποίκιον] Σεοηρ$^{(ο)υ}$ Φοιβάμμων *ed. pr.* 450]θ//// Φοιβάμμ(ων) τον[*ed. pr.* 555 3. [σί(του)] ἀρ$^{τ(άβας)}$ *ed. pr.* 450 καγκ]έλ(-λω) *ed. pr.* 555 [καγκ]έ̣λ(λω̣) *Sijpesteijn* τρί[τον *ed. pr.* 450 [τρί- *ed. pr.* 555 τ̣ρί(τον) *Sijpesteijn* 4. γ]ί/(νεται) ⏗ ε ⟩ γʹ μ$^{ό(νας)}$ †[*ed. pr.* 450 τον] ⏗ ε ⟩ γʹ μ/(όνας) † Μαργια[νός (*l.* -ρκ-) *ed. pr.* 555 [εἰκ(οστοτέταρτον), γ]ί̣(νονται) (ἀρτάβαι) ε ∠ γ̣κ/ μό̣(ναι). † Μα̣ρ̣για(νός) *Sijpesteijn* γεω†ργιος *pap.* 5.]κ̣α̣ὶ̣ α̣ κ̣ † Θεόδωρος 'Ακωο^{υ} *ed. pr.* 450 ['Ανοῦ]π διάκ(ονος) *ed. pr.* 555 *et Sijpesteijn* Θεόδωρος Μο^{υ}[*ed. pr.* 555 δι(ὰ) Β.ου̣ *Sijpesteijn* θεοδω†ρος *pap.* 6. *om. ed. pr.* 450]μ̣ *ed. pr.* 555 [σεση]μ(είωμαι) † *Sijpesteijn*

„† Am 9. Pachon, an Gerste für das dritte Indiktionsjahr, für Kerkethoeris, Phoibammon ... fünfeinhalb, ein drittel und ein vierundzwanzigstel Artaben im Kankellon-Maß, 5 $^1/_2$ $^1/_3$ $^1/_{24}$ Artaben, sonst nichts. † Georgios, durch mich. Menas, Diakon †. (2. H.) † Theodoros, durch mich, Georgios, Schreiber †."

Der Text der Quittung aus dem Dossier des Georgios (s. dazu oben **C. 3.**) konnte gegenüber den früheren Editionen wesentlich verbessert werden. Als enge, für die Ergänzungen in Z. 1 und Z. 4–6 dienende Parallelen sind die vom selben Kollegium 2 ausgestellten Gerstequittungen **489**, **490**, **491** und **492** zu nennen.

Der Papyrus stammt wie die anderen Quittungen des Dossiers aus dem Arsinoites; die Angaben „Herakleopolites (?), 5./6. Jahrh. n. Chr." in SB XVIII 14003 sind versehentlich von Sijpesteijns Neuedition von SPP III 479 in ZPE 65 (1986) übernommen worden und ohne Bedeutung.

1. [† Πα]χ̣ὼ(ν) θ = 4. Mai. Zur Lesung s. den gleichen Duktus in **489**, **490**, **492** und bes. **491**, jeweils Z. 1.

2. [Κερκ]εθο̣ή̣ρ̣ε̣(ως): Vielleicht ist auch [Κερκ]εθο̣υ̣ή̣ρ̣ε̣(ως) zu lesen. Wessely schlägt in SPP III 450 [ἐποίκιον] Σεοηρ$^{(ο)υ}$ vor, das aber am Zeilenbeginn nur ungenügend zu den Tintenspuren paßt. In SPP III 555 liest er bereits θ, meint aber vielleicht das nach der Bruchkante zu sehende ε. Zum von ptolemäischer bis in arabische Zeit bezeugten Dorf Kerkethoeris vgl. Calderini, Daris, *Dizionario III*, 99 mit *Suppl. II*, 92 und *III*, 60; Wessely, *Topographie*, 86; P.Tebt. II S. 354, 359 und 383 sowie Timm, *Christlich-koptisches Ägypten III*, 1239–1240. Das Dorf wird nach dem archäologischen Befund mit dem im äußersten Südwesten der Oase liegenden Ort Khamsin identifiziert (Zweifel bei Timm, *loc. cit.*). Der Name Kerkethoeris leitet sich aus dem ägyptischen *grg t3 wr.t* ab (vgl. *P3-glg-T3-wr.t* bei Gallo, *Wandering Personnel*, 124) und bedeutet „Gründung für die Große" (die im Griechischen als Thoeris wiedergegebene Nilpferdgöttin). Zu den Toponymen auf Kerke- und der Möglichkeit, ob ihrer Artikellosigkeit auf eine lange Tradition der Namen

rückzuschließen, vgl. J. Yoyotte, *Études géographiques II*, RdÉ 14 (1962) 75–111, bes. 83–89 (§3 Le problème des Kerké).

Von Phoibammons Vatersnamen am Ende der Zeile sind nur geringe Tintenreste erhalten.

3. [καγκέ]λλ(ῳ): Der erste erhaltene Buchstabe ist der obere Teil eines λ, nicht ε; vgl. etwa καγκέλλ(ῳ) in **489**. Von αρ^τ gibt es nur schwache Spuren.

451. WEIZENQUITTUNG AUS DEM GEORGIOS-DOSSIER

P.Paris M.N. E 6912 W 614 — 7 × 6,9 cm — 7.–8. Jh. (arab. Zeit)
Arsinoiton Polis? — Tafel II

Ed. ant.: Wessely, *Pariser Papyri*, 212, Nr. LXV 12.
Ed. pr.: SPP III 451 (7. Jh., Fayum).
Korr.: P. J. Sijpesteijn, *SPP III 479: eine Neuedition*, ZPE 65 (1986) 161 (BL VIII 440) — Diethart, *Pros. Ars.*, Nr. 1866, 1910 und 1912 mit Anm. 287b (BL VIII 317 [ad SB I 4922] und 440) — P. J. Sijpesteijn, *Short Remarks on Some Papyri IV*, Aegyptus 68 (1988) 89 (BL IX 335).
Abb.: ZPE 65 (1986) Tafel IX b.
Revision am Original.

Mittelbraunes, fragmentarisch erhaltenes Papyrusblatt. Der obere, rechte und untere Rand ist vorhanden. Links ist der Papyrus unregelmäßig abgebrochen. Während in den ersten beiden Zeilen nur zwei Buchstaben fehlen, beträgt der Textverlust in den unteren Zeilen bis zu 9 Buchstaben. Zwei horizontale Faltungen 2 und 5 cm unterhalb des oberen Randes. Beschrieben mit schwarzer Tinte. Die Schrift verläuft quer zu Faserrichtung. Das Verso ist leer.

↓ 1 [† Θ]ὼθ ιδ σίτου ἐνάτης ἰνδ(ικτίωνος)
2 [Σα]μ̣βᾶς ἀρχ(ι)διάκ(ονος) τῆ(ς) μ(ε)γ(άλης) ἐκκλη(σίας) δ(ιὰ) Ἰωά(ννου)
3 [±2 κα]γ̣κ̣[έλ]λ̣(ῳ̣) ἀρ(τάβας) δύο ἥμισυ
4 [±5 (ἀρτάβας) β ∠ ̣] μ̣ό(νας). † Ἠλίας †.
5 [±9] δ̣(ι') ἐ̣μοῦ Ἄπα Φῖβ ̣ ̣ ̣ ̣

1. ιδ̣ *ed. pr.* θωθ:ιδ *pap.* 2. [Μ]ηνᾶς ἀρχ(ι)διάκ/(ονος) *ed. pr.* 3. [καγκ]έλ/(λῳ̣) *ed. pr.* [̣ ̣ ̣] ̣η [σὺν εἰ]κ(οστῇ) *Sijpesteijn ZPE* [̣ ̣ ̣]κ[αγκ]έλλ(ῳ̣) *Sijpesteijn Aeg.* 4. [ ] σεσημ//(είωμαι) † Ἡλιας *ed. pr.* [Zahl (e.g. τρίτον), (γίνονται) (ἀρτάβαι) β ∠ γ] μ̣ό(ναι) *Sijpesteijn ZPE* [δωδέκ(α)τ(ον) (ἀρτάβαι) β ∠ ιβ̄] μ́ό(ναι) *Sijpesteijn Aeg.* ηλ†ιας *pap.* 5. δ/(ι')] ἐμοῦ Ἀπα Φιβ ////[*ed. pr.*

„† Am 14. Thoth, an Weizen für das neunte Indiktionsjahr, Sambas, Archidiakon der Großen Kirche, durch Ioannes … im Kankellon-Maß zwei, eine halbe und … Artaben, 2 ½ … Artaben, sonst nichts. † Elias †. … durch mich, Apa Phib …“

Die Quittung kann aufgrund der Unterschrift des Elias dem Georgios-Dossier (s. dazu die Einleitung oben **C. 3.**) zugeordnet werden. Georgios selbst scheint an der Ausstellung der Quittung nicht beteiligt gewesen zu sein. Als Erster unterzeichnet der offenbar auch den Quittungstext niederschreibende Elias. Sein Kollege, dessen Name am Beginn von Z. 5 stand, wird vertreten durch Apa Phib (= Kollegium 8). Dessen Schriftzug weist keine Merkmale auf, die eine Identifizierung mit jenem Phib, der oft für Georgios zeichnet, bzw. dem Vertreter des Christophoros gestatten würden.

Bestätigt wird die Zahlung von etwas mehr als zweieinhalb Artaben Weizen durch einen gewissen Ioannes, der für den Archidiakon Sambas tätig ist. Selbiger Ioannes vertritt den Archidiakon Sambas in **509**. Durch die Identität des Steuerzahlers in beiden Quittungen läßt sich eine Verbindung zum Dossier der von Kalos ausgestellten Quittungen ziehen. Während vorliegende Quittung eine Zahlung für das 9. Jahr bescheinigt, wurde in **509** am 1. Epeiph Weizen für das 8. Indiktionsjahr quittiert. Vermutlich handelt es sich um zwei aufeinanderfolgende Zahlungen und es dürften zwischen beiden Quittungen ein Jahr und drei Monate vergangen sein.

Ein Ort der Quittungsausstellung ist nicht genannt. Die Nennung der μεγάλη ἐκκλησία läßt eine Herkunft des Textes aus einer Gauhauptstadt vermuten; da in allen anderen Quittungen des Dossiers ausschließlich arsinoitische Dörfer bezeichnet sind, dürfte diese Quittung eine Zahlung für Arsinoiton Polis bezeugen.

1. Θ]ὼθ ιδ = 11. (12.) September.

2. [Σα]μ̣βᾶς: Statt [Μ]ηνᾶς der *ed. pr.*; korrigiert von Sijpesteijn in Aeg. 68, der auch auf das nochmalige Auftreten dieses Sambas als Steuerzahler in der Weizenquittung **509** hinweist.

ἀρχ(ι)διάκ(ονος) τῆ(ς) μ(ε)γ(άλης) ἐκκλη(σίας): Die Funktion des Archidiakon ist in den Papyri nur selten belegt. Aus SPP III 324, 2 (672 oder 687) ist ein anderer Archidiakon der Großen Kirche namens Georgios bekannt, der dort den Lohn zweier Eseltreiber bezahlt (μεγάλης ist allerdings ergänzt). Mit μεγάλη ἐκκλησία ist wohl die Bischofskirche der Gauhauptstadt gemeint, vgl. schon Wipszycka, *Ressources*, 59.

3. κα]γκ̣[έλ]λ̣(ῳ): Zu sehen ist die Anbindung des γ und die Oberlänge des zweiten κ, danach nur die Spitze eines λ und die geschwungene Kürzung. Die Lücke vor γ mißt etwa vier Buchstaben — zu wenig für ein weiteres Wort und zu viel, um vollständig vom Wortanfang ausgefüllt zu werden. Für die in der Parallele **509** genannte ἀποχή des Sambas bleibt kein Platz.

4. Am Beginn der Zeile stand eine weitere Bruchzahl und die Wiederholung der Summe in verkürzter Schreibung. Die verlorene Zahl könnte analog zu **509** δωδέκατον sein, was in abgekürzter Form den Platz gut füllen würde (dahingehend auch der Ergänzungsvorschlag Sijpesteijns in Aeg. 68). Es ist aber keineswegs sicher, daß die Zahlung des Sambas in beiden Jahren genau gleich hoch war; eine andere Ergänzung wie τρίτον oder ἕκτον ist nicht auszuschließen.

Ἡλίας: Diethart, *Pros. Ars.*, Nr. 1866, 1910 und 1912 mit Anm. 287b (im Textteil wurde versehentlich auf Anm. 287a verwiesen) schlägt die Identifizierung des Elias in verschiedenen Quittungen anhand der Unterschrift vor. Es handelt sich um vorliegenden Text (Nr. 1910), fünf Quittungen aus der Gruppe, in denen Elias zusammen mit Georgios und Kalomenas unterzeichnet (Nr. 1912), wobei dieser Gruppe nun auch **498** und **518** hinzuzufügen sind, sowie das kleine Quittungsfragment SB I 4922 (Nr. 1866). Alle genannten Texte gehören zum Dossier; darüberhinaus unterzeichnet derselbe Elias noch in einigen weiteren Texten, vgl. etwa **553** und **563**.

5. Ἄπα Φῖβ: Der Schriftzug nach dem Namen könnte vielleicht als διακ(όνου) zu deuten sein, die Lesung wäre aber bei den beiden ersten Buchstaben problematisch.

452. QUITTUNG FÜR GETREIDE AUS DEM ELIAS-DOSSIER

P.Vindob. G 11351 — 6,8 × 6,7 cm — 7. Jh. (arab. Zeit)
Tebetny (Arsinoites) — Tafel II

Ed. pr.: SPP III 452 (6. Jh., Fayum).
Lit.: E. Wipszycka, *Deux papyrus concernant les grands domaines byzantins*, CdÉ 63 (1968) 344–355, bes. 355 — H. Harrauer, *Die Bäcker Elias und Paeitos*, APF 37 (1991) 51–54.
Revision am Original.

Der mittelbraune Papyrus ist am oberen Rand intakt, links und unten leicht beschädigt. Im Gegensatz zu dem in der *ed. pr.* angenommenen unversehrten Zustand des Blattes zeigte die Neulesung, daß die rechte gerade Kante eine Bruchkante ist, die vielleicht entlang einer Faltung verläuft. Es fehlt wohl nur ein schmaler Streifen. Größere und kleinere schadhafte Stellen sind durch Anobienbefall entstanden. Beschrieben ist das Blatt mit schwarzer Tinte, wobei die zweite Hand die Tinte dicker aufträgt. Die Schrift verläuft quer zur Faserrichtung. Der unbeschriebene Rand beträgt oben 0,5 und unten 0,7 cm. Die Zeilenanfänge sind unregelmäßig. Das Blatt wurde zur Kennzeichnung der Entwertung mit schrägen Linien durchstrichen. Das Verso ist leer.

↓
† Θὼθ α ια̣ ἰν(δικτίωνος) *vac.*
Γεωργίου Μη(νᾶ) ἀπὸ Τεβέ̣[τνυ - - -]
(ἀρτάβας) γ χ̣(οίνικα?) α, ἀρ(τάβαι) τρῖς̣ [χοῖνιξ?]
μία. δ(ι') ἐμοῦ Ἠλί̣[α - - -]
(2. H.) † δ(ιὰ) τ(οῦ) ἀρτ̣(ο)πρ(ά)τ̣(ου) [- - -]

2. Γε[ώ]ργι/(ος) *ed. pr.* γεωργι^ου μη̄ *pap.* Τεβ(ετνυ) *ed. pr.* 3. σ̣ί̣τ̣ο̣υ̣ ⸗ α *imit. script.* γί̣(νεται) *ed. pr.* *l.* τρεῖς 4. μία ἥμισυ *ed. pr.* 5. δ(ι)ὰ Ἀρ( ) πρ/[( ) *ed. pr.* δ^τ αρ̄ πρ^τ *pap.*

„† Am 1. Thoth des 11. Indiktionsjahres. Von Georgios, Sohn des Menas, aus Tebetny, ... 3 Artaben 1 Choinix (?), drei Artaben eine Choinix (?). Durch mich Elias ...
(2. H.) † Durch den Bäcker ...“

Obwohl die Unterschrift des Elias nur zum geringeren Teil erhalten ist, kann der Text dem Dossier der Bäcker Elias und Paeitos zugeordnet werden; zu diesem s. nun die zusammenfassende Darstellung bei F. Mitthof, SPP III^2 119–238, S. XXXI–XXXVI. Die Schrift der vorliegenden Quittung weist mehrere Charakteristika der dritten Schreiberhand des Dossiers auf: Die schräge Querlinie des Kreuzes, die nachlässige Schreibung von ἀπό (vgl. besonders SPP III^2 234, 3 und 235, 3), sowie der Duktus der αρ/-Kürzung, an deren Kürzungsstrich der nächste Buchstabe unterhalb der Zeile angehängt ist, verraten deutlich die Hand, von der die meisten anderen Texte des Dossiers geschrieben wurden. Typisch für die Elias-Texte ist auch die vorangezogene Summe in Ziffern mit erst nachgestellter ausgeschriebener Form.

Die anderen Texte des Dossiers aus SPP (jetzt SPP III^2 188 und 209–236) und P.Brook. 16 folgen einem abweichenden Formulartyp: Dort bestätigt Elias (bzw. Paeitos) mit der ἔχω ἐγώ-Formel den Erhalt einer Getreidezahlung von den Einwohnern verschiedener arsinoitischer Dörfer zugunsten bestimmter Amtsträger: vgl. etwa SPP III^2 217, 1–4: ''Εχω ἐγὼ 'Ηλίας διάκ(ονος) (καὶ) ἀρτοπρ̣ά(της) | τῷ ὡσιωτάτῳ ἀβᾷ Πέτρ[ου] | ἐπισκώπῳ δωθίσας | τὸν (*l.* δοθείσας ⟨διὰ⟩ τῶν) ἀπὸ 'Αμπελίου (ἀρτάβας) κτλ. Diese Texte sind Schuldscheine, deren Niederschrift als Beleg für den im Dativ genannten Begünstigten dienen sollte. Der von Mitthof, SPP III^2 119–238, S. XXXV vorgeschlagenen Deutung des Kontexts folgend handelt es sich um Zahlungen von Steuergetreide, das der öffentlichen Nahrungsmittelversorgung dienen sollte und von den Brothändlern Elias und Paeitos zur Weiterverarbeitung übernommen wurde. Das Brot wurde in der Folge an die in den Schuldscheinen als Berechtigte aufscheinende Personen zur Abwicklung der Versorgungsleistungen ausgehändigt, an die Hypodekten für die *annona militaris*, an die Mesitai für die *annona civica* und an den Bischof Apa Petros für die Versorgung des Klerus. Unser Zeugnis lässt sich gut in dieses Bild einfügen: Während das Groß des Dossiers aus Eingangsbescheinigungen zugunsten Dritter besteht, dürfte vorliegender Text deren Komplement bilden, nämlich die von Elias dem Steuerzahler ausgehändigte Quittung für das geleistete Getreide.

Aufgrund des Dossiers läßt sich der Weg der Quittung noch etwas weiter verfolgen. Das Blatt wurde durchgestrichen und entwertet, offensichtlich nach Durchstreichung wurde von zweiter Hand die Zeile 5 hinzugefügt, beginnend mit διὰ τοῦ ἀρτοπράτου. Die ebenfalls dem Dossier angehörende Steuerquittung P.Ross.Georg. V 46 Nr. 5 (die vielleicht auch dem Georgios-Dossier zuzurechnen ist, s. dazu oben **C. 3.**) bescheinigt eine Getreidezahlung eines Phoibammon δ(ιὰ) πι(ττακίου) 'Ηλία διακ(όνου) (καὶ) ἀρτοπρ(ά)τ(ου). Ein solches Pittakion des Elias stellt die Quittung **452** dar. Der Vorgang läßt sich vielleicht folgendermaßen rekonstruieren: Der Steuerzahler leistet das Getreide direkt an den Brothändler zur Weiterverarbeitung. Dafür erhält er eine Quittung, die er einem Steuereintreiber vorlegt. Dieser entwertet die Quittung, vermerkt eventuell darauf die erfolgte Leistung per Beleg (so könnte die Zeile 5 des vorliegenden Textes zu deuten sein) und stellt eine erneute Quittung über die Steuerzahlung aus.

Zur mehrfach diskutierten Datierung des Dossiers s. jetzt ausführlich Mitthof, SPP III^2 119–238, S. XXXIII–XXXV.

1. Θὼθ α = 29. (30.) August.

ια ἰν(δικτίωνος): Das α wurde korrigiert, eventuell aus ιν für ἰν(δικτίωνος). Da es oben offener ist als in der Tagesangabe davor, muß auch die Lesung ιβ in Betracht gezogen werden, wobei man für β höhere Aufstriche erwarten würde.

2. ἀπὸ Τεβέ[τνυ: In der *ed. pr.* wurde aufgrund der Annahme, daß der rechte Rand des Blattes erhalten ist, die für Τεβέτνυ ungewöhnliche Abkürzung Τεβ( ) akzeptiert. Hingegen ist nach β auf dem Papyrus noch der obere Bogen des ε zu sehen. Das von ptolemäischer bis in arabische Zeit häufig bezeugte Dorf Tebetny, gelegen in der früheren Polemonos Meris, wird aufgrund des Gleichklanges herkömmlich mit dem heutigen Dafadnu identifiziert; vgl. Calderini, Daris, *Dizionario IV*, 375–376 mit *Suppl. I*, 240–241, *II*, 208 und *III*, 146, daneben Wessely, *Topographie*, 145–146, B. P. Grenfell, A. S. Hunt, P.Tebt. II S. 403–404, Timm, *Christlich-koptisches Ägypten II*, 491–492 (*s.v.* Dafadnu) sowie Mueller, *Mastering Matrices and Clusters*, 237 (Karte). Zur Identifizierung mit dem demotischen *T3-btn* s. Gallo, *Wandering Personnel*, 124–125.

3–4. (ἀρτάβας) γ χ(οίνικα?) α, ἀρ(τάβαι) τρῖς [χοῖνιξ?] | μία: Zwischen den beiden Zahlen γ und α ist am ehesten eine Untereinheit zur Artabe zu erwarten, also die Choinix. Allerdings ist das Kürzel nur mit Schwierigkeiten als χ zu deuten. Falls die Auflösung stimmt, ist außerdem die Angabe in Choinikes gegenüber der in den anderen Steuerquittungen und auch in den übrigen Elias-Texten üblichen Berechnung in Bruchteilen einer Artabe auffällig.

Die Schreibung τρῖς für τρεῖς ist für den Schreiber typisch (vgl. etwa SPP III^2 210, 4, 214, 4 und 215, 4). μία in Z. 4 zeigt, daß der Schreiber die Betragswiederholung im Nominativ aufgefaßt hat. Daß es sich nicht um ein Versehen handelt, beweist die (von der gleichen Schreiberhand stammende) parallele Formulierung in SPP III^2 233 Z. 5 (mit Komm.): ἀρ(τάβη) μία gegenüber ἀρ(τάβην) μία(ν) bei Wessely.

4. Am Ende der Zeile ist vielleicht διάκ(ονος) (καὶ) ἀρτοπρά(της) zu ergänzen.

5. † δ(ιὰ) τ(οῦ) ἀρτ(ο)πρ(ά)τ(ου): Man würde im Vergleich mit anderen Steuerquittungen vermuten, daß es sich um eine zweite Signatur handelt. Die Voranstellung einer Berufsbezeichnung vor den Namen ist für eine Unterschrift aber völlig unpassed. Eventuell handelt es sich um einen nachträglich beigefügten Vermerk, der die Zahlung über den Bäcker Elias registriert (s. auch die Einleitung zum Text). Dieselbe Binnenkürzung bei ἀρτοπράτης ist in BGU I 304, 5 (647) zu finden. Der jene Homologie ausstellende Brothändler Elias, Sohn des Georgios, agiert in gleicher Funktion wie unser Elias: Er übernimmt Getreide von der Roga und verpflichtet sich dafür zur Leistung von Brot an den Pagarchen Fl. Christophoros. Eine Identifizierung mit dem Elias des Dossiers drängt sich auf und wäre von der Datierung her durchaus möglich, allerdings ist der Brothändler in BGU I 304 in Herakleopolis tätig und man müsste für eine Gleichsetzung mit dem Diakon und Bäcker Elias einen Ortswechsel desselben unterstellen.

453. QUITTUNG FÜR GERSTE AUS DEM GEORGIOS-DOSSIER

P.Vindob. G 11352 6,5 × 7,5 cm 7.–8. Jh. (arab. Zeit)
Kos (Arsinoites) Tafel III

Ed. pr.: SPP III 453 (7.–8. Jh., Fayum).
Korr.: Diethart, *Pros. Ars.*, Nr. 3290 mit Anm. 431a (BL VIII 440).
Revision am Original.

Mittelbrauner Papyrus von kräftiger Struktur. Das Blatt ist in seinen Ausmaßen vollständig erhalten, die geschnittenen Ränder rechts und unten stellenweise ausgebrochen. Drei horizontale Faltungen in Abständen von 1,4, 1,8 und 1,5 cm zueinander, sowie eine vertikale Faltung 4,5 cm vom linken Rand. Beschrieben mit brauner Tinte. Die Tinte ist in Z. 1 verwaschen, in Z. 2 und 3 im linken Drittel abgerieben. Schrift quer zur Faserrichtung. Mit mehreren schrägen Gitternetzlinien durchstrichen. Das Verso ist leer.

↓ 1 † Θὼθ̣ ς̣ κ̣ρ̣(ι)θ(ῆς) ἐ̣ν̣δ(εκάτης?) ἰν̣δ̣(ικτίωνος)
2 Κῶς Μην̣ᾶ Παπν(ου)θ(ίου) καγκ(έ)λ(λῳ̣)
3 ἀ̣ρ̣τ̣(άβας) [δ]ύ̣[ο] ἕ̣κτον, (ἀρτάβας) β ς´ μ̣[ό](νας).
4 † Γεώργιος, δ̣(ι’) ἐμοῦ Ἄπα Ἰ̣ο̣υ̣λ̣(ίου) †.
5 (2. H.) †̣ Χριστόφορος, δ(ι’) ἐμοῦ Φῖβ †.

1. † θ^ωθ κθ^† [σί^τ(ου)] δ ἰν^δ(ικτιῶνος) *ed. pr.* 2. Μη̄(νᾶς) ἀπ^ὸ ἐποικ/(ίου) ’Αγκ̄/(ῶνος) *ed. pr.* 3. [ἀρ^τ() δύο δωδέκ]ατον —̥ β////√// *ed. pr.* 4. Γεωργιος υἱὸς Μ^x ἀπὸ /////— *ed. pr.* γεωργιο^†ς *pap.* Μ(ηνᾶς) *Diethart* 5. ///Χριστόφορος *ed. pr.* χριστοφ ο^†ρος, φι^†β *pap.*

„† Am 6. (?) Thoth, an Gerste für das elfte (?) Indiktionsjahr, für Kos, von Menas, Sohn des Papnuthios, im Kankellon-Maß zwei und ein sechstel Artaben, 2 1/6 Artaben, sonst nichts. † Georgios, durch mich, Apa Iulios †. (2. H.) † Christophoros, durch mich, Phib †.“

Gegenüber der *ed. pr.* hat sich der Text durch die Neulesung völlig verändert. Aufgrund der stark verwaschenen Tinte bleiben allerdings auch weiterhin Unsicherheiten in der Lesung bestehen (so etwa beim Datum in Z. 1). Die Quittung gehört zum Georgios-Dossier (s. dazu oben **C. 3.**) und wurde unterzeichnet von Apa Iulios für Georgios und von Phib für Christophoros (Kollegium 4).

1. Θὼθ̣ ς̣ = 3. (4.) September. Das Tagesdatum ist nur sehr unsicher zu lesen. Zweifelhaft ist auch die Jahresangabe. Zwischen κρ(ι)θ(ῆς) und ἰνδ(ικτίωνος) bleibt Platz für etwa 3 Buchstaben, von denen der letzte sicher δ ist. Mit den Spuren vereinbar ist εν̣δ̣ für ἐνδ(εκάτης), wobei eine derart knappe Kürzung für die Jahresangabe in den Quittungen unüblich ist.

2. Κῶς κτλ.: Der aufgrund von Wesselys Transkription ἀπ^ὸ ἐποικ/(ίου) ’Αγκ̄/(ῶνος) in Falivene, *Herakleopolite Nome*, 41 aufgenommene Text ist als Beleg für die

herakleopolitische Ἀγκυρῶν πόλις an jener Stelle nunmehr zu streichen. Gleichermaßen ist *op. cit.*, 115 die Nennung der Quittung *s.v.* Κῶ hinfällig, da hier das arsinoitische Dorf Κῶς gemeint ist. Zu diesem Ort vgl. Calderini, Daris, *Dizionario III*, 174 mit *Suppl. II*, 105, Wessely, *Topographie*, 97–98, B. P. Grenfell, A. S. Hunt, P.Tebt. II S. 386 und Timm, *Christlich-koptisches Ägypten III*, 1472–1473. Zur möglichen Identifizierung mit dem demotischen *Qs* s. Gallo, *Wandering Personnel*, 124. Das Dorf ist nur durch eine Handvoll Papyri aus dem 6.–8. Jh. bezeugt, davon sind drei Texte Quittungen für Getreide aus dem Dossier des Georgios.

3. ἀ̣ρ̣τ̣(άβας) [δ]ύ̣[ο] ἕ̣κτον: Die Zahlen sind ein wenig unsicher, für δύο ist eigentlich zu viel Platz, in der Wiederholung ist jedoch β ϛʹ gut lesbar.

4. Ἄπα Ἰ̣ο̣υ̣λ̣(ίου): Die Ausstellung der Quittung durch einen Vertreter des Georgios wurde erst durch die Neulesung ersichtlich. Die Lesung des zweiten Namensteiles ist unsicher, erkennbar ist nach Ἄπα eine Unterlänge, daher scheidet der häufige Name Ἄπα ˀΩλ bzw. ˀΟλ aus. Das μ von υἱὸς Mˣ der *ed. pr.* bzw. Μ(ηνᾶ) bei Diethart, *Pros. Ars.*, Nr. 3290 mit Anm. 431a gehört noch zu δ(ι') ἐμοῦ davor.

454. WEIZENQUITTUNG DES KAMMON

P.Vindob. G 2154 — 7,2 × 7,9 cm — 7.–8. Jh.
Arsinoites — Tafel III

Descr.: PERF Nr. 369.
Ed. pr.: SPP III 454 (6. Jh., Fayum).
Ed. post.: SPP XX 155 (6. Jh., Arsinoites).
Lit.: Diethart, *Pros. Ars.*, Nr. 2845 mit Anm. 380 und Nr. 4084 mit Anm. 505 (BL VIII 469).
Revision am Original.

Mittelbrauner Papyrus von kräftiger Struktur. Das Blatt ist bis auf eine kleine ausgebrochene Stelle am linken Rand vollkommen intakt, der Rand rundum gerade geschnitten. Eine vertikale Kollesis links über rechts verläuft 1 cm vom linken Rand entfernt. Drei vertikale Faltungen in Abständen von 1,3, 3,5 und 5,2 cm vom linken Rand. Das Blatt ist rektoseitig mit schwarzer Tinte parallel zur Faserrichtung beschrieben. Der unbeschriebene Rand beträgt links 1 cm und unten 2,8 cm. Das Verso ist leer.

→ † Θὼθ κζ σίτου τεσσαρεσ(και)δεκάτ(ης) ἰνδ(ικτίωνος)
παιδ(ὸς) Ἰωάννου χαρ(του)λ(αρίου) δ(ιὰ) τ(οῦ) παιδ(ὸς) αὐτ(οῦ)
κ̣(αγ)κ̣(έ)λ(λῳ) ἀρτ(άβας) ἐννήα, (ἀρτάβας) θ μ(όνας).
†̣ δ(ι') ἐμοῦ Κάμμων † *Paraphe.*

1. τεσσαρεςͅδεκτ(άτης) *ed. pr. et SPP XX* 2. Παι/λ *ed. pr.* Παι/δ(ός) *SPP XX et Diethart* 3. [ ]α` ἀρτ(άβας) *ed. pr.* [ ]αλ *SPP XX* *l.* ἐννέα 4. [†] δ(ι') ἐμ(οῦ) *ed. pr.* [†] *SPP XX* καμμ†ων *pap.* *l.* Κάμμωνος

„† Am 27. Thoth, an Weizen für das vierzehnte Indiktionsjahr, von dem Burschen des Ioannes, *chartularius*, durch seinen Burschen, neun Artaben im Kankellon-Maß, 9 Artaben, sonst nichts. † Durch mich, Kammon † *Paraphe*."

Zum Dossier der von Kammon unterzeichneten Quittungen für die Getreidesteuer s. oben **C. 6.** Unklar ist, wer der Steuerzahler der Quittung sein soll: Nach dem Wortlaut wäre es der παῖς des Ioannes, selbst namentlich nicht genannt, der wiederum seinen παῖς mit der Durchführung der Zahlung beauftragte. Auch wenn mein eine Steuerpflicht von παῖδες annimmt, wäre es äußerst unwahrscheinlich, daß der Zahlungspflichtige selbst nicht mit seinem Namen identifiziert wird. Um dieser merkwürdigen Konstellation auszuweichen, schlägt Diethart, *Pros. Ars.*, Nr. 4084 mit Vorsicht die Zahlung durch eine Person namens Πάις, Sohn des Ioannes, vor; s. Anm. 505: „Ein Personenname ist jedenfalls nicht auszuschließen". Auch Wessely transkribiert in SPP XX Παιδ(ός) groß und scheint es als Eigenname aufzufassen (allerdings führt er die Stelle im allgemeinen Wörterverzeichnis unter παιδ(ός) an). Für diese Interpretation müßte man jedenfalls eine Verschreibung Πάιδος anstelle des korrekten Genitivs Πάιτος akzeptieren. Denkbar wäre auch, daß es sich um ein Versehen des Quittungsausstellers handelt, der am Beginn der Z. 2 anstelle des Steuerzahlers den Überbringer des Weizens anführt, eben den παῖς des Ioannes, und danach mit der διά-Formel erneut die mittelbare Zahlung durch den Bediensteten des Ioannes ausdrückt; vgl. auch eine ähnliche Konstellation in **553**.

1. Θὼθ κζ = 24. (25.) September.

2. Ἰωάννου χαρ(του)λ(αρίου): Mehrfach sind *chartularii* namens Ioannes belegt. In engerem zeitlichen und örtlichen Rahmen stehen nur der Ioannes in SPP VIII 978, 2 (7. Jh.), dessen Symmachoi als Begünstigte jener Zahlungsanweisung die Annona erhalten sollen, sowie der Ioannes in SB XVI 12945, 2 (7. Jh. mit BL VIII 386), dessen Ehefrau Weizen für die *demosia* bezahlte. Der Name Ioannes ist allerdings zu gebräuchlich um Mutmaßungen über eine Identität anzustellen. Zum Amt des *chartularius* s. zuletzt A. Papathomas, CPR XXV 32, Komm. zu Z. 6–7.

3. κ̣(αγ)κ̣(έ)λ(λῳ): Die für den Schreiber charakteristische Abkürzung von καγκέλλῳ wurde bislang nicht erkannt, da der Papyrus an dieser Stelle beschädigt ist; vgl. denselben Duktus von κκ^λ in **477** und P.Prag. I 84.

4. Κάμμων: Diethart, *Pros. Ars.*, Nr. 2845 mit Anm. 380 (verweist auf die Identität dieses Kammon mit dem Quittungsaussteller in **477** und **508**).

455. WEIZENQUITTUNG DES NEILOS

P.Vindob. G 2172 5,2 × 11 cm 7. Jh.
nördl. Melitonos (Arsinoites) Tafel IV

Descr.: PERF Nr. 388.
Ed. pr.: SPP III 455 (5.–6. Jh., Fayum).
Ed. post.: SPP XX 174 (5.–6. Jh.,Arsinoites).
Korr.: P. J. Sijpesteijn, *Short Remarks on some Papyri III*, Aegyptus 66 (1986) 160 (BL VIII 470).
Revision am Original.

Mittelbrauner Papyrus in intaktem Erhaltungszustand. Die seitlichen Ränder sind gerade geschnitten, oben und unten ist der Rand unregelmäßig. Rektoseitig beschrieben mit kräftiger schwarzer Tinte. Schrift parallel zur Faserrichtung. Unbeschriebener Freiraum oben 0,7 cm, links 1,7 cm und unten 1,2 cm. Das Verso ist leer.

→ 1 † Θὼθ ιβ σίτου ἕκτη(ς) ἰνδ(ικτίωνος) Μελίτων(ος) βορρ(ινοῦ)
2 Ἰωσὴφ Δαυὶτ ἀρ(τάβην) μίαν ἥμισυ δωδέ(κατον), (ἀρτάβην) α ∠ ιβ′.
3 † Νεῖλος †.

1. βορρ^ε() *ed. pr.* βορρ^ε (ινῆς) *SPP XX* 2. σί/(του) μίαν *ed. pr. et SPP XX* δωδ/(έκατον) χ ⏤ *ed. pr. et SPP XX* δωδ(έκατον) (γίνεται) (ἀρτάβη) α ∠ ιο *Sijpesteijn* ιο̅ *pap.* 3. νει λ^†ος *pap.*

„† Am 12. Thoth, an Weizen für das sechste Indiktionsjahr, für das nördliche Melitonos, Ioseph, Sohn des David, eineinhalb und eine zwölftel Artaben, 1 ¹/₂ ¹/₁₂ Artaben.
† Neilos †."

Zum Dossier der von Neilos ausgestellten Quittungen s. oben **C. 9.**

1. Θὼθ ιβ = 9. (10.) September.

ἕκτη(ς) ἰνδ(ικτίωνος): In allen drei Quittungen des Dossiers ist ινδ/ direkt an η angeschlossen und das -ς vom Schreiber unterdrückt. Als Parallelen für diese Schreibung vgl. *e.g.* P.Oxy. XLVII 3355, 11 (535) und SPP VIII 1148, 5 (7.–8. Jh.), eine weitere Quittung für die Getreidesteuer aus dem Dorf Melitonos, unterzeichnet von Φοιβ(άμμων) γρ(αμματεύς). Das δ in ἰνδικτίωνος ist zu einer kleinen Schlaufe mit Ausstrich verkümmert.

Μελίτων(ος) βορρ(ινοῦ): Zu den vom 4. bis zum 8. Jh. reichenden Belegen für das Dorf Melitonos vgl. Calderini, Daris, *Dizionario III*, 256 mit *Suppl. II*, 119 und *III*, 73. Eine Lokalisierung des Ortes ist anhand der Zeugnisse nicht möglich; vgl. Wessely, *Topographie*, 105 („vielleicht in mittlerer Lage im Fayum") und Timm, *Christlich-koptisches Ägypten IV*, 1631. Neben diesem Text und der Neilos-Quittung **545** ist der Zusatz βορρινόν bei dem ἐποίκιον Μελίτωνος noch in zwei weiteren Texten belegt: P.Harrauer 59 Verso 1 (= SB VI 9587 + P.Vindob. G 26606; 604): ἐν πεδ(ίῳ) ἐποικ(ίου) Μελίτ(ωνος) βορρινοῦ und CPR XIV 15, 7 (nach 641): ἀπὸ ἐποικίου Μελίτωνος βορρινοῦ. Gemeint sein könnte das Dorf

Melitonos selbst, bezeichnet mit einem Namenszusatz, oder nur der nördliche Dorfteil, der dann wohl als separate Einheit gesehen wurde. Daneben ist die Existenz eines nördlich von Melitonos gelegenen Schwesterndorfes namens Μελίτωνος βορρινοῦ in Betracht zu ziehen.

2. Ἰωσῆφ Δαυίτ: Beides sind biblische Namen, also Namen jüdischer Herkunft, die aber in dieser späten Zeit von Juden wie Christen gleichermaßen getragen werden; vgl. R. Bagnall, *Egypt in Late Antiquity*, Princeton 1993, 276.

δωδέ(κατον): Die von Wessely abgezeichneten gekreuzten Striche nach δ, die von Sijpesteijn als γί(νεται) aufgefaßt wurden, sind die Kürzungsstriche von δωδέ(κατον). In ihnen ist wohl ein Ansatz des ε zu sehen (vgl. die Schreibung von -δε- in **462**, 2, **488**, 3 und **503**, 3), das κ ist vollständig in dem Abwärtsbogen aufgegangen.

456. QUITTUNG

P.Vindob. G 11355 — 6,7 × 7,4 cm — 6. Jh.
Belu (Arsinoites) — Tafel IV

Ed. pr.: SPP III 456 (6. Jh., Fayum).
Revision am Original.

Der mittelbraune Papyrus ist in stark beschädigtem Zustand. Der unregelmäßige obere Rand, Teile der seitlichen Ränder und ein kleines Stück des unteren Randes sind erhalten, so daß die ursprünglichen Ausmaße des Blattes noch erkennbar sind. Anobienbefall führte zu zahlreichen Lücken, von der unteren Hälfte der Blattes blieb nur ein kleiner Teil erhalten. Das Blatt wurde mit schwarzer Tinte quer zur Faserrichtung beschrieben. Der unbeschriebene Rand beträgt oben 1 cm und links 0,6 cm. Das Verso ist leer.

↓ 1 Θὼθ κε η ἰνδ(ικτίωνος)
2 Βήλου Ἄπ̣α Ἰω̣άν(νης)
3 [̣] ̣[±3] ̣[±3] ̣α ̣
4 [ ]

2. Ἄπα [Σι]ων *ed. pr.* 3. [ ] α ˜ *ed. pr.* 4. *om. ed. pr.*

„Am 25. Thoth des 8. Indiktionsjahres, für Belu, Apa Ioannes ...“

Es handelt sich wohl um eine Steuerquittung, aber nicht notwendig um eine Quittung für die Getreidesteuer, da in der ersten Zeile kein Produkt genannt ist.

1. Θὼθ κε = 22. (23.) September.

2. Βήλου: Der Ort ist nur in spätbyzantinischer und arabischer Zeit belegt, eine Lokalisierung ist anhand der bislang bekannten Belege nicht möglich; vgl. Calderini, Daris, *Dizionario II*, 45–46 mit *Suppl. I*, 80 und *II*, 34, Wessely, *Topographie*, 51, Timm, *Christlich-koptisches Ägypten I*, 380 sowie F. Morelli, CPR XXII 60, Komm. zu Z. 43 (Lage eventuell im Nordosten des Fayum).

Ἄπ̣α Ἰ̣ωάν(νης): Die Lesung Ἀπα [Σι]ων der *ed. pr.* ist nicht möglich, da auf Ἄπα direkt ein Buchstabe mit einer Spitze unten, offenbar ι, folgt. Der oben geschwungene Ausstrich des ν dürfte die Kürzung des Namens andeuten.

3. In der dritten Zeile, von der nur geringfügige Tintenreste erhalten sind, könnte der Vatername des Apa Ioannes und dann, sofern es sich um eine Weizenquittung handelt, die Summe der bezahlten Artaben folgen. Das deutlich zu sehende α steht isoliert und ist möglicherweise als Zahl aufzufassen, etwa ἀ]ρ̣(τάβην) α μ̣(όνην).

457. ZAHLUNGSANWEISUNG

P.Vindob. G 11356 — 2,9 × 7,7 cm — 6. Jh.
Arsinoites/Herakleopolites — Tafel IV

Ed. pr.: SPP III 457 (6. Jh.).
Revision am Original.

Mittelbrauner Papyrus von kräftiger Struktur. Der linke, obere und rechte Rand des Blattes ist erhalten. Die untere Kante ist eine geradlinige, eventuell entlang einer Faltung verlaufende Bruchkante, unter der wohl nur eine weitere Zeile (Z. 4) stand. Eine horizontale Klebung oben auf unten 1,2 cm unterhalb des oberen Randes. Beschrieben mit schwarzer Tinte. Schrift quer zur Faserrichtung. Das Blatt wurde mit schrägen, einander kreuzenden Strichen als entwertet gekennzeichnet. Verso leer.

↓
⳨ Θὼθ ζ χόρτ(ου) ς ἰν(δικτίωνος)
Ἰωάννῃ· παράσχ(ου) ταυρ(ελάταις) β γόμ(ους)
ἑξήκοντα δύο ἥμισυ, γό̣[μ(ους)] ξ̣β̣ 𐅵̣
[±5]ε̣[±15]

2. παρασχ(ες) τυρ/( ) β *ed. pr.* 3. [γομ( ) ξβ] *ed. pr.*

„⳨ Am 7. Thoth, vom Heu des 6. Indiktionsjahres, an Ioannes: Bezahle den beiden Ochsentreibern zweiundsechzigeinhalb Ladungen, 62 ½ Ladungen …“

Der Absender des an eine Person namens Ioannes gerichteten Zahlungsauftrages über eine beachtliche Menge an Heu ist in der Quittung nicht genannt, wahrscheinlich ist in der vierten Zeile seine Unterschrift verloren. Für eine derartige Anweisung ist es ungewöhnlich, daß der Text nicht mit der Nennung des Absenders oder des Adressaten beginnt, sondern wie bei einer Steuerquittung mit Datum und Angabe des zu zahlenden Produktes (ähnlich gestaltet sind mehrere unter SB XII 10990 [5.–6. Jh.] abgedruckte Ostraka aus Abu Mena). Zahlungsempfänger sind zwei Ochsentreiber. Einzuordnen ist das Schriftstück vermutlich in die im Rahmen einer Domänenverwaltung geführte Korrespondenz, vgl. etwa die Zahlungsaufträge des Theon-Archivs (s. Mitthof, Papathomas, *Sambas-Archiv* und Papathomas, Αρχείο του Θέωνος).

Welche Menge Heu die 62 ½ Ladungen faßten, läßt sich schwer präzisieren, da als γόμος nicht eine feststehende Größe bezeichnet wurde, sondern ein nach Transportträger variierendes Quantum. Zieht man zum Vergleich die Heurationen von SB VIII 9920 (= P.Iand. inv. 653; 6. Jh.) heran, wo die Tagesration eines Stieres mit 25 ἀγκάλαι = ½ γόμος angegeben wird (P.Iand. inv. 653, S. 27–28), so entspräche die in vorliegendem Text genannte Menge 125 Tagesrationen an Heu für einen Stier (zur notwendigen Zusatznahrung der Tiere bei einer Limitierung auf die Menge von ½ γόμος siehe die Aufstellung in P.Iand. inv. 653, S. 36–37).

Die *ed. pr.* gibt keine Herkunft des Textes an. Dem handschriftlichen Inventar Wesselys läßt sich der Ankauf des Papyrus im Rahmen des sog. 1. Fayumer Fundes entnehmen, die mögliche Herkunft der Quittung kann somit auf die beiden Gaue Arsinoites und Herakleopolites eingeschränkt werden.

1. Θὼθ ζ = 4. (5.) September.

χόρτ(ου) ς ἰν(δικτίωνος): Die Eingangszeile ist nach dem Formular einer Steuerquittung gestaltet, wo eine Steuerleistung für ein bestimmtes Indiktionsjahr bezeichnet wird. Hier ist auch denkbar, daß die Wendung zur Konkretisierung der Heuart dienen sollte, also nicht „das Heu für das 6. Indiktionsjahr“, sondern „das Heu aus dem 6. Indiktionsjahr“ zu verstehen ist. Χόρτος ist kein spezifischer Ausdruck für Heu, sondern bezeichnet allgemein jede Art von Gras und Futterpflanzen; vgl. Schnebel, *Landwirtschaft*, 211–218.

2. Ἰωάννῃ: Ioannes, der Adressat des Auftrages, wird nicht näher bezeichnet. Es handelt sich vermutlich um den Angestellten einer Domäne, der für die Beteiligten alleine durch die Nennung seines Namens identifizierbar war. In den Papyri dieser Zeit sind zwar Personen namens Ioannes bekannt, die in der Domänenverwaltung tätig sind, etwa der οἰνοπαραλήμπτης in SPP VIII 897, 1029, 1030, 1132, 1136 und SPP XX 278 (die Datierungen der *ed. pr.* variieren, die Schrift weist bereits zahlreiche Charakteristika der späteren Minuskel auf und ist dem 7.–8. Jh. zuzuweisen), ein Identifizierungsversuch ist bei einem derart gängigen Namen aber ausgeschlossen. Hingewiesen sei auch auf den Ἰωάννης χορτοπαραλήμπτης, der als Mieter in dem arsinoitischen Vertrag SB I 4493 (6.–7. Jh.; zur Datierung vgl. Diethart, Worp, *Notarsunterschriften*, 44) auftritt.

ταυρ(ελάταις) β: statt τυρ( ) der *ed. pr.*, das nicht nur inhaltlich unpassend, sondern auch mit dem Duktus schwerer vereinbar ist. Die Kürzung ταυρ/ für ταυρελάτης findet man auch in SPP X 226 (8. Jh.); s. weiters ταυρ(ε)λ(άτῃ) in SPP VIII 918 (7. Jh.). Zum Fehlen des Artikels und der nachgestellten Zahl vgl. die Parallelen im Theon-Archiv (Mitthof, Papathomas, *loc. cit.*).

4. Unter τ in Z. 3 ist eine schräge Oberlänge zu sehen, die zu einem ε gehören dürfte. In dieser Zeile stand wohl die Unterschrift des Auftraggebers.

458. WEIZENQUITTUNG DES AGATHAMMON

P.Vindob. G 11357 + 41395 — 6,2 × 14 cm — 6.–7. Jh.
Distichia (Arsinoites) — Tafel V

Ed. pr.: G 11357: SPP III 458 (6. Jh., Fayum).
Korr.: P. J. Sijpesteijn, *SPP III 479: Eine Neuedition*, ZPE 65 (1986) 161 (BL VIII 440).
Revision und Erstedition am Original.

Der mittelbraune Papyrus ist in seinen Ausmaßen vollständig erhalten. Kleinere Fehlstellen aufgrund von Anobienbefall sind über das Blatt verteilt, in der Mitte des unteren Randes ist ein ca. 2 × 1,5 cm großes Fragment ausgebrochen. Die in der *ed. pr.* angegebenen horizontalen Faltungen in Abständen von 2,5, 2,5 und 1 cm sind nicht mehr erkennbar. Rektoseitig mit schwarzer Tinte beschrieben. Schrift quer zur Faserrichtung. Der unbeschriebene Rand ist oben 1 cm und unten 1,7 cm breit. Auf dem Verso vereinzelte Tintenspuren.

Die Quittung war entlang einer vertikalen Bruchlinie in zwei Fragmente von ca. 4,7 und 9,3 cm Breite auseinander gebrochen. Wessely hat in SPP III unter der Nummer 458 nur das linke Fragment ediert. Durch die Zusammenfügung dieses Fragmentes mit dem bislang unpublizierten Papyrus G 41395 konnte der vollständige Text der Quittung gewonnen und diese dem Dossier des Agathammon zugeordnet werden.

↓ 1 † Φαῶφ(ι) ς σίτου ἑβδόμης ἰν(δικτίωνος)
2 Διστιχία Παπνούθιος Ἀβρααμίου
3 σὺν εἰκ(οστῇ) ἀρ(τάβης) δῳδέκ(ατον) εἰκ(οστοτέταρτον), (ἀρτάβης) ι(β)′
κ̣(δ)′. † Ἀγαθάμμων †.

1. φαωφ/˙ *pap.* φαωφ/° ς σ[ίτου *ed. pr.* 2. Διστιχία π[*ed. pr.* παπνŏθιος *pap.* 3. συνεικ/() ἀρ/() φ[*ed. pr.* αγαθαμ†μων *pap.*

„† Am 6. Phaophi, an Weizen für das siebente Indiktionsjahr, für Distichia, Papnuthios, Sohn des Abraamios, einschließlich des Zwanzigstels, ein zwölftel und ein vierundzwanzigstel Artaben, 1/12 1/24 Artaben. † Agathammon †."

Zum Dossier der von Agathammon ausgestellten Quittungen für Weizen s. oben **C. 1.**

1. Φαῶφ(ι) ς = 3. (4.) Oktober.

2. Διστιχία: Das Dorf Distichia ist vom 4./5. (SPP X 7, 1) bis zum 8. Jh. bezeugt. Aus der Nennung von Distichia in Listen zusammen mit verschiedenen in der ehemaligen

Herakleidu Meris gelegenen Orten läßt sich die Lage des Dorfes im betreffenden Gebiet des Fayum vermuten; vgl. Calderini, Daris, *Dizionario II*, 120; Wessely, *Topographie*, 59–60; B. P. Grenfell, A. S. Hunt, P.Tebt. II S. 361 und 375; Timm, *Christlich-koptisches Ägypten II*, 878. In dem Zahlungsauftrag P.Vind.Worp 6 (5.–6. Jh.), werden Mesitai angewiesen, 120 Artaben vom Konto des Hypodektes von Distichia zu überweisen.

3. σὺν εἰκ(οστῇ): Die in der *ed. pr.* nicht aufgelöste Abkürzung συνεικ/ wurde bereits von Sijpesteijn, *loc. cit.* geklärt; zur Angabe σὺν εἰκ(οστῇ) in Steuerquittungen s. oben **B. 6.**

(ἀρτάβης) ι(β)′ κ̣(δ)′: Artabenzeichen und Bruchzahlen sind teilweise in der Lücke verloren. Während das Artabenzeichen offenbar dem der anderen Quittungen des Agathammon gleicht, entspricht die Schreibung der Bruchzahlen 1/12 und 1/24 nicht dem Duktus derselben Zahlen in **502** und **503** (s. **502**, Komm. zu Z. 4). Hier scheint auf ι noch ein κ mit Kürzungsstrich für κ(δ)′ zu folgen.

459. QUITTUNG FÜR WEIZEN?

P.Vindob. G 11358 — 5 × 4,7 cm — 7. Jh.
Arsinoites/Herakleopolites — Tafel V

Ed. pr.: SPP III 459 (6.–7. Jh., angeblich Fayum).
Revision am Original.

Das hellbraune Papyrusfragment ist links, oben und unten mit intaktem Rand erhalten. Rechts ist das Blatt abgebrochen. Beschrieben mit schwarzer Tinte. Die Schrift verläuft quer zum Faserlauf. Der unbeschriebene Rand beträgt oben und links 1 cm, unten 1,7 cm. Das Verso ist leer.

↓ 1 † Φ[α]ῶ̣φι ιδ [- - -]
2 ἰνδ(ικτίωνος) σ̣ίτ̣ου [- - -]
3 † Διόσκορος σ̣[- - -]

1. φ[α]ω̣φι ϊ[*ed. pr.* ϊδ *pap.* 2. ϊνδ// *pap.* [σ]ίτ̣ου *ed. pr.* 3. δϊοσκορος *pap.* σ[*ed. pr.*

„† Am 14. Phaophi … des … Indiktionsjahres, an Weizen … † Dioskoros …“

Der Text ist nur sehr bruchstückhaft erhalten. Die ursprüngliche Breite läßt sich kaum abschätzen, da das Formular nicht mit jenem der Steuerquittungen übereinstimmt. Das abgebrochene Stück dürfte aber in Hinblick auf die in Z. 1 und 2 noch zu erwartenden Angaben wesentlich größer sein als der erhaltene Teil. Die Herkunft des Papyrus aus dem

Arsinoites oder Herakleopolites ist durch den Erwerb vom sog. 1. Fayumer Fund (Vermerk in Wesselys handschriftlichem Inventar) gesichert.

1. Φ[α]ῶ̣φι ιδ = 11. (12.) Oktober.

3. Διόσκορος σ ̣[: Nach σ sind Spuren einer Unterlänge erkennbar, eventuell ist zu ergänzen Διόσκορος στ̣[οιχεῖ μοι. P.Lond. V 1864, eine Quittung für eine Geldzahlung ἀπὸ δ̣α̣π(άνης) aus arabischer Zeit, wurde unterzeichnet mit Διόσκορος στοιχ(εῖ) ̣ ̣ ̣; angesichts der für den Londoner Text angenommenen oxyrhynchitischen Herkunft handelt es sich wohl nicht um dieselbe Person.

460. WEIZENQUITTUNG DES MAKARIOS

P.Vindob. G 2155	8,7 × 8,7 cm	Anfang 7. Jh.
Tamauis (Arsinoites)		Tafel V

Descr.: PERF Nr. 370.
Ed. pr.: SPP III 460 (5.–6. Jh., Fayum).
Ed. post.: SPP XX 156 (5.–6. Jh., Arsinoites) — CPR XIV 29 (Anfang 7. Jh., Arsinoites).
Korr.: A. Papathomas, *Textbeiträge zu CPR XIV*, Tyche 10 (1995) 150 (BL X 55) — P.Dubl. I 26, Komm. zu Z. 1 (BL X 2).
Abb.: CPR XIV Plate 22.
Revision am Original.

Mittelbrauner Papyrus mit rundum intakten Rändern. Kleinere Beschädigungen durch Anobienbefall sind symmetrisch über das Blatt verteilt. Beschriftet mit schwarzer Tinte. Schrift parallel zur Faserrichtung. Unbeschriebener Rand oben und links ca. 1 cm, unten 1,5 cm. Auf dem Verso sind Spuren abgewaschener Tinte in ursprünglich sechs Zeilen erkennbar.

→ † Φαῶφ(ι) κγ σίτο̣υ̣ δωδεκ̣(άτης) ἰν(δικτίωνος)
(2. H.) Ταμαῦις Κῦρος στατιωνάρ(ιος)
Ἀπολλῶτ(ος) σὺ(ν εἰκοστῇ̣) ἀρ(τάβας) πεντήκοντα
τέσσαρας δίμοιρον, (ἀρτάβας) νδ β΄.
†̣ Μ̣α̣κά̣ρ̣[ι]ος † *Paraphe*.

1. Φαῶφι *CPR XIV* σίτ[ου] *ed. pr.* σίτ(ο)υ δωδε(κάτης) *CPR XIV* 2. Ταμανις *ed. pr. et SPP XX* Ταμᾶνις *CPR XIV* 3. Ἀπ^ο λλω^†ς ἀρ/(τάβας) *ed. pr. et SPP XX* απ^ο λλω^τ *pap.* σ(ίτου) ἀρ(τάβας) *CPR XIV* 4. δίμοιρον ὀγδ///// *ed. pr.* δίμοιρον ὄγδ^ω/(-οον) *SPP XX* 5. † μ˘α *imit. script.* *ed. pr.* „signa tachygraphica“ *SPP XX* † Μακ[ά]ρ[ι]ος *CPR XIV*

„† Am 23. Phaophi, an Weizen für das zwölfte Indiktionsjahr. (2. H.) Für Tamauis, Kyros, *stationarius*, Sohn des Apollos, einschließlich des Zwanzigstels, vierundfünfzig und zwei drittel Artaben, 54 ²/₃ Artaben.

† Makarios † *Paraphe*.“

Zum Dossier der von Makarios unterzeichneten Quittungen für die Getreidesteuer s. oben **C. 7.** Die Quittung bestätigt den Erhalt des auffallend hohen Betrages von 54 ²/₃ Artaben, geleistet von dem *stationarius* Kyros, vgl. dazu bereits CPR XIV 19–29 Einl. und 29 Komm.

1. Φαῶφ(ι) κγ = 20. (21.) Oktober. Die in CPR XIV nicht angegebene Kürzung des Monatsnamens wurde von A. Papathomas, *loc. cit.* korrigiert.

2. Ταμαῦις: Aufgrund von Wesselys unterschiedlicher Transkription des Ortsnamens entstand um das Dorf Tamauis einige Verwirrung. Wessely unterscheidet in seiner *Topographie*, 143 zwischen einem Dorf Ταμαις und einem anderen namens Τάμανις; vgl. auch SPP III + VIII Index S. 303. Die anfangs spärlichen, fast ausschließlich aus ptol.-röm. Zeit stammenden Belege für die Schreibung Ταμαῦις führten dazu, daß diese als bloße Nebenform für Ταμᾶις verstanden wurde; so Calderini, Daris, *Dizionario IV*, 346 mit *Suppl. II*, 203 und *III*, 144 (*s.v.* Ταμᾶις); daneben vgl. die zahlreichen Einträge für das byzantinische Ταμᾶνις in Calderini, Daris, *Dizionario IV*, 347 mit *Suppl. II*, 203. In P.Dubl. 26, Komm. zu Z. 1 erwog B. McGing erstmals anläßlich einer neuen Erwähnung des Dorfes Tamauis, den Dorfnamen Ταμᾶνις zugunsten der Form Ταμαῦις zu tilgen (entsprechend BL X 2 und Calderini, Daris, *Suppl. III*, 144: †Ταμᾶνις). Dies konnte er anhand der Photos des Makarios-Dossiers für eben diese Texte sowie am Original mancher Texte des Andreas-Archivs nachweisen; zu letzerem vgl. P.Eirene I 1–6, S. 87–97, bes. 89 und S. Tost, SPP III² 1–118, S. LXIX–LXXVII. Die Vermutung der Nicht-Existenz von Ταμᾶνις kann auch für alle Zeugnisse des Ortsnamens in den Getreidequittungen von SPP (neben dem Makarios-Dossier noch **467**, **496**, **503**, **514** und **559**) bestätigt werden. Dies gilt ebenfalls für die letzten beiden bislang nicht überprüften Texten mit Nennung von Ταμᾶνις, SPP X 122, 2 (7. Jh.) und SB XVIII 13262, 1 (8. Jh.): Am Original ist bei erstem χω(ρίον) Ταμαύεως und bei zweitem ebenfalls Ταμαύε(ως) zu lesen. Des weiteren liest man in SB XVIII 13267, 6 (7. Jh.) nicht Ταμᾶ[η]ις, sondern Ταμαῦις. Eine erneute Durchsicht der zahlreichen bei Calderini, Daris, *loc. cit.* angegebenen Belege für Ταμᾶις / Ταμαῦις zeigt nun, daß nur noch vier Belege aus ptolemäischer und römischer Zeit die Schreibung Ταμᾶις aufweisen (P.Petr. III 37 a, Kol. 1, 9 und Verso, Kol. 3, 11 und 15 [258–257 v. Chr.], PSI V 544, 10 [3. Jh. v. Chr.], P.Lond. II 254 (S. 228), 168, 185 und 198 [134] und PSI XII 1238, 4 [244]), während das Dorf weit häufiger und in byzantinischer Zeit ausschließlich als Ταμαῦις bezeichnet wird, worin die Hauptform des Namens zu erkennen sein dürfte. Lokalisiert wird das in der Herakleidu-Meris gelegene Dorf herkömmlich im äußersten Nordosten des Fayum aufgrund einer Identifizierung mit dem heutigen Tamia; vgl. B. P. Grenfell, A. S. Hunt, P.Tebt. II S. 403 und Karte sowie zuletzt Mueller, *Mastering Matrices and Clusters*, 237 (Karte); skeptisch zeigt sich dagegen Timm, *Christlich-koptisches Ägypten VI*, 2477, da Tamia im Mittelalter einen völlig anderen Namen hatte.

στατιωνάρ(ιος): Zu den *stationarii*, die in byzantinischer Zeit mit Polizeiaufgaben auf Gauebene betraut waren, vgl. B. Kramer, *Zwei Leipziger Papyri*, APF 32 (1986) 37–38, Komm. zu Z. 5; A. Jördens, *Fünf neue Symmachos-Papyri*, ZPE 92 (1992) 224, Komm. zu Z. 9 sowie J. R. Rea, P.Oxy. LXIII 4382, Komm. zu Z. 2.

3. σὺ(ν εἰκοστῇ): In allen Quittungen des Makarios findet sich vor der Angabe der bezahlten Artaben die Sigle συ. Wessely transkribiert zuweilen ein allein stehendes σ, ohne eine Auflösung anzubieten, oder er hängt -ς an den davor genannten Namen an (etwa hier Ἀπολλῶς). G. Fantoni liest in allen Texten σ(ίτου). Diese Lesung ist paläographisch schwer zu rechtfertigen, da an σ deutlich ein unten spitzer Haken für υ angeschlossen ist. Die Parallelen zeigen daneben, daß vor der Summe kaum das Produkt wiederholt wird (vgl. einzig **501** und **554**), an dieser Stelle aber häufig der Hinweis auf die inkludierte Fünf-Prozent-Abgabe steht. Gegenüber der üblichen Schreibung σὺν εἰκ(οστῇ) liegt hier eine besonders starke Abkürzung vor, als Parallele die Kürzung χορ( ) für χωρὶς ναύλου πλοίου in **479 a**, 5 und **b**, 6 herangezogen werden (vgl. auch die völlig verschliffene Schreibung von εικ in **503**, 2, von ει in **559**, 3 sowie συ( ) in **571**). Zur Angabe σὺν εἰκοστῇ s. oben **B. 6.**

461. GERSTENQUITTUNG DES IOANNES

P.Vindob. G 11360 — 6,9 × 9,3 cm — 6.–7. Jh.
Tyis (Arsinoites) — Tafel VI

Ed. pr.: SPP III 461 (5.–6. Jh., Fayum).
Revision am Original.

Dunkelbrauner Papyrus. Oben, links und unten intakter Rand, rechts ist ein schmaler Streifen ausgebrochen. Ein Querstreifen der oberen Hälfte ist beschädigt, wodurch auch die Schrift der zweiten und dritten Zeile beeinträchtigt wurde. Das Blatt ist mit schwarzer Tinte quer zur Faserrichtung beschrieben. Unten blieb ein unbeschriebener Rand von 2,2 cm. Verso leer.

↓ † Φαῶφι κ κριθῶν ἐ̣β-
δόμης ἰν(δικτίωνος) Τύεως ἡ̣ ἀγορα[σ(ία?)]
Νεῖλος γραμματεὺς̣ ἀ̣ρ(τάβην) μίαν
δίμοιρον, (ἀρτάβην) α β΄. (2. H.) † Ἰωάννης.

1. κρυθῶν *ed. pr.* 3. ⳨ μίαν *ed. pr.*

„† Am 20. Phaophi, an Gerste für das siebente Indiktionsjahr, für Tyis, Kauf (?), Neilos, Schreiber, eine und zwei drittel Artaben, 1 $^2/_3$ Artaben. (2. H.) † Ioannes.“

Zum Dossier der von Ioannes unterzeichneten Quittungen für die Getreidesteuer s. oben **C. 4.** Die Steuerquittung bestätigt den Erhalt von 1 ²/₃ Artaben Gerste von dem Schreiber Neilos, der vier Tage später auch eine Artabe Weizen abliefert (vgl. **464**).

1. Φαῶφι κ = 17. (18.) Oktober.
κριθῶν: Das von Wessely gelesene υ ist vielmehr ein ι, das von der geschwungenen Querlinie des θ überschnitten wird, wodurch der Eindruck eines υ entsteht.

2. Τύεως: Das arsinoitische Dorf Tyis ist nur in einigen Listen und Quittungen aus spätbyzantinischer und arabischer Zeit bezeugt; vgl. die Belege bei Calderini, Daris, *Dizionario V*, 37 (aufgrund der nun späteren Datierung der Ioannes-Quittungen ist derzeit SPP X 250, 13, von Wessely nach dem Schriftbild ins 6. Jh. datiert, der früheste Beleg des Ortes). Eine Lokalisierung ist anhand der Quellenlage ausgeschlossen; vgl. jedoch die Mutmaßungen bei Wessely, *Topographie*, 150–151 (Osten?), P.Tebt. II S. 405 (Süden?) und Timm, *Christlich-koptisches Ägypten VI*, 2899–2900 (an der Grenze zum Herakleopolites?).

ἡ ἀγορα[σ(ία?)]: Jede Quittung des Ioannes hat nach dem Ortsnamen und vor dem Steuerzahler einen Einschub, der schwierig zu deuten ist: In vorliegender Quittung liest man zweifelsfrei ηαγορα, dann bricht der Papyrus ab, in den beiden anderen Tyis-Quittungen (**464** und **466**) ηαγορασ϶. Vermutlich ist daher auch in diesem Text σ϶ anzufügen. Als feminines Nomen eignet sich zur Ergänzung ἀγορασία, ein Ausdruck für Kauf oder Einkauf. Welche Bewandtnis das hier haben könnte, bleibt mir unklar. In der Steuerquittung O.Wilck. 1225, 2 (Koptos, byz. Zt.) könnte ἀγορασία für eine Abgabe stehen (so auch Preisigke, *WB III*, 228). Eine solche Abgabe würde besser in den Kontext der Steuerquittungen passen, die Interpretation läßt sich aber mangels weiterer Zeugnisse nicht erhärten. Man könnte auch eine Worttrennung ἡ ἀγορά und dann σ( ), vielleicht für σίτου, in Erwägung ziehen. Ἀγορά könnte ein Zusatz zum Dorf sein, vgl. etwa Κερκεσοῦχα Ἀγορᾶς in SB XVIII 13767 (2.–3. Jh.) und die Diskussion um die Agora von Hermupolis in dem Steuerregister P.Sorb. II 69 (618/619 oder 633/634), Einl. S. 58. Irritierend wäre dann aber der Nominativ und der Artikel. Dies gilt auch, wenn mit Agora der Ort, an dem die Quittung ausgestellt wurde, bezeichnet werden sollte.

3. Νεῖλος γραμματεύς: Derselbe Steuerzahler begegnet in **464**. In SPP XX 259 aus dem 6. Jh. ist ein κύρ(ιος) Νεῖλος γραμμ(ατεύς) genannt. Eine Identität ist angesichts der unbekannten Herkunft jenes Textes und des gängigen Namens Neilos nicht zu erweisen.

462. WEIZENQUITTUNG DES MARNITAS

P.Vindob. G 2176 — 5,9 × 9,3 cm — 7. Jh.
Kainu (Arsinoites) — Tafel VI

Descr.: PERF Nr. 392.
Ed. ant.: Wessely, *Pariser Papyri*, 215, Nr. 9048 = SB I 4886 (byz. Zeit).
Ed. pr.: SPP III 462 (6. Jh., Fayum).
Ed. post.: SPP XX 178 (7. Jh., Arsinoites).
Korr.: H. C. Youtie, O. M. Pearl, P.Mich. VI 399-411 Einl., S. 102 (BL VIII 470) — P. J. Sijpesteijn, *SPP III 479: Eine Neuedition*, ZPE 65 (1986) 161 (BL VIII 470).
Revision am Original.

Hellbrauner Papyrus. Das Blatt ist unbeschädigt erhalten, der gerade geschnittene Rand rundum intakt. Fünf horizontale Faltungen ca. 0,8, 1,8, 2,7, 3,7 und 4,7 cm vom oberen Rand entfernt. Beschrieben mit schwarzer Tinte. Schrift quer zur Faserrichtung. Verso leer.

↓ 1 † Φαῶφι ις σίτου τρίτης ἰν(δικτίωνος).
2 (2. H.) Καινοῦ Ἱερεμίας Ἰωάνν(ου)
3 σὺν εἰκ(οστῇ) ἀρ(τάβην) μίαν τρίτον
4 δωδέκ(ατον) εἰκ(οστοτέταρτον), (ἀρτάβην) α γʹ ι(β)ʹ κ(δ)ʹ. † Μαρνιτᾶς †.

1. ϊν, *pap.* 2. ϊερεμιας ϊωανν, *pap.* 3. συνει^κ/() *ed. pr. et SPP XX* ἀρ/^τ(άβην) *ed. pr. et SPP XX* 4. δωδέκατ/(ον) *ed. pr. et SPP XX* ⏉ αγ *imit. script. ed. pr. et SPP XX* (m. 2) †Μαξιμ† *ed. pr.* †Μάξιμος† *SPP XX* μα†ρνιτας *pap.*

„† Am 16. Phaophi, an Weizen für das dritte Indiktionsjahr. (2. H.) Für Kainu, Ieremias, Sohn des Ioannes, einschließlich des Zwanzigstels, eine, ein drittel, ein zwölftel und ein vierundzwanzigstel Artaben, 1 1/3 1/12 1/24 Artaben. † Marnitas †."

Zum Dossier der von Marnitas unterzeichneten Weizenquittungen s. oben **C. 8.** Die Datumszeile dürfte von anderer Hand im voraus geschrieben worden sein (vgl. **472**); die Schrift ab Z. 2 ist deutlich kursiver und eiliger. Vom Quittungstext zur Unterschrift fällt kein Handwechsel mehr ins Auge, ein solcher ist freilich nicht auszuschließen.

1. Φαῶφι ις = 13. (14.) Oktober.

2. Καινοῦ: Das erst im 7. und 8. Jh. bezeugte arsinoitische Dorf Kainu, dessen Ortsteile bisweilen als nördliches bzw. südliches Kainu bezeichnet werden, wird von B. P. Grenfell, A. S. Hunt, P.Tebt. II S. 381 mit dem bis zum 3. Jh. bezeugten, in der Polemonos Meris gelegenen Καινή gleichgesetzt; demgegenüber skeptisch äußern sich Calderini, Daris, *Dizionario III*, 49 (s. auch *Suppl. I*, 162, *II*, 85 und *III*, 57). Timm, *Christlich-koptisches Ägypten III*, 1212–1213 faßt mit Verweis auf die bei Wessely, *Topographie*, 79–80

angeführten Belege eine Lage des Ortes im Norden von Medinet el-Fayum ins Auge. Eine solche würde besser zu den anderen in diesem Dossier genannten Texten passen.

3. σὺν εἰκ(οστῇ): Das in SPP III und XX uninterpretiert gebliebene συνει$^{κ/}$() wurde bereits in P.Mich. VI S. 102 sowie von Sijpesteijn, *op. cit.* aufgelöst; zur Angabe σὺν εἰκ(οστῇ) s. oben **B. 6.**

4. εἰκ(οστοτέταρτον): Wessely, *Pariser Papyri*, 215 liest an dieser Stelle γί(νεται) und läßt dann κ in der Wiederholung der Summe aus; die Angabe der Summe in PERF Nr. 392 lautet entsprechend bloß 1 $^{1}/_{3}$ und $^{1}/_{12}$ Artaben.

Μαρνιτᾶς: Die Unterschrift wurde sehr eng an das Zeilenende gedrängt, weshalb ν beinahe zu einem Strich verkümmert ist und α zwischen τ und ς fast völlig verschwindet. Daher wurde die Signatur bisher nicht entziffert; im Vergleich mit den Marnitas-Quittungen **475** und **559** ist seine Unterschrift jedoch auch im vorliegenden Text zweifelsfrei erkennbar.

463. QUITTUNG FÜR GERSTE AUS DEM GEORGIOS-DOSSIER

P.Vindob. G 11362 — 7,6 × 8,8 cm — 7.–8. Jh. (arab. Zeit)
Kainu (Arsinoites) — Tafel VII

Ed. pr.: SPP III 463 (6. Jh., Fayum).
Revision am Original.

Mittelbrauner Papyrus von feiner Struktur mit mehreren rotschimmernden Flecken. Das Blatt ist vollständig erhalten; die Ränder sind intakt. Zahlreiche kleine Lücken durch abgebrochene Querlagen. Beschrieben mit schwarzer Tinte. Schrift quer zur Faserrichtung. Abstand der Schrift zum Rand unten 1,8 cm. Die Tinte ist an einigen Stellen verwaschen. Verso leer.

↓ † Φαῶφ(ι) ζ κριθ(ῆς) ἑβδόμης ἰν(δικτίωνος)
Καινοῦ Γεώργι(ος) Ἀπολλ(ῶ) καγκέλλ(ω̣)
ἀρτ(άβης) τρίτον δωδέκατον, ἀρτ(άβης) γ΄ ι̣β̣΄.
† Κα̣λομηνᾶς̣ †.
(2. H.) † Γερ̣όντιος † *Paraphe.*

3. κρ^{θ}/() ⟶ γ ῑ *ed. pr.* 4. † κ[ ]αβ¯ Μηνᾶ † *ed. pr.* καλομ†ηνας *pap.* 5. γερον†τιος *pap.*

„† Am 7. Phaophi, an Gerste für das siebente Indiktionsjahr, für Kainu, Georgios, Sohn des Apollos, im Kankellon-Maß ein drittel und ein zwölftel Artaben, $^{1}/_{3}$ $^{1}/_{12}$ Artaben. † Kalomenas †.
(2. H.) † Gerontios † *Paraphe*."

Die Quittung scheint nach den Unterschriften dem Georgios-Dossier (s. oben **C. 3.**) zuzuweisen; sie weicht allerdings von den anderen Quittungen des Dossiers in mancher Hinsicht ab: Die markante Schreiberhand des Quittungstextes ist mit keinem der anderen Texte des Dossiers vergleichbar. Georgios unterzeichnet nicht und wird auch nicht vertreten. Die Unterschrift des Kalomenas gleicht nicht seiner üblichen Signatur, sie wirkt ungeübt und wurde am Beginn verbessert. Auch die Signatur des Gerontios entspricht nicht der des Γερόντιος πρεσβύτερος in **505** und **528**, möglicherweise handelt es sich um zwei verschiedene Personen. Vergleichbar ist die Unterschrift der des Gerontios in **471** und **543**, wobei die komplexe Paraphe mit horizontaler Durchstreichung nur noch in **471** vorkommt. Einen etwaigen Inhalt (vgl. das Apphuas-Dossier) kann ich der Paraphe nicht entnehmen.

1. Φαῶφ(ι) ζ = 4. (5.) Oktober.

2. Καινοῦ: Zum arsinoitischen Dorf Kainu s. oben **462**, Komm. zu Z. 2.

3. ἀρτ(άβης) γ′ ι̣(β)′: Die Spuren am Zeilenende passen nicht recht zu ιβ′. Vor der Senkrechten des ι gibt es Tintenspuren, als hätte der Schreiber δ̄ für ¹/₄ schreiben wollen. Über den Zahlen ist ein waagrechter Strich als Markierung gesetzt. Ausnahmsweise fehlt hier die Angabe μόνον.

464. WEIZENQUITTUNG DES IOANNES

P.Vindob. G 11363 — 5,5 × 8 cm — 6.–7. Jh.
Tyis (Arsinoites) — Tafel VII

Ed. pr.: SPP III 464 (5.–6. Jh., Fayum).
Revision am Original.

Mittelbrauner Papyrus aus feinem Material. Das Blatt ist in seinen äußeren Ausmaßen vollständig. Einige kleine Fehlstellen, an zahlreichen Stellen abgeriebene Tinte. Der Papyrus war fünfmal horizontal in Abständen von ca. 1 cm gefaltet. Beschrieben mit schwarzer Tinte. Die zweite Hand trägt die Tinte kräftiger auf. Schrift quer zur Faserrichtung. Unten 1,7 cm unbeschriebener Rand. Verso leer.

↓ † Φαῶφι κδ σίτου ἑβδόμης
ἰν(δικτίωνος) Τύεως ἡ ἀγορασ(ία?) Νεῖλος
γραμμ(ατεὺς) ἀρ(τάβην) μίαν, (ἀρτάβην) α.
(2. H.) † Ἰωάννης.

1. φαωφι κ̣ *ed. pr.* 2. σ( ) *om. ed. pr.*

„† Am 24. Phaophi, an Weizen für das siebente Indiktionsjahr, für Tyis, Kauf (?), Neilos, Schreiber, eine Artabe, 1 Artabe.

(2. H.) † Ioannes."

Zum Dossier der von Ioannes unterzeichneten Quittungen für die Getreidesteuer s. oben **C. 4.**; Datierung der *ed. pr.*: 5.–6. Jh. Die Quittung bestätigt den Erhalt einer Artabe Weizen von demselben Schreiber Neilos, der bereits am 20. Phaophi 1 ²/₃ Artaben Gerste bezahlt hatte (vgl. **461**).

1. Φαῶφι κδ = 21. (22.) Oktober. Entgegen der *ed. pr.*, in der Wessely als Tagesdatum κ̣ transkribiert — demnach wären die Gerstenquittung **461** und diese Quittung für Weizen am selben Tag ausgestellt worden —, ist hinter κ ein sehr eng an dieses angelehntes δ zu erkennen. Zwischen den beiden Zahlungen des Schreibers Neilos sind also vier Tage vergangen.

2. Τύεως: Zu diesem Ort s. oben oben **461** Komm. zu Z. 2.
ἡ ἀγορασ(ία?): Derselbe Einschub ist auch in den andern Tyis-Quittungen des Ioannes zu finden; zur Deutung s. oben **461**, Komm. zu Z. 2.

2–3. Νεῖλος | γραμμ(ατεύς): Derselbe Neilos begegnet in **461**; s. dort Komm. zu Z. 3.

465. QUITTUNG DES ATHANASIOS FÜR DAPANE UND DEMOSIA

P.Vindob. G 11364 Verso — 6,5 × 8,8 cm — Ende 7.–8. Jh.
Arsinoites/Herakleopolites — Tafel VIII

Ed. pr.: SPP III 465 (7.–8. Jh., Fayum).
Revision am Original.

Der hellbraune Papyrus von feiner Struktur mit gerade geschnittenen Rändern ist bis auf einzelne kleine Fehlstellen in intaktem Zustand erhalten. Die Steuerquittung wurde auf dem Verso mit schwarzer Tinte parallel zur Faserrichtung geschrieben. Die Tinte ist teilweise abgerieben. Der unbeschriebene Rand beträgt oben 1 cm, links 0,6 cm und unten 1,6 cm. Die in der *ed. pr.* angegebenen vertikalen Faltungen in den Abständen 1,5 cm, 3,3 cm und 1,5 cm sind nicht mehr erkennbar. Das von Wessely nicht transkribierte Rekto wird unter **465a** erstmals veröffentlicht.

→ 1 † μ(ηνὶ) Φ(α)ῶ(φι) κγ ἰ(νδικτίωνος) β. ἔσχο(ν) δ(ιὰ) Ἰωάνν̣(ου) Ζαχαρί(α)
2 κνα(φέως) ἀπὸ δ(α)π(άνης) α ἰ(ν)δ(ικτίωνος), δημ(οσίων) ιε ἰ(ν)δ(ι-
κτίωνος) ἀρ(ι)θ(μίου) νο(μίσματος) κδ΄ μη΄,
3 εἰκοστοτέταρτ(ον) τεσσαρακοστοόγδοον μό(νον).
4 † Ἀθανάσιος ἐλ(ά)χ(ιστος) διά(κονος) ††.

1. Ἰωάν^{ου} Ζαχαρι^{α} *ed. pr.* 2. Κν^{α} *ed. pr.* ἀπὸ κ^{τ}β (*l.* καταβολῆς) *ed. pr.* ἀν΄ν΄ κ΄δ΄ μ΄η΄ *ed. pr.*
3. τεσσαρακοστόγδοον *ed. pr.*

„† Am 23. des Monats Phaophi des 2. Indiktionsjahres. Ich habe erhalten durch Ioannes, Sohn des Zacharias, Walker, von der Aufwand-Steuer des 1. Indiktionsjahres und der öffentlichen Steuer des 15. Indiktionsjahres von einem Arithmion-Nomisma $^{1}/_{24}$ $^{1}/_{48}$, ein vierundzwanzigstel und ein achtundvierzigstel, sonst nichts. † Athanasios, geringster Diakon ††. “

In der vorliegenden Quittung bestätigt der Diakon Athanasios den Erhalt einer Steuerzahlung von dem Walker Ioannes. Bezahlt wurde eine Rate zweier verschiedener Steuern: der δαπάνη, einer Steuer zur Deckung des Personalaufwandes der Verwaltung (s. dazu P.Lond. IV S. XXV–XXXII und 1419 Einl., S. 173 sowie zuletzt F. Morelli, CPR XXII 24, Einl.), und der δημόσια, die hier in Verbindung mit der Dapane vermutlich nicht allgemein die öffentliche Steuer, sondern speziell die Grundsteuer bezeichnet (zu dieser Verwendung des Steuertitels δημόσια (*sc.* γῆς) s. auch P.Lond. IV 1419 Einl., S. 169 und F. Morelli, CPR XXII 16, Komm. zu Z. 1). Die Zahlung erfolgt im 2. Indiktionsjahr, die δαπάνη bezieht sich aber auf das vergangene 1. Indiktionsjahr, die δημόσια sogar auf die vorangegangene 15. Indiktion. Daß die δαπάνη ein Jahr früher fällig war als andere Steuern, zeigen auch die anderen Quittungen, in denen eine δαπάνη-Zahlung gemeinsam mit einer Zahlung für einen anderen Steuertitel bestätigt wird: vgl. etwa P.Lond. V 1738, wo die δημόσια und διαγραφή für das 8. Indiktionsjahr, die δαπάνη für das 7.–9. Indiktionsjahr bezahlt wurde (mit BL X 107), P.Bal. II 130 (724, vgl. auch Komm. zu Z. 3), eine Quittung für die δημόσια des 7. und die δαπάνη des 8. Indiktionsjahres (ebenso in der im Appendix zu diesem Text abgedruckten koptischen Quittung B.M.Or. 4664 A) und P.Ryl.Copt. 120, wo eine ἀνδρισμός-Zahlung für das 6. Jahr mit einer δαπάνη-Zahlung für das 7. Jahr kombiniert wurde. Die Höhe der Zahlung bleibt mit $^{1}/_{24}$ und $^{1}/_{48}$ eines Arithmion-Nomisma hinter den Parallelen weit zurück. Vermutlich handelt es sich — auch angesichts der Zahlungsvornahme 1 bzw. 2 Jahre später — um eine Nachzahlung eines noch offenen Betrages.

Möglicherweise ist Athanasios auch Aussteller der Steuerquittung P.Lond. V 1738, die mit dieser Quittung im Formular weitgehend übereinstimmt. Die in der Edition angegebene Herkunft „Oxyrhynchus(?)“ ist bereits nach BL X 107 hinfällig, wo eine vermeintliche oxyrhynchitische Ära in Z. 3 in τέταρ[(τον) korrigiert wurde (auf dem Mikrofilm sind danach noch Spuren zu sehen, die wohl als μ̣[ό](νον) zu deuten sind). Zuletzt wurde von B. E. Nielsen, K. A. Worp, P.NYU II S. 109 eine Herkunft des Textes aus dem Hermopolites vorgeschlagen, was allerdings, wie vorliegender Text beweist, alleine aus dem Quittungsformular nicht mit Sicherheit festgestellt werden kann (die in der *ed. pr.* mit „Fayum“ angegebene Herkunft von **465** läßt sich durch den im handschriftlichen Inventar vermerkten Ankauf des Papyrus im Rahmen des sog. 1. Fayumer Fundes bestätigen). Auch für den Londoner Text ist daher eine Herkunft aus dem Fayum in Betracht zu ziehen. Ist der Quittungsaussteller Athanasios tatsächlich mit dem hier unterzeichnenden Diakon ident, könnte in P.Lond. V 1738 am Ende der Z. 3 statt στ[οι]χ̣ in Anlehnung an diesen Text ebenfalls ἐλ(ά)χ(ιστος) zu lesen kein, die auf dem Mikrofilm zu sehenden Spuren sind leider zu schwach, um den Verdacht zu verifizieren, unterhalb der Z. 3 gibt es aber noch Tintenspuren, die eventuell zu einem διά(κονος) gehören könnten. Hingewiesen sei hier auch auf P.Lond. V 1742 (7. Jh.), eine mit Ἀθανάσε στοχῖ † unterzeichnete Quittung, die aber im Formular etwas anders gestaltet ist.

1. Φ(α)ῶ(φι) κγ = 20. (21.) Oktober. Das ω in Φαῶφι ist an die Unterlänge des φ angelehnt. Das γ des Tagesdatums wurde korrigiert, wahrscheinlich aus κα oder κβ.

Ἰωάνν̣(ου) Ζαχαρί(α): Wie wie der Schreibe die beiden Namen genau abgekürzt hat, ist schwer zu sehen. Wessely liest Ἰωάν^ου und Ζαχαρί^α. Tatsächlich steht auf Zeilenhöhe nur ιωαν, das hochgestellte Zeichen dürfte jedoch eher ν sein. Möglich wäre auch, daß ein zweites ν auf Zeilenhöhe gänzlich abgerieben ist, und der hochgestellte Buchstabe als υ für Ἰωάνν(ο)υ zu deuten ist. Das Schluß-α von Ζαχαρία wurde nicht geschrieben. Zwar scheint der waagrechte Strich über ι im Ansatz einen Bogen aufzuweisen, die Betrachtung unter dem Mikroskop zeigt aber, daß dieser Eindruck auf eine weggebrochene Querfaser zurückzuführen ist. Eine Identifizierung mit einer der beiden in dieser Zeit bezeugten Personen namens Ioannes, Sohn des Zacharias, kann aufgrund unterschiedlicher Berufsangaben (nämlich γραμματεύς in P.Prag. I 49,6–7 [Arsinoiton Polis, 628] und ἀγγαρευτής in SPP X 296, 14 [Memphites, 7./8. Jh.]) ausgeschlossen werden.

2. κνα(φέως): Wessely gibt in der *ed. pr.* Κν^α an und möchte dies als den Ortsnamen Κνᾶ verstanden wissen (vgl. Index nach SPP VIII S. 303). Eine solche unmittelbare Nennung des Heimatdorfes einer Person ohne Präposition ἀπό wäre seltsam. Dagegen zeigen die Parallelen, daß mit einer Berufsbezeichnung zu rechnen ist; vgl. etwa P.Lond. V 1738,1: στρ(α)τ(ιώτου), 1739,1: νοτ(αρίου), 1741,1: ζυγ(οστάτου) und 1745,2: φουσκα(ρίου). Die Annahme eines abgekürzten Wortes läßt sich auch besser mit der Hochstellung des α vereinbaren. Zum Beruf des Walkers in den Papyri s. H. Harrauer, CPR XIII, Einl. D. 1., 58–65, *s.v.* γναφεύς mit weiteren Literaturhinweise; zur Schreibung κναφεύς oder γναφεύς vgl. A. Papathomas, P.Heid. VII 406, Komm. Z. 1–2.

ἀπὸ δ(α)π(άνης): Die *ed. pr.* hat ἀπὸ κ^τβ (*l.* καταβολῆς), das allerdings weder paläographisch (besonders κ) noch inhaltlich (ohne zugehörige Ordinalzahl) paßt. Zu lesen ist stattdessen δ mit Kürzung und ein kaum hochgestelltes π, dessen Querstrich so hoch angesetzt wurde, daß er keine Einheit mehr mit dem Buchstaben zu bilden scheint und wie eine Überstreichung des gesamten Wortes wirkt. Eine solche Kürzung δ/^π für δαπάνης ist in arabischer Zeit durchaus üblich, vgl. zuletzt F. Morelli, CPR XXII, Abkürzungsindex S. 313.

ἀρ(ι)θ(μίου) νο(μίσματος): Das in der *ed. pr.* transkribierte ἀν'ν' war unverständlich (keine Aufnahme im Wortindex) und ist auch paläographisch nicht nachvollziehbar. Die Angabe der Summe in Arithmia-Nomismata ist in den Steuerquittungen der arabischen Zeit üblich, vgl. etwa P.Lond. V 1738–1752. Zum ἀρίθμιον νόμισμα, dem „gerechneten Solidus", dessen Wert gegenüber dem vollen Solidus um gewisse Spesen — gewöhnlich in Höhe von zwei Keratia — vermindert war, vgl. Maresch, *Nomisma*, 10 und *passim*, West, Johnson, *Currency*, 120–121 und 147, W. F. Stoetzer, K. A. Worp, *Zwei Steuerquittungen aus London und Wien*, Tyche 1 (1986) 195–202, bes. 201–202 sowie jüngst F. Morelli, CPR XXII 147–148.

3. τεσσαρακοστοόγδοον: In Wesselys Transkription fehlt ein ο in der Verbindung der beiden Wortteile. Zu den verschiedenen Schreibvarianten für ὄγδοος καὶ τεσσαρακοστός in den Papyri vgl. Gignac, *Grammar II*, 206–209.

465a. ZEUGEN EINES KOPTISCHEN VERTRAGES

P.Vindob. G 11364 Rekto — 6,5 × 8,8 cm — 7.–8. Jh.
Arsinoites/Herakleopolites — Tafel VIII

Ined. — Erstedition nach dem Original.

Auf dem von C. Wessely nicht transkribierten Rekto der Quittung **465** ist ein Teil eines größeren koptischen Schriftstückes erhalten, das zur späteren Beschriftung des Verso zerschnitten wurde. Links originaler Rand erhalten, unbeschriebener Freiraum ca. 2 cm. Die Schrift verläuft quer zur Faserrichtung.

— — — — — — —

↓ 1 Ⲅ̣Ⲉ̣Ⲱ̣Ⲣ̣Ⲅ̣Ⲉ̣ ⲠϢⲈ ⲚⲀⲠⲀ[---]
2 (2. H.) † ⲀⲚⲞⲔ ⲒⲀⲔⲰⲂⲞⲤ̣ ⲠϢ[Ⲉ Ⲛ ---]
3 (3. H.) ⲀⲠⲀ ⲔⲰⲚⲤⲦⲀⲚⲦⲒⲚⲈ Ⲡ̣Ϣ̣[Ⲉ Ⲛ ---]
4 (4. H.) † ⲪⲞⲒⲂⲀⲘⲘⲰⲚ ⲠϢ̣[Ⲉ Ⲛ ---]

— — — — — — —

„George, Sohn des Apa ...
(2. H.) † Ich, Jakobos, Sohn des ...
(3. H.) Apa Konstantine, Sohn des ...
(4. H.) † Phoibammon, Sohn des ...“

3. Die Ähnlichkeit der zweiten und dritten Hand könnte zur Vermutung Anlaß geben, daß die zweite Zeile bereits nach ⲠϢⲈ Ⲛ endete und Apa Konstantine Vater des Iakobos ist. Die Spuren am Ende der Zeile 2 müßten dann freilich anders als zu einem erneuten Ⲡ̣Ϣ̣[Ⲉ Ⲛ gehörig interpretiert werden. Die unterschiedlichen Formen von Ⲛ und Ⲓ sowie die ⲔⲰ-Verbindung sprechen jedoch für die Annahme eines weiteren Schreibers, damit auch für den Beginn einer neuen Unterschrift in Z. 3.

466. WEIZENQUITTUNG DES IOANNES

P.Vindob. G 11365 — 7 × 8,2 cm — 6.–7. Jh.
Tyis (Arsinoites) — Tafel IX

Ed. pr.: SPP III 466 (5.–6. Jh., Fayum).
Revision am Original.

Mittelbrauner Papyrus in stark beschädigtem Zustand. Die ursprünglichen Ausmaße sind erkennbar. Ein mittlerer Querstreifen ist weggebrochen, weshalb die Zeilen 3 und 4 beinahe gänzlich verloren sind. Rektoseitig beschrieben mit schwarzer Tinte. Die Schrift verläuft quer zur Faserrichtung. Der unbeschriebene Rand beträgt oben 0,7 cm und unten 1 cm. Das Verso blieb leer.

↓ † Φαῶφι κβ σίτου
ἑβδόμης ἰν(δικτίωνος) Τύεως
[ἡ ἀγορα]σ̣[(ία?)] ̣ ̣[± 4 Ν]ε̣φ̣ε̣[ρ(ᾶ)]
[ἀ]ρ̣[(τάβην)] μ̣ί̣[α]ν̣ ἥμ̣ι̣σ̣[υ] τ̣ρ̣ί̣τ̣ο̣[ν]
δ̣ωδέκατον, (ἀρτάβην) α ∠ γʹ ιβ̣ʹ.
†̣ σ̣ε̣σ̣(ημείωμαι?) †̣. (2. H.) † Ἰωάν[νης.]

1. φαωφι κα *ed. pr.* 2. [ἐ]β̣δ̣ό̣μης *ed. pr.* 3. [ ]ʹ Ν̣[εῖλος γραμμ$_{\varsigma}$] *ed. pr.* 4. [ἀρτάβ]η[ν μίαν] *ed. pr.* 5. —ₒ— α ῑ[β] *ed. pr.* 6. [καγ]κέλλ/ †[Ἰ]ωάν[νης] *ed. pr.* †σεσ//† *pap.*

„† Am 22. Phaophi, an Weizen für das siebente Indiktionsjahr, für Tyis, Kauf (?), ... Sohn des Nepheras, eineinhalb, ein drittel und ein zwölftel Artaben. 1 1/2 1/3 1/12 Artaben. † Ich habe unterzeichnet (?) †. (2. H.) † Ioannes."

Zum Dossier der von Ioannes unterzeichneten Quittungen für die Getreidesteuer s. oben **C. 4.** Die Quittung ist von den drei Ioannes-Quittungen aus Tyis im schlechtesten Erhaltungszustand; entgegen der *ed. pr.* ist jedoch zweifelsfrei zu ersehen, daß der Steuerzahler nicht dieselbe Person wie in **461** und **464** ist (s. Komm. zu Z. 3).

1. Φαῶφι κβ = 19. (20.) Oktober.

2. Τύεως: Zu diesem arsinoitischen Ort s. oben **461**, Komm. zu Z. 2.

3. [ἡ ἀγορα]σ̣[(ία?)]: Zu sehen ist von dieser ersten Zeilenhälfte nur ein Bogen über Zeilenhöhe, der zu σ gehören dürfte. Die Ergänzung folgt den Parallelen der anderen Quittungen des Ioannes aus Tyis (**461**, 2 und **464**, 2); zur Deutung s. **461**, Komm. zu Z. 2.
̣ ̣[± 4 Ν]ε̣φ̣ε̣[ρ(ᾶ)]: Wessely ergänzte in der Annahme, auch diese Quittung bestätige wie schon **461** und **464** eine Zahlung des Schreiber Neilos, Name und Berufsbezeichnung entsprechend. Zwar sind Tintenspuren zu sehen, die zu ν (oder π) gehören können, allerdings nicht am Namensanfang. Eher könnte der Name des Zahlenden mit Αν- oder Απ- beginnen. Auszuschließen ist Wesselys Lesung schon aufgrund des Zeilenendes, wo die Oberlängen kaum anders als zu -εφε- gehörig interpretiert werden können, als Vatername kommt dann nur Νεφερᾶς in Frage.

4. [ἀ]ρ̣[(τάβην)] μ̣ί̣[α]ν̣ ἥμ̣ι̣σ̣[υ] τ̣ρ̣ί̣τ̣ο̣[ν]: Von der gesamten Zeile sind nur geringe Spuren erhalten, deren Zusammenfügung zum rekonstruierten Text aber durch die Wiederholung der Summe in Z. 5 ermöglicht wird.

5. (ἀρτάβην) α ∠ γʹ ιβ̣ʹ: ∠ und γʹ sind verschliffen geschrieben. Der obere Teil der geschwungenen Linie steht für ἥμισυ, der untere bildet bereits die Senkrechte von γ, das

durch die Verbindungslinie zu ι komplettiert wird. Die gleiche Schreibung der drei Bruchzahlen findet man in **532** und **568**. Von β, geschrieben als ᵒ, sind nur marginale Spuren erhalten.

6. †̣ σ̣ε̣σ̣(ημείωμαι?) †̣: Die Lesung ist unsicher, da der obere Teil der Buchstaben in der Lücke verloren ist. Die Lesung der *ed. pr.* [καγ]κέλλ/ kann aber keinesfalls zutreffen, da die schrägen Striche unverbunden enden und daher keine Unterlängen von λ, sondern Kürzungsstriche sind. Auch ist unter den runden Bögen davor kein κ unterzubringen. Die Unterschrift des Ioannes ist sehr knapp unter Z. 5 und deutlich höher als der erste Teil der sechsten Zeile gesetzt. Der Ausstellungsvermerk am Beginn der Z. 6 wurde noch von der ersten oder einer dritten Hand geschrieben, wärend sich die Unterschrift des Ioannes durch die kräftigere Tinte und die kleineren Buchstaben von der Schrift am Zeilenbeginn deutlich absetzt.

467. WEIZENQUITTUNG

P.Vindob. G 11366	3,5 × 11,5 cm	6. Jh.
Tamauis (Arsinoites)		Tafel IX

Ed. pr.: SPP III 467 (6. Jh., Fayum).
Revision am Original.

Hellbrauner Papyrus mit intaktem oberen und seitlichen Rand. Eine horizontale Faltung verläuft 1,5 cm unterhalb des oberen Randes. Unten dürfte das Blatt entlang einer zweiten horizontalen Faltung abgebrochen sein. Beschrieben mit kräftiger schwarzer Tinte. Schrift quer zur Faserrichtung. Abstand der Schrift zum Rand oben 0,6 cm. Zeilenanfänge unregelmäßig. Das Verso ist leer.

↓ 1 † Φαῶφι ιγ σίτου τρεισκαιδεκάτης ἰν(δικτίωνος)
2 ὑποδοχίου Ταμαύεως *vac.*
3 Θεό̣φ̣ι̣λος Πρᾶ ἀ̣ρ̣(τάβας) [τρ]εῖ̣ς εἰκ(οστοτέταρτον), (ἀρτάβας) γ κ(δ)΄.
— — — — — — — — — — — — — — —

1. ϊγ *pap.* ἰ(νδικτιῶνος) *ed. pr.* 2. *l.* ὑποδοχείου Ταμανεως *ed. pr.* 3. Θεοφ϶( ) οσπρα ϛ[ ]///////ι α χους *ed. pr.*

„† Am 13. Phaophi, an Weizen für das dreizehnte Indiktionsjahr, von dem Speicher von Tamauis, Theophilos, Sohn des Pras, drei und ein vierundzwanzigstel Artaben, 3 1/24 Artaben. …"

Die Quittung folgt im Formular den gewöhnlichen Steuerquittungen für die Weizensteuer, allerdings steht anstelle des bloßen Ortsnamens, das ὑποδοχεῖον von Tamauis. Die

Nennung eines ὑποδοχεῖον kommt in keiner der anderen Steuerquittungen vor. Gemeint ist wohl der Getreidespeicher von Tamauis. Ob der Zahlung daher etwas anderes als die normale Weizensteuer zugrunde liegt, läßt sich nicht feststellen. Unter der Bruchkante gab es wohl nur noch eine weitere Zeile mit der Unterschrift des Ausstellers.

1. Φαῶφι ιγ = 10. (11.) Oktober.

2. Ταμαύεως: Zur Korrektur von Ταμάνεως und zum Dorf Tamauis s. oben **460**, Komm. zu Z. 2.

3. Θεό̣φ̣ι̣λ̣ος Πρᾶ: Wessely sah Θεόφ(ιλος) in abgekürzter Schreibung und faßte das im Anschluß daran gelesene οσπρα, wie sich aus dem Index ergibt, als Form für ὀσπριγίτης auf. Diese Lesung ist schwer nachzuvollziehen. Stattdessen scheint der Name des Zahlenden, Θεόφιλος, ausgeschrieben zu sein, wobei -ιλ- verschliffen geschrieben wurde. Als Vatersname bleibt Πρᾶ, ein indeklinabler oder von einem Nominativ Πρᾶς abgeleiteter Name; vgl. P.Ross.Georg. V 61 Verso, Fr. A, 13 (4. Jh.; Πρᾶς als Dativ) und P.Amst. I 85, 13 (6.–7. Jh.; Πρᾶ als Vatersname). Wenig wahrscheinlich scheint mir, daß der Haken im Ausstrich von α ein υ für Πραῦ (vgl. etwa den Pray in **568**, 2) andeuten soll. Statt α könnte man auch ου für Προῦ (vgl. Προῦς in CPR VII 28, 19 [6.–7. Jh.]) erwägen, was aber in Anbetracht der unten spitzen υ in Z. 2 wenig plausibel ist.

ἀρ̣(τάβας) [τρ]εῖς̣ εἰκ(οστοτέταρτον): Die nur sehr schlecht auszumachende Summe der bezahlten Artaben läßt sich aus der Wiederholung in Ziffern erschließen, wo eindeutig ⸏ γ κδ zu lesen ist. Da im ersten Teil keinesfalls τρίτον gelesen werden kann, muß es sich um eine Gesamtsumme von 3 1/24 Artaben handeln.

468. WEIZENQUITTUNG DES TIMOTHEOS

P.Bodl. Lib. MS Gr. Class f 56 (P) 5,7 × 11,4 cm 7.–8. Jh.
Kynon (Arsinoites) Tafel IX

Ed. ant.: P.Grenf. II 101 (7. Jh., Fayum)
Ed. pr.: SPP III 468 (7. Jh., Fayum).
Korr.: SPP IV S. 91 (BL I 193 ad P.Grenf. II 101).
Revision am Photo.

Der Papyrus ist vollständig und mit intaktem Rand erhalten. Zwei horizontale Faltungen teilen das Blatt in drei ca. 2 cm breite Streifen. Beschrieben mit schwarzer Tinte quer zur Faserrichtung. Die zweite Hand trägt die Tinte deutlich schwächer auf. Verso leer.

↓ 1 † Φα̣ῶ̣φ(ι) η σίτου δευτ̣έ̣ρ̣α̣ς̣ ἰ̣ν(δικτίωνος)
2 κτήσ(εως) Δόμνου Κυνῶν Οὐεναφρίου̣
3 Ἀπολλῶ ιδ() ἀρ(τάβην) μίαν δωδέκ(ατον), (ἀρτάβην) α ιβʹ.
4 (2. H.) † Τιμόθεος †.

1. δευτ[έρας] *P.Grenf. et Wessely* 3. ϊδ *pap.* ἰδ(ιώτης ?) *P.Grenf. comm. et Wessely*

„† Am 8. Phaophi, an Weizen für das zweite Indiktionsjahr, vom Besitz des Domnos, (in der Gemarkung von) Kynon, von Wenaphrios, Sohn des Apollos, …, eine und ein zwölftel Artaben, 1 $^{1}/_{12}$ Artaben.

(2. H.) † Timotheos †."

Zum Dossier der von Timotheos ausgestellen Quittungen, Zahlungsaufträge und anderen an ihn gerichteten Schriftstücke s. oben **C. 10.** Timotheos bestätigt hier eine Zahlung für eine sonst unbekannte κτῆσις des Domnos. Die in P.Grenf. II 101 vorgeschlagene Variante, δόμνου klein zu schreiben und dann Kynon und Wenaphrios noch auf die κτῆσις zu beziehen, ist abzulehnen: δόμ(ι)νος anstelle von κύριος kommt in den Papyri nicht vor, Κυνῶν ist kein Personenname. Daher heißt der Steuerzahler auch nicht Kynon, Sohn des Wenaphrios, wie die Einl. zu P.Grenf. II 101 angibt; vielmehr ist der Steuerzahler selbst im Genitiv genannt. Bereits W. Crönert schlägt in seinem Beitrag *Zur Kritik der Papyrustexte*, SPP IV S. 84–107 auf S. 91 die Ergänzung zu κτήσ(εως) Δόμνου Κυνῶν (πόλεως) vor, gemeint ist jedoch nicht das Kynopolis des gleichnamigen Gaues, sondern das Dorf Kynon im Arsinoites.

1. Φα̣ῶ̣φ(ι) η = 5. (6.) Oktober.

2. κτήσ(εως) Δόμνου: Die Bezeichnung κτῆσις anstelle von οὐσία ist in den Quittungen für die Weizensteuer nur vereinzelt anzutreffen (s. auch **551** Komm. Z. 1). Eine κτῆσις Δόμνου ist anderweitig nicht bezeugt.

Κυνῶν: Neben dieser stammt auch die Timotheos-Quittung P.Prag. I 83 aus diesem Dorf. Zu dem von ptolemäischer bis in früharabische Zeit bezeugten Ort der ehemaligen Polemonos Meris vgl. Calderini, Daris, *Dizionario III*, 166–167 (3. Cit.) mit *Suppl. I*, 181, *II*, 103 und *III*, 64 sowie Wessely, *Topographie*, 97 und P.Tebt. II S. 359, 386.

Οὐεναφρίου: Der Name Wenaphrios ist eine der möglichen griechischen Transliterationen des ägyptischen *wnn-nfr.w*, vgl. Ranke, *Ägyptische Personennamen*, 79 und Lüddeckens, Thissen, *Demotisches Namenbuch I.1*, 118–119 mit weiterer Literatur. Weitaus häufiger ist die Form Ὀννῶφρις belegt.

3. ιδ(): Grenfell und Hunt erwägen im Zeilenkommentar die Auflösung ἰδ(ιώτης), Wessely übernimmt diesen Vorschlag mit Fragezeichen. Die Bezeichnung ἰδιώτης ist jedoch nur in ptolemäischer und römischer Zeit gebräuchlich, in späterer Zeit kommt sie kaum noch vor. Hingewiesen sei aber auf P.Rain.Cent. 78, 3 (Hermupolis, 1. Hälfte 6. Jh.): Die dort genannten ἰδιῶται wurden vom Herausgeber als Bauern verstanden. Das sich hinter der Abkürzung ιδ() verbergende Wort ist entweder auf den vorangehenden Namen des Steuerzahlers zu beziehen — in diesem Fall wäre die Abkürzung im Genitiv aufzulösen, gegebenenfalls ἰδιώτου — oder auf das nachfolgende ἀρ(τάβην), etwa ἰδ(ιωτικῆς γῆς).

469. WEIZENQUITTUNG

P.Vindob. G 11367 | 6,1 × 7,1 cm | 7.–8. Jh.
Phanesis (Arsinoites) | Tafel X

Ed. pr.: SPP III 469 (7. Jh., Fayum).
Korr.: Diethart, *Pros. Ars.*, Nr. 1781 mit Anm. 145 (BL VIII 440).
Revision am Original.

Dunkelbrauner Papyrus in intaktem Erhaltungszustand. Knapp über dem unteren Rand befindet sich eine 1,7 cm breite Kollesis unten auf oben. Die von Wessely angegebenen horizontalen Faltungen in den Abständen 1, 2,3 und 1,7 cm sind nicht mehr erkennbar. Beschrieben mit schwarzer Tinte, breiter Kalamos. Schrift quer zur Faserrichtung. Verso leer.

↓ † Φαῶφ(ι) λ σίτου τετάρτης ἰν(δικτίωνος)
Φανήσεως (ὑπὲρ) οὐσί(ας) Εὐ-
δοξία 'Απόλλ`ο̣ν ῥυ̣παρ(ῆς)´ ἀρ(τάβης) τρίτον
εἰκ(οστοτέταρτον), (ἀρτάβης) γ´κ(δ)´ μό(νον). δ(ι') ἐμοῦ
Ἄπα Κύρου σὺν Θ(εῷ) ὑπ(ο)τέ̣κ̣(του?) ἐξ
ἐ̣ν̣ταγ(ίου).

2–3. Ε̣ὐ̣δοξίο̣υ̣ *Diethart* 3. *inter lineas* εν ρυπαρ(θ *ed. pr.* 3. *l.* 'Απόλλων 4. μό(νον) *om. ed. pr.*
5. Κ[ύρου] σὺν θ(εῷ) ν^{τ}(οταρίου) γραμ *ed. pr.* *l.* ὑποδέκτου ? 6. //////////ἐγρ/(άφη) *ed. pr.*

„† Am 30. Phaophi, an Weizen für das vierte Indiktionsjahr, für Phanesis, für das Landgut des Eudoxias, Apollon, ein drittel und ein vierundzwanzigstel einer Brutto-Artabe, $^1/_3$ $^1/_{24}$ Artaben, sonst nichts. Durch mich Appa Kyros, Hypodektes (?) mit Gottes Hilfe, durch einen Anordnungsschein."

Kurios an der Quittung ist die Anordnung der Schrift: Zwischen Z. 2 und 3 sind mehrere Silben eingefügt, die offenbar zu verschiedenen Bezugsworten gehören. Der mit kräftiger Tinte gesetzte Einschub greift (insofern die Interpretation korrekt ist, vgl. Komm. zu Z. 3) 'Απoλλ( ) in Z. 2 auf und löst die Kürzung auf, während sich die nachfolgende Angabe ῥυπαρ(ῆς) auf die Artaben in Z. 3 bezieht. Am Ende der Zwischenzeile steht Ευ-, das wohl noch in Z. 2 gehört, aber deutlich tiefer gesetzt wurde. Falls diese Silbe nicht einfach vom Schreiber vergessen und später *inter lineas* nachgetragen wurde, könnte die Tieferstellung durch die Unterlänge des ι in Z. 1 veranlaßt sein, die so tief reicht, daß der Schreiber, wenn er das ι nicht kreuzen wollte, die Z. 2 weiter unten fortführen mußte.

1. Φαῶφ(ι) λ = 27. (28.) Oktober.

2. Φανήσεως: Das Dorf Phanesis ist vereinzelt im 3. nachchristlichen Jahrhundert und dann erst wieder in spätbyzantinischer und arabischer Zeit bezeugt; vgl. die Belege bei Calderini, Daris, *Dizionario V*, 58 mit *Suppl. III*, 157 und Wessely, *Topographie*, 151–152 sowie zuletzt P.Eirene I 20 = SB XXIV 16108, 12 (6.–7. Jh.). BGU III 754, Kol. 2, 6 (3. Jh.) bezeugt seine Lage im damaligen Herakleides-Bezirk.

2–3. οὐσί(ας) Εὐ|δοξία: Die von Diethart, *Pros. Ars.*, Nr. 1781 mit Anm. 145 vorgeschlagene Lesung Ε̣ὐ̣δοξίο̣υ̣ ist kaum möglich; das Schluß-α ist gut lesbar und ohne Kürzungszeichen geschrieben. Vermutlich handelt es sich um den kurzen Genitiv des maskulinen Namens Εὐδοξίας; vgl. Foraboschi, *Onomasticon*, 114 und 66: der bislang einzige Beleg war P.Edfou I 4 (Apollonopolis, 627; zur Datierung s. BL IX 78). Gemeint sein könnte auch der in dieser Zeit häufiger bezeugte Frauenname Εὐδοξία, wofür man aber einen Fehler des Schreibers (-ία statt -ίας) akzeptieren müßte.

3. Ἀπόλλ\`ο̣ν ῥυπαρ(ῆς)´: Wessely liest den Einschub zwischen den Zeilen εν ρυπαρ(θ. Das vermeintliche θ transkribiert er jedoch schon am Ende der Z. 2 als Ευ- in Εὐδοξία. Eine Wendung ἐν ῥυπαρόν ist nicht gebräuchlich, die Zahl ἕν paßt hier auch nicht. Der erste Buchstabe des Nachtrages sieht eher wie ο aus. Die Lesung ον kann nur als die zu Ἀπολλ( ) in Z. 3 gehörende Schlußsilbe aufgefaßt werden. Über dem Text des Einschubes gibt es mehrere kurze Schrägstriche, die die Lesung zusätzlich erschweren. Zu ῥυπαρὰς ἀρτάβας s. oben **B. 8.**

5–6. Ἄπα Κύρου σὺν Θ(εῷ) ὑπ(ο)τέ̣κ̣(του?) ἐξ | ἐ̣ν̣ταγ(ίου): Wie diese ist auch die Weizenquittung P.Aberd. 33 (7. Jh.) von einem Ἄπα Κῦρος unterzeichnet, der dort zusammen mit einer Person namens Kalos agiert; vgl. auch die Einl. zum Dossier der Kalos–Quittungen oben **C. 5.** Eine Identität mit dem hier Signierenden ist jedenfalls in Betracht zu ziehen. Der auf die Unterschrift folgende Zusatz ist schwer zu entziffern: Die Lesung ὑπ(ο)τέκ(του) für ὑποδέκτου ist sehr unsicher. Wessely liest stattdessen ντ(οταρίου) γραμ, was auf dem Papyrus überhaupt nicht nachzuvollziehen ist. Die Beifügung ἐξ ἐνταγίου ließe die Nennung des Ausstellers des ἐντάγιον erwarten und erscheint an dieser Stelle, im Anschluß an die Amtsbezeichnung, völlig unvermutet.

470. WEIZENQUITTUNG

P.Paris M.N. E 7111 — 6 × 7,5 cm — 6. Jh.
Arsinoites / Herakleopolites

Ed. ant.: Wessely, *Pariser Papyri*, 212, Nr. LXV 14.
Ed. pr.: SPP III 470 (6. Jh., Fayum).
Keine Revision (Papyrus unauffindbar).

Der von Wessely unter dieser Nummer publizierte Papyrus ist weder auf dem in Wien befindlichen Mikrofilm von Pariser Papyri abgelichtet, noch war das Original im Louvre aufzufinden. Es kann daher hier nur die Transkription aus SPP III unverändert wiedergegeben werden. Wessely vermerkt in seiner formalen Beschreibung des Blattes horizontale Faltungen in Abständen von jeweils 1,5 cm, Schrift quer zur Faserrichtung (SPP III 470) und die Durchstreichung der Quittung (*Pariser Papyri*, 212).

↓ Φαῶφ(ι) ι σίτ(ου) τετάρ[της ἰν(δικτίωνος)]
Φοιβάμμ(ων) α ̣[- - - ἀρτ(άβης)]
ἥμισυ δωδέκ(ατον), γί(νεται) (ἀρτάβης) ∠ ιβʹ. δ̣(ι') [ἐμοῦ - - -]

„Am 10. Phaophi, an Weizen für das vierte Indiktionsjahr, von Phoibammon ... eine halbe und ein zwölftel Artaben, das macht 1/2 1/12 Artaben. Durch mich ...“

1. Φαῶφ(ι) ι = 7. (8.) Oktober. Nach der Transkription Wesselys fehlt ein vorangestelltes Kreuz.

2. Φοιβάμμ(ων) α ̣[: In Wessely, *Pariser Papyri* lautet die Transkription φοιβαμμ*ϛ* α κ[ανονος αρ^{τ}]. Das an dieser Stelle unpassende κανόνος wurde von Wessely bereits in den SPP verworfen. Er transkribiert dort φοιβαμμ*ϛ* α und ein dem χ ähnliches Zeichen, das von α abgesondert vor der Klammer steht. Zu erwarten ist nach der Nennung des Steuerzahlers Φοιβάμμων sein Vatersname (eventuell auch sein Beruf oder Amt), beginnend offenbar mit α- und vermutlich die Lücke vor ἀρτ(άβης) füllend.

471. WEIZENQUITTUNG AUS DEM GEORGIOS-DOSSIER

P.Paris M.N. E 7415 W 900 — 4,7 × 8,6 cm — 7.–8. Jh. (arab. Zeit)
Arabon (Arsinoites) — Tafel X

Ed. ant.: Wessely, *Pariser Papyri*, 256, App. 900.
Ed. pr.: SPP III 471 (6. Jh., Fayum).
Revision am Original.

Dunkelbrauner Papyrus. Das Blatt ist vollständig erhalten, die Ränder sind gerade geschnitten. Leichte Beschädigungen an den Längsfasern. Beschrieben mit schwarzer Tinte. Die Schrift verläuft quer zu Faserrichtung. Nach der Beschriftung wurde die Quittung mit dicken gekreuzten Strichen als entwertet gekennzeichnet.

↓ † Ἐ[π]ε̣ὶφ̣ ιβ σίτου ἕκτης ἰνδ(ικτίωνος)
Ἀράβω̣ν̣ Φάνις Ποῦσι καγκέλλῳ
ἀρτ(άβας) τρε̣ῖς, ῥ(υ)π̣(αρὰς) (ἀρτάβας) γ μό(νας). † Γεώργιος †.
(2. H.) † Γερόντιος † *Paraphe*.

1. αθυρ ιβ *ed. pr.* 2. ?Καλι]φανις *ed. pr.* καγκέλλ(ῳ) *ed. pr.* 3. ἀρ^{τ}(άβας) τριακτ̄(-οντα) ⏇ λ μ(όνας) *ed. pr.* γεωρ†γιος *pap.* 4. γερον†τιος *pap.* † *Paraphe* *om. ed. pr.*

„† Am 12. Epeiph, an Weizen für das sechste Indiktionsjahr, für Arabon, Phanis, Sohn des Pusi, im Kankellon-Maß drei Artaben, 3 Brutto-Artaben, sonst nichts. † Georgios †.
(2. H.) † Gerontios † *Paraphe*."

Der Inhalt der Quittung wurde durch die Neulesung völlig verändert: Datum, Dorfname und Anzahl der geleisteten Artaben konnten berichtigt werden. Den Unterschriften des Georgios und Gerontios nach ist die Quittung dem Dossier des Georgios (s. dazu oben **C. 3.**) zuzuordnen, wenngleich die große und breitgezogene Schrift sich gegenüber allen anderen Texten des Dossiers abhebt. Am ehesten vergleichbar sind die Quittungen **463**, wo nach Kalomenas derselbe Gerontios mit dieser komplexen und horizontal durchstrichenen Paraphe unterzeichnet, und **543**, wo allerdings auf die Unterschrift des Gerontios keine Paraphe folgt.

1. Ἐ[π]ει̣φ ιβ = 6. Juli.

2. Ἀρά̣[βω]ν: Das Dorf Arabon ist von ptolemäischer bis arabischer Zeit vielfach bezeugt; vgl. die Belege bei Calderini, Daris, *Dizionario I/2*, 184–186 (*s. vv.* Ἀράβων κώμη und Ἀράβων χωρίον) mit *Suppl. I*, 53, *II*, 25 und *III*, 19 sowie Wessely, *Topographie*, 39–40, B. P. Grenfell, A. S. Hunt, P.Tebt. II S. 368 und Timm, *Christlich-koptisches Ägypten I*, 143–144. Zur Lokalisierung des Ortes im Zentrum der ehemaligen Herakleidu Meris vgl. Mueller, *Mastering Matrices and Clusters*, 237 (Karte) und 247.

Φάνις: In den Papyri kommt der Name sonst nur mit η geschrieben vor, als Φάνης, Φανῆσις, Φανήσιος und ähnliches. Nach Preisigke, *NB*, *s. v.* besteht ein Zusammenhang mit den Namensformen Πανῆσις etc.; Heuser, *Personennamen der Kopten*, 96 versteht dagegen Φανῆς und dergleichen als Koseform von Ἐπιφάνης.

3. ῥ(υ)π̣(αράς): Abweichend vom üblichen Formular des Dossiers ist hier der Zusatz ῥυπαρός vermerkt. Zu den ursprünglich „unreinen Artaben", in diesem Kontext wohl Artaben einschließlich von Zuschlägen s. oben **B. 8.**, wobei hier noch die Angabe μόνον folgt (dazu s. **B. 9.**).

472. DATUMSZEILE EINER WEIZENQUITTUNG

P.Paris M.N. E 7331 W 725	7,3 × 8 cm	6.–7. Jh.
Arsinoites / Herakleopolites		Tafel XI

Ed. ant.: Wessely, *Pariser Papyri*, 212, Nr. LXV 15.
Ed. pr.: SPP III 472 (6. Jh., Fayum).
Revision am Original.

Hellbrauner Papyrus. Das Blatt ist in intaktem Zustand mit gerade geschnittenen Rändern erhalten. Nur eine Zeile wurde an den oberen Rand geschrieben. Darunter ist das Blatt leer. Schrift in schwarzer Tinte quer zur Faserrichtung. Verso leer

↓ 1 † Ἀθὺρ *vac.* σίτου τρισκαιδεκάτης ἰ(νδικτίωνος)

1. αθυρ σιτ˘ *ed. pr.* *l.* τρεῖς καὶ δεκάτης

„Am *vac.* Hathyr, an Weizen für das dreizehnte Indiktionsjahr."

Auf dem Blatt wurde die Datumszeile einer Quittung für die Weizensteuer im voraus ausgefüllt, wobei der Schreiber Platz für die nachträgliche Einfügung des Tagesdatums ließ. Später fand das Blatt nicht seine ihm zugedachte Verwendung, etwa weil der Hathyr zu Ende ging und nicht alle derartigen Blankoformulare verbraucht waren. Der Text belegt den Usus, die erste Zeile der Steuerquittungen in einem eigenen Arbeitsgang zu schreiben und erklärt damit auch den oft zwischen der ersten Zeile und dem übrigen Text zu sehenden „Handwechsel". Dieser läßt nicht zwingend auf zwei verschiedene Schreiber rückschließen, sondern kann auch durch die zwischen der Niederschrift der Datumszeile und dem Ausfüllen des restlichen Quittungstextes vergangene Zeitspanne bedingt sein.

473. WEIZENQUITTUNG FÜR EINE ZAHLUNG VOM KONTO DER OSPRIGITAI

P.Vindob. G 11368 + 11411a 7,1 × 9,5 cm 7. Jh.
Hermopolites Tafel XI

Ed. pr.: G 11368: SPP III 473 (6. Jh.); G 11411a: SPP III 530 rechtes Fragment (5. Jh.; Fayum).
Korr.: Diethart, *Pros. Ars.*, Nr. 4937 mit Anm. 575 (BL VIII 440) — J. M. Diethart, *Korr. Tyche 23*, Tyche 4 (1989) 236 (BL IX 335 ad SPP III 530).
Lit.: I. F. Fikhman, *Oxirinkh – gorod papirusov*, Moskwa 1976, 129, Anm. 214 (BL VII 256).
Revision am Original.

Hellbrauner Papyrus von feiner Struktur. Vertikale Faltungen im Abstand von 1,5, 3,3, 5,2, 7,1 und 8,8 cm vom linken Rand. Leichte Beschädigungen entlang der durchgebrochenen vierten Faltung. Die Quittung wurde auf dem Verso des Blattes geschrieben. Auf dem Rekto sind Reste einer ursprünglich über den Rand hinaus reichenden Beschriftung in großformatiger Kanzleischrift („cancelleresca") erhalten. Zu lesen ist am linken unteren Rand (zur Quittung um 180° gedreht)]ωις, darüber um 90° gedreht ein κ und an der rechten oberen Ecke ein singulärer Buchstabe, eventuell π. Die Quittung am Verso wurde geschrieben mit schwarzer Tinte. Schrift parallel zur Faserrichtung. Freiraum oben und links 1 cm, unten ca. 2 cm. Am linken Rand sind noch Spuren einer vom Text der Quittung unabhängigen Beschriftung zu erkennen.

In der *ed. pr.* publizierte Wessely unter der Nummer 473 ein am rechten Rand abgebrochenes Fragment. Den entlang einer Faltung abgebrochenen ca. 2,5 cm breiten Streifen (jetzt G 11411a) edierte er mit einem nicht zugehörigen Fragment als SPP III 530. Durch die Zusammenfügung der Fragmente konnte das vollständige Blatt gewonnen werden.

→ 1 † Ἀθὺρ ε σίτου ἑβδόμης ἰν(δικτίωνος)
2 Σερηνίων Ταυρίνου δ(ιὰ) Στεφάνου
3 ἀπὸ λό(γου) τοῦ ὀσπριγί(του) ὀν(όματος) τοῦ Νειλοφέρ(οντος)
4 καγκ(έλλῳ) ἀρ(τάβας) εἴκοσι, ῥ(υ)π(αρὰς) (ἀρτάβας) κ. † Ṭιμόθεος †.

1. ἑβδόμη[ς ἰνδ() *ed. pr. 473*]ῃς ἰν͵() *ed. pr. 530* ϊν͵ *pap.* 2. δ/(ιά)[*ed. pr. 473*]Στεφάνο^υ *ed. pr. 540* 3. ⳨ [*ed. pr. 473*]Νειλοφερ/ *ed. pr. 530* 4. ρ̂ ⸗ κ † *ed. pr. 473* δι' ἐ]μο' Θεοδοσί(ου) *ed. pr. 530* τιμ†οθεος *pap.*

„† Am 5. Hathyr, an Weizen für das siebente Indiktionsjahr, Serenion, Sohn des Taurinos, durch Stephanos, vom Konto des Osprigites, vom *onoma* des Neilopheron, im Kankellon-Maß zwanzig Artaben, 20 Brutto-Artaben. † Timotheos †."

Die Angaben zu den Zahlungsmodalitäten sind in der vorliegenden Quittung besonders komplex: Als Zahlender wird Serenion genannt, der durch einen Stephanos vertreten wird. Abgerechnet wird die Zahlung vom Konto eines Osprigites. Als Steuereinheit ist ein *onoma* des Neilopheron genannt. Zum *onoma* als Terminus der Steuerveranlagung s. J. Gascou, P.Sorb. II 69, S. 20–28 und 30–32, der auch nachweist, daß *onomata* mit den Namen von Jahrhunderten früher lebenden Personen geführt wurden. Ein *onoma* des Neilopheron ist in dem Register P.Sorb. II 69 (Hermupolis, 618/619 oder 633/634) nicht verzeichnet.

Wessely vermerkt in der *ed. pr.* keine Herkunft des Textes. Diethart, *Pros. Ars.*, Anm. 575, schlägt angesichts des Personennamens Taurinos vorsichtig eine hermopolitanische Herkunft vor. Der im handschriftlichen Inventar vermerkte Ankauf des Papyrus im Jahr 1887, dem Erwerbsjahr der el-Aschmunein-Papyri (s. Loebenstein, P. Rainer Cent. S. 6), kann diese Vermutung stützen. Der Vergleich mit dem hermopolitanischen Register P.Sorb. II 69 (bes. die Wendungen ὀνόματος τοῦ δεῖνος sowie ἀπὸ λόγου τοῦ δεῖνος) spricht ebenfalls für eine hermopolitanische Herkunft des Papyrus.

1. Ἀθὺρ ε = 1. (2.) November.

3. ἀπὸ λό(γου) τοῦ ὀσπριγί(του): Daß die ausschließlich in papyrologischen Quellen bezeugten Osprigitai keine „Hülsenfuchthändler" (so Preisigke, *WB II*, 205 *s.v.*; vgl. auch LSJ^9 Rev. Suppl., 232 *s.v.*: „pulse-merchant") sind, zeigt bereits Fikhman, *Oxirinkh – gorod papirusov*, 129, Anm. 214, der die damals bekannten sieben Belege analysiert und zu dem Ergebnis kommt, die Tätigkeit der ὀσπριγῖται fernab vom Handel im Rahmen der Fiskal-Administration anzusiedeln. Fikhman weist auch darauf hin, daß in keinem der Belege für ὀσπριγῖται von ὄσπρια die Rede ist. Nun werden als ὄσπρια in späterer Zeit nicht nur Hülsenfrüchte (vgl. Schnebel, *Landwirtschaft*, 185) bezeichnet, sondern auch alle Arten von Getreide (vgl. P.Turner 34, 16 [216] mit Komm. und N. Lewis, *Two Petitions for Recovery*, JJP 2 [1948] 61, Komm. zu Z. 2). Die bislang elf weiteren Zeugnisse für ὀσπριγῖται in

Ägypten (vgl. die Aufstellung bei M. G. Sirvianou, P.Oxy. LVI 3873, Komm. zu Z. 8 sowie zusätzlich SB XIV 12048, 2 [5./6. Jh.], P.Köln VII 317, 14 [6. Jh.] und nun auch SPP III[2] 66, 2 [Anf. 7. Jh.] — SPP III 467 ist mit der Neulesung in Z. 3 kein Beleg mehr) zeigen deutlich, daß ihre Funktion im Rahmen der Erhebung und des Transportes von Steuergetreide gelegen ist (daher auch die immer wieder versuchte, etymologisch jedoch schwierige Erklärung des Wortes als ὀσπρηγ- + -ίτης, vgl. P.Oxy. LV 3805, Komm. zu Z. 100 und P.Oxy. LVI 3873, Komm. zu Z. 8), so werden in der Mehrzahl der Texte die ὀσπριγίται im Zusammenhang mit der Embole oder des ναῦλον πλοίου erwähnt, beispielsweise bestätigen in SPP III[2] 66 zwei *osprigitai*, 60 Artaben Weizen erhalten und verladen zu haben. Zur Einordnung der *osprigitai* in den Vorgang der Steuererhebung vgl. Johnson, West, *Byzantine Egypt*, 327 und P.Oxy. LVI 3873, Komm. zu Z. 8. Die vorliegende Quittung zeigt, daß die Osprigitai ein eigenes Getreidekonto hatten, von dem aus Zahlungen vorgenommen werden konnten. In den Parallelen in P.Sorb. II 69 sind in diesem Zusammenhang ausschließlich Konten von Apaitetai und Boethoi genannt (s. auch J. Gascou, *loc. cit.*, S. 34).

Νειλοφέρ(οντος): Der Name Neilopheron ist sehr selten. Aufgrund von Νειλοφερο̣[(Vatersname eines Stephanos) in PSI III 192, 1 (Oxyrhynchos, 566) und Νειλοφερ( ) in SPP III 473 verzeichnet Preisigke, *NB*, 227 den Namen Νειλόφερος. Dagegen schlägt Diethart, *Korr. Tyche 23*, Tyche 4 (1989) 236 die von der Wortbildung her plausiblere Auflösung Νειλοφέρων, -οντος vor (und korrigiert in P.Mert. I 42, 5 [5. Jh.] τῷ Νείλῳ φέροντι in τῷ Νειλωφέροντι). Tatsächlich ist neben den genannten drei Belegen in P.Berl. Bork. Kol. 13, 14 (Panopolis, Anfang 4. Jh.) auch der ausgeschriebene Genitiv Νειλοφέροντος bezeugt, der Name Νειλοφέρων damit gesichert.

4. ρ̣(υ)π(αρὰς) (ἀρτάβας): s. oben **B. 8.**

Τιμόθεος: Die Unterschrift ähnelt nicht im Entferntesten der Signatur des Mesites Timotheos (s. zu diesen Texten oben **C. 10.**). Auch aufgrund der Herkunft der vorliegenden Quittung aus dem Hermopolites dürfte ein Konnex zu jenem Dossier auszuschließen sein.

474. WEIZENQUITTUNG AUS DEM GEORGIOS-DOSSIER

P.Vindob. G 11369	7,6 × 9 cm	7.–8. Jh. (arab. Zeit)
Oxyrhyncha (Arsinoites)		Tafel XII

Ed. pr.: SPP III 474 (7.–8. Jh., Fayum).
Revision am Original.

Hellbrauner Papyrus von feiner Struktur. Das Blatt ist in intaktem Zustand erhalten. Spuren einer horizontalen Faltung 4,3 cm unterhalb des oberen Randes. Beschrieben mit brauner Tinte. Schrift quer zur Faserrichtung. Abstand der Schrift zum Rand oben 1 cm, links 1,4 cm, unten 2,2 cm. Das Blatt wurde nachträglich mit schwarzer Tinte netzartig durchstrichen. Überall auf dem Blatt sind Spuren einer abgewaschenen Erstbeschriftung erkennbar. Tintenspuren am Verso.

↓ 1 † Ἀθὺρ ε σίτου δευτέρας ἰνδ(ικτίωνος)
2 Ὀξύρυγχ(α) Πέτρος Μαλικ ἀπὸ Κερκεσ(ού)χ(ων)
3 δ(ιὰ) ἀπ(ο)δ(είξεως?) Μοζεειλ ἀμιρᾶ τοῦ σίτου Βα̣β̣υ̣λῶ(νος)
4 κ̣α̣γ̣κ(έλλῳ) ἀρτ(άβας) εἴκοσι, γ̣ί(νεται) σί(του) ἀρτ(άβαι) κ μό(ναι). †
δ(ι') ἐμοῦ Γεωργ(ίου).
5 † *Paraphe* ἀρτ(άβαι) κ μό(ναι).

2. Ὀξυρυγχ° *ed. pr.* 3. δ/(ιὰ) Ἀπ^α Μοζεειλ ἀμιρ̄ *ed. pr.* 4. μό(νας) *ed. pr.* Γεωρ^γ *ed. pr.* γεω†ργ *pap.*
5. *imit. script.* *ed. pr.*

„† Am 5. Hathyr, an Weizen für das zweite Indiktionsjahr, für Oxyrhyncha, von Petros, Sohn des Malik, aus Kerkesucha, mittels Bescheinigung (?) des Amira Mozeeil über den Weizen von Babylon, im Kankellon-Maß zwanzig Artaben, das macht an Weizen Artaben 20, sonst nichts. † Durch mich Georgios.
† *Paraphe* Artaben 20, sonst nichts."

Die von Georgios alleine ausgefertigte Weizenquittung (s. die Einleitung zum Dossier oben **C. 3.**) ist in mehrfacher Hinsicht bemerkenswert: Einmal fällt der Steuerzahler durch seinen christlichen Namen mit arabischem Vatersamen auf (s. Komm.). Dann wird hier die Zahlung mittels einer ἀπόδειξις des Amira durchgeführt. Vermutlich handelt es sich um eine Girozahlung, die vom Weizen der Speicher von Babylon (zu diesen s. Komm.) abgerechnet wurde.

Der Transkription des Textes durch Wessely folgend, wird bei A. J. Butler, *Babylon of Egypt*, Oxford 1914, 29 und H. Bell, *An Official Circular Letter of the Arab Period*, JEA 31 (1945) 75–84, bes. 80 auf einen Amir der Getreidespeicher von Babylon verwiesen. Eine solche Interpretation ist jedoch äußerst zweifelhaft. Zwar konnte der Titel eines Amir für verschiedene Funktionäre gebraucht werden, jedoch immer solche von sehr hohem Rang. Oft wird in den Papyri der Pagarch als Amir bezeichnet; vgl. Morelli, *Olio*, 82, Anm. 3 und Bell, *op. cit.*, 80–82. Zum Amir s. allgemein A. A. Duri, *s.v. Amir*, The Encyclopaedia of Islam I, Leiden 1960, 438–439. Die Verwaltung selbst der Gesamtheit der ὅρρια von Babylon wäre ein auffallend beschränkter Kompetenzbereich für einen Amir. Viel eher ist der hier genannte Weizen auf die vorher genannte ἀπόδειξις zu beziehen, in der über den in den Getreidespeicher von Babylon gelagerten Weizen abgehandelt wird.

1. Ἀθὺρ ε = 1. (2.) November.

2. Ὀξύρυγχ(α): Entsprechend der Herkunft der Quittung ist hier mit Sicherheit das arsinoitische Dorf Oxyrhyncha gemeint. Zu den zahlreichen Belegen von ptolemäischer bis in arabische Zeit und der Lage des Dorfes in der ehemaligen Polemonos Meris vgl. Calderini, Daris, *Dizionario III*, 392–393 mit *Suppl. I*, 215, *II*, 142 und *III*, 86, Wessely, *Topographie*, 113–114, P.Tebt. II S. 392, Timm, *Christlich-koptisches Ägypten IV*, 1803 und CPR XVIII S. 101. Zur Entstehung des Dorfes als Tochterdorf der Metropole Oxyrhynchos s. R. Pintaudi, *Oxyrhyncha e Oxyrhynchites*, Tyche 5 (1990) 101–104 (= SB

XX 14699), bes. 103, Komm. zu Z. 3; zu den dem Herakleopolites zuzuweisenden Belegen vgl. H. Harrauer, *Ein drittes Oxyrhynchos*, AnPap 3 (1991) 27–32, zu diesem Text S. 29.

Πέτρος Μαλικ: Eine derartige Kombination von christlichem Namen und arabischem Vatersnamen ist äußerst ungewöhnlich. Eine Konversion ist in dieser Zeit nur vom christlichen zum islamischen Glauben denkbar und nicht umgekehrt. Anscheinend ist hier der Vater des Petros bereits Moslem geworden und hat entsprechend seinen Namen geändert, sein Sohn ist aber noch Christ. Vgl. auch SPP XX 281, 22 (8. Jh.), wo ein gewisser Σίμων, Sohn des Σεηδ, genannt ist.

ἀπὸ Κερκεσ(ού)χ(ων): Das reichlich über die gesamte Zeitspanne griechischer Papyri bezeugte Dorf Kerkesucha war weit nördlicher als das genannte Oxyrhyncha in der Nähe von Karanis gelegen; vgl. Calderini, Daris, *Dizionario III*, 106–107 mit *Suppl. I*, 171, *II*, 93 und *III*, 60, Wessely, *Topographie*, 89–92, P.Tebt. II S. 384, Timm, *Christlich-koptisches Ägypten III*, 1240 sowie Mueller, *Mastering Matrices and Clusters*, 237 (Karte). Auf die wirtschaftliche Bedeutung des Dorfes in römischer Zeit konzentriert sich J. Schwarz, *De quelques villages du nome Arsinoïte à l'époque romaine*, CRIPEL 10 (1988) 141–148. Gemeint sein könnte allerdings auch eines der beiden Κερκεσοῦχα Ὄρους, die bisweilen bloß als Κερκεσοῦχα bezeichnet wurden, eines davon im ehemaligen Herakleides-Bezirk nahe Ptolemais Hormu, das andere im Polemon-Bezirk bei Tebtynis; vgl. Calderini, Daris, *Dizionario III*, 108–109 mit *Suppl. I*, 171, *II*, 93 und *III*, 60, Wessely, *Topographie*, 92–93, und Timm, *Christlich-koptisches Ägypten III*, 1241.

3. ἀπ(ο)δ(είξεως?): Von den möglichen Auflösungen für die Abkürzung $\alpha\pi^{\delta}$ ist diese im konkreten Zusammenhang die stimmigste. Zu denken wäre eventuell noch an eine Ausgabeanweisung, ἀποδόσιμον. Eine ἀπόδοσις, Lieferung oder Rückzahlung des Amira, kann hier wohl nicht gemeint sein. Als Parallele s. auch P.Lond. IV 1436, 11 und 20 (718–719), wo δ/ $\alpha\pi o^{\delta}$ zu lesen ist und im Kommentar auf die Möglichkeiten einer Auflösung zu ἀποδείξεως und ἀποδόσεως verwiesen wird, sowie für die Abkürzung αποδ() nunmehr CPR XXII 7 (751/752). Das Bedeutungsfeld von ἀπόδειξις ist breit, meist wird so eine Quittung bezeichnet (vgl. etwa den eben genannten Text CPR XXII 7). In vorliegendem Text dürfte eine Bescheinigung über Weizen aus den Speichern in Babylon gemeint sein, die die tatsächliche Naturalzahlung ersetzt. Diesfalls handelte es sich um eine Korngirozahlung.

τοῦ σίτου Βαβ̣υ̣λ̣ῶ(νος): Zu den zahlreichen Belegen für Babylon in den griechischen Papyri vgl. Calderini, Daris, *Dizionario II*, 17–19 mit *Suppl. I*, 75, *II*, 33 und *III*, 25. Die Stadt (arab. al-Fustât = Alt-Kairo) wird nach der arabischen Eroberung bald zu einem neuen Zentrum der Administration sowie der Steuererhebung, vgl. A. J. Butler, *Babylon of Egypt*, Oxford 1914 und C. H. Becker, *s.v. Babalyun*, The Encyclopaedia of Islam I, Leiden 1960, 844–845. Eine entsprechend große Rolle spielte Babylon in dieser Zeit für die Getreideversorgung; vgl. Butler, *op. cit.*, 29 und F. Morelli, *Legname, palazzi e moschee*, Tyche 13 (1998) 165–190, bes. 187–190, mit Belegliste für die ὅρρια Βαβυλῶνος und einer Anmerkung zur Unterscheidung der älteren ὅρρια von dem 710 für die Abgaben von Unterägypten errichteten Speicher von al-Fustât.

475. WEIZENQUITTUNG DES MARNITAS

P.Vindob. G 2198 — 7,8 × 11,6 cm — 7. Jh.
Distichia (Arsinoites) — Tafel XII

Descr. PERF Nr. 414
Ed. ant.: Wessely, *Pariser Papyri*, 215, Nr. 9049 = SB I 4887 (byz. Zeit).
Ed. pr.: SPP III 475 (6. Jh., Fayum).
Ed. post.: SPP XX 200 (6. Jh., Arsinoites).
Korr.: P. J. Sijpesteijn, *SPP III 479: Eine Neuedition*, ZPE 65 (1986) 161 (kein BL-Eintrag).
Revision am Original.

Mittelbrauner Papyrus aus feinem Material mit intaktem oberen und unteren Rand, links und rechts ist der Rand leicht beschädigt. Vier horizontale Faltungen ca. 1, 1,8, 2,8 und 6,1 cm unterhalb des oberen Randes. Beschrieben mit schwarzer Tinte, Schrift quer zur Faserrichtung. Links und unten etwa 2 cm unbeschriebener Rand. Das Verso ist leer.

↓
† Χοιὰκ η σίτου τρίτης ἰν(δικτίωνος)
Διστιχίας Ἁμ̣άθεος̣ Ἐ[λ-]
πιδ(ίου) ἡγούμ(ενος) σὺν εἰκ(οστῇ) ἀρ(τάβας) δ̣ύ̣ο,
(ἀρτάβας) β. † Μαρνιτᾶς †.

1. ϊν̸ *pap.* 2. Β[α]ρ[θολο]μεο[ς]ε *ed. pr.* Ἀμαθεο ̣ ̣ε[ ] *SPP XX* 3. πι δ/ ἡγουμ̸() *ed. pr.* πι δ/ ἡγουμ̸(ένου) *SPP XX* συν ει^κ/ *ed. pr.* σὺν εἰ^κ(οστῇ?) *SPP XX* δ̣ύ̣ο *om. ed. pr.* [δύ]ο *SPP XX* 4. † Μαρκ̣ιτ̣α̣σ̣μ *ed. pr.* μαρ̇†νιτας *pap.*

„† Am 8. Choiak, an Weizen für das dritte Indiktionsjahr, für Distichia, Hamatheos, Sohn des Elpidios, Abt, einschließlich des Zwanzigstels zwei Artaben, 2 Artaben. † Marnitas †."

Zu den von Marnitas unterzeichneten Weizenquittungen s. oben **C. 8.** Die Unterschrift des Marnitas ist nur hier und in **559** mühelos zu lesen (entsprechend bereits SPP XX 200; die *ed. pr.* hat noch Μαρκ̣ιτ̣α̣σ̣μ). Ein Handwechsel ist weder nach der Datumszeile noch vor der Signatur ersichtlich, aber nicht mit Sicherheit auszuschließen.

Der zahlende Hamatheos ist ausdrücklich als Vorsteher eines Klosters ausgewiesen. Von den Belegen, in denen ein ἡγούμενος als Steuerzahler auftritt vgl. etwa CPR IX 75, 12 (7. Jh.), wo der Abt Abba Menas zwei Artaben Weizen bezahlt. Die Quittung allein läßt nicht erkennen, ob der Abt hier für sich selbst oder für sein Kloster die Steuern beglich, s. dazu Wipszycka, *Ressources*, 37–38 und 119–120.

1. Χοιὰκ η = 4. (5.) Dezember.

2. Διστιχίας: Zum arsinoitischen Dorf Distichia s. oben **458**, Komm. zu Z. 2.

2–3. Ἀμ̣άθεος Ἐ[λ]|πιδ(ίου): Die Lesung von Name und Vatersname ist problematisch. Vor dem ersten α könnte noch ein völlig verlorener Buchstabe Platz haben, ein passender Name läßt sich diesfalls aber nicht finden. Der Name Ἀμάθεος ist sonst nur noch einmal als Vatersname eines Menas in SPP VIII 1223 (5.–6. Jh.) bezeugt. Da von -ς nur schwache Spuren zu sehen sind, wäre auch der Genitiv Ἀμ̣αθέου möglich. Der Name selbst ist vermutlich nicht vom wenig schmeichelnden griechischen ἀμαθής herzuleiten, sondern eine Variante des ägyptischen Namens *hmtj3*, griechisch Ἀμάτιος; vgl. Lüddeckens, Thissen, *Demotisches Namenbuch I.2*, 742–743. Der Vatersname Ἐ[λ]πιδ(ίου) ist ebensowenig eindeutig. Vor ε könnte noch ein Buchstabe Platz finden, für λ ist relativ wenig Platz. Die Annahme eines sich über zwei Zeilen erstreckenden und bei δ abgekürzten Vatersnamen trifft in der Sache sicher besser als das von Wessely angenommene πι(ττάκιον?) durch einen ἡγούμενος.

476. QUITTUNG FÜR EINE WEIZENZAHLUNG DURCH EIN PITTAKION DER GROSSEN SPEICHER

P.Vindob. G 11371 — 7,6 × 17,8 cm — 7. Jh.
Ptolemais Hormu (Arsinoites) — Tafel XIII

Ed. pr.: SPP III 476 (6. Jh., Fayum).
Korr.: P. J. Sijpesteijn, *SPP III 479: Eine Neuedition*, ZPE 65 (1986) 161 (BL VIII 440).
Revision am Original.

Hellbrauner Papyrus mit geschnittenen Rändern. Das Blatt ist in seinen äußeren Ausmaßen vollständig erhalten. Eine größere Lücke in der oberen Mitte. Horizontale Faltungen von oben in Abständen von 1,5, 2,2 und 2,2 cm, sowie eine vertikale Faltung 8,5 cm vom rechten Rand entfernt. Beschrieben mit schwarzer Tinte und breitem Kalamos. Freiräume oben und unten 1 cm, links 1,5 cm. Schrift quer zur Faserrichtung. Verso leer.

↓ 1 † Ἀθὺρ κγ σίτου ἑν̣δ̣εκ̣[άτ]ης̣ ἰν(δικτίωνος) Πτολομαείδος Ὅρ̣[μ]ου
2 δ(ιὰ) τοῦ κυρ(ίου) Φῖβ παρ[α]λ̣(ήμπτου) [σὺν] εἰκ(οστῇ̣) ἀρ(τάβας)
εἴκοσι τρίτον
3 εἰκ(οστοτέταρτον), (ἀρτάβας) κ γʹ κ(δ)ʹ, συνεγδ̣(εδομένου?) πι(ττακίου)
τῶν μεγάλον ὁρρ(ίων)
4 τῶν ἔβαλες εἰς τὰ μεγάλα ὅρρια, τῆς αὐτῆς ἰν(δικτίωνος).
5 † δ(ιὰ) Ποῦσι *Paraphe*.

1. δω[δεκάτης] *ed. pr.* *l.* Πτολεμαΐδος 2. παρ[*4 litt.* συν]ει̣κ/ *ed. pr.* 3. *l.* συνεκδεδομένου συνεγ^{α}//// πι̣/( ) *ed. pr* *l.* μεγάλων. μεγάλ[ω]ν *ed. pr.* 5. Πουσι[...]δ[*ed. pr.*

„† Am 23. Hathyr, an Weizen für das elfte Indiktionsjahr, für Ptolemais Hormu, durch den Herrn Phib, Paralemptes, einschließlich des Zwanzigstels zwanzig, ein drittel und ein vierundzwanzigstel Artaben, 20 $^1/_3$ $^1/_{24}$ Artaben, durch gleichzeitige Aushändigung (?) eines

Schreibens der großen Getreidespeicher über die, die Du in die großen Speicher eingezahlt hast für dasselbe Indiktionsjahr.

† Durch Pusi *Paraphe*."

Die wie alle anderen Steuerquittungen beginnende Bestätigung über den Erhalt von 20 $^1/_3$ $^1/_{24}$ Artaben wird im zweiten Teil ungewöhnlich informativ: Die durch einen Paralemptes namens Phib ausgeführte Transaktion erfolgt mittels eines Schreibens der μεγάλα ὅρρια. Dies legt die Vermutung nahe, daß die hier bestätigte Zahlung eine Giro-Zahlung war, bei der nicht der Weizen selbst, sondern an seiner Stelle ein Schreiben als Wertpapier übergeben wurde. Darauf deutet auch das dem Pittakion beigefügte Partizip συνεγδ(εδομένου) hin (soweit die Auflösung richtig ist, vgl. Komm. zu Z. 3). Diese Annahme setzt freilich eine von jenem Dokument unabhängige Zahlungsanweisung an die Getreidespeicher voraus. Der in Z. 4 skizzierte Inhalt des Pittakion der μεγάλα ὅρρια, daß nämlich der Zahler bereits Weizen in die großen Speicher eingeliefert hat, läßt an einen einfacheren Hergang der Zahlung denken: Hat Phib das Steuergetreide direkt beim Speicher abgeliefert und dafür eine Bestätigung erhalten, so übergibt er dem Steuereintreiber danach bloß noch dieses Pittakion und erhält von diesem eine Quittung für seine bereits zuvor erbrachte Steuerleistung.

1. Ἀθὺρ κγ = 19. (20.) November.

σίτου ἐ̣ν̣δε[κάτη]ς Zwischen ο^υ und ε gibt es noch Reste eines vom Schreiber eventuell aufgrund eines Fehlers radierten Buchstabens, der nach der Buchstabenform jedoch eher dem nachfolgenden ε als einem δ ähnelt (vgl. *ed. pr.*: δω[δεκάτης]).

Πτολομαείδος Ὅρ̣[μ]ου: Ptolemais Hormu, das heutige Ellahun, entwickelte sich aufgrund seiner Lage am Bahr Yusuf zu einem bedeutenden Hafen und Handelsort; vgl. D. Bonneau, *Ptolémaïs hormou dans la documentation papyrologique*, CE 54 (1979) 310–326 und CPR X 1–16 Einl. S. 27–28.

2. παρ[α]λ̣(ήμπτου): Auf den Namen Phib sollte sein Vatersname oder eine Berufs- bzw. Amtsbezeichnung folgen. Nach der Anrede als κύριος ist die Individualisierung durch Name und Vatersname eher unüblich, in Frage kommen auch nur Namen, wie etwa Παρᾶς oder Παρεῦ, die jedenfalls nicht die Tintenspuren unterhalb der Lücke erklären könnten. Vermutet man hinter dem Namen eine Funktionsbezeichnung, was in Kombination mit κύριος weit häufiger anzutreffen ist, so kommt als einziges oft und auch in abgekürzter Schreibung bezeugter Titel der des παραλήμπτης in Betracht. Die Tintenspuren unterhalb der Zeile könnten dann als linke Unterlänge des λ einerseits sowie als Ausläufer des Kürzungsstriches andererseits gedeutet werden. Den Titel παραλήμπτης, früher der Empfänger des *annona*-Getreides (vgl. F. Mitthof, CPR XXIII 9 Einleitung), führten später auch Bedienstete von Domänen, deren Aufgabengebiet so variabel erscheint, daß man aus der Bezeichnung selbst auf nicht mehr als auf die Betrauung mit Verwaltertätigkeiten schließen kann. Die überwiegende Zahl der Belege aus spätbyzantinischer Zeit zeigt παραλῆμπται in der Verwaltung des Getreideertrages einer Domäne; vgl. etwa die Zahlungsaufträge an den παραλήμπτης Kyros in SPP VIII 1066–1068, P.Vind.Worp 19

und P.Rain.Cent. 134 und 135 (5.–7. Jh.), nach denen Kyros an verschiedene Personen (mehrheitlich Bäcker) beachtliche Mengen an Weizen auszuzahlen hatte.

[σὺν] εἰκ(οστῇ): Die richtige Auflösung der Abkürzung wurde bereits von Sijpesteijn, *loc. cit.* vermerkt.

3. συνεγδ̣(εδομένου?) πι(ττακίου): Obwohl in dem Bereich kaum Tinte verloren ist, bleibt die Lesung der Stelle problematisch (vgl. *ed. pr.*: συνεγ^α //// πι̣/( )). Von dem zwischen συν und πι/ stehenden Wort oder Wortteil sieht man ε, dann τ oder γ und einen kleiner Buchstabe, eventuell α oder δ. Für die inhaltlich passende Auflösung συνεγδ̣(εδομένου) (eventuell auch σὺν ἐγδ̣(δεδομένῳ) πι(ττακίῳ)) lassen sich leider keine kontextnahen Parallelen angeben. Auch die starke Kürzung des Partizips läßt Zweifel aufkommen. In Betracht zu ziehen ist auch die Lesung σὺν ἑτ(έρῳ) πι(ττακίῳ), wobei der vermeintlich dritte Buchstabe einfach als Kürzungszeichen interpretiert werden könnte. Allerdings bliebe die Bezeichnung „anderes" Schreiben ohne vorherige Nennung eines πιττάκιον rätselhaft.

τῶν μεγάλον ὁρρ(ίων): Große Getreidespeicher sind nur in einer Handvoll Papyri erwähnt. Die Belege stammen, soweit lokalisierbar, alle aus dem Arsinoites und sind in spätbyzantinische und arabische Zeit datiert. Teils handelt es sich um Zahlungsaufträge von oder an deren Mesitai; vgl. P.Prag I 68 und 69 (arab. Zeit; zur Datierung s. oben **C. 10.**) und SPP XX 193 (5.–6. Jh.). In P.Ross.Georg. V 46 Nr. 1 (8. Jh.) und in SPP X 161 (6.–7. Jh.) werden sie zusammen mit ὅρρια μικρά genannt. In letzterem Beleg werden mehrere tausend Artaben an die μεγάλα ὅρρια geliefert, in SPP XX 246 (6.–7. Jh.) werden 2100 Artaben aus den großen Speichern für die Embole verschifft. Diesen wenigen Informationen nach zu urteilen handelt es sich bei den μεγάλα ὅρρια eher nicht um zentrale Kornspeicher (von Nea Polis oder Babylon), sondern vermutlich um — wie die ὅρρια πολιτικά und die ὅρρια μικρά — in der Gauhauptstadt Arsinoiton Polis gelegene Speicher.

4. τῶν ἔβαλες: τῶν ist hier als Relativpronomen anstelle von ὧν aufzufassen, das wiederum durch Attraktion an den vorangehenden Genitiv Plural angeglichen wurde und für ἅς steht. Das Bezugswort des Pronomens, die zuvor genannten Artaben, wird nicht mehr eigens angeführt. Zu lesen wäre etwa: τῶν (*sc.* τῶν ἀρταβῶν), ἃς ἔβαλες. Für eine Quittung dieser Art ist die plötzliche direkte Wendung an den Adressaten durch ein Verb in der zweiten Person Singular ungewöhnlich.

477. Weizenquittung des Kammon

P.Vindob. G 2159bis	7,6 × 8,6 cm	7.–8. Jh.
Arsinoites		Tafel XIII

Descr.: PERF Nr. 375.
Ed. ant.: Wessely, *Pariser Papyri*, 214 o. Nr. = SB I 4885 (byz. Zeit).
Ed. pr.: SPP III 477 (6. Jh., Fayum).
Ed. post.: SPP XX 161 (6. Jh., Arsinoites).

Lit.: Diethart, *Pros. Ars.*, Nr. 2845 mit Anm. 380 (BL VIII 470).
Revision am Original.

Der hellbraune Papyrus von kräftiger Struktur ist in intaktem Zustand erhalten. Das Blatt war fünfmal horizontal in Abständen von ca. 1,5 cm gefaltet. Die Rektoseite ist mit schwarzer Tinte quer zur Faserrichtung beschrieben. Der Abstand der Schrift zum Rand beträgt oben und links 0,7 cm, unten 1,3 cm. Verso leer.

↓
† Χ(οιὰ)κ κβ σίτου πέντης (καὶ) ἕκτης
(καὶ) ἑβδόμης (καὶ) ὀκτώης ἰνδ(ικτιώνων)
Ἄπα Κουθίου Οὐεναφρίου πωμ(αρί)τ(ου)
δ(ιὰ) Κọσ̣μᾶ Κροῦλ κ(αγ)κ(έ)λ(λῳ) ἀρτ(άβας) δύο,
(ἀρτάβας) β μ(όνας). † δ(ι') ἐμοῦ Κάμμων † *Paraphe.*

1. *l.* πέμπτης   ἕκτης ϛ *ed. pr.*   ἕκτης [ϛ] *SPP XX*   2. (καί) *om. ed. pr. et SPP XX*   *l.* ὀγδόης   ἰν(δικτιόνος) *SPP XX*   4. Κυροᵘ λικ^(μουμένου?) *ed. pr.*   Κύρου λιβ̣^λ(ελλαρίου) *SPP XX*   5. δι' ἐμοῦ *ed. pr.*   καμ†μων *pap.*   *l.* Κάμμωνος

„† Am 22. Choiak, an Weizen für das fünfte, sechste, siebente und achte Indiktionsjahr, von Apa Kuthios, Sohn des Wenaphrios, Obstgärtner, durch Kosmas, Sohn des Krul, im Kankellon-Maß zwei Artaben, 2 Artaben, sonst nichts. † Durch mich, Kammon † *Paraphe.*"

Zum Dossier der von Kammon unterzeichneten Quittungen für die Getreidesteuer s. oben **C. 6.** Von Interesse ist an der Quittung der genannte Zahlungszeitraum von vier Jahren, für den es bislang keinen Paralleltext gibt. Diese Besonderheit schien auch C. Wessely erwähnenswert, der den Text aus diesem Grund in seine Edition der Pariser Papyri aufnahm: „Nicht weniger als vier Indiktionen werden hier auf einmal quittiert!" (*Pariser Papyri*, 214). Eher wahrscheinlich als eine Zahlung der gesamten Steuerleistung von vier Jahren scheint, daß es sich hier um Rückstände aufgrund früherer, zu gering bemessener Zahlungen handelt. Allerdings würde man dafür den Ausweis der Zahlung als Begleichung von Restposten (etwa εἰς συμπλήρωσιν) erwarten.

1. Χ(οιὰ)κ κβ = 18. (19.) Dezember.

1–2. πέντης, ὀκτώης: Die Verschreibung πέντης für πέμπτης ist selten (Gignac, *Grammar I*, 171 verzeichnet nur πένπτῃ und πέμτης, vgl. aber als Parallelen die beiden Getreidequittungen O.Mich. I 171 und 172 [4.–5. Jh.]). Die Schreibung ὀκτώης statt ὀγδόης (vgl. Gignac, *Grammar II*, 201) ist wohl durch die Orthographie der Kardinalzahl ὀκτώ veranlaßt.

3. Ἄπα Κουθίου Οὐεναφρίου πωμ(αρί)τ(ου): Ein Οὐενάφριος πωμαρίτης aus Arsinoiton Polis ist in SPP VIII 719 (7. Jh.) belegt, freilich wird hier die Berufsbezeichnung auf den Sohn Apa Kuthios zu beziehen sein. Der Name Ἄπα Κούθιος ist selten bezeugt,

für eine Identifizierung dieser Person in einem anderen Text sind aber zu wenige Anhaltspunkte gegeben.

4. Κροῦλ: Wessely liest Κύρου λικ(μουμένου) bzw. λιβ(ε)λ(λαρίου), wobei von einem υ zwischen κ und ρ nichts zu erkennen ist und λ aufgrund der Neulesung κ(αγ)κ(έ)λ(λῳ) dem vorangehenden Wort zugehören muß. Der Name Κροῦλ in exakt dieser Form tritt hier erstmalig auf. Die Form Κρουλ( ), wohl Κροῦλ(ις) oder Κρούλ(ιος) aufzulösen, bezeugt bereits eine Steuerliste aus der 1. Hälfte des 7. Jh., P.Eirene I 26, Verso Z. 21 (Vater eines Johannes). Weit häufiger belegt sind die Namensformen Κροῦρ, Κροῦρις und Κρούριος, die sich von Κροῦλ bzw. Κροῦλ(ις) nur durch den gerade im Fayum oft vorkommenden Wechsel von ρ zu λ unterscheiden.

5. Κάμμων: Diethart, *Pros. Ars.*, Nr. 2845 mit Anm. 380 (verweist auf die Identität dieses Kammon mit dem Quittungsaussteller in **454** und **508**).

478. WEIZENQUITTUNG MIT SUMME IN SÄCKEN UND ARTABEN

P.Vindob. G 11373 — 6,5 × 8,1 cm — 7. Jh.
Ptolemais Hormu (Arsinoites) — Tafel XIV

Ed. pr.: SPP III 478 (6. Jh., Fayum).
Revision am Original.

Mittelbrauner Papyrus. Das Blatt ist in seinen ursprünglichen Ausmaßen erhalten, jedoch durch Wurmfraß stark beschädigt. Die von Wessely angegebenen fünf horizontalen Faltungen in den Abständen 0,6, 1,1, 1,5, 0,9 und 0,6 cm sind nicht mehr erkennbar. Beschrieben mit schwarzer Tinte. Unbeschriebener Rand unten 1,1 cm. Schrift quer zur Faserrichtung. Spuren einer abgewaschenen früheren Beschriftung. Das Verso ist leer.

↓ †̣ Τ̣ῦ̣βι̣ κθ σί[του] ὠ̣γ̣δ̣[όης ἰνδ(ικτίωνος)]
Π̣τ̣ολε̣μ̣α̣ῒ̣[ς Ὅ]ρ̣μ̣[ο]υ̣
δ̣(ιὰ) Ἰωά̣[ν]ν̣(ου) σ̣ά̣κ(κους) ̣ιγ πρ(ὸς) λα̣[̣]
ἀρ(τάβας) σεράκουντα [τ]ρ̣ίτο̣[ν],
(ἀρτάβας) μ γʹ καγκέλλ(ῳ̣). † δ̣(ι') ἐμοῦ
Θεόδωρος ὑποδέκ(του) *Paraphe*.

1. † τυβι κ[σίτου … ἰνδ(ικτιωνος) *ed. pr.* *l.* ὀγδόης 2. [Πτ]ολομ̣αε[ι]δ[ο]ς [Ὅρμου] *ed. pr.* 3. δ̣(ιά) *om. ed. pr.* Ἰω[άννης]γκ/ γρ/( ) [ἀρτ(άβας)] *ed. pr.* ρ̑ *pap.* 4. *l.* τεσσαράκοντα τ̣ε̣σ̣σ̣ε̣ράκοντα [τρί]τ(ον)[ ] *ed. pr.* 5. γʹʹ *pap.* καγκ[ε]λλ) † [ ] *ed. pr.* 6. *l.* Θεοδώρου ὑποδεκ/ *imit. script.*[ ] *ed. pr.*

„† Am 29. Tybi, an Weizen für das achte Indiktionsjahr, für Ptolemais Hormu, durch Ioannes, 13 Säcke zu je 31…, vierzig und ein drittel Artaben, 40 ⅓ Artaben im Kankellon-Maß. † Durch mich, Theodoros, Hypodektes *Paraphe*.“

Die Quittung des Hypodektes Theodoros gehört zu derjenigen Gruppe von Weizenquittungen, in denen die bezahlte Summe in Säcken und Artaben angegeben wird, s. dazu oben **B. 10.** Das Formular entspricht genau den Parallelen, auf die Nennung des Ortes und der die Zahlung durchführenden Person — hier ein nicht näher bezeichneter Ioannes — folgt erst die Anzahl an Säcken, dann die Angabe der Verhältniszahl mit πρός und schließlich die Gesamtsumme in Artaben. Trotz des schlechten Erhaltungszustandes läßt sich erkennen, daß die Zahlenrelationen der drei Angaben stimmen (s. im Detail **B. 10.**).

1. Τ̣ῦ̣β̣ι̣ κθ = 24. (25.) Jänner.
σί[του] ὠ̣γ̣δ̣[όης ἰνδ(ικτίωνος)]: Die Lesung der ersten Zeile konnte durch die Restaurierung des Textes wesentlich vorangebracht werden (in der *ed. pr.* endet die Zeile mit κ). Für die Ergänzung von 6 Buchstaben ist der Platz am Ende der Zeile kaum ausreichend, vermutlich war ὀγδόης gekürzt oder für die Indiktion stand nur γ^{δ}. Zur seltenen Verschreibung ὠγδόης für ὀγδόης vgl. Gignac, *Grammar II*, 200.

2. Π̣τ̣ολ̣ε̣μ̣α̣ῒ̣[ς Ὅ]ρ̣μ̣[ο]υ̣: Von der zweiten Zeile sind nur sehr schwache Spuren erhalten, deutlich lesbar ist nur ολ. Wesselys Lesung läßt sich mit den vorhandenen Tintenresten gut in Einklang bringen, bloß für den Genitiv auf -ίδος ist der Platz nicht ausreichend; der Ortsname dürfte im Nominativ angeführt sein. Zu Ptolemais Hormu s. oben **476**, Komm. zu Z. 1.

3. σ̣ά̣κ(κους) ι̣γ πρ(ὸς) λα̣[̣]: Von ι sind nur Spuren zu sehen, die Anzahl von 13 Säcken ergibt sich aber schon aus der Artabenzahl in Kombination mit der Verhältniszahl (s. dazu oben **B. 10.**). Das πρός wurde lediglich als ρ mit darüber gesetztem Bogen, der das π andeutet, geschrieben, vgl. etwa dieselbe Schreibung von πρ(ός) in CPR VII 20, 8 und 29 (4. Jh.). Am Ende der Zeile ist vermutlich noch eine Bruchzahl zu ergänzen; vgl. β′ in **531**, 3 und **551**, 2 sowie δ′ in P.Prag. I 83, 2.

4. σεράκουντα: Zur Übergangsform zwischen dem klassischen τεσσαράκοντα und dem neugriechischen σαράντα, bei der bereits die Anlautsilbe τε- ausgefallen, die Silbe -κο- aber noch erhalten ist, vgl. Gignac, *Grammar* II, 197. Die hier vorliegende Schreibung ist bisher nicht belegt, vgl. aber σαράκουντα in P.Oxy. XVI 1998, 7 (6. Jh.) und σεράκοντα in P.Wash.Univ. II 101, 3 (5./6. Jh.), SB XII 10808, 5 (7. Jh.) und SB XII 10990, Nr. 105, 3–4 (5./6. Jh.).

6. Θεόδωρος ὑποδέκ(του): Ein Hypodektes namens Theodoros ist vier weitere Male bezeugt. Von diesen Texten weist BGU II 365, 12 (603), ein Darlehensvertrag aus Arsinoiton Polis, keinerlei Anknüpfungspunkt mit unserem Theodoros auf. Die drei anderen Papyri, SPP VIII 974, 1 (6. Jh.), SPP III² 153, 1 (629 oder 644; jener Theodoros ist Hypodektes der Domäne des Pagarchen Flavius Menas) und P.Aberd. I 34, 2 (7. Jh.), haben alle Weizenzahlungen zum Inhalt. Daß es sich in einem dieser Belege um denselben Theodoros handelt, läßt sich jedoch nicht erweisen.

479a–c. DREI ZUSAMMENGEKLEBTE WEIZENQUITTUNGEN

Lit.: P. J. Sijpesteijn, *SPP III 479: Eine Neuedition*, ZPE 65 (1986) 160–162 — P.Prag. I 82.
Abb.: ZPE 65 (1986) Tafel VIII d–f — P.Prag. I Tavola LXXIII.

Als SPP III 479 veröffentlichte Wessely ein Blatt Papyrus, das aus mehreren zusammengeklebten Texten bestand: **479a** war um 180° gedreht und mit nahtlos erscheinenden Übergängen der Schrift an dem zum Zweck der Klebung links bis knapp an den Zeilenbeginn beschnittenen Blatt **479b** angeklebt. Wessely, der diese Manipulation erkannte, transkribierte beide Texte gesondert, trennte die Stücke jedoch nicht. Tatsächlich gab es noch eine zweite nachträglich ausgeführte Klebung, die erst später bei der konservatorischen Trennung der beiden Quittungen entdeckt wurde. Das Fragment **479c** mit dem ersten Teil der Datumszeile einer Weizenquittung desselben Schreibers war so auf die schadhafte Stelle des Stückes **479a** geklebt worden, daß das Fragment, ohne den Sinn zu stören, bloß die Datierung der Quittung veränderte. Die Nahtstelle zwischen ε und μ in πέμπτης paßte so genau, daß Wessely die Klebung nicht bemerkte und beide Stücke in der *ed. pr.* als einen Text wiedergab. Die drei voneinander getrennten Papyri wurden dann von P. J. Sijpesteijn in ZPE 65 (1986) 160–162 neu herausgegeben.

Sijpesteijn geht zu Recht davon aus, daß die Anbringung des Fragmentes **479c** nicht der Richtigstellung des Datums dienen sollte, da man kaum einen Fehler in so „umständlicher und aufwendiger Weise“ korrigiert hätte und eine nachträgliche Umdatierung nur schwer verständlich wäre[1]. Weiters schlägt er vor, es seien beide Klebungen „in der Antike“ ausgeführt worden, „um ein größeres Blatt zu gewinnen“ und daneben die „bereits schadhafte Stelle auszubessern“. Die auf dem Mikrofilm noch zu ersehende Gruppierung der Fragmente vor ihrer Trennung zeigt hingegen, daß die Klebungen keinesfalls in der Antike durchgeführt wurden. Die auf **479c** erkennbaren Reste einer Durchstreichung, die vor der Trennung nicht an die Striche von **479b** anschlossen, lassen eine Korrektur des Datums durch Anbringung eines Papyrusstreifens mit Sicherheit ausschließen. **479c** wurde durch Beschneidung einer vollständig ausgefertigten und bereits entwerteten Quittung hergestellt, die exakte Paßstelle im Text basiert nur auf dem Zufall der gleichförmigen Datumszeile in allen Quittungen. Die Zusammenfügung von **479a** und **b** erfolgte ohne Rücksicht auf die Schreibrichtung, ungeachtet dessen sind die Zeilenübergänge zwischen den Fragmenten durch Beschneidung von **479b** und penible Aneinanderfügung der Stücke täuschend echt. Dies läßt mit Sicherheit darauf schließen, daß die drei Texte in neuerer Zeit von einem Händler aneinandergeflickt wurden, um ein größeres und unbeschädigt erscheinendes Papyrusblatt zu erzeugen, für das ein höherer Preis zu erzielen war[2].

---

[1] Anläßlich der Edition eines Fragmentes aus einem christlich-literarischen Kodex, in dem ein Wort durch Aufkleben eines kleinen Papyrusstreifens getilgt und beinahe unmerklich ersetzt wurde, revidiert Sijpesteijn jedoch seine Meinung und vertritt, daß auch **479 c** zur Korrektur des Datums auf die Quittung **479 b** geklebt wurde; vgl. P. J. Sijpesteijn, *Eine außergewöhnliche Korrektur*, ZPE 65 [1986] 157–159.

[2] Für weitere, eindrucksvolle Beispiele dieser Vorgehensweise vgl. R. A. Coles, C. Gallazzi, *Papyri and Ostraka: Alterations and Counterfeits*, in: E. Bresciani (Hg.), Scritti in onore di O. Montevecchi, Bologna 1981, 99–105; U. Horak, *Fälschungen auf Papyrus, Pergament, Papier und Ostraka*, Tyche 6 (1991) 91–98 und dies., *Fälschungen auf Papyrus, Pergament und Papier*, in: C. Gastgeber (Hg.), Kopie und Fälschung, Graz 2001, 51–59, bes. 54 mit Abb. 18.

In der *ed. pr.* datiert Wessely die Quittungen ins 5. Jh.; Sijpesteijn verweist zwar auf die Weizenquittungen P.Mich. VI 399–411 aus der 1. Hälfte des 4. Jh.[3], schlägt aber für die Quittungen SPP III 479 a–c eine spätere Datierung ins 5. oder sogar 6. Jh. vor. Für P.Prag. I 82, eine Weizenquittung, die vom selben Schreiber ausgestellt wurde und dieselben Unterschriften wie **479b** aufweist, wurde vom Herausgeber das 4. Jh. als Datierung angegeben. Die Quittung ist allerdings mit χμ<γ> überschrieben, wie es in keinem datierten Papyrus vor dem 5. Jh. zu finden ist (vgl. J. Gascou, P.Sorb. II 69, S. 46). Tatsächlich stehen die hier vorliegenden Quittungen in Hinblick auf Schrift und Formular (vgl. Z. 5) den aus dem 4.–5. Jh. aus Karanis stammenden Quittungen P.Mich. VI 399–411, SB VI 9436 a–u, SB XXII 15839–15841 u.a. näher als den meisten anderen SPP III–Quittungen für die Weizensteuer aus dem 6.–8. Jh. In summa erscheint eine Datierung der drei Quittungen und von P.Prag. I 82 Anfang 5. Jh. am wahrscheinlichsten.

Als Herkunft der Texte gibt Wessely „vielleicht Herakleop." an, wohl basierend auf der Gleichsetzung der im Text genannten κώμη Βουσῖρις mit dem herakleopolitanischen Busiris (Abusir el Melek). In Hinblick auf P.Prag. I 82, wo als Dorf das arsinoitische Theogenis genannt ist, wird aber auch das Busiris in **497a** und **b** als das zum Arsinoites gehörige Dorf aufzufassen sein, das wie Theogenis in der früheren Polemonos Meris gelegen ist.

479a. WEIZENQUITTUNG

P.Vindob. G 11374a	7,3 × 5,5 cm	Anfang 5. Jh.
Busiris (Arsinoites)		Tafel XIV

Ed. pr.: SPP III 479 (5. Jh., vielleicht Herakleopolites).
Ed. post.: P. J. Sijpesteijn, *SPP III 479: Eine Neuedition*, ZPE 65 (1986) 160–162 = SB XVIII 14004 (5./6. Jh., Herakleopolites?; BL VIII 440).
Abb.: ZPE 65 (1986) Tafel VIII d — P.Prag. I Tavola LXXIII.
Revision am Original.

Mittelbrauner Papyrus, in der unteren Hälfte hellere Färbung. Das Blatt ist in seinen Ausmaßen vollständig und mit rundum intaktem, geschnittenen Rand erhalten. Beschrieben mit schwarzer, kräftiger Tinte. Schrift quer zu Faserrichtung. Unbeschriebener Freiraum oben 0,7 und unten 1,3 cm. Mit mehreren schrägen Strichen als entwertet gekennzeichnet. Verso leer.

---

[3] So die Datierung des Erstherausgebers aufgrund Namensgleichheiten und daher vermuteter Identitäten von Personen mit solchen in datierten Texten; anders BL VIII 213: P. J. Sijpesteijn mutmaßt anläßlich der Neuedition von P.Fay. 143 (= SPP III 556) in *Ναυλεπλοῖον. A Ghost Word?*, ZPE 64 (1986) 117–118, über eine mögliche spätere Datierung auch der Michigan-Texte an den Beginn des 5. Jh., ohne dafür triftige Gründe anzugeben. Sijpesteijn selbst geht in der Edition von drei weiteren Weizenquittungen aus Karanis in *Varia Papyrologia IV*, ZPE 108 (1995) 217–219 (jetzt SB XXII 15839–15841) wieder von dieser Idee ab und datiert diese zusammen mit den P.Mich. VI–Quittungen in die 1. Hälfte des 4. Jh., eine Datierung die für eben diese Texte bis auf weiteres auch beibehalten werden kann.

↓ 1 Τῦβι ι σίτου πέμπτης ἰν(δικτίωνος)
2 κόμης Βουσίρεος Ἁρσᾶς
3 Παλλαδίου ὑ(πὲρ) Ἄπα Κ̣ύρου σὺν εἰκ(οστῇ)
4 ἀ̣ρτάβ(ης) δίμυρον,
5 (ἀρτάβης) β´ χορ(ίς).
6 (2. H.) χ̣α̣ι̣ψ̣ε

1. τυβι ϊ *pap.* 2. *l.* κώμης Βουσίρεως κ̣ώμης *ed. pr.* 3. Πτολεμαίου ὑ/(πὲρ) Απ *imit. script. ed. pr.* Κύρο(υ) *Sijpesteijn* 4. *l.* δίμοιρον 5. (γίνεται) (ἀρτάβης) *Sijpesteijn* *l.* χωρίς χρ// *ed. pr.* χρ( ) *Sijpesteijn* 6. χμ (*l.* κέρματος μυριάδας) ψε *ed. pr.* δι(ὰ) Χ . . ε *Sijpesteijn*

„Am 10. Tybi, an Weizen für das fünfte Indiktionsjahr, für das Dorf Busiris, Harsas, Sohn des Palladios, für Apa Kyros, einschließlich des Zwanzigstels, zwei drittel Artaben, ²/₃ Artaben, ohne (Verschiffungsgebühr). (2. H.) Chaipse (?).“

1. Τῦβι ι = 5. (6.) Jänner.

2. κόμης Βουσίρεος: Der Schreiber setzt häufig ο anstelle von ω. Gemeint ist das Dorf Busiris im Arsinoites, s. oben Einl.; zu weiteren Belegen für das Dorf und Vorschlägen zu dessen Lokalisierung im Fayum vgl. Calderini, Daris, *Dizionario II*, 66 mit *Suppl. I*, 85, *II*, 38 und *III*, 27, Wessely, *Topographie*, 53–54, B. P. Grenfell, A. S. Hunt, P.Tebt. II S. 374–375 und Timm, *Christlich-koptisches Ägypten I*, 463–465.

5. (ἀρτάβης): Sijpesteijn liest (γίνεται) am Zeilenanfang. Ein solches ist aber weder in diesen beiden Quittungen noch in der vom selben Schreiber stammenden Quittung P.Prag. I 82 einwandfrei zu erkennen. Da auch in den verwandten Texten P.Mich. VI 399–411 und SB VI 9436a–u nirgends γίνεται gelesen wurde und dies auch in den späteren Weizenquittungen unüblich ist, ist eher das ganze Zeichen am Zeilenbeginn als Sigle für (ἀρτάβας) zu interpretieren.

χορ(ίς): Zu lesen ist entgegen den früheren Editionen nicht nur χρ( ), sondern wie in P.Prag. I 82, 5 χορ( ) mit doppeltem Kürzungsstrich. Gleich den Quittungen aus Karanis P.Mich. VI 399–417 und SB VI 9436a–u wird hier am Ende der Quittung vermerkt, daß die Verschiffungsgebühr nicht enthalten ist: χωρὶς ναύλου πλοίου. Zum ναῦλον πλοίου s. oben **B. 6.** In verkürzter Schreibung wird einzig die Präposition ohne das zugehörige Substantiv genannt, das Formular ist aber so einheitlich, daß die Deutung zuverlässig erscheint; vgl. bereits Sijpesteijn, *loc. cit.*, 162 Komm. zu a Z. 5, der diese Interpretation vorschlägt, sie aber für zu unsicher hält, um sie im Text aufzunehmen.

6. χ̣α̣ι̣ψ̣ε: Die *ed. pr.* hat zusammenhanglos χμ (*l.* κέρματος μυριάδας) ψε; Sijpesteijn liest δι(ὰ) Χ . . ε und schlägt im Kommentar als mögliche Lesungen Χαιψε oder Χηψε vor, freilich unter der Einschränkung, daß bislang kein solcher Eigenname bezeugt ist. Von dem vermeintlichen δι(ά) ist nur eine schwache Linie zu sehen, die vielleicht gar nicht zum Text gehört. Danach liest man tatsächlich am besten χαιψε. Handelt es sich hierbei um eine Unterschrift (die bei den Quittungen dieser Zeit nicht unbedingt zu erwarten ist), so wäre ein

wohl aus dem ägyptischen abgeleiteter Name Χαιψε den Onomastika hinzuzufügen. Vorbilder oder ähnliche Namen lassen sich allerdings kaum finden; vgl. höchstens Χαιαπις bzw. *ḫ'-ḥp* in Lüddeckens, Thissen, *Demotisches Namenbuch I.2*, 874. Möglicherweise ist dem Quittungstext aber nicht eine Unterschrift, sondern ein Zusatz anderen Inhalts angefügt worden. Etwa könnte man die ersten Buchstaben wie in Z. 5 als erneutes χ̣ο̣ρ̣( ) lesen. Das verbleibende ψε wäre dann kaum anders als die Zahl 705 repräsentierend zu deuten, womit auch diese Lesart keine schlüssige Interpretation bieten kann.

479b. WEIZENQUITTUNG

P.Vindob. G 11374b — 7 × 5,2 cm — Anfang 5. Jh.
Busiris (Arsinoites) — Tafel XIV

Ed. pr.: SPP III 479 (5. Jh., vielleicht Herakleopolites).
Ed. post.: P. J. Sijpesteijn, *SPP III 479: Eine Neuedition*, ZPE 65 (1986) 160–162 = SB XVIII 14005 (5./6. Jh., Herakleopolites?; BL VIII 440).
Abb.: ZPE 65 (1986) Tafel VIII e + f — P.Prag. I Tavola LXXIII.
Revision am Original.

Mittelbrauner Papyrus. Das Blatt ist in seinen Ausmaßen vollständig erhalten. Der geschnittene Rand ist unten und rechts intakt. Links wurde das Blatt nachträglich unregelmäßig abgeschnitten, die linke, obere Ecke ist beschädigt. Beschrieben mit schwarzer Tinte. Schrift quer zu Faserrichtung. Unbeschriebener Freiraum oben 0,9 und unten 1,6 cm. Mit mehreren schrägen Strichen als entwertet gekennzeichnet. Verso leer.

↓ Θὸθ δ σ̣ί̣τ̣ο̣υ̣ π̣έμπτης
ἰν(δικτίωνος) κόμης Βουσίρεος
Ἡρακλῆς Μέλα ὑ(πὲρ) Ἰσὰκ
Ἀφου̣ᾶ σὺν εἰκ(οστῇ) ἀρτάβ(ας)
τέσσαρες ἥμισυ, (ἀρτάβας) δ ∠
χορ(ίς). (2. H.) Θεόφ(ιλος) *Paraphe*. (3. H.?) Εὐφρά(ντιος) *Paraphe*.

1. *l.* Θώθ μεσορ/ β σίτου *ed. pr.* Θὸθ θ/ σίτου *Sijpesteijn* 2. *l.* κώμης Βουσίρεως κώμη[ς Βου]σ̣ε̣ιρεος^sic *ed. pr.* 4. αφονα *imit. script.* ἀρτάβαι *ed. pr.* ἀρτάβ(ας) δ∠ *Sijpesteijn* 5. *l.* τέσσαρας (γίνονται) (ἀρτάβαι) *Sijpesteijn* ∠• *pap.* 6. *l.* χωρίς χρ/( ) *imit. script. ed. pr.* χρ( ) *Sijpesteijn* Θεοφ( ) δι' Ἀφουᾶ *Sijpesteijn*

„Am 4. Thoth, an Weizen für das fünfte Indiktionsjahr, für das Dorf Busiris, Herakles, Sohn des Melas, für Isak, Sohn des Aphuas, einschließlich des Zwanzigstels, viereinhalb Artaben, 4 ½ Artaben, ohne (Verschiffungsgebühr).
(2. H.) Theophilos *Paraphe*. (3. H.?) Euphrantios *Paraphe*."

1. Θὼθ δ = 1. (2.) September. Das dem Tagesdatum nachfolgende σίτου ist aufgrund der Beschädigung des Papyrus kaum zu erkennen.

2. κόμης Βουσίρεος: s. oben **479a**, Komm. zu Z. 2.

5. (ἀρτάβας): Das von Sijpesteijn nach ἥμισυ gelesene (γίνονται) dürfte der zu dem vorangehenden υ gehörende Abstrich sein, s. auch oben **479a**, Komm. zu Z. 5.
χορ(ίς): s. oben **479a**, Komm. zu Z. 5.

6. Θεόφ(ιλος) *Paraphe*. Εὐφρά(ντιος) *Paraphe*: Dieselben Unterschriften findet man in P.Prag. I 82, dort aber in umgekehrter Reihenfolge; vgl. Z. 5: Εὐφρ( ) Σαμβ(ᾱ) (m. 2?) Θεοφ( ) σε(σημείωμαι). Auf Θεοφ( ) folgt hier dieselbe Linienführung wie in P.Prag. I 82. Dort ist die Lesung σε( ) zwar schwierig, aber mindestens möglich. Hier kann jedoch derselbe Duktus kaum als σε( ) interpretiert werden. Das Ganze scheint nicht mehr als eine Paraphe des Theophilos zu sein. Das in P.Prag. I 82 auf Ευφρ( ) folgende Σαμβ( ) kann in dieser Quittung jedenfalls nicht gelesen werden. Die Lesung ist schon in P.Prag. I 82 unsicher (vgl. die im Kommentar vorgeschlagene Lesevariante νομι(κός), die allerdings mit dem Duktus kaum vereinbar ist), immerhin deutlich erkennbar ist jedoch, daß es sich um eine Buchstabenfolge und keine Paraphe handelt. In diesem Text schließt hingegen die Unterschrift des Euphrantios mit der Kürzung des α und einem ausladenden Bogen als seinem Handzeichen. Wahrscheinlich beginnt mit Εὐφρ(άντιος) eine dritte Hand, Unterschied im Duktus ist jedoch keiner erkennbar. Für die Auflösung der Abkürzungen könnte man auch andere, in dieser Zeit jedoch seltener belegte Namen, etwa Θεοφάνης und Εὐφρόνιος, in Betracht ziehen.

479c. FRAGMENT EINER WEIZENQUITTUNG

P.Vindob. G 11374c	1,6 × 3,9 cm	Anfang 5. Jh.
Arsinoites		Tafel XIV

Ed. pr.: SPP III 479 (5. Jh., vielleicht Herakleopolites).
Ed. post.: P. J. Sijpesteijn, *SPP III 479: Eine Neuedition*, ZPE 65 (1986) 160–162 = SB XVIII 14002 (5./6. Jh., Herakleopolites?; BL VIII 440).
Abb.: ZPE 65 (1986) Tafel VIII e + f — P.Prag. I Tavola LXXIII.
Revision am Original.

Mittelbrauner Papyrus. Erhalten ist nur die linke, obere Ecke des Blattes. Unterhalb der ersten Zeile wurde das Blatt unregelmäßig abgeschnitten. Spuren der Durchstreichung sind erkennbar. Verso leer.

↓ 1 Μεσορ(ὴ) β σίτου πέμ̣[πτης ἰν(δικτίωνος)]
— — — — — — —

„ Am 2. Mesore, an Weizen für das fünfte Indiktionsjahr …“

1. Μεσορ(ὴ) β = 26. Juli.

480. WEIZENQUITTUNG AUS DEM GEORGIOS-DOSSIER

P.Vindob. G 2190 6 × 7,6 cm 7.–8. Jh. (arab. Zeit)
Arsinoites Tafel XV

Descr.: PERF Nr. 406.
Ed. pr.: SPP III 480 (6. Jh., angeblich Fayum).
Ed. post.: SPP XX 192 (6. Jh.).
Revision am Original.

Hellbrauner Papyrus von feiner Struktur. Der Rand ist intakt erhalten, ein Querstreifen der oberen Hälfte beschädigt. Beschrieben mit brauner Tinte. Schrift quer zur Faserrichtung. Abstand der Schrift zum Rand oben 1,2 cm, links 1 cm. Rechts und unten bis zum Rand beschrieben. Das Blatt wurde zur Entwertung ebenfalls mit brauner Tinte netzartig durchstrichen. Das Verso ist leer.

↓ † Μεχε̣ὶ̣ρ β σίτου τετάρτης ἰνδ(ικτίωνος)
Ἀθανασίας ἀδελφ(ῆς) Γεροντ(ίου)
(ὑπὲρ) τ(ῆς) ἀποπλε(ρώσεως?) λόγου Σοφίας ἀδελφ(ῆς)
καγκ(έ)λ(λω̣) ἀρτ(άβης) ἥμισυ δ[ω]δ̣έκατον, (ἀρτάβης) ∠ ιβʹ μ(όνον).
† δ(ι') ἐμοῦ Γεωργίου. † *Paraphe* ἀρτ(άβης) ∠ ιβʹ μό(νον) †.

3. † ἀποπλ$^{\varepsilon}$ *ed. pr.* $\bar{\chi}$ ἀποπλ$^{\varepsilon}$() SPP XX *l.* ἀποπλη(ρώσεως) 4. ἀρ(τάβης) *ed. pr. et SPP XX* δωδέκατον *ed. pr. et SPP XX* 5. Γεωργίου *imit. script. ed. pr.* Γεωργιō(υ) *signa tachygraphica SPP XX* γεωρ†γιο$^{\upsilon}$ *pap.*

„† Am 2. Mecheir, an Weizen für das vierte Indiktionsjahr, von Athanasia, Schwester des Gerontios, für die vollständige Begleichung der Restschuld (?) vom Konto der Schwester Sophia, im Kankellon-Maß eine halbe und ein zwölftel Artaben, $^1/_2$ $^1/_{12}$ Artaben, sonst nichts. † Durch mich, Georgios. † *Paraphe* $^1/_2$ $^1/_{12}$ Artaben, sonst nichts †.“

Die Quittung gehört zum Dossier des Georgios (s. dazu die Einleitung oben **C. 3.**) und zwar zu jener Gruppe von Texten die Georgios alleine ausstellt und unterzeichnet. Geleistet wurde bei richtiger Deutung der Z. 3 eine Restschuld. Das fügt sich auch gut zu der unüblichen Zahlung im Wintermonat Mecheir (s. oben **B. 2.**). Beachtenswert ist auch die Personenkonstellation: Der Weizen wird gezahlt von Athanasia, einer Frau, die nicht mit Vatersname, sondern durch Nennung ihres Bruders individualisiert wird, und zwar für bzw.

vom Konto ihrer Schwester Sophia. Die Wendung λόγου Σοφίας könnte als Hinweis auf eine Girozahlung aufzufassen sein. Falls dagegen λόγος auf die zuvor genannte ἀποπλήρωσις zu beziehen ist, würde es sich um eine Zahlung der auf dem Konto der Sophia ausgewiesenen Restschuld handeln. In P.Lond. I 113, 9a, einer Quittung aus dem 7. Jh., bestätigt der Schreiber Menas die Bezahlung von 2 ½ 1/12 Artaben Weizen durch zwei Frauen namens Athanasia und Sophia. Athanasia ist kein sehr gebräuchlicher Name, eventuell handelt es sich in beiden Texten um dasselbe Schwesternpaar. In vorliegender Quittung ist kein Ort genannt, während in P.Lond. I 113, 9a die Zahlung für das arsinoitische ἐποίκιον Ταριχίων (vgl. Timm, *Christlich-koptisches Ägypten VI*, 2533–2534 und CPR VIII 84, Komm. zu Z. 8) erfolgt. Möglicherweise ist auch unser Text geographisch dem Dorf Tarichion zuzuordnen.

1. Μεχ̣ε̣ὶρ β = 27. (28.) Jänner.

3. ἀποπλε(ρώσεως?): Zur Abkürzung vgl. nunmehr αποπλ̄ in CPR XXII 44, 4 (8. Jh.). Eine Verschreibung gerade des zur Kennzeichnung der Kürzung hochgestellten Buchstabens ist freilich auffällig.

481. EMBOLEQUITTUNG

P.Vindob. G 11376 — 4,1 × 10 cm — 6. Jh.
Arsinoites / Herakleopolites — Tafel XV

Ed. pr.: SPP III 481 (6. Jh., angeblich Fayum).
Revision am Original.

Mittelbrauner Papyrus. Das Blatt ist vollständig und mit intakten Rändern erhalten, nur am linken Rand und auf Höhe der ersten Zeile ist der Papyrus leicht beschädigt. Zwei horizontale Faltungen in Abständen von 0,9 und 2,9 cm unterhalb des oberen Randes, sowie eine vertikale Faltung in der Blattmitte. Das Blatt wurde mit schwarzer, metallischer Tinte beschrieben. Schrift quer zur Faserrichtung. Die Tinte ist stark zerflossen, die Lesung dadurch beeinträchtigt. Der unbeschriebene Rand beträgt unten 0,9 cm. Das Verso ist leer.

↓ †̣ Μ̣ε̣χ̣[ὶ]ρ̣ ι̣ δ̣(ιὰ) Ἡλ̣ί̣α̣ . . . . ( ) σίτου ἐμβολῆ(ς) θ ἰνδ(ικτίωνος)
ἀρτάβ(ην) μίαν ἥμισυ τέταρτ(ον), ἀρτ(άβην) α ∠ δʹ μ̣(όνην).
†̣ δ(ι') ἐμοῦ Ἰωάννου διακ(όνου) †.

1. † μ̣̣χ(*l.* μεχειρ?) [ ]¸— δ/ Ἡλι/////\\////'/ *ed. pr.* ἰν( ) *ed. pr.* 2. []ου ἀρτάβ(ην) *ed. pr.* μ//(όνην) *ed. pr.* 3. [†] *ed. pr.* διακό/(νου) *ed. pr.*

„† Am 10. Mechir, durch Elias ... an Weizen für die Embole des 9. Indiktionsjahres, eine, eine halbe und eine viertel Artabe, 1 ½ ¼ Artaben, sonst nichts. † Durch mich, Ioannes, Diakon †."

Die von dem Diakon Ioannes ausgestellte Quittung für eine Embolezahlung ist im Formular sehr knapp. Ist die Lesung am Beginn der Z. 1 richtig (s. Zeilenkomm.), wird nur der Name des Zahlenden, kein Dorfname genannt.

Wessely gibt in der *ed. pr.* als Herkunft des Textes „angeblich Fayum" an. In seinem handschriftlichen Inventar findet sich der Vermerk „ex 1883". Der Papyrus gehört also zum sogenannten 1. Fayumer Fund und stammt aus dem Arsinoites oder Herakleopolites.

1. † Μ̣ε̣χ̣[ὶ]ρ̣ ι̣ δ̣(ιὰ) Ἠ̣λ̣ί̣α̣ . . . . ( ): Die Lesung der gesamten Passage beruht auf dem Vorschlag der *ed. pr.* und ist aufgrund der Beschädigung des Papyrus und der verschwommenen Tinte sehr unsicher. Von Μεχίρ ist nur ρ gut zu erkennen. δ(ιά) ist relativ deutlich, auf den Namen Elias lassen die Unterlängen von λ und ι schließen. Vom Vatersnamen oder Beruf des Elias, ist vielleicht ein τ zu sehen sowie der schräg nach unten gezogene Kürzungsstrich. Μεχεὶρ ι = 4. (5.) Februar.

2. Das in der *ed. pr.* am Zeilenanfang transkribierte []ου basierte auf den zu Unterlängen der Z. 1 gehörenden Spuren. μ̣(όνην) ist sehr unsicher, zu sehen ist nur der schräg nach unten gezogene Kürzungsstrich und verschwommene Spuren auf Zeilenhöhe.

482. WEIZENQUITTUNG AUS DEM GEORGIOS-DOSSIER

P.Vindob. G 11377	7,4 × 8,7 cm	7.–8. Jh. (arab. Zeit)
Patres (Arsinoites)		Tafel XVI

Ed. pr.: SPP III 482 (7. Jh., Fayum).
Korr.: P. J. Sijpesteijn, *Short Remarks on Some Papyri III*, Aegyptus 66 (1986) 160 (BL VIII 440).
Revision am Original.

Hellbrauner, fein strukturierter Papyrus. Das Blatt ist in seinen Ausmaßen vollständig, der Rand rundum erhalten. Aufgrund von Anobienbefall zahlreiche kleinere und größere Fehlstellen. Die in der *ed. pr.* angegebenen horizontalen Faltungen in den Abständen 1, 1,6, 1,7, 1,9 und 1,1 cm sind nicht mehr erkennbar. 0,5 cm oberhalb des unteren Randes verläuft eine horizontale Kollesis oben auf unten. Beschrieben mit einer Mischung aus Karbon- und Gallustinte. Schrift quer zur Faserrichtung. Nach der Beschriftung mit vier schrägen Linien durchstrichen. Die Tinte ist in Z. 1 und in den Zeilen 4–5 beinahe gänzlich abgerieben. Das Verso ist leer.

↓ † Ἐ̣π̣[ε]ὶ̣φ ι[̣ σ]ί̣τ̣[ου] τ̣ρ̣[ίτη]ς̣ ἰ̣[ν]δ(ικτίωνος)
Πάτρης ̣ ̣ ̣ ̣α̣λλι̣ς
κ̣[αγ]κ̣(έλλῳ) ἀ̣ρ̣τ̣(άβας) δύο̣ δω⟨δ⟩έκατ(ον), (ἀρτάβας) β ι̣β̣ʹ μ̣[ό](νας).
† Γ̣ε[ώ]ρ̣γ̣ι̣[ο]ς̣, [δ(ι')] ἐ̣μ̣οῦ [±5]†̣.
(2. H.) †̣ Χ̣ρ̣ι̣σ̣τ̣[όφορ]ο̣ς [σ]εσ̣ημ(είωμαι) ††.

1. † [μεχε]ιρ ι [σ]ί/(του) ι ἰ[ν]δ() *ed. pr.* 2. Πατρης Ἄνω(·) Παλλις *ed. pr.* 3. [σ]ί(του) [ἀρ]τ(άβας) δύο δω[δ]εκτ/(-ατον) ⌿ β ι) μ//(όνας) *ed. pr.* σί(του) (ἀρτάβας) δύο δωδέκατ(ον), (ἀρτάβας) β ιο̄ † *Sijpesteijn* 4–5. *imit. script. ed. pr.*

„† Am 1–. Epeiph, an Weizen für das dritte Indiktionsjahr, für Patres …, im Kankellon-Maß zwei und ein zwölftel Artaben, 2 1/12 Artaben, sonst nichts. † Georgios, durch mich, … †. (2. H.) † Ich, Christophoros, habe unterschrieben ††. "

Die Quittung gehört dem Georgios-Dossier (s. dazu oben **C. 3.**) an. Obwohl die Tinte der Z. 4–5 beinahe völlig abgerieben ist, lassen die wenigen, in der *ed. pr.* nicht transkribierten Spuren erkennen, daß die Unterschriften den Signaturen in **522** und **523** (Kollegium 5a) gleichen.

1. Ἐ̣π̣[ε]ὶ̣φ ι[̣: Vor σίτου findet noch ein Buchstabe für ein Tagesdatum zwischen Ἐπεὶφ ια (5. Juli) und ιθ (13. Juli) Platz. Möglich wäre auch nur Ἐπεὶφ ι (4. Juli) und ein kleines *spatium* vor σίτου.

2. Πάτρης: Das Dorf Patres hat hier fälschlicherweise von Wessely den Zusatz Ἄνω erhalten, die entsprechenden Verweise auf eine mögliche Zweiteilung des Ortes bei Wessely, *Topographie*, 118–119, P.Tebt. II S. 393–394 und Timm, *Christlich-koptisches Ägypten I*, 278–279 (*s.v.* Badris). sind durch die Neulesung hinfällig. Die Belege für den Ort reichen vom 6. bis zum 8. Jh.; vgl. Calderini, Daris, *Dizionario IV*, 70–71 mit *Suppl. II*, 156. Aufgrund der von Wessely, *loc. cit.*, vorgeschlagenen Identifizierung mit dem im Mittelalter bezeugten arabischen Dorf Badris und der Nennung in verschiedenen Ortslisten wird das Dorf herkömmlich im Westen des Fayum vermutet.

̣ ̣ ̣ ̣α̣λλι̣ς: Die in der Zeile erhaltenen Tintenreste täuschen über das Ausmaß der abgeriebenen Teile hinweg; Wesselys Lesung Ἄνω Πάλλις, ist sicher zu verwerfen, da weder αν noch π gelesen werden kann. Der dem Ortsnamen beigefügte Zusatz Ἄνω bliebe für Patres ohne Parallelen und für Πάλλις war dieser Text neben P.Mert. II 70, 25 (159) der bislang einzige Beleg. Auf Patres folgt ν oder ω, am Zeilenende ist statt -λλις auch -λλος möglich.

483. Weizenquittung aus dem Georgios-Dossier

P.Vindob. G 2212 5,5 × 8,8 cm 7.–8. Jh. (arab. Zeit)
Chara (Herakleopolites?) Tafel XVI

Descr.: PERF Nr. 428.
Ed. pr.: SPP III 483 (7. Jh., Fayum).
Ed. post.: SPP XX 214 (7. Jh., Arsinoites).
Korr.: Diethart, *Pros. Ars.*, Nr. 2836 und 5747 mit Anm. 379 (BL VIII 471) — BL VIII 471 (Diethart brieflich).
Revision am Original.

Hellbrauner Papyrus. Das Blatt ist in intaktem Zustand erhalten, die Ränder sind gerade geschnitten. Horizontale Kollesis oben auf unten 0,7 cm oberhalb des unteren Randes. Drei horizontale Faltungen im Abstand von jeweils 1,3 cm voneinander. Beschrieben mit schwarzer Tinte. Schrift quer zur Faserrichtung. Auf dem Verso steht eine Zeile 1,8 cm unterhalb des oberen Randes parallel zur Faserrichung, die von Wessely nicht transkribiert wurde.

↓ 1 Φαμ(ενὼ)θ ις σίτου δευτέρας ἰνδ(ικτίωνος)
2 Χαρὰ Καλοῦ γραμμ(ατέως) ἀπὸ οἰνοπρα(τῶν)
3 καγ(κέ)λ(λῳ) ἀρ(τάβην) μίαν τρίτον εἰκ(οστοτέταρτον), (ἀρτάβην) α γ´
κ(δ)´ μό(νην).
4 † Γ̣ε̣ώ̣ργιος, δ(ι') ἐμοῦ Φῖβ †. (2. H.) † Καλομη(νᾶς),
5 δ̣(ι') ἐ̣μοῦ Μη(νᾶ) διακ(όνου) †.

Verso:

→ 6 (3. H.?) †̣ π(ιττάκιον?) γραμμ(ατέως) Καλοῦ οἰνοπρά(του)

1. φαμ^θ ς *ed. pr. et SPP XX* 2. χώρα *ed. pr. et SPP XX* οἰνοπρ^α() *ed. pr. et SPP XX* 3. μ//(όνην) *ed. pr. et SPP XX* 4. δ/(ιὰ) Σω() Φιβ *ed. pr. et SPP XX* Γεωρ†γιος, Φι†β, κ^αλο†μη̄ *pap.* 5. [δι' ἐ]μ^{ου} Μη̄(νᾶ) διακόνου *ed. pr. et SPP XX* 6. *om. ed. pr. et SPP XX* Χαρὰ Καλ(οῦ) γραμμ(ατεὺς) Καλοῦ οἰνοπ̣α̣ρ̣α̣λ̣() *BL VIII 471*

„† Am 16. Phamenoth, an Weizen für das zweite Indiktionsjahr, für Chara, von Kalos, Schreiber, von den Weinhändlern, im Kankellon-Maß eine, ein drittel und ein vierundzwanzigstel Artaben, Artaben 1 1/3 1/24, sonst nichts. † Georgios, durch mich, Phib †. (2. H.) † Kalomenas, durch mich, Menas, Diakon †."

Verso: „† Quittung (?) des Schreibers Kalos, Weinhändler."

Die zum Georgios-Dossier (s. dazu oben **C. 3.**) gehörende Quittung wurde geschrieben von Phib, der zusammen mit dem Diakon Menas, als Vertreter des Kalomenas, unterzeichnet (= Kollegium 3b).

Die Zeile 2 bereitet Schwierigkeiten: Χαρά kann als Orts- oder als Personenname aufgefaßt werden (s. Zeilenkomm.). Versteht man es als Personenname (so Diethart, *Pros.*

Ars.), wäre Zahlender Chara, Sohn des Kalos. Dann bleibt aber unklar, warum auf dem Verso der Quittung nicht Chara sondern Kalos genannt ist. Diesem Problem entgeht man, wenn man Chara als Ortsnamen betrachtet. Allerdings ist ein Ort Χαρά bislang nur im Herakleopolites bezeugt, während alle anderen Quittungen des Dossiers (wie auch alle übrigen lokalisierbaren Steuerquittungen des vorliegenden Bandes) arsinoitische Dörfer nennen. Möglicherweise handelt es sich auch um einen sonst bislang unbezeugten arsinoitischen Ort oder Flurnamen.

1. Φαμ(ενὼ)θ ις = 12. März.

2. Χαρά: Wesselys Lesung χώρα wurde von Diethart, *Pros. Ars.* zu recht in Χαρά korrigiert, wobei er darin einen Beleg für den sonst selten bezeugten Männernamen Chara sah; vgl. als Parallelen einzig SPP VIII 767 (7. Jh.) und 787 (7.–8. Jh.). Bei dieser Interpretation wäre die nachfolgende Berufsbezeichnung auf Chara zu beziehen und Chara, Sohn des Kalos, Steuerzahler der Quittung. Kaum zu erklären ist dann aber die Versoseite, wo nach der Neulesung Kalos als Schreiber und Steuerzahler ausgewiesen ist. Χαρά ist nun auch als Ortsname bezeugt: in SPP X 22, 2 (7.–8. Jh.; zur Datierung s. CPR XXII 51, Komm. zu Z. 3) Χαρὰ μ(ε)γ(άλης), in SPP X 233, Kol. 1, 12 (5. Jh.) Χαρὰ μεγάλης und in Kol. 2, 7 Χαρὰ μικρ(ᾶς); vgl. die Textkorrekturen zu beiden Papyri von F. Mitthof, *Neue Texte zur Topographie des Herakleopolites*, AnPap 10/11 (1998/1999) 97 und 99 (= BL XI 263 und 265). Bei den Texten handelt es sich allerdings um herakleopolitanische Ortslisten. Sieht man in vorliegendem Text ein weiteres Zeugnis für das herrakleopolitanische Dorf Chara bleibt das Problem, wie sich eine Steuerquittung aus dem Herakleopolites in ein sonst nur arsinoitische Dörfer nennendes Dossier fügen soll (s. dazu auch oben **C. 3.**).

γραμμ(ατέως) ἀπὸ οἰνοπρά(των): Die Weinverkäufer (οἰνοπρᾶται, οἰνοπῶλαι, s. eine Liste der Belege bei L. Casarico, *Repertorio di nomi di mestieri*, Stud.Pap. 22 [1983] 23–37, bes. 32f.; mit Ergänzungen von H.-J. Drexhage, *Die Komposita mit –πώλης und –πράτης im hellenistischen Ägypten*, MBAH 10.2 [1991] 1–17, bes. 13f.) waren in römischer und vielleicht noch in byzantinischer Zeit in Zünften organisiert; vgl. M. San Nicolò, *Ägyptisches Vereinswesen zur Zeit der Ptolemäer und Römer, Bd. I*, Münchener Beiträge 2, München 1913, 75–77. Der γραμματεύς, Vereinssekretär, war neben dem Priester (ἱερεύς) und dem Schatzmeister (ταμίας) ein wichtiges Amt bei solchen Genossenschaften (*op. cit., Bd. II/1*, München 1915, 73–75). Es wäre daher auch denkbar, daß der Ausdruck als Sinneinheit — der Schreiber der Weinverkäufer — aufzufassen ist.

3. καγ(κέ)λ(λῳ): Die Kürzung des Wortes noch vor κ fällt als unübliche Abbreviatur auf.

εἰκ(οστοτέταρτον): Die Abkürzung könnte auch als εἰκ(οστόν) aufzulösen sein, vgl. etwa **522**. Die Artabenteilung in ¹/₃ läßt aber die Fortsetzung der Bruchreihe in ¹/₆, ¹/₁₂ und ¹/₂₄ erwarten.

6. † π(ιττάκιον?) γραμμ(ατέως) Καλοῦ οἰνοπρα(τοῦ): Dietharts inhaltlich verlockende Lesung von Χαρὰ Καλ(οῦ) am Zeilenbeginn (s. BL VIII 471) kann am Original nicht bestätigt werden. Deutlich ist vor γραμμ ein π mit Kürzung zu erkennen.

Davor befindet sich nur ein unten geschwungener Abstrich, der wegen Fehlen des Bauches kaum ein ρ sein kann, sondern am ehesten als unterer Teil eines Kreuzes zu erklären ist. Statt οἰνοπα̣ρ̣α̣λ̣() ist einwandfrei οἰνοπρα() zu lesen, das auch besser zur rektoseitigen Quittung paßt.

484. → CPR X 7

Das als SPP III 484 publizierte Fragment G 11379 mit nur einer Zeile Schrift konnte mittlerweile mit den beiden als CPR VI 11 publizierten Fragmenten G 39938 zusammengefügt werden. Die von Wessely als Teil einer Quittung für eine Naturalzahlung interpretierte Datumsangabe ist eigentlich der Beginn einer Textzeile auf dem Verso eines Zahlungsauftrages aus dem Archiv des Johannes ἀπαιτητής. Die drei zusammengehörigen Fragmente wurden von B. Palme im Rahmen seiner Zusammenstellung des Archivs (CPR X 1–16) als CPR X 7 neu herausgegeben.

485. QUITTUNG

P.Vindob. G 11380	4,3 × 8,5 cm	6. Jh.
Arsinoites / Herakleopolites		Tafel XVII

Ed. pr.: SPP III 485 (6. Jh.).
Revision am Original.

Mittelbrauner Papyrus von kräftiger Struktur mit geschnittenen Rändern. Der obere und linke Rand ist erhalten, rechts ist das Blatt unregelmäßig abgebrochen, unten gerade Bruchkante. Eine horizontale Faltung im Abstand von 2 cm vom oberen Rand, eine vertikale Faltung 4,8 cm vom linken Rand entfernt. Beschrieben mit schwarzer Tinte. Schrift quer zur Faserrichtung. Der unbeschriebene Rand ist oben 1 cm und links 1,5 cm breit, das Kreuz ist nach links ausgerückt. Die beiden Zeilen sind großzügig voneinander abgesetzt. Verso leer.

↓ 1 † Φαρμ(οῦ)θ(ι) ιζ π ̣[- - -]
2 σ̣ί̣τ(ου) ὁμ(οῦ) σάκ(κον) α ∠ ̣α ̣[- - -]

1. ιζ –[*ed. pr.* 2. τ̣¯ ( ) ὁμ^οῦ σάκϛ/(κον) αϛ [ἕ]ν̣α̣– *ed. pr.*

„† Am 17. Pharmuthi … an Weizen insgesamt 1 ½ Säcke …"

Erhalten ist von dem Text nur das Tagesdatum und eine Menge an Weizen gemessen in Säcken. Es dürfte sich um eine Quittung handeln, die im Formular ähnlich knapp wie P.Rain.Cent. 143 (6.–7. Jh.) gehalten ist.

In der *ed. pr.* findet man keine Angabe zur Herkunft, das handschriftliche Inventar Wesselys vermerkt hingegen den Erwerb des Papyrus 1883 im Rahmen des sog. 1. Fayumer Fundes. Dies erschließt die Herkunft des Textes aus dem Arsinoites oder Herakleopolites.

1. Φαρμ(οῦ)θ(ι) ιζ = 12. April.

π ̣[: Falls das Datum mit der Nennung des Indiktionsjahres fortgesetzt wurde, so wäre den Spuren nach am ehesten πρ̣[ώτης ἰνδ(ικτίωνος) zu ergänzen. In Anbetracht der Parallele P.Rain.Cent. 143 könnte auch direkt ein Ortsname folgen.

2. σ̣ί̣τ(ου) ὁμ(οῦ): Die Lesung von σίτου ist unsicher, bei den beiden ersten Buchstaben ist die Tinte stark abgerieben, deutlich ist nur das kleine hochgestellte τ zu sehen. Über ομ sieht man Tinte, die eher zu einer Kürzung als zu einem hochgestellten ου gehören dürfte. ὁμ(οῦ) schließt gewöhnlich an vorher genannte Teilbeträge an. Für solche war der fehlende Teil von Zeile 1 aber kaum ausreichend, weshalb eher von einer sofortigen Nennung der Gesamtsumme auszugehen ist.

σάκ(κον) α ∠: Zu σάκκοι als Maßeinheit s. oben **B. 10.** mit Anm.

̣α ̣[: Nach der Summe der bezahlten Säcke könnte der in Artaben umgerechnete Betrag folgen. Dies müßten — bei Unterstellung des herkömmlichen Verhältnisses von 1:3 — 4 ½ Artaben sein. Möglicherweise ist vor α ein γί(νεται) zu lesen. Das α mit langem Ausstrich kann aber schwer zu ἀρτ(άβας) fortgesetzt werden. Es dürfte sich eher um eine Zahl handeln; vielleicht wurde die Summe in Säcken wiederholt oder direkt das Indiktionsjahr genannt.

486. QUITTUNG FÜR EINE ADAERATIONSZAHLUNG

P.Vindob. G 2179 Verso — 5,7 × 6,2 cm — 7. Jh.
Arsinoites / Herakleopolites? — Tafel XVII

Descr.: PERF Nr. 395.
Ed. pr.: SPP III 486 (7. Jh., Fayum).
Ed. post.: SPP XX 181 (7. Jh., Arsinoites).
Korr.: Diethart, *Pros. Ars.*, Nr. 475 mit Anm. 97c (BL VIII 470).
Revision am Original.

Mittelbrauner Papyrus. Das kleine Blatt ist in intaktem Zustand erhalten, der Rand ist oben und an den Seiten gerade geschnitten, unten unregelmäßig. Beschrieben mit schwarzer Tinte. Abstand der Schrift zum Rand links 0,8 cm, unten ca. 1,5 cm. Schrift parallel zur Faserrichtung. Durch drei schräge Striche als entwertet gekennzeichnet. Der Text der Quittung wurde auf dem Verso des Papyrus geschrieben. Das von Wessely nicht transkribierte Rekto ist unter **486a** abgedruckt.

→ † Π(α)χ(ὼν) ιζ Ποῦσι Φοιβ(άμμωνος)
(ὑπὲρ) ἀπαρκυρισμοῦς
πρώτης ἰνδ(ικτίωνος) ἀρ(τάβης)
ἥ̣μ̣ισυ, (ἀρτάβας) β ∠. † δ(ι') ἐμοῦ
Ν̣ειλάμμ(ωνος) σ(ὺν) Θ(εῷ) γρ(αμματέως) †.

1. Φοιβ/[*ed. pr.* Φοιβ[*SPP XX* 2. *l.* ἀπαργυρισμοῦ 'Απα ι^{λ}/ (*l.* 'Ιουλίου) Κυρις Μουει̣ *ed. pr.* Ἄπα Ιῦ('Ιουλίου?) Κυρις Μουει?[*SPP XX et Diethart* 3. ἀρ/(τάβας) [δύο *ed. pr. et SPP XX* 4. δ/(ι') ὁμοῦ *ed. pr.* δ/(ι') ἐμοῦ̣[*SPP XX* 5. Νειλαμμ$_{ς}$( ) *imit. script. ed. pr.* N]ειλαμμ$_{ς}$( ) *signa tachygraphica SPP XX*

„† Am 17. Pachon, von Pusi, Sohn des Phoibammon, für die *adaeratio* des ersten Indiktionsjahres eine halbe Artabe, Artaben 2 ½. † Durch mich, Neilammon, Schreiber mit Gottes Hilfe †."

Der Sekretär Neilammon quittiert in vorliegendem Text eine von Pusi vorgenommene Adaerationszahlung, also eine Ablösezahlung des Geldwertes anstelle der geschuldeten Naturalien. Es verwundert, daß die bezahlte Summe dennoch nicht in Geld sondern in Artaben ausgedrückt wird. Wahrscheinlich ist davon auszugehen, daß tatsächlich das Geldäquivalent ausgehändigt wurde, in der Quittung aber die maßgebliche Größe, nämlich die geschuldeten Artaben, beziffert sind. Ungereimtheiten bestehen auch hinsichtlich der Höhe der bezahlten Summe. Während in der ersten Nennung nur eine halbe Artabe angegeben wird, ist in der Wiederholung der Summe deutlich 2 ½ zu lesen. Es ist anzunehmen, daß der Schreiber δύο am Beginn von Z. 4 zu schreiben vergaß. Wesselys Ergänzung [δύο in Z. 3 kann nicht stimmen, da der rechte Rand des Blattes vollständig und dort kein Text verloren ist.

Wessely gibt als Herkunft des Textes in SPP III „Fayum" und in SPP XX „Arsinoites" an. Er bezieht sich dabei wahrscheinlich auf eine heute nicht mehr vorhandene Information, daß der Papyrus im Rahmen des sog. 1. Fayumer Fundes angekauft wurde. Eine Herkunft der Quittung aus dem arsinoitischen oder dem herakleopolitischen Gau ist anzunehmen.

1. Π(α)χ(ὼν) ιζ = 12. Mai.

2. (ὑπὲρ) ἀπαρκυρισμοῦς: Zur doppelt fehlerhaften Form von ἀπαργυρισμοῦ vgl. den in den Papyri häufigen γ/κ-Wechsel bei Gignac, *Grammar I*, 77–80 mit mehreren Beispielen für ἀρκυρίου statt ἀργυρίου auf S. 78 und die falsche Genitiv-Endung -οῦς bei Substantiven der 2. Deklination bei Gignac, *Grammar II*, 23. Zur Adaeration (ἀπαργυρισμός, ἐξαργυρισμός) vgl. T. Ihnken, *Teuerungsausgleich bei der Adaeratio*, ZPE 42 (1981) 78–80 und Gascou, *Grands domaines*, 48.

486a. LISTE VON NAMEN UND GELDBETRÄGEN

P.Vindob. G 2179 Rekto — 5,7 × 6,2 cm — 7. Jh.
Arsinoites / Herakleopolites? — Tafel XVII

Ined. — Erstedition nach dem Original.

Auf dem Rekto sind zum Verso (**486**) um 180° gedreht drei von Wessely nicht transkribierte Zeilen einer ursprünglich größeren Liste von Namen und Geldbeträgen erhalten. Für die Quittung am Verso wurde das Blatt beschnitten. Geschrieben in schwarzer Tinte quer zur Faserrichtung.

— — — — — — —

↓ 1 Ἀπολλῶ̣ Πακ( ) ̣α ̣[- - -]
2 *Tintenspuren* (κεράτια) θ φ(όλλεις) [- - -]
3 Ποῦσι σ̣τ̣ρα̣(τιώτης?) (κεράτια) ζ ̣[- - -]

„Von Apollos, Sohn des (?) Pak– …
… Keratia 9, *folleis* …
Von Pusi, Soldat (?) Keratia 7 …“

487. WEIZENQUITTUNG

P.Berlin Aeg. Mus. 6091 — 6 × 8,7 cm — 6.–7. Jh.
Alexandru (Arsinoites) — Tafel XVIII

Ed. ant.: BGU II 548 (byz. Zeit).
Ed. pr.: SPP III 487 (byz. Zeit, Fayum).
Korr.: H. C. Youtie, O. M. Pearl, P.Mich. VI 399–411 Einl., S. 101 (BL III 13 [ad BGU II 548]) — P. J. Sijpesteijn, *Short Remarks on Some Papyri III*, Aeg. 66 (1986) 154, Anm. 26 (BL VIII 28 [ad BGU II 548]) — P. J. Sijpesteijn, *SPP III 479: Eine Neuedition*, ZPE 65 (1986) 161 (BL VIII 28 [ad BGU II 548]).
Revision am Photo.

Das Papyrusblatt ist in seinen äußeren Ausmaßen vollständig und abgesehen von der ausgebrochenen Ecke links unten in intaktem Zustand erhalten. Beschrieben mit schwarzer Tinte. Schrift quer zur Faserrichtung. Unten 1,8 cm unbeschriebener Rand. Das Verso ist leer.

↓ 1 † Φαῶφ(ι) η σίτου δεκάτης ἰνδ(ικτίωνος)
2 Ἀλεξάνδρου Σαμβᾶς δ(ιὰ) Φοιβάμμωνος
3 πρεσβ(υτέρου) σὺν εἰκ(οστῇ) ἀρ(τάβας) δύο, (ἀρτάβας) β.
4 (2. H.) Ἰωάννης.

2. δι(ά) *BGU et ed. pr.* 3. συνει..(..) *BGU* συνεικ/() *ed. pr.*

„† Am 8. Phaophi, an Weizen für das zehnte Indiktionsjahr, für Alexandru, Sambas, durch den Priester Phoibammon, einschließlich des Zwanzigstels zwei Artaben, 2 Artaben.
(2. H.) Ioannes."

Die Unterschrift des Ioannes in vorliegender Quittung unterscheidet sich deutlich von der Signatur in den Quittungen des Ioannes-Dossiers, vgl. etwa die nach links auslaufende Unterlänge des ι. Angesichts der Häufigkeit des Namens Ioannes handelt es sich wohl um bloße Namensgleichheit. Zwischen Quittungstext und Unterschrift ist ein Handwechsel zu sehen. In BGU II wurde außerdem noch ein Schreiberwechsel nach der ersten Zeile angegeben (vgl. die unterschiedlichen φ), der aber nicht zwingend ist.

Zu der in BGU II 548 und SPP III 487 angegebenen Datierung „aus byzantinischer Zeit" wurde von H. C. Youtie, O. M. Pearl, P.Mich. VI S. 101 aufgrund der Paralleltexte aus Karanis eine Datierung ins 4. Jh. vorgeschlagen. Die typisch spätbyzantinische Handschrift mit „lateinischem" δ stammt jedoch aus viel späterer Zeit. Am ehesten ist die Quittung dem ausgehenden 6. oder dem 7. Jh. zuzuweisen.

1. Φαῶφ(ι) η = 5. (6.) Oktober.

2. Ἀλεξάνδρου: Genannt ist hier wohl jenes arsinoitische Dorf, das als Ἀλεξάνδρου Νῆσος von ptolemäischer bis in arabische Zeit durchgehend bezeugt ist. Entgegen Calderini, Daris, *Dizionario I/1*, 211–213 mit *Suppl. I*, 24, *II*, 13 und *III*, 15 besteht kein Grund, die Belege aus dem 6.–8. Jh., in denen der Ort bloß als Ἀλεξάνδρου bezeichnet ist, abzusondern und als Hinweis auf einen zweiten arsinoitischen Ort gleichen Namens zu verstehen. Vielmehr dürfte es sich um dasselbe Dorf handeln, vgl. in diesem Sinne schon Wessely, *Topographie*, 32–34, B. P. Grenfell, A. S. Hunt, P.Tebt. II S. 366 und Timm, *Christlich-koptisches Ägypten I*, 102–103 (*s.v.* Alexandrupolis). Die Auslassung des Nominativs Νῆσος und die Verwendung des übrig bleibenden Genitivs zur Bezeichnung eines Dorfes findet mehrere Parallelen, vgl. etwa Δικαίου (*sc.* Νῆσος) in **533**, Komm. zu Z. 2. Zur umstrittenen Lage des Ortes innerhalb des Themistos-Bezirks s. zuletzt Mueller, *Places and Spaces*, 103–125, bes. 104f. (Zusammenfassung des Meinungsstandes) und 120–122 (Lokalisierung im Norden der Meris mit Karte).

3. σὺν εἰκ(οστῇ): Die richtige Auflösung von συν ει..(..) in BGU II 548 bzw. der Abkürzung συνεικ/() in SPP III wurde bereits von P. J. Sijpesteijn, *loc. cit.* (Aeg. 66 und ZPE 65) vorgeschlagen; zur Angabe σὺν εἰκ(οστῇ) s. oben **B. 6.**

488. QUITTUNG FÜR HEU

P.Vindob. G 11382 — 10,3 × 9,1 cm — 6. Jh.
Arsinoites / Herakleopolites — Tafel XVIII

Ed. pr.: SPP III 488 (6. Jh.).
Revision am Original.

Hellbrauner Papyrus. Das Blatt ist in seinen Ausmaßen vollständig erhalten. Beschädigungen an den Rändern und entlang horizontaler Faltungen in Abständen von ca. 3, 5 und 7 cm zum oberen Rand. Beschrieben mit kräftiger schwarzer Tinte. Schrift quer zur Faserrichtung. Abstand der Schrift zum Rand oben 1 cm und unten 3 cm. Verso leer.

↓
† Παχὼν κς γ ἰν(δικτίωνος)
ὑ(πὲρ) ’Αθα̣νασα(κίου?)
χόρτο̣υ μ(ανδάκια) δεκα-
[ο]κτώ, μ(ανδάκια) ιη.
. . [± 2] Κυ̣ρ̣ικός †.

2. δ/(ιὰ) ’Αθανασα^sic *ed. pr.* 3. χόρτ[ο]υ *ed. pr.* 4. [ὀ]κτώς *ed. pr.* οκτω : μ, ϊη *pap.* 5. [ ]Κ[υρ]ικός *ed. pr.*

„† Am 26. Pachon des 3. Indiktionsjahres, für Athanasakios (?), an Heu achtzehn Bündel, 18 Bündel. ... Kyrikos †.“

In der Quittung wird durch Kyrikos der Erhalt von 18 Bündel Heu bestätigt. Wessely geht mit der Lesung δ(ιά) am Beginn der Z. 2 davon aus, daß in dieser Zeile die die Zahlung ausführende Person bezeichnet ist. Dagegen ist nach der Textkorrektur in ὑ(πέρ) der hier genannte ’Αθανασάκιος die Person, für die die Zahlung erbracht wird.

In der *ed. pr.* findet man keine Angabe zur Herkunft des Textes. Das handschriftliche Inventar weist den Papyrus dem sog. 1. Fayumer Fund zu und erlaubt daher, die mögliche Herkunft der Quittung auf den Arsinoites oder Herakleopolites einzuschränken.

1. Παχὼν κς = 21. Mai.

2. ’Αθα̣νασα(κίου?): Der Deminutiv von ’Αθανάσιος ist als Personenname bislang nicht in den Papyri belegt, vgl. hingegen andere mehrfach vorkommende Namen wie Θεοδωράκιος, ’Ιωαννάκιος oder Παυλάκιος. Das hochgestellte α am Zeilenende zeigt die abgekürzte Schreibung des Namens an (anders Wessely, der ’Αθανασα als ausgeschriebenen Genitiv auffaßte, damit aber eine doppelte Verschreibung für ’Αθανασίας akzeptieren mußte).

3. μ(ανδάκια): Zur Ableitung der Bezeichnung für Bündel vom Binderiemen μανδάκης s. CPR XIV 6, Komm. zu Z. 16; über die mutmaßliche Größe von Mandakai vgl. F. Reiter, P.Köln IX 381 Einl. S. 176–178 sowie Komm. zu Z. 13.

4. Zwischen der Summe in Worten und deren Wiederholung in Ziffern sind zwei übereinander gesetzte Punkte als diakritisches Zeichen eingefügt (Wessely irrtümlich -ς).

5. Es liegt nahe, am Anfang der Zeile die Ergänzung eines die Unterschrift einleitenden † δ(ι') ἐμοῦ zu erwägen. Die Tintenspuren am Zeilenbeginn passen dazu allerdings ebensowenig wie die Unterschrift im Nominativ Κυρικός.

489. QUITTUNG FÜR GERSTE AUS DEM GEORGIOS-DOSSIER

P.Vindob. G 11383 3,8 × 7,4 cm 7.–8. Jh. (arab. Zeit)
Arabon (Arsinoites) Tafel XIX

Ed. pr.: SPP III 489 (6. Jh., Fayum).
Revision am Original.

Dunkelbrauner Papyrus. Oberer und rechter Rand erhalten. Links und unten ist der Papyrus abgebrochen, wobei links nur ein schmaler Streifen (ca. 1 cm), unten ein bis zwei Zeilen verloren sind. Beschrieben mit schwarzer Tinte. Schrift quer zur Faserrichtung. Das Verso blieb leer.

↓ [†] Παχὼ(ν) η κρ(ι)θ(ῆς) τρίτης ἰνδ(ικτίωνος)
['Αρ]άβων Γεώργιος 'Ισὰκ
[κα]γ̣κέλλ(ω̣) ἀρτ(άβας) δύο δωδέκατ(ον),
[(ἀρτάβας)] β̣ ιβʹ μ(όνας). † Γεώργιος, δ[(ι')] ἐ̣[μοῦ Μ]η̣(νᾶ)
[διακ(όνου) †. (2. H.) † Θεόδωρος, δ(ι') ἐμοῦ Γεωργίου γρα(μματέως) †.]

1. κρι$^{θ(ῆς)}$ *ed. pr.* 3. δωδέκατ$_{ϛ}$ † *ed. pr.* 4. Γεώργιος δ[ ]ʹ *ed. pr.* γεωργ†ιος *pap.*]η̅† *pap.* 5. *om. ed. pr.*

„† Am 8. Pachon, an Gerste für das dritte Indiktionsjahr, für Arabon, Georgios, Sohn des Isak, im Kankellon-Maß zwei, ein zwölftel Artaben, 2 1/12 Artaben, sonst nichts. † Georgios, durch mich, Menas, Diakon †. (2. H.) † Theodoros, durch mich, Georgios, Schreiber †."

Die zum Georgios-Dossier (s. dazu oben **C. 3.**) gehörende Quittung wurde am selben Tag ausgestellt wie die Quittungen **490** und **492**. Jene beiden Texte sowie **450** und **491** vom folgenden Tag wurden ausgestellt vom Kollegium 2 (Georgios, vertreten durch Menas, und

Theodoros, vertreten durch Georgios), was die entsprechende Ergänzung der Zeile 5 in vorliegender Quittung nahe legt.

1. Παχὼ(ν) η = 3. Mai.

2. [Ἀρ]άβων: Zum Dorf Arabon s. die Georgios-Quittung **471**, Komm. zu Z. 2.

3. Das von Wessely transkribierte † am Zeilenende gehört zur Unterschrift des Menas in der darunterliegenden Zeile.

5. Die Ergänzung der Unterschriften folgt den Parallelen **450** und **490–492**, wobei der ergänzte Text möglicherweise auch zwei nicht erhaltene Zeilen in Anspruch nahm.

490. QUITTUNG FÜR GERSTE AUS DEM GEORGIOS-DOSSIER

P.Paris M.N. E 6881 W 463 — 5,5 × 8,3 cm — 7.–8. Jh. (arab. Zeit)
Karpe (Arsinoites) — Tafel XIX

Ed. ant.: Wessely, *Pariser Papyri*, 250, App. 463.
Ed. pr.: SPP III 490 (6.–7. Jh., Fayum).
Korr.: P.J. Sijpesteijn, *Short Remarks on Some Papyri IV*, Aegyptus 68 (1988) 89 (BL IX 335).
Revision am Original.

Mittelbrauner Papyrus von kräftiger Struktur. Das Blatt ist in seinen Ausmaßen vollständig erhalten. Einige kleine Fehlstellen und ein größerer Ausbruch am unteren Rand. Die von Wessely angegebenen Faltungen im Abstand von je 1,1 cm sind kaum noch sichtbar. Beschrieben mit schwarzer Tinte. Schrift quer zur Faserrichtung. Unten blieb ein unbeschriebener Rand von 1,2 cm. Verso leer.

↓ † Παχὼ(ν) η κρ(ι)θ(ῆς) τρ[ί]της ἰνδ(ικτίωνος)
Κάρπε Πέτρος Παπν(ου)θ(ίου) καγκέλλ(ῳ̣)
ἀρτ(άβας) ἐννέα̣, (ἀρτάβας) θ μ̣(όνας). † Γεώργιο̣ς,
δ(ι') ἐμοῦ Μη(νᾶ) διακ(όνου) †. (2. H.) †̣ Θ̣ε̣ό̣δ̣[ω]ρ̣ο̣[ς],
δ(ι') ἐμοῦ Γεωργίου γ̣ρ̣α̣(μματέως) †̣.

1. τετάρτης *ed. pr.* 2. καγκελ$_{\text{ʃ}}$(λῳ̣) *ed. pr.* 3. μ̣(όνας) *om. ed. pr.* Γεώργις^{sic} *ed. pr.* γεω†ργιος *pap.* 4. †̣ Θ̣ε̣ό̣δ̣[ω]ρ̣ο̣[ς] *om. ed. pr.* [†...]δ̣[ωρο]ς *Sijpesteijn* θεοδω†ρος *pap.* 5. δ(ι') ἐμο(υ) Γεω$^{\rho(\gamma\acute{\iota}o\upsilon)}$ *imit. script. ed. pr.* Γεωργίου traces *Sijpesteijn* γεω†ργιου *pap.*

„† Am 8. Pachon, an Gerste für das dritte Indiktionsjahr, für Karpe, Petros, Sohn des Papnuthios, im Kankellon-Maß neun Artaben, 9 Artaben, sonst nichts. † Georgios, durch mich, Menas, Diakon †. (2. H.) † Theodoros, durch mich, Georgios, Schreiber †."

Die zum Georgios-Dossier (s. die allgemeinen Bemerkungen oben **C. 3.**) gehörende Quittung wurde unterzeichnet vom Kollegium 2 und bildet zusammen mit den am selben und am nächsten Tag ausgestellten Quittungen **450**, **489**, **491** und **492** eine Gruppe innerhalb des Dossiers.

1. Παχὼ(ν) η = 3. Mai.

2. Κάρπε: Zu dem nur in einigen Papyri aus dem 6. bis 8. Jh. aufscheinenden Dorf Karpe vgl. Calderini, Daris, *Dizionario III*, 81 mit *Suppl. II*, 89 und *III*, 58 sowie *Dizionario IV* 150 (*s.v.* Πκάρπε, aufgrund einer Verschmelzung mit dem koptischen Artikel). Der grundsätzlich indeklinable Dorfname (einzig in P.Bingen 146, 1 und 2 [7.–8. Jh.] ist eine Genitivform Κάρπεως belegt) kann vielleicht vom koptischen Wort ϭⲢⲰⲠ für Ofen abgeleitet werden, s. Crum, *Coptic Dictionary*, 829. Eine Lokalisierung des Ortes ist anhand der Papyri nicht möglich. Timm, *Christlich-koptisches Ägypten III*, 1229–1230 vermutet Karpe aufgrund der koptischen Belege im Südwesten der Oase. Wessely, *Topographie*, 85 geht aufgrund von Ortslisten aus SPP X von einer Lage des Dorfes nahe der Orte Patres, Tassat, und Phentemin aus; zweifelnd dagegen B. P. Grenfell, A. S. Hunt, P.Tebt. II S. 382. Die Zugehörigkeit der Quittung zum Georgios-Dossier und besonders die am selben Tag ausgestellte Quittung **492** für Tassat, können Wesselys Annahme stützen.

491. QUITTUNG FÜR GERSTE AUS DEM GEORGIOS-DOSSIER

P.Paris M.N. E 6728a W 191	6,7 × 8,1 cm	7.–8. Jh. (arab. Zeit)
Tassat (Arsinoites)		Tafel XIX

Ed. ant.: Wessely, *Pariser Papyri*, 211, Nr. LXV 8.
Ed. pr.: SPP III 491 (6. Jh., Fayum).
Korr.: P.J. Sijpesteijn, *Short Remarks on Some Papyri IV*, Aegyptus 68 (1988) 89 (BL IX 335).
Revision am Original.

Hellbrauner Papyrus. Das Blatt ist in seinen äußeren Ausmaßen vollständig erhalten. Eine schadhafte Stelle am rechten Rand, kleinere Beschädigungen in Z. 4 und 5, die vielleicht auf metallische Tinte zurückzuführen sind. Beschrieben mit schwarzer Tinte. Schrift quer zur Faserrichtung. Verso leer.

↓ † Παχὼ(ν) θ κρ(ι)θ(ῆς) τρίτης ἰνδ(ικτίωνος)
Τασσὰτ Γεώργιος Παύλου
καγκέλλ(ω̣) ἀρτ(άβας) δεκατέσσερ(ας) ἥμ̣ισυ̣
δωδέκατ(ον), (ἀρτάβας) ιδ ιβʹ μό(νας). † Γ̣ε̣ώ̣[ργ(ιος)],
δ(ι’) ἐμοῦ Μη(νᾶ) διακ(όνου) †. (2. H.) Θ̣ε̣ό̣[δω]ρ̣[ος],
δ̣(ι’) ἐμοῦ [Γ]ε̣ω̣[ργ]ί̣[ου γρα(μματέως)] †̣.

3. δεκατέσσερ(ας): σσ *corr. ex.* σ 4. † ἐγρ/(άφη) *ed. pr.* † Γ̣ε̣ώ̣[ργις] *Sijpesteijn* γεω†[*pap.* 5. δι’ ἐμοῦ Μην̣α̣̂ δ̣ι̣α̣κ̣/(όνου) † /////// *ed. pr.* †...δωρ[ος] *Sijpesteijn* 6. δ/(ι’) ἐμοῦ ///////// *ed. pr.* Γ̣ε̣ω̣[ργίου] traces *Sijpesteijn*

„† Am 9. Pachon, an Gerste für das dritte Indiktionsjahr, für Tassat, Georgios, Sohn des Paulos, im Kankellon-Maß vierzehneinhalb und ein zwölftel Artaben, 14 1/12 Artaben, sonst nichts. † Georgios, durch mich, Menas, Diakon †. (2. H.) Theodoros, durch mich, Georgios, Schreiber †."

Die zum Georgios-Dossier (s. dazu oben **C. 3.**) gehörende Quittung wurde wie die vier anderen am vorangehenden und am selben Tag ausgestellten Quittungen (**450**, **489**, **490** und **492**) unterzeichnet vom Kollegium 2. Die in Worten angegebene Summe der geleisteten Artaben stimmt mit dem Betrag in Ziffern nicht überein. Der Schreiber hatte vermutlich in der Wiederholung das ἥμισυ-Zeichen vergessen. Die in Z. 3 bei ἥμισυ stark abgeriebene Tinte könnte auch auf eine Tilgung des Wortes zurückzuführen sein, die dann nur sehr nachlässig ausgeführt worden wäre.

1. Παχὼ(ν) θ = 4. Mai.

2. Τασσάτ: Zu dem erst vom 6. bis 9. Jh. belegten Dorf Tassat (geschrieben auch Τασάτ; die Schreibung Τασσάθ fällt durch die Neulesung in **492**, 2 weg; in dem einzigen Zeugnis für die graphische Variante Τασάθ, SB I 5338, ist θ unsicher gelesen, daher vielleicht auch Τασάτ̣ vorzuziehen) vgl. Calderini, Daris, *Dizionario IV*, 366 mit *Suppl. II*, 207, Wessely, *Topographie*, 144–145, P.Tebt. II S. 403 und Timm, *Christlich-koptisches Ägypten VI*, 2547. Eine Lokalisierung ist anhand der Papyri nicht möglich, zur vermuteten Nähe zu Karpe s. oben **490**, Komm. zu Z. 2.

492. QUITTUNG FÜR GERSTE AUS DEM GEORGIOS-DOSSIER

P.Paris M.N. E 6480	5,3 × 8,3 cm	7.–8. Jh. (arab. Zeit)
Tassat (Arsinoites)		Tafel XX

Ed. ant.: Wessely, *Pariser Papyri*, 209, Nr. LXV 4.
Ed. pr.: SPP III 492 (6. Jh., Fayum).
Korr.: Diethart, *Pros. Ars.*, Nr. 1769 mit Anm. 271 (BL VIII 440f.) — P.J. Sijpesteijn, *Short Remarks on Some Papyri IV*, Aegyptus 68 (1988) 89 (BL IX 335).
Revision am Original.

Hellbrauner Papyrus. Das Blatt ist in seinen äußeren Ausmaßen vollständig erhalten, der Rand nur leicht beschädigt. Kleinere Fehlstellen aufgrund von Anobienbefall in der Mitte des Blattes. Eine horizontale mittige Faltung ist deutlich erkennbar. Beschrieben mit schwarzer Tinte. Schrift quer zur Fasserrichtung. Das Verso haftet auf Karton und ist nicht mehr einsehbar.

↓ † Παχὼ(ν) η̣ κρ(ι)θ(ῆς) τρίτης ἰνδ(ικτίωνος).
Τασσὰτ Ἰ̣[σ]α̣ὰ̣κ Ἑρμοῦς
καγκέλλ(ῳ) ἀρτ̣(άβας) τ̣ρεῖς ἥμισυ τρίτο̣(ν)
δωδέκατ(ον), (ἀρτάβας) γ ∠̣ γ′ ι̣β′ μό̣(νας). † Γεώργιος,
δ(ι') ἐμοῦ Μη(νᾶ) δ̣ι̣ακ(όνου) †. (2. H.) † Θε̣ό̣δωρος,
δ(ι') [ἐ]μ̣[οῦ] Γ̣ε̣ω̣ρ̣[γ]ί̣[ου] γ̣ρ̣α̣(μματέως) †̣.

1. παχ(ων) κη σίτου *ed. pr.* κρ(ι)[θ](ῆς) *Sijpesteijn* 2. Τασσαθ//////////ακερμους *ed. pr.* .[..]..κ(?) *Diethart* *l.* Ἑρμοῦ 3. ἀ[ρτ(άβας) τρ]εῖς *ed. pr.* τρίτον *ed. pr.* 4. δωδέκατον μ//(όνας) *ed. pr.* 5. δ/(ι') ἐμοῦ Μηνᾶ διακ/(όνου) †[Θεό]δωρος *ed. pr.* διακ(όνου) †† ...δωρος *Sijpesteijn* θεοδ†ωρος *pap.* 6. *om. ed. pr.* δ(ι') ἐ̣μ̣ο̣ῦ̣ Γ̣ε̣[ωργίου *Sijpesteijn*

„† Am 8. Pachon, an Gerste für das dritte Indiktionsjahr, für Tassat, von Isaak, Sohn des Hermes, im Kankellon-Maß dreieinhalb, ein drittel und ein zwölftel Artaben, 3 ½ ⅓ 1/12 Artaben, sonst nichts. † Georgios, durch mich, Menas, Diakon †. (2. H.) † Theodoros, durch mich, Georgios, Schreiber †."

Die zum Georgios-Dossier (s. oben **C. 3.**) gehörende Quittung wurde unterzeichnet vom Kollegium 2; s. auch oben **450**, **489**, **490** und **491**.

1. Παχὼ(ν) η̣ = 3. Mai.

2. Τασσάτ: Zum arsinoitischen Dorf Tassat s. oben **491**, Komm. zu Z. 2. Die Schreibvariante Τασσάθ war nur in diesem Text belegt und fällt durch die Neulesung nunmehr weg (in SPP X 82, 4 [7.–8. Jh.] wurde αθ ergänzt, *l.* jetzt Τασσ[άτ).

4. (ἀρτάβας) γ ∠̣ γ′ ι̣β′: Die von Wessely gänzlich übergangene Betragswiederholung ist in den vorhandenen Tintenspuren nur schlecht zu erkennen. Entweder wurde ∠ γ′ ιβ′ sehr eng und verschliffen geschrieben oder der Schreiber vergaß eines der Zeichen.

493. WEIZENQUITTUNG AUS DEM GEORGIOS-DOSSIER

P.Berlin Aeg. Mus. 2675 — 5,7 × 9 cm — 7.–8. Jh. (arab. Zeit)
Lenos (Arsinoites) — Tafel XX

Descr.: Wilcken, *Tafeln zur Palaeographie*, S. XIV, ad Tafel XIX c (Leseprobe Z. 1–2).
Ed. pr.: SPP III 493 (7. Jh., Fayum).
Korr.: Diethart, *Pros. Ars.*, Nr. 1866, 1910 und 1912 mit Anm. 287b (BL VIII 317 [ad SB I 4922] und 441).
Abb.: Wilcken, *Tafeln zur Palaeographie*, Tafel XIX c.
Revision am Photo.

Das Blatt ist bis auf kleine Fehlstellen in intaktem Zustand erhalten. Fünf horizontale Faltungen in Abständen von 0,5, 1,5, 2,5, 3,5 und 4,5 cm vom oberen Rand. Beschrieben mit schwarzer Tinte. Schrift quer zur Faserrichtung. Unbeschriebener Rand oben und links ca. 1 cm, unten 1,2 cm. Nach der Beschriftung wurde das Blatt mit mehreren einander kreuzenden Strichen entwertet. Das Verso ist nicht mehr einsehbar.

↓ † Π(α)χ(ὼν) ις σίτου πεντε(και)δεκ(άτης) ἰνδ(ικτίωνος)
Ληνὸς Κωνσταντ(ῖνος) γ̣ρ̣[α]μ̣[μ(α)]τ̣(εύς)
καγκ(έλλῳ) ἀρτ(άβας) δύο, (ἀρτάβας) β μό(νας). † δ(ι') ἐμοῦ Γεωργίου.
(2. H.) † Καλομηνᾶς † *Paraphe*. (3. H.) † Ἠλίας †.

1. ϊς *pap*. 2. Κωνσταν τ(ῖνος) [6 litt.]; *ed. pr.* 3. μ/(όνας) *ed. pr.* γεω†ργιου *pap*. 4. καλο†μηνας, ηλ†ιας *pap*.

„† Am 16. Pachon, an Weizen für das fünfzehnte Indiktionsjahr, für Lenos, Konstantinos, Schreiber, im Kankellon-Maß zwei Artaben, 2 Artaben, sonst nichts. † Durch mich, Georgios. (2. H.) † Kalomenas † *Paraphe*. (3. H.) † Elias †."

Die Quittung gehört zum Dossier des Georgios, s. dazu oben **C. 3.** Aufschlußreich für diesen Text ist noch ein anderer Papyrus der Berliner Sammlung, der bislang unediert geblieben ist: P. 2674, eine beinahe gleichlautende Weizenquittung vom selben Tag, ausgestellt für das Dorf Lenos und den Steuerzahler Konstantinos. Zahlt Konstantinos hier 2 Artaben, sind diesen nach P. 2674 noch weitere drei Artaben hinzuzufügen. Warum für diese innerhalb eines Tages erfolgte Zahlung von fünf Artaben zwei verschiedene Quittungen ausgehändigt wurden, kann nur vermutet werden. Möglicherweise brachte Konstantinos die Lieferung in zwei Raten herbei.

1. Π(α)χ(ὼν) ις = 11. Mai.

2. Ληνός: Das Dorf ist nur in wenigen Papyri des 6.–8. Jh. bezeugt, vgl. Calderini, Daris, *Dizionario III*, 195–196, Wessely, *Topographie*, 98 und Timm, *Christlich-koptisches Ägypten III*, 1489. Alle Zeugnisse außer dem vorliegenden Text nennen das Dorf in der genitivischen Form Ληνοῦ.

γ̣ρ̣[α]μ̣[μ(α)]τ̣(εύς): Die Lesung der Berufsbezeichnung läßt sich aus der unedierten Quittung P.Berlin 2674 erschließen, wo in Z. 2 dieselbe Abkürzung γραμμ(α)τ(εύς) vollständig erhalten ist.

3. Γεωργίου: Das Kreuz mit geschwungenem Ausstrich zwischen Z. 3 und 4 gehört noch zur Unterschrift des Georgios, wie etwa aus **516** zu ersehen ist.

4. Ἠλίας: Zu der von Diethart, *Pros. Ars.*, Nr. 1866, 1910 und 1912 mit Anm. 287b vorgeschlagenen Identität des Elias mit dem anderer Urkunden s. oben **451**, Komm. zu Z. 4.

494. WEIZENQUITTUNG AUS DEM GEORGIOS-DOSSIER

P.Vindob. G 2203 — 6 × 9 cm — 7.–8. Jh. (arab. Zeit)
Patres (Arsinoites) — Tafel XX

Descr.: PERF Nr. 419.
Ed. pr.: SPP III 494 (7. Jh., Fayum).
Ed. post.: SPP XX 205 (7. Jh., Arsinoites).
Korr.: Diethart, *Pros. Ars.*, Nr. 1866, 1910 und 1912 und Anm. 287b (BL VIII 317 [ad SB I 4922] und 471).
Revision am Original.

Hellbrauner Papyrus von feiner Struktur. Das Blatt ist in seinen äußeren Abmessungen vollständig und mit intaktem Rand erhalten. Kleine schadhafte Stellen durch Anobienbefall. Drei horizontale Faltungen in den Abständen 0,5, 2,7 und 4,4 cm vom oberen Rand. Beschrieben mit schwarzer Tinte. Abstand der Schrift zum Rand links 1,5 cm und unten 2 cm. Das Kreuz der ersten Zeile ist nach links ausgerückt. Schrift quer zur Faserrichtung. Zur Kennzeichnung der Entwertung mit gekreuzten Schrägstrichen durchgestrichen. Verso leer.

↓ † Παῦνι ιε σίτου τεσσαρασ(και)δεκ(άτης) ἰνδ(ικτίωνος)
Πάτρης ῃ[̣ ̣]ς Μηνᾶ \`Ἀνοῦπ´ καγκ(έ)λ(λῳ)
ἀρτ(άβας) δύο ἥμισυ, (ἀρτάβας) β ∠ μό(νας). † δͅ(ι') ἐμοῦ Γεωργ(ίου) †.
(2. H.) † Καλομηνᾶς † *Paraphe*. (3. H.) † Ἠλίας † *Paraphe*.

1. παϋνι ϊε *pap.* τεσσαρακαιδεκ(άτης) *ed. pr. et SPP XX* 2. ῃ[̣ ̣]ς *om. ed. pr.* Πατρης ... Μηνα *SPP XX* μηνα *pap.* 3. ἀρ̄(τάβας) *ed. pr. et SPP XX* [† δι' ἐ]μοῦ *ed. pr. et SPP XX* 4. Καλομηνα *ed. pr.* καλομ†ηνας *pap.* ηλ†ιας *pap.*

„† Am 15. Payni, an Weizen für das vierzehnte Indiktionsjahr, für Patres, von ..., Sohn des Menas, \`Anup´, im Kankellon-Maß zweieinhalb Artaben, 2 ½ Artaben, sonst nichts. † Durch mich, Georgios †. (2. H.) † Kalomenas † *Paraphe*. (3. H.) † Elias † *Paraphe*."

Die Quittung gehört zum Dossier des Georgios, s. dazu oben **C. 3.** Wie in mehreren anderen Texten unterzeichnet das Kollegium 1a. In **521**, einer Georgios-Quittung vom 5. Epeiph der 14. Indiktion, also wohl zwanzig Tage später, wurde eine Zahlung von weiteren fünf Artaben für das Dorf Patres quittiert.

In Z. 2 weist der Text eine Besonderheit auf: Der Schreiber markierte den Namen Menas durch doppelte Unterstreichung und fügte darüber den Namen Anup hinzu. Vielleicht wollte er den Vatersnamen von Menas in Anup korrigieren. Eine solche Unterstreichung zur Kennzeichnung einer Tilgung ist allerdings nicht üblich. Anders interpretiert J. Diethart die Stelle, der in der *Pros. Ars.*, Nr. 3614 Anup als Vatersname zu Menas auffaßt (in *Pros. Ars.*, Nr. 400 ist dagegen Anup als Sohn des Menas ausgewiesen), dabei aber die Tintenspuren vor Μηνᾶ, die wohl zu einem Personennamen gehören, außer acht läßt.

1. Παῦνι ιε = 9. Juni.

2. Πάτρης: Zum arsinoitischen Dorf Patres vgl. oben **482** Komm zu Z. 2.
η̣[̣ ̣]ς: Eventuell ist hier der seltene Name Ἡοῦς zu ergänzen, der freilich meist als Ἄπα Ἡοῦς vorkommt. Ἠλίας ist nicht möglich, da keine Unterlängen von λ und ι zu sehen sind.

3. Das Kreuz mit geschwungenem Ausstrich unterhalb der Zeile gehört zur Unterschrift des Georgios.

4. Ἠλίας: Zu der von Diethart, *Pros. Ars.*, Nr. 1866, 1910 und 1912 mit Anm. 287b vorgeschlagenen Identität des Elias mit dem anderer Texte s. oben **451**, Komm. zu Z. 4.

495. WEIZENQUITTUNG DES TIMOTHEOS

P.Vindob. G 11385 6,5 × 11,4 cm 7.–8. Jh.
Psenyris (Arsinoites) Tafel XXI

Ed. pr.: SPP III 495 (6. Jh., Fayum).
Korr.: H. C. Youtie, O. M. Pearl, P.Mich. VI 399–411 Einl., S. 102 (BL VIII 441) — P. J. Sijpesteijn, *SPP III 479: Eine Neuedition*, ZPE 65 (1986) 161 (BL VIII 441).
Revision am Original.

Der hellbraune Papyrus ist in seinen äußeren Ausmaßen vollständig erhalten. Der Rand ist oben und unten unversehrt, an den Seiten beschädigt. Drei horizontale Faltungen in Abständen von etwa 1,5 cm sind anhand der Beschädigungen erkennbar. Beschrieben mit schwarzer Tinte quer zur Faserrichtung. Der unbeschriebene Rand beträgt oben 1 cm, unten 2,8 cm. Das Verso blieb leer.

↓ † Παῦνι κη σίτου πέμπτης ἰν(δικτίωνος)
Ψενῦρις Ἀντῶνις Φοιβάμμ(ωνος) σὺν εἰκ(οστῇ)
ἀ̣ρ(τάβας) [ὀ]κτὼ ἥμισυ τέταρτον, (ἀρτάβας) η ∠ δʹ. † Τιμόθεος †.

2. Φοιβαμμς() συνει/() *ed. pr.* 3. [ἀ]ρ/(τάβας) *ed. pr.* Τιμόθεος † *om. ed. pr.*

„† Am 28. Payni, an Weizen für das fünfte Indiktionsjahr, für Psenyris, Antonis, Sohn des Phoibammon, einschließlich des Zwanzigstels, achteinhalb und ein viertel Artaben, 8 1/2 1/4 Artaben. † Timotheos †."

Zum Dossier der von Timotheos ausgestellten Quittungen, Zahlungsaufträge und anderen an ihn gerichteten Schriftstücke s. oben **C. 10.** Diese Quittung dürfte von Timotheos selbst ausgestellt und unterschrieben sein, da δʹ direkt in das † der Signatur übergeht.

1. Παῦνι κη = 22. Juni.

2. Ψενῦρις: Das Dorf Psenyris ist von ptolemäischer bis in arabische Zeit häufig bezeugt (s. auch **502** und **551**); vgl. die Belege bei Calderini, Daris, *Dizionario V*, 155–156 mit *Suppl. I*, 250, *II*, 243 und *III*, 164. Gegen die dort sowie in P.Tebt. II S. 410–411 und Timm, *Christlich-koptisches Ägypten IV*, 2034–2035 geäußerte Ansicht, der ab byzantinischer Zeit bezeugte Ort Ψινεῦρις könne mit Ψενῦρις ident sein, ist einzuwenden, daß in den Ortslisten SPP XX 225 und 229 (7.-8. Jh.) beide Orte genannt sind und eine doppelte Nennung desselben Dorfes in verschiedener Schreibung kaum plausibel erscheint; vgl. bereits die Differenzierung beider Dörfer bei Wessely, *Topographie*, 163–165 und 167–168 sowie meinen Kommentar zur Zeile 3 in *Zwei Fragmente — eine Lohnquittung: SPP III 304 + 569*, Tyche 14 (1999) 159. Zur vermutlichen Lage des Dorfes s. die Karte in Mueller, *Mastering Matrices and Clusters*, 237.

σὺν εἰκ(οστῇ): Am Ende der Zeile wurde εἰκ() stark verschliffen geschrieben, weshalb Wessely bloßes ει/ transkribiert. Die Kürzung durch zwei gekreuzte Schrägstriche ist jedoch eine typische κ-Kürzung. Die richtige Auflösung der Abkürzung wurde bereits in P.Mich. VI S. 102 sowie von Sijpesteijn, *loc. cit.*, vermerkt.

3. Τιμόθεος: Die Unterschrift ist besonders zum Rand hin sehr klein und eng geschrieben, Wessely zeichnet in der *ed. pr.* lediglich ein paar verstreute Spuren nach. Die Hand des Timotheos und der typische Duktus seiner Signatur sind doch zweifelsfrei erkennbar.

496. WEIZENQUITTUNG DES AGATHAMMON

P.Vindob. G 11386 — 6,5 × 12,5 cm — 6.–7. Jh.
Tamauis (Arsinoites) — Tafel XXI

Ed. pr.: SPP III 496 (6. Jh., Fayum).
Korr: J. M. Diethart, *Ghost-names und andere Berichtigungen zu Wiener Papyri*, ZPE 39 (1980) 190 — Diethart, *Pros. Ars.*, Nr. 121 mit Anm. 21 (BL VIII 441).
Revision am Original.

Der dunkelbraune, brüchige Papyrus ist in seinen äußeren Ausmaßen vollständig erhalten, jedoch stark beschädigt. Das ganze Blatt ist durch Wurmfraß durchlöchert. Der Papyrus ist einseitig beschrieben mit schwarzer Tinte. Der unbeschriebene Rand beträgt oben 0,8 cm, links 1,5 cm und unten 1,6 cm. Die Schrift läuft parallel zur leicht geneigten Faserrichtung. Alle drei Zeilen wurden unterstrichen (s. dazu oben **C. 1.**). Das Verso ist leer.

→ 1 † Παῦνι θ σίτ̣ο̣υ̣ τρίτης ἰ̣ν(δικτίωνος)
2 Ταμαῦις Π̣α̣π̣ν̣ούθ[ι]ο̣ς διάκ̣(ονος) σὺ(ν εἰκοστῇ)
3 ἀρ(τάβης) τρίτ[ο]ν, (ἀρτάβης) γʹ. † Ἀγαθ̣άμμων †.

1. σ[ίτ^ου^] τ̣ρίτη[ς ἰ]ν₎() *ed. pr.* θʹ *pap.* 2. Ταμαις [. . . . .]ο¯ Θεοδώρου *ed. pr.* παπνὄθιος διακ/˙ *pap.* 3. τρίτον *ed. pr.* γʹʹ *pap.* Ἀ[βρα]αμ/[]^[] *imit. script.* *ed. pr.* αγαθαμ†μων *pap.*

„† Am 9. Payni, an Weizen für das dritte Indiktionsjahr, für Tamauis, Papnuthios, Diakon, einschließlich des Zwanzigstels eine drittel Artabe, 1/3 Artabe. † Agathammon †."

Zum Dossier der von Agathammon ausgestellten Quittungen für Weizen s. oben **C. 1.**

1. Παῦνι θ = 3. Juni.

2. Ταμαῦις: statt Ταμαις der *ed. pr.*; der Haken für das υ zwischen α und ι ist deutlich zu erkennen. Zu diesem Ort s. oben **460**, Komm. zu Z. 2.

Παπνούθ[ι]ος διάκ(ονος): Vom Namen des Steuerzahlers ist in der *ed. pr.* nur ου gelesen und als Genitivendung verstanden worden. Die Lesung eines Vatersnamens Θεοδώρου am Ende der Zeile ist nicht möglich (v.a. -εο- und -ωρ- sind nicht nachvollziehbar). Zu Papnuthios vgl. den ähnlichen Duktus desselben Wortes in **458**, 2. Über dem Kürzungsstrich von διακ/ steht ein Punkt, der aber nicht unbedingt ein hochgestelltes o andeutet, vgl. die zahlreichen Tintenpunkte auf dem Blatt.

σὺ(ν εἰκοστῇ): Zu der hier vorliegenden besonders stark verkürzten Schreibung vgl. das Makarios-Dossier, bes. **460**, Komm. zu Z. 3. Die Auflösung ergibt sich aus dem Formular der Steuerquittungen, das zwischen der Nennung des Steuerzahlers und der Summe an Artaben nichts Anderes erwarten läßt.

3. (ἀρτάβης) γ′: Anders als in P.Dubl. I 27 ist in diesem Text die Bruchzahl nicht durch eine Schlinge, sondern durch einen doppelten Zahlenstrich markiert.

Ἀγαθάμμων: Die Lesung der Unterschrift als Α[βρα]αμ/[]^[] in der *ed. pr.* wurde bereits von J. M. Diethart, *Ghost-names und andere Berichtigungen zu Wiener Papyri*, ZPE 39 (1980) 190 und in der *Pros. Ars.*, Nr. 121 mit Anm. 21 korrigiert.

497. FRAGMENT EINER WEIZENQUITTUNG MIT SUMME IN SÄCKEN UND ARTABEN

P.Vindob. G 11387 — 8,1 × 7,8 cm — 7. Jh.
Ptaempsaei (Arsinoites) — Tafel XXII

Ed. pr.: SPP III 497 (6. Jh., angeblich Fayum).
Revision am Original.

Mittelbraunes Papyrusfragment aus feinem, glänzendem Material. Der obere, linke und untere Rand sind intakt. Rechts ist der Papyrus unregelmäßig abgebrochen. Die Quittung wurde auf dem Verso eines hierzu beschnittenen Protokollblattes geschrieben, auf der Rektoseite ist die charakteristische, großflächige und mit dicken Strichen ausgeführte Protokollschrift (sog. „perpendicular writing") zu sehen. Durch die Zweitverwendung eines Protokolls erklärt sich auch die Kollesis oben auf unten 2,4 cm unterhalb des oberen Randes, durch die der Faserverlauf von horizontal zu vertikal wechselt (vgl. auch P.Hamb. III 216 mit ausführlicher Einleitung). Beschrieben mit schwarzer Tinte. Schrift im oberen Teil parallel, im unteren Teil quer zur Faserrichtung.

Unbeschriebener Freiraum oben 1,1 cm, links 2 cm und unten 1,9 cm; das Kreuz ist nach links ausgerückt. Zwei größere dunkle Flecken an der linken Seite.

→ † Παῦνι ιβ σίτο̣υ̣ [- - -]
↓ Πταε̣μψ[αεί - - -]
ὁ(μοῦ) νδ πρ(ὸς) λα[- - -]
διακοσίας [- - -]
εἰκοστόν, ῥ(υ)π(αρὰς) (ἀρτάβας) [- - -]

2. ηταουμ †[*ed. pr.* 3. ὁ/(μοῦ) N̥ ( ) Δρλα[*ed. pr.* ∅ νδ ῥ̂ *pap.* 5. ῥ̂ –o–[*ed. pr.* ῥ̂ *pap.*

„† Am 12. Payni, vom Weizen … für Ptaempsaei … zusammen 54, zu je 31 … zweihundert … ein zwanzigstel, Brutto-Artaben …“

Die Quittung gehört, wie der erhaltene Teil der Z. 3 zeigt, zu derjenigen Textgruppe von Quittungen für Weizenzahlungen, in denen die Summe nicht bloß in Artaben, sondern zuvor auch in Säcken angegeben wird, s. dazu oben **B. 10.** Anders als in den übrigen Texten ist hier am Beginn von Z. 3 ὁ(μοῦ) anstelle des zu erwartenden σάκ(κους) zu lesen. Genau genommen müßten vor ὁμοῦ mehrere Zwischensummen genannt sein, wofür jedoch der Platz in Z. 2 kaum ausreichen dürfte (vgl. dasselbe Problem in **485**, 2). Ansonsten scheint das Formular den Parallelen in **478**, **531** und **551** zu entsprechen: Nennung der Anzahl an Säcken, Angabe der Verhältniszahl und anschließend der Gesamtsumme in Artaben. Zu den Problemen der Zahlenrelationen in diesem Text s. ebenfalls unter **B. 10.**

1. Παῦνι ιβ = 6. Juni. Am Zeilenende ist das Indiktionsjahr zu erwarten.

2. Πταε̣μψ[αεί: Die *ed. pr.* hat die nicht verständliche Buchstabenfolge ηταουμ †[. Statt η ist am Zeilenanfang ein π mit Anstrich paläographisch vorzuziehen, alle anderen Buchstaben sind gut lesbar, wobei statt ε auch ου für Πταουμψαεί nicht auszuschließen ist. Es handelt sich offenbar um eine bislang nicht bezeugte Schreibvariante des arsinoitischen Dorfes Πτανψαεί; vgl. Wessely, *Topographie*, 128, B. P. Grenfell, A. S. Hunt, P.Tebt. II S. 362 und 397, Calderini, Daris, *Dizionario IV*, 199 mit *Suppl. III*, 131 und Timm, *Christlich-koptisches Ägypten IV*, 2057. Die bisherigen Belege für den Ort sind spärlich: Aus dem 7.–8. Jh. SPP X 43, 10 (Πτανψαεί) und 14 (nach Wessely Πτεμψαεί, auf dem Original ist hingegen Πτε̣νψαεί, vielleicht auch Πτα̣νψαεί zu lesen; die in P.Eirene II 5 Einl. [S. 39] vorgeschlagene Lesung Πλεμψαει ist nicht möglich), SPP X 79 Kol. 2, 4 (Wessely transkribiert Πταουϊαει/, auf dem Papyrus liest man dagegen Πταομ̣ψ̣αεί), SPP X 239 (= SPP XX 229) Kol. 1, 14 (Wessely: Πταυ////ει, am Original: Πταν̣ψ̣α̣εί) sowie P.Bodl. I 107, 1 (zur Datierung vgl. BL XI 47–48; zu lesen ist ἀπὸ χωρ(ίου) Π̣τ̣ανψαεί [statt χω(ρίου) der Ed.]); aus dem 5.–6. Jh. CPR VI 9, 5, ein Zahlungsauftrag des Mesites Gerontios an seine Kollegen zur Aushändigung von 29 Artaben Weizen zu Lasten des Kontos des

Hypodektes von Πτωνψαεί. Der Name Ptaempsaei bzw. Ptanpsaei geht zurück auf eine ägyptische Wortbildung, etwa *P3-t3-n-P3-šj*, das Land des (bzw. in) Psais (zum Eigennamen *P3-šj*, griech. Ψαϊς, kopt. ⲡϣⲁⲓ, vgl. Lüddeckens, Thissen, *Demotisches Namenbuch I.1*, 220). Der hier vorliegende Wechsel von ν zu μ vor ψ sowie die Vokalisierung der Silbe εμ überraschen demnach keineswegs.

3. ὁ(μοῦ): Zur Kürzung ∅ für ὁμοῦ vgl. P.Cair.Masp. III Index IX S. 223, P.Lond. V Index 7a S. 322 sowie CPR XXII Index S. 316.

πρ(ὸς) λα[: Zur Schreibung von πρός als ρ̂ s. oben **478**, Komm. zu Z. 3. Auf die Zahl 31 folgte wahrscheinlich noch eine Bruchzahl; vgl. β′ in **531**, 3 und **551**, 2 sowie δ′ in P.Prag. I 83, 2. Danach wird ἀρτάβας oder wie in P.Prag. I 83 — den anzunehmenden Platz besser füllend — καγκέλλῳ ἀρτάβας zu ergänzen sein.

5. ῥ(υ)π(αρὰς) (ἀρτάβας): s. dazu oben **B. 8.** Im verlorenen Teil der Zeile stand noch die Summe der bezahlten Artaben in Ziffern und wohl die Unterschrift des Quittungsausstellers.

498. WEIZENQUITTUNG AUS DEM GEORGIOS-DOSSIER

P.Vindob. G 11388 — 4 × 8,8 cm — 7.–8. Jh. (arab. Zeit)
Kos (Arsinoites) — Tafel XXII

Ed. pr.: SPP III 498 (7. Jh., 1. Fayumer Fund).
Korr.: Diethart, *Pros. Ars.*, Nr. 1260 und 5596 mit Anm. 211 (BL VIII 441).
Revision am Original.

Fragment eines hellbraunen Papyrusblattes von feiner Struktur. Teile des oberen, linken und rechten Randes sind erhalten. Unten ist das Blatt geradlinig, eventuell entlang einer horizontalen Faltung abgebrochen. Zwei Zeilen sind verloren. Oben rechts ist eine 2 × 3,5 cm große Ecke ausgebrochen. Beschrieben mit schwarzer Tinte. Unbeschriebener Freiraum oben 1 cm und links 1,8 cm bei ausgerücktem Kreuz. Links ist der Papyrus bis zum Rand beschrieben. Schrift quer zur Faserrichtung. Mit schrägen Gitternetzlinien durchstrichen und entwertet. Verso leer.

↓ † Π(α)ῦ(νι) κβ σίτου πεν̣[τε(και)δεκ(άτης) ἰνδ(ικτίωνος)]
Κῶς Γερμαν(ὸς) Φ̣[οι]β̣άμω̣ν(ο̣ς̣)
καγκ(έλλῳ) ἀρτ(άβας) δύο ἥμισυ, (ἀρτάβας) β ∠ μό(νας). † δ(ι') ἐμοῦ
[Γεωργ]ί̣[ου]†̣. (2. H.) †̣ Κ̣[αλομ]η̣[νᾶς] †̣ [*Paraphe*.]
[(3. H.) † Ἠλίας † *Paraphe*.]

1. πέ[μπτης ἰνϛ(δικτιῶνος) *ed. pr.* 2. Γερμα[νος..]ι[……]αμον *ed. pr.* Γερμαν̣(ὸς) Φ̣[οιβ]ά̣μ(μ)ω̣ν(ο̣ς) *Diethart* *l.* Φοιβάμμωνος 4–5. *om. ed. pr.*

„† Am 22. Payni, an Weizen für das fünfzehnte Indiktionsjahr, für Kos, Germanos, Sohn des Phoibammon, im Kankellon-Maß zweieinhalb Artaben, 2 ½ Artaben, sonst nichts. † Durch mich, Georgios †. (2. H.) † Kalomenas † *Paraphe*. (3. H.) † Elias † *Paraphe*."

Obwohl die beiden letzten Zeilen mit den Signaturen beinahe gänzlich fehlen, kann die Quittung unzweifelhaft dem Dossier des Georgios (s. dazu oben **C. 3.**) zugerechnet werden. Beispielsweise ähneln Schriftbild und äußere Gestaltung stark der im selben Jahr ausgestellten Quittung **493**. Daß auch dieser Text zur Gruppe der von Georgios, Kalomenas und Elias (Kollegium 1a) unterzeichneten Quittungen gehört, zeigt sich darüber hinaus an den von Z. 4 erhaltenen Oberlängen und den jeweils über die Namen von Georgios und Kalomenas gesetzten Kreuze mit langgezogenem Querstrich.

1. Π(α)ῦ(νι) κβ = 16. Juni.
πεν̣[τε(και)δεκ(άτης) ἰνδ(ικτίωνος)]: Wesselys πέ[μπτης kann wegen des deutlich von μ zu unterscheidenden ν nicht stimmen.

2. Κῶς: Zum Dorf Kos s. oben **453**, Komm. zu Z. 2.
Γερμαν(ὸς) Φ̣[οι]β̣άμω̣ν(ο̣ς̣): Nach Γερμαν ist der untere Teil einer Kürzung zu sehen. Der von Diethart, *Pros. Ars.*, vorgeschlagene Vatersname Phoibam<m>on, geschrieben mit einem μ, ist plausibel, die Tintenspuren über ν dürften zur Kürzung gehören.

4–5. Von Z. 4 sind nur einige Oberlängen sowie die jeweils über die Namen von Georgios und Kalomenas gesetzten Kreuze mit langgezogenem Querstrich zu sehen, Z. 5 fehlt gänzlich. Die Ergänzung beider Zeilen richtet sich nach den anderen zu dieser Gruppe (Kollegium 1a) gehörenden Quittungen des Dossiers, insbesondere nach der nahen Parallele in **493**.

499. WEIZENQUITTUNG AUS DEM GEORGIOS-DOSSIER

P.Vindob. G 11389 6 × 6,5 cm 7.–8. Jh. (arab. Zeit)
Kos (Arsinoites) Tafel XXIII

Ed. pr.: SPP III 499 (7. Jh., Fayum).
Korr.: Diethart, *Pros. Ars.*, Nr. 555 mit Anm. 116 (BL VIII 441).
Revision am Original.

Mittelbrauner Papyrus. Linker und oberer Rand erhalten. Rechts und unten ist der Rand unregelmäßig abgebrochen, der Textverlust jedoch nur geringfügig. Beschrieben mit brauner Tinte. Schrift quer zur Faserrichtung. Abstand der Schrift zum Rand oben 0,8, links 0,7 cm. Text nach der Beschriftung mit mehreren Schrägstrichen in schwarzer Tinte durchstrichen. Tintenspuren am Verso. Das Fragment war mit zwei weiteren nicht zugehörigen Fragmenten (jetzt G 60431 und G 60432) verklebt.

↓ 1 † Παῦνι κς σίτου τρίτης ι̣[νδ(ικτίωνος)]
2 Κῶς Ν̣εφερᾶ Παπᾶ κ[α]γ̣κ(έλλῳ̣) ἀρτ(άβας) δ̣[ύο δωδέκ(ατον)]
3 εἰκοστο(τέταρτον), (ἀρτάβας) β ιβ′ κ(δ)′ μό(νας). † Γεώρ[γιος - - -]
4 [(2. H.) ± 10]ς̣ δ(ι') ἐμοῦ Μ̣η̣(νᾶ) [διακ(όνου)?]
5 [(3. H.) † Χρισ]τ̣όφορ̣(ος) σ̣ε̣σ̣η̣[μ(είωμαι) †.]

1. παυνϊ *pap.* τρί[της ἰνδ(ικτιῶνος) *ed. pr.* 2. Νε[φ]ερ(α) ἀπ^ο^ 'Ακ[*ed. pr.* ἄπα Κ̣[ύρου ? *Diethart* κ[α]γ̣κ(έλλῳ̣) ἀρτ(άβας) δ̣[ύο δωδέκ(ατον)] *om. ed. pr.* 3. ⏆ β ∠ γ′ ^κ^/ *ed. pr.* † ιε[*ed. pr.* γεω†ρ[*pap.* 4. † δ(ι') ἐμ[οῦ ..... *ed. pr.* 5. *om. ed. pr.*

„† Am 26. Payni, an Weizen für das dritte Indiktionsjahr, für Kos, von Nepheras, Sohn des Papas, im Kankellon-Maß zwei, ein zwölftel, ein vierundzwanzigstel Artaben, 2 1/12 1/24 Artaben, sonst nichts. † Georgios, ... (2. H.) ... durch mich, Menas, Diakon (?). (3. H.) † Ich, Christophoros, habe unterzeichnet †."

Die Quittung gehört dem Georgios-Dossier an (s. dazu oben **C. 3.**). Zwar ist von den Signaturen der größere Teil verloren, schon der markante Schriftzug bei Γεωρ[am Ende von Z. 3 zeigt jedoch deutlich, daß hier für Georgios derselbe Vertreter wie in **482**, **522** und **523** fungiert. Weiters unterschreibt der Diakon Menas für jemanden, dessen Namen am Beginn von Z. 4 stand und von dem nicht mehr als ein unsicheres Schluß-ς erhalten ist, sowie Christophoros selbst mit dem Zusatz σεσημείωμαι.

1. Παῦνι κς = 20. Juni.

2. Κῶς: Zum Dorf Kos s. oben **453**, Komm. zu Z. 2.
Παπᾶ κτλ.: Wessely überliest beim Vatersnamen ein απ und übergeht den restlichen Teil der Zeile. Wie umfangreich das fehlende Zeilenende ist, läßt sich nicht genau bestimmen, notwendigerweise müssen die beiden in der Wiederholung genannten Zahlen δύο δωδέκατον Platz finden.

3. (ἀρτάβας) β ιβ′ κ(δ)′: Die Ziffern wurden in der *ed. pr.* als 2 1/2 1/3 1/24 verstanden. ∠ und γ′ sind allerdings schwierig unterzubringen, dagegen entspricht der Duktus dem etwas merkwürdigen Zeichen des Schreibers für 1/12, vgl. **482**, 3. Die Abkürzung εἰκοστ^ο^ könnte auch als εἰκοστό(ν) aufzulösen sein (so in **522**). Eher folgt jedoch auch dieser Text der üblichen Reihe der Artabenteilung in 1/3 1/6 1/12 und 1/24, wie das vorangehende ιβ′ zeigt.

500. WEIZENQUITTUNG

P.Vindob. G 11390 6,7 × 8,3 cm 7. Jh.
Arsinoites / Herakleopolites Tafel XXIII

Ed. pr.: SPP III 500 (6. Jh., angeblich Fayum).
Korr.: Diethart, *Pros. Ars.*, Nr. 4239 mit Anm. 347 (BL VIII 441) — H. C. Youtie, O. M. Pearl, P.Mich. VI 399–411 Einl., S. 102 (BL VIII 441) — P. J. Sijpesteijn, *SPP III 479: Eine Neuedition*, ZPE 65 (1986) 161 (BL VIII 441).
Revision am Original.

Mittelbrauner Papyrus. Oben, rechts und unten ist der Rand mindestens zum Teil erhalten, an der stark beschädigten linken Seite ist ein schmaler Streifen verloren. Zahlreiche Löcher durch Wurmfraß. Die von Wessely verzeichneten horizontalen Faltungen in den Abständen von 1,3, 1,4, 1,8 und 1,5 cm sind nicht mehr erkennbar. Eine vertikale Faltung 5,6 cm vom rechten Rand hinterließ eine deutliche Bruchkante. Kollesis oben auf unten 0,7 cm oberhalb des unteren Randes. Beschrieben mit schwarzer Tinte. Freiraum zum oberen Rand 1 cm und zum unteren 1,7 cm. Schrift quer zur Faserrichtung. Verso leer.

↓ [† Π]α̣ῦν[ι] γ σίτου τρίτης ἰ[νδ(ικτίωνος)]
[±5]τ̣ε̣ος Παυλίνου σὺν εἰκ̣(οστῇ)
[ἀρ(τάβας) δώδ]ε̣κα ἥμ̣ισυ τρίτον, (ἀρτάβας) ιβ ∠ γ´.
[*vac.*] † Καλός † *Paraphe.*

1. γ *ed. pr.* 2. [..]ι.ος *ed. pr.*].ισ̣ος *Diethart* συνεικ/ *ed. pr.* 3. [δώδε]κα *ed. pr.* ἀρ(τάβας) *et* (ἀρτάβας) *om. ed. pr.* ιβ/ *pap.*

„† Am 3. Payni, an Weizen für das dritte Indiktionsjahr, –teos, Sohn des Paulinos, einschließlich des Zwanzigstels zwölfeinhalb und ein drittel Artaben, 12 $^1/_2$ $^1/_3$ Artaben.
† Kalos † *Paraphe.*“

Die Quittung für die Weizensteuer wurde von einem gewissen Kalos unterschrieben, dessen Handschrift und Signatur von der des Kalos-Dossiers deutlich abweicht. Es handelt sich wohl nicht um dieselbe Person.

Ort ist in dem Text keiner genannt. Der Ankauf des Papyrus im Jahr 1883 (sog. 1. Fayumer Fund) läßt auf eine Herkunft aus dem Fayum schließen.

1. Π]α̣ῦν[ι] γ = 28. Mai.

2. [±5]τ̣ε̣ος: Vermutlich handelt es sich um einen der zahlreichen Namen auf -θεος, geschrieben mit τ statt θ.

Παυλῖνος ist vor allem in der römischen Zeit als Personenname in Ägypten gebräuchlich; in spätantiken Papyri ist er nur noch vereinzelt anzutreffen, vgl. P.Prag. II 180 (6. Jh.).

501. WEIZENQUITTUNG DES KALOS

P.Paris M.N. E 6846 W 510 — 5,7 × 8,5 cm — 7.–8. Jh. (arab. Zeit)
Oxyrhyncha (Arsinoites) — Tafel XXIV

Ed. ant.: Wessely, *Pariser Papyri*, 210, Nr. LXV 5.
Ed. pr.: SPP III 501 (6.–7. Jh., Fayum).
Korr.: P. J. Sijpesteijn, *Short Remarks on Some Papyri IV*, Aegyptus 68 (1988) 89 (BL IX 335).
Lit.: Diethart, *Pros. Ars.*, Nr. 2833 mit Anm. 378 (BL VIII 441).
Revision am Original.

Hellbrauner Papyrus. Das Blatt ist in seinen äußeren Ausmaßen vollständig mit den unregelmäßig geschnittenen Rändern erhalten. Drei kleinere Fehlstellen sind auf Wurmfraß zurückzuführen. Horizontale Faltungen in Abständen von 1,7, 3,3 und 4,7 cm vom oberen Rand. Beschrieben mit schwarzer Tinte, Schrift quer zur Faserrichtung. Die Quittung wurde mittels mehrerer gekreuzter Striche als entwertet gekennzeichnet. Auf dem Verso flächenfüllend Protokollschrift (sog. „perpendicular writing“) in rotbrauner Tinte parallel zu den Fasern.

↓
† Παῦνι κ σίτ̣[ου] δωδεκάτης ἰν(δικτίωνος)
Ὀξύρυγχ(α) Ἄπ̣α̣ Νεῖλος Μουσαίου
ἀρ(τάβας) δύο ἥμισυ τρί̣τ̣(ον), σί(του) (ἀρτάβας) β ∠ γ′ καγκέ̣λ̣λ̣(ῳ)
μό(νας). † Καλὸς σεσημ(είωμαι), δ(ι’) ἐμοῦ Ἄπα̣ Ὁλ
ἀδ̣ε̣λφ(οῦ) *Paraphe.*

1. κ[σ]ί/(του) *ed. pr.* ἰ/(νδικτιῶνος) *ed. pr.* 2. Ὀξυρυγχ, *ed. pr.* Μουσ, ˇ(εως) *ed. pr.* 3. ἥμισυ ἀρ/β, μ/(όνας) ϛ (*l.* καὶ) κερ/(άτια) εἴκοσι ϛ κ *ed. pr.* 4. κα†λος *pap.* [Ἄπα] Ὀλ′ *ed. pr.* 5. μαμφ *imit. script. ed. pr.*

„† Am 20. Payni, an Weizen für das zwölfte Indiktionsjahr, für Oxyrhyncha, Apa Neilos, Sohn des Musaios, zweieinhalb und ein drittel Artaben, an Weizen 2 ½ ⅓ Artaben im Kankellon-Maß, sonst nichts. † Ich, Kalos, habe unterschrieben, durch mich, Apa Hol, Amtskollege *Paraphe.*“

Der Text gehört zur Gruppe der Kalos-Quittungen, s. oben **C. 5.** Geschrieben und gezeichnet wurde die Quittung wie **554** von seinem Kollegen Apa Hol. Die nach Wesselys Edition vermeintlich gemischte Zahlung von Artaben und Keratia ist durch die Neulesung hinfällig geworden, geleistet wurde ausschließlich Getreide.

1. Παῦνι κ = 14. Juni. Die Zeile wird teilweise überdeckt durch einen noch vorhandenen Klebestreifen einer frühen Restaurierung. Die Lesung von σίτου ist dadurch

erschwert. Wessely transkribiert σ]ι/, der vermeintliche Kürzungsstrich gehört jedoch zur Durchstreichung des Blattes (gleiches gilt für Wesselys ι/ bei ἰνδικτίωνος). Eine Kürzung ist hier auch nicht zu erwarten. Vielmehr sind noch Spuren von τ zu sehen, unter dem Klebestreifen dürfte das hochgestellte ου verschwunden sein.

2. Ὀξύρυγχ(α): Neben dieser nennt auch die Kalos-Quittung **510** das arsinoitische Dorf Oxyrhyncha, zum Ort s. oben **474**, Komm. zu Z. 2.

Ἄπ̣α̣ Νεῖλος Μουσαίου: Der Vatersname wurde von Wessely als Kürzung Μουσ() gelesen und aufgelöst in der kaum belegten Form Μουσ(έως). Dagegen läßt sich der viel häufiger belegte Genitiv Μουσαίου der Namensform Μουσαῖος gut mit den Spuren am Zeilenende vereinbaren. Der in der Kalos-Quittung **510** ebenfalls für Oxyrhyncha zahlende Apa Neilos kann aufgrund seines Vatersnamens Πκάρης nicht mit dem hier genannten Apa Neilos ident sein.

4. Καλός: Diethart, *Pros. Ars.*, Nr. 2833. Zu der dort in Anm. 378 vorgeschlagenen Identität mit Nr. 2826 und 2831 s. oben **C. 5.** Anm. 91.

4–5. Ἄπα̣ Ὁλ | ἀδ̣ε̣λφ(οῦ): Während Wessely in den *Pariser Papyri*, Nr. LXV 5 von Zeile 5 αδελφ und ein paar Punkte transkribiert (aufgrund der konstanten Kleinschreibung ist nicht erkennbar, ob er an einen Eigennamen oder eine Funktionsbezeichnung dachte), verändert er in SPP III die Transkription auf μαμφ und einige Striche aus der Paraphe. Sijpesteijn, *loc. cit.* korrigiert in seiner kurzen Notiz zum Text Wesselys spätere Lesung zurück in ἀδελφ(οῦ), versteht diesen Zusatz jedoch als Verwandtschaftsbezeichnung („like in SPP III 554 Kalos signs through his brother Apa Hol"). Eine solche familiäre Beziehung zwischen Kalos und Apa Hol erscheint in diesem Zusammenhang zweifelhaft. Eher plausibel ist es, daß ἀδελφός hier in der übertragenen Bedeutung „Kollege" (Preisigke, *WB I*, 19–20, *s.v.* Nr. 3 und 5) verwendet wurde, vgl. etwa die unter den Mesitai gebräuchliche Anrede in SPP VIII 962, 1 und 1024, 1. Nicht auszuschließen wäre, daß sich hinter der Kürzung αδελφ() der Vatersname Ἀδελφ(ίου) verbirgt. Dagegen ist allerdings einzuwenden, daß bei Signaturen üblicherweise kein Vatersname beigefügt wird.

502. WEIZENQUITTUNG DES AGATHAMMON

P.Paris M.N. E 7013 W LXV — 6,3 × 9,1 cm — 6.–7. Jh.
Psenyris (Arsinoites) — Tafel XXIV

Ed. ant.: Wessely, *Pariser Papyri*, 208–209, Nr. LXV 1.
Ed. pr.: SPP III 502 (6. Jh., Fayum).
Korr.: H. C. Youtie, O. M. Pearl, P.Mich. VI 399–411 Einl., S. 102 (BL VIII 441) — P. J. Sijpesteijn, *SPP III 479: Eine Neuedition*, ZPE 65 (1986) 161 (BL VIII 441) — J. M. Diethart, *Korr. Tyche 92*, Tyche 8 (1993) 223 (BL X 262).
Revision am Original.

Mittelbrauner Papyrus, vollständiges Blatt mit geschnittenen Rändern. Links unten ist eine kleine Ecke ausgebrochen. Eine mittige Horizontalfaltung ist erkennbar. Beschrieben mit schwarzer Tinte. Schrift quer zur Faserrichtung. Die zweite Hand trägt die Tinte blasser auf. Das Verso ist leer.

Über die Inventarnummer des Textes gab es unterschiedliche Informationen: In den *Pariser Papyri* gibt Wessely M.N. 7013 und den Vermerk „Neue Nummer 80" an. In SPP III lautet die Inv.-Nr. hingegen 7103 ohne Zusatz. Der Text wurde auch in der Sammlung des Louvre unter beiden Nummern geführt. Seine nunmehrige Zuordnung ist E 7013 mit einem Verweis auf Wesselys Publikationsnummer „W LXV".

↓ 1 † Παῦνι κβ σίτου τετάρτης ἰν(δικτίωνος)
2 Ψενῦρις Παῦλος Ἰωάννου
3 σὺν εἰκ(οστῇ) ἀρ(τάβην) μίαν τρίτον δωδέκ(ατον) εἰκ(οστοτέταρτον),
4 (ἀρτάβην) α γʹ ι(β)ʹ κ̣(δ)ʹ. † Ἀγαθάμμων †.
5 (2. H.) ἐ̣τ̣ά(γη).

2. ϊωαννο^υ *pap.* 3. συνει^κ/ *ed. pr.* 4. –ο– α γʹιβκ/ † δ/^(ιʹ) ἐμοῦ Αμμων////// *ed. pr.* γ ⳨ *pap.* αγαθαμ^†μων *pap.*
5. ἐγρʹ(άφη) *ed. pr.*

„† Am 22. Payni, an Weizen für das vierte Indiktionsjahr, für Psenyris, Paulos, Sohn des Ioannes, einschließlich des Zwanzigstels eine, ein drittel, ein zwölftel und ein vierundzwanzigstel Artaben, 1 $^{1}/_{3}$ $^{1}/_{12}$ $^{1}/_{24}$ Artaben. † Agathammon †.
(2. H.) Es wurde eingetragen."

Zum Dossier der von Agathammon ausgestellten Steuerquittungen s. oben **C. 1.**

1. Παῦνι κβ = 16. Juni.

2. Ψενῦρις: Zum Dorf Psenyris s. oben **495**, Komm. zu Z. 2.

3. σὺν εἰκ(οστῇ): Das in der *ed. pr.* nicht aufgelöste συνει^κ/ wurde bereits in P.Mich. VI S. 102 sowie von Sijpesteijn, ZPE 65 (1986) 161 korrigiert; zur Angabe „inklusive der 5%-Abgabe" s. oben **B. 6.**

4. ι(β)ʹ κ̣(δ)ʹ: Geschrieben wurde nur ι, markiert mit einem waagrechten Strich, der sich in einer Schlinge und einem schräg nach oben gezogenen Ausstrich fortsetzt. In der Agathammon-Quittung P.Dubl. I 27 steht die gleiche Schlaufe nach γ für $^{1}/_{3}$ und ist dort wohl als Markierung der Bruchzahl aufzufassen. Bei gleicher Interpretation gäbe es in vorliegendem Text nur ein ι mit der Markierung als Bruchzahl, $^{1}/_{24}$ würde in der Wiederholung nicht mehr aufscheinen und man müßte von einem Versehen des Schreibers ausgehen. Da sich die gleiche Abkürzung für $^{1}/_{12}$ und $^{1}/_{24}$ auch in **503** findet, würde ich vorziehen, das ι mit Schlinge als abgekürzte Schreibung beider Brüche anzusehen.

Ἀγαθάμμων: Die in der *ed. pr.* als δ(ι') ἐμοῦ Αμμων gelesene Unterschrift wurde bereits von Diethart, *Korr. Tyche 92*, Tyche 8 (1993) 223 korrigiert.

5. ἐτ̣ά̣(γη): Wessely liest ἐγρ(άφη); ρ ist aber keinesfalls zu lesen. Will man an der Lesung festhalten müsste man εγ und geschwungene Kürzung annehmen. Besser erkennbar ist ετα(), das als ein der Quittung **571** entsprechender Eintragungsvermerk aufzufassen sein dürfte, s. dort Komm. zu Z. 4 und oben **B. 12.**

503. WEIZENQUITTUNG DES AGATHAMMON

P.Vindob. G 11391 — 6,3 × 12 cm — 6.–7. Jh.
Tamauis (Arsinoites) — Tafel XXV

Ed. pr.: SPP III 503 (6. Jh., Fayum).
Korr.: H. C. Youtie, O. M. Pearl, P.Mich. VI 399–411 Einl., S. 102 (BL VIII 441) — J. M. Diethart, *Ghost-names und andere Berichtigungen zu Wiener Papyri*, ZPE 39 (1980) 191 — Diethart, *Pros. Ars.*, Nr. 121 mit Anm. 21 (BL VIII 441) — P. J. Sijpesteijn, *SPP III 479: Eine Neuedition*, ZPE 65 (1986) 161 (BL VIII 441) — P.Dubl. I 26, Komm. zu Z. 1 (BL X 2).
Revision am Original.

Der hellbraune, in seinen Ausmaßen vollständig erhaltene Papyrus ist stark durch Wurmfraß beschädigt. Zahlreiche kleine Fehlstellen sind über das Blatt verteilt. Der Rand ist großteils intakt, nur links oben ist die Ecke gänzlich ausgebrochen. Das Blatt wurde mit schwarzer Tinte quer zur Faserrichtung beschriftet. Der unbeschriebene Rand beträgt oben 1 cm, unten und links ca. 1,8 cm. Alle drei Zeilen sind unterstrichen (s. dazu oben **C. 1.**). Das Verso ist leer.

↓ 1 † Παῦνι κη σίτ̣ο̣υ τρ̣ί̣τ̣ης ἰν(δικτίωνος)
2 Ταμαῦις Ἀνοῦπ Πλῆ σὺν εἰ(κοστῇ)
3 ἀρ(τάβης) δωδέκ(ατον) εἰκ(οστοτέταρτον), (ἀρτάβης) ι(β)ʹ κ̣(δ)ʹ.
† Ἀγαθάμμων †.

1. [⳨] *ed. pr.* σίτο[υ τρί]της [ἰ]ν() *ed. pr.* 2. Ταμανις *ed. pr.* συνεχ() *ed.* pr. 3. ⏛ ι ✓ † δ/ μ Καμμονι † *ed. pr.* ⳨ *pap.* αγαθαμ†μων *pap.*

„† Am 28. Payni, an Weizen für das dritte Indiktionsjahr, für Tamauis, von Anup, Sohn des Ples, einschließlich des Zwanzigstels, ein zwölftel, ein vierundzwanzigstel Artaben, 1/12 1/24 Artaben. † Agathammon †.“

Zum Dossier des Agathammon s. oben **C. 1.**

1. Παῦνι κη = 22. Juni.

2. Ταμαῦις: statt Ταμανις der *ed. pr.*; der Bogen vor ι ist als υ, nicht als ν zu lesen. Zur Korrektur des Ortsnamens vgl. schon die in P.Dubl. I 26, Komm. zu Z. 1 geäußerte Vermutung sowie oben **460**, Komm. zu Z. 2.

Πλῆ: Der Name Πλῆς ist im Nominativ bislang einzig in SPP III² 61, 1 (6.–7. Jh.; mit Komm.) belegt, die Form Πλῆ ist in den übrigen Zeugnissen Genitiv (*e.g.* als Vatersname in CPR IX 66, 10 [7.–8. Jh.]; auch in CPR XXII 49, 2 [8. Jh.] könnte Πλῆ als Genitiv aufzufassen sein), in P.Naqlun 7 (6. Jh.) Dativ, so daß ein Name Πλῆς, Πλῆ vorzuliegen scheint. Es dürfte sich um eine späte, gräzisierte Form des ägyptischen Namens *p3-ljn* handeln (vgl. Lüddeckens, Thissen, *Demotisches Namenbuch I.1*, 199, *s.v.*: „Der Schmied"), der koptisch als ⲠⲖⲎⲒⲚⲈ, ⲠⲖⲎⲒⲚ und ⲠⲖⲎⲚ (vgl. Heuser, *Personennamen der Kopten*, 23 und 56), griechisch als Πλῆν (O.Mich. II 770, 1 [3. Jh.]), Πλήειν (CPR IX 46 Verso 16 [Mitte 7. Jh.; vgl. BL VIII 116]) und in verschiedenen abgeänderten Varianten (vgl. Preisigke, *NB*, 332, *s.v.* Πλήνιος) wiedergegeben wird.

σὺν εἰ(κοστῇ): Die Angabe des Zuschlags ist stark verschliffen geschrieben. In der *ed. pr.* sind die beiden Worte als συνε^x() wiedergegeben, bereits in P.Mich. VI S. 102 und von Sijpesteijn, *loc. cit.* wurde darauf hingewiesen, daß es sich hierbei um die Angabe σὺν εἰκοστῇ handeln muß; s. dazu oben **B. 6.**

3. ι(β)′ κ̣(δ)′: Dieselbe Abkürzung der beiden Bruchzahlen findet sich auch in **502**; s. dort Komm. zu Z. 4.

Ἀγαθ̣άμμων: Die Lesung der Unterschrift als δ/μ Καμμονι in der *ed. pr.* wurde bereits von Diethart, ZPE 39 (1980) 191 und in der *Pros. Ars.*, Nr. 121 mit Anm. 21 korrigiert.

504. WEIZENQUITTUNG DES KALOS

P.Paris M.N. E 6846 W LXVter	5,1 × 7,9 cm	7.–8. Jh. (arab. Zeit)
Eleusina (Arsinoites)		Tafel XXV

Ed. ant.: Wessely, *Pariser Papyri*, 209, Nr. LXV 3.
Ed. pr.: SPP III 504 (6.–7. Jh., Fayum).
Revision am Original.

Hellbrauner Papyrus. Das Blatt ist in seinen äußeren Ausmaßen vollständig mit den geschnittenen Rändern erhalten. Spuren der von Wessely vermerkten horizontalen Faltungen in Abständen von 1 cm sind noch erkennbar. Beschrieben mit schwarzer Tinte quer zur Faserrichtung. Unbeschriebener Freiraum oben ca. 1 cm, links 0,5 cm. Die Quittung wurde mit zwei parallelen Schrägstrichen als entwertet gekennzeichnet. Das Verso ist leer.

Wessely gibt in den *Pariser Papyri* und in SPP III neben der Inventarnummer E 6846, die an eine ganze Reihe von Papyri vergeben wurde, den Zusatz 1,75 an. Ein solcher Vermerk ist im Louvre selbst nicht verzeichnet. Dort wird der Papyrus zur Zeit unter seiner Inventarnummer E 6846 und einem Hinweis auf Wesselys Publikationsnummer in den *Pariser Papyri* „W LXVter" aufbewahrt.

↓
† Ἐπεὶφ κβ σίτου δωδεκ(άτης) ἰν(δικτίωνος)
Ἐλ̣ευσῖ(να) Ἰω(άννης) Φαλῆγ
καγκέλλ(ῳ) [ἀρ](τάβας) ἓξ ἥμισυ,
ῥ̣(υπαρὰς) (ἀρτάβας) ϛ∠. † Καλὸς σεσημ(είωμαι)
Paraphe.

2. *inter lineas* Ἐλευσι/() *ed. pr.* 2. ἐχθεσι/ *ed. pr.* ιω† *pap.* 3. ἀρτ(άβας) *ed. pr.* 4. ἀρτ ⏆ ϛ ⸓ *ed. pr.* κα†λος *pap.* 5. *om. ed. pr.*

„† Am 22. Epeiph, an Weizen für das zwölfte Indiktionsjahr, für Eleusina, Ioannes, Sohn des Phaleg, im Kankellon-Maß sechseinhalb Artaben, 6 ½ Brutto-Artaben. † Ich, Kalos, habe unterschrieben *Paraphe*."

Zum Dossier der Kalos-Quittungen für die Getreidesteuer s. oben **C. 5.**

1. Ἐπεὶφ κβ = 16. Juli.

2. Ἐλ̣ευσῖ(να): Wessely transkribiert das erste Wort der Zeile doppelt: einmal *inter lineas* als Ἐλευσι/() und darunter als ἐχθεσι/(). Tatsächlich gibt es zwischen den Zeilen keine Tinte. Auf Zeilenhöhe ist das erste Wort leicht abgerieben, die Lesung daher nicht ganz eindeutig; υ scheint mit ε verschliffen zu sein.

Das von ptolemäischer bis zur arabischen Zeit bezeugte Dorf Eleusis wird in allen Belegen ab dem 5. Jh. einheitlich Eleusina genannt (die mancherorts vorkommende Abkürzung Ἐλευσι() ist daher entspechend Ἐλευσῖ(να) oder Ἐλευσί(νας) aufzulösen); vgl. Calderini, Daris, *Dizionario II*, 138 mit *Suppl. I*, 104, *II*, 50 und *III*, 35, daneben Wessely, *Topographie*, 61, B. P. Grenfell, A. S. Hunt, P.Tebt. II S. 359, 364, 376 und Timm, *Christlich-koptisches Ägypten II*, 908. Das in römischer Zeit der Polemonos Meris zugeordnete Dorf lag nach P.Erasm. I 2 an der Wegstrecke zwischen Arsinoe und dem Dorf Oxyrhyncha (s. ebenda Komm. zu Z. 10). Aus letzterem stammen auch die beiden Kalos-Quittungen **501** und **510**. Zur diskutierten Zuordnung des Dorfes zum Theodosiupolites in SPP III vgl. nunmehr S. Tost, SPP III² 32, Komm. zu Z. 2.

Φαλῆγ: Der Name Phaleg ist außer in diesem Text nur noch in SPP III 261, 1 (6. Jh.; Vatersname eines Nepheras) belegt.

4. ῥ̣(υπαρὰς) (ἀρτάβας): s. oben **B. 8.** Wessely liest ἀρτ ⏆ und nimmt damit eine irrtümlich doppelte Angabe der Maßeinheit an. Zu sehen ist vor dem Artabenzeichen jedoch nur ρ', was an dieser Stelle als Abkürzung für ῥυπαράς aufzufassen ist.

505. WEIZENQUITTUNG AUS DEM GEORGIOS-DOSSIER

P.Paris M.N. E 6536 | 5,2 × 8,3 cm | 7.–8. Jh. (arab. Zeit)
Sulis (Arsinoites) | Tafel XXV

Ed. ant.: Wessely, *Pariser Papyri*, 212 Nr. LXV 13.
Ed. pr.: SPP III 505 (6.–7. Jh., Fayum).
Korr.: P. J. Sijpesteijn, *Short Remarks on Some Papyri III*, Aegyptus 66 (1986) 160 (BL VIII 441).
Revision am Original.

Hellbrauner Papyrus von kräftiger Struktur. Das Blatt ist vollständig und mit intakten, geschnittenen Rändern erhalten, einzig am rechten Rand ist ein größeres Stück weggebrochen, der Textverlust aber nur gering. Wessely gibt Faltungen in Abständen von je 1,2 cm an, die am Original nicht mehr nachvollziehbar sind. Beschrieben mit schwarzer Tinte. Die Schrift verläuft quer zur Faserrichtung. Die Tinte der 3. Hand ist dunkler. Die Versoseite des Papyrus haftet auf Karton und ist nicht mehr einsehbar.

In SPP III 505 gibt Wessely zur Inv.-Nr. 6536 den Zusatz „Nouveau N° 212“ an, in den *Pariser Papyri* lautet dieser Zusatz noch „Neue Nummer 221“. Auf welche der beiden Zahlen sich Wessely tatsächlich bezog läßt sich nicht mehr nachvollziehen, da in Paris eine solche Numerierung nicht verzeichnet ist. Der Papyrus trägt schlicht die Inventarnummer „E 6536“.

↓ 1 † Ἐπεὶφ λ σίτου δευτέρας ἰνδ(ικτίωνος)
2 Σοῦλις Ἠλίας Σίων καγκ(έ)λ(λῳ)
3 ἀρτ(άβας) τέσσαρας, (ἀρτάβας) δ μό(νας). † δ(ι') ἐμοῦ Γε̣[ωργίου †.]
4 (2. H.) † Καλομηνᾶς †. (3. H.) † Γερόντ(ιος) πρ(εσβύτερος) †̣ *Paraphe.*

2. Σιωνη α κ^α(νόνος) *ed. pr.* Σίων(ος) καγκέλ(λῳ) *Sijpesteijn* *l.* Σίωνος 3. τεσσαρας ″ ⏝ δ μ/(όνας) δ/(ι') ἐμ^οῦ *y////* *ed. pr.* 4. Καλομηνας ἔγρ(αψα) ὑπὲρ^τ(οῦ) αὐ^τ(οῦ) παρ̄(όντος) *ed. pr.* καλο†μηνας, γερ†ον^τ πρ̄ *pap.*

„† Am 30. Epeiph, an Weizen für das zweite Indiktionsjahr, für Sulis, Elias, Sohn des Sion, im Kankellon-Maß vier Artaben, 4 Artaben, sonst nichts. † Durch mich, Georgios †. (2. H.) † Kalomenas †. (3. H.) † Gerontios, Priester † *Paraphe.*“

Durch die Neulesung konnte die Quittung dem Dossier des Georgios zugeordnet werden, s. dazu oben **C. 3.** Unterzeichnet wurde dieser Text wie die am gleichen Tag ausgestellte Quittung **528** vom Kollegium 1b.

1. Ἐπεὶφ λ = 24. Juli.

2. Σοῦλις: Das Dorf Sulis ist nur in byzantinischer Zeit und bloß vereinzelt belegt. Vermutlich ist es aber ident mit dem in römischer Zeit als Dorf der Polemonos Meris bezeugten Σοῦρις; vgl. Calderini, Daris, *Dizionario IV*, 303–304 mit *Suppl. II*, 196, Wessely, *Topographie*, 51, P.Tebt. II S. 402.

Σίων: statt Wessely Σιωνη und Sijpesteijn Σίων(ος). Der grundsätzlich deklinierte Name wird manchmal als indeklinabel behandelt (vgl. auch **521**, 2), eine Kürzung wurde vom Schreiber nicht angedeutet.

506. REGISTER MIT GETREIDEZAHLUNGEN FÜR DAS DORF MAKRONOS

P.Brit. Libr. 727 — 12,7 × 23,2 cm — 8. Jh.
Makronos (Arsinoites) — Tafel XXVI

Ed. ant.: P.Grenf. II 104 (7.–8. Jh.; Fayum)
Ed. pr.: SPP III 506 (7.–8. Jh., Fayum).
Korr: BL I 463 (Preisigke) — P.J. Sijpesteijn, *SPP III 479: Eine Neuedition*, ZPE 65 (1986) 162, Anm. 7 (BL VIII 144).
Revision am Photo.

Das Blatt ist mit rundum intaktem Rand erhalten. Vier horizontale Faltungen, sowie eine mittige vertikale Faltung sind erkennbar. Beschrieben quer zur Faserrichtung. Die Schrift ist die für Abrechnungen aus arabischer Zeit typische „Minuskelschrift“ (s. im Detail CPR XXII Intr. S. 6–12). Unten ist der unbeschriebene Freiraum 6 cm breit, links und oben hält die Schrift einen Abstand von 1,5 cm zum Rand.

Die Transkription in SPP III ist eine getreue Abschrift der Erstedition in P.Grenf. II 104. Minimale Unterschiede in der Akzentsetzung und der Auflösung von Klammern werden nicht eigens im *app. crit.* angeführt, die Angabe *ed. pr.* bezieht sich daher ebenso auf P.Grenf. II 104.

↓ 1 † Ἐπὶφ κα ἰνδ(ικτίωνος) β· χωρ(ίου) Μάκρονο(ς) Φοιβά(μμων) Ἀβρα(αμίου) δ(ιὰ) Πιήου πρε(σβυτέρου) (ἀρτάβας) β̣ʹ ηʹ, δίμιρου ὄγδ(οον) καλὰ(ς) μ(όνας).
2 *vac.* δι᾽ ἐμοῦ Φι ̣( ) πρε(σβυτέρου) γρ(αμματέως) †.
3 †̣ ἐπαγ(ομένων) γ ἰνδ(ικτίωνος) β· τ(οῦ) α(ὐτοῦ) δ(ιὰ) χειρ(ὸς) α(ὐτοῦ) (ἀρτάβας) ι[β]ʹ μηʹ, δωτέκ(α)τ(ον) σερακ(οσ)τ(όγδοον) καλὰ(ς) μ(όνας) †.
4 † τῇ α̣(ὐτῇ) ἡ(μέρᾳ) ἰνδ(ικτίωνος) β· τ(οῦ) α(ὐτοῦ) δ(ιὰ) Πιήου πρε(σβυτέρου) (ἀρτάβας) ∠ κδʹ μηʹ, ἥμισυ [ε]ἰκ̣(οσ)τ(οτέταρτον) σερακ̣(οσ)τ(όγδοον) καλὰ(ς) μ(όνας). δι᾽ ἐμοῦ τ(οῦ) α̣(ὐτοῦ) †.
5 † τ(ῇ) α̣(ὐτῇ) ἡ(μέρᾳ) ἰνδ(ικτίωνος) β· τ(οῦ) α(ὐτοῦ) δ(ιὰ) Μαθε(ίου) (ἀρτάβας) γʹ, τρίτ(ον) καλὰ(ς) μ(όνας). δι᾽ ἐμοῦ τ(οῦ) α̣(ὐτοῦ) †̣.

1. *l.* Ἐπείφ Ἐπείφ *ed. pr.* χώρο(υ) *ed. pr.* χωρ(ί)ο(υ) *BL I 463* (ἀρτάβην) y ηʹ *ed. pr.* *l.* δίμοιρον καλὰ μ(όνα) *ed. pr.* *l.* ἀρταβής, καλῆς, μόνης 2. Φλ(αουίου) *ed. pr.* 3. † ἐπαγο(μένων) *ed. pr.* τ(οῦ) α(ὐτοῦ): — — *ed. pr.* δ(ιὰ) Χειρ() *Sijpesteijn* α(ὐτοῦ) *om. ed. pr.* (ἀρτάβην) ιβʹ *ed. pr.* *l.* δωδέκατον, τεσσαρακοστόγδοον καλὰ μ(όνα) *ed. pr.* *l.* ἀρταβής, καλῆς, μόνης 4. τῇ (αὐτῇ) *ed. pr.* τ(οῦ) α(ὐτοῦ): — — *ed. pr.* εἰκ(οσ)τ(οτέταρτον) *ed. pr.* *l.* τεσσαρακοστόγδοον καλὰ μ(όνα) *ed. pr.* *l.* ἀρταβής, καλῆς, μόνης τ(ο)ῦ αὐ(τοῦ) *ed. pr.* † *om. ed. pr.* 5. τῇ (αὐτῇ) *ed. pr.* τ(οῦ) α(ὐτοῦ): — — *ed. pr.* Μαθε(ίου ?) *ed. pr.* καλὰ μ(όνα) *ed. pr.* *l.* ἀρταβής, καλῆς, μόνης τ(ο)ῦ αὐ(τοῦ) *ed. pr.* † *om. ed. pr.*

„† Am 21. Epeiph des 2. Indiktionsjahres: Für das Dorf Makronos, von Phoibammon, Sohn des Abraamios, durch Pieu, Priester, $^2/_3$ $^1/_8$ Artaben, zwei drittel und ein achtel, gut, sonst nichts.

Durch mich, Phi–, Priester, Schreiber †.

† Am 3. der Epagomenai des 2. Indiktionsjahres: Von demselben durch eigene Hand $^1/_{12}$ $^1/_{48}$ Artaben, ein zwölftel und ein achtundvierzigstel, gut, sonst nichts †.

† Am selben Tag des 2. Indiktionsjahres: Von demselben durch Pieu, Priester, $^1/_2$ $^1/_{24}$ $^1/_{48}$ Artaben, eine halbe, ein vierundzwanzigstel und ein achtundvierzigstel, gut, sonst nichts. Durch mich, denselben †.

† Am selben Tag des 2. Indiktionsjahres: Von demselben durch Matheias, $^1/_3$ Artabe, ein drittel, gut, sonst nichts. Durch mich, denselben †."

Das vorliegende Register bescheinigt vier für das Dorf Makronos von einem gewissen Phoibammon, Sohn des Abraamios, geleistete Zahlungen einer im Text nicht genannten Naturalie, vermutlich von Weizen. Die vier Raten verteilen sich auf eine Zeitspanne von eineinhalb Monaten, wobei die letzten drei Teilzahlungen an einem Tag erbracht wurden. Überbringer der Getreideladungen ist nur in einem Fall Phoibammon selbst, bei zwei Zahlungen wird er durch Pieu, bei der vierten durch Matheias vertreten. Die jeweilig geleisteten Beträge sind ziemlich klein, so daß auch die insgesamt bezahlte Summe mit 1,8 Artaben keine auffallende Größe erreicht. Bestätigt werden alle Zahlungen von derselben Person, einem Priester und Schreiber, der allerdings nur bei drei von vier Einträgen einen Ausstellungsvermerk hinzusetzt.

Die bisherige Datierung ins 7.–8. Jh. kann dem Schriftbild nach auf das 8. Jh. beschränkt werden; vgl. die ähnlichen Handschriften in den datierten Texten CPR XXII 17–23 (alle 2. Hälfte des 8. Jh.).

1. Ἐπὶφ κα = 15. Juli.

χωρ(ίου) Μάκρονο(ς): Das Dorf Makronos (wechselnd Μάκρωνος und Μάκρονος geschrieben) ist nur in wenigen Papyri, vorwiegend Ortslisten, bezeugt; vgl. die Belege bei Calderini, Daris, *Dizionario III*, 228 (statt SB I 5440 *l.* 5340) sowie zusätzlich SB XIV 11916 aus dem 4. Jh., die zugleich älteste Erwähnung des Dorfes (s. weiters Wessely, *Topographie*, 104, P.Tebt. II S. 362, 388 und Timm, *Christlich-koptisches Ägypten IV*, 1537). Die Form χώρο(υ) der *ed. pr.* wurde von Preisigke, BL I 463 in χωρ(ί)ο(υ) korrigiert. Allerdings dürfte es sich bei dem als ο interpretierten kleinen schwarzen Punkt über ρ um einen der zahlreichen über das Blatt verstreuten Punkte handeln (vgl. das deutlich geschriebene hochgestellte ο bei Μάρκονο(ς)), weshalb das ο bei χωρ(ίον) in die Klammer zu setzen ist.

Ἀβρα(αμίου): Die Kürzung könnte auch Ἀβρα(άμ) oder zu einer der seltenen Schreibungen des Namens wie Ἀβρα(μμίου) aufzulösen sein.

Πιήου: Der Name ist die gräzisierte Schreibung des koptischen Namens ⲠⲒⲎⲨ; s. Crum, *Coptic Dictionary*, 729 und Heuser, *Personennamen der Kopten*, 38, wobei Crums Ableitung von ϨⲎⲨ (Nutzen) dem Verweis Heusers auf *p3-iw* (der Hund) vorzuziehen ist. Griechisch wird ⲠⲒⲎⲨ meist als indeklinabel Πιήου wiedergegeben; vgl. etwa die Nominative in SB I 5354, 16 (5. Jh.), SB VI 9595, 9 (7. Jh.) und CPR XIV 36, 4 (6.–7. Jh.; Πιήου am

Papyrus, fälschlich in Πιῆος korrigiert). Daneben findet man vereinzelt auch Πιῆυ und Πιῆους (so auch in SB VI 9595, 1, wo die Edition die Form Πιῆος hat, dabei aber das über ο gesetzte υ übergangen wurde; *l.* Πιῆους). Gemessen an anderen koptischen Namen ist Πιήου in den griechischen Papyri relativ häufig anzutreffen, s. zuletzt BGU XVII 2723, 57 (6./7. Jh.) und CPR XXII 18, 18 (761 ?).

1–5. καλὰ(ς) μ(όνας): Die Qualifizierung von bezahltem Getreide als καλός ist ungebräuchlich. Eine solche Qualitätsbestimmung findet man fast nur in Zinsklauseln von Pachtverträgen, wo bestimmt wird, daß der Weizen νέον καλὸν καθαρὸν καὶ κεκοσκινευμένον geschuldet wird (s. etwa CPR IX 30, 6 [7. Jh.]). Hingewiesen sei auf P.Oxy. XVI 2017, eine Liste von verschifftem Getreide aus dem 5. Jh., wo jedem genannten und als ῥυπαροῦ bezeichneten Betrag an Artaben ein zweites geringeres Quantum beigefügt wird, das als καλοῦ gekennzeichnet ist. Die Differenz zwischen diesen „unreinen Artaben“ und „guten Artaben“ ist unregelmäßig, etwa entsprechen in Z. 4 118 $^1/_4$ ῥυπαρός–Artaben einer Menge von 115 $^1/_4$ καλός-Artaben, also 2,32 % weniger, in Z. 7 entsprechen 28 ῥυπαρός-Artaben dagegen nur 26 $^1/_2$ καλός-Artaben, das ist ein Abzug von 5,36 %. Die Endung καλά(ς) zeigt, daß der Schreiber anstelle des korrekten Genitiv Singular auch bei den unter eins liegenden Bruchzahlen das Gezählte in den Akkusativ Plural setzte. Entsprechend ist auch ἀρτάβας und μόνας aufzulösen.

2. Φι ̣( ): Die *ed. pr.* hat Φλ(αουίου). Der Buchstabe nach φ ist aber deutlich ι und nicht λ. Dann folgt ein merkwürdiges hochgestelltes Zeichen. Man ist versucht, Φι^{λ} zu lesen und den häufigen Namen Φιλ(οθέου) aufzulösen, jedoch passen die Striche nicht zu einem λ in arabischer Zeit. Eher sind sie als großes τ zu deuten, dann könnte eventuell eine Binnenkürzung Φι(λο)τ(έου) (*l.* -θέου) vorliegen.

3. ἐπαγ(ομένων) γ = 26. August.

δ(ιὰ) χειρ(ὸς) α(ὐτοῦ): In der *ed. pr.* blieb das über ρ hochgestellte α unberücksichtigt. In vergleichbaren Listen folgt der Wendung διὰ χειρός immer ein Name oder ein Pronomen für den Handelnden; hier steht α also als Abkürzung für α(ὐτοῦ), nämlich den in Z. 1 genannten Phoibammon, der die Zahlung hier selbst vorgenommen hat. Die von P. J. Sijpesteijn vorgeschlagene Korrektur zu δ(ιὰ) Χειρ() ist demnach hinfällig.

3–5. τ(οῦ) α(ὐτοῦ): Dem Anschein nach sind an dieser Stelle in den Zeilen 3–5 bloß lange horizontale Striche gesetzt, so auch die Wiedergabe in der *ed. pr.* Die unterschiedlichen Ansatzhäkchen zeigen jedoch, daß es sich um einen jeweils einen Buchstaben mit Kürzungsstrich handelt; vgl. den ähnlichen Duktus der Wendung δ(ιὰ) τ(οῦ) α(ὐτοῦ) in CPR XXII 45, 3–7 (8. Jh.). Verwiesen wird hier wohl nicht auf das oberhalb genannte Dorf Makronos, sondern den Steuerzahler von Z. 1, Phoibammon, Sohn des Abraamios.

507. EMBOLEQUITTUNG

P.Paris M.N. E 6910 W 545 Verso 6,2 × 8,2 cm 7.–8. Jh.
Arsinoites? Tafel XXVII

Ed. ant.: Wessely, *Pariser Papyri*, 211 Nr. LXV, 10.
Ed. pr.: SPP III 507 (6.–7. Jh., Fayum).
Revision am Original.

Mittelbrauner Papyrus. Das Blatt ist in seinen Ausmaßen vollständig und mit den geschnittenen Rändern erhalten. Kleinere Fehlstellen durch Anobienbefall; am rechten Rand ist ein ca. 1,5 × 3 cm großer Streifen weggebrochen. Die Quittung wurde auf dem Verso des Blattes parallel zur Faserrichtung geschrieben. Schwarze Tinte. Die Beschriftung der Rektoseite wurde von Wessely nicht angegeben, vgl. unten **507a**.

→ † Ἐπεὶφ κς σίτου ἐμβολ(ῆς) ι ἰνδ(ικτίωνος)
χωρί̣ο̣υ̣ ̣ ̣ ̣ Σευῆρος διάκ(ονος)
ἀρτάβ(ας) τέσσαρ(ας) ἕκ[τον καὶ]
ἀρτ(άβης) ἥμισ[υ, γ]ί(νεται) (ἀρτάβας) δ β′ μ[ό](νας). †̣ [δ](ι') ἐ̣μ̣[οῦ]
Γεωργίου σ̣(ὺν) Θ̣(εῷ) γρ(αμματέως) *Paraphe* †.

1. ϊ *pap.* 2. χωρίου [.....] *ed. pr.* 3. εκ[ ] *ed. pr.* 4. ἥμισυ γί//(νεται) δ δ/(ι') ἐμ[οῦ]////// *ed. pr.* 5. Γεωργιο *imit. script.* † *ed. pr.* σ̣(ὺν) : σ *ex* ι ?

„† Am 26. Epeiph, an Weizen für die Embole der 10. Indiktion, für das Dorf …, von Severos, Diakon, vier und ein sechstel Artaben und eine halbe Artabe, das macht Artaben 4 ²/₃. † Durch mich, Georgios, Schreiber mit Gottes Hilfe *Paraphe* †.“

In der vorliegenden Quittung für die Embole-Steuer wird ausnahmsweise in der erstmaligen Nennung der Betrag in Teilbeträgen ausgewiesen und in der Wiederholung summiert angegeben. Die Unterschrift eines Georgios läßt an das umfangreiche Dossier des Georgios denken, die Handschrift weist allerdings keinerlei Charakteristika auf, die eine solche Zuordnung begründen würden, und die Signatur ähnelt weder der Unterschrift des Namensgebers des Dossiers, noch der des in **450**, **490**, **491** und **492** unterzeichnenden Georgios.

1. Ἐπεὶφ κς = 20. Juli.

2. χωρί̣ο̣υ̣ κτλ.: Bei den wenigen verbliebenen Tintenspuren ist nicht mehr auszumachen, ob χωρίου tatsächlich ausgeschrieben war, oder nach ρ bereits der Dorfname beginnt.

507a. LISTE MIT ZAHLEN

P.Paris M.N. E 6910 W 545 Rekto 6,2 × 8,2 cm 7.–8. Jh.
Arsinoites? Tafel XXVII

Ined. — Erstedition nach dem Original.

Die Schrift auf der Rektoseite verläuft zum Verso um 90° gedreht, also ebenfalls parallel zu den Fasern. Von dem ursprünglich größeren Text, der zur Beschriftung der Rückseite beschnitten wurde, sind Ausschnitte von fünf Zeilen erhalten. Die schwarze Tinte ist teilweise stark abgerieben. Der vertikal angebrachte Klebestreifen mit der W-Nummer beeinträchtigt die Lesung noch weiter. Die Beschriftung erfolgte großzügig und mit deutlichem Zeilenabstand.

→ [- - - Ν]α̣αράου̣[ς ±3] . . . . . [- - -]
[- - -] ἐνακ[οσ]ι̣[. .] . . . τ(ό)π(ου?) Ναα[ρα- - - -]
[- - - ἥμ]ισυ ἑξκαιδέκ[ατ]ο̣ν *vac.*
[- - - τέ]τ̣αρτον ὄγδο̣[ο]ν ε̣[ἰ]κ̣ο̣στοτέ̣[ταρτον - - -]
[*vac.?*] *vac.* χερσαμπ(έλου) ἀρούρ(ας) [- - -]
— — — — — — — — — — — — — —

„Naaraus …
neunhundert … vom Ort (?) des (?) Naaraus …
ein halbes, ein sechzehntel …
ein viertel, ein achtel, ein vierundzwanzigstel …
An schlechtem Weinland Aruren …“

Für eine inhaltliche Einordnung des Textes ist ein zu geringer Teil erhalten. Wie groß das ursprüngliche Blatt war, läßt sich nicht abschätzen. Das den Zahlen zuzuordnende Substantiv scheint im erhaltenen Textteil nirgends auf. Da die angegebenen Größen sehr schwanken, ist möglicherweise in Z. 2 etwas anderes als in Z. 3–4 gezählt worden.

508. WEIZENQUITTUNG DES KAMMON

P.Paris M.N. E 6500 W LXVbis 5,5 × 9,3 cm 7.–8. Jh.
Arsinoites Tafel XXVIII

Ed. ant.: Wessely, *Pariser Papyri*, 209, Nr. LXV 2.
Ed. pr.: SPP III 508 (6.–7. Jh., Fayum).
Korr.: P. J. Sijpesteijn, K. A. Worp, *Three London Papyri*, in: Misc. Pap. II (1990) 519 (BL IX 335).
Lit.: Diethart, *Pros. Ars.*, Nr. 2845–2846 mit Anm. 380 (BL VIII 441).
Revision am Original.

Mittelbrauner Papyrus von kräftiger Struktur und schlechter Qualität. Das Blatt ist in intaktem Zustand mit den geschnittenen Rändern erhalten. Zwei horizontale Faltungen sind 2 und 4,2 cm vom oberen Rand entfernt. Beschrieben mit schwarzer Tinte. Schrift quer zur Faserrichtung. Aufgrund des rückseitig aufgeklebten Kartons ist das Verso nicht mehr einsehbar.

↓ 1 † Ἐπεὶφ κδ σίτου ἑβδόμης ἰνδ(ικτίωνος)
2 Κοσμᾶ λογιστ(οῦ) δ(ιὰ) τ(ῆς) γαμε(τῆς) ἀρτ(άβας) τέσερα(ς)
3 ἥμισυ τρίτον, ἀρτ(άβας) δ ∠ γʹ μ(όνας).
4 † δ(ι') ἐμοῦ Κάμμων † *Paraphe*.

2. Κοσμ^{α} λογισ$^{τ(ῆς·)}$ αὐ$^{τ(οῦ)}$ γαμ$^{ε(τή·)}$ *ed. pr.* τέσσερ$^{α(ς)}$ *ed. pr.* *l.* τέσσαρας 4. Καμμωνι//// *ed. pr.* καμ†μων *pap.* *l.* Κάμμωνος

„† Am 24. Epeiph, an Weizen für das siebente Indiktionsjahr, von Kosmas, Logistes, durch seine Gattin, viereinhalb und ein drittel Artaben, 4 ½ ⅓ Artaben, sonst nichts. † Durch mich, Kammon † *Paraphe*."

Zum Dossier der von Kammon unterzeichneten Quittungen für die Getreidesteuer s. oben **C. 6.** Die Zahlung der Steuer durch die Gattin des Steuerzahlers ist ungewöhnlich; vgl. als Paralleltext die Kammon-Quittung P.Prag. I 84, in der die Steuer δ(ιὰ) Μαρία γαμε(τῆς) Μακαρίου bezahlt wird.

1. Επεὶφ κδ = 18. Juli.

2. λογιστ(οῦ): Der vorliegende Text gehört zu den vereinzelten späten Belegen für einen Logistes, früher ein Munizipalbeamter, der jedoch ab dem 5. Jh. an Bedeutung verliert; vgl. die Belegliste von P. J. Sijpesteijn, K. A. Worp, *Three London Papyri*, in: Misc. Pap. II (1990) 518–520 sowie P.Köln IX 373, Komm. zu Z. 10 und J.-L. Fournet, J. Gascou, *À propos de PSI IX 1061 descr.*, ZPE 135 (2001) 142 Komm zu Z. 16.

δ(ιὰ) τ(ῆς) γαμε(τῆς): Diese Korrektur der Lesung αὐ$^{τ(οῦ)}$ γαμ$^{ε(τή·)}$ der *ed. pr.* wurde bereits von P. J. Sijpesteijn und K. A. Worp im Rahmen ihrer Zusammenstellung der Belege für Logistai (Misc. Pap. II, 518–520) vorgeschlagen.

5. Κάμμων: Diethart, *Pros. Ars.*, Nr. 2846 mit Anm. 380 (verweist auf die Identität dieses Kammon mit Nr. 2845, dem Quittungsaussteller in **454** und **477**).

509. WEIZENQUITTUNG DES KALOS

P.Paris M.N. E 6912 W 615 6,4 × 7 cm 7.–8. Jh. (arab. Zeit)
Arsinoiton Polis? Tafel XXVIII

Ed. ant.: Wessely, *Pariser Papyri*, 210, Nr. LXV 6.
Ed. pr.: SPP III 509 (6.–7. Jh., Fayum).
Lit.: P. J. Sijpesteijn, *Short Remarks on Some Papyri IV*, Aegyptus 68 (1988) 89 (BL IX 335 ad SPP III 451).
Revision am Original.

Hellbrauner Papyrus. Der obere, rechte und untere Rand des Blattes ist erhalten. Links ist der Papyrus unregelmäßig abgebrochen, von der Beschriftung aber nur wenig verloren. Zwei horizontale Faltungen in Abständen von 2,3 und 4,6 cm zum oberen Rand. Die Quittung wurde von drei verschiedenen Händen ausgefertigt, wobei der erste und dritte Schreiber rotbraune Tinte verwenden, die Unterschrift der zweiten Hand dagegen mit schwarzer Tinte geschrieben wurde. Schrift quer zu den Fasern. Verso leer.

↓ † Ἐπὶφ α σίτου ὀγδόης ἰ(ν)δ(ικτίωνος)
Σαμβᾶ ἀρχ(ι)διακό(νου) τῆ(ς) μ(ε)γ(άλης) ἐκκλησί(ας)
δ(ιὰ) τ(οῦ) κυρ(ίου) Ἰωάννου ἀπὸ ἀποχ(ῆς) αὐτ(οῦ)
καγκέλλου ἀρτ(άβας) δύο ἥμισυ
δωδέκατ(ον), (ἀρτάβας) β∠ ιβʹ μό(νας) †.
(2. H.) [† Καλ]ọ̀ς σεσημ(είωμαι) †. (3. H.) † Θεόδ[ω]ρ̣[(ος),]
δ(ι') ἐμ[οῦ] ̣[̣] ̣ ̣ *Paraphe*.

1. *l.* Ἐπείφ ᾱ *pap.* 3. ϊωαννου *pap.* ἀπὸ ἀπ^χ() αὐ^τ() *ed. pr.* 5. [δ]ωδέκ/^τ(-ατον) *ed. pr.* † *om. ed. pr.* 6. [ ]ς σεσημ(είωμαι.)† †Θεοδο[*ed. pr.* σεση^†μ *pap.* θεοδ[ω]^†ρ[*pap.* 7. [†] δ/(ι') ἐμ^[οῦ] Φ[ ]ωφ *imit. script. ed. pr.*

„† Am 1. Epeiph, an Weizen für das achte Indiktionsjahr, von Sambas, Archidiakon der großen Kirche, durch den Herrn Ioannes, auf Grund von dessen Quittung, im Kankellon-Maß zweieinhalb und ein zwölftel Artaben, 2 ½ ¹/₁₂ Artaben, sonst nichts †. (2. H.) † Ich, Kalos, habe unterschrieben †. (3. H.) † Theodoros, durch mich, … *Paraphe*."

Zum Dossier der von Kalos unterzeichneten Quittungen für die Getreidesteuer s. oben **C. 5.** Aufgrund der Lücke am Beginn der Z. 6 wurde die Quittung von Wessely noch nicht mit Kalos in Zusammenhang gebracht. Die Handschrift des Quittungstextes ist zwar eine andere als in den übrigen Kalos-Quittungen, der zweite Teil der Signatur in Z. 6 ist jedoch so charakteristisch, daß eine Ergänzung des Namens ohne Zweifel möglich ist. Wie in **501** und **554** unterschreibt Kalos nicht alleine. Als zweite Person zeichnet vorliegende Quittung ein Vertreter eines Theodoros, dessen Namen nicht mehr lesbar ist.

Die vorliegende Quittung erlaubt, über den Steuerzahler eine Verknüpfung zum Georgios-Dossier herzustellen: Der Archidiakon Sambas bezahlt in **451**, einer Georgios-Quittung zweieinhalb + ¹/ₓ Artaben Weizen für das neunte Indiktionsjahr, es handelt sich wohl um zwei aufeinanderfolgende Zahlungen (s. dazu auch **451** Einl.). Gleich ist in beiden Texten ebenso die Ausführung der Zahlung durch Ioannes. Die Nennung der μεγάλη ἐκκλησία läßt auf eine Herkunft des Textes aus einer Gauhauptstadt, in unserem Fall Arsinoiton Polis, schließen. Die vorgenommene Getreideleistung dürfte angesichts der in Z. 3 genannten Quittung eine Girozahlung gewesen sein.

1. Ἐπὶφ α = 25. Juni.

2–3. Σαμβᾶ ἀρχ(ι)διακό(νου) κτλ: Selber Steuerzahler wie in **451**; vgl. schon Sijpesteijn, *Short Remarks* und **451**, Komm. zu Z. 2.

3. ἀπὸ ἀποχ(ῆς) αὐτ(οῦ): In SPP III transkribiert Wessely bloß ἀπχ() und übersieht dabei die an π angehängte o-Schlinge; die richtige Lesung gibt er hingegen bereits in den *Pariser Papyri*: απο αποχ αυτ. Der Hinweis, daß die Quittungsausstellung ἀπὸ ἀποχῆς erfolgt, muß wohl so verstanden werden, daß anstelle des Getreides eine Bescheinigung für eine bereits (an anderer Stelle) geleistete Zahlung ausgehändigt wurde, so daß die hier quittierte Leistung als Girozahlung aufgefaßt werden kann.

4. καγκέλλου: Wie in den Apphuas-Quittungen (s. oben **C. 2.**) steht auch hier ausnahmsweise Genitiv statt Dativ.

7. Der Name des für Theodoros Unterzeichnenden ist für eine Ergänzung zu fragmentarisch erhalten. Zu sehen ist am Anfang eine Unterlänge, nach der Lücke zwei kleine Bogen, wobei der erste nach unten spitz zuläuft, und am Ende φ oder ρ. Wesselys Lesung Φ[ ]ωφ ist kaum möglich.

510. WEIZENQUITTUNG DES KALOS

P.Paris M.N. E 6846 W 323	6,9 × 8,3 cm	7.–8. Jh. (arab. Zeit)
Oxyrhyncha (Arsinoites)		Tafel XXIX

Ed. ant.: Wessely, *Pariser Papyri*, 211, Nr. LXV 11.
Ed. pr.: SPP III 510 (6.–7. Jh., Fayum).
Lit.: Diethart, *Pros. Ars.*, Nr. 2833 mit Anm. 378 (BL VIII 441).
Revision am Original.

Hellbrauner Papyrus. Das Blatt ist in seinen äußeren Ausmaßen vollständig und mit intakten Rändern erhalten. Rechts krumm geschnittener Rand. Der Papyrus befindet sich in schlechtem Zustand. An der linken unteren Ecke ist die Oberfläche aufgerieben, mittig sind einige Vertikalfasern abgelöst. Wessely vermerkt horizontale Faltungen in Abständen von 1,6 cm, die nur noch zu erahnen sind. Beschrieben mit schwarzer Tinte. Die Schrift verläuft quer zur Faserrichtung. Die Quittung wurde mittels gitternetzartiger Durchstreichung als entwertet gekennzeichnet. Die Schrägstriche sind mit schwächerer Tinte gezogen. Verso leer.

↓ 1 † Ἐπεὶφ ιβ σίτου δωδεκάτης ἰ(ν)δ(ικτίωνος)
2 Ὀξύρυγ̣χ(α) Ἄπα Νε̣ῖλ̣[ο]ς̣
3 Πκάρης̣ καγκέλλ(ω̣) ἀρ(τάβης)
4 ἕκτον, ῥ(υπαρῆς) (ἀρτάβης) ς´ μό̣(νον).
5 †̣ Κ̣αλὸς σεσημ(είωμαι) *Paraphe*.

1. ϊβ *pap.* ἰ⳩(νδικτιῶνος) *ed. pr.* 2. Παν̣ειλ̣() *ed. pr.* 3. Πκαρις *ed. pr.* 4. ἑπτὰ ἥ[μ]ι[σ]υ ⳨ ζ ϛ″ μ±(όνας) *ed. pr.* 5. † [?Κ]αλο[ς] σεσημ(είωμαι) /////// *ed. pr.* κα†λος *pap.*

„† Am 12. Epeiph, an Weizen für das zwölfte Indiktionsjahr, für Oxyrhyncha, Apa Neilos, Sohn des Pkares, im Kankellon-Maß eine sechstel Artabe, 1/6 Brutto-Artabe, sonst nichts. † Ich, Kalos, habe unterschrieben *Paraphe*."

Zum Dossier der von Kalos-Quittungen s. oben **C. 5.** Wie bereits in **501** wird auch in dieser Quittung — etwa drei Wochen später — von Kalos eine Zahlung für das Dorf Oxyrhyncha bestätigt. Der in **501** zahlende Apa Neilos kann mit dem hier Zahlenden jedoch nicht ident sein wegen des dortigen Vatersnamens Μουσαίου. Diese Quittung wurde, wie sonst nur **504**, von Kalos alleine unterzeichnet.

1. Ἐπεὶφ ιβ = 6. Juli.

2. Ὀξύρυγ̣χ(α): Anders als in **501**, 2 wurde hier γ vom Schreiber fast vollständig mit dem nachfolgenden χ verschliffen, zu sehen ist nur ein kleiner Haken am Beginn des χ. Zum Dorf s. oben **474**, Komm. zu Z. 2.

Ἄπα Νε̣ῖλ̣[ο]ς̣: Wessely liest zwar bereits in den *Pariser Papyri* απανει/, verwirft in SPP III diesen Gedanken jedoch zugunsten des kaum bezeugten Namens Πανεῖλος. Vor π ist noch deutlich der untere Bogen eines α zu erkennen. Nach λ, von dem nur die linke Schräge erhalten ist, gibt es eine kleine Lücke und Spuren eines waagrechten Ausstriches von ς, gegebenenfalls auch eines genitivischen –ου.

3. Πκάρης̣: Wessely liest Πκαρις und akzeptiert damit eine ungewöhnliche Anbindung des ς an ι, die Schlußsilbe -ης ist besser mit den Tintenspuren zu vereinbaren. Keine der beiden Formen ist anderweitig belegt, vgl. aber den mehrmals auch in griechischen Papyri vorkommenden Namen Πκαρόος und Πκαροῦς, der vom koptischen ⲡ-ⲕⲗⲣⲟⲩⲥ, „der Gelockte" (vgl. Crum, *Coptic Dictionary*, 117), stammt, sowie den Namen Πκαλῆς in T.Mom. Louvre 1208, a1 und b2 (2.–3. Jh., s. CRIPEL 5 [1979] 287) und in CPR V 26, 448, 449 und 529 (2. Hälfte 5. Jh.; mit BL VIII 102 und IX 65), der sich von dem Πκάρης in diesem Text nur durch den im Fayum häufig anzutreffenden Wechsel von λ und ρ unterscheidet.

4. ῥ(υπαρῆς) (ἀρτάβης): s. oben **B. 8.** Das ρ´ für ῥυπαρῆς (selber Duktus wie in **504**, 4) wurde in der *ed. pr.* dem vermeintlichen ἥμισυ zugerechnet.

5. Κ̣αλός: Diethart, *Pros. Ars.*, Nr. 2833. Zu der dort in Anm. 378 vorgeschlagenen Identität mit Nr. 2826 und 2831 s. oben **C. 5.** Anm. 71.

511. WEIZENQUITTUNG DES MAKARIOS

P.Vindob. G 11392 — 6,1 × 11,9 cm — Anfang 7. Jh.
Tamauis (Arsinoites) — Tafel XXIX

Ed. pr.: SPP III 511 (6. Jh., Fayum).
Ed. post.: CPR XIV 19 (Anfang 7. Jh., Arsinoites).
Korr.: P.Dubl. I 26, Komm. zu Z. 1 (BL X 2).
Abb.: CPR XIV Plate 20.
Revision am Original.

Mittelbrauner Papyrus mit rundum intakten Rändern. Kleinere Lücken sind über das Blatt verteilt. Knapp über dem unteren Rand befindet sich eine 2,5 cm breite Kollesis oben auf unten. Drei horizontale Faltungen durchziehen das Blatt in Abständen von 1,7 cm. Beschrieben mit schwarzer Tinte. Schrift quer zur Faserrichtung. Unbeschriebener Freiraum oben 0,6 cm, links 1,2 cm bei ausgerücktem Kreuz und unten 2,5 cm. Auf dem Verso Spuren abgewaschener Tinte.

↓ 1 † Ἐπεὶφ κς σίτου δωδεκάτης ἰν(δικτίωνος)
2 (2. H.) Ταμαῦις Ἄπα Ὁλ Παπνουθίου σὺ(ν εἰκοστῇ)
3 ἀρ(τάβας) δύο, (ἀρτάβας) β. † Μακάριος † *Paraphe*.

1. κξ *pap.* ϊν, *pap.* 2. Ταμαις *ed. pr.* Ταμᾶνις *CPR XIV* Παπνουθιους^sic *ed. pr.* σ(ίτου) *CPR XIV*

„† Am 26. Epeiph, an Weizen für das zwölfte Indiktionsjahr. (2. H.) Für Tamauis, von Apa Hol, Sohn des Papnuthios, einschließlich des Zwanzigstels zwei Artaben, 2 Artaben. † Makarios † *Paraphe*."

Zum Dossier der von Makarios unterzeichneten Quittungen für die Getreidesteuer s. oben **C. 7.** Wohl derselbe Apa Hol, Sohn des Papnuthios, bezahlt in der Makarios-Quittung **548** sieben Tage später weitere 1¹/₆ Artaben Weizen für das Dorf Tamauis.

1. Ἐπεὶφ κς = 20. Juli.

2. Ταμαῦις: statt Ταμαις der *ed. pr.* und Ταμᾶνις in CPR XIV; der Haken für das υ zwischen α und ι ist deutlich zu erkennen. Zur Diskussion um den Namen des Dorfes Tamauis s. P.Dubl. I 26, Komm. zu Z. 1 sowie oben **460**, Komm. zu Z. 2.

σὺ(ν εἰκοστῇ): Zur Korrektur der Lesung und zur Auflösung der Abbreviatur s. oben **460**, Komm. zu Z. 3.

512. WEIZENQUITTUNG DES MAKARIOS

P.Vindob. G 11393 Verso — 6,7 × 8,2 cm — Anfang 7. Jh.
Tamauis (Arsinoites) — Tafel XXX

Ed. pr.: SPP III 512 (6. Jh., Fayum).
Ed. post.: CPR XIV 20 (Anfang 7. Jh., Arsinoites).
Korr.: P.Dubl. I 26, Komm. zu Z. 1 (BL X 2).
Abb.: CPR XIV Plate 20.
Revision am Original.

Dunkelbrauner Papyrus aus feinem, glänzenden Material, dessen äußere Ausmaße erhalten sind. Größere, symmetrisch liegende Fehlstellen aufgrund von Wurmfraß befinden sich in der linken Hälfte des Blattes. Anhand dieser ist auch die ursprüngliche zweifache Faltung des Blattes zu einem ca. 2,5 cm breiten Streifen erkennbar. Die Quittung wurde auf dem Verso in schwarzer Tinte parallel zur Faserrichtung geschrieben. Unbeschriebener Freiraum oben 0,8 cm, links 1,3 cm und unten 2 cm. Das von Wessely nicht transkribierte Rekto wurde erstmals in CPR XIV publiziert; s. unten **512a**.

→ 1 † Ἐπεὶφ κζ σ̣ί̣του δωδεκ(άτης) ἰνδ(ικτίωνος)
2 (2. H.) Ταμαῦις Σ̣ω̣ούκ̣ιος Ἰωά̣ννου
3 σὺ(ν εἰκοστῇ) ἀρ[(τάβας)] δύο δ̣ί̣[μο]ι̣ρον, (ἀρτάβας) β β′.
4 † Μακάριος † *Paraphe*.

1. κ[̣ σί]του *ed. pr.* κζ [σ]ίτ(ο)υ *CPR XIV* 2. Ταμαις (·) ////(nomen)/////ος *ed. pr.* Ταμάνις . . . . . ιος *CPR XIV*
3. σ ἀρ/[(τάβας)] *ed. pr.* σ(ίτου) ἀρ(τάβας) *CPR XIV* δ̣[ίμοι]ρον *ed. pr.* † *Paraphe* *om. CPR XIV*

„† Am 27. Epeiph, an Weizen für das zwölfte Indiktionsjahr. (2. H.) Für Tamauis, Soukios, Sohn des Ioannes, einschließlich des Zwanzigstels, zwei und zwei drittel Artaben, 2 $^2/_3$ Artaben. † Makarios † *Paraphe*."

Zum Dossier der von Makarios unterzeichneten Steuerquittungen s. oben **C. 7.**

1. Ἐπεὶφ κζ = 21. Juli.

2. Ταμαῦις: statt Ταμαις der *ed. pr.* und Ταμᾶνις in CPR XIV; der Haken für das υ zwischen α und ι ist deutlich zu erkennen. Zur Korrektur des Dorfnamens in Tamauis s. P.Dubl. I 26, Komm. zu Z. 1 sowie oben **460**, Komm. zu Z. 2.

Σ̣ω̣ούκιος: Der vom ägyptischen Gott Sobek (*sbk*) abgeleitete Name ist in genau dieser Form bislang nur in P.Lond. II 258, 6, 116 (94 n. Chr.) belegt; vgl. aber die zahlreichen ähnlichen Formen des Namens Σώουκ, Σούκιος etc.

3. σὺ(ν εἰκοστῇ): Zur Korrektur der Lesung und zur Auflösung der Abbreviatur s. oben **460**, Komm. zu Z. 3.

512a. FRAGMENT EINER URKUNDE

P.Vindob. G 11393 Rekto — 6,7 × 8,2 cm — Anfang 7. Jh.
Arsinoites — Tafel XXX

Ed. pr.: CPR XIV 20, Z. 5-9 (Anfang 7. Jh., Arsinoites).
Revision am Original.

Die Rektoseite wurde mit schwarzer Tinte quer zur Faser beschrieben. Der Text wurde zur Beschriftung des Verso an allen vier Seiten beschnitten und das Blatt um 180° gedreht. In SPP III wurde die Beschriftung der Rektoseite nicht vermerkt.

↓ 1] . . α̣ . . . . . . ρ̣α̣π̣[
2 (2. H.)]ε̣[. τ]ῆ̣[ς]κ̣[α]λ[ου]μ̣ένης . [
3] . διὰ τῶν α̣ὐ̣τ̣ῶν̣ . η . [
4] ἰδίου̣ κινδύνου καὶ τῶν [
5] . . . [.] . [. .]ο̣υ̣ . ε̣ . . ε̣ . ἡ̣μ̣ῶ̣ν̣ [

1.] . . κ̣α̣θ̣ὰ̣ γ̣έ̣γ̣ρ̣α̣π̣[ται *CPR XIV* 2.] . . . [.] . . . λ . . . ενης . [*CPR XIV* 3. α̣ὐ̣τῶν . . . . [*CPR XIV*
5.] . . . [.] . . [.] . . . ε̣ ε̣ . . . [*CPR XIV*

Der spärlich erhaltene Text ist wenig aufschlußreich bezüglich des Inhalts des Dokumentes. Einzig aussagekräftig ist Z. 4 mit ἰδίου̣ κινδύνου. Für die in Verträgen häufige Gefahrtragungsklausel würde man jedoch unbedingt Dativ und eventuell ein Possessivpronomen, etwa ἰδίῳ μου κινδύνῳ, erwarten, vgl. einzig den auch dort fehlerhaften Genitiv in P.Oxy. XXIV 2408, 6 (397 n. Chr.).

1. Die ungeübte Handschrift der ersten Zeile läßt mehrere, rein spekulative Lesungen zu, das in CPR XIV vorgeschlagene κ̣α̣θ̣ὰ̣ γ̣έ̣γ̣ρ̣α̣π̣[ται ist im ersten Teil mit den Spuren schwer vereinbar und kommt überdies in dieser späten Zeit nicht mehr vor.

513. WEIZENQUITTUNG DES MAKARIOS

P.Vindob. G 11394 Verso | 6,3 × 8,5 cm | Anfang 7. Jh.
Tamauis (Arsinoites) | | Tafel XXXI

Ed. pr.: SPP III 513 (6. Jh., Fayum).
Ed. post.: CPR XIV 21 (Anfang 7. Jh., Arsinoites).
Korr.: P.Dubl. I 26, Komm. zu Z. 1 (BL X 2).
Abb.: CPR XIV Plate 20.
Revision am Original.

Dunkelbrauner Papyrus aus feinem, glänzendem Material, dessen oberer, rechter und unterer Rand intakt sind. Links ist der Rand unregelmäßig ausgefranst. Drei horizontale Faltungen in Abständen von je 1,3 cm. Die untereinander liegenden Lücken sind auf Wurmfraß zurückzuführen. Die Quittung wurde auf dem Verso in schwarzer Tinte parallel zur Faserrichtung geschrieben. Unbeschriebener Freiraum unten 2,7 cm. Zur Rektoseite s. **513a**.

→ 1 † Ἐπεὶφ κ̣ζ̣ σίτου δωδεκ(άτης) ἰνδ(ικτίωνος)
2 (2. H.) Ταμαῦ̣ις Φῖβ Σερήνου σὺ(ν εἰκοστῇ)
3 ἀρ(τάβας) τρεῖς, (ἀρτάβας) γ. † Μακά(ριος) *Paraphe.*

1, κζ σιτυ(ου) *ed. pr.* κ̣ζ σῖτ(ου) *CPR XIV* 2. Ταμαις *ed. pr.* Ταμάνις *CPR XIV* Σερηνους^sic *ed. pr.* σ̣(ίτου) *CPR XIV* 3. Μακαρ/ *imit. script. ed. pr.* Μακ(άριος) *CPR XIV*

„† Am 27. Epeiph, an Weizen für das zwölfte Indiktionsjahr. (2. H.) Für Tamauis, von Phib, Sohn des Serenos, einschließlich des Zwanzigstels, drei Artaben, 3 Artaben. † Makarios *Paraphe*."

Zum Dossier der Makarios-Quittungen s. oben **C. 7.**

1. Ἐπεὶφ κ̣ζ̣ = 21. Juli.

2. Ταμαῦις: statt Ταμαις der *ed. pr.* und Ταμα̣̑νις in CPR XIV; das υ ist zu einem kleinen Häkchen über ι verkümmert, ν jedenfalls nicht zu lesen. Zur Korrektur des Dorfnamens in Tamauis s. P.Dubl. I 26, Komm. zu Z. 1 sowie oben **460**, Komm. zu Z. 2.

σὺ(ν εἰκοστῇ): Zur Korrektur der Lesung und zur Auflösung der Abbreviatur s. oben **460**, Komm. zu Z. 3.

3. Μακά(ριος): Ausnahmsweise (vgl. auch unten **552**) kürzt Makarios hier seine Unterschrift ab, fügt jedoch anders als in **552** noch seine Paraphe an.

513a. FRAGMENT EINER URKUNDE

P.Vindob. G 11394 Rekto — 6,3 × 8,5 cm — Anfang 7. Jh.
Arsinoites — Tafel XXXI

Ed. pr.: Z. 2–4: SPP III 513 (dort Z. 1–3).
Ed. post.: CPR XIV 21, Z. 5–10 (Anfang 7. Jh., Arsinoites).
Revision am Original.

Die Rektoseite wurde in schwarzer Tinte quer zur Faserrichtung beschrieben. Der Text wurde zur Beschriftung des Verso oben, links und unten beschnitten, während der rechte, ausgefranste Rand die ursprüngliche Kante des Dokumentes bildet. In SPP III wurden nur die Zeilen 2–4 wiedergegeben.

↓ 1]λ̣ ̣[̣] ̣μ̣ ̣ ̣κ̣[α]ὶ̣ [̣ ̣ ̣] ̣
2]π̣οδεδέχθαι καὶ
3] ̣ν̣ου καὶ τοῦ εἰρημέ(νου)
4 τ]ῆ̣ς̣ κατὰ σοῦ ἐναγωγῆς̣
5] ̣[± 14]

1. *om. ed. pr.*]λ̣ ̣[̣] ̣ ̣ ̣ ̣ ̣ ̣ ̣[κα]ὶ [̣ ̣ ̣ ̣] ̣ *CPR XIV* 2.]το δεδέχθαι *ed. pr.* ὑ]π̣οδεδέχθαι *CPR XIV* 3.]ανο^υ *ed. pr.*] ̣που *CPR XIV* εἰρημ/ *ed. pr.* εἰρημ(ένου)[*CPR XIV* 4.]– κατά *ed. pr.*] ̣ κατά *CPR XIV* ἐνάγω τη *ed. pr.* ἐναγωγή[ν *CPR XIV* 5. *om. ed. pr.*

Wie schon bei **512a** ist auch hier der erhaltene Textteil zu gering, um auf den Inhalt des Dokumentes zu schließen. Der juristische Konnex ist durch die Nennung der ἐναγωγή in Z. 4 deutlich.

2. G. Fantoni schlägt in CPR XIV ὑποδεδέχθαι vor, ebenso könnte ἀ]ποδεδέχθαι zu ergänzen sein.]το δεδέχθαι der *ed. pr.* scheidet aus paläographischen Gründen aus (der erste Buchstabe hat keine Unterlänge).

514. WEIZENQUITTUNG DES NEILOS

P.Vindob. G 11395 — 5 × 7,9 cm — 7. Jh.
Tamauis (Arsinoites) — Tafel XXXII

Ed. pr.: SPP III 514 (6. Jh., Fayum).
Revision am Original.

Mittelbrauner Papyrus von eher kräftiger Struktur. Das Blatt ist in seinen äußeren Abmessungen erhalten, jedoch an den Rändern und insbesondere in der oberen Hälfte stark beschädigt. Ein Großteil der ersten Zeile ist verloren.

Vier horizontale Faltungen in Abständen von ca. 1 cm. Rektoseitig beschrieben mit schwarzer Tinte. Schrift quer zur Faserrichtung. Unbeschriebener Freiraum oben und links 1,2 cm, unten 1,8 cm. Verso leer.

↓ † Ἐπε̣ὶ̣φ [̣ ̣ σίτου?] ἕ̣κ̣τη(ς) ἰνδ(ικτίωνος)
Ταμα̣ῦ̣ις Μηνᾶ Παπνουθ(ίου)
ἀρ(τάβης) ἥμισυ, (ἀρτάβης) ∠. † Νεῖλος †.

1. ἐπε̣ι̣[φ .. σίτου … δε]κ̣[ά]της ἰν̣δ(δικτιῶνος) *ed. pr.* 2. Ταμ[α]ις(·) Μ̣η̣νᾶ *ed. pr.* 3. † Νειλος †[ ] *ed. pr.* Νειλ†ος *pap*

„† Am … Epeiph, an Weizen (?) für das sechste Indiktionsjahr, für Tamauis, von Menas, Sohn des Papnuthios, eine halbe Artabe, $^{1}/_{2}$ Artabe. † Neilos †.“

Zum Dossier der von Neilos ausgestellten Quittungen für die Getreidesteuer s. die allgemeinen Bemerkungen oben **C. 9.**

1. Ἐπε̣ὶ̣φ [̣ ̣ σίτου?] ἕ̣κ̣τη(ς) ἰνδ(ικτίωνος): Unterhalb der Lücke ist ein Teil der Unterlänge von φ zu sehen. σίτου ist wahrscheinlich (vgl. **455** und **545**), die Nennung einer anderen Getreideart (κριθῆς) nicht auszuschließen. Bei der Angabe des Indiktionsjahres ist die Lesung δ]ε̣κ̣[ά]τη(ς) (vgl. *ed. pr.* δε]κ̣[ά]της) nicht unmöglich, jedoch paläographisch problematisch. Da **455** und **545**, die beiden anderen Quittungen des Dossiers, beide das sechste Indiktionsjahr nennen, die Anbindung an τ dem Duktus in diesen Texten gleicht und keine auf ein α hindeutenden Spuren erhalten sind, ist die Lesung ἕ̣κ̣τη(ς) vorzuziehen. Zur Auslassung des -ς s. oben **455**, Komm. zu Z. 1.

2. Ταμα̣ῦ̣ις: statt Ταμ[α]ις der *ed. pr.*; die Lücke über α und υ erschwert die Lesung. Nach α ist ausreichend Platz für υ, das auch an der von unten kommenden Anbindung des ι zu erkennen ist. Zur Korrektur des Ortsnamens und zum Dorf Tamauis s. oben **460**, Komm. zu Z. 2.

Μηνᾶ Παπνουθ(ίου): Ein Menas, Sohn des Papnuthios, ist auch Steuerzahler in **453** (7.–8. Jh.), dort allerdings für das Dorf Κῶς. Angesichts der Häufigkeit beider Namen ist eine Identität wohl auszuschließen. Gleiches gilt für den Menas, Sohn des Papnuthios, in SPP VIII 887, 3 (7. Jh.; nach dem Schriftbild vielleicht auch 8. Jh.), da jener Text das Dorf Ἀλεξάνδρου nennt.

515. WEIZENQUITTUNG DES MAKARIOS

P.Vindob. G 11396 — 7 × 9 cm — Anfang 7. Jh.
Tamauis (Arsinoites) — Tafel XXXII

Ed. pr.: SPP III 515 (6. Jh., Fayum).
Ed. post.: CPR XIV 23 (Anfang 7. Jh., Arsinoites).
Korr.: P.Dubl. I 26, Komm. zu Z. 1 (BL X 2).
Abb.: CPR XIV Plate 21.
Revision am Original.

Mittelbraunes Papyrusfragment in schlechtem Erhaltungszustand. Teile des oberen, linken und unteren Randes sind erhalten. Die untere Hälfte und das rechte Drittel des Blattes sind stark beschädigt. Drei horizontale Faltungen in Abständen von ca. 1,8 cm. Beschrieben mit schwarzer Tinte. Schrift quer zur Faserrichtung. Freiraum oben 1 cm, links 1,2 cm bei ausgerücktem Kreuz. Spuren einer früheren Beschriftung sind noch erkennbar. Auf dem Verso sind einige nicht mehr zuzuordnende Spuren abgewaschener Tinte erhalten.
Ein kleines, die Lesung von δύο in Z. 3 beeinträchtigendes Fragment (vgl. CPR XIV Plate 21) wurde bei der Restaurierung als nicht zugehörig erkannt und entfernt. Die darauf erhaltenen Tintenspuren gehören zu dem Kreuz in Z. 4, weshalb es an jener Stelle lose zu plazieren ist.

↓ 1 † Ἐπεὶφ κθ σίτου δωδεκ(άτης) [ἰν(δικτίωνος)]
2 (2. H.) Ταμαῦις Εὐλόγι̣ο̣ς̣ . . [±2]
3 σὺ(ν εἰκοστῇ) ἀρ(τάβας) δύο [τρί]τ̣[ον, (ἀρτάβας) β γ´.]
4 †̣ [Μακάριος † *Paraphe*.]

1. σιτ̄(ου) δω̣δ̣[εκάτης ἰν()] *ed. pr.* σίτ(ο)υ δω̣δ̣ε̣[κ(άτης) ἰ̣ν̣δ̣(ικτίονος)] *CPR XIV* 2. Ταμαις Εὐλογ[ίου *ed. pr.* Ταμᾶνις Εὐλόγ[ιος N. N.] *CPR XIV* 3. σ ἀρ/(τάβας) δύο[ ] *ed. pr.* σ(ίτου) ἀρ(τάβας) δύο [⟜ β † Μακάριος] *CPR XIV* 4. [ ] *ed. pr.* *om. CPR XIV*

„† Am 29. Epeiph, an Weizen für das zwölfte Indiktionsjahr. (2. H.) Für Tamauis, Eulogios, ..., einschließlich des Zwanzigstels, zwei und ein drittel Artaben, 2 ¹/₃ Artaben.
† Makarios † *Paraphe*."

Zum Dossier der von Makarios unterzeichneten Quittungen für die Getreidesteuer s. oben **C. 7.** Von der Unterschrift des Makarios ist nur das Kreuz erhalten, die Zugehörigkeit zum Dossier steht dennoch aufgrund mancher Charakteristika der Handschrift außer Zweifel (vgl. etwa die Schreibung von Ταμαῦις).

1. Ἐπεὶφ κθ = 23. Juli.
δωδεκ(άτης) [ἰν(δικτίωνος)]: Nach der Restaurierung ist die Jahresangabe nunmehr bis zur Kürzung nach κ lesbar.

2. Ταμαῦις: statt Ταμαις der *ed. pr.* und Ταμᾶνις in CPR XIV. Zur Korrektur des Dorfnamens in Tamauis s. P.Dubl. I 26, Komm. zu Z. 1 sowie oben **460**, Komm. zu Z. 2.

3. σὺ(ν εἰκοστῇ): Zur Korrektur der Lesung und zur Auflösung der Abbreviatur s. oben **460**, Komm. zu Z. 3.

ἀρ(τάβας) δύο κτλ.: Die bezahlte Summe von 2 ⅓ Artaben ist gegenüber den früheren Editionen neu. Wesselys Transkription der Zeile endet mit δύο. In CPR XIV wird die Ziffernsumme ⏆ β ergänzt, wobei aufgrund der Annahme, die Unterschrift des Makarios stünde noch in Z. 3, der Platz bereits hinlänglich gefüllt schien. In beiden Editionen wurden nun einerseits die Reste des Kreuzes in Z. 4, andererseits die in Z. 3 zu sehenden Spuren eines gespaltenen τ übersehen. Die Ergänzung einer anderen Bruchzahl als τρίτον scheidet schon aufgrund der jeweils nötigen Oberlängen aus, die am Fragment zu sehen sein müßten. Angesichts des Ausmaßes des verlorenen Teiles der Zeile ist nicht auszuschließen, daß nach τρίτον noch eine weitere Bruchzahl folgte.

516. WEIZENQUITTUNG AUS DEM GEORGIOS-DOSSIER

P.Vindob. G 11397 — 6,1 × 8,5 cm — 7.–8. Jh. (arab. Zeit)
Ampeliu (Arsinoites) — Tafel XXXIII

Ed. pr.: SPP III 516 (6. Jh., Fayum).
Korr.: Diethart, *Pros. Ars.*, Nr. 169 mit Anm. 33 (BL VIII 441) und Nr. 1866, 1910 und 1912 mit Anm. 287b (BL VIII 317 [ad SB I 4922] und 441).
Revision am Original.

Mittelbrauner Papyrus von kräftiger Struktur. Das Blatt ist in seinen äußeren Ausmaßen vollständig erhalten. Kleinere Fehlstellen durch Anobienbefall. Drei horizontale Faltungen in Abständen von 1,8 cm, 1,9 cm und 1,2 cm zueinander. Eine vertikale Faltung 4,5 cm vom linken Rand ist deutlich als Riß im Papyrus zu sehen. Auf dem Verso befindet sich eine Kollesis oben auf unten 1,5 cm vom oberen Rand entfernt. Beschrieben mit schwarzer Tinte, wobei die Tinte in Z. 5 deutlich heller ist. Schrift quer zur Faserrichtung. Unbeschriebener Freiraum oben 1 cm, links 1,2 cm und unten 1,3 cm. Nach der Beschriftung mit mehreren gekreuzten Schrägstrichen als entwertet gekennzeichnet. Das Verso blieb leer.

↓ † Ἐπεὶφ ια̣ σίτου δ̣ωδεκάτης ἰν̣δ̣(ικτίωνος)
Ἀμπελίου Μακάρις Ἀιουλ(ίου) καγκ(έ)λ(λῳ)
[ἀ]ρ̣τ(άβας) ὀκτὼ τρίτον δωδέκατον, (ἀρτάβας) η [γʹ] ι̣(β)ʹ μό(νας).
† δ(ι') ἐμοῦ Γεωρ[γί]ου †. (2. H.) † Καλομη̣[νᾶς †.]
(3. H.) † Ἠλίας † *Paraphe*.

2. Ἀ(πα) Ἰουλ(ίου) *ed. pr.* αϊουλ *pap.* 3. [⏆] ὀκτώ *ed. pr.* ⏆ η γ ιβ̣// *ed. pr.* 4. γεω†ρ[ ]ο^υ *pap.* Καλομ[ηνας...] *ed. pr.* καλ†ομη[*pap.* 5. Ἡλία *ed. pr.* ηλι†ας *pap.*

„† Am 11. Epeiph, an Weizen für das zwölfte Indiktionsjahr, für Ampeliu, Makaris, Sohn des Aiulios, im Kankellon-Maß acht, ein drittel und ein zwölftel Artaben, Artaben 8 ⅓ ¹⁄₁₂, sonst nichts. † Durch mich, Georgios †. (2. H.) † Kalomenas †.
(3. H.) † Elias † *Paraphe*.“

Die Quittung aus dem Georgios-Dossier (s. dazu die Einleitung oben **C. 3.**) stammt wie die beiden folgenden vom Epeiph eines zwölften Indiktionsjahres, bescheinigt eine Steuerzahlung für das Dorf Ampeliu und wurde unterzeichnet vom Kollegium 1a: Georgios, Kalomenas und Elias.

1. Ἐπεὶφ ια̣ = 5. Juli. Durch den Bauch des ersten δ in δ̣ωδεκάτης verläuft ein senkrechter Strich, eventuell eine Verschreibung.

2. Ἀμπελίου: Das Dorf Ampeliu ist erst in der Zeit vom 6. bis 8. Jh. bezeugt; vgl. Calderini, Daris, *Dizionario I/2*, 25 mit *Suppl. I*, 31 und *III*, 16 sowie Wessely, *Topographie*, 35. Die in P.Tebt. II S. 359 und 367 erfolgte Zuordnung des Dorfes in die Polemonos Meris basierte auf einer unbegründeten Ergänzung in BGU IV 1046, Kol. 1, 25 (2. Jh.) und ist damit hinfällig. In koptischer Sprache wird das Dorf sinngleich als ⲦⲂⲰⲚⲀⲖⲀⲖⲀⲖⲒ („Weingarten") bezeichnet; vgl. CPR IV 81, 2 (7. Jh.) und bes. 86, 2 und 7 (7. Jh.) sowie Timm, *Christlich-koptisches Ägypten VI*, 2559–2560 (*s.v.* Tbo n-Alooli).

Ἀιουλ(ίου): statt Ἀ(πα) Ἰουλ(ίου) der *ed. pr.*; korrigiert von Diethart, *Pros. Ars.*, Nr. 169 mit Anm. 33. Der erst in spätbyzantinischer Zeit belegte Name Ἀιούλιος ist möglicherweise eine koptische Wortbildung (ⲀⲒⲞⲨⲖⲒ) aus dem lateinischen Iulius mit ⲁ-Präformativ; vgl. Heuser, *Personennamen der Kopten*, 105.

3. (ἀρτάβας) η [γʹ] ι̣(β)ʹ: Der waagrechte Strich nach η ist nicht der obere Teil des γʹ, sondern die Bruchzahlen-Markierung von ι(β)ʹ; das γ ist in der Lücke darunter gestanden (vgl. den Duktus derselben Zahlen in **520**, 4).

5. Ἠλίας: Zu der von Diethart, *Pros. Ars.*, Nr. 1866, 1910 und 1912 mit Anm. 287b vorgeschlagenen Identität des Elias mit dem anderer Texte s. oben **451**, Komm. zu Z. 4.

517. WEIZENQUITTUNG AUS DEM GEORGIOS-DOSSIER

P.Vindob. G 2202 — 5,4 × 8,5 cm — 7.–8. Jh. (arab. Zeit)
Ampeliu (Arsinoites) — Tafel XXXIII

Descr.: PERF Nr. 418.
Ed. pr.: SPP III 517 (6.–7. Jh., Fayum).
Ed. post.: SPP XX 204 (6.–7. Jh., Arsinoites).
Korr.: Diethart, *Pros. Ars.*, Nr. 1866, 1910 und 1912 mit Anm. 287b (BL VIII 317 [ad SB I 4922] und 471).
Revision am Original.

Hellbrauner Papyrus von kräftiger Struktur. Rand rundum intakt erhalten. Eine größere Fehlstelle im unteren Teil. Beschrieben mit schwarzer Tinte. Schrift quer zur Faserrichtung. Unbeschriebener Freiraum links 1,4 cm; das Kreuz der ersten Zeile ist nach links ausgerückt. Nach der Beschriftung durch mehrere gekreuzte Schrägstriche als entwertet gekennzeichnet. Verso leer.

↓ † Ἐπεὶφ ε σίτου δωδεκάτης ἰνδ(ικτίωνος)
Ἀμπελίου Παπν(ού)θ(ιος) νεώτ(ερος) καγκ(έ)λ(λω̣)
ἀρτ(άβην) μίạν̣ τρίτον, (ἀρτάβην) α γʹ μό(νην). † δ(ι') ἐμοῦ
Γεωρ[γίου †.] (2. H.) † Καλομηνᾶς † *Paraphe.*
(3. H.) † Ἠλίας † *Paraphe.*

3. ἀρ/$^{\text{τ(άβας)}}$ μ[ίαν] *ed. pr. et SPP XX* 4. γεω†ρ[*pap.* καλο†μηνας *pap.* 5. Ἡλία *ed. pr. et SPP XX* ηλι†ας *pap.*

„† Am 5. Epeiph, an Weizen für das zwölfte Indiktionsjahr, für Ampeliu, von Papnuthios, Rekrut, im Kankellon-Maß eine und ein drittel Artaben, Artaben $1\,{}^{1}/_{3}$, sonst nichts. † Durch mich, Georgios †. (2. H.) † Kalomenas † *Paraphe.*
(3. H.) † Elias † *Paraphe.*"

Die Quittung gehört zum Georgios-Dossier (s. dazu oben **C. 3.**) und innerhalb dessen zur Gruppe der vom Kollegium 1a unterschriebenen Texte, wie auch die nachfolgende, am selben Tag ausgestellte Quittung **518**.

1. Επεὶφ ε = 29. Juni.

2. Ἀμπελίου: Zu dem im Georgios-Dossier mehrfach genannten Dorf Ampeliu s. oben **516**, Komm. zu Z. 2.

3. νεώτ(ερος): Zu den wenigen Belegen für νεώτεροι in arabischer Zeit s. F. Morelli, CPR XXII 16, Komm. zu Z. 9.

5. Ἠλίας: Zu der von Diethart, *Pros. Ars.*, Nr. 1866, 1910 und 1912 mit Anm. 287b vorgeschlagenen Identität des Elias mit dem anderer Texte s. oben **451**, Komm. zu Z. 4.

518. WEIZENQUITTUNG AUS DEM GEORGIOS-DOSSIER

P.Vindob. G 11399	5,9 × 8,4 cm	7.–8. Jh. (arab. Zeit)
Ampeliu (Arsinoites)		Tafel XXXIV

Ed. pr.: SPP III 518 (6. Jh., Fayum).
Revision am Original.

Mittelbrauner Papyrus. Das Blatt ist in seinen äußeren Abmessungen erhalten. Der linke, obere und rechte Rand ist intakt. Unten unregelmäßig abgebrochen. Zwei horizontale Faltungen 1,7 und 3,3 cm vom oberen Rand. Beschrieben mit schwarzer Tinte. Schrift quer zur Faserrichtung. Abstand der Schrift zum Rand links 1,7 cm, das

Kreuz ist etwas ausgerückt. In Z. 4 und 5 ist die Tinte stark abgerieben. Zur Entwertung wurde die Quittung mit mehreren gekreuzten Schrägstrichen durchstrichen. Verso leer.

↓ † Ἐπεὶφ ε σίτου δωδεκάτης ἰνδ(ικτίωνος)
Ἀμπελίου Ναaράους Φῖβ καγκ(έ)λ(λω̣)
ἀ̣ρτ(άβας) ἑπτὰ ἥμισυ̣ τ̣ρί̣το(ν), (ἀρτάβας) ζ ∠ γʹ μό(νας). † δ(ι') ἐμοῦ
Γεω̣ργίο̣υ̣ †. (2. H.) † Καλ̣ο̣μ̣η̣ν̣ᾶ̣ς̣ †̣.
(3. H.) † Ἠλία[ς †.]

1. ἐπειφ σίτ^ου^ *ed. pr.* 2. Ἀμπελι^ο(υ·)^ *ed. pr.* 3. ⏉ ἑπτά *ed. pr.* ο ζ ς γʹ μό(νον) *ed. pr.* 4. Γε[ωρ]γι() *imit. script. ed. pr.* γεωρ†γιου *pap.* Καλομηνα *imit. script. ed. pr.* καλομη†νας *pap.* 5. *om. ed. pr.*

„† Am 5. Epeiph, an Weizen für das zwölfte Indiktionsjahr, für Ampeliu, Naaraus, Sohn des Phib, im Kankellon-Maß siebeneinhalb und ein drittel Artaben, 7 ½ ⅓ Artaben, sonst nichts. † Durch mich, Georgios †. (2. H.) † Kalomenas †. (3. H.) † Elias †."

Die zum Georgios-Dossier (s. dazu oben **C. 3.**) gehörende Quittung wurde am selben Tag ausgestellt wie **517** und sechs Tage vor **516**. Dieser wie jene Texte tragen die Unterschriften vom Kollegium 1a.

1. Επεὶφ ε = 29. Juni.

2. Ἀμπελίου: Zum arsinoitischen Dorf Ampeliu s. oben **516**, Komm. zu Z. 2.

519. WEIZENQUITTUNG AUS DEM GEORGIOS-DOSSIER

P.Vindob. G 11400	5 × 9 cm	7.–8. Jh. (arab. Zeit)
Ampeliu (Arsinoites)		Tafel XXXIV

Ed. pr.: SPP III 519 (6. Jh., Fayum).
Korr.: Diethart, *Pros. Ars.*, Nr. 3322 und 4915 mit Anm. 433b (BL VIII 441).
Revision am Original.

Mittelbrauner Papyrus. Das Blatt ist in seinen Ausmaßen vollständig mit rundum intaktem Rand erhalten. Kleinere Löcher aufgrund von Wurmfraß sind über das Blatt verteilt. Beschrieben mit schwarzer, stark verblaßter Tinte. Schrift quer zur Faserrichtung. Nach der Beschriftung wurde das Blatt mit mehreren dicken, schräg nach rechts unten verlaufenden Linien durchstrichen. Auf dem Verso befindet sich in der linken oberen Ecke eine kurze, mit schwarzer Tinte parallel zur Faser geschriebene Zeile, die in der *ed. pr.* nicht berücksichtigt wurde.

↓ 1 † Ἐπεὶφ α σίτου τετάρτης ἰνδ(ικτίωνος)
2 Ἀμπελίου Απ[̣] ̣ ̣ ̣ Πέτρου
3 καγκ(έ)λ(λῳ) ἀρτ(άβας) ἑπτὰ τρίτον εἰκ(οστοτέταρτον), (ἀρτάβας) ζ γ κ(δ΄).
4 † δ(ι') ἐμοῦ Γεωργίου †. (2. H.) † Χρι[στό]φ[ο]ρ(ος),
5 δ(ι') ἐμοῦ Φῖβ † *Paraphe.*

Verso:

→ 6 † Ἐπεὶφ α

1. σί[του] τετάρτη[ς ἰν]δ() *ed. pr.* 2. Ἀμπελ[ίο]υ(·) Σεο[ηρ/(ος)] τοῦ Μακαρ[ιου] *ed. pr.* Σεο[υη]ρου Μα[.....]υ *Diethart* 3. καγκ(έλλῳ) *ed. pr.* 4. † δ(ι') ἐμοῦ *om. ed. pr.* Γεώργιο[ς]† †Χρ[ιστόφο]ρ(ος)† *ed. pr.* γεωρ†γιου *pap.* 5. † εν *ed. pr.* 6. *om. ed. pr.*

„† Am 1. Epeiph, an Weizen für das vierte Indiktionsjahr, für Ampeliu, von Ap–, Sohn des Petros, im Kankellon-Maß sieben, ein drittel und ein vierundzwanzigstel Artaben, 7 1/3 1/24 Artaben. † Durch mich, Georgios †. (2. H.) † Christophoros, durch mich, Phib † *Paraphe*."

Verso: „† Am 1. Epeiph."

Die Quittung gehört zum Dossier des Georgios, s. dazu oben **C. 3.** Der Quittungstext wurde geschrieben von Georgios, der zusammen mit Christophoros, vertreten durch Phib (Kollegium 1c) unterzeichnet.

1. Ἐπεὶφ α = 25. Juni.

2. Ἀμπελίου: Zum arsinoitischen Dorf Ampeliu s. oben **516**, Komm. zu Z. 2.

Απ[̣] ̣ ̣ ̣ Πέτρου: Weder Wesselys Lesung Σεο[ηρ/(ος)] τοῦ Μακαρ[ιου], noch Diętharts Korrekturversuch Σεο[υη]ρου Μα[.....]υ ist mit den Tintenspuren in Einklang zu bringen.] ̣του in der Zeilenmitte wäre möglich, würde dann aber eher als Namensteil aufzufassen sein;]ρου ist auszuschließen. Am Zeilenende ist statt αρ besser γρ oder τρ mit nachfolgender Endung -ου zu lesen. Der stark verblaßte Schriftzug läßt sich ohne Gewähr, aber auch ohne paläographische Schwierigkeiten dem Vatersnamen Πέτρου zuordnen.

3. εἰκ(οστοτέταρτον): Die Abkürzung könnte auch als εἰκ(οστόν) aufzulösen sein, vgl. **522**. Die Artabenteilung in 1/3 läßt aber die Fortsetzung der Reihe in 1/6 1/12 und 1/24 erwarten.

6. † Ἐπεὶφ α: Die Beschriftung der Versoseite wurde mit dem gleichen Datum wie rektoseitig begonnen. Vielleicht nahm der Schreiber zuerst das Verso für die Quittung und entschied sich dann, das Blatt auf die bessere Seite umzudrehen, oder er wollte (versehentlich) die Rückseite der Quittung für einen weiteren Empfangsschein verwenden.

520. WEIZENQUITTUNG AUS DEM GEORGIOS-DOSSIER

P.Vindob. G 11401 6,5 × 8,5 cm 7.–8. Jh. (arab. Zeit)
Phylakitike (Arsinoites) Tafel XXXV

Ed. pr.: SPP III 520 (7. Jh., Fayum).
Korr.: Diethart, *Pros. Ars.*, Nr. 1436 und 4598 mit Anm. 229 (BL VIII 441).
Revision am Original.

Mittelbrauner Papyrus. Das Blatt ist in seinen Ausmaßen vollständig, mit gerade geschnittenen Rändern erhalten, nur die rechte obere Ecke ist ausgebrochen. Vier horizontale Faltungen in Abständen von 0,7, 1, 1,1 und 1,8 cm zueinander. Horizontale Kollesis oben auf unten 2 mm oberhalb des unteren Randes. Die Rektoseite ist quer zur Faserrichtung mit schwarzer Tinte beschrieben. Abstand der Schrift zum Rand oben und links 1,3 cm, unten 0,8 cm. Nach der Beschriftung wurde der Text zur Entwertung mit mehreren schrägen Linien durchstrichen. Das Verso ist zum Rekto um 180° gedreht, parallel zu den Fasern, mit einer Zeile in der horizontalen Mitte des Blattes beschrieben; die großen Buchstaben sind mit dickem Kalamos aufgetragen. Daneben sind Spuren eines früheren, abgewaschenen Textes zu sehen.

↓ 1 † Ἐπεὶφ κδ σί̣τ̣[ου ±4]τ̣[. .] ἰ̣[νδ(ικτίωνος)]
2 Φυλακητικ(ῆς) Γεωργίου Ποῦσι
3 καγκ(έλλῳ) ἀρτ(άβης) ἥμισυ τρίτον δωδέκατ(ον),
4 (ἀρτάβης) ∠ γʹ ι(β)ʹ μό(νον). † δ(ι') ἐμοῦ Γεωργίου †.
5 †̣ *Paraphe* [ἀ]ρ̣τ̣(άβης) ∠̣ γ̣ʹ ι̣(β)ʹ μ̣ό̣(νον) †̣.

Verso:

→ 6 (2. H.) †̣ ΤΜΟΙ̣

1. σ[ίτου … ἰνδικτιῶνος] *ed. pr.* 2. *l.* Φυλακιτικῆς Πασι[*ed. pr.* 3. ἀρ/ τ(άβας) *ed. pr.* δωδέκατ[ον *ed. pr.* 4. μό(νας) *ed. pr.* γεω†ργιου *pap.* 5. *imit. script. ed. pr.* 6.] *imit. script.* ΤΝΟΥ *ed. pr.*

„† Am 24. Epeiph, an Weizen für das … Indiktionsjahr, für Phylakitike, von Georgios, Sohn des Pusi, im Kankellon-Maß eine halbe, ein drittel und ein zwölftel Artaben, 1/2 1/3 1/12 Artaben, sonst nichts. † Durch mich Georgios †.
† *Paraphe* 1/2 1/3 1/12 Artaben, sonst nichts †."

Die Quittung gehört zum Dossier des Georgios (s. dazu oben **C. 3.**) und zwar zu jener Gruppe von Texten, die Georgios alleine ausfertigte und unterzeichnete. Wie in den anderen drei Beispielen **474**, **480** und **565** ist auch dieser Quittung eine Art Paraphe und die nochmalige Wiederholung der Summe angefügt. Entgegen der Transkription Wesselys ist rechts der originale Rand erhalten und dort kein Text verloren.

1. Επεὶφ κδ = 18. Juli.

2. Φυλακτικ(ῆς): Der Ort Φυλακιτική (Νῆσος) ist vom 3. Jh. v. Chr. bis zum 3. Jh. n. Chr. als Dorf der Polemonos Meris mehrfach bezeugt; vgl. Calderini, Daris, *Dizionario V*, 102 mit *Suppl. II*, 235, Wessely, *Topographie*, 159–160, B. P. Grenfell, A. S. Hunt, P.Tebt. II S. 409 und S. Daris, *Toponimi della Meris di Polemone*, Aegyptus 64 (1984) 101–120, bes. 108–110 sowie CPR XIII Einl. S. 28. Es erscheint verwunderlich, daß nach drei Jahrhunderten ohne einen einzigen Beleg der Ort in arabischer Zeit vereinzelt wieder auftaucht (soweit ich sehe trat zu vorliegendem Zeugnis bisher nur P.Berl. Sarisch. 18 [Mitte des 7.-8. Jh.], wo am Verso Z. 9 Φυλακ/ gelesen wurde [anhand des Fotos nicht nachvollziehbar]). Die Identität des hier genannten Φυλακτική mit dem ptol.-röm. Ort ist erscheint dennoch wahrscheinlich.

Ποῦσι: statt Πασι[der *ed. pr.*; korrigiert von Diethart, *Pros. Ars.*, Nr. 1436 und 4598 mit Anm. 229.

6. †̣ ⲦⲘⲞ̣Ⲓ: vielleicht auch ϩⲦⲘⲞ̣Ⲓ; links könnte auch weiterer Text verloren sein. Ein Zusammenhang mit der rektoseitigen Quittung besteht vermutlich nicht.

521. WEIZENQUITTUNG AUS DEM GEORGIOS-DOSSIER

P.Vindob. G 11402 — 7,5 × 8,8 cm — 7.–8. Jh. (arab. Zeit)
Patres (Arsinoites) — Tafel XXXVI

Ed. pr.: SPP III 521 (6.–7. Jh., Fayum).
Korr.: Diethart, *Pros. Ars.*, Nr. 1866, 1910 und 1912 mit Anm. 287b (BL VIII 317 [ad SB I 4922] und 441).
Revision am Original.

Hellbrauner Papyrus. Das Blatt ist mit intakten Rändern erhalten. Eine größere Fehlstelle am linken Rand. Beschrieben mit schwarzer Tinte. Schrift quer zur Faserrichtung. Unbeschriebener Freiraum oben und links 1,5 cm, unten 2,7 cm. Das Kreuz der ersten Zeile ist nach links ausgerückt. Das Blatt wurde mit drei schräg nach rechts unten gezogenen Linien durchstrichen. Das Verso ist leer.

↓ † Ἐπεὶφ ε σίτου τεσσαρασ(και)δεκ(άτης) ἰνδ(ικτίωνος)
[Π]άτρης Κωνσταντ(ῖνος) Σίων καγκ(έ)λ(λῳ)
ἀ̣ρτ(άβας) πέντε, (ἀρτάβας) ε μό(νας). † δ(ι') ἐμοῦ Γεωργ(ίου) †.
(2. H.) † Καλομηνᾶς † *Paraphe*. (3. H.) † Ἠλί̣[ας] †̣.

2. *l.* Σίωνος   4. καλο†μηνας *pap.*   Ἠλῑ [*ed. pr.*   ηλι†[*pap.*

„† Am 5. Epeiph, an Weizen für das vierzehnte Indiktionsjahr, für Patres, Konstantinos, Sohn des Sion, im Kankellon-Maß fünf Artaben, 5 Artaben, sonst nichts. † Durch mich, Georgios †. (2. H.) † Kalomenas † *Paraphe*. (3. H.) † Elias †."

Die zum Georgios-Dossier (s. dazu oben **C. 3.**) gehörende Quittung wurde wie mehrere vorangehende Texte unterzeichnet von Georgios, Kalomenas und Elias (Kollegium 1a).

1. Ἐπεὶφ ε = 29. Juni.

2. [Π]άτρης: Zum dem im Georgios-Dossier mehrfach genannten Dorf s. oben **482**, Komm. zu Z. 2.
Σίων: Der im Allgemeinen deklinierte Name wird gelegentlich auch als indeklinabel aufgefaßt; vgl. schon **505**, 2.

4. Ἠλίας: Zu der von Diethart, *Pros. Ars.*, Anm. 287b vorgeschlagenen Identität der Unterschrift des Elias in mehreren Texten des Dossiers s. oben **451**, Komm. zu Z. 4.

522. WEIZENQUITTUNG AUS DEM GEORGIOS-DOSSIER

P.Vindob. G 11403 — 6,5 × 8,6 cm — 7.–8. Jh. (arab. Zeit)
Patres (Arsinoites) — Tafel XXXVI

Ed. pr.: SPP III 522 (6.–7. Jh., Fayum).
Revision am Original.

Der mittelbraune Papyrus ist in seinen äußeren Abmessungen vollständig. Zahlreiche kleinere Fehlstellen aufgrund von Anobienbefall sind über das Blatt verteilt. Drei horizontale Faltungen in Abständen von 1,7, 3,1 und 4,9 cm vom oberen Rand. Beschrieben mit schwarzer Tinte quer zur Faserrichtung. In den Zeilen 1 und 4 ist die Tinte stark abgerieben. Die Schrift hält oben 1,5 und unten 1,3 cm Abstand zum Rand. Nach der Beschriftung wurde der Text mit drei schrägen Linien durchstrichen. Das Verso ist leer.

↓
†̣ Ἐπ̣εὶφ δ̣ σ̣ί̣τ̣ου τρ̣ί̣της ἰν̣δ(ικτίωνος)
Π̣άτρης Κοσμᾶ Μακαρί(ου) καγκ(έλλῳ̣) ἀρτ(άβας) δύο
[ἥ]μ̣[ι]συ εἰκοστόν, (ἀρτάβας) β ∠ κʹ μό(νας). † Γεώργι[ο]ς̣,
δ̣(ι') ἐ̣[μ]ο̣ῦ̣ . . . . . †̣. (2. H.) †̣ Χ̣ρ̣ι̣σ̣τ̣όφορ(ος) σεσημ(είωμαι) †.

1. [†]ἐ[π]ειφ [. σίτ^{ου}] τρ[ίτ]ης *ed. pr.* 2. Κοσμ̄(ᾶ) Μακαρ() *ed. pr.* 3. ἥμισυ *ed. pr.* γε†ωργι[ο]ς *pap.* 4. [† Καλομηνας] † [Χριστ]όφορ/(ος) *ed. pr.* χριστοφο ρ†/ σεσημ// † *pap.*

„† Am 4. Epeiph, an Weizen für das dritte Indiktionsjahr, für Patres, von Kosmas, Sohn des Makarios, im Kankellon-Maß zweieinhalb und ein zwanzigstel Artaben, 2 ½ 1/20 Artaben, sonst nichts. † Georgios, durch mich, … †. (2. H.) † Ich, Christophoros, habe unterschrieben †."

Die Quittung gehört zum Dossier des Georgios (s. oben **C. 3.**). Durch die Revision des Textes wurde die Signaturengruppe verändert: Es unterzeichnen als Kollegium 5a Georgios, vertreten durch denselben Schreiber wie in **482**, **499** und **523** (sein Name ist in keinem der Texte erhalten; der markante Schriftzug des Namens Georgios weist aber auf dieselbe Hand), sowie Christophoros mit eigener Hand.

1. Ἐπεὶφ δ̣ = 28. Juni. Die Tinte ist hier sehr stark abgerieben; es wäre auch die Lesung Ἐπεὶφ [ι]δ̣ (= 8. Juli; vgl. dasselbe Datum in **523**) möglich.

2. Π̣άτρης: Von π ist eine ausnehmend lange Waagrechte zu sehen. Zum Dorf Patres s. oben **482**, Komm. zu Z. 2.

3. εἰκοστόν: Die hier zu findende Dezimalteilung der Artabe ist sonst in den Getreidequittungen unüblich, s. dazu oben **B. 5.**

523. WEIZENQUITTUNG AUS DEM GEORGIOS-DOSSIER

P.Vindob. G 11404	6,5 × 8,4 cm	7.–8. Jh. (arab. Zeit)
Patres (Arsinoites)		Tafel XXXVII

Ed. pr.: SPP III 523 (7. Jh., Fayum).
Revision am Original.

Mittelbrauner Papyrus. Das Blatt ist in seinen Ausmaßen vollständig mit den geschnittenen Rändern erhalten. Kleinere Fehlstellen aufgrund von Anobienbefall. Beschrieben mit schwarzer Tinte quer zur Faserrichtung. Der unbeschriebene Rand beträgt oben 1,2 cm. Der Text wurde mit mehreren schrägen Strichen durchgestrichen und entwertet. Die Schrift ist insbesondere in den Zeilen 1 und 3 stark abgerieben. Das Verso ist leer.

↓
† Ἐπεὶφ ιδ [σί]του τ̣ρ̣ίτης ἰνδ(ικτίωνος)
Πάτρη̣ς Μηνᾶ ̣ ̣ ̣ιου κ̣α̣γ̣κ̣(έλλω̣) ἀ̣ρτ̣(άβας) πέντ̣ε̣
τ̣ρ̣ί̣τ̣ο̣ν̣ δ̣ω̣δ̣έ̣κ̣α̣τ̣(ον), [(ἀ̣ρ̣τ̣ά̣β̣α̣ς̣)] ε̣ γ̣ʹ ι̣β̣ʹ μ̣ό̣(ν̣α̣ς̣). †̣ Γ̣ε̣ώ̣ρ̣γ̣ι̣ο̣ς̣,
δ(ι') ἐμο̣ῦ̣ [̣ ̣ ̣] ̣ ̣†̣. (2. H.) † Χριστόφορος
σεσημ(είωμαι)††.

2. Μην̄(ᾶ) Δαυιδ ἀ̣ρ̣[τ(άβας)] πέντε *ed. pr.* 3. [ἥ]μ̣ι̣[συ] δωδέκτ(ατον) [⏤ ε ϛ]ι⁻ μ̣(ό̣νας) *ed. pr.* Γεώργ[ιο]ς *ed. pr.* Γεώργ[ιο]ς *ed. pr.* γεω†ργιος *pap.* 4. δ(ι') ἐμοῦ [4 *litt.*]λ̣ *ed. pr.* χριστ†οφορος *pap.*

„† Am 14. Epeiph, an Weizen für das dritte Indiktionsjahr, für Patres, von Menas, Sohn des ..., im Kankellon-Maß fünf, ein drittel und ein zwölftel Artaben, 5 $^{1}/_{3}$ $^{1}/_{12}$ Artaben, sonst nichts. † Georgios, durch mich, ... †. (2. H.) † Ich, Christophoros, habe unterschrieben ††. “

Die zum Dossier des Georgios (s. oben **C. 3.**) gehörende Quittung wurde wie schon **522** unterzeichnet durch das Kollegium 5a: Georgios, vertreten durch einen Schreiber, dessen Name in keinem der Georgios-Texte lesbar ist, und Christophoros mit eigener Hand.

1. Ἐπεὶφ ιδ = 8. Juli.

2. Πάτρῃς: Zum Dorf Patres s. oben **482**, Komm. zu Z. 2.

Μηνᾶ ̣ ̣ ̣ιου: In der *ed. pr.* wurde als Vatersname Δαυίδ vorgeschlagen. Diese Lesung ist am Originale besonders bei den beiden δ nicht zu bestätigen. Deutlich zu sehen ist die Genitivendung -ίου, der zweite Buchstabe dürfte κ oder η sein. Möglich wäre etwa Ἀ̣η[λ]ίου. Allerdings findet diese Namensform bisher nur eine Parallele in P.Vind.Worp 14, 5 (6.–7. Jh.), weshalb eine entsprechende Ergänzung bei den wenigen vorhandenen Spuren als zu unsicher erscheint.

κ̣α̣γ̣κ̣(έλλῳ) ἀ̣ρτ̣(άβας) wurde in gedrängter und stark verschliffener Schreibung geschrieben.

3. Die Tinte ist in dieser Zeile fast völlig abgerieben, die Lesung nur anhand von Parallelen (etwa **482**, 3) möglich; ἥμισυ (*ed. pr.*) statt τρίτον ist ausgeschlossen.

524. WEIZENQUITTUNG

P.Vindob. G 11405	6,1 × 2,8 cm	7. Jh.
Arsinoites / Herakleopolites		Tafel XXXVII

Ed. pr.: SPP III 524 (7. Jh., Fayum).
Revision am Original.

Fragment eines mittelbraunen Papyrus von kräftiger Struktur. Nur ein schmaler vertikaler Streifen mit dem oberen Rand und einem Teil des unteren Randes ist erhalten. Rechts gerade Bruchkante, links unregelmäßig abgebrochen. An der linken Seite dürfte nur ein schmaler Streifen verloren sein. Beschrieben mit schwarzer Tinte. Schrift quer zur Faserrichtung. Das Verso ist leer.

↓ 1 [†] Ἐπεὶφ θ ̣[- - -]
2 [±2] ̣( ) σίτου ἐνδεκ[άτης ἰν(δικτίωνος) - - -]
3 [±2] ̣ κυρ(ίου) Ἰουστίν̣[ου - - -]
4 [̣ τ]ρίτον δωδ̣[έκατον - - -]
5 [† δ(ι')] ἐμοῦ Ἀπολλ[ῶ - - -]

1. †] ἐπειφ[*ed. pr.* 2.]ι/ σιτ^{ου} ἐνδ/[*ed. pr.* 3.]› κυρ/() Ϊουστι[*ed. pr.* ϊουστιν[*pap.* 5. δι'] ἐμ(οῦ) *ed. pr.*

„† Am 9. Epeiph, ... vom Weizen für das elfte Indiktionsjahr ..., vom (?) Herrn Iustinos, ... ein drittel und ein zwölftel ... Durch mich, Apollos ...“

Aus dem schmalen Fragment lassen sich kaum Informationen gewinnen. Aussteller der Quittung war Apollos (oder Apollonios), Zahlender vermutlich Iustinos. Abweichend vom üblichen Formular ist zwischen dem Tagesdatum und der Steuerart σίτου noch Text eingeschoben (s. auch **481**). Am Beginn von Z. 2 könnte ἐμ]β̣(ολῆ) σίτου gestanden sein — eine solche doppelte Bezeichnung findet allerdings nur Parallelen in einigen Weizenquittungen aus Karanis, vgl. etwa P.NYU I 17, 11 (320) und P.Col. VII 154, 1 (343).

1. Ἐπεὶφ θ = 3. Juli. Über κ in Z. 2 ist noch eine Unterlänge aus der ersten Zeile zu sehen.

4. Vielleicht ist bloß [ἀρ(τάβης) τ]ρίτον δωδ̣[έκατον, (ἀρτάβης) γʹ ιβʹ] zu ergänzen.

5. Ἀπολλ[ῶ: Statt des kurzen Genitivs zu Ἀπολλῶς wäre auch der lange Genitiv Ἀπολλῶτος möglich.

525. QUITTUNG FÜR GERSTE DES APPHUAS

P.Vindob. G 11406 6 × 4,8 cm 7. Jh.
Pseuenaphris (Arsinoites) Tafel XXXVII

Ed. pr.: SPP III 525 (7. Jh., Fayum).
Korr.: Diethart, *Pros. Ars.*, Nr. 1250 mit Anm. 209 (BL VIII 441).
Revision am Original.

Fragment eines mittelbraunen Papyrus von kräftiger Struktur. Etwas mehr als die linke Hälfte des Blattes ist erhalten (auf die normale Breite der Apphuas-Quittungen von 8,7 cm fehlen etwas weniger als 4 cm). Das Fragment ist stark beschädigt. Oberer und unterer Rand intakt, linker Rand durch Wurmfraß ausgefranst. Die rechte Bruchkante verläuft vertikal, wohl entlang einer Faltung. Eine größere Fehlstelle in der horizontalen Mitte des Blattes. Drei horizontale Faltungen 1,1, 3,8 und 4,2 cm unterhalb des oberen Randes. Beschrieben mit schwarzer Tinte. Schrift quer zum Faserverlauf. Unten blieb ein Freiraum von 2,3 cm für die Paraphe. Das Blatt wurde durch netzartige Durchstreichung entwertet. Das Verso ist leer.

↓ † Ἐπεὶφ κς κριθ[(ῆς) δεκάτης ἰνδ(ικτίωνος)]
χ̣ω̣(ρίου) Ψευενάφριος Ι ̣[±12]
κ̣αγκέλλ̣ο̣[υ ἀρ]τ̣άβ(ας) [±6 τρίτον,]
[ἀ]ρ̣(τάβας) ̣ γ̣ʹ μό(νας). † δι᾽ ἐμοῦ Ἀ[πφουᾶ †. ±6]
linker Teil der Paraphe [*rechter Teil der Paraphe*]

1. κριθ[ῆς ... ἰνδικτιωνος] *ed. pr.* 2. χ̣ω̣(ρίου) *om. ed. pr.* Ψευενάφριος(·) *imit. script.* [ ] *ed. pr.* 3. [κ]αγκέλ[λ(ῳ) ἀρ/$^{τ(άβας)}$] *ed. pr.* 4. γʹʹ *pap.* *imit. script.* † δ(ι᾽) ἐμου Μ̣[ ] *ed. pr.* δ(ι᾽) ἐμοῦ Γ̣αλ[*Diethart* 5. *om. ed. pr.*

„† Am 26. Epeiph, an Gerste für das zehnte Indiktionsjahr, für das Dorf Pseuenaphris, von ..., im Kankellon-Maß ... und ein drittel Artaben, ... 1/3 Artaben, sonst nichts. † Durch mich, Apphuas †. ... *Paraphe.*“

Die Quittung stammt deutlich von derselben Hand wie **533**ff., weshalb die Unterschrift ergänzt und der Papyrus dem Apphuas-Dossier (s. dazu die Einleitung oben **C. 2.**) zugeordnet werden kann.

1. Ἐπεὶφ κς = 20. Juli. Die Ergänzung entspricht der Datumszeile in den anderen Texten des Dossiers, die alle aus der zehnten Indiktion stammen.

2. χ̣ω̣(ρίου) Ψευενάφριος: Das Dorf Pseuenaphris ist in byzantinischer und früharabischer Zeit nur vereinzelt und in leicht voneinander abweichenden Schreibungen bezeugt; vgl. SPP VIII 1069, 2 (5.–6. Jh.): χωρ(ία?) Ψεουενάφρεως (nach BL VI 194 ist die Abkürzung χωρρ als χωρ(ήματα) aufzulösen, wofür der Text keinen Anhaltspunkt bietet; Wesselys Auflösung χωρία ist vorzuziehen, s. auch N. Gonis, *Korr. Tyche 369*, Tyche 15 [2000] 200–201); SPP X 150, 10 (6. Jh.): χω(ρίον) Ψευε[ναφρίου]; SPP XX 239, 2 (6. Jh.): Ψευενάφρε(); SB VI 9459, 9 (7. Jh.): ἐποικίου Ψευενάφρεως; SPP XX 229 Kol. 3, 15 (7.–8. Jh.): χ(ωρίον) Ψευενάφρε(); sowie SPP X 54, 6 (8. Jh.): ἀπὸ χ(ωρίου) Ψεουε]ναφρίου.

Nach Calderini, Daris, *Dizionario V*, 157 mit *Suppl. II*, 243 und *III*, 164 (*s.v.* Ψεοννῶφρις) ist Pseuenaphris identisch mit dem in ptolemäischer und römischer Zeit mehrfach bezeugten Dorf Ψεοννῶφρις (in dem einzigen späteren Beleg, SB XVIII 13262, 16 [8. Jh.], ist die Lesung Ψ̣ε̣οννό(φρεως) am Original nicht nachzuvollziehen; zu lesen ist Ψ̣ε̣ο̣ε̣[, also vielleicht eine weitere Schreibart Ψεοενάφρεως des byzantinischen Pseuenaphris). Auf denselben Ort beziehen sich vielleicht auch die Belege aus römischer Zeit für Ψεννῶφρις (s. Calderini, Daris, *Dizionario V*, 152 mit *Suppl. II*, 243). Wessely, *Topographie*, 165 schlägt aufgrund des Namensgleichklanges eine Identifikation mit dem nahe von Medinet el Fayum am Bahr Yusuf gelegenen Ort Sanufar vor (so auch in der Karte bei Mueller, *Mastering Matrices and Clusters*, 237). Anderer Ansicht ist Timm, *Christlich-koptisches Ägypten IV*, 2035, mit Bezugnahme auf den Hinweis in P.Tebt. II, S. 411, daß die in P.Petr. III 37b Verso (258–257 v. Chr.) zusammen mit Ψεοννῶφρις genannten Orte alle im nördlichen Teil der Herakleidu Meris gelegen sind. Die Nennung des Ortes in dem Dossier, dessen Quittungen großteils aus Dikaiu in der ehemaligen Polemonos Meris stammen, könnte Wesselys Identifizierung mit dem im Zentrum der Oase gelegenen Ort stützen.

3. κ̣αγκέλλ̣ο̣[υ: Die anderen von Apphuas geschriebenen Quittungen zeigen, daß der ausgeschriebene Genitiv zu ergänzen ist.

4. [ἀ]ρ̣(τάβας) . γ̣ʹ: Das in der *ed. pr.* nicht gelesene γ ist nur in geringfügigen Spuren erhalten, die Lesung ist aber aufgrund der charakteristischen Markierung durch zwei parallele Striche (vgl. **533** und **536**) sicher.

'Α[πφουᾶ †. ± 6]: Am Ende der Zeile stand die der Unterschrift des Apphuas regelmäßig folgende durchstrichene Wiederholung der Summe. Für ihre gewöhnliche Form ist der verbleibende Platz sehr knapp. Vielleicht wurde der Kontrollvermerk enger als der vorangehende Text oder in leicht abgekürzter Form (vgl. **538**) geschrieben.

5. Von der Paraphe ist nur der schräge Aufstrich erhalten.

526. QUITTUNG FÜR GERSTE DES APPHUAS

P.Vindob. G 11407	6,3 × 6,1 cm	7. Jh.
Puet (Arsinoites)		Tafel XXXVII

Ed. pr.: SPP III 526 (6.–7. Jh., Fayum).
Korr.: Diethart, *Pros. Ars.*, Nr. 3962 mit Anm. 486 (BL VIII 442).
Revision am Original.

Mittelbrauner Papyrus. Etwas mehr als die linke Hälfte des Blattes ist erhalten (auf die für das Dossier normale Breite von 8,7 cm fehlen von der unregelmäßigen rechten Bruchkante weg zwischen 2,6 und 4,2 cm). Oberer und unterer Rand intakt, linker Rand nur im unteren Bereich vollständig. Größere Fehlstellen entlang der untersten Faltung des Blattes. Drei horizontale Faltungen in Abständen von 1,3, 3,4 und 5,2 cm vom oberen Rand sind noch erkennbar. Wessely gibt eine Zeichnung vom gefalteten Zustand, berücksichtigt aber weder in den Maßangaben noch in der Skizze den untersten Streifen. Beschrieben mit schwarzer Tinte. Schrift quer zu den Fasern. Unten blieb ein unbeschriebener Rand von 1,7 cm für die Paraphe. Die Zeile der Unterschrift ist deutlich gegenüber dem sonstigen Text abgesetzt. Das Blatt wurde durch netzartige Durchstreichung entwertet. Das Verso ist leer.

↓ 1 † 'Επεὶφ κδ κριθ(ῆς) [δεκάτης ἰνδ(ικτίωνος)]
2 Πουὴτ Οὐ̣ε̣νά̣φ̣[ρ]ε̣[ως ±7]
3 καγκέλλ(ω̣) ἀρ(τάβας) πέ̣ντ[ε ±8]
4 δωδέκ(ατον), κρ(ι)θ(ῆς) (ἀρτάβας) ε̣ ̣ ̣ι̣[β´ μό(νας).]
5 (2. H.) † δι' ἐμοῦ 'Απφ[ουᾶ †. ±9]
6 *linker Teil der Paraphe* [*rechter Teil der Paraphe*]

1. κρι[θῆς ... ἰνδικτιῶνος] *ed. pr.* 2. ὑποδεκτ() Οννη̣[ ] *ed. pr.* Ο ν̣ ̣ ̣[*Diethart* 3. πέν[τε] *ed. pr.* 4. ⏆ [ε ιβ´] *ed. pr.* 5. 'Απα 'Ι[ου]λ[ίου] *ed. pr.* 6. *om. ed. pr.*

„† Am 24. Epeiph, an Gerste für das zehnte Indiktionsjahr, für Puet, von Wenaphris, im Kankellon-Maß fünf ... und ein zwölftel Artaben, an Gerste 5 ... 1/12 Artaben, sonst nichts. (2. H.) † Durch mich, Apphuas †. ... *Paraphe.*"

Die Zugehörigkeit des Textes zum Dossier des Apphuas (s. dazu oben **C. 2.**) wurde aufgrund der Transkription der Signatur in der *ed. pr.* als 'Απα 'Ι[ου]λ[ίου] bislang nicht erkannt. Die Quittung stammt, anders als die meisten anderen des Dossiers, nicht von der Hand des Apphuas selbst, sondern von demselben Schreiber wie **534**.

1. Ἐπεὶφ κδ = 18. Juli. Die Ergänzung des Indiktionsjahres ergibt sich aus den anderen Quittungen des Dossiers.

2. Πουήτ: Die *ed. pr.* hat anstelle eines Ortsnamens ὑποδέκτ(). Diese Lesung ist insbesondere bei -δε- nicht nachzuvollziehen. Mit der Neulesung liegt nun ein weiteres Zeugnis für den nur vereinzelt und erst ab dem 6. Jh. nachgewiesenen Ort Puet (Πουήτ, Πουήδ, kopt. ⲠⲞⲨⲀⲈⲒⲀ) vor; vgl. die fünf Belege in Calderini, Daris, *Dizionario IV*, 186 und darüber hinaus Πουήτ in SPP XX 239, 4 (6. Jh.) und Π̣ο[υ]ήτ in SPP VIII 1085, 4 (7. Jh.; zur Datierung vgl. CPR X S. 154). Wessely, *Topographie*, 128 möchte Puet mit dem in der Chronik des Johannes von Nikiu genannten Ort Abwit identifizieren. B. P. Grenfell, A. S. Hunt, P.Tebt. II, S. 397 weisen darauf hin, daß eben dieses Abwit eher dem im Niltal gelegenen Bawit entspricht und daher nicht mit dem im Fayum zu suchenden Puet identisch sein kann. Timm, *Christlich-koptisches Ägypten I*, 474–478 (*s.v.* Buwet), faßt diese Bemerkung hingegen als eine doppelte Gleichsetzung auf und geht in der Folge von einer Identität von Πουήτ, Abwit bei Johannes von Nikiu und Bawit, dem heutigen Ibwit, aus. Diese Gleichsetzung kann sich jedenfalls nicht auf den hier genannten Ort Πουήτ beziehen, denn allein die durch den Konnex im Dossier gegebene Nahebeziehung zu den beiden Dörfern Pseuenaphris (vgl. **525**, Komm. zu Z. 2) und Dikaiu Nesos (vgl. **533**, Komm. zu Z. 2) stellt sicher, daß auch Puet mit Sicherheit im Fayum liegt. Dasselbe gilt auch für die anderen papyrologischen Belege eines Ortes Πουήτ, die abgesehen von SPP VIII 1085 (dessen arsinoitische Herkunft durch die Zugehörigkeit zum sog. 1. Fayumer Fund gesichert ist) ausschließlich arsinoitische Ortslisten sind. Die Erwähnung eines außerhalb des Fayum gelegenen Ortes in einer solchen Liste könnte nicht durch eine Lage des betreffenden Ortes an einer antiken Wegverbindung zwischen dem Niltal und der Oase erklärt werden (vgl. die dahingehende Argumentation bei Timm, *op. cit.*, 476). Ohne also die Frage der Lokalisierung des Abwit bei Johannes von Nikiu aufgreifen zu wollen, läßt sich feststellen, daß das Puet der Papyri nicht mit Bawit/Ibwit zu identifizieren ist, sondern in der Oase, wohl unweit der beiden anderen Dörfer des Dossiers, gelegen ist.

Οὐ̣ε̣ν̣ά̣φ̣[ρ]ε̣[ως: Der Name des Steuerzahlers ist schlecht erhalten. Wessely liest hier Ονvη̣[ ] (er dachte in Verbindung mit dem vorher gelesenen ὑποδεκτ() an den herakleopolitanischen Ortsnamen; vgl. Index zu SPP III und VIII S. 303), Diethart schlägt Ου ̣ ̣ ̣[vor. Am ehesten ist hier der Name Οὐενάφριος / Ὀννῶφρις zu lesen und zwar, wie der schräge Strich vor der Bruchkante ersehen läßt, in der selteneren Form Οὐενᾶφρις, Οὐενάφρεως.

3. καγκέλλ(ω̣): Anders als das bei Apphuas zu lesende καγκέλλου kürzt dieser Schreiber das Wort nach λ ab. Ich löse daher entsprechend der üblichen Schreibweise im Dativ καγκέλλ(ω̣ *sc.* μέτρω̣) auf.

4. (ἀρτάβας) ε̣ ̣ ι̣[β′ μό(νας)]: Aufgrund von πέντε in Z. 3 und δωδέκατον am Beginn von Z. 4 kann nur eine Bruchzahl wie ἥμισυ, τρίτον oder ἕκτον am Ende von Z. 3 verloren sein. Dennoch verhelfen die Tintenspuren am Ende der Z. 4 nicht zu einer

Ergänzung. Die Spuren hinter dem sehr klein geratenen Artabenzeichen müssen zu ε gehören. Die Oberlänge von ι ist zu sehen. Der waagrechte Strich davor könnte von γ für τρίτον oder von ς für ἕκτον sein. Möglich wäre auch, daß es sich bei der Waagrechten um die Bruchzahlen-Markierung von ιβ′ handelt, und ein gänzlich verlorenes ἥμισυ-Zeichen darunter stand. Die Angabe μό(νας) konnte auch entfallen sein (vgl. **536** und **540**).

5. Am Ende der Zeile stand wohl die der Unterschrift des Apphuas regelmäßig folgende durchstrichene Wiederholung der Summe.

527. WEIZENQUITTUNG

P.Vindob. G 11408 — 6,8 × 11,2 cm — 7. Jh.
Burisis (Arsinoites) — Tafel XXXVIII

Ed. pr.: SPP III 527 (6. Jh., Fayum).
Revision am Original.

Mittelbrauner Papyrus. Der Rand ist rundum intakt. Kleinere Fehlstellen in der rechten Hälfte des Blattes. Wessely mißt horizontale Faltungen in Abständen von 1, 1,2, 1,4, und 1,4 cm vom oberen Rand mit einer Skizze des gefalteten Zustandes, wonach das Blatt zuerst zweimal von oben, einmal von unten und zuletzt nochmals in der Mitte gefaltet wurde. Daß die Faltung kurz nach der Beschriftung erfolgte, läßt sich an den spiegelbildlichen Tintenabdrücken oberhalb der ersten Zeile und unterhalb der Unterschrift erkennen. Beschrieben mit schwarzer Tinte. Schrift quer zu Faserrichtung. Die Schrift hält einen Abstand zum Rand von oben 1,2 und unten 1,7 cm. Tintenspuren am Verso.

↓ † Ἐπεὶφ ε σίτου ὀγδόης ἰ[ν](δικτίωνος)
Βουσήρεος δ(ιὰ) τοῦ ὑποδέ̣κ̣τ̣(ου)
Μο̣υ̣σῆς Παλο(ῦ) ἀρ(τάβης) δωδέ(κατον), (ἀρτάβης) ιβ′.
† Ἄπα Ἰούλ(ιος) †.

1. ἰ[νδ(ικτιῶνος) *ed. pr.* 2. *l.* Βουσίρεως ὑποδέ̣κ̣τ̣[ου] *ed. pr.* 3. Μουσης Παύλο(υ) *ed. pr.* ἀρ(τάβης) *om. ed. pr.* δώδ(εκα) *ed. pr.* ι[β̂] *ed. pr.* 4. Ἀπα Ἰο^υλι'[ος *ed. pr.*

„† Am 5. Epeiph, an Weizen für das achte Indiktionsjahr, für Busiris, durch den Hypodektes, von Muses, Sohn des Palu, ein zwölftel einer Artabe, 1/12 Artabe.
† Apa Iulios †.“

In der von einem Apa Iulios unterzeichneten Quittung für Weizen wird eine Zahlung durch einen Hypodektes verzeichnet. Neben diesem Text ist dies auch in den Quittungen **529**, **531** und P.Prag. I 83 der Fall. Da auch in den Parallelen der Hypodektes nie mit Namen bezeichnet wird, dürfte der in Z. 3 bezeichnete Muses, nicht der ὑποδέκτης, sondern der eigentliche Steuerzahler sein, s. ebenso unten **529**.

1. Ἐπεὶφ ε = 29. Juni.

2. Βουσῆρεος: Gemeint ist wohl auch hier wie oben in **479** nicht das herakleopolitanische Busiris (Abusir el Melek), sondern das in byzantinisch-arabischer Zeit häufig bezeugte arsinoitische Dorf dieses Namens, s. dazu oben **479 a–c** Einl. und **479 a**, Komm. zu Z. 2.

3. Μο̣υ̣σῆς Παλο(ῦ): Vom ersten Namen ist ου entweder nur sehr klein geschrieben oder abgerieben. Im zweiteren Fall könnte ebenso Μω̣σῆς gelesen werden. Das μ wurde in Korrektur über ein abgewaschenes Zeichen gesetzt. Der in der *ed. pr.* transkribierte Vatersname Παύλο(υ) würde voraussetzen, daß der Schreiber υ nach α völlig übergangen hat, zu lesen ist nämlich nur Παλο(). Anstelle des so gebräuchlichen Namens trägt der Vater wohl den koptischen Namen ⲡⲁⲗⲟⲩ (neben dieser indeklinablen koptischen Form wäre ebenso gräzisiertes Παλοῦς oder Παλοῦτος möglich) mit der Bedeutung „das Kind“, vgl. auch Heuser, *Personennamen der Kopten*, 23 und 64.

ἀρ(τάβης) δωδέ(κατον): Wessely löst die Abkürzung zu δώδ(εκα) auf. Diese Variante ist aber angesichts des für den Bruch typischen Zeichens ιβ̅ unwahrscheinlich. Die sich mit dem Artabenzeichen überschneidenden Spuren von ε und der Kürzung wurden in der *ed. pr.* übersehen.

528. WEIZENQUITTUNG AUS DEM GEORGIOS-DOSSIER

P.Vindob. G 11409	6 × 8,9 cm	7.–8. Jh. (arab. Zeit)
Arsinoites		Tafel XXXVIII

Ed. pr.: SPP III 528 (6.–7. Jh., Fayum).
Revision am Original.

Dunkelbrauner Papyrus von feiner Struktur. Das Blatt ist in intaktem Zustand erhalten. Die Getreidequittung wurde auf dem Verso eines Protokollblattes mit charakteristischer großflächiger Schrift (sog. „perpendicular writing“) geschrieben. Verso beschrieben mit schwarzer Tinte. Die Schrift verläuft quer zur Faserrichtung. Die Schrift hält einen Abstand zum Rand von oben 1 cm und links 1,7 cm. Die Signaturen der 2. und 3. Hand wurden mit sehr blasser Tinte geschrieben.

↓ † Ἐπεὶφ λ σίτου δευτέρας ἰνδ(ικτίωνος)
Νειλάμμωνος τέκτ(ονος) υἱοῦ Μάρκου
καγκ(έλλῳ) ἀρτ(άβης) τρίτον, (ἀρτάβης) γʹ μό(νης). † δ(ι') ἐμοῦ
Γεωργίου †. (2. H.) † Καλομηνᾶς † *Paraphe.*
(3. H.) † Γερόντιος πρε(σβύτερος) † *Paraphe.*

3. μό(νον) *ed. pr.* 4. γεωρ†γιο^{υ} *pap.* Καλομηνα *ed. pr.* καλο†μηνας *pap.* 5. γερον†τιος πρ^{ε} *pap.*

„† Am 30. Epeiph, an Weizen für das zweite Indiktionsjahr, von Neilammon, Tischler, Sohn des Markos, im Kankellon-Maß ein drittel einer Artabe, 1/3 Artabe, sonst nichts. † Durch mich, Georgios †. (2. H.) † Kalomenas †.
(3. H.) † Gerontios, Priester †.“

Die zum Georgios-Dossier (s. dazu oben **C. 3.**) gehörende Quittung wurde wie die am selben Tag ausgestellte Quittung **505** unterzeichnet vom Kollegium 1b. **505** nennt das Dorf Soulis, hier ist abweichend vom üblichen Formular kein Ort genannt.

1. Ἐπεὶφ λ = 24. Juli.

4–5. Die Unterschriften des Kalomenas und des Gerontios sind trotz der blassen Tinte im Duktus deutlich zu erkennen. Abweichend von **505**, 4 ist bei πρεσβύτερος kein horizontaler Strich, sondern ε zur Abkürzung hochgestellt.

529. WEIZENQUITTUNG DES MARNITAS

P.Vindob. G 11410 — 7,1 × 8,3 cm — 7. Jh.
Belu (Arsinoites) — Tafel XXXIX

Ed. pr.: SPP III 529 (6. Jh., Fayum).
Revision am Original.

Mittelbrauner Papyrus. Das Blatt ist in seinen Ausmaßen vollständig erhalten, befindet sich jedoch in schlechtem Zustand. Die Beschriftung ist stark beschädigt durch zahlreiche Lücken, besonders entlang der horizontalen Faltungen 1,1, 2,3, 3,5, 4,6 und 6,2 cm unterhalb des oberen Randes. Beschrieben mit schwarzer Tinte. Schrift quer zur Faserrichtung. Verso leer.

↓ † Ἐπεὶφ η σ̣ίτου τετ̣[ά]ρ̣τ̣η̣[ς] ἰν̣δ(ικτίωνος)
Β̣ή̣λ[ο]υ δ̣(ιὰ) τ(οῦ) ὑποδέκ[τ](ου)
Μηνᾶ προνοητ̣(οῦ) κ[αγ]κ(έ)λ(λω̣)
[ἀ]ρ̣(τάβης) ἥμ(ισυ) τρίτ[ο]ν, κ̣[α]γ̣κ(έ)λ(λω̣) (ἀρτάβης) ∠ γ̣΄.
† Μαρνιτᾶς †.

1. τετ[ά]ρτη(ς) *ed. pr.* 2. [ ]ˆ|[ ]λ̣[ ]̓ [δ/(ιὰ)] τ(οῦ) ὑπο δέκ[του *ed. pr.* υπο δεκ[ ]̓ *pap.*
3. προνοητ(οῦ): νο *ex* νη 4. [ἀρ/](τάβης) *ed. pr.* τρίτ[ο]ν̣ [̀ ́] *imit. script. ed. pr.* 5. † *imit. script. ed. pr.*

„† Am 8. Epeiph, an Weizen für das vierte Indiktionsjahr, für Belu, durch den Hypodektes, von Menas, Pronoetes, im Kankellon-Maß eine halbe und eine drittel Artabe, im Kankellon-Maß 1/2 1/3 Artaben.
† Marnitas †.“

Da in der *ed. pr.* die Unterschrift des Marnitas nicht transkribiert ist (Wessely zeichnet einen Teil der Signatur nach), war die Zugehörigkeit der Quittung zu einem Dossier bisher nicht ersichtlich; zum Dossier der von Marnitas ausgestellten Weizenquittungen s. **C. 8.**

Bestätigt wird eine Weizenzahlung durch einen Hypodektes. Aufgrund der Berufsbezeichnung Pronoetes ist der Name Menas nicht auf den Hypodektes zu beziehen, der wie in den anderen Quittungen ohne nähere Bestimmung (etwa auch einen Dorfnamen) genannt ist (s. auch oben **527** Einl.). Der Pronoetes Menas ist wohl der eigentliche Steuerzahler, dem die Weizenzahlung zugerechnet wird. Die Bezeichnung des Menas als Pronoetes und die Nennung eines Hypodektes ohne ein Dorf als Kompetenzbereich läßt an die Domänenverwaltung denken (zu ὑποδέκται als Personen, die in der Verwaltung von Domänen tätig sind, vgl. schon Hardy, *Large Estates*, 81; Gascou, *Grands domaines*, 17–18).

1. Ἐπεὶφ̣ η = 2. Juli.

2. Β̣ῆ̣λ[ο]υ: In der *ed. pr.* ist vom Dorfnamen nur λ̣ gelesen worden. Zum arsinoitischen Dorf Belu s. oben **456**, Komm. zu Z. 2

δ̣(ιὰ) τ(οῦ) ὑποδέκ[τ](ου): Zur Schreibung vgl. den ähnlichen Duktus derselben Worte in **531**.

4. κ̣[α]γ̣κ(έ)λ(λῳ): Die Wiederholung der Angabe des Kankellons bei der Nennung der geleisteten Artabenmenge in Ziffern ist für diese Art der Steuerquittungen untypisch; zu finden ist sie in den beiden im Formular leicht abweichenden Quittungen **575** und P.München. III 116 (6.–7. Jh.) sowie in mehreren andersartigen Urkunden, z.B. der Quittung für ὀψώνιον in SB XIV 11618, 6 (6.–7. Jh.). Von den anhand der Parallele in Z. 3 klar zuzuordnenden Tintenspuren wurden in der *ed. pr.* nur zwei Striche innerhalb einer eckigen Klammer wiedergegeben.

5. Μαρνιτᾶς: Der Schriftzug der Unterschrift ist teilweise verwaschen, der typische Duktus der Signatur (vgl. besonders **475**) trotzdem deutlich erkennbar.

530. FRAGMENT EINER QUITTUNG?

P.Vindob. G 11411b	6,2 × 2,3 cm	7. Jh.
Arsinoites / Herakleopolites?		Tafel XXXIX

Ed. pr.: SPP III 530 linke Seite (5. Jh., Fayum).
Revision am Original.

Von dem mittelbraunen Papyrusblatt ist nur ein schmaler vertikaler Streifen erhalten. Der linke Rand ist intakt. Beschrieben mit schwarzer Tinte. Schrift quer zu den Fasern. Unbeschriebener Freiraum oben 1,1, links 0,7 und unten 1,4 cm. Tintenspuren am Verso.

In SPP III publizierte Wessely unter der Nummer 530 zwei in Wahrheit nicht zusammengehörende Fragmente. Während das rechte Fragment (jetzt G 11411a) sich als der fehlende Teil der Quittung **473** erwies (s. ebenda), ist hier nur mehr das linke Fragment G 11411b wiederzugeben.

↓ 1 † Ἐπεὶφ[- - -]
2 πολι ̣[- - -]
3 Σαραπ[- - -]
4 δω[δεκα- - - -]

1. ἐπει[φ *ed. pr.* 2. πολι[*ed. pr.* 4. δω[*ed. pr.*

„† Am ... Epeiph ... Sarap- ... zwölf-(tel?) ...“

Der nur zum geringen Teil erhaltene Text ist inhaltlich nicht rekonstruierbar. Der Beginn mit dem Monatsnamen deutet auf eine Quittung, hierzu paßt auch der in Z. 3 genannte Name (vielleicht Σαραπίων, Σαραπᾶς oder ähnliches) und die wohl zu einer Summe gehörende Zahlenangabe δώδεκα bzw. δωδέκατον in Z. 4. Als Zahlungsgegenstand sind Geld und Naturalien gleichermaßen denkbar. Z. 2 ist vielleicht Teil einer Ortsbezeichnung, könnte aber auch ein Ausschnitt aus einer Nennung der μεσίται ὁρρίων πολιτῶν oder πολιτικῶν sein. Diesfalls könnte das Fragment Teil eines Zahlungsauftrages an μεσίται (s. dazu unten **579** Einl.) sein.

Die fayumische Herkunft des Stückes ist nach dem Ankaufsjahr des Fragmentes 1883 sehr wahrscheinlich (s. allerdings die hermopolitanische Herkunft des zweiten Fragmentes bei **473** Einl.).

531. WEIZENQUITTUNG MIT SUMME IN SÄCKEN UND ARTABEN

P.Vindob. G 11412	8,1 × 10,1 cm	7. Jh.
Magais (Arsinoites)		Tafel XXXIX

Ed. pr.: SPP III 531 (6. Jh., Fayum).
Korr.: Diethart, *Pros. Ars.*, Nr. 464 mit Anm. 97 (BL VIII 442) — H. C. Youtie, O. M. Pearl, P.Mich. VI 399–411 Einl., S. 102 (BL VIII 442) — P. J. Sijpesteijn, *SPP III 479: Eine Neuedition*, ZPE 65 (1986) 161 (BL VIII 442).
Revision am Original.

Mittelbrauner Papyrus. Das Blatt ist in seinen äußeren Ausmaßen vollständig, der Rand oben, links und unten intakt. In der rechten Hälfte Beschädigungen durch Wurmfraß. Die vier horizontalen Faltungen in Abständen von 1,5 cm, 3,3 cm, 5 cm und 6,7 cm gemessen vom oberen Rand sind anhand der Lücken gut erkennbar. Nach der von Wessely gegebenen Skizze der Faltungen war das Blatt von beiden Seiten einmal und danach nochmals in der Mitte gefaltet. Die Faltung erfolgte sogleich nach der Beschriftung, weshalb sich die noch nasse Tinte der zweiten Zeile auf dem obersten Streifen und noch deutlicher die fünfte Zeile mit der Unterschrift auf dem untersten Streifen abdrückte. Der Papyrus ist parallel zu Faserrichtung mit schwarzer Tinte beschrieben. Der unbeschriebene Rand beträgt oben 1,2 cm, links und unten 1,4 cm; das Kreuz ist nach links ausgerückt. Das Verso blieb leer.

→ † Ἐπεὶφ δ σίτου τετάρτης ἰνδ(ικτίωνος)
Μαγαὶ̈ς δ(ιὰ) τ(οῦ) ὑπο̣δέκ̣τ(ου)
σάκ(κους) ιγ πρ(ὸς) λα β', ῥ(υ)π(αρὰς) ἀρ(τάβας) τεσσα̣ράκ̣(ον)τ̣(α)
τρίτον δωδέκ(ατον) εἰκ(οστοτέταρτον), (ἀρτάβας) μ γ' ι(β)' κ(δ)'.
(2. H.) † Ἄπα Ἠοῦς . . . *Paraphe*

1. σίτ'(ου) *ed. pr.* 2. ὑποδέ[κ]τ'(ου) *ed. pr.* 3. συνει^κ/ γρ/ λαβς ἀρ/αρ/( ) τεσσε[ρ/(άκοντα) *ed. pr.* σὺν εἰκ(οστῇ) *P.Mich. et Sijpesteijn* πρός: ρ̂ *pap.* ῥυπαράς: ρ̂ *pap.* 4. δωδέκατ/(ον) *ed. pr.* 5. † Απα Κ̣ο̣υ̣σ̣ε̣ *imit. script. ed. pr.*

„† Am 4. Epeiph, an Weizen für das vierte Indiktionsjahr, für Magais, durch den Hypodektes, 13 Säcke zu je 31 2/3, vierzig, ein drittel, ein zwölftel und ein vierundzwanzigstel Brutto-Artaben, 40 1/3 1/12 1/24 Artaben. (2. H.) † Apa Eus ... *Paraphe*."

Die vorliegende Quittung über die beachtliche Menge von 40 11/24 Artaben Weizen gehört zu derjenigen Textgruppe, in der die bezahlte Summe in Säcken und Artaben angegeben ist, s. dazu oben **B. 10.** Der entsprechende Passus im Formular mit Nennung der Anzahl an Säcken, Angabe der Verhältniszahl und danach der Gesamtsumme in Artaben stimmt mit der betreffenden Stelle in den Parallelen überein, die Zahlenrelationen der drei Angaben ebenso.

1. Ἐπεὶφ δ = 28. Juni.

2. Μαγαΐς: Das in der Themistu Meris gelegene Dorf Magais ist für die gesamte Zeitspanne griechischer Papyri bezeugt; zu den zahlreichen Belegen vgl. Calderini, Daris, *Dizionario III*, 216–217 mit *Suppl. I*, 190, *II*, 115 und *III*, 71, Wessely, *Topographie*, 100–101 sowie P.Tebt. II S. 388. Für die aus den Papyri zu gewinnenden Einblicke in das religiöse und wirtschaftliche Leben des Dorfes s. Timm, *Christlich-koptisches Ägypten IV*, 1525–1526 und CPR XIII S. 25–26. Ein Hypodektes von Magais ist auch in zwei weiteren Papyri bezeugt: SPP VIII 1040 (6. Jh.) und P.Prag. I 68 (7. Jh.). Nach den Editionen erstreckt sich der Kompetenzbereich des Hypodektes in beiden Texten auf Magais und das ebenfalls in der Themistu Meris gelegene Dorf Hermupolis; s. aber oben **C. 10.** Anm. 85 zur Lesung καγκ(έλλῳ) statt κα̣ὶ Ἑρ(μοῦ πόλεως) in P.Prag. I 68, 3.

δ(ιὰ) τ(οῦ) ὑπο̣δέκ̣τ(ου): Außer in diesem Text wird eine Weizenzahlung auch in den Quittungen **527**, **529** und P.Prag. I 83 durch einen Hypodektes vorgenommen (vgl. daneben P.Cair.Masp. II 67139, Fol. IV Verso, 10).

3. σάκ(κους) ιγ πρ(ὸς) λα β′: Am Zeilenanfang kann nicht wie bisher angenommen σὺν εἰκ(οστῇ) gelesen werden. Zur Schreibung von πρός als ρ̂ s. oben **478**, Komm. zu Z. 3.

ῥ(υ)π(αρὰς) ἀρ(τάβας): s. oben **B. 8.** Wessely nimmt eine doppelte Schreibung von αρ/ an, über ρ ist jedoch ein horizontaler Strich zu sehen, der als π für ῥ(υ)π(αράς) zu lesen ist.

4. Ἄπα Ἡοῦς: Der Name ist sehr selten. In P.Prag. I 65 (7. Jh.) bestätigt ein Grammateus namens Ἄπα Ἡοῦς den Erhalt von 2 ¼ Keratien durch seine eigenhändige Unterschrift, allerdings in einer dieser nicht vergleichbaren Handschrift. Hingewiesen sei auch auf SPP VIII 859 (6. Jh.), eine Quittung über 7 ½ Keratien, die von einem gewissen Ἄπα Ἡοῦς bezahlt wurden. Für eine Identifizierung sind jedoch zu wenige Anhaltspunkte gegeben. Auf die Unterschrift folgen die für eine Paraphe typischen Schlangenlinien, allerdings vermeint man nach -ς noch Buchstaben, vielleicht ευ, lesen zu können. Ein Ausfertigungsvermerk wie ἐγράφη ist jedoch nicht unterzubringen.

532. WEIZENQUITTUNG

P.Vindob. G 11413	5,6 × 6,5 cm	7.–8. Jh. (arab. Zeit)
Kaliphanu (Arsinoites)		Tafel XL

Ed. pr.: SPP III 532 (7.–8. Jh., Fayum).
Korr.: Diethart, *Pros. Ars.*, Nr. 2284 und 3753 mit Anm. 330 (BL VIII 442).
Revision am Original.

Helles Pergament. Das Blatt ist in seinen Ausmaßen vollständig erhalten, zwei größere Fehlstellen am linken und am rechten Rand. Beschrieben auf der Fleischseite. Die kursive Schrift aus arabischer Zeit mit kleinen Buchstaben und großen Ober- und Unterlängen zeigt bereits mehrere Charakteristika der späteren Minuskelschrift. Die oberen vier Zeilen wurden mit mehreren schrägen, einander kreuzenden Linien durchstrichen. Haarseite leer.

1 ⳨ Ἐπεὶφ κθ σίτου τρεισ(και)δεκ(ά)τ(ης̣) ἰνδ(ικτίωνος̣)
2 Καλιφάνου οὐσί(ας) Ἰεγούνθ(ου) Μωησαίου
3 Ποῦσι καγ(κέ)λ(λῳ̣) (ἀρτάβας) η ∠ γ̣′ ι̣(β)′, ὀκτὼ ἥμ(ισυ) τρίτον
4 δωδέκ(α)τ(ον) μ(όνας). ⳨ δ(ι') ἡμῶ(ν) Φοιβ(άμμωνος) πρε(σβυτέρου) [*vac.*?]
5 (2. H.) Θεοδώρου διακό[νου]
6 (ὑπὲρ) . . . ρατ̣ . . . τ̣ο̣ῦ̣ ἁγιω(τάτου)
7 (καὶ) θεοτιμ̣(ήτου) [. .] . . . . . ( ) ἐπισκό(που).

2. οὐσί/(α) Μ̣έγας̣ Μερ̣///////// *ed. pr.* Ἰεγούνθ(ου) Μωησσίο(υ) *Diethart* ϊεγουν^θ *pap.* 3. καγ̣κέ(λλῳ̣) ἀ̣ρ̣( ) ὀκτὼ ἥμι(συ) τρ̣ί̣τ̣ο̣ν̣ *ed. pr.* 4. Φοιβ⟨ ⟩ *ed. pr.* φοι†β̄ *pap.* 5. Θεοδωρ†/(ος) διάκο[νος *ed. pr.* 6. (ὑπὲρ) πραγμ′() στατιῶ(ναρι..) *ed. pr.* 7. ϛ Θεαγιο^υ ////////ης̣ γ ιϛ̄″ *ed. pr.*

„⳨ Am 29. Epeiph, an Weizen für das dreizehnte Indiktionsjahr, für Kaliphanu, vom Landgut des Iegunthos, von Moesaios, Sohn des Pusi, im Kankellon-Maß 8 ½ ⅓ $^1/_{12}$ Artaben, achteinhalb, ein drittel, ein zwölftel, sonst nichts. ⳨ Durch uns, Phoibammon, Priester. Theodoros, Diakon, für ..., den heiligsten und bei Gott geehrten ..., Bischof."

In der Quittung wird eine Weizenzahlung von der οὐσία des Iegunthos bestätigt. Von Interesse sind die durch die Neulesung veränderten Unterschriften, die beide von kirchlichen Amtsträgern gesetzt wurden: Der Priester Phoibammon unterzeichnet zusammen mit dem Diakon Theodoros, wobei Theodoros stellvertretend für den Bischof tätig wird. Zur Tätigkeit von Klerikern verschiedener Stufen bei der Steuereintreibung auf Dorfebene vgl. zuletzt Schmelz, *Kirchliche Amtsträger*, 295–318, bes. 316f. Während Priester und Diakone mehrfach als Aussteller von Steuerquittungen auftreten (*loc. cit.*, Anm. 337 und 338) ist die Nennung eines Bischofs (wenn auch in Vertretung) außergewöhnlich.

1. Ἐπεὶφ κθ = 23. Juli.

2. Καλιφάνου: Das Dorf Καλλιφάνους, später häufiger Καλ(λ)ιφάνου, ist bereits in ptolemäischer und römischer Zeit als Ort im Polemon-Bezirk bezeugt, öfter dann in Papyri vom 6.–8. Jh. belegt; vgl. Calderini, Daris, *Dizionario III*, 58 mit *Suppl. I*, 164 und *II*, 87, Wessely, *Topographie*, 80 sowie Timm, *Christlich-koptisches Ägypten III*, 1218.

οὐσί(α) Ἰεγούνθ(ου): Eine solche οὐσία ist anderweitig nicht belegt, auch der Name Ἰεγούνθος ist in den papyrologischen Quellen nicht weiter bezeugt, die Lesung ist aber trotz der winzigen Schrift eindeutig. Es handelt sich wohl um eine gräzisierte Variante eines semitischen Namens: vgl. עוּת in Wuthnow, *Semitische Namen*, 57 und 156, mit der Wurzel *ġwṯ*, „helfen, zu Hilfe kommen"; s. auch W. Gesenius *et al.*, *Hebräisches und aramäisches Handwörterbuch über das Alte Testament*, Berlin [17]1962, 306 und Yaghuth als Name eines altarabischen Gottes in G. Levi Della Vida, *s.v. Murad*, The Encyclopaedia of Islam VII, Leiden 1990, 591–592. Als Parallele im Griechischen sei auf den Ἰέγουθος in der Inschrift SB I 681, 40 und 81 (2. Jh. v. Chr.) verwiesen (kein Eintrag in Ruozzi Sala, *Lexicon nominum semiticorum*).

Μωησαίου ist besser zu lesen als der von J. Diethart, *op. cit.*, Nr. 3753 vorgeschlagene Name Μωήσσιος, der auch weiters nicht bezeugt ist. Zur Form Μωησαῖος vgl. als einzige Parallele SPP VIII 1304, 4 (6.–7. Jh.).

6–7. Der Name des Bischofs dürfte in der Mitte von Z. 7 stehen. Ein hochgestellter Buchstabe vor ἐπισκό(που) zeigt, daß das Wort davor gekürzt war. Unter Umständen könnte man an dieser Stelle σὺν Θ(εῷ) lesen. Dann bleiben aber nur 3-4 Buchstaben für den Namen (eventuell [Ἠλ]ία) übrig. Die Beifügung „mit Gottes Hilfe" wird allerdings meist nur für den Unterzeichnenden selbst gebraucht und hochgestelltes θ ist schwer mit den Spuren zu vereinbaren. Welche Angabe auf ὑπέρ folgte, entzieht sich mir. Wesselys Lesung πραγμ´() für πραγμ(άτων) (so im Index) ist nicht ausgeschlossen aber inhaltlich wie paläographisch unwahrscheinlich.

533. QUITTUNG FÜR GERSTE DES APPHUAS

P.Vindob. G 11414 — 5 × 8,5 cm — 7. Jh.
Dikaiu (Arsinoites) — Tafel XL

Ed. pr.: SPP III 533 (6.–7. Jh., Fayum).
Revision am Original.

Dunkelbrauner Papyrus. Das Blatt ist beinahe in seinem vollen Ausmaß erhalten, nur wenige Millimeter sind auf der linken Seite verloren. Oberer, rechter und unterer Rand intakt. Spuren von Faltungen sind nicht mehr erkennbar. Beschrieben mit schwarzer Tinte, Schrift quer zu den Fasern. Am unteren Rand blieb nur ein 0,6 cm breiter Freiraum für die Paraphe. Das Blatt wurde durch mehrere gekreuzte Striche entwertet. Das Verso ist leer.

↓ 1 †̣ Ἐπεὶφ κς κρ(ι)θ(ῆς) δεκάτης ἰνδ(ικτίωνος)
2 χ̣ω̣(ρίου) Δικαίου οὐσίας Φῖβ Πέτρε
3 [κ]α̣γκέλλου ἀρτάβα(ς) εἴκοσι ἐννέα
4 [τρί]τ̣ω̣ν δωδέκ̣ατων, ἀρ(τάβας) κθ γ′ ιβ′ μ̣ό(νας).
5 [†] δι' ἐμοῦ Ἀ̣π̣φ̣ο̣υ̣ᾶ †. ⟦*Paraphe* ἀρ(τάβας) κθ γ′ ιβ′ μό(νας).⟧
6 *Paraphe*

1. [†] ἐπειφ κε *ed. pr.* 2. χ̣ω̣(ρίου) *om. ed. pr.* [Δ]ικαίου(·) *ed. pr.* 3. ἀρτάβα(ς) *ex* ἀρτάβ(ας) ἀρτάβ^α^ς^sic^ *ed. pr.* 4. [τρίτ]ον *ed. pr.* *l.* τρίτον, δωδέκατον γ′′ ῑο̄ *pap.* 5. Ἀπφο[υ]α *imit. script.* *ed. pr.* γ′′ ῑο̄ *pap.*

„† Am 26. Epeiph, an Gerste für das zehnte Indiktionsjahr, für das Landgut des Dorfes Dikaiu, von Phib, Sohn des Petre, im Kankellon-Maß neunundzwanzig, ein drittel und ein zwölftel Artaben, 29 $^1/_3$ $^1/_{12}$ Artaben, sonst nichts. † Durch mich, Apphuas †. ⟦*Paraphe* Artaben 29 $^1/_3$ $^1/_{12}$, sonst nichts.⟧ *Paraphe.*“

Zum Dossier der von Apphuas ausgestellten Quittungen für Gerste s. oben **C. 2.** Hier wird eine Zahlung für eine οὐσία bestätigt, wobei offen bleiben muß, ob der Begriff in wirtschaftlichem oder bloß in geographischem Sinn verwendet wurde (s. Komm. zu Z. 2). Gut zur Zahlung für ein Landgut paßt jedenfalls die auffallend hohe Zahl der geleisteten Artaben.

1. Ἐπεὶφ κς = 20. Juli. Anstelle von κς hat die *ed. pr.* κε, wohl aufgrund des über ς liegenden Schrägstriches, der aber zur Durchstreichung gehört.

2. χ̣ω̣(ρίου) Δικαίου: Das Dorf Dikaiu ist vom 3. Jh. v. Chr. bis ins 8. Jh. durchgehend gut bezeugt. In ptolemäischer und römischer Zeit oft Δικαίου Νῆσος genannt, wird der Ort später nur noch als Δικαίου bezeichnet. P.Tebt. I 24, 91–92 (117 v. Chr.) und P.Graux III 30, Kol. 8, 3–5 (155 n. Chr.) zeigen seine Lage in der damaligen Polemonos Meris, eine genauere Lokalisierung ist bisher nicht gelungen. Wessely, *Topographie*, 56–58 vermutet

das Dorf aufgrund von Nennungen in Ortslisten im Südosten des Fayum; vgl. weiters B. P. Grenfell, A. S. Hunt, P.Tebt. II, S. 375, Calderini, Daris, *Dizionario II*, 102–103 mit *Suppl. I*, 94, *II*, 43 und *III*, 31, Timm, *Christlich-koptisches Ägypten II*, 864 sowie CPR XVIII S. 102.

Die neun der elf Quittungen aus dem Dossier des Apphuas, die Gerstezahlungen für das Dorf Dikaiu bescheinigen, ergeben insgesamt eine geleistete Menge von über 85 Artaben; vgl. auch CPR VIII 74 (20. 8. 698), einen Lieferungsauftrag des Dux Flavius Atias an die Bewohner des Dorfes Dikaiu zur Ablieferung von 150 Artaben Weizen, ihren Anteil an einer Gesamtleistung von 1264 Artaben Weizen für die Roga-Steuer.

οὐσίας: Von allen Texten des Dossiers ist nur hier ausdrücklich eine οὐσία genannt. Ob Phib der Eigentümer des Landgutes ist oder bloß als Zahlender für die οὐσία auftritt (und die in diesem Fall zu erwartende Präposition διά analog zu den anderen Quittungen ausgelassen wurde), läßt sich nicht sicher entscheiden. Eine οὐσία des Phib ist jedenfalls anderweitig nicht bezeugt. Daß es in bzw. bei der Ortschaft Dikaiu eine οὐσία gab, ist bereits durch SPP X 24, 3 (7.–8. Jh.) und SPP X 249 Kol. 2, 2 (Anfang 7. Jh.; zur Datierung vgl. BL VIII 459 und IX 249 sowie *HGV*) bekannt. Beide Texte nennen eine οὐσία Δικαίου gleichwertig mit verschiedenen Ortsnamen (entgegen Wessely, *Topographie*, 57 und P.Tebt. II, S. 375 ist Γεμέλλου in SPP X 249 Kol. 2, 3 kein Zusatz zum vorangehenden Dikaiu, sondern der Name eines anderen arsinoitischen Ortes). Es erscheint daher auch plausibel, daß eine in oder bei Dikaiu gelegene οὐσία zur Benennung eines Ortsteiles als Δικαίου οὐσία führte.

Φῖβ Πέτρε: Auch in **534** leistet ein Phib, Sohn des Petros, eine Gerstezahlung. Es dürfte kaum von Bedeutung sein, daß hier der Vatersname Πέτρε mit der indeklinablen koptischen Endung -ε (zur Modifikation von -ος in -ϵ vgl. Heuser, *Personennamen der Kopten*, 90), in **534** hingegen der griechische Genitiv Πέτρου geschrieben wurde, so daß in beiden Texten dieselbe Person genannt ist. Der nach diesen Texten insgesamt von Phib bezahlte Betrag beträgt dann 55 3/4 Artaben Gerste.

3. ἀρτάβα(ς): Nachdem der Schreiber hinter β durch einen geschwungenen Ausstrich die Kürzung markierte, fügte er noch ein α an; vgl. auch die ebenfalls merkwürdige Abkürzung ἀρτάβα(ς) in **540**.

4. [τρί]τ̣ω̣ν δωδέκ̣ατων: Wiederholt ist bei den Bruchzahlen fehlerhaftes -ων für -ον zu lesen (vgl. auch **536**). Zur Vertauschung von ο und ω vgl. Gignac, *Grammar I*, 275–277.

4–5. γʹ ιβʹ: Die Schreibung von γ mit zwei parallelen Schrägstrichen zur Markierung als Bruchzahl und die Schreibung von ιβ als ein dem Wurzelzeichen ähnelnder Haken mit einem kleinen Kreis darunter sind für die Handschrift des Apphuas charakteristisch (vgl. auch **525**, **536** und **537**).

534. QUITTUNG FÜR GERSTE DES APPHUAS

P.Vindob. G 11415 — 5,3 × 7,7 cm — 7. Jh.
Dikaiu (Arsinoites) — Tafel XLI

Ed. pr.: SPP III 534 (6.–7. Jh., Fayum).
Revision am Original.

Mittelbrauner Papyrus. Das Blatt ist beinahe in seinem vollen Ausmaß erhalten, der Rand oben, links und unten intakt. Rechts unregelmäßige Bruchkante, ein schmaler Streifen von ca. 1 cm ist verloren. Zwei horizontale Faltungen in Abständen von 1,7 und 3,4 cm vom oberen Rand sind an den Beschädigungen erkennbar. Beschrieben mit schwarzer Tinte. Schrift quer zu den Fasern. Zeile 4 mit der Unterschrift ist deutlich von den oberen Zeilen abgerückt, wie es auch in **526** zu beobachten ist. Trotz dem 1 cm breiten freien Streifen unter der letzten Zeile ist die Paraphe dicht an den unteren Rand gedrängt. Das Blatt wurde durch gitternetzartige Durchstreichung entwertet. Verso leer.

↓ † Ἐπεὶφ κε κριθ(ῆς) δεκάτη[ς ἰνδ(ικτίωνος)]
Δικαίου Φῖβ Πέτρου καγκε̣[λλ(ῳ)]
ἀρ(τάβας) εἴκοσι ἓξ ἥμισυ, κρ(ι)θ(ῆς) (ἀρτάβας) κς [∠ μό(νας).]
(2. H.) † δι' ἐμοῦ Ἀπφουᾶ †. ⟦*Paraphe* ἀρ(τάβας) κς [∠ μό(νας) †.]⟧
Paraphe

2. καγκ[έλλῳ *ed. pr.* 3. [μό(νας)] *om. ed. pr.* 4. Ἀπφουα *imit. script. ed. pr.* 5. *imit. script. ed. pr.*

„† Am 25. Epeiph, an Gerste für das zehnte Indiktionsjahr, für Dikaiu, von Phib, Sohn des Petros, im Kankellon-Maß sechsundzwanzigeinhalb Artaben, an Gerste 26 ½ Artaben, sonst nichts. (2. H.) † Durch mich, Apphuas †. ⟦*Paraphe* Artaben 26 ½, sonst nichts †.⟧ *Paraphe*."

Zum Dossier der von Apphuas ausgestellten Quittungen für Gerste s. oben **C. 2.** Der Quittungstext stammt von der Hand des zweiten Schreibers (s. schon **526**) und weist demgemäß geringfügige Abweichungen vom üblichen Formular des Dossiers auf. Die hier geleistete Zahlung an Artaben ist wie in **533** auffallend hoch, der Steuerzahler vermutlich auch derselbe wie im vorangehenden Text.

1. Ἐπεὶφ κε = 19. Juli.

2. Δικαίου: Zum Dorf Dikaiu s. **533**, Komm. zu Z. 2.

Φῖβ Πέτρου: In der vorangehenden Quittung **533** vom 26. Epeiph wird eine Zahlung für Δικαίου οὐσία von Phib, Sohn des Petre, bestätigt (s. auch **533**, Komm. zu Z. 2).

καγκε̣[λλ(ῳ)]: Zur angenommenen Abkürzung und deren Auflösung s. den vom selben Schreiber ausgefertigten Text **526** mit Komm. zu Z. 3.

3–4. Die Angabe μόνας konnte auch unterblieben sein (vgl. **536** und **540**).

535. QUITTUNG FÜR GERSTE DES APPHUAS

P.Vindob. G 11416 — 6,5 × 8,7 cm — 7. Jh.
Dikaiu (Arsinoites) — Tafel XLI

Ed. pr.: SPP III 535 (6.–7. Jh., Fayum).
Revision am Original.

Mittelbrauner Papyrus. Das Blatt ist in seinem vollen Ausmaß erhalten. Oberer, rechter und unterer Rand intakt, linker Rand leicht ausgefranst. Wessely gibt horizontale Faltungen in Abständen von 1, 2,5, 1,8 und 1 cm zueinander an. Eine mittige vertikale Faltung ist noch erkennbar. Beschrieben mit schwarzer Tinte. Die Schrift verläuft quer zu den Fasern; sie ist stellenweise stark abgerieben. Unten blieb ein 2,5 cm breiter Freiraum für die Paraphe. Das Blatt wurde netzartig durchstrichen und so als entwertet gekennzeichnet. Am Verso schwache Tintenspuren.

↓ 1 [†] Ἐ̣π̣εὶφ κς κριθ(ῆς) δ̣εκ̣άτ̣η̣ς̣ ἰνδ(ικτίωνος)
2 [χω(ρίου)] Δ̣ικαίου . . . . . Λ̣αήου
3 [κ]αγκέλ̣λ̣ο̣υ̣ ἀρτά̣β(ας) τρῖς, ἀρ(τάβας) γ μό(νας).
4 † δι' ἐμοῦ Ἀ̣π̣φ̣ουᾶ †. ⟦*Paraphe* ἀ̣ρ̣(τάβας) γ̣ μ̣ό̣(νας) †̣.⟧
5 *Paraphe*

1. [† ἐπ]ειφ κ[̣] κρ[ιθ(ῆς) δ]εκάτ[ης ἰνϛ() *ed. pr.* 2. [χω(ρίου)] *om. ed. pr.* [Δ]ικαίου(·) οὐσ[ίας Λ̣]αηου *ed. pr.* 3. καγκέλ̣λ̣[ο]υ *ed. pr.* *l.* τρεῖς 4. ['Απφ]ουα † *imit. script.* *ed. pr.*

„† Am 26. Epeiph, an Gerste für das zehnte Indiktionsjahr, für das Dorf Dikaiu, …, Sohn des Laeu, im Kankellon-Maß drei Artaben, 3 Artaben, sonst nichts.
† Durch mich, Apphuas †. ⟦*Paraphe* 3 Artaben, sonst nichts †.⟧ *Paraphe.*"

1. Ἐ̣π̣εὶφ κς = 20. Juli.

2. [χω(ρίου)] Δ̣ικαίου: Die Ergänzung ergibt sich aus den anderen Apphuas-Quittungen und füllte den durch die Beschädigung am Beginn der Zeile entstandenen Verlust von 1–2 Buchstaben. Zum Dorf Dikaiu s. oben **533**, Komm. zu Z. 2.

Vom Namen des Steuerzahlers sind nur schwache Spuren erhalten. Der waagrechte Strich über der Zeile am Ende des Wortes ist schwer zu erklären, da der Schreiber sonst keine derartigen Kürzungsstriche verwendet. In der *ed. pr.* liest man anstelle eines Namens οὐσ[ίας. Diese Lesung stößt jedoch bei den vorhandenen Tintenresten auf große Schwierigkeiten (vgl. die Schreibung des Wortes in **533**).

Λαήου: Der Name ist in den griechischen Papyri sehr selten und nur in spätbyzantinischer und arabischer Zeit belegt; vgl. BGU II 367 Rekto 11 (6. Jh.; vgl. *HGV*): Vater des Petros; CPR IX 64, 14 (6. Jh.): Sohn des Allios; P.Lond. I 113, 6c, 9 und Verso 1 (620 oder 635; vgl. *HGV*): Vater des Abraamios; SB XVI 12302, 24 (Anfang 7. Jh.): Vater des Viktor; SB XX 14685 (7.–8. Jh.): Vater des Apa Iulios; SPP VIII 910, 1 (7.–8. Jh.; zur Datierung vgl. BL XI 260f.): Hirte; SPP X 237, 2 und 4 (6.–7. Jh.; mit BL I 419) sowie SPP

XX 251, 4 (paläographisch 7. Jh., statt Wessely 6. Jh.; vgl. die Vermutung in BL VIII 475; am Original ist eindeutig Λαῆο̣υ zu lesen). Als koptische Wortbildung (ⲗⲁ-ϩⲏⲟⲩ ist etwa der „zum Gewinn / Nutzen gehörige“ s. Crum, *Coptic Dictionary*, 729 und Heuser, *Personennamen der Kopten*, 35) ist der Name indeklinabel; vgl. auch P.Lond. Copt. 449.

536. QUITTUNG FÜR GERSTE DES APPHUAS

P.Vindob. G 11417 — 5 × 8,5 cm — 7. Jh.
Dikaiu (Arsinoites) — Tafel XLII

Ed. pr.: SPP III 536 (6.–7. Jh., Fayum).
Korr.: Diethart, *Pros. Ars.*, Nr. 832 mit Anm. 153 (BL VIII 442).
Revision am Original.

Mittelbrauner Papyrus. Rechter und unterer Rand intakt, oberer Rand teilweise erhalten. Links ist das Blatt leicht ausgefranst. Mehrere Fehlstellen im oberen Teil des Blattes. Beschrieben mit schwarzer Tinte. Schrift quer zur Faserrichtung. Unten blieb ein 1,5 cm breiter Rand für die Paraphe frei. An vielen Stellen ist die Tinte stark abgerieben. Nach der Beschriftung durch netzartige Durchstreichung entwertet. Verso leer.

↓
† Ἐπεὶφ κς κ[ριθ(ῆς) δεκά]τ̣η̣ς̣ ἰ̣ν̣δ̣(ικτίωνος)
χω(ρίου) Δικαίου Γεωρ̣γ̣ί̣ο̣[υ] . . . . .
κ̣αγκ̣έ̣λ̣λ[ου] ἀ̣ρτ̣άβ̣ας πέ̣ντε̣ ἥμ̣ισυ τρί̣τ̣ω̣(ν),
ἀρ̣(τάβας) ε ∠ γ′. † δι᾽ ἐ̣μο[ῦ] Ἀπ̣φ̣ο̣υ̣ᾶ̣ †. ⟦*Paraphe* [ἀρ(τάβας) ε] ∠̣ γ′ †̣.⟧
Paraphe

1. κε κ[ριθ(ῆς) δεκάτης ἰν̣() *ed. pr.* 2. χ^ω(ρίον)^ Δικαίου(·) Οὐσί[^(ας)^ *ed. pr.* 3. [κ]αγκ[έλλου ἀ]ρ[τ]άβα - π[έ]ντε *ed. pr.* *l.* τρίτον 4. ⏗ *ed. pr.* γ′′ *pap.* Ἀφουα *imit. script.* *ed. pr.* γ′′ *pap.*

„† Am 26. Epeiph, an Gerste für das zehnte Indiktionsjahr, für das Dorf Dikaiu, von Georgios, ... im Kankellon-Maß fünfeinhalb und ein drittel Artaben, 5 ½ ⅓ Artaben. † Durch mich, Apphuas †. ⟦*Paraphe* Artaben 5 ½ ⅓ †.⟧ *Paraphe*.“

1. Ἐπεὶφ κς = 20. Juli. Die *ed. pr.* hat κε. Die Ergänzung des zehnten Indiktionsjahres beruht auf den Paralleltexten des Dossiers, das zur Gänze aus dem Epeiph dieses Jahres stammt. Die Tintenspuren am Ende der Zeile blieben in der *ed. pr.* unbeachtet.

2. χω(ρίου) Δικαίου: Zum Dorf Dikaiu s. oben **533**, Komm. zu Z. 2.

Γεωρ̣γ̣ί̣ο̣[υ]: Das in der *ed. pr.* transkribierte οὐσί[(ας) ist mit den vorhandenen Tintenspuren nicht zu vereinbaren, hingegen ist am Anfang des Wortes deutlich Γεω- zu lesen. Vom Vatersnamen sind zwar mehrere Tintenreste vorhanden, die Zeile ist aber so stark abgerieben, daß auch eine sichere Lesung einzelner Buchstaben nicht möglich ist.

Eventuell standen nach der letzten erkennbaren Unterlänge noch ein oder zwei gänzlich abgeriebene Buchstaben.

3. τρ̣ί̣τ̣ω(ν): Dieselbe Schreibung wie in **533**.

4. Abweichend von den meisten anderen Texten des Dossiers fehlt in dieser Quittung die Angabe μόνας (ebenso in **540**).
'Απφ̣ο̣υ̣ᾶ: Das in der *ed. pr.* fehlende π wurde bereits von Diethart in der *Pros. Ars.*, Nr. 832 mit Anm. 153 korrigiert.

537. QUITTUNG FÜR GERSTE DES APPHUAS

P.Vindob. G 11418	5 × 8,7 cm	7. Jh.
Dikaiu (Arsinoites)		Tafel XLII

Ed. pr.: SPP III 537 (6.–7. Jh., Fayum).
Revision am Original.

Mittelbrauner Papyrus. Das Blatt ist in seinen Ausmaßen vollständig erhalten, aber nur der untere Rand ist intakt. An den anderen Seiten ist der Rand ausgefranst. Symmetrische Beschädigungen lassen auf mehrere horizontale Faltungen schließen. Eine vertikale Faltung in der Blattmitte. Beschrieben mit schwarzer Tinte. Schrift quer zur Faserrichtung. Am unteren Rand blieb ein 1,9 cm breiter Freiraum für die Paraphe. An einigen Stellen ist die Tinte fast völlig abgerieben. Nach der Beschriftung durch netzartige Durchstreichung entwertet. Das Verso ist leer.

↓ 1 [†] 'Επεὶφ κς κρ̣[ι]θ̣(ῆς) δεκάτης ἰ̣[ν]δ(ικτίωνος)
2 [Δι]κ̣[α]ί̣ου Ποῦσι 'Ενὼχ
3 [κ]αγκέλλο̣υ̣ ἀ̣ρ̣τ̣άβ(ας) δύο ἥμ̣ι̣συ [τ]ρ̣ίτ(ον) δωδέκ(ατον),
4 [ἀρ]τ̣(άβας) β ∠ γʹ ιβʹ μό(νας). † δι' ἐμοῦ ['Α]πφο̣υ̣ᾶ̣ †̣. ⟦*Paraphe* ἀ̣ρ̣(τάβας)
[β] ∠̣ γ̣ʹ ι̣[βʹ μό(νας)] †̣.⟧
5 *Paraphe*

1. κ[ρι$^{θ(ῆς)}$] *ed. pr.* [ἰν/()] *ed. pr.* 2. [ο]ὐσ(ία) Πουσι Ενωχ¯ *ed. pr.* 3. [κ]αγκ̣έ̣λ̣λ̣ο̣υ̣ [ἀρτ]άβ(ας) δ[ύ]ο ἥ[μι]συ τρίτ(ον) *ed. pr.* 4. [—] β *ed. pr.* γʹʹ ιο̅ *pap.* ['Α]πφ[ουα *imit. script.* *ed. pr.*

„† Am 26. Epeiph, an Gerste für das zehnte Indiktionsjahr, für Dikaiu, von Pusi, Sohn des Enoch, im Kankellon-Maß zweieinhalb, ein drittel und ein zwölftel Artaben, 2 1/2 1/3 1/12 Artaben, sonst nichts. † Durch mich, Apphuas †. ⟦*Paraphe* Artaben 2 1/2 1/3 1/12, sonst nichts †.⟧ *Paraphe.*"

1. 'Επεὶφ κς = 20. Juli.

2. [Δι]κ̣[α]ί̣ου: Das in der *ed. pr.* anstelle des Dorfnamens gelesene [ο]ὐσ(ία) paßt nicht zu den Spuren. Für eine Ergänzung der in den anderen Quittungen des Dossiers üblichen Angabe χω(ρίου) steht am Beginn der Zeile zuwenig Platz zur Verfügung. Zum Dorf Dikaiu s. oben **533**, Komm. zu Z. 2.

4. [ἀρ]τ̣(άβας) β ∠ γʹʹ ιβʹ μό(νας): Wessely ergänzte am Zeilenbeginn die Sigle ⏆, die aber nur in **526** und **534**, den beiden Quittungen des zweiten Schreibers zu finden ist. Der waagrechte Strich über β gehört eher zum hochgestellten τ von ἀρτ(άβας) (vgl. **538**).

538. QUITTUNG FÜR GERSTE DES APPHUAS

P.Vindob. G 11419 — 6,5 × 8,7 cm — 7. Jh.
Dikaiu (Arsinoites) — Tafel XLIII

Ed. pr.: SPP III 538 (6.–7. Jh., Fayum).
Korr.: Diethart, *Pros. Ars.*, Nr. 1854, 3804 mit Anm. 286 (BL VIII 442).
Revision am Original.

Mittelbrauner Papyrus. Das Blatt ist beinahe vollständig erhalten, nur die rechte, obere Ecke ist ausgebrochen und der linke Rand leicht ausgefranst. Kleinere Fehlstellen entlang horizontaler Faltungen in Abständen von 1,3, 2,7, 4,7 und 5,6 cm vom oberen Rand. Beschrieben mit schwarzer Tinte. Schrift quer zu den Fasern. Unten blieb ein freier Rand von 2,6 cm für die Paraphe. An einigen Stellen ist die Tinte abgerieben. Die Quittung wurde durch gitternetzartige Durchstreichung entwertet. Auf dem Verso mehrere geradlinige Tintenspuren, die vielleicht zu einer Protokollschrift gehören.

↓ 1 †̣ Ἐπεὶφ κς̣ κριθ(ῆς) δεκ[άτης ἰνδ(ικτίωνος)]
2 χω(ρίου) Δικαίου Ν̣ααραῦ̣ς̣ Π̣η̣ . . . η̣
3 καγκέλλου ἀρ̣τάβ(ας) πέντε ἥμ̣ι̣σ̣υ̣ τ̣[ρί]τ̣(ον),
4 ἀρτ(άβας) ε ∠ γ̣ μ̣ό̣(νας). †̣ δ̣ι̣ʼ ἐμοῦ Ἀπφουᾶ †. ⟦ἀρ(τάβας) ε ∠̣ γ̣ μ̣ό̣(νας).⟧
5 *Paraphe*

1. [†] *ed. pr.* 2. Δικαίου(·) γα///αρμ/////// *ed. pr.* Ν̣ααραῦ̣ς Η..... *Diethart* 3. ἀρτάβα *ed. pr.* ἥμισυ *ed. pr.* τ̣[ρι]τ̣(ον) *om. ed. pr.* 4. αρ^(t) ε͵ μ̣(ονας) [†] δι εμου Απφουα *imit. script. ed. pr.*

„† Am 26. Epeiph, an Gerste für das zehnte Indiktionsjahr, für das Dorf Dikaiu, Naarays, Sohn des Pe–, im Kankellon-Maß fünfeinhalb und ein drittel Artaben, 5 ½ ⅓ Artaben, sonst nichts. † Durch mich, Apphuas †. ⟦Artaben 5 ½ ⅓, sonst nichts.⟧“

1. Ἐπεὶφ κς̣ = 20. Juli.

2. χω(ρίου) Δικαίου: Zum Dorf Dikaiu s. oben **533**, Komm. zu Z. 2.

Ν̣α̣αραῦς Π̣η̣ . . . η: Name und Vatersname sind in der *ed. pr.* nur partiell transkribiert, Diethart, *Pros. Ars.*, Nr. 1854 und 3804 mit Anm. 286 liest Ν̣αα̣ραῦς Η . . . Die Endung des Namens ist unsicher, statt Ναaραῦς könnte Νααραοῦ oder Νααραῦ stehen. Vom Vatersnamen sind zwar zahlreiche Tintenspuren erhalten, einer der bekannten Namen läßt sich diesen jedoch schwerlich zuweisen. Wahrscheinlich handelt es sich um einen koptischen Namen mit ⲠⲈ-Anlaut; vgl. etwa Πητσῆρη für ⲠⲈⲦⲤⲒⲢⲈ in P.Vindob. Tandem 17, 29 (Ars.; 6.–7. Jh.).

4. Der durchgestrichene Kontrollvermerk beginnt im Unterschied zu den anderen Quittungen des Dossiers hier sofort mit ἀρ(τάβας).

539. QUITTUNG FÜR GERSTE DES APPHUAS

P.Vindob. G 11420 — 6,4 × 8,8 cm — 7. Jh.
Dikaiu (Arsinoites) — Tafel XLIII

Ed. pr.: SPP III 539 (6.–7. Jh., Fayum).
Revision am Original.

Mittelbrauner Papyrus. Unterer Rand intakt, oben und seitlich ausgefranste Ränder. In der oberen Hälfte ist das Blatt stark beschädigt, kleinere Fehlstellen auch im unteren Bereich. Wessely gibt heute nicht mehr erkennbare horizontale Faltungen in Abständen von 1, 1,5, 2 und 1,5 cm zueinander an. Beschrieben mit schwarzer Tinte. Schrift quer zu den Fasern. Unten blieb ein 2,3 cm breiter Freiraum für die Paraphe. Das Blatt wurde durch drei schräge Striche entwertet. Am Verso mehrere geradlinige Tintenspuren, die zu einer Protokollschrift gehören könnten.

↓
[† Ἐπεὶφ κ . κριθ(ῆς) δ]ε̣κάτ(ης) ἰνδ(ικτίωνος)
[χω(ρίου) Δι]κ̣[α]ίο̣υ Ἰ̣ω[ά]ν̣ν̣[ου .] . . . πη
[καγ]κέλλου ἀρτάβ[(ας) ἕ]ξ̣, ἀρ(τάβας) ς μό(νας).
[†] δι' ἐμοῦ Ἀπφουᾶ †. ⟦*Paraphe* ἀρ(τάβας) ς μό(νας) †.⟧
Paraphe

1. [δε]κάτ (ης) ἰ[ν(δικτιωνος)] *ed. pr.* 2. [ ]δ̣ο̣υ̣ πα̣ι̣ε[ ] *ed. pr.* 3. ἀρτάβ[ας] ἓξ ς *ed. pr.* 4. Ἀπφουα *imit. script. ed. pr.* 5. c[ ] *ed. pr.*

„† Am 2–. Epeiph, an Gerste für das zehnte Indiktionsjahr, für das Dorf Dikaiu, von Ioannes (?), ... im Kankellon-Maß sechs Artaben, 6 Artaben, sonst nichts. † Durch mich, Apphuas †. ⟦*Paraphe* Artaben 6, sonst nichts †.⟧ *Paraphe*.“

1. Ἐπεὶφ κ . : Da alle Quittungen des Dossiers im Zeitraum vom 24.–27. Epeiph (= 18.–21. Juli) ausgestellt wurden, liegt es nahe, daß auch dieser Text von einem jener Tage

stammt. Zieht man in Betracht, daß die Quittungen vom 24. und 25. Epeiph von einem anderen Schreiber ausgefertigt wurden, die Quittungen vom 26. und 27. Epeiph aber — wie die vorliegende — Apphuas selbst ausstellte, ist der 26. Epeiph (an dem sieben der elf Texte geschrieben wurden) oder ein darauf folgender Tag am wahrscheinlichsten.

2. [χω(ρίου) Δι]κ̣[α]ίο̣υ: Die in der *ed. pr.* unberücksichtigten Tintenspuren am Beginn der Zeile lassen sich nach den Parallelen eindeutig dem Dorfnamen Dikaiu zuordnen; zu dem Ort s. oben **533**, Komm. zu Z. 2.

Vom Namen des Steuerzahlers ist nur wenig erhalten. Die Lesung Ἰ̣ω̣[ά]ν̣ν̣[ου läßt sich gut mit den Spuren vereinbaren und liegt aufgrund der Häufigkeit des Namens nahe. Eine sichere Lesung ist freilich nicht möglich. Vom Vatersnamen ist nur die Endung -πη deutlich zu lesen. Keiner der bekannten Namen, etwa ein Kompositum von ῏Απις wie Παᾶπις mit einer Endung auf η, paßt zu den Tintenspuren.

540. QUITTUNG FÜR GERSTE DES APPHUAS

P.Vindob. G 11421	6 × 8,6 cm	7. Jh.
Dikaiu (Arsinoites)		Tafel XLIV

Ed. pr.: SPP III 540 (6.–7. Jh., Fayum).
Korr.: Diethart, *Pros. Ars.*, Nr. 832 mit Anm. 153 (BL VIII 442)
Revision am Original.

Dunkelbrauner Papyrus. Das in seinem vollen Ausmaß erhaltene Blatt ist an allen Rändern und besonders in der unteren Hälfte beschädigt. Die schadhaften Stellen lassen horizontale Faltungen in Abständen von 1,3, 3,6 und 4 cm unterhalb des oberen Randes erkennen. Beschrieben mit schwarzer Tinte. Schrift quer zur Faserrichtung. Die Tinte ist teilweise sehr blaß. Nach der Beschriftung durch netzartige Durchstreichung entwertet. Tintenspuren am Verso.

↓ † Ἐπεὶφ κζ κρ̣ι̣θ(ῆς) δε̣κ̣άτης ἰ(ν)δ(ικτίωνος)
χω(ρίου) Δικαίου Γε̣ρ̣οντίου Ἰωσὴφ
[καγ]κέ̣λ̣λ̣ο[υ ἀρτ]ά̣βα(ς) τρεῖς εἰκοστ(οτέταρτον),
[ἀ]ρ̣(τάβας) γ κ̣(δ)ʹ. †̣ δ̣ι̣ʼ ἐ̣μ̣[ο]ῦ̣ Ἀπφουᾶ †.
⟦. . . . [. . .] . . .⟧ *Paraphe*

1. κ[ρι]θ/(ῆς) δεκάτ(ης) *ed. pr.* 2. Γ[ερ]οντίου *ed. pr.* 3. κα[γκέλλῳ ἀρτα]βα^sic *ed. pr.* τρεις: τρ *ex* σ εἰκοστ/(όν) *ed. pr.* 4. [ἀρ/] γ κ/ [μ(όνας) † δι᾽ ἐμοῦ] Ἀφουα *ed. pr.* 5. *imit. script.* *ed. pr.*

„† Am 27. Epeiph, an Gerste für das zehnte Indiktionsjahr, für das Dorf Dikaiu, von Gerontios, Sohn des Ioseph, im Kankellon-Maß drei und ein vierundzwanzigstel Artaben, 3 $^{1}/_{24}$ Artaben. † Durch mich, Apphuas †. ⟦ ... ⟧ *Paraphe.*"

1. Ἐπεὶφ κζ = 21. Juli.

2. χω(ρίου) Δικαίου: Zu diesem Ort s. oben **533**, Komm. zu Z. 2.

3. ἀρτ]ά̣βα(ς) τρεῖς: Der Schreiber hat offenbar zuerst ἀρτάβας ausgeschrieben und dann über das -ς die ersten beiden Buchstaben von τρεῖς gesetzt.

εἰκοστ(οτέταρτον): Entgegen Wesselys εἰκοστ(όν) zeigt der Vergleich mit den anderen Texten des Dossiers (**525**, **526**, **533**, **536** und **537**), wo die Artaben in der Bruchreihe $^1/_3$, $^1/_6$, $^1/_{12}$ etc. unterteilt sind, daß hier $^1/_{24}$ aufzulösen ist.

4. [ἀ]ρ̣(τάβας) γ κ̣(δ)′: Wenn ich die nachfolgenden Tintenspuren richtig als †̣ δ̣ϊ̣’ deute, dann steht für κδ kein Platz zur Verfügung. Wahrscheinlich hat der Schreiber, wie es häufig vorkommt, bloß κ und Kürzung geschrieben. Offenbar fehlt in diesem Text die sonst im Dossier übliche Angabe μόνας (vgl. auch **536**).

'Απφουᾶ: Das in der *ed. pr.* übersehene π wurde von Diethart in der *Pros. Ars.*, Nr. 832 mit Anm. 153 korrigiert.

5. Am Beginn der Zeile stand der durchstrichene Kontrollvermerk.

541. QUITTUNG FÜR GERSTE DES APPHUAS

P.Vindob. G 11422 + 11423 5,1 × 8,7 cm 7. Jh.
Dikaiu (Arsinoites) Tafel XLIV

Ed. pr.: G 11422: SPP III 541 [re. Hälfte] — G 11 423: SPP III 542 [li. Hälfte] (beide 6.–7. Jh., Fayum).
Korr.: Diethart, *Pros. Ars.*, Nr. 832 mit Anm. 153 (BL VIII 442).
Revision am Original.

Mittelbrauner Papyrus. Rechter, oberer und unterer Rand intakt, linker Rand unregelmäßig ausgefranst. Zahlreiche kleinere Fehlstellen sind über das Blatt verteilt. Beschrieben mit schwarzer Tinte. Schrift quer zur Faserrichtung. Unten blieb ein 1,8 cm breiter Freiraum für die Paraphe. Das Blatt wurde durch netzartige Durchstreichung entwertet, wobei links oben die Tinte auslief und größere Flecken bildete. Am Verso einige stark verblaßte Tintenspuren.

Die beiden Teile des in der Mitte gebrochenen Papyrusblattes wurden in SPP III als separate Stücke ediert. Die beiden Fragmente passen jedoch lückenlos aneinander, so daß nach der Zusammenfügung das Blatt nunmehr vollständig ist.

↓ 1 †̣ 'Επεὶφ κ̣ς κριθ̣ῆ̣ς̣ δ̣εκάτη̣ς̣ ἰ̣ν̣δ(ικτίωνος)
2 χω(ρίου) Δικαίου Νεφερ̣ᾶ ̣ ̣[̣ ̣ ̣] ̣ ̣
3 καγκέλλου ἀρτάβ(ας) τρῖς, ἀ̣ρ̣(τάβας) γ μό̣(νας).
4 † δι̣’ ἐ̣μ̣οῦ ['Α]πφο̣υ̣ᾶ †. ⟦*Paraphe* ἀ̣ρ̣(τάβας) γ μό(νας) †̣.⟧
5 *Paraphe*

1. [†] ἐπειφ κγ κριθ[̣(ῆς) *ed. pr. 542*]δεκάτη[ς ἰ]νδ/(ικτιῶνος) *ed. pr. 541* 2. χω(ρίου) *om. ed. pr.* Δικαίου(·) Λ̣α̣η̣ο̣υ̣ *ed. pr. 542*]ν ̣[*ed. pr. 541* 3. κ[α]γκέλλου ἀρτά[βας *ed. pr. 542* ἀρτάβ]ι(ας) τρις [ ]///[*ed. pr. 541* *l.* τρεῖς 4. δι’ ἐμοῦ 'Αφ[ου *ed. pr. 542*]'Αφου //[ ] *imit. script.* *ed. pr.* 541

„† Am 26. Epeiph, an Gerste für das zehnte Indiktionsjahr, für das Dorf Dikaiu, von Nepheras, ... im Kankellon-Maß drei Artaben, 3 Artaben, sonst nichts. † Durch mich, Apphuas †. ⟦*Paraphe* Artaben 3, sonst nichts †.⟧ *Paraphe*."

1. Ἐπεὶφ κ̣ς = 20. Juli. Das anstelle von κς in der *ed. pr.* gelesene κγ ist wohl auf den schrägen Aufstrich zurückzuführen, der allerdings zur Durchstreichung gehört.

κριθ̣ῆ̣ς: Während das Wort in allen anderen Texten des Dossiers κριθ(ῆς) oder κρ(ι)θ(ῆς) abgekürzt wurde, ist es hier ausgeschrieben worden. Die Spuren am Wortende sind dürftig, nicht auszuschließen ist auch die Lesung κριθ̣ῶ̣ν̣.

2. χω(ρίου) Δικαίου: s. oben **533**, Komm. zu Z. 2.

Νεφερᾶ̣: In der *ed. pr.* ist der Name des Steuerzahlers, wohl aufgrund der Parallele in **535**, Λ̣α̣η̣ο̣υ̣ gelesen worden. Diese Lesung ist aber mit den Tintenresten unvereinbar. Νεφερᾶ ist sicher, der Genitiv analog zu **540** zu erwarten. Vom Vatersnamen sind nur marginale Spuren erhalten. Das von Wessely am Ende der Zeile transkribierte ν finde ich in den Tintenspuren nicht wieder.

4. [᾿Α]πφο̣υ̣ᾶ: Das in der *ed. pr.* übersehene π wurde von Diethart in der *Pros. Ars.*, Nr. 832 mit Anm. 153 korrigiert. In den Transkriptionen der *ed. pr.* scheint der Name ᾿Αφου auf beiden Fragmenten auf (**542**: ᾿Αφ[ου, **541**:]᾿Αφου //[). Natürlich ist die Unterschrift nicht auf beiden Teilen zu lesen. Auf dem linken Fragment **542** steht δι᾿ ἐμοῦ ᾿Απφο[, das rechte Fragment **541** beginnt mit einem kleinen Rest von υ und anschließendem -α †, das in der *ed. pr.* als Beginn des Namenszuges von Apphuas mißdeutet wurde.

542. → **541.** QUITTUNG FÜR GERSTE DES APPHUAS

543. WEIZENQUITTUNG AUS DEM GEORGIOS-DOSSIER

P.Vindob. G 2182	5,9 × 7,4 cm	7.–8. Jh. (arab. Zeit)
Arabon (Arsinoites)		Tafel XLV

Descr.: PERF Nr. 398.
Ed. pr.: SPP III 543 (6.–7. Jh., Fayum).
Ed. post.: SPP XX 184 (6.–7. Jh., Arsinoites).
Korr.: Diethart, *Pros. Ars.*, Nr. 3204 mit Anm. 415 (BL VIII 470).
Revision am Original.

Mittelbrauner Papyrus. Das Blatt ist vollständig erhalten, die Ränder sind intakt. Kleinere Fehlstellen im unteren Teil durch Wurmfraß und durch Beschädigung einer Querlage. Beschrieben mit schwarzer Tinte quer zur Faserrichtung. Nach der Beschriftung durch mehrere schräge, gekreuzte Striche entwertet. Auf dem Verso sind kräftige, dicke Tintenstriche zu sehen.

↓ † Μεσορὴ β σίτου ἕκτης ἰνδ(ικτίωνος)
Ἀράβων Γεώργιος Ἄπα Ὃλ
καγκέλλ(ω̣) ἀρτ(άβας) δύο δίμοιρον,
ῥ(υ)π(αρὰς) (ἀρτάβας) β β′ μ[ό](νας). † Γεώργιος †,
δ(ι’) ἐμοῦ Ḅ . . . ω̣ . . †̣.
(2. H.) † Γ̣ερόντιος †.

1. μεσορη β/ *ed. pr.* 3. δίμοιρον † *ed. pr.* 4. ῥ(υ)π(αράς) *om. ed. pr.* ρ̂ *SPP XX* ρ̂ *pap.* μ//(όνας) *ed. pr. et SPP XX* γεω†ργιος *pap.* 5. δ/(ι’) ἐμ^οῦ Κοσμᾶ *ed. pr.* Κω . . ω) τ, α *SPP XX* Κῴ̣ν̣ων̣ *Diethart*
6. γερ ο†ντιος *pap.*

„† Am 2. Mesore, an Weizen für das sechste Indiktionsjahr, für Arabon, Georgios, Sohn des Apa Hol, im Kankellon-Maß zwei und zwei drittel Artaben, 2 ⅔ Brutto-Artaben, sonst nichts. † Georgios †, durch mich, ...
(2. H.) † Gerontios †."

Diese Quittung aus dem Dossier des Georgios (s. zu diesem oben **C. 3.**) wurde geschrieben und unterzeichnet durch einen Vertreter des Georgios, der in keinem anderen Text des Dossiers aufscheint und dessen Name sehr undeutlich geschrieben ist (s. Komm. Z. 5). Mit ihm unterfertigt noch Gerontios (Kollegium 6). Die Quittung stammt wohl aus dem selben Jahr wie **471**, eine andere Getreidequittung für das Dorf Arabon.

1. Μεσορὴ β = 26. Juli.

2. Ἀράβων: Zum Dorf Arabon s. oben **471**, Komm. zu Z. 2.

4. ῥ(υ)π(αρὰς) (ἀρτάβας): Zu den Brutto-Artaben s. oben **B. 8.** Dieser Zusatz findet sich im gesamten Dossier nur hier und in **571**, jeweils zusammen mit dem Vermerk μόνον.

5. Ḅ . . . ω̣ . . †̣: Obwohl die Unterschrift des Quittungsausstellers vollständig erhalten ist, läßt sich dem vorhandenen Schriftzug kein bekannter Personenname zuordnen. Wessely transkribiert Κω . . ω) τ, α; Diethart liest Κῴ̣ν̣ων̣. Der Anfangsbuchstabe ist eher β als κ. Es folgt ein gedrungener Buchstabe, dann vielleicht ω, noch ein kleiner und runter Buchstabe, wieder ein ω und abschließend möglicherweise λ und †. Über dem Kreuz scheint noch ein weiteres Zeichen, eventuell ω oder α, zu stehen.

544. WEIZENQUITTUNG

P.Paris M.N. E 7089 W 224	6,2 × 7,9 cm	7. Jh.
Berenikis (Arsinoites)		Tafel XLV

Ed. ant.: Wessely, *Pariser Papyri*, 213, Nr. LXV 17.
Ed. pr.: SPP III 544 (6.–7. Jh., Fayum).
Revision am Original.

Hellbrauner Papyrus. Der obere und linke Rand des Blattes sowie ein Stück der unteren Kante sind intakt. Der gesamte rechte, untere Teil ist weggebrochen. Beschrieben mit schwarzer Tinte. Schrift quer zur Faserrichtung. Das Blatt wurde zur Kennzeichnung der Entwertung mit zahlreichen dünnen, einander kreuzenden Strichen durchgestrichen. Auf dem Verso sind in brauner Tinte Reste einer großflächigen Protokollschrift (sog. „perpendicular writing“) zu sehen.

↓ 1 † Μεσορ(ὴ) ϛ σίτου ὀγδόης ἰν(δικτίωνος)
2 Βερνικίδος Ἀνδ̣ρ̣[έα]ς̣
3 Π̣έ̣[τρο]υ̣ κ̣α̣γ̣κ̣έ̣λ̣[λ(ῳ) ἀρ(τάβας) ± 3]
4 ἥ[μισυ? ± 12]

2. Βερ̣ν[ικ]ίδος(·) Ἀπα[*ed. pr.* 3. τε[*ed. pr.*]υ̣ κ̣α̣γ̣κ̣έ̣λ̣[λ(ῳ) ἀρ(τάβας) *om. ed. pr.* 4. η[*ed. pr.*

„Am 6. Mesore, an Weizen für das achte Indiktionsjahr, für Berenikis, Andreas, Sohn des Petros, im Kankellon-Maß Artaben … eine halbe (?) …“

1. Μεσορ(ὴ) ϛ = 30. Juli.

2. Βερνικίδος: In ptolemäischer und römischer Zeit sind zwei arsinoitische Dörfer mit Namen Βερενικίς bezeugt: Βερενικὶς Αἰγιαλοῦ in der Themistu Meris und Βερενικὶς Θεσμοφόρου in der Polemonos Meris, vgl. die Belege bei Calderini, Daris, *Dizionario II*, 42–44 mit *Suppl. I*, 79, *II*, 34 und *III*, 26. In byzantinischer und arabischer Zeit erscheint hingegen der Dorfname Βερενικίς bzw. später Βερνικίς ohne weiteren Zusatz, weswegen die Zuordnung der Belege zu einem der oben genannten Dörfer ungewiß ist. Wessely, *Topographie*, 48–51 hält auch ein weiteres eigenständiges Dorf nur dieses Namens für denkbar, dagegen s. bereits B. P. Grenfell, A. S. Hunt, P.Tebt. II S. 373, wo angenommen wird, daß für beide Orte in später Zeit der Zusatz wegfiel. Denkbar wäre auch, daß eines der beiden Dörfer in spätbyzantinischer Zeit nicht mehr existierte und das andere in der Folge seine differenzierende Ergänzung verlor; so weist etwa Timm, *Christlich-koptisches Ägypten I*, 382 alle Belege des 7. und 8. Jh. dem südlich gelegenen Berenikis Thesmophoru zu.

Ἀνδ̣ρ̣[έα]ς: Die Lesung des Namens ist unsicher. Das von Wessely gelesene Ἀπα[ist nicht unmöglich, allerdings ist das anschließende ρ ziemlich sicher und als Namensanfang weniger gebräuchlich.

3. Π̣έ̣[τρο]υ̣: Vom Vatersnamen sind nur geringe Reste vorhanden. Wessely liest τε[, am Zeilenanfang ist jedoch besser πε[zu erkennen, das sich mit den Tintenspuren eines hochgestellten υ am Wortende zu Πέτρου ergänzen läßt.

Am Ende der Zeile stand vielleicht noch eine kurze Zahl wie δύο oder ἕξ; die Menge der geleisteten Artaben könnte allerdings auch erst mit ἥμισυ in Z. 4 beginnen.

545. WEIZENQUITTUNG DES NEILOS

P.Vindob. G 11425 + 37422 6,4 × 8,6 cm 7. Jh.
nördl. Melitonos (Arsinoites) Tafel XLVI

Ed. pr.: G 11425: SPP III 545 (6.–7. Jh., Fayum).
Revision und Erstedition am Original.

Der hellbraune Papyrus von feiner Struktur ist in seinen äußeren Ausmaßen vollständig erhalten. Rechter und linker Rand ausgefranst. Ein vertikaler, leicht geneigter Riß durchzieht das Blatt etwa in seiner Mitte. Beschrieben mit schwarzer Tinte parallel zur Faserrichtung. Abstand der Schrift zum Rand oben 1,1 cm, links 1,5 cm und unten 2 cm. Das Verso ist leer.

Die Quittung war in zwei Fragmente zerbrochen, von denen Wessely in SPP III unter der Nummer 545 nur das 2,5 × 4,8 cm kleine Fragment der linken, oberen Ecke ediert hat, auf dem nicht mehr als der Beginn der ersten beiden Zeilen zu lesen war. Durch die Zusammenfügung des Fragmentes mit dem bislang unpublizierten Papyrus G 37422 zu einem vollständigen Blatt konnte der komplette Text der Quittung gewonnen und diese dem Dossier des Neilos zugeordnet werden.

→ 1 † Μεσορὴ κδ σίτου ἕκτη(ς) ἰνδ(ικτίωνος)
2 Μελίτων(ος) β̣[ο]ρρ(ινοῦ) Ναράου
3 Αὐ̣νοῦπ ἀρ(τάβης) τρίτον δωδέ(κατον), (ἀρτάβης) γʹ ιβʹ.
4 † Νεῖλος †.

1. σ[ίτου *ed. pr.* 2. Μελίτωνος[*ed. pr.* 3. ιο̄ *pap.* 4. νειλ†ος *pap.*

„† Am 24. Mesore, an Weizen für das sechste Indiktionsjahr, für das nördliche Melitonos, von Naraos, Sohn des Aunup, ein drittel und ein zwölftel einer Artabe, 1/3 1/12 Artaben.
† Neilos †."

Zum Dossier der von Neilos ausgestellten Quittungen s. oben **C. 9.**

1. Μεσορὴ κδ = 17. August.
ἕκτη(ς) ἰνδ(ικτίωνος): s. **455**, Komm. zu Z. 1.

2. Μελίτων(ος) β̣[ο]ρρ(ινοῦ): Zum arsinoitischen Dorf Melitonos und dem Zusatz βορρινοῦ s. oben **455**, Komm. zu Z. 1.

Ναράου: Der Name Νααράος kommt in zahlreichen Varianten vor (vgl. Preisigke, *NB*, 223–224), er wird allerdings zumeist mit Doppel-α geschrieben. Die hier vorliegende Schreibung Ναράος mit einem einzigen ᾰ vor ρ ist ungewöhnlich (vgl. auch P.Paramone 16, 3 mit Komm.). Möglicherweise hat der Schreiber das zweite α so stark mit ρ verschliffen, daß es nicht einmal mehr im Ansatz zu erkennen ist.

3. Αὐ̣νοῦπ: Der Name ist in den Onomastika nicht verzeichnet. Die naheliegende Lesung des gängigen Namens Ἀνοῦπ ist nicht möglich, da nach α ein weiterer Bogen folgt. Möglicherweise handelt es sich bloß um ein Versehen des Schreibers, der Ἀνοῦπ schreiben wollte und dabei nach α eine überflüssige Schlinge setzte. Als Parallele zu der Namensvariante Αὐνοῦπ ließe sich einzig P.Tebt. III.2 830 (2. Jh. v. Chr.) heranziehen, wo in Z. 29 und 35 eine Person mit dem Vatersnamen Αὐνούφιος bezeichnet ist.

546. WEIZENQUITTUNG DES MAKARIOS

P.Vindob. G 11426	4,8 × 8,8 cm	Anfang 7. Jh.
Tamauis (Arsinoites)		Tafel XLVI

Ed. pr.: SPP III 546 (6. Jh., Fayum).
Ed. post.: CPR XIV 24 (Anfang 7. Jh., Arsinoites).
Korr.: P.Dubl. I 26, Komm. zu Z. 1 (BL X 2).
Abb.: CPR XIV Plate 21.
Revision am Original.

Dunkelbraunes Papyrusfragment. Die massive Beschädigung des Blattes geht auf Wurmfraß zurück. Erhalten ist nur der obere und linke Rand, unten und rechts stark defekter Rand. Beschädigungen auch auf Höhe der Zeilen 2 und 3. Beschrieben mit schwarzer Tinte. Oben und links ist ein Rand von ca. 1 cm frei. Schrift quer zur Faserrichtung. Verso leer.

↓ 1 † Μεσορ(ὴ) γ σίτου δωδεκ(άτης) ἰν(δικτίωνος)
2 (2. H.) Τ[αμαῦ]ι̣ς Ἀπόλλων Μη[νᾶ]
3 σὺ(ν εἰκοστῇ̣) [ἀρ(τάβας) δύο] ἥμισυ, (ἀρτάβας) β ∠. † Μακ[άριος †]
4 *Paraphe.*

1. σίτ(ο)υ *CPR XIV* 2. Τ[ ]ς *ed. pr.* Τ[αμᾶνι]ς *CPR XIV* Μη[*ed. pr.* Ἀπολλῶ Μην[ᾶ *CPR XIV*
3. ἀ[ρτ(άβης)] ἥμισυ ⏉ ϛ *ed. pr.* σ(ίτου) ἀ̣[ρ(τάβας) [τρ]ε[ῖ]ς̣ ἥμισυ ⏉ γ ∠ *CPR XIV* 4. *om. ed. pr. et CPR XIV*

„† Am 3. Mesore, an Weizen für das zwölfte Indiktionsjahr. (2. H.) Für Tamauis, Apollon, Sohn des Menas, einschließlich des Zwanzigstels, zweieinhalb Artaben, 2 ½ Artaben. † Makarios † *Paraphe*.“

Zum Dossier der von Makarios unterzeichneten Quittungen s. oben **C. 7.**

1. Μεσορ(ὴ) γ = 27. Juli.

2. Τ[αμαῦ]ι̣ς: Die Ergänzung des Ortsnamens ergibt sich aus der wiederholten Nennung von Tamauis in den anderen Quittungen des Dossiers. Zur Korrektur des Dorfnamens von Ταμᾶνις in Ταμαῦις s. P.Dubl. I 26, Komm. zu Z. 1 sowie oben **460**, Komm. zu Z. 2.

Ἀπόλλων Μη[νᾶ]: In CPR XIV wurde offensichtlich das ν von Ἀπόλλων als μ des nachfolgenden Μηνᾶ interpretiert und entsprechend Μην[außerhalb der Klammer gesetzt. Wesselys Lesung stimmt hier aber besser mit dem Duktus überein.

3. σὺ(ν εἰκοστῇ): Zur Korrektur der Lesung und zur Auflösung der Abbreviatur s. oben **460**, Komm. zu Z. 3.

[ἀρ(τάβας) δύο] κτλ.: Die bezahlte Summe von 2 ½ Artaben ist gegenüber den früheren Editionen neu: In der *ed. pr.* wurde lediglich die halbe Artabe transkribiert, wogegen jedoch der überflüssige Platz am Zeilenanfang und die Tintenspuren der Ziffernsumme sprechen. In CPR XIV wird die Summe mit 3 ½ Artaben bemessen, die Ergänzung [τρ]ε[ῖ]ς ist jedoch paläographisch auszuschließen (die vermeintliche ε-Schräge ist vielmehr das Häkchen des ι aus Zeile 2), γ als Ziffer ist ebenfalls kaum unterzubringen. Hingegen ist in der Wiederholung der Summe gut ⟝ β ∠ zu lesen, wodurch sich die Lücke am Zeilenbeginn problemlos mit ἀρ(τάβας) δύο schließen läßt.

4. In den früheren Editionen wurde übersehen, daß die Tintenspuren unterhalb des α zur typischen Paraphe des Makarios gehören, die er offenbar aufgrund des Platzmangels unter seine Signatur setzte.

547. EMBOLEQUITTUNG

P.Vindob. G 11427	9 × 8,3 cm	7.–8. Jh. (arab. Zeit)
Belu (Arsinoites)		Tafel XLVII

Ed. pr.: SPP III 547 (6.–7. Jh., Fayum).
Lit.: Diethart, *Pros. Ars.*, Nr. 3269–3271 mit Anm. 428f. (BL VIII 442f.).
Revision am Original.

Mittelbrauner Papyrus. Das Blatt ist in seinem vollen Ausmaß erhalten, allerdings in schlechtem Zustand. Der Rand ist beschädigt, zahlreiche Fehlstellen durch Anobienbefall, besonders in der linken Hälfte des Blattes. Die von Wessely angegebene horizontale Faltung 2 cm unterhalb des oberen Randes ist nicht mehr zu erkennen. Vertikal war das Blatt wohl mittig gefaltet. Beschrieben mit schwarzer Tinte. Schrift quer zur Faserrichtung. Die Schrift ist eine für arabische Zeit typische „Minuskelschrift“ (s. im Detail CPR XXII Intr. S. 6–12). Unten blieb ein unbeschriebener Rand von 3,8 cm stehen. Verso leer.

↓ † Μεσορὴ λ (ὑπὲρ) σίτ(ου) ἐμβολ(ῆς) χω(ρίου) Βήλο̣υ
ἑ̣βδό̣μης ἰ(ν)δ(ικτίωνος) \`γαμε(τῆς)´ Λ̣ο̣λ̣ι̣(πισοει?) χρυσοχώω
ἀ̣ρ̣τ̣(άβας) ἥ̣[μι]συ καγκ̣(έλλῳ) μ̣ό̣(νας). δι᾽ ἡμῶν Φιλ(ο)θ(έου)
[̣] ̣εφ̣αρ ̣ ̣ ̣π ̣ ̣ ̣ ̣εμο ̣( )
†————————

1. Βηλ[ου] *ed. pr.* 2. [ἐ]βδ[ό]μης *ed. pr.* $^{\text{γαμε(τὴ)}}$ Λωλι$^{\text{π(ισοει?)}}$ *ed. pr.* Λολι *corr. ex ?* χρυσοχόου *ed. pr.* *l.* χρυσοχόου 3. [ ] ἕκτης ἰ$_{//}$() δι᾽ ἡμῶν *ed. pr.* 4.]ν̣ε ἀρ$_{/}$() ..πει̣ω̣ ε ρ^{ου} *ed. pr.*

„† Am 30. Mesore, für die Embole an Weizen, für das Dorf Belu, für das siebente Indiktionsjahr, von der Ehegattin des Lolipisoei (?), des Goldschmieds, eine halbe Artabe im Kankellon-Maß, sonst nichts. Durch uns Philotheos ... †————————"

Die klein und eng geschriebene Embole-Quittung bietet aufgrund der zahlreichen abgeriebenen Stellen mehrere Leseschwierigkeiten: Der Namen des Steuerzahlers und die Summe sind unsicher, die Unterschrift in Zeile 4 ist nicht mehr lesbar (s. jeweils Zeilenkomm.). Von Interesse ist die Korrektur des Namens Λολιπισοει in Verbindung mit dem über der Zeile nachgetragenen Hinweis auf die Ehefrau: Offenbar wurde zuvor ein anderer Name geschrieben, wie die drei deutlich zu sehenden Oberlängen zeigen, dann wurde dieser nur unsorgfältig getilgt und darüber die Buchstaben λολι gesetzt, weshalb diese in dem Gewirr von Tintenstrichen kaum noch zu erkennen sind. Angesichts der Ergänzung γαμε(τῆς) wäre eine mögliche Erklärung, unter dem Namen des Steuerzahlers Lolipisoei den Namen seiner Ehefrau zu vermuten, die offenbar für ihren Mann die Naturalsteuer abgeliefert hat. Da sie selbst jedoch nicht steuerpflichtig war, wurde ihr Name vom Schreiber wieder getilgt, der Name des Steuerzahlers selbst eingesetzt und die Nennung der Frau als Überbringerin über der Zeile nachgetragen.

1. Μεσορὴ λ = 23. August.
χω(ρίου) Βήλο̣υ: Zum arsinoitischen Dorf Belu s. oben **456**, Komm. zu Z. 2.

2. Λ̣ο̣λ̣ι̣(πισοει?): Die Lesung der *ed. pr.* Λολιπ(ισοει?) ist nicht ohne gröbere paläographische Schwierigkeiten nachzuvollziehen. Die beiden λ werden von vertikalen Abstrichen des älteren Textes gestört. Der ein ω vortäuschende zweite Bogen ist deutlich schwächer, da abgerieben, und dürfte auch zum korrigierten Text gehören, zu lesen ist also nur ο. Nicht plausibel scheint das von Wessely als π gelesene Wortende. Der kleine Buchstabe ist κ oder η und gehört entsprechend auch zum vorhergehenden Text.

Wesselys Transkription des Namens basierte allerdings nicht nur auf den Tintenspuren, sondern auf einem Paralleltext, der eine Person namens Λολι( ), Goldschmied aus Belu, bezeugt: SPP III 599, wo ebenfalls Λολι(πισοει) aufgelöst wurde. Der Name ist nur in einer Handvoll Wiener Papyri bezeugt, Belege für einen anderen mit Λολι- beginnenden Namen gibt es aus byzantinischer und früharabischer Zeit überhaupt nicht. J. Diethart, *loc. cit.*, vermutet ausgehend von der Seltenheit des Namens die Identifizierung ein und derselben Person in allen Zeugnissen für Λολιπισοει (in den Schreibungen Λολιπιθοει, Λολιπισοι,

Λολιπισωει, Λωλιπισοει und Λωλιπσωει), nämlich zusätzlich zu den beiden genannten Texten auch SPP III 650–656. Der in den Diagraphe-Quittungen SPP III 651–656 genannte Lolipisoei stammt allerdings nicht aus dem Dorf Belu, sondern aus der λαύρα Κλε(οπατρίου) in der Gauhauptstadt Arsinoiton Polis. SPP III 650 (= SPP XX 183), eine weitere Quittung für die διαγραφή, enthält keine genaueren Angaben. Es handelt sich also in den Belegen um mindestens zwei, vielleicht auch mehrere verschiedene Personen. Die Identität des Steuerzahlers in vorliegendem Text mit dem in SPP III 599 genannten dürfte aber angesichts von Berufs- und Herkunftsangabe feststehen.

3. ἀ̣ρ̣τ̣(άβας) κτλ.: Die Lesung der Summe bleibt ein wenig unsicher, da der Zeilenanfang fast zur Gänze abgerieben ist. Es dürfte hier im Unterschied zum üblichen Formular die Angabe des κάγκελλον-Maßes nachgestellt sein und die Wiederholung der Summe in Ziffern fehlen.

4. Nach der Einleitung der ersten Unterschrift des Philotheos durch δι' ἡμῶν ist mit Sicherheit ein zweiter Name zu erwarten. Mit den Schriftresten ist jedoch keiner der üblichen byz.-arab. Namen in Einklang zu bringen. Man liest nach einem schlecht erhaltenen und davor vielleicht noch einem in der Lücke verschwundenen Buchstaben -εφαρ- oder -εραρ-. Schwer zu deuten ist auch die Zeilenmitte, wo nach π ein hochgestelltes χ (vielleicht Π(α)χ(ών)?; vgl. aber Z. 1) oder ein ὑπέρ–Zeichen zu sehen ist. Danach könnte ιβ und ein weiterer Buchstabe stehen, von dem nur eine Unterlänge zu sehen ist. Am Zeilenende folgt auf ein relativ deutliches εμο ein hochgestellter Buchstabe, vielleicht θ oder π.

548. WEIZENQUITTUNG DES MAKARIOS

P.Vindob. G 11428	6,2 × 8,9 cm	Anfang 7. Jh.
Tamauis (Arsinoites)		Tafel XLVIII

Ed. pr.: SPP III 548 (5.–6. Jh., Fayum).
Ed. post.: CPR XIV 27 (Anfang 7. Jh., Arsinoites).
Korr.: P.Dubl. I 26, Komm. zu Z. 1 (BL X 2).
Abb.: CPR XIV Plate 21.
Revision am Original.

Dunkelbrauner Papyrus von kräftiger Struktur. Das Blatt ist in seinen Ausmaßen vollständig erhalten. Kleinere, symmetrisch gelegene Fehlstellen, sowie eine größere Lücke entlang der unteren Faltung sind durch Wurmfraß entstanden. Zwei horizontale Faltungen in Abständen von 2,4 und 4,8 cm unterhalb des oberen Randes. Beschrieben mit schwarzer Tinte. Schrift quer zur Faserrichtung. Auf dem Verso ist ein Ausschnitt großflächiger Protokollschrift zu sehen (sog. „perpendicular writing").

↓ ⳩ Μεσορ(ὴ) δ σίτου δωδεκ(άτης) ἰνδ(ικτίωνος)
(2. H.) Τα̣μ̣[αῦ]ις Ἄπα Ὃλ Παπνου-
θίου σὺ(ν εἰκοστῇ) ἀρ(τάβην) μίαν ἕκτον, (ἀρτάβην) α ϛ´.
†̣ [Μα]κ̣[άρ]ι̣ο̣ς̣ † *Paraphe*.

2. Τ[αμανεω]ς *ed. pr.* Τα̣μ̣[ᾶν]ις *CPR XIV* 3. σ ἀρ/(τάβην) *ed. pr.* σ(ίτου) ἀρ(τάβας) *CPR XIV* ἕκτο(ν) *ed. pr.* σ´´ *pap.* 4. †´ *ed. pr.* [† Μακάρι]ος † *CPR XIV*

„⳩ Am 4. Mesore, an Weizen für das zwölfte Indiktionsjahr. (2. H.) Für Tamauis, von Apa Hol, Sohn des Papnuthios, einschließlich des Zwanzigstels, eine und ein sechstel Artaben, 1 $^{1}/_{6}$ Artaben.
† Makarios † *Paraphe*."

Von der Unterschrift des Makarios sind nur wenige Spuren erhalten, die Zugehörigkeit zum Dossier (s. dazu oben **C. 7.**) läßt sich dennoch schon anhand der Handschriften der Datumszeile und des Quittungstextes feststellen. Wohl derselbe Apa Hol, Sohn des Papnuthios, bezahlte bereits eine Woche zuvor (am 26. Epeiph) 2 Artaben Weizen, vgl. oben **511**.

1. Μεσορ(ὴ) δ = 28. Juli.

2. Τα̣μ̣[αῦ]ις: Der in der *ed. pr.* und in CPR XIV als Ταμ̣ᾶνις ergänzte Ortsname ist entsprechend der anderen Belege in Ταμαῦις zu korrigieren, s. P.Dubl. I 26, Komm. zu Z. 1 sowie oben **460**, Komm. zu Z. 2.

3. σὺ(ν εἰκοστῇ): Zur Korrektur der Lesung und zur Auflösung der Abbreviatur s. oben **460**, Komm. zu Z. 3.

549. FRAGMENT EINER QUITTUNG

P.Vindob. G 11429	6,8 × 5,2 cm	7. Jh.
Arsinoites / Herakleopolites		Tafel XLVIII

Ed. pr.: SPP III 549 (6. Jh., angeblich Fayum).
Revision am Original.

Mittelbrauner Papyrus. Oberer, linker und unterer Rand intakt, rechts unregelmäßige Bruchkante. Wessely gibt horizontale Faltungen in den Abständen 1,2, 1,7, 1,3 und 1,1 cm an, die nicht mehr zu sehen sind. Beschrieben mit schwarzer Tinte. Schrift quer zur Faserrichtung. Unbeschriebener Freiraum oben 1 cm, unten 2,1 cm. Verso leer.

↓ 1 † Ἐπαγομ(ένων) δ ̣[- - -]
2 κληρ(ονόμων) Ἀρι̣[- - -]
3 Ἀπαύλου ἀρ(τάβ-) δ ̣[- - -]
4 † Νειλάμ̣μ̣[ων - - -]

1. δ [*ed. pr.* 2. κληρρ *pap.* 3. Ἀ(πα) Παυλο^υ *ed. pr.* ἀρ/(τάβας) δ[*ed. pr.* 4. Νειλα[μμων *ed. pr.*

„† Am 4. der Epagomenai ... von den Erben des Ari- ... Apaulos ... Artaben ... † Neilammon ...“

Der vorliegende Text ist von den in diesen Band aufgenommenen Quittungen der einzige, in dem eine Zahlung durch Erben, wohl aufgrund eines ungeteilten Nachlasses, bescheinigt wird, vgl. demgegenüber die zahlreichen Beispiele in dem Steuerregister P.Sorb. II 69.

1. Ἐπαγομ(ένων) δ = 27. August. Vermutlich folgt σ̣[ίτου; andere Lesungen wie ἐμβολῆς, κριθῆς etc. sind nicht auszuschließen.

3. Ἀπαύλου: Die von Wessely angenommene Abkürzung A für Ἄ(πα) erscheint mangels Parallelen und ohne Kürzungszeichen wenig plausibel. Es dürfte sich um eine bislang nicht belegte koptisierte Variante des Namens Paulus mit ⲁ-Präformativ handeln; vgl. die für diese Namensbildung bei Heuser, *Personennamen der Kopten*, 105 angeführten Beispiele ⲁⲓⲟⲩⲗⲓ und ⲁⲕⲗⲁⲩⲇⲓⲟⲥ, sowie Ἀιούλιος oben in **516**, 2 und Ἀνεῖλος unten in **574**, 2. Apaulos könnte Vatersname des Erblassers Ari- sein, denkbar wäre auch eine Zahlung διὰ Ἀπαύλου.

ἀρ(τάβ-) δ ̣[: Nach δ ist vermutlich ω für δώδεκα oder δωδέκατον zu lesen, nicht auszuschließen ist υ für δύο.

550. WEIZENQUITTUNG

P.Vindob. G 11430 — 5,7 × 11,8 cm — 6.–7. Jh.
Alabantis (Arsinoites) — Tafel XLIX

Ed. pr.: SPP III 550 (6. Jh., Fayum).
Revision am Original.

Hellbrauner Papyrus. Oberer und linker Rand intakt, rechts und unten unregelmäßig abgebrochen. Zahlreiche brüchige Stellen sind über das Blatt verteilt. Wessely gibt drei horizontale Faltungen im Abstand von 1,2, 1,7 und 2,7 cm an. Beschrieben mit schwarzer Tinte. Schrift quer zur Faserrichtung. Abstand der Schrift zum Rand oben 0,6 und links 1,6 cm. Das Kreuz der ersten Zeile ist nach links ausgerückt. Das Verso ist leer. Dem Text lag ein kleines loses Fragment mit Tintenresten von zwei Zeilen bei.

↓ † Μεσορ(ὴ) κγ σίτου δεκάτης ἰν[(δικτίωνος)]
Ἀλαβαντίδος Φῖβ Πα̣ρεῦ ἀπὸ [- - -]
δ(ιὰ) Φιλοξ̣ένου Σερήνου καγκέλλ[(ῳ) ἀρτ(άβας)]
δεκ̣[ατέσσαρας?] δ̣ω̣δ̣έ̣[κ](ατον), (ἀρτάβας) ι̣δ̣ ι̣β̣ʹ [*vac.?*]
— — — — — — — — — — — — — — —

2. Φιβ Ναaραυ *imit. script.* [*ed. pr.* 3. Φιλο[ξέ]νου Σερήν(ου) καγκέλλ[ῳ *ed. pr.* 4. *om. ed. pr.*

„† Am 23. Mesore, an Weizen für das zehnte Indiktionsjahr, für Alabantis, von Phib, Sohn des Parey, aus ..., durch Philoxenos, Sohn des Serenos, im Kankellon-Maß vier(?)zehn und ein zwölftel Artaben, 14 ¹/₁₂ Artaben ...“

Die Quittung ist über den Steuerzahler mit dem Dossier des Agathammon (s. dazu oben **C. 1.**) verbunden. Hier wie in P.Dubl. I 27 (6./7. Jh.) zahlt Phib, Sohn des Parey (zur Lesung s. Komm. zu Z. 2), jeweils vertreten durch eine andere Person, für das Dorf Alabantis die Weizensteuer, in vorliegender Quittung für das zehnte, dort für das neunte Indiktionsjahr. Auch die Handschrift weist einige Gemeinsamkeiten mit P.Dubl. I 27 auf. Möglicherweise stand die Unterschrift des Agathammon in der nicht mehr erhaltenen untersten Zeile des Blattes.

1. Μεσορ(ὴ) κγ = 16. August.

2. Ἀλαβαντίδος: Zum arsinoitischen Dorf Ἀλαβανθίς, das ab dem 6. Jh. durchgehend in der Schreibung Ἀλαβαντίς belegt ist (vgl. aber Ἀλαβανδ(ίς) in CPR XXII 60, 29 mit Komm.), s. die zahlreichen Belege bei Calderini, Daris, *Dizionario I/1*, 49–50 mit *Suppl. I*, 17 und *III*, 12f.; zur Lage des Ortes im ehemaligen Herakleides-Bezirk vgl. B. P. Grenfell, A. S. Hunt, P.Tebt. II, S. 366 (Südufer des Moeris) und nunmehr Mueller, *Mastering Matrices and Clusters*, 237 (Karte) und 248.

Φῖβ Πα̣ρεῦ: Die *ed. pr.* hat als Vatersname Νααραυ. Das mit dem Duktus besser zu vereinbarende Παρεῦ ist auch angesichts der Parallele in P.Dubl. I 27 vorzuziehen: In jener Getreidequittung für das Dorf Alabantis ist der Steuerzahler nach der Erstedition Φῖβ πρεσ(βυτέρου), korrigiert von J. Gascou zu Φῖβ Παρεῦ (BL XI 74). Zu der ägyptischen Namensform vgl. Heuser, *Personennamen der Kopten*, 37 (z.B. in CPR IV 194, 8 [7. Jh.]: ⲠⲀⲢⲈⲨ) und Lüddeckens, Thissen, *Demotisches Namenbuch I.1*, 389 (*pa-r.r-w*ᐞ).

4. Von der Zeile sind nur geringe Tintenreste erhalten, die Summe der bezahlten Artaben ist entsprechend unsicher. Am Zeilenanfang δεκ- und δωδε- nach der Lücke sind zuverlässig zu lesen. Vom Artabenzeichen und der Betragswiederholung gibt es nur schwache Spuren. Unter κ von καγκέλλῳ ist allerdings eine schräge Oberlinie zu sehen, die kaum anders als zu δ gehörig gedeutet werden kann, weshalb als Betrag vermutlich 14 ¹/₁₂ zu rekonstruieren ist.

551. QUITTUNG EINER WEIZENZAHLUNG FÜR EINEN BÄCKER (BÄCKEREI) MIT SUMME IN SÄCKEN UND ARTABEN

P.Vindob. G 11431 — 4,9 × 10,5 cm — 7. Jh.
Psenyris (Arsinoites) — Tafel XLIX

Ed. pr.: SPP III 551 (5.–6. Jh., Fayum).
Korr.: Diethart, *Pros. Ars.*, Nr. 2201 mit Anm. 321 (BL VIII 442).
Revision am Original.

Mittelbraunes, querformatiges Papyrusblatt in intaktem Erhaltungszustand. Wessely vermerkt eine heute nicht mehr sichtbare horizontale Faltung in der Mitte des Blattes. Beschrieben mit schwarzer Tinte. Schrift quer zur Faserrichtung. Abstand der Schrift zum Rand oben 0,8, unten 1,5 cm. Das Verso blieb leer.

↓ 1 Μεσορὴ ἐπαγ(ομένων) δ σίτου ἕκτης ἰν(δικτίωνος) κτήσεως Θέωνος
κο̣λ̣λ̣(εκταρίου)
2 Ψενῦρ(ις) ὑπ(ὲρ) ἀρτοκ(οπ-) ολοκεκωνος σάκ(κους) γ πρ(ὸς) κε β′,
3 ἀρ(τάβας) ἑπτὰ δίμοιρων, (ἀρτάβας) ζ β′. † Ποῦσι *Paraphe.*

1. κ̣λ̣ϛ( ) *ed. pr.* κο̣λ̣ε̣(κταρίου) *Diethart* 2. ῡ(πὲρ) ἀρτοκ/( ) ολου κεκωνος σάκ/(κους) γρκεω *ed. pr.*
3. αρ̣ʾ *pap.* *l.* δίμοιρον γ(ίνεται) —ο— ζω † Πουσ *imit. script.* *ed. pr.*

„Im Mesore am 4. der Epagomenai, an Weizen für das sechste Indiktionsjahr, vom Besitz des Theon, *collectarius*, Psenyris, für den Bäcker (die Bäckerei), holokekonos (?), 3 Säcke zu je 25 ²/₃, sieben und zwei drittel Artaben, 7 ²/₃ Artaben. † Pusi *Paraphe.*“

In der von einem Pusi unterzeichneten Quittung über eine Zahlung von 7 ²/₃ Artaben Weizen in drei Säcken ist keine Person als Zahlender genannt, sondern eine κτῆσις des Theon. Man denkt an das Archiv des Theon (s. Mitthof, Papathomas, *Sambas-Archiv* und Papathomas, Αρχείο του Θέωνος), wo ein Teil der Zahlungsaufträge ebenfalls von einem Pusi geschrieben und unterzeichnet wurde. Die Handschrift im Theon-Archiv weist mit dieser einige Gemeinsamkeiten auf, die Papyri stammen wohl aus derselben Zeit. Vom selben Schreiber dürften die Texte allerdings kaum verfaßt worden sein, zumal die Unterschrift des Pusi im Theon-Archiv im Duktus von der Signatur der vorliegenden Quittung abweicht. Auch inhaltlich stünde einer Identifizierung entgegen, daß der Pusi im Theon-Archiv für Theon tätig ist, der Pusi unseres Textes hingegen eine Zahlung von der κτῆσις des Theon quittiert, also kaum Angestellter des Theon selbst sein kann, es sei denn, es handle sich nicht um eine Quittung, sondern einen Ausfolgeschein, den Pusi für die Domäne des Theon ausstellt; auf diese Interpretation könnte auch die Wendung ὑπ(ὲρ) ἀρτοκ(οπ-) deuten.

Zu den Weizenquittungen, in denen die bezahlte Summe in Säcken und Artaben angegeben wird, s. oben **B. 10.**

1. Μεσορὴ ἐπαγ(ομένων) δ = 27. August.

κτήσεως Θέωνος: Die Nennung einer κτῆσις an der Stelle des Zahlungspflichtigen ist in den Weizenquittungen nicht üblich (vgl. einzig **468**). Bisweilen wird aber eine οὐσία als Zahlende bezeichnet; κτῆσις nimmt hier wohl dieselbe Funktion ein. Daß eine κτῆσις selbst als steuerliches *onoma* gehandhabt werden konnte, zeigt schon J. Gascou in P.Sorb. II 69, S. 38–42.

κο̣λ̣λ̣(εκταρίου): Diethart korrigierte das von Wessely nicht gedeutete κ̣λ̣ϛ̣( ) der *ed. pr.* (keine Aufnahme im Index) in κο̣λ̣ε̣(κταρίου). Deutlich nach Θέωνος zu sehen ist allerdings nur κ, die nachfolgenden Tintenspuren passen ebenso zu Doppel-λ und im Zweifel sei der ortographisch richtigen Schreibung κολλ(εκταρίου) der Vorzug gegeben. κολλεκτάριοι (abgeleitet von lat. *collectarius*) sind vom 5. bis zum 8. Jh. als Bankiers belegt, die über die Aufgaben eines einfachen Geldwechslers hinausgehende Funktionen übernehmen; vgl. R. Bogaert, *Κολλεκτάριοι* (danach hinzugekommene Belege sind der κολλεκτάριος Μηνᾶς in P.Oxy. LVI 3867, 7, 13 und 16 [6. Jh.] und der ἀναγνώστης und κολλεκτάριος 'Απολλῶς in P.Prag. I 71, 2 [635, vgl. *HGV*]). Erwähnt sei auch, daß die Abkürzung anstelle zu einer Berufsbezeichnung für Theon ebenso zu einem Vatersnamen aufgelöst werden könnte, etwa Κολλ(ούθου).

2. Ψενῦρις: Zum Dorf Psenyris s. oben **495**, Komm. zu Z. 2

ὑπ(ὲρ) ἀρτοκ(οπ-): Für die Abkürzung ἀρτοκ/ ist an dieser Stelle die Auflösung zur Berufsbezeichnung ἀρτοκόπου („für den Bäcker"; vgl. Battaglia, *Artos*, 171–179) ebenso wie zu ἀρτοκοπείου („für die Bäckerei"; vgl. Battaglia, *Artos*, 142–144) denkbar. Selten vorkommende Begriffe wie ἀρτοκάπηλος (Battaglia, *Artos*, 168: „rivenditore di pane") oder ἀρτοκόλλυτος (Battaglia, *Artos*, 169: „sinonimo di ἀρτοκόπος") können wohl außer Betracht bleiben. Eine Entscheidung zwischen den beiden Möglichkeiten hinge auch davon ab, wie das nachgenannte Wort zu interpretieren ist. Handelt es sich um einen geographischen Begriff, so wäre die Variante ὑπ(ὲρ) ἀρτοκ(οπείου) jedenfalls vorzuziehen.

ολοκεκωνος: Dieses griechisch anmutende Wort ist bislang nicht bezeugt. Es gibt keinen passenden Verbstamm, der ein Perfektpartizip auf κέκων bilden würde. καίνω (töten) mit Perfekt κέκονα kommt wohl inhaltlich nicht in Frage. Eventuell ist das Wort doch nicht in der griechischen Sprache beheimatet oder es handelt sich um eine solch extreme Verschreibung eines Wortes, daß das gemeinte Idiom nicht mehr erkennbar ist. Inhaltlich könnte es ein Personen- oder eher Orts-/Flurname sein und zu der zuvor genannten Bäckerei bzw. dem Bäcker gehören; oder es handelt sich um ein Adjektiv, das auf den nachgenannten Betrag an Weizen zu beziehen ist (vgl. etwa σῖτον κεκοσκινεύμενον), wobei freilich der Kasus weder zu den Säcken noch zu den Artaben passen würde.

σάκ(κους) γ πρ(ὸς) κε β': Es handelt sich nicht um eine Zahlung von 3.125 ⅔ Säcken Weizen, wie die *ed. pr.* vermuten läßt. Vielmehr steht über ρ ein Bogen für π (zu dieser Schreibung für πρός s. oben **478**, Komm. zu Z. 3) und die durch diese Sigle eingeleitete Verhältniszahl 25 ⅔ ergibt multipliziert mit der Anzahl von 3 Säcken exakt 7 ⅔ Artaben Weizen (s. im Detail oben **B. 10.**).

552. WEIZENQUITTUNG DES MAKARIOS

P.Vindob. G 11432 | 6,8 × 8,6 cm | Anfang 7. Jh.
Tamauis (Arsinoites) | | Tafel L

Ed. pr.: SPP III 552 (6. Jh., Fayum).
Ed. post.: CPR XIV 26 (Anfang 7. Jh., Arsinoites).
Korr.: P.Dubl. I 26, Komm. zu Z. 1 (BL X 2).
Abb.: CPR XIV Plate 21.
Revision am Original.

Mittelbrauner Papyrus. Das Blatt ist in seinen Ausmaßen vollständig erhalten. Zahlreiche kleinere und größere Fehlstellen durch Anobienbefall sind über das Blatt verteilt. Zwei horizontale Faltungen ergeben drei ca. 2,3 cm breite Streifen. Beschrieben mit schwarzer Tinte. Schrift quer zur Faserrichtung. Unbeschriebener Rand oben 1 cm, links 1,3 cm und unten 2,8 cm. Am oberen Rand des Verso blieben Tintenreste einer nicht mehr lesbaren Zeile, geschrieben parallel zur Faserrichtung, erhalten.

↓ 1 ⳨ Μεσορ(ὴ) γ σίτου δωδε[κ(άτης) ἰνδ(ικτίωνος)]
2 (2. H.) Ταμαῦις Μη[ν]ᾶς Ἰσὰκ σὺ(ν εἰκοστῇ)
3 ἀρ(τάβην) μίαν ἕκτον, (ἀρτάβην) α ϛ´. † Μακάρ(ιος).

1. † *ed. pr.* δωδε[κάτης ἰνδ() *ed. pr.* 2. Ταμαις *ed. pr.* Ταμᾶνις *CPR XIV* Ἰσακου *ed. pr.* Ἰσὰκ σ(ίτου) *CPR XIV* 3. σ'' *pap.*

„⳨ Am 3. Mesore, an Weizen für das zwölfte Indiktionsjahr. (2. H.) Für Tamauis, von Menas, Sohn des Isak, einschließlich des Zwanzigstels, eine und ein sechstel Artaben, 1 1/6 Artaben. † Makarios."

Zum Dossier der von Makarios unterzeichneten Quittungen s. oben **C. 7.**

1. Μεσορ(ὴ) γ = 27. Juli.

2. Ταμαῦις: statt Ταμαις der *ed. pr.* und Ταμᾶνις in CPR XIV. Zur Verwirrung um den Namen des Dorfes Tamauis s. P.Dubl. I 26, Komm. zu Z. 1 sowie oben **460**, Komm. zu Z. 2.
σὺ(ν εἰκοστῇ): Zur Korrektur der Lesung und zur Auflösung der Abbreviatur s. oben **460**, Komm. zu Z. 3.

3. Μακάρ(ιος): Im Gegensatz zur Mehrzahl der Quittungen des Dossiers, wo die Unterschrift des Makarios ausgeschrieben und mit Kreuz und Paraphe versehen ist, kürzt er hier, wohl aufgrund des Platzmangels, seinen Namen ab, vgl. bereits oben **513**.

553. WEIZENQUITTUNG AUS DEM GEORGIOS-DOSSIER

P.Vindob. G 2167 — 5,8 × 9 cm — 7.–8. Jh. (arab. Zeit)
Hiera Nesos (Arsinoites) — Tafel LI

Descr.: PERF Nr. 383.
Ed. pr.: SPP III 553 (6.–7. Jh.).
Ed. post.: SPP XX 169 (6.–7. Jh.).
Korr.: Diethart, *Ghost-names und andere Berichtigungen zu Wiener Papyri*, ZPE 39 (1980) 190 (BL VIII 470) — Diethart, *Pros. Ars.*, Nr. 2995 mit Anm. 390 (BL VIII 470).
Revision am Original.

Hellbrauner Papyrus in intaktem Erhaltungszustand. Drei horizontale Faltungen in Abständen von 1,7, 3,2 und 4,4 cm vom oberen Rand. Beschrieben mit schwarzer Tinte. Schrift quer zur Faserrichtung. Abstand der Schrift zum Rand oben und links ca. 1 cm. Das Verso blieb leer.

↓ † Μεσορὴ δ σίτου πρώτης ἰνδ(ικτίωνος)
παίδ(ων) Κοσμᾶς κόρσορος
δ(ιὰ) Ἀβραμμί(ου) Ἀπολλῶ ἀπὸ Ἱερᾶς
καγκέλλ(ῳ) ἀρ(τάβην) μίαν δίμοιρ(ον), (ἀρτάβην) α β′ μό(νην).
† Γεώργιος, δ(ι') ἐμοῦ Φῖβ †. (2. H.) † Καλομηνᾶς † *Paraphe.*
(3. H.) † Ἠλίας †.

1. σίτ(ου) *SPP XX* 2. παιδ/δ/ *pap.* *l.* Κοσμᾶ κούρσορος Κοισορη¯ *ed. pr. et SPP XX* 3. Ἀβρααμι/(ου) *ed. pr. et SPP XX* 4. μ//(όνην) *ed. pr. et SPP XX* 5. γεωρ†γιος *pap.* κα†λομηνας *pap.* 6. † Καλαφ/// *ed. pr.* † Κ̣αλαφ‿() *SPP XX* η†λιας *pap.*

„† Am 4. Mesore, an Weizen für das erste Indiktionsjahr, von den Burschen des Kosmas, Kurier, durch Abrammios, Sohn des Apollos, aus Hiera, im Kankellon-Maß eine und zwei drittel Artaben, 1 ²/₃ Artaben, sonst nichts. † Georgios, durch mich, Phib †. (2. H.) † Kalomenas † *Paraphe.*
(3. H.) † Elias †.“

Die Quittung gehört zum Dossier des Georgios, s. dazu oben **C. 3.** Der Quittungstext wurde geschrieben von Phib, der zusammen mit Kollegium 3a unterzeichnet. Die Nennung von Steuerzahler und Vertreter ist im Vergleich zum üblichen Formular ungewöhnlich (vgl. auch oben **454**). Es hat den Anschein, daß Steuerpflichtige die Burschen des *cursor* Kosmas wären und für diese Abrammios aus Hieras die Zahlung vornimmt. Das würde aber bedeuten, daß die Bediensteten als Kollektiv zur Steuer herangezogen wurden und dann selbst nicht namentlich bezeichnet sind. Denkbar wäre, daß hier παῖδες für κληρονόμοι steht und die Erben gemeinschaftlich für den noch ungeteilten Nachlaß bezahlen (so versteht auch Wessely in PERF Nr. 383 den Text). Unklar ist weiters, ob Abrammios einer der genannten παῖδες ist oder ein Dritter, wobei im zweiten Fall die eigens angeführte Herkunft des Abrammios verwunderlich wäre, insbesondere da am Anfang der Zeile 2 der

Ortsname fehlt. Unter Umständen wollte der Schreiber auch bloß die zuerst vergessene Ortsangabe nachholen.

1. Μεσορὴ δ = 28. Juli.

2. κόρσορος: korrigiert von Diethart, *Ghost-names*, anstelle des von Wessely gelesenen Vatersnamens Κοισορῆς. Zu der in den Papyri nicht sehr oft belegten Bezeichnung κούρσωρ = lat. *cursor* vgl. Daris, *Lessico Latino*, 63 und P.Harrauer 53, Komm. zu Z. 5; zu den dort genannten Belegen kann nun noch SB XX 14674, 2 und 39ff. (= Neued. von CPR VII 26; 5./6. Jh.) sowie P.Horak 33, 3 (= SB XXII 15511; Anfang 7. Jh.) hinzugefügt werden. Zu den *cursores* als *officiales illiterati* in den Büros der Statthalter oder Duces s. B. Palme, *Die* officia *der Statthalter in der Spätantike. Forschungsstand und Perspektiven*, AnTard 7 (1999) 85–133, bes. 107. In arabischer Zeit, aus der die vorliegende Quittung stammt, wurde der Titel vermutlich ohne amtlichen Hintergrund weitergeführt (s. auch Palme, *loc. cit.*, 120 mit Anm. 185).

3. Ἀβραμμί(ου): Abrammios ist eine seltene Variante des von Wessely wohl aus Gewohnheit gelesenen Namens Ἀβραάμιος; vgl. etwa P.Mich. XV 744, 6 (6.–7. Jh.), P.Sorb. II 69, 10, 17 und 11, 2, 35 (7. Jh.) und SB XVIII 13759, Rekto 18 (7. Jh.).

Ἱερᾶς: Mangels weiterer Anhaltspunkte läßt sich das hier genannte Hiera (Nesos) keinem der beiden arsinoitischen Dörfer dieses Namens (eines in der Herakleidu, das andere in der Polemonos Meris) zuweisen; vgl. zur Unterscheidung der gleichnamigen Orte Calderini, Daris, *Dizionario III*, 17–18 (dieser Text ist unter die Nennungen mit unsicherer Zuordnung „1. Cit." aufgenommen) mit *Suppl. I*, 154, *II*, 78 und *III*, 54, Wessely, *Topographie*, 77–79, B. P. Grenfell, A. S. Hunt, P.Tebt. II S. 380–381 sowie Timm, *Christlich-koptisches Ägypten III*, 1109, der diesen Text mit anderen spätbyzantinischen Urkunden kollektiv dem südlichen Hiera in der ehemaligen Polemonos Meris zuweist.

554. WEIZENQUITTUNG DES KALOS

P.Paris M.N. E 6846 W 590 — 4,8 × 4,2 cm — 7.–8. Jh. (arab. Zeit)
Arsinoites — Tafel LI

Ed. ant.: Wessely, *Pariser Papyri*, 210, Nr. LXV 7.
Ed. pr.: SPP III 554 (6.–7. Jh., Fayum).
Lit.: Diethart, *Pros. Ars.*, Nr. 2833 mit Anm. 378 (BL VIII 442) — P. J. Sijpesteijn, *Short Remarks on Some Papyri IV*, Aegyptus 68 (1988) 89.
Revision am Original.

Hellbrauner Papyrus, stark verschmutzt. Von dem ursprünglichen Blatt ist etwas mehr als die rechte Hälfte erhalten, der verlorene Teil beträgt ca. 8 Buchstaben. Der obere, rechte und untere Rand ist intakt erhalten. Wessely vermerkt horizontale Faltungen in Abständen von 1,2, 1,3 1,1 und 0,9 cm, die heute nicht mehr erkennbar sind. Eng und platzfüllend beschrieben, schwarze Tinte. Schrift quer zur Faserrichtung. Die Quittung wurde mittels mehrerer gekreuzter Striche als entwertet gekennzeichnet. Verso leer.

↓ [† ±7] σ̣ίτου δωδεκ(άτης) ἰνδ(ικτίωνος)
[±8]δης Σαμβᾶς̣
[±3 ἀρ(τάβης) δωδ]ε̣κ(ατον), σί(του) (ἀρτάβης) ιβ′ καγκέλλ(ω̣)
[μό(νον). † Καλὸς] σ̣εσημ(είωμαι), δ(ι') ἐμοῦ ῎Απα ῟Ολ
[*vac.?*] ἀδελφ(οῦ) *Paraphe.*

1. *init.*] σίτ^ου *ed. pr.* 2. Σαμβα⁻ *ed. pr.* 3. δωδε]κ̣/() σί(του) ⏆ *imit. script.* καγκέλλ[ω̣ *ed. pr.*
4. μό(νον) *om. ed. pr.* σ̣ε̣σ̣η̣μ̣() *ed. pr.* απ†αολ *pap.* 5.]ἀδελφ͵() *imit. script.* *ed. pr.* 6. *imit. script.* *ed. pr.*

„† … an Weizen für das zwölfte Indiktionsjahr, … von Sambas …, ein zwölftel einer Artabe, an Weizen 1/12 Artaben im Kankellon-Maß, sonst nichts. † Ich, Kalos, habe unterschrieben, durch mich, Apa Hol, Amtskollege *Paraphe.*"

Der Text gehört zur Gruppe der Kalos-Quittungen, s. oben **C. 5.** Geschrieben und gezeichnet wurde die Quittung wie bereits oben **501** nicht von Kalos selbst, sondern von seinem Kollegen Apa Hol.

Für die Ergänzung der Zeilenanfänge in Z. 2 und 3 kommen zwei Varianten in Frage: 1. Handelt es sich bei dem Wort auf -δης um den Namen des Steuerzahlers, etwa Ἡρακλείδης oder Λεωνίδης, dann ist Σαμβᾶς Vatersname (*l.* Σαμβᾶ). Diesfalls nennt die Quittung keinen Ortsnamen und auch in Z. 3 dürfte vor ἀρ(τάβης) kein Text verloren sein. 2. Ist Σαμβᾶς Nominativ, Sambas also selbst Steuerzahler, stand wohl am Beginn der Z. 3 ein kurzer Vatersname und das Wort auf -δης müßte ein arsinoitischer Dorfname sein. Allerdings ist ein solcher nicht leicht zu finden, vgl. einzig Πιαροκλείδη (Gen.) in SB XX 14403, 23 (512, 527 oder 542; vgl. *HGV*), Πιαροκλήδη (Gen.) in P.Eirene II 5, 5 (6.–7. Jh.) und SPP X 36, 5 (7. Jh.) sowie Πιαηρωκλίδη̣ (Gen.) in SB XIV 12194, 15 (619–629 oder nach 641). Lautet der Dorfname im Nominativ Piarokleides (vgl. auch K. A. Worp, *P.Lond. Inv. 113 (17)c und (17)d: eine Neu-Edition*, CdÉ 66 [1991] 265, Komm. zu Z. 23: „= 'Feld von Herakleides'?"), könnte er gut die Lücke am Zeilenbeginn füllen.

4. Zu μό(νον) am Anfang der Zeile vgl. auch **501**, 4.

Καλός: Diethart, *Pros. Ars.*, Nr. 2833. Zu der dort in Anm. 378 vorgeschlagenen Identität mit Nr. 2826 und 2831 s. oben **C. 5.** Anm. 91.

4–5. ῎Απα ῟Ολ | [*vac.?*] ἀδελφ(οῦ): Derselbe Apa Hol unterzeichnet in **501** für Kalos. Entsprechend dieser Parallele ist am Beginn der Zeile 5 kein Text zu erwarten. Zur Frage, ob Apa Hol buchstäblich Bruder des Kalos war (so Sijpesteijn, *loc. cit.*) oder vielmehr sein Amtskollege s. oben **501**, Komm. zu Z. 4–5. Wessely zeichnet die Paraphe so nach, als wäre sie über zwei Zeilen verteilt und markiert sogar eine Zeile 6. Tatsächlich ist die gesamte Paraphe auf gleicher Höhe geschrieben.

555. → **450.** QUITTUNG FÜR GERSTE AUS DEM GEORGIOS-DOSSIER

556. Weizenquittung aus Karanis

P.Giza Inv.-Nr. 10242 | 4,3 × 4,7 cm (*ed. pr.*) | Anfang 5. Jh.
Karanis (Arsinoites) | Tafel LI

Descr.: P.Fay. 143 (6. Jh., Kôm Uschîm) [Leseprobe Z. 2–3]
Ed. pr.: Z. 2–3: SPP III 556 (6. Jh., Kôm Uschîm [Fayum])
Ed. post.: P. J. Sijpesteijn, *ναυλεπλοῖον: A Ghost Word?*, ZPE 64 (1986) 117–118 = SB XVIII 13975 (1. Hälfte 4. Jh., Karanis; BL VIII 123).
Korr.: H. C. Youtie, O. M. Pearl, P.Mich. VI 399–411 Einl., S. 101 (BL III 54 [ad P.Fay. 143]) — Johnson, West, *Byzantine Egypt*, 160 Anm. 31 (BL III 234) — J. Gascou, P. Sorb. II 69, S. 29 Anm. 81 (BL X 224).
Abb.: ZPE 64 (1986) Taf. VIII a.
Revision am Photo.

Papyrus. Das Blatt ist mit intaktem oberen, linken und unteren Rand erhalten. Rechts unregelmäßige Bruchkante, wobei nur ein schmaler Streifen verloren ist. Beschrieben mit schwarzer Tinte. Schrift quer zur Faserrichtung. Das Blatt wurde durch mehrere gekreuzte Striche als entwertet gekennzeichnet.

Als P.Fay. 143 publizierten Grenfell und Hunt lediglich eine *descriptio* des Textes mit folgendem Textausschnitt der Z. 2–3: Ἀβρααμ[...|λη συνεικ() ναυλ(). In SPP III kopierte Wessely Inhaltsangabe und Transkription unverändert. Der vollständige Text wurde erst von P. J. Sijpesteijn in seiner ZPE-Miszelle über ναυλεπλοῖον zusammen mit einem Foto des Papyrus veröffentlicht.

↓ Μεσορὴ ιθ σίτου δεκάṭ[ης ἰν-]
δικ(τίωνος) Κερανίδος Ἀβρααμ[± 4]
λη σὺν εἰκ(οστῇ), ναύλ(ῳ) πλοί(ου) ἀρ(τάβην) μ[ίαν]
ἥμισυ τρίτον δοδέκατοṿ,
vac. (ἀρτάβην) α ∠ γʹ ιβʹ μόν(ην).
vac. δι(ὰ) Σαμβᾶ ὑποδέκ(του).

1. δεκάṭ(ης) [ἰν-] *Sijpesteijn* 2. *l.* Καρανίδος Ἀβραὰμ [. . .] *Sijpesteijn* 3. συνεικ() ναυλ() *P.Fay. et SPP* σὺν εἰ(κοσταῖς) κ(αὶ) ναύλ(οις) *Johnson, West* σὺν εἰκ(οστῇ) (καὶ) ναύλ(οις) πλοί(ων) *Sijpesteijn* 4. *l.* δωδέκατον 5. (ἀρτάβη) α ∠ γ ῑō μόν(η) *Sijpesteijn*

„Am 19. Mesore, an Weizen für das zehnte Indiktionsjahr, für Karanis, von Abraam…, …, einschließlich des Zwanzigstels (und) der Verschiffungsgebühr eineinhalb, ein drittel und ein zwölftel Artaben,
1 $^{1}/_{2}$ $^{1}/_{3}$ $^{1}/_{12}$ Artaben, sonst nichts.
Durch Sambas, Hypodektes.“

Die vom Hypodekten Sambas ausgestellte Quittung über den Erhalt von 1 $^{11}/_{12}$ Artaben Steuergetreide ist von besonderem Interesse in Hinblick auf ihre Herkunft aus Karanis. Sie läßt sich damit in eine größere Textgruppe von Weizenquittungen aus Karanis einordnen, zu der neben der Dossiers P.Mich. VI 399–417 (1. Hälfte 4. Jh.), SB VI 9436 a–u (4.–5. Jh.) und SB XXII 15839–15841 (1. Hälfte 4. Jh.) auch O.Mich. I 170–172 (frühes 5. Jh.),

P.Merton II 94 (5. Jh.) und P.NYU I 10 (5. Jh.) und 11 (1. Hälfte 4. Jh.) gehören. Zu diesen Texten und ihren Besonderheiten im Formular s. oben **B. 6.**, sowie **479a–c** Einl.

Wie von allen Quittungen aus Karanis wurde auch hier die Datierung des Textes mehrfach diskutiert: Grenfell und Hunt datierten den Text in das 6. Jh., dem folgte auch Wessely. Von H. C. Youtie, O. M. Pearl, P.Mich. VI 399ff. Einl. (S. 101) wurde analog zu jenen Texten auch für diesen Papyrus eine Datierung in das 4. Jh. vorgeschlagen. Diese frühe zeitliche Einordnung stützte sich auf zwei Argumente: 1. Die Entwertung der Urkunde durch gekreuzte Linien. Diese ist aber auch bei sehr späten Quittungen noch zu finden; vgl. etwa die Georgios-Texte **453**, **474**, **480** aus dem 7.–8. Jh.; 2. Die Aufgabe des Dorfes im 5. Jh. n. Chr. und der damit zusammenhängende Abbruch der papyrologischen Dokumentation Ende 4./Anfang 5. Jh. (s. unten Komm. zu Z. 2). Dies verwehrt zwar eine Datierung in das 6. Jh., keineswegs ausgeschlossen ist hingegen die von Sijpesteijn, *loc. cit.*, vorgeschlagene Zuweisung des Textes an den Anfang des 5. Jh., die auch von Gascou, P.Sorb. II 69, S. 29 mit Anm. 81 gestützt wird. Diese Datierung ist paläographisch sowie in Hinblick auf das Formular der Quittung plausibel; vgl. auch die Quittungen **479a–c** aus der gleichen Zeit.

1. Μεσορὴ ιθ = 12. August.

δεκάτ̣[ης ἰν-]: statt δεκάτ̣(ης) bei Sijpesteijn; Kürzungszeichen ist keines zu erkennen, hingegen dürfte im verlorenen Teil gemessen an Z. 3 ausreichend Platz für 4 Buchstaben sein.

2. Κερανίδος: Der Ort Karanis, heute Kom Ushim, ist aufgrund des archäologischen Befundes und der großen Fülle an papyrologischen Zeugnissen ausnehmend gut dokumentiert; vgl. Calderini, Daris, *Dizionario III, 70–79* mit *Suppl. I*, 165–167, *II*, 88 und *III*, 58 (dort zahlreiche weitere Literatur). Von Interesse ist die Herkunft der Quittung aus Karanis auch in Hinblick auf die immer wieder diskutierte Verödung von Karanis im 5. Jh. Tatsächlich stammt der letzte sicher zu datierende Karanis-Papyrus, P.Haun. III 58, aus dem Jahr 439 (s. auch den vielleicht spätesten Text mit Erwähnung von Karanis bei J. R. Rea, *P.Col. VIII 242: Caranis in the Fifth Century*, Proc. 20th Int. Congr. Pap., Copenhagen 1994, 266–272). Zu den für eine länger andauernde Besiedlung vorgebrachten Argumenten von archäologischer Seite s. N. Pollard, *The Chronology and Economic Condition of Late Roman Karanis: An Archaeological Reassessment*, JARCE 35 (1998) 147–162. Bei Richtigkeit der Datierung des Textes an den Anfang des 5. Jh. (s. dazu oben Einl.) gehört diese Quittung zusammen mit anderen Weizenquittungen (O.Mich. I 170–172, P.Merton II 94 und P.NYU I 10) zu den spätesten Zeugnissen für die Besiedlung von Karanis.

2–3. Ἀβρααμ[± 4]ιλη: In der Lücke ist das Endes des Namens des Steuerzahlers, eventuell Ἀβρααμ[ίου, sowie der Beginn seines Vatersnamens, der auf -λη endet, zu ergänzen. Der verlorene Streifen dürfte allerdings nur wenigen Buchstaben Platz bieten, so daß eventuell mit einer Abkürzung Ἀβρααμ(ίου) oder der Kurzform des Namens Ἀβραάμ (so Sijpesteijn) zu rechnen ist. Als Vatersname kommen verschiedene Namen auf -λης mit kurzem Genitiv -λη (etwa der in Ostraka aus Karanis häufig auftretende Name Ἀμουλῆς) oder indeklinable Namen auf -λη in Frage.

3. σὺν εἰκ(οστῇ), ναύλ(ῳ) πλοί(ου): Zur 5%-Abgabe und zur Verschiffungsgebühr s. oben **B. 6.** Für die von Sijpesteijn gelesene Konjunktion καί ist der Duktus unpassend. Auf κ folgt eine geschwungene Linie, die von einem Schrägstrich durchkreuzt wird, eine typische Abkürzungsform nach diesem Buchstaben. Sijpesteijn vermutet daher, daß die Kürzung vom Schreiber versehentlich durch καί gemacht wurde, anstatt durch κ. Dies würde aber auch bedeuten, daß der Schreiber erst καί schrieb, und dann einen Kürzungsstrich für das vorangehende εικ() einfügen wollte. Johnson und West lesen aus diesem Grund εἰ(κοστῇ) und fassen das folgende κ mit Kürzung als κ(αί) auf. Dies erscheint aber insoweit unangemessen, als nach ι keinerlei Kürzungszeichen gesetzt wurde. Auf dem Papyrus ist εικ() und direkt anschließend ναυλ() πλοι() zu lesen. Zu solchen mehrfach vorkommenden Asyndeta in Aufzählungen s. Mayser, *Grammatik II.3*, 174–183, bes. 176.

6. Σαμβᾶ ὑποδέκ(του): Ein Hypodektes namens Sambas wird auch in P.Amh. II 152 erwähnt, einem arsinoitischen Brief, der allerdings ins 5. oder frühe 6. Jh. datiert wird, weshalb eine Identität der beiden Personen kaum wahrscheinlich ist.

557. QUITTUNG FÜR GERSTE AUS DEM GEORGIOS-DOSSIER

P.Vindob. G 11434 — 6,5 × 7,6 cm — 7.–8. Jh. (arab. Zeit)
Arsinoites — Tafel LII

Ed. pr.: SPP III 557 (7. Jh., Fayum).
Revision am Original.

Mittelbrauner Papyrus. Oberer, rechter und unterer Rand erhalten. Links ist ein schmaler Streifen von etwa 1–2 cm abgebrochen, wobei ein kleiner Ausriß in der horizontalen Mitte des Blattes stehen blieb. Beschrieben mit schwarzer Tinte. Schrift quer zur Faserrichtung. Die Tinte der ersten Hand ist sehr blaß. Unbeschriebener Rand unten 1,6 cm. Das Verso ist leer. Das Blatt war mit zwei weiteren, inhaltlich nicht zugehörigen und bis dato unpublizierten Fragmenten (G 42999 und G 43005) verklebt.

↓ 1 [† Πα]χὼν δ κρ(ι)θ(ῆς) τρίτης ἰνδ(ικτίωνος)
2 [̣ ̣ ̣] ̣ Ἀννᾶς Παπᾶ
3 [καγκ(έ)]λ̣(λῳ) ἀ̣ρ̣(τάβην) μίαν ἥμισυ, (ἀρτάβην) α ∠ μό(νην).
4 †̣ [Γ]ε̣ώ̣ργιος, δ̣(ι') ἐ̣μ̣ο̣ῦ̣ Φ̣ῖ̣β̣ †̣.
5 (2. H.) [† Θεό]δωρος, δ(ι') ἐμοῦ Γεωργ̣ί(ου) *Paraphe.*

1. [ ]κρ(ιθῆς) *ed. pr.* ἰδ(νδικτιῶνος) *ed. pr.* 2. Ἰω]άννης Παπν[*ed. pr.* 3. ἀρτάβην] μίαν *ed. pr.* μ//(όνην) δ/(ι') *ed. pr.* 4. ἐμοῦ Γε]ωργίου //////[*ed. pr.* γεω†ργιος, φι†β *pap.* 5.]δωρος *ed. pr.*]δω†ρος *pap.* Γεωρ[γ]ί/(ου) ε[*ed. pr.* γεω†ργι/ *pap.*

„† Am 4. Pachon, an Gerste für das dritte Indiktionsjahr, ... Annas, Sohn des Papas, im Kankellon-Maß eineinhalb Artaben, 1 ½ Artaben, sonst nichts. † Georgios, durch mich, Phib †. (2. H.) † Theodoros, durch mich, Georgios *Paraphe*.“

Mit den Neulesungen gegenüber der Transkription Wesselys konnte das Datum der zum Georgios-Dossier (s. oben **C. 3.**) gehörenden Quittung konkretisiert, der Name des Zahlenden korrigiert und die Unterschriften vervollständigt werden. Somit kann die Quittung der Gruppe der von Phib geschriebenen Texte zugeordnet werden (Kollegium 3c).

1. Πα]χὼν δ = 29. April.

2. Ἀννᾶς Παπᾶ: statt Ἰω]άννης Παπν[der *ed. pr.*; die Namensendung -ης ist paläographisch nicht möglich. Vielleicht ist auch Ἰ]ωαννᾶς zu lesen, womit jedoch der Platz am Zeilenanfang nur ungenügend gefüllt wäre. Eher ist dort ein Dorfname zu vermuten. Das Zeilenende ist vollständig erhalten, α als letzter Buchstabe besser zu lesen als ν mit Kürzung.

5. Im Anschluß an die Unterschrift des Georgios ist eine eigenartige Form der Paraphe zu sehen. Möglicherweise verbirgt sich auch hier der Zusatz γρα(μματέως) (vgl. **450**, **490**, **491** und **492**), eine Zuordnung einzelner Buchstaben ist allerdings kaum möglich.

558. ZAHLUNGSAUFTRAG ÜBER GERSTE

P.Vindob. G 11435 5 × 12,5 cm 7. Jh.
Arsinoites / Herakleopolites Tafel LII

Ed. pr.: SPP III 558 (5.–6. Jh., angeblich Fayum).
Revision am Original.

Mittelbrauner Papyrus von feiner, glänzender Struktur. Das Blatt ist vollständig erhalten, die Ränder sind rundum intakt. Zahlreiche kleinere Fehlstellen aufgrund von Anobienbefall, besonders auf Höhe der ersten Zeile. Wessely gibt zwei nicht mehr erkennbare horizontale Faltungen im Abstand von 1,6 und 3,4 cm vom oberen Rand an. Beschrieben mit schwarzer Tinte. Schrift quer zur Faserrichtung. Unbeschriebener Freiraum oben und links 1 cm, unten 1,3 cm. Das Verso ist leer.

↓ Τῷ ἀδελφ(ῷ) κ̣υ̣ρ̣[. . .] . . . . . . Φοιβάμμονι
κριθῶν ἀρτάβας τέσσαρα, γί(νεται) κρ(ιθῶν) (ἀρτάβαι) δ
μη(νὶ) Χιὰκ κβ, η ἰνδ(ικτίωνος).

1. τῷ ἀδελφ/(ῷ) ̣[7 litt.] Φοιβ[α]μμοντι *ed. pr.* Φοιβάμμονι: ν *ex* σ? *l.* Φοιβάμμωνι 2. τέσσαρα(ς) *ed. pr.* *l.* τέσσαρας κρ$^{\dot{θ}}$ *ed. pr.* δ̄ *pap.* 3. μ/(όνας) † Ἰακωβ *ed. pr.* *l.* Χοιάκ

„Dem Bruder ... dem Phoibammon, an Gerste vier Artaben, das macht an Gerste 4 Artaben. Im Monat Choiak am 22. des 8. Indiktionsjahres.“

Der Papyrus überliefert den Anweisung eines nicht bekannten Absenders an seinen Kollegen (eventuell auch Mönchsbruder) dem Phoibammon vier Artaben Gerste auszuzahlen. In dem beschädigten Teil der ersten Zeile erwartet man daher zuerst den Namen des Adressaten, danach den Namen des Absenders und eine Imperativform wie παράσχου oder λόγισαι. Der dafür zur Verfügung stehende Platz ist sehr knapp: Der Adressat mag vielleicht Κύρῳ angesprochen werden (und nicht κυρίῳ NN). Die letzten Buchstaben könnten als λ̣ο̣γ̣ι̣σ̣(αι) zu lesen sein (vgl. die beiden Oberlängen). Für den Absender blieben dann nicht mehr als drei Buchstaben übrig. Möglicherweise ist dieser auch gar nicht genannt und der Adressat wird mit Namen und Beruf / Amt bzw. als κύριος NN bezeichnet. In jedem Fall ist die Anweisung sehr knapp formuliert.

Das Ankaufsjahr des Papyrus (1883) läßt auf die fayumische Herkunft des Stückes schließen (vgl. *ed. pr.*: „angeblich Fayum“).

1. Φοιβάμμονι: Wessely liest den sonst nicht belegten Dativ Φοιβάμμοντι. Tatsächlich wurde das ν über einem anderen Buchstaben (vielleicht σ) korrigiert, weshalb der Eindruck eines kleinen τ entsteht.

2. κρ(ιθῶν): Das in der *ed. pr.* angegebene hochgestellte θ gehört einerseits zum Artabenzeichen und andererseits zum Zahlenstrich von δ.

3. Χιὰκ κβ = 18. (19.) Dezember.

559. GETREIDEQUITTUNG DES MARNITAS

P.Vindob. G 11436	6,3 × 8,8 cm	7. Jh.
Tamauis (Arsinoites)		Tafel LIII

Ed. pr.: SPP III 559 (6. Jh., angeblich Fayum).
Revision am Original.

Hellbrauner Papyrus in gutem Erhaltungszustand. Linker, rechter und unterer Rand intakt. Oben ist das Blatt geradlinig, eventuell entlang einer Faltung abgebrochen. Der fehlende Streifen mit der ersten Zeile muß ca. 2 cm breit gewesen sein. Fünf horizontale Faltungen 0,9, 1,6, 3,1, 4,3 und 5,4 cm unterhalb des oberen Randes. Beschrieben mit schwarzer Tinte. Schrift quer zur Faserrichtung. Unbeschriebener Freiraum links 2 cm und unten 3,6 cm. Die noch erhaltene Unterlänge des Kreuzes in der ersten Zeile ist weit nach links ausgerückt. Verso leer.

↓ 1 †̣ [±12] ̣[̣ ̣ ̣] ̣[̣ ̣] ̣
2 Ταμαῦις Μουσαίου
3 Ἀνοῦπ σὺν εἰ(κοστῇ) ἀρ(τάβην) μίαν
4 δίμοι(ρον), ῥ̣(υπαρὴν) (ἀρτάβην) α β′. † Μαρνιτᾶς †.

1. *om. ed. pr.* 2. Ταμαις *ed. pr. (Z. 1)* 3. δ/(ιὰ) Ουπουει αρ/(τάβην) *ed. pr. (Z. 2)* 4. δίμοι/ρ/(-οιρον) ⸗ *ed. pr. (Z. 3)*

„† ... für Tamauis, von Musaios, Sohn des Anup, einschließlich des Zwanzigstels eine und zwei drittel Artaben, 1 ²/₃ Brutto-Artaben. † Marnitas †."

Zum Dossier der von Marnitas ausgestellten Quittungen für Weizen s. oben **C. 8.** Die Unterschrift des Marnitas ist aufrechter und eckiger als in den anderen Quittungen des Dossiers, die Identität des Quittungsausstellers steht aber aufgrund der Seltenheit des Namens und paläographischer Details, etwa des an -ς unten angehängten Kreuzes, außer Zweifel.

2. Ταμαῦις: Zum Dorf Tamauis und zur Neulesung des Dorfnamens s. oben **460**, Komm. zu Z. 2.

3. Ἀνοῦπ: Wessely liest am Beginn der Zeile δ(ιά) statt αν-; vgl. aber dieselbe αν-Verbindung in μίαν am Ende der Zeile.
σὺν εἰ(κοστῇ): Der Ausdruck ist stark verschliffen geschrieben, die *ed. pr.* hat daher Ουπουει; zur Angabe des inbegriffenen 5%-Zuschlags s. oben **B. 6.**

4. ῥ̣(υπαρήν): Nach der Lesung Wesselys, der das ρ mit Kürzungsstrich als Teil des vorangehenden δίμοιρον auffaßt, wäre der Kürzungsstrich bei ι überflüssig und als Verschreibung anzusehen. Will man keinen Fehler des Schreibers annehmen, muß man die Kürzung von δίμοιρον nach ι annehmen und das nachfolgende ρ/ als eigenes Wort, der Abfolge im Formular entsprechend als ῥυπαρήν verstehen. Zum Verständnis von ῥυπαραὶ ἀρτάβαι als Bezeichnung von Brutto-Artaben, in die bereits die Zuschläge eingerechnet wurden, s. oben **B. 8.**

560. GETREIDEQUITTUNG?

P.Vindob. G 11437 5,9 × 7,5 cm 7. Jh.
Arsinoites / Herakleopolites Tafel LIII

Ed. pr.: SPP III 560 (6. Jh., angeblich Fayum).
Revision am Original.

Mittelbrauner Papyrus von kräftiger Struktur. Oberer, rechter und unterer Rand erhalten. Links schräg abgebrochen. Eine größere Fehlstelle an der rechten, unteren Ecke, eine kleinere am rechten Rand. Drei horizontale Faltungen im Abstand von 1,5, 3,1 und 4,5 cm vom oberen Rand sind noch erkennbar. Beschrieben mit schwarzer Tinte. Schrift quer zur Faserrichtung. Unbeschriebener Freiraum oben wie unten 1,2 cm. Das Verso ist leer.

↓ [---] δ̣ευτέρας (καὶ) τρίτης ἰνδ(ικτίωνος)
[---]ε̣ ̣ () Φῖβ διοικ(ητ-) (ὑπὲρ) ἑκάστου
[--- ἀρ(τάβην) μίαν] δωδέ(κατον), (ἀρτάβην) α ιβʹ. τὰ (καὶ) κατα-
[---] ̣ ̣ ̣ ̣ ο̣σ̣πρείων †.

1. δευ]τέρας *ed. pr.* 2.]/ Φιβ διοικ/(ητοῦ) *ed. pr.* ἑκάστ͂ου[*ed. pr.* 3. [μίαν] *ed. pr.* κατα[*ed. pr.*
4.]///)/// ειαν † *ed. pr.* *l.* ὀσπρέων

„... des zweiten und dritten Indiktionsjahres. ... Phib, Dioiketes, für jeden ... eine und ein zwölftel Artaben, 1 $^{1}/_{12}$ Artaben. Das auch ... an Hülsenfrüchten †."

Das Fragment erlaubt kaum Rückschlüsse auf den ursprünglichen Kontext des Schriftstückes. Es scheint eine Quittung für eine Zahlung von 1 $^{1}/_{12}$ Artaben zu sein. Es könnte sich aber auch um einen Auftrag an den Adressaten handeln, diese Menge an den Dioiketen auszuzahlen.

Das Ankaufsjahr des Papyrus (1883) läßt auf die fayumische Herkunft des Stückes schließen (vgl. *ed. pr.*: „angeblich Fayum").

2. Am Zeilenbeginn ist vielleicht]ερ() zu lesen, z.B. für Νεφ]ερ(ᾶς), wonach Φῖβ als Vatersname zu verstehen wäre.

διοικ(ητ-): Der in der *ed. pr.* aufgelöste Genitiv διοικ(ητοῦ) ist nicht sicher, eher bezieht sich die Berufsbezeichnung auf eine im Nominativ (eventuell auch im Dativ) genannte Person.

(ὑπὲρ) ἑκάστου: Die Wendung läßt keinerlei Schluß auf das folgende Nomen zu. Objekt könnten Personen sein, vgl. etwa (ὑπὲρ) ἑκάστου ἀνδρός in P.Lond. IV 1384, 7 und 11 (708–710), desgleichen Waren, so wie (ὑπὲρ) ἑκάστου γαϊδαρίου in P.Amh. II 153, 8 (6.–7. Jh.), oder auch Zeiträume.

3. τὰ (καὶ) κατα-: Die Parallelen zeigen die Wendung ausschließlich mit Partizipien von καταβάλλω und καταχωρέω, von denen ersteres hier plausibler wäre. Eine entsprechende Endung -μενα oder -θεντα ist in Z. 4 sicher nicht zu lesen, der fehlende Teil ist wohl von größerem Ausmaß.

4. Vor ὀ̣σ̣πρείων ist vielleicht]ν̣ι̣α̣ν̣ oder]ν̣ι̣ω̣ν̣ zu lesen. Die genannten ὄσπρια können in später Zeit nicht mehr nur Hülsenfrüchte, sondern alle Arten von Getreide sein; vgl. Schnebel, *Landwirtschaft*, 185 und oben **473**, Komm. zu Z. 3 (ὀσπριγίτου).

561. QUITTUNG FÜR LOHN?

P.Vindob. G 11438 | 7,9 × 13,9 cm | 6. Jh.
Arsinoites / Herakleopolites? | Tafel LIV

Ed. pr.: SPP III 561 (6. Jh., angeblich Fayum).
Revision am Original.

Hellbrauner Papyrus. Der obere und untere Rand ist intakt erhalten. Rechter Rand beschädigt, jedoch ist, anders als die Transkription der *ed. pr.* vermuten läßt, dort kein Text verloren. Links vertikale Bruchkante, eventuell entlang einer ursprünglich mittigen Faltung. Zwei horizontale Faltungen in Abständen von 2,2 und 6,5 cm vom oberen Rand sind anhand der Beschädigungen erkennbar. Beschrieben mit brauner Tinte, die an zahlreichen Stellen bereits stark verblaßt ist. Schrift quer zur Faserrichtung. Unbeschriebener Freiraum oben 1,7 cm und unten etwa 1,5 cm. Verso leer.

↓ 1 [--- προ]νοητοῦ̣ *vac.?* αὐ̣τὸς μίσθειος ἐπληρώθη
2 [--- δεκά]τ̣ης κ(αὶ) ε̣ν̣δεκάτης τῶν δύο ἰνδικ(τιώνων)
3 [--- μι?]σ̣θοῦ τῶν δύο ἰνδικ(τιώνων) ὡς πρόκ(ειται) ἐγρά̣φ̣(η)
4 [---] ἡ ἀποχὴ τῶν δύο ἰν̣δι̣κ̣(τιώνων) ὡς πρόκ(ειται) *Paraphe.*

1. ἀπὸ //////////ωτος μισθείου ἐπληρῶθημ[εν *ed. pr.* αὐτὸς: υ *ex* σ? *l.* μίσθιος 2. δεκάτ]ης *ed. pr.* ἰνδικ[(τίωνων) *ed. pr.* 3. [ ]θο^υ *ed. pr.* ἐγρ[άφη *ed. pr.* 4.]ἀποχή *ed. pr.* πρόκ(ειται) αΓ[*ed. pr.*

„.... des Pronoetes, er selbst Lohnarbeiter, hat erhalten ... des zehnten und elften, der beiden Indiktionsjahre ... des Lohnes (?) der beiden Indiktionsjahre wie obenstehend, geschrieben ... die Quittung für die beiden Indiktionsjahre wie obenstehend *Paraphe*."

Der erhaltene Teil des Textes läßt viele Fragen bezüglich des Inhalts der Quittung offen. Ein Lohnarbeiter hat eine Zahlung für einen Zeitraum von zwei Jahren empfangen. Der Betrag ist wohl im verlorenen linken Teil gestanden. Die Bezeichnung des Empfängers als μίσθιος sowie der Beginn der Z. 3 legen nahe, daß es sich um eine Lohnzahlung handelte. Allerdings ist es kaum glaubhaft, daß ein Lohnarbeiter sein Entgelt für den Zeitraum von zwei Jahren zu einem Zahlungstermin erhält. Es muß sich um eine spezifische Zahlung handeln, etwa eine Restsumme für die vergangenen Jahre. Unklar ist auch, in welcher Beziehung der genannte Pronoetes zu dem Lohnarbeiter steht. Sollte hier der Beruf des Vaters genannt sein? Oder ist der Zahlende gemeint? Jedenfalls handelt es sich nicht um eine der herkömmlichen subjektiv stilisierten Quittungen, in der der Gläubiger den Erhalt der Leistung bestätigt (zu diesen s. S. Tost, SPP III² 1–118, S. XXXVIIff. und LIXff.), denn der vorliegende Text folgt einem unüblichen, objektiv stilisierten Formular.

Der Ankauf des Papyrus im Rahmen des sog. 1. Fayumer Fundes (laut Wesselys handschriftlichem Inventar) läßt auf die arsinoitische bzw. herakleopolitanische Herkunft des Textes schließen.

562. EMBOLEQUITTUNG

P.Vindob. G 11439 | 9,7 × 6,7 cm | 7.–8. Jh. (arab. Zeit)
Belu (Arsinoites) | Tafel LIV

Ed. pr.: SPP III 562 (8. Jh., Fayum).
Revision am Original.

Mittelbrauner Papyrus von unregelmäßiger und aufgerauhter Struktur. Der obere, linke und untere Rand des Blattes ist erhalten. Rechts ist der Papyrus unregelmäßig abgebrochen. Die von Wessely angegebenen Spuren horizontaler Faltungen sind nicht mehr erkennbar. Die dreizeilige Quittung wurde mit schwarzer Tinte auf der Verso-Seite des Blattes quer zur Faserrichtung geschrieben, so daß unten ein unbeschriebener Freiraum von 6,5 cm blieb. Auf diesem Teil des Papyrus sind (zur Quittung um 90° gedreht) Reste einer früheren, parallel zu den Fasern geschriebenen und später abgewaschenen Beschriftung erkennbar. Auch auf der Rekto-Seite des Papyrus sind abgeriebene Reste von Beschriftung erhalten, die möglicherweise zu zwei verschiedenen Schriftstücken gehören. Am rechten Rand ist der Beginn einer Kolumne mit mehreren Zeilen zu sehen, die jeweils mit (ὑπέρ) beginnen; so in Z. 2 (ὑπὲρ) Μη(νᾶ) ̣, in Z. 3 (ὑπὲρ) Φῖβ̣. In der unteren Hälfte erstreckt sich eine Zeile quer über den Papyrus, von der allerdings nur mehr der Zeilenanfang Μηνᾶ Ἀφ̣οῦ lesbar erhalten ist.

↓ [±2] ιθ σίτου ἐμβολ(ῆς) ὀγδόης ἰ(ν)δ(ικτίωνος) χω(ρίου) Βήλ[ου]
Κοσμᾶ ταρσικαρίου δ(ιὰ) Μη(νᾶ) Ποῦ(σι) ἰατρ̣[οῦ *vac.?*]
τὸ γʹ μέρο(ς) ἀ̣ρ̣τ̣(άβης) γʹ, τρίτο(ν) μό(νης). [- - -]

1. Βήλ(ου) [... *ed. pr.* 2. Που() ἰατρ[οῦ ... ἀπὸ ἀρταβῶν ...] *ed. pr.* 3. μέρος (·) ἐγρ(άφη) μʹ() τρίτ(η̣) ἰ(νδικτ.) [... *ed. pr.*

„... am 12., vom Weizen der Embole für das achte Indiktionsjahr, für das Dorf Belu, von Kosmas, Weber tarsischer Stoffe, durch Menas, Sohn des Pusi, Arzt, der dritte Teil, 1/3 Artabe, ein drittel, sonst nichts ...“

Die Weizenquittung aus arabischer Zeit bestätigt — wie bereits oben **547** — eine Embolezahlung für das Dorf Belu (hier für das 8., dort für das 9. Indiktionsjahr). Der Name des Ausstellers dieser Quittung ist nicht erhalten. Er stand wohl am Ende von Zeile 3 oder in einer gänzlich verlorenen vierten Zeile. Bemerkenswert ist am Text, daß die erfolgte Zahlung ausdrücklich als Teilzahlung gekennzeichnet wurde, wie es bei Quittungen für Naturalsteuern sonst nicht üblich ist. Die durch die Neulesung gewonnene Summe von 1/3 Artaben erlaubt allerdings nicht, auf eine Jahresleistung von 1 Artabe zu schließen, da die drei Ratenzahlungen nicht zwingend die gleiche Höhe hatten.

1. Der Monatsname am Zeilenbeginn war vermutlich stark abgekürzt (wie z.B. Χ(οιά)κ oder Π(α)χ(ών)). Nicht auszuschließen ist auch, daß ι noch zum Monatsnamen gehört, etwa [Τῦβ]ι θ.

Zu Βήλου s. oben **456**, Komm. zu Z. 2. Der Dorfname ist entgegen der *ed. pr.* nicht abgekürzt geschrieben, die letzten beiden Buchstaben standen im fehlenden Teil des Blattes. Danach ist vermutlich kein weiterer Text verloren.

2. ταρσικαρίου: Zu den in byzantinischer und arabischer Zeit vielfach bezeugten Webern tarsischer Stoffe s. die Arbeit von J. P. Wild, *The Tarsikarios, a Roman Linen-Weaver in Egypt*, in: J. Bibauw (Hg.), Hommages à M. Renard II, Bruxelles 1969, 810–819 sowie Wipszycka, *Industrie textile*, 110–112 mit einer Belegliste in Anm. 16 (Ergänzungen bei Wild, *op. cit.*, Anm. 1 und CPR X 63 Einl.).

ἰατρ̣[οῦ: Zu Ärzten in den Papyri s. zuletzt A. Papathomas, CPR XXV 1, Komm. zu Z. 1 (mit zahlreicher Literatur). Das von Wessely in Klammern ergänzte ἀπὸ ἀρταβῶν ist durch die Neulesung der Summe in Z. 3 überflüssig. Vermutlich ist in dem schmalen fehlenden Teil (vgl. Zeile 1) kein Text mehr gestanden.

563. QUITTUNG FÜR GETREIDE AUS DEM GEORGIOS-DOSSIER

P.Vindob. G 11440 Arsinoites	3,3 × 8,8 cm	7.–8. Jh. (arab. Zeit) Tafel LV

Ed. pr.: SPP III 563 (7. Jh., Fayum).
Revision am Original.

Mittelbrauner Papyrus. Erhalten ist nur die untere Partie des Blattes bei einem Textverlust von zwei, maximal drei Zeilen, die Bruchkante verläuft vermutlich entlang einer horizontalen Faltung. Beschädigungen am unteren Rand und der rechten, unteren Ecke. Beschrieben mit schwarzer Tinte. Schrift quer zur Faserrichtung. Unten ca. 1 cm unbeschriebener Freiraum. An mehreren Stellen ist die Tinte stark abgerieben. Zur Entwertung wurde die Quittung mit diagonalen, einander kreuzenden Linien durchstrichen. Verso leer.

— — — — — — — — — — — — — — —

↓ 1 καγκέ̣λ̣λ̣(ω̣) ἀ̣ρ(τάβας) δ̣ύ̣ο̣ τ̣ρ̣ί̣τ[ον] δ̣[ωδέκατ(ον),]
2 (ἀρτάβας) β γ′ ιβ′. † Γεώργιος, δ̣(ι') ἐμο̣ῦ̣ Φῖβ †.
3 (2. H.) † Κ̣α̣λ̣ομ̣η̣ν̣ᾶ̣ς † *Paraphe.* (3. H.) † Ἠλίας † *Paraphe.*

1. καγκ[έλλῳ] *ed. pr.* 2. ⏆ β γ′ ιβ[″] Γεωργί(ου) ἀπὸ χω(ρίου) Εμ[β]όλου *ed. pr.* γεω†ργιος *pap.*
3. † Κ̣[α]λ̣ομ̣η̄(νας) *imit. script.* † Ἡλι^α^Ψαει *ed. pr.* καλο†μηνας *pap.* η†λιας *pap.*

„… im Kankellon-Maß zwei, ein drittel und ein zwölftel Artaben, 2 1/3 1/12 Artaben. † Georgios, durch mich, Phib †. (2. H.) † Kalomenas † *Paraphe.* (3. H.) † Elias † *Paraphe.*“

Durch die Textkorrekturen gegenüber der *ed. pr.* konnte die zum Georgios-Dossier (s. oben **C. 3.**) gehörende Quittung der Gruppe der von Phib geschriebenen und vom Kollegium 3a unterschriebenen Texte zugeordnet werden.

3. Ἠλίας: Die Unterschrift des Elias unterscheidet sich im Duktus von seiner sonstigen Signatur (etwa λ ohne Unterlänge). Die Paraphe erweckt hier den Anschein von Buchstaben; man könnte etwa σε ϛ für σε(σημείωμαι) lesen. Da die Paraphe des Elias in anderen Texten zwar im Duktus dieser gleicht, dort aber keineswegs σε zu lesen ist (vgl. etwa **494**), wurde diese Überlegung nicht in die Transkription aufgenommen.

564. FRAGMENT MIT UNTERSCHRIFT

P.Vindob. G 11441 2,7 × 7,6 cm 7. Jh.
Arsinoites / Herakleopolites Tafel LV

Ed. pr.: SPP III 564 (6.–7. Jh., angeblich Fayum).
Revision am Original.

Mittelbrauner Papyrus. Nur die rechte, untere Ecke des Blattes ist erhalten. Die obere Bruchkante verläuft vermutlich entlang einer horizontalen Faltung, eine weitere Faltung ist 1,5 cm oberhalb des unteren Randes erkennbar. Beschrieben mit schwarzer Tinte. Schrift parallel zur Faserrichtung. Verso leer.

— — — — — — — — — — — — — —

→ 1 [- - -] ̣ων κριθῶν [- - -]
2 [- - -] ιε, ιε ἰν(δικτίωνος). † *Paraphe?* † δ(ι') ἐμοῦ Μηνᾶ
3 προν(οητοῦ) †.

1.]ων *ed. pr.* 2.]ε ιε ἰνϛ() † *imit. script. ed. pr.*

„ … an Gerste … am 15. des 15. Indiktionsjahres. † *Paraphe?* † Durch mich, Menas, Pronoetes †.“

Das Fragment gehört vielleicht zu einem Zahlungsauftrag über Gerste (s. etwa das Formular oben **558**). Zur Signatur eines Pronoetes Menas vgl. etwa die namensgleichen Pronoeten oben **529**, 2–3 und in P.Prag. I 72, 1 (Arsinoites, 7. Jh.), einem Zahlungsauftrag über Gerste an einen Pronoetes Menas; weitere Indizien für eine Identifizierung gibt es allerdings keine.

Das Ankaufsjahr des Papyrus (1883) läßt auf die fayumische Herkunft des Stückes schließen.

565. WEIZENQUITTUNG AUS DEM GEORGIOS-DOSSIER

P.Vindob. G 11442 | 6,8 × 7,8 cm | 7.–8. Jh. (arab. Zeit)
Arsinoites | Tafel LV

Ed. pr.: SPP III 565 (6. Jh., angeblich Fayum).
Revision am Original.

Mittelbraunes Papyrusfragment. Der rechte und untere Rand ist teilweise erhalten, oben und links ist das Blatt abgebrochen. Wie groß der fehlende Teil oben und an der linken Seite war, läßt sich nicht bestimmen. Zahlreiche größere und kleinere Fehlstellen. Eine horizontale Kollesis oben auf unten verläuft etwa 1 cm oberhalb des unteren Randes. Die in der *ed. pr.* angegebenen horizontalen Faltungen in Abständen von 0,7, 1,2, 1,2, 1,2, 1,2 und 0,8 cm sind nicht mehr erkennbar. Beschrieben mit schwarzer Tinte. Schrift quer zur Faserrichtung. Unbeschriebener Freiraum unten 2,5 cm. Verso leer.

— — — — — — — — — — — — — — — —

↓ 1 [- - -] ̣ () πεντε(και)δεκάτη̣[ς ἰνδ(ικτίωνος)]
2 [- - - ἀρτ(άβας)] ἑκατὸν εἴκοσι, γί(νεται) σί(του) ἀρτ(άβαι) ρκ̣ μό(ναι).
3 [- - -] ̣ ̣ Φαρμ(οῦ)θ(ι) α τῆ(ς) α̣ὐ̣τ(ῆς) ιε ἰ(ν)δ(ικτίωνος). † δ(ι') ἐμοῦ
Γεωργίου.
4 † *Paraphe* ἀρτ(άβαι) ρκ μό(ναι) †.

1. ἰ]ν$_{\varsigma}$() πεντε$_{\varsigma}$δεκ[άτης *ed. pr.* 2. ἀρτ(άβας) *om. ed. pr.* ἑ]κατόν *ed. pr.* $\mu^{ó}{}_{//}{}^{(\nu\alpha\varsigma)}$ *ed. pr.* 3. ἐγρ$_{/}$()] μ̄ *ed. pr.* γεω†ργιο^{υ} *pap.* 4. *imit. script. ed. pr.*

„ … des fünfzehnten Indiktionsjahres … hundertzwanzig Artaben, das macht an Weizen 120 Artaben, sonst nichts. … am 1. Pharmuthi desselben 15. Indiktionsjahres. † Durch mich, Georgios.

† *Paraphe* Artaben 120, sonst nichts †."

Die zum Georgios-Dossier (s. oben **C. 3.**) gehörende und von ihm allein ausgestellte Quittung folgt deutlich einem anderen Formular als die gewöhnlichen Weizenquittungen. Der in den erhaltenen Zeilen nirgends genannte Steuerzahler wurde wohl bereits am Beginn der Quittung angeführt. Einem solchen Muster mit anfänglicher Nennung des Steuerzahlers, dann des Datums und der bezahlten Summe und schließlich der Wiederholung des Ausstellungsdatums folgen mehrere Embolequittungen, vgl. etwa SPP VIII 775 und 952 (ebenfalls aus dem Dossier). Auffällig ist auch die hohe Anzahl an bezahlten Artaben. Der Papyrus stammt aus dem Ankauf 1883 (sog. 1. Fayumer Fund), wodurch seine Herkunft aus dem Fayum gesichert ist. Die anderen von Georgios unterzeichneten Quittungen sprechen dafür, daß auch dieser Text aus dem Arsinoites stammt.

1. Vor der Nennung des Indikationsjahres vermutet man die Angabe des Zahlungsgrundes, etwa σίτου, κριθῆς, hier am ehesten ἐμβολῆς. Eine der Konkretisierung einer

dieser Möglichkeiten dienende klare Lesung des Zeichens vor dem Kürzungsstrich läßt sich nicht anbieten.

2. Der fehlende Teil des Blattes ist nicht zu bestimmen. Möglicherweise beginnt die Zeile mit ἀρτάβας, vielleicht ist davor noch Text, eventuell καγκέλλῳ oder ähnliches zu ergänzen.

3. Wessely vermutet am Zeilenanfang ἐγρ(άφη)] μ(ηνί). Seine Lesung kann jedoch anhand der geringen Tintenspuren nicht verifiziert werden; μ als letzter Buchstabe vor Φαρμ(οῦ)θ(ι) ist nicht auszuschließen, allerdings gibt es darüber keine Kürzung. Lesbar wäre auch ρ für ἐγρ(άφη), wobei man in dem Fall Spuren von ε am Zeilenbeginn vermißt.
Φαρμοῦθι α = 27. März.

566. ZAHLUNGSANWEISUNG

P.Vindob. G 11443 — 7 × 4,2 cm — 7. Jh.
Arsinoites / Herakleopolites — Tafel LVI

Ed. pr.: SPP III 566 (5.–6. Jh., angeblich Fayum).
Revision am Original.

Mittelbrauner Papyrus. Der rechte und untere Rand ist zumindest teilweise erhalten. Links ist das Blatt entlang einer Faltung abgebrochen. Oben unregelmäßige Bruchkante, entgegen der Transkription Wesselys dürfte dem Text nach darüber keine Zeile verloren sein. Zwei vertikale Faltungen 1,3 und 2,7 cm vom rechten Rand sind erhalten. Aus der gesicherten Ergänzung der Z. 7 läßt sich die Breite des verlorenen Textteiles rekonstruieren. Es fehlen etwa 7 Buchstaben, dies kommt zwei weiteren vertikalen Faltungsstreifen von insgesamt 2,7 cm Breite gleich. Eventuell ist ein weiterer unbeschriebener Streifen hinzuzudenken, so daß vielleicht die Hälfte des Blattes erhalten ist. Beschrieben mit schwarzer Tinte. Schrift parallel zur Faserrichtung. Unten blieb ein unbeschriebener Rand von 1,8 cm. Das Verso ist leer.

→ [±11] Φοιβάμμ[(ωνι)]
[±6 ι]ε ἰν(δικτίωνος) Στέφανος.
[παράσχ(ου) Γ]ε̣ωργίῳ περβητέρ(ῳ̣)
[σί(του) ἀρτάβ]α̣ς εἴκοσι τέσαρας,
[ἀρ(τάβας) κδ. ἐ]γ̣ρ̣(άφη) Παῦνι ιζ
[τῆς αὐτ]ῆ̣ς πεντεκαι-
[δεκάτης] ἰν(δικτίωνος) †.

1. ///////////// *ed. pr* 2. δευτ]ερ/(ας) ἰν/() [Σ]τέφανος *ed. pr.* 3. παράσχ(ου) *om. ed. pr.* *l.* πρεσβυτέρῳ περβητερ/ *ed. pr.* 4. [ ]ς εἴκοσι τέσσαρας *ed. pr.* *l.* τέσσαρας 5.]υ/ *ed. pr.* 6. [ ]ς πέντε καὶ *ed. pr.* 7. [ ] ἰν() θ *ed. pr.*

„An ... Phoibammon, ... des 15. Indiktionsjahres, Stephanos. Zahle dem Georgios, Priester, an Weizen vierundzwanzig Artaben, 24 Artaben. Geschrieben am 17. Payni desselben fünfzehnten Indiktionsjahres †.“

In dem Papyrus weist Stephanos einen gewissen Phoibammon an, 24 Artaben Weizen an den Priester Georgios auszuzahlen. Der Zahlungsgrund ist nicht erhalten und wohl in dem nicht erhaltenen Teil der zweiten Zeile zu suchen: etwa (ὑπὲρ) κοινων(ίας) ιε ἰν(δικτίωνος) wie in SPP VIII 981, 3 (6. Jh.). Während bei den meisten Zahlungsanweisungen der Zahlungsgrund auf die Nennung des Zahlungsempfängers folgt, ist in vorliegendem Text hierfür in Z. 4 kein Platz. Der zu zahlende Betrag ist mit 24 Artaben auffallend hoch.

1. Am Zeilenanfang ist entsprechend dem Formular vielleicht † τῷ ἀδελφῷ zu ergänzen, wobei auch etwas mehr Platz (etwa für eine Berufsbezeichnung) zur Verfügung stünde.

3. περβητέρ(ῳ): Eine solch eklatante Verschreibung für πρεσβύτερος ist mir sonst nicht bekannt. Bezeugt ist mehrfach πρεσβήτερος, etwa in P.Köln III 155, 13 (6. Jh.), πρεβύτερος, etwa in P.Oxy. XVI 1917, 26 (Anfang 6. Jh. oder 616–617; vgl. *HGV*), sowie περβύτερος, etwa in CPR X 22, 6 (6. Jh.).

5. Παῦνι ιζ = 11. Juni.

567. WEIZENQUITTUNG DES IOANNES?

P.Vindob. G 11444 — 3,3 × 4,7 cm — 6.–7. Jh.
Tamauis? (Arsinoites) — Tafel LVI

Ed. pr.: SPP III 567 (6. Jh., Fayum).
Korr.: Diethart, *Pros. Ars.*, Nr. 4002 mit Anm. 491 (BL VIII 442).
Revision am Original.

Mittelbraunes Papyrusfragment. Erhalten ist nur die rechte, obere Ecke des ursprünglichen Blattes mit intaktem Rand. Links und unten ist der Papyrus unregelmäßig abgebrochen. Das Blatt ist rektoseitig mit schwarzer Tinte parallel zur Faserrichtung beschrieben. Verso leer.

→ [† Πα]ῦ̣ν̣ι β σίτου πρώτης ἰν(δικτίωνος)
[Ταμαύ?]εως ιατιμι
[±6 Οὐ]ε̣[ν]α̣φρίου
— — — — — — —

1.]، ιβ *ed. pr.* ἰϛ(νδικτιῶνος) *ed. pr.* 2.]εωσια τιμι *ed. pr.* 3. Οὐεν]αφρίου *ed. pr.* Οὐεν]ά̣φρ̣ι̣ο̣ς(?) *Diethart*

„† Am 2. Payni, an Weizen für das erste Indiktionsjahr, für Tamauis (?), Iatimi (= Dorffeld?), ... Sohn des Wenaphrios ...“

Das Fragment dürfte zu den Quittungen des Ioannes gehören. Da die Unterschrift verloren ist, kann dies nicht mit letzter Sicherheit festgestellt werden. Die Vermutung basiert auf den Übereinstimmungen mit der Ioannes-Quittung P.Prag. I 85. Beide Texte wurden vielleicht von derselben Hand geschrieben (vgl. den Duktus von σίτου und πρώτης, besonders aber die Z. 2); beide stammen aus dem ersten Indiktionsjahr, vielleicht auch aus demselben Dorf (s. Komm. zu Z. 2) und in beiden Quittungen ist nach dem Dorfnamen der (wohl koptische) Zusatz ιατιμι (s. Komm. zu Z. 3) zu lesen. In Anbetracht dessen scheint mir eine Zugehörigkeit auch dieser Quittung zum Dossier des Ioannes (s. dazu oben **C. 4.**) sehr wahrscheinlich.

1. Πα]ῦ̣ν̣ι β = 27. Mai. Am Zeilenbeginn ist ein Teil des hochgestellten υ und das rechte Füßchen des ν zu sehen. In demselben Duktus wurde auch Παῦνι in P.Prag. I 85, 1 geschrieben (das υ ist nur am Original erkennbar).

2. [Ταμαύ?]εως: Die Ergänzung des Ortsnamens Tamauis ist aufgrund des gleichen Duktus der Endsilbe -εως und des darauffolgenden Zusatzes ιατιμι in der Parallele in P.Prag. I 85 naheliegend. Zum Dorf Ταμαῦις s. oben **460**, Komm. zu Z. 2.

ιατιμι: Ein solches Wort ist in den griechischen Papyri bis dato nicht bezeugt. Eine Deutung innerhalb der griechischen Sprache (etwa ἱ [für ἡ] ἀτιμί(α)) scheidet als für diese Stelle unpassend aus. Dagegen scheint das Wort in der koptischen Sprache beheimatet, nicht zuletzt wegen der Parallele P.Prag. I 85, wo auf dem Verso in koptischen Buchstaben ⲡⲥⲁ(ϩ) ⲛ̣ⲓⲁϩⲧⲓⲙⲓ zu lesen ist (vgl. oben **C. 4.** Anm. 70). Das koptische Präfix ⲓⲁϩ- (von ⲉⲓⲱϩⲉ; griech. als ια - wiedergegeben) bedeutet allgemein „Feld“ und wird häufig mit Substantiven zu einem Kompositum verbunden (vgl. Crum, *Coptic Dictionary*, 89). ⲓⲁϩⲧⲓⲙⲓ (für ϯⲙⲉ = Dorf) ist dann das „Feld des Dorfes“. Möglicherweise handelt es sich um einen Flurnamen, vgl. auch P.Louvre II 126, eine Weizenquittung aus dem 6.–7. Jh., wo im Anschluß an den Dorfnamen Bubastos in Zeile 3 der Flurname Πια (für ⲡⲓⲁϩ) Φα̣μ genannt ist.

3. Οὐ]ε̣[ν]α̣φρίου: Am Beginn der Zeile stand wohl der Name des Steuerzahlers. Wesselys Lesung des Vatersnamens ist glaubwürdig (anderer Ansicht Diethart, *Pros. Ars.*, Anm. 491: „Die Lesung ist keineswegs überzeugend“). Lediglich vor φ ist ein Schrägstrich zu sehen, der bei α nicht zu erwarten ist. Die anderen Buchstaben sind einwandfrei erkennbar, der von Wessely der Z. 2 zugerechnete Schrägstrich paßt gut als Oberlänge von ε.

568. WEIZENQUITTUNG DES MAKARIOS

P.Vindob. G 11445 | 5,1 × 4,6 cm | Anfang 7. Jh.
Tamauis? (Arsinoites) | Tafel LVI

Ed. pr.: SPP III 568 (6. Jh., Fayum).
Ed. post.: CPR XIV 25 (Anfang 7. Jh., Arsinoites).
Korr.: P.Dubl. I 26, Komm. zu Z. 1 (BL X 2).
Abb.: CPR XIV Plate 21.
Revision am Original.

Mittelbraunes Papyrusfragment, nur die rechte Hälfte des ursprünglichen Blattes ist erhalten. Oberer und unterer Rand gerade geschnitten. Rechts endet das Fragment unregelmäßig, von der Beschriftung ist jedoch dort nichts verloren. Links ist der Papyrus — möglicherweise entlang einer mittleren Faltung — abgebrochen. Sieben horizontale Faltungen ergeben schmale Streifen von 0,5–0,9 cm Breite. Beschrieben mit schwarzer Tinte. Unbeschriebener Rand oben 0,7 cm und unten 1 cm. Schrift quer zur Faserrichtung. Tintenspuren am Verso. Ob diese entsprechend der Anmerkung in CPR XIV 25 Einl. zu einem Kreuz gehören, ist unsicher.

↓ 1 [± 8] σίτου δωδεκ(άτης) ἰν(δικτίωνος)
2 (2. H.) [Ταμαῦις? Φ]οιβάμμων Πραῦ̣
3 [σὺ(ν εἰκοστῇ) ἀρ(τάβας) δύο ἥ]μ̣ισυ τρίτον εἰκ(οστοτέταρτον),
(ἀρτάβας) β ∠ γʹ κ(δ)ʹ.
4 [*vac.*] † Μακάριος † *Paraphe*.

1 [† Μεσορ(ὴ) γ] σίτ(ου) *CPR XIV* 2. Ταμαῦις *om. ed. pr.* [Ταμᾶνις] *CPR XIV* πρεσ[βύτερος *ed. pr.*
3. [ἥμ]ισυ *ed. pr.* [σ(ίτου) ἀρ(τάβας)] *CPR XIV* β ∠ γʹ [κ *ed. pr. et CPR XIV*

„† Am …, an Weizen für das zwölfte Indiktionsjahr. (2. H.) Für Tamauis (?), von Phoibammon, Sohn des Pray, einschließlich des Zwanzigstels, zweieinhalb, ein drittel und ein vierundzwanzigstel Artaben, 2 ¹/₂ ¹/₃ ¹/₂₄ Artaben.
† Makarios † *Paraphe*."

Zum Dossier der von Makarios ausgestellten Steuerquittungen s. oben **C. 7.**

1. Obwohl keinerlei Anhaltspunkte im erhaltenen Text gefunden werden können, wurde in CPR XIV als Tagesdatum Μεσορ(ὴ) γ ergänzt. Auch die Schreiberhand kann nicht als Hinweis auf das Ausstellungsdatum dienen, da derselbe Schreiber neben der Quittung **546** am 3. Mesore, auch das Datum in **460** (23. Phaophi) und **515** (29. Epeiph) schrieb. Das Tagesdatum der Quittung muß also offen bleiben.

2. Ταμαῦις: Die Ergänzung des Ortsnamens Tamauis ist mit großer Wahrscheinlichkeit zutreffend, da neun der elf Quittungen des Makarios diesen Ort aufweisen. In der Makarios-Quittung CPR XIV 28 ist allerdings mit Sicherheit nicht Tamauis genannt, wenn auch der Dorfname nicht eindeutig zu ermitteln ist (s. oben **C. 5.**). Entsprechend ist auch hier die

mögliche Ergänzung eines anderen Ortsnamens nicht außer acht zu lassen. Zur Korrektur des Dorfnamens von Ταμᾶνις in Ταμαῦις s. P.Dubl. I 26, Komm. zu Z. 1 sowie oben **460**, Komm. zu Z. 2.

Πραῦ: Die Lesung nach ρ ist schwierig, da α sehr gedrängt geschrieben wurde und υ beschädigt ist. Das in SPP III vorgeschlagene -εσ- kann aber nicht gelesen werden, die Ergänzung πρεσ[βύτερος ist jedenfalls zu verwerfen. Πραῦ / ⲠⲢⲀⲨ ist eine durch den Wechsel von l und r im fayumischen Dialekt zustande gekommene Form des koptischen Namens ⲠⲖⲈⲨ bzw. ⲠⲖⲒⲨ, s. Heuser, *Personennamen der Kopten*, 23.

3. σὺ(ν εἰκοστῇ): Da die Sigle συ() in ausnahmslos allen Texten des Makarios-Dossiers zu finden ist, kann sie hier zweifelsfrei ergänzt werden. Zur Auflösung der Abbreviatur s. oben **460**, Komm. zu Z. 3.

(ἀρτάβας) β ∠ γ′ κ(δ)′: Die Ziffern der Summe wurden verschliffen geschrieben. Im Gegensatz zu den Transkriptionen der früheren Editionen ist der Betrag jedoch vollständig erhalten: An die gekrümmte Senkrechte für ½ schließt sich nahtlos Ab- und Aufstrich eines γ an und das beinahe zu einem Punkt verkümmerte κ ist an den charakteristischen gekreuzten Kürzungsstrichen als Abbreviatur für κδ′ erkennbar.

569. → SB XXVI 16718

Der unter SPP III 569 (G 11446) als Fragment einer Getreidequittung publizierte Papyrus entpuppte sich als die fehlende linke untere Ecke von SPP III 304 (G 11221). Die so gewonnene vollständige Lohnquittung wurde vorweg gesondert veröffentlicht: s. Verf., *Zwei Fragmente — eine Lohnquittung: SPP III 304 + 569*, Tyche 14 (1999) 157–160.

570. WEIZENQUITTUNG DES MARNITAS

P.Vindob. G 11447	7 × 6,5 cm	7. Jh.
Arsinoites?		Tafel LVI

Ed. pr.: SPP III 570 (6.–7. Jh., angeblich Hermopolis).
Revision am Original.

Mittelbrauner Papyrus mit intaktem oberen, rechten und unteren Rand. Links ist das Blatt unregelmäßig abgebrochen, etwas weniger als die Hälfte ist verloren. Zahlreiche kleine Fehlstellen aufgrund von Anobienbefall. Vier horizontale Faltungen in Abständen von 1,5, 2,8, 4,4 und 5,7 cm unterhalb des oberen Randes. Beschrieben mit schwarzer Tinte. Schrift quer zur Faserrichtung. Verso leer.

↓ [† ±7] σ̣ίτου τ̣ε̣τ̣ά̣ρτης ἰν(δικτίωνος)
[±7]ν̣τ̣() τ̣ () (ὑπὲρ) Βίκτορ(ος) γρα(μματέως)
[±6] ἀ̣ρ̣(τάβας) πεντήκοντα
[(ἀρτάβας) ν. † Μαρν]ιτᾶς †.

1. σ]ίτ^ου ἐνάτης ἰνδ/(ικτιῶνος) *ed. pr.* ϊν *pap.* 2. τοῦ α]ὐτ(οῦ) τ(ό)π(ου) (ὑπέρ) *ed. pr.* 3. ϒ πεντήκοντα *ed. pr.* 4. Κο]σμᾶ † *ed. pr.*

„† ... an Weizen für das vierte Indiktionsjahr, ... für den Schreiber Viktor ... fünfzig Artaben, 50 Artaben. † Marnitas †."

Die Zugehörigkeit des Textes zum Dossier war bisher nicht bekannt, da Wessely als Unterschrift Κο]σμᾶ † wiedergab. Der erhaltene Teil der Unterschrift -ιτας ist sicher zu lesen, das charakteristische von -ς nach unten gezogene Kreuz und einige paläographische Merkmale wie die Form des ν sind weitere Indizien für eine Zugehörigkeit der Quittung zum Dossier des Marnitas (s. auch die Einleitung oben **C. 8.**). Wessely verweist aufgrund des (von ihm im handschriftlichen Inventar vermerkten) Ankaufsjahres 1887 auf die angebliche Herkunft des Stückes aus Hermopolis Magna. Die Zusammenschau mit den anderen Marnitas-Quittungen läßt demgegenüber auf eine arsinoitische Herkunft des Textes schließen.

Die Anzahl der bezahlten Artaben ist mit fünfzig oder mehr (s. Komm. zu Z. 4) außerordentlich hoch.

1. Am Zeilenbeginn ist das Tagesdatum verloren. Entgegen der *ed. pr.* stammt die Quittung nicht aus dem neunten, sondern wie **529** aus dem vierten Indiktionsjahr (τ am Beginn des Wortes und die Unterlänge von ρ stellen die Lesung außer Zweifel).

2. Die *ed. pr.* hat am Beginn der Zeile τοῦ α]ὐτ(οῦ) τ(ό)π(ου). Diese Lesung stößt paläographisch auf große Schwierigkeiten (v.a. kein hochgestelltes π) und ist inhaltlich nicht vertretbar, da zuvor kein Topos genannt ist, auf den sich die Wendung beziehen könnte (selbst die Ergänzung eines Ortsnamens in der Lücke davor könnte den umgehenden Rückverweis auf diesen nicht erklären). Hingegen ist am Beginn der Zeile ein Ortsname zu erwarten, von dem wahrscheinlich ντ() erhalten ist (etwa Ἀλαβα]ν̣τ̣(ίδος)), und dann vielleicht die Bezeichnung einer Person (Name oder Berufsbezeichnung), die die Zahlung für Viktor vornimmt. Zu sehen ist allerdings nur τ und hochgestellt vielleicht ein α (vgl. das α am Ende der Zeile).

(ὑπὲρ) Βίκτορ(ος) γρα(μματέως): Ein Schreiber Viktor ist außer in diesem Text auch in SPP XX 268 Verso 13 (7. Jh.) genannt: πι(ττάκιον) Βίκτωρι γρα(μματεῖ) ἐποικ(ίου) δ(ιὰ) Θε( ) παι(δός). Mangels weiterer Angaben in beiden Texten läßt sich über eine mögliche Identität keine weitere Aussage machen.

3. Am Beginn der Zeile stand vermutlich σὺν εἰκ(οστῇ) wie in **462**, **475** und **559** oder καγκ(έ)λ(λῳ) wie in **529**.

4. [(ἀρτάβας) ν. † Μαρν]ιτᾶς †: Die Ergänzung basiert auf der Vermutung, daß die Wiederholung der Summe und die Unterschrift so großzügig geschrieben sind wie in **475**, 4, worauf auch der erhaltene Teil der Signatur schließen läßt. Nicht ausgeschlossen ist freilich, daß vor der Wiederholung noch eine wenige Buchstaben einnehmende Zahl oder eine abgekürzte Bruchzahl stand, die nach ν wiederholt wurde.

571. WEIZENQUITTUNG DES TIMOTHEOS

P.Vindob. G 11448 4,6 × 8,7 cm 7.–8. Jh.
Arsinoites? Tafel LVII

Ed. pr.: SPP III 571 (6. Jh., angeblich Hermopolis).
Revision am Original.

Der mittelbraune Papyrus von kräftiger Struktur ist durch Anobienbefall stark beschädigt. An den Seiten und oben ist der Rand unregelmäßig abgebrochen. Unten ist eine gerade Schnittkante erkennbar. Das horizontale Ausmaß dürfte vollständig erhalten sein. Das Blatt ist rektoseitig quer zur Faserrichtung mit schwarzer Tinte beschrieben. Auf dem Verso wurde zur Beschriftung des Rekto um 180° gedreht eine Zeile parallel zur Faserrichtung geschrieben, die in der *ed. pr.* nicht transkribiert ist.

— — — — — — —

↓ 1 [±3] ̣[±2] ̣[- - -]
2 [᾿Α]π̣ο̣λῶτ(ος) σὺ(ν εἰκοστῇ) ἀρ(τάβας) εἴκοσι ὀκ̣τ̣[ὼ]
3 τρίτον δωδέ̣κ̣(ατον), (ἀρτάβας) κη γ′ ι[β]′.
4 (2. H.?) ἐτάγη. (1. H.) † Τιμόθεος †.

Verso:
→ 5 [- - -] ̣ ̣ ιε ι̣β̣ ἰ̣ν̣δ(ικτίωνος)

1. *om. ed. pr.* 2. καγκέλ]λω̣//// σ ἀρ/[τ(αβας)] *ed. pr. (Z. 1)* *l.* ᾿Απολλῶτος ὀκ̣[τώ *ed. pr. (Z. 1)* 4. *imit. script. et comm.* ἐτάγη? *ed. pr. (Z. 3)* τιμο†θεος *pap.* 5. *om. ed. pr.*

„... des Apollos, einschließlich des Zwanzigstels, achtundzwanzig, ein drittel und ein zwölftel Artaben, 28 $^{1}/_{3}$ $^{1}/_{12}$ Artaben. (2. H.?) Es wurde eingetragen. (1. H.) † Timotheos †."
Verso: „... am 15. des 12. Indiktionsjahres."

Zum Dossier der von Timotheos ausgestellten Quittungen, Zahlungsaufträge und anderen an ihn gerichteten Schriftstücke s. oben **C. 10.** Im handschriftlichen Inventar ist der Ankauf des Papyrus im Jahr 1887, dem Ankaufsjahr der El Aschmunein-Papyri, vermerkt. Dementsprechend gibt Wessely in der *ed. pr.* „angeblich Hermop." als Herkunft an. Wie sich bereits bei anderen Texten zeigte, stammen nicht alle 1887 erworbenen Papyri aus

Hermopolis, und da die anderen Texte des Timotheos sämtlich aus dem Arsinoites kommen, ist auch für diesen Text der arsinoitische Gau als Herkunft anzunehmen (s. auch oben **C. 10.** Herkunft).

Oberhalb der erhaltenen drei Zeilen dürften noch zwei weitere Zeilen mit Datum und Name des Steuerzahlers, vielleicht auch ein Dorfname, verloren sein. Bei Apollos handelt es sich wohl um den Vatersnamen des Zahlenden.

2. [᾿Α]πọλῶτ(ος): Eine Lesung des in der *ed. pr.* ergänzten καγκέλ]λῳ ist nicht möglich und zusammen mit der Nennung der εἰκοστή auch nicht zu erwarten. ᾿Απολῶς ist hier mit nur einem λ geschrieben, vgl. auch ᾿Απολῶς in P.Grenf. I 58, 20 (Hermopol., 561) und ᾿Απολῶτος in CPR VI 6, 25 (Hermopol., 439).

σὺ(ν εἰκοστῇ): Zur Auflösung der Sigle συ() als σὺν εἰκοστῇ s. oben **460**, Komm. zu Z. 3.

3. δωδẹ́κ̣(ατον): Deutlich zu sehen ist nur δωδ- und Kürzung. Die Form der Kürzung mit den gekreuzten Strichen läßt allerdings darauf schließen, daß das dazwischen geschriebene -εκ- durch Abrieb bis auf wenige Spuren völlig verschwunden ist.

4. ἐτάγη: Dieser Zusatz wurde vermutlich erst nachträglich gemacht. Die Tinte ist etwas stärker als im restlichen Text, möglicherweise stammt die Beifügung auch von einer zweiten Hand. Der Terminus ist in den Papyri mehrfach in römischer Zeit belegt, etwa um die Eintragung in die Listen der Gymnasien zu bezeichnen. In später Zeit kommt er nur noch sehr selten vor; vgl. etwa SB XX 14403, 18 (512 [oder 527 oder 542]; zur Datierung s. Maresch, *Nomisma*, 152). Für eine Steuerquittung stellt ein derartiger Eintragungsvermerk eine Besonderheit dar; vgl. außer diesem Text einzig **502**, 5 und oben **B. 12.**

5. Da das Datum der Quittung selbst nicht erhalten ist, bleibt unklar, inwiefern ein Zusammenhang des Datums auf dem Verso mit der Quittung auf dem Rekto besteht.

572. EMBOLEQUITTUNG

P.Vindob. G 11449	5,8 × 8,9 cm	7. Jh.
Enseu (Hermopolites)		Tafel LVII

Ed. pr.: SPP III 572 (5.–6. Jh., Hermopol.).
Korr.: Drew-Bear, *Nome Hermopolite*, 98 (BL VIII 442).
Revision am Original.

Mittelbrauner Papyrus mit seitlich und unten intaktem Rand. Oben fehlt möglicherweise ein schmaler Streifen. Oder der obere Rand ist beschädigt, das Kreuz über der Quittung ist nur noch im unteren Teil erhalten. Zwei horizontale Faltungen im Abstand von 2,6 und 4,7 cm vom oberen Rand. Beschrieben mit schwarzer Tinte, Schrift quer zur Faserrichtung. Unbeschriebener Freiraum links 0,6 cm, unten 1,4 cm. Das Verso ist leer.

†

↓ † κώμη(ς) Ἐνσεῦ ἐμβολ(ῆς) θ ἰν(δικτίωνος)
τόπ(ου) Πλαγερίω ὑ(πὲρ) τοῦ ἀδελφ(οῦ) Ἰωάνν̣ο̣υ
σίτου μοδ(ίους) ἕξ, γί(νεται) μόδ(ιοι) ς. †———
Κολλ ̣ ̣ ̣ ̣ ̣ Ἐνσεῦ στοιχ(εῖ) ἡ ἀπόδειξ(ις)
ἐννάτης ἰν(δικτίωνος) ὡς πρόκ(ειται). ———

1. κωμ^{η} Ενσεν *ed. pr.* ἐμβολ/(ή) *ed. pr.* ιν// *pap.* 2. τοπ) Πλαγεριω κ/ το^{sic} ἀδελφ/ Ἰωάννο^{υ} *ed. pr.* 3. σίτ`(ου) μόδ/(ιοι) ἓξ σι/ μοδ/ ς *ed. pr.* 4. Κολλοῦθος κ̣[̣]κ̣)() Ενσεν *ed. pr.* 5. *l.* ἐνάτης ϊν/ *pap.*

„† Vom Dorf Enseu, von der Embole des 9. Indiktionsjahres, vom Topos Plagerio, für den Bruder Ioannes, an Weizen sechs Modii, das macht 6 Modii. †———
Koll- ... Enseu, einverstanden mit der Quittung für das neunte Indiktionsjahr wie es oben steht. ———"

Die Embole-Quittung unterscheidet sich deutlich von dem Formular des Großteils der Texte: Am Anfang steht der Dorfname, dafür ist überhaupt kein Tagesdatum genannt, die Weizenmenge wird in Modii ausgedrückt. Es könnte sich hierbei um geographische Charakterstika handeln; etwa wird in der Embolequittung des Leontios **573** der Betrag ebenfalls in Modioi gemessen und beides sind hermopolitanische Texte. Demgegenüber stammt nach bisheriger Quellenlage die Hauptmasse der Quittungen für die Getreidesteuer aus spätbyzaninischer und früharabischer Zeit aus dem Fayum, wo in dieser Zeit Weizen kaum in Modii gemessen wird. Da aus dem Hermopolites zu wenige Paralleltexte vorhanden sind, läßt sich ein spezifisches Formular dieses Gaus freilich nicht ausmachen.

1. κώμη(ς) Ἐνσεῦ: Zu dem gut bezeugten hermopolitanischen Dorf s. Drew-Bear, *Nome Hermopolite*, 97-99, bes. 98, wo bereits das von Wessely in Z. 1 und 4 gelesene Ενσεν korrigiert wurde, sowie die Zusammenstellung der Belege bei Calderini, Daris, *Dizionario II*, 148 (das Lemma Ἐνσέν ist zu tilgen) mit *Suppl. I*, 106 und *III*, 35–36 sowie P.Col. IX S. 148.

2. τόπ(ου) Πλαγερίω: Ein Topos dieses Namens ist bisher ausschließlich in diesem Text belegt; s. Drew-Bear, *Nome Hermopolite*, 209.
ὑ(πέρ) τοῦ ἀδελφ(οῦ): Wesselys Lesung κ/ paßt hier inhaltlich nicht, vielmehr ist ein ὑπέρ-Zeichen mit ausgeschriebenem υ zu erkennen. Auch die Annahme eines Fehlers το statt τοῦ ist nicht nötig, da die beiden Bogen vor dem δ als υ und α gelesen werden können.

4. Κολλ ̣ ̣ ̣ ̣ ̣ Ἐνσεῦ: Die Stelle zwischen Κολλ- und Ἐνσεῦ ist schwer zu deuten. Wesselys Lesung Κολλοῦθος ist nicht möglich, da nach λλ zwar vielleicht ου, nicht aber θ gelesen werden kann. Denkbar wäre nur Κολλο̣ῦ̣(θος) oder Κολλ(οῦθος). Danach erwartet man eine Amtsbezeichnung. Vor Ἐνσεῦ könnte man -εκ) lesen, ὑποδέκ(της) ist aber nicht unterzubringen.

5. ἐννάτης: Zur Gemination des ν vgl. Gignac, *Grammar I*, 158 und *Grammar II*, 201.

573. Embolequittung aus dem Dossier des Hypodektes Leontios

P.Vindob. G 11450 6 × 5,2 cm 7. Jh.
Hermupolis Tafel LVIII

Ed. pr.: SPP III 573 (5.–6. Jh., Hermopol.).
Revision am Original.

Fragment eines mittelbraunen Papyrus. Oberer, rechter und unterer Rand erhalten, links unregelmäßige Bruchkante. Kleinere Fehlstellen sind über das Blatt verteilt. Eine größere ausgebrochene Stelle am rechten Rand. Beschrieben mit brauner Tinte. Schrift quer zur Faserrichtung. Abstand der Schrift zum Rand oben und unten etwa 1 cm. Am Verso befindet sich eine parallel zu den Fasern geschriebene, stark verwaschene Zeile, die in der *ed. pr.* nicht transkribiert wurde.

↓ 1 [† ἔσχο(ν) πα(ρὰ) ±25] (ὑπὲρ) ἐμβολ(ῆς) ἐνδεκάτης̣
2 [(καὶ) δωδεκάτης? ἰνδ(ικτίωνος) σίτου ἀρτ(άβας) ἑπτὰ μοδ(ίῳ) χ]ωρ(ὶς)
ναύλ(ου), γί(νεται) σί(του) ἀρτ(άβαι) ζ μ̣(ο)[δ](ίῳ) [χω]ρ̣(ὶς)
3 [ναύλ(ου) μό(νον). † ἐγρ(άφη) μη(νὶ) - - - ἰνδ(ικτίωνος) δωδεκάτης?.
† Λεον]τίου ὑποδέκτου
4 [Ἑρμοῦ πόλ(εως), δι' ὑμῶν Ἰωάννου σιτομέ(τρου) Ἀντι(νόου). σ]τοιχεῖ μοι
† *Paraphe*.
5 (2. H.) [† γί(νεται) σί(του) ἀρτ(άβαι) ζ μ(ο)δ(ίῳ). Θεοδοσάκεος σιτομέ(τρης)
Ἀν]τι(νόου) στοιχε̣ῖ μ̣ε̣ι *Paraphe*.

Verso:

→ 6 † ἐντ(άγιον) Θεο̣δ̣[οσακίου - - -]

1. [ ]ʹ ἐμβολ(ῆς) ἐνδεκάτη[ς ἰν//(δικτιῶνος) *ed. pr.* 2. [χω]ρ/(ίς) *ed. pr.* αρ/τ(άβαι) ζι/[β′]γ[*ed. pr.* 3. [ ]τιου *ed. pr.* 4. *l.* ἡμῶν [σ]τοιχεῖ μοι † *imit. script.* *ed. pr.* 5. [ ]ι στοι[χ]εῖ μ̣[οι *ed. pr.* *l.* Θεοδοσάκιος *l.* μοι 6. *om. ed. pr.*

„† Ich habe erhalten von … für die Embole des elften und zwölften (?) Indiktionsjahres an Weizen sieben Artaben im Modius-Maß ohne Verschiffungsgebühr, das sind an Weizen 7 Artaben im Modius-Maß ohne Verschiffungsgebühr, sonst nichts. † Geschrieben im Monat … am … des zwölften (?) Indiktionsjahres. † Von Leontios, Hypodektes von Hermupolis, durch uns, Ioannes, Sitometres aus Antinoupolis, ich bin einverstanden † *Paraphe*.

(2. H.) † Das sind an Weizen 7 Artaben im Modius-Maß. Theodosakios, Sitometres aus Antinoupolis, ich bin einverstanden *Paraphe*."

Verso: „† Quittung des Theodosakios …"

Erst durch die Neulesung konnte — aufgrund von Übereinstimmungen in Schrift und Formular — der Text in die Gruppe von Embole-Quittungen des Hypodektes Leontios eingeordnet werden. Die bisher als zusammengehörig erkannten Texte sind die drei vollständigen Quittungen SPP III^2 48, 49, 77, das Fragment mit Unterschriften SPP VIII 1282 und wahrscheinlich auch die Weizenquittung eines Sitometres Ioannes SPP VIII 1275. Zu diesem Dossier siehe jetzt die ausführliche Zusammenstellung bei S. Tost, SPP III^2 1–118, S. LXXIX–LXXXI; der vorliegende Text ist dort hinzuzufügen.

Da die vollständig erhaltenen Quittungen SPP III^2 48, 49 und 77 im Formular sehr einheitlich sind, kann der in unserem Text fehlende linke Teil auf etwa 30 Buchstaben (ca. 10 cm) berechnet und zum großen Teil mit annähernder Gewissheit ergänzt werden. Die größte Kongruenz weist vorliegende Quittung mit SPP III^2 77 auf, wo am 5. Hathyr eines zwölften Indiktionsjahres eine Zahlung von 3 ½ Artaben (für den Berechnungszeitraum von zwei Jahren) durch den Oberarzt Kolluthos bestätigt wurde.

Entgegen der Anmerkung in der *ed. pr.* stammen die beiden Texte **572** und **573** nicht von derselben Hand.

1. † ἔσχο(ν) πα(ρά): Es folgt der in den Parallelen oft recht ausführlich bezeichnete Steuerzahler. Gemessen an dem zur Verfügung stehenden Platz von rund 25 Buchstaben dürfte auch in vorliegender Quittung der Zahlende mit Amtstitel bzw. Berufsbezeichnung und allfälligen Epitheta genannt gewesen sein.

2. [(καὶ) δωδεκάτης? ἰνδ(ικτίωνος) κτλ.]: Die Ergänzung der Indiktion und des Betrages füllt die Lücke von etwa 30 Buchstaben nicht. Es liegt daher nahe, parallel zu SPP III^2 77 anzunehmen, daß auch in unserem Text eine Zahlung für zwei Indiktionsjahre vorgenommen wurde und entsprechend die Quittung wie die Parallele aus einer zwölften Indiktion stammt (s. Ergänzung in Z. 3).

χωρ(ὶς) ναύλ(ου): Zur Verschiffungsgebühr s. oben **B. 6.**

4. [Ἑρμοῦ πόλ(εως) κτλ.]: In SPP III^2 77 ist im Gegensatz zu SPP III^2 48 und 49 kein Amtsbereich des Hypodektes Leontios genannt. Gemessen am vermuteten Umfang der Lücke dürfte in vorliegendem Text Hermupolis in gleicher Schreibung wie in den letztgenannten Parallelen gestanden sein.

6. ἐντ(άγιον) Θεọδ̣[οσακίου: Nach den erhaltenen Zeilen am Verso in SPP III^2 48 und 77, sollte im Anschluß ὀνόματος <Steuerzahler> und eventuell die Wiederholung des Betrags folgen.

574. WEIZENQUITTUNG AUS DEM GEORGIOS-DOSSIER?

P.Vindob. G 11451	3,5 × 5,2 cm	7.–8. Jh. (arab. Zeit)
Arsinoites?		Tafel LVIII

Ed. pr.: SPP III 574 (6. Jh., angeblich Hermopol.).
Revision am Original.

Mittelbrauner Papyrus mit rötlichem Schimmer. Erhalten ist nur die rechte, obere Ecke des Blattes. Links fehlen etwa 3 bis 4 cm, unten dürfte ca. die Hälfte des Blattes verloren sein. Beschrieben mit schwarzer Tinte. Schrift parallel zur Faserrichtung. Unbeschriebener Freiraum oben 1,1 cm. Verso leer.

→ 1 [- - -]θ σίτου τρ̣ί̣τ̣η̣ς̣ ἰ̣ν̣δ̣(ικτίωνος)
2 [- - -] ̣ Μηνᾶ ᾿Ανείλο[υ]
— — — — — — — — — — — — — —

1. τρίτης ἰνδ/(ικτιῶνος) *ed. pr.* 2. ᾿Α(πα) Νείλου *ed. pr.*

„... am 9.(?), an Weizen für das dritte Indiktionsjahr, ... von Menas, Sohn des Aneilos ...“

Der charakteristische Duktus der Schrift (vgl. vor allem **557**) legt nahe, das kleine Fragment dem Dossier des Georgios (s. dazu oben **C. 3.**) zuzurechnen und zwar jener Textgruppe, die von Phib ausgestellt wurde.

Wesselys Herkunftsangabe „angeblich Hermopol.“ basierte auf dem Ankauf des Papyrus im Jahr 1887, dem Erwerbsjahr der el-Aschmunein-Papyri (s. Loebenstein, P.Rain.Cent. S. 6). Allerdings zeigte sich schon bei anderen Texten (vgl. etwa **570** und **571**), daß einige dieser Texte eher aus dem Arsinoites stammen. Die mögliche Zuordnung zu einem rein arsinoitischen Dossier, läßt auch für diesen Papyrus Zweifel an der Richtigkeit der Herkunftsangabe aufkommen.

2. Μηνᾶ ᾿Ανείλο[υ]: Am Zeilenanfang stand wohl ein Ortsname, dessen letzter Buchstabe mit einem schräg nach oben auslaufenden Strich endet (etwa ν oder υ). Zu ᾿Ανείλου vgl. etwa den ᾿Ανήλιος in P.Oxy. LVIII 3932, 3 und 14 (6. Jh.) und ᾿Ανείλλου als Vatersname eines Ioannes in SB XXII 15598 Verso 12 (Anfang 6. Jh.); zum koptischen ⲗ–Anlaut s. Heuser, *Personennamen der Kopten*, 105.

575. WEIZENQUITTUNG?

P.Vindob. G 11452 5,6 × 7,1 cm 7. Jh.
Loru (Arsinoites) Tafel LVIII

Ed. pr.: SPP III 575 (6. Jh., Fayum).
Revision am Original.

Mittelbrauner Papyrus mit rötlichem Schimmer. Oberer und unterer Rand intakt, rechts und links vertikale Bruchkante. Drei horizontale Faltungen im Abstand von 1,4, 2,8 und 4,3 cm vom oberen Rand sind anhand der

Beschädigungen erkennbar. Beschrieben mit schwarzer Tinte. Schrift quer zur Faserrichtung. Am Verso schwache Tintenspuren.

↓ [- - -] ̣ ̣ Λώρου Φοιβάμμων[- - -]
[- - -]λ̣ια Σεργίου καγκελλαρ(ίου) (ὑπὲρ) [- - -]
[- - - ἰ]νδ(ικτίωνος) σίτου καγκέλλῳ ἀρτ[άβας - - -]
[- - -] καγκ(έλλῳ) μό(νας). Φαῶφι α τ̣[- - -]
† ⟦*Paraphe*⟧

1.]*imit. script.* Λωρου *ed. pr.* φοιβαμμ†ων *pap.* 2. καγκέλλ(ῳ) ἀρ/(τάβας) *ed. pr.* (ὑπέρ) *om. ed. pr.* 3.]ἰνδ/°() *ed. pr.* ἀρ[τάβας *ed. pr.* 4. φαωφι ια *ed. pr.* τ̣[ ] *om. ed. pr.* 5. † *imit. script.* *ed. pr.*

„... aus Loru, Phoibammon, ... -lias, Sohn des (?) Sergios, *cancellarius*, für ... des ... Indiktionsjahres, an Weizen im Kankellon-Maß Artaben ... im Kankellon-Maß, sonst nichts. Am 1. Phaophi ...
† ⟦*Paraphe*⟧. “

Die erhaltene Partie gibt wenig Aufschluß über den Inhalt des Dokumentes. Wie groß der verlorene Textteil ist, läßt sich nicht bestimmen. Möglicherweise handelt es sich um eine Embole-Quittung für das Dorf Loru (vgl. Z. 2–3: (ὑπὲρ) ἐμβολῆς τῆς ... ἰνδικτίωνος). Zahlender wäre dann wohl Phoibammon; der Kankellarios führt vielleicht die Zahlung für ihn aus (δ̣ιὰ Σεργίου ist aber keinesfalls zu lesen). In Betracht zu ziehen wäre auch, daß es sich um einen Zahlungsauftrag an einen Funktionär des Dorfes Loru zugunsten des Kankellarios handelt. Diesfalls wäre Phoibammon der Absender des Schriftstückes, wozu auch das über seinem Namen gesetzte Kreuz passen würde.

1. Der ungewöhnliche Schriftzug vor Λώρου ist womöglich als χ̣ω(ρίου) zu deuten.

Λώρου: Das Dorf ist nur im 7. und 8. Jh. bezeugt; vgl. Calderini, Daris, *Dizionario III*, 215 (als einziger früherer Beleg ist dieser Text verzeichnet; zu dem in *Suppl. I*, 189 genannten P.IFAO III 42, 7 [2.–3. Jh.] s. die Korrektur der Lesung in BL VIII 153). Über seine Lage im Arsinoites lassen sich keine verläßlichen Aussagen treffen, aufgrund der Nennung in Ortslisten in Verbindung mit Dörfern der Polemonos Meris wurde eine Lage auch von Loru im Süden der Oase vermutet, vgl. Wessely, *Topographie*, 100, P.Tebt. II S. 362 und 388 und Timm, *Christlich-koptisches Ägypten III*, 1496–1497.

2. καγκελλαρ(ίου): Die von Wessely hier angenommene Worttrennung in καγκέλλ(ῳ) und ἀρ(τάβας) wäre schon in Hinblick auf Z. 3 sonderbar und ist jedenfalls durch die Lesung des nachfolgenden ὑπέρ-Zeichens auszuschließen. Vielmehr handelt es sich um den Amtstitel des Sergios bzw. eher noch seines Sohnes. Zu den papyrologischen Belegen für καγκελλάριοι s. H. Harrauer, P.Bingen 147, Komm. zu Z. 1.

4. Φαῶφι α = 28./29. September. Danach folgte vermutlich τῆς αὐτῆς ... ἰνδικτίωνος.

576. FRAGMENT MIT UNTERSCHRIFT EINES DIAKONOS VIKTOR

P.Vindob. G 11453 5,3 × 12,5 cm 7.–8. Jh.
Arsinoites / Herakleopolites? Tafel LIX

Ed. pr.: SPP III 576 (7. Jh.).
Revision am Original.

Mittelbrauner Papyrus. Nur der untere originale Rand scheint erhalten zu sein. Oben und rechts ist das Blatt unregelmäßig abgebrochen, wobei oben wohl keine Schrift verloren ist. Links blieb ein min. 5 cm messender Freiraum, von dem über eine Breite von 3 cm nur eine Querlage des Papyrus erhalten blieb. Auf Höhe von Z. 3 wurde in den Freiraum ein Kürzel, vielleicht eine Paraphe, gesetzt. Beschrieben mit schwarzer Tinte, Schrift quer zur Faserrichtung. Das Verso blieb leer.

↓ 1 *vac.* † δ(ι') ἐμοῦ Βίκτ(ορος) ἐλ(α)χ(ίστου) δια̣κ̣[(όνου) ̣ ̣]π ̣[- - -]
2 *vac.* Ταπάεις̣ γ̣αμ(ετὴ) Ἠ̣λ̣[̣ ̣] ̣ ̣ ̣ ̣ ̣[- - -]
3 *Paraphe? vac.* Θεοτότι γαμ(ετὴ) Ἀππ̣[- - -]

1. ἐλ[α]χ(ίστου) δι[α]κ/(όνου)[ ]α̣[*ed. pr.* 2. Ταπαει γαμ̄(ετὴ) Ἡλ[ία *ed. pr.* 3. *Paraphe om. ed. pr.* *l.* Θεοδότη Ἀπο[*ed. pr.*

„† Durch mich, Viktor, geringster Diakon, …
Tapais, Gattin des El- …
Paraphe? Theodote, Gattin des App- …"

Der Papyrus weist keinen inhaltlichen Zusammenhang mit den von Wessely unter SPP III 449ff. edierten Getreidequittungen auf. Hintergrund für die Aufnahme in diese Textgruppe könnte vielleicht die Paraphe in Z. 3 sein, die unter Umständen auch als σιτ( ) gelesen werden kann. Der fragmentarische Zustand des Textes läßt jedoch keinerlei Deutung des Kontextes zu.

Wessely vermerkt keine Herkunft des Papyrus. Der Nachweis des Ankaufs des Stückes im Jahr 1883 nach dem handschriftlichen Inventar legt eine Herkunft aus dem Fayum nahe.

1. δια̣κ̣[(όνου) ̣ ̣]π ̣[: Möglich wäre δια̣κ̣[(όνου) (καὶ) ὑ]πο̣[δέκτου.

2. Ἠ̣λ̣[̣ ̣]: Für die von Wessely angenommene Ergänzung Ἠλ[ία] würde man Spuren einer Unterlänge unter der Lücke erwarten. Vermutlich stand hier einer der selteneren Namen auf Ἠλ-.

577. QUITTUNG FÜR BROT

P.Vindob. G 11454 11,3 × 9,4 cm 7.–8. Jh. (arab. Zeit)
Arsinoites / Herakleopolites Tafel LIX

Ed. pr.: SPP III 577 (7.–8. Jh., angeblich Fayum).
Revision am Original.

Mittelbrauner Papyrus mit rundum intaktem Rand. Eine größere Fehlstelle befindet sich in der Mitte des Blattes, kleine Löcher sind über das Blatt verteilt. Beschrieben mit schwarzer Tinte, Schrift quer zur Faserrichtung. Mehrere Tintenflecke am linken Blattrand. Unbeschriebener Freiraum links 1,5 cm, unten 3 cm. Zwischen Z. 3 und 4 hat der Schreiber 2 cm Abstand gelassen. Auf dem Verso sind Teile zweier arabischer Zeilen erhalten.

↓ † μ(ηνὶ) Χοι(ὰκ) κθ ς \`ἰ̣ν̣(δικτίωνος)´ σι(τικοῦ?)
ψωμίου λίτ(ρας) δ.
Θεοδοσίου πρεσ(βυτέρου) στοιχῆ.
λίτ(ραι) δ.

1. ς^γ cἰ/(νδικτιῶνος?) *ed. pr.* 2. λί^τ(ραι) *ed. pr.* 3. *l.* Θεοδόσιος πρεσβύτερος στοιχεῖ (*sc.* μοι) πρε(σβυτέρου) *ed. pr.*

„† Im Monat Choiak, am 29., des 6. Indiktionsjahres, an Weizen(?)brot 4 Litra. Theodosios, Presbyteros, ist einverstanden.
4 Litra.“

Die Quittung bestätigt den Erhalt der bescheidenen Menge von vier Litra Brot. Nach der Neulesung ist hier vielleicht erstmalig die spezifizierende Bezeichnung σιτικὸν ψωμίον belegt (s. Komm. zu Z. 1).

In der *ed. pr.* wurden die Z. 2 und 3 von Wessely in koptischen Buchstaben transkribiert. Die Herkunft des Textes (*ed. pr.*: angeblich Fayum) läßt sich mit der Zugehörigkeit des Papyrus zum 1. Fayumer Fund bestätigen.

1. Χοι(ὰκ) κθ = 25. (26.) Dezember.

ς \`ἰ̣ν̣(δικτίωνος)´ σι(τικοῦ?): Die Abkürzung σι( ) am Zeilenende ist eindeutig und kann sich nicht, wie in der *ed. pr.* vermutet, auf das Indiktionsjahr beziehen. Hingegen lassen sich die Zeichen über der Zeile statt γ besser als ιν mit horizontalem Kürzungsstrich lesen. Zur Auflösung der Kürzung σι( ) bietet sich eine adjektivische Ergänzung σιτικόν zum danach genannten ψωμίον an. Eine solche Nuancierung einer Brotart ist in den Papyri bislang nicht bezeugt; vgl. Battaglia, *Artos*, 97–99, wo für ψωμίον nur die Attribute καθαρόν und ἁπαλόν verzeichnet sind, während *ebd.*, 86 auf das einzig in SB III 6949, 20–21 (4. Jh.), einer Inschrift aus Aksum, genannte ἄρτος σίτινος (= σιτικός) hingewiesen wird. Eine andere Möglichkeit der Ergänzung läßt sich anhand von P.Vind.Tand. 19, 15 (5.–6. Jh.) vermuten, wo eine Zahlung σιτη(ρεσίου) ἄρτου vorgenommen wird, von den

Herausgebern als „Bezahlung in Brot“ verstanden. Auch in vorliegender Quittung könnte es sich bei Auflösung der Abkürzung als σι(τηρεσίου) um „Kornempfang“ handeln (s. Preisigke, *WB II*, 461), der in Brot geleistet wurde. Dagegen einzuwenden ist allerdings, daß diesfalls die Abkürzung vom Schreiber mißverständlich kurz gewählt wäre.

578. ZAHLUNGSBESTÄTIGUNG FÜR LOTOSKLEE

P.Vindob. G 2123 — 5,3 × 19,2 cm — 5. Jh.
Halmyras (Herakleopolites) — Tafel LX

Descr.: PERF Nr. 338.
Ed. pr.: SPP III 567 (5.–6. Jh., Fayum).
Ed. post.: SPP XX 124 (ohne Zeit und Ort).
Revision am Original.

Hellbrauner Papyrus. Das Blatt ist in seiner ursprünglichen Höhe mit intaktem oberen und unteren Rand erhalten. Der linke Rand ist leicht beschädigt; rechts geradlinige (vielleicht entlang einer vertikalen Faltung verlaufende) Bruchkante. Der verlorene Teil läßt sich nicht genau bestimmen, betrug aber mindestens einige Zentimeter (vgl. die Ergänzung in Z. 2). Nach der Restaurierung des Papyrus sind nur noch zwei horizontale Faltungen anhand der regelmäßigen Beschädigungen des Papyrus zu erkennen. Beide Faltungen verlaufen leicht geneigt im Abstand von etwa 2 cm zueinander. Beschrieben mit schwarzer, teils verblaßter Tinte. Schrift quer zur Faserrichtung. Oben und unten blieb ein unbeschriebener Freiraum von etwa 1 cm. Das Verso ist leer.

↓ 1 †̣ Ἐ̣δ̣ό̣θη δι(ὰ) τῶν κεφαλαιωτῶν Ἁλμυρᾶ̣ς Φοιβάμμωνι Τεετᾶ φ̣ροντισ̣[τῇ - - -]
2 (ἀρουρῶν) λα ∠ σπ̣ι̣ρ̣[ο]μένων ἐν χόρτῳ εἰς τὴν οὐσίαν κατασπορ(ᾶς) ι
(ἰνδικτίωνος?) λωτίνου ἀρτάβα̣[ς δεκαπέντε ἥμισυ τέταρτον]
3 *vac.* (γίνεται) λωτ(ίνου) (ἀρτάβας) ιε ϑʹ. (2. H.?) Φαῶφι ς, θ ἰνδ(ικτίωνος) ̣[- - -]

1. ἐδόθη δ/(ιά) *ed. pr. et SPP XX* 2. ἀ̣λ̣λα[σσο]μένων *ed. pr.* ἀ̣λ̣α[σσο]μένων *SPP XX* *l.* σπειρομένων οὐσίαν *om. ed. pr. et SPP XX* κατασπορ/(ὰν) ἰ//(νδικτιῶνος) *ed. pr.* κατασπορ/(ὰν) ιϛ// (*l.* ιʹ ἰνδικτιόνος) *SPP XX* ι c// *pap.* ἀρτάβ(αι) [ιε ϛ ιβ¯] *ed. pr. et SPP XX* 3. (γίνεται) *om. ed. pr.* ⏄ ιε ϛ ιβʹ *ed. pr. et SPP XX* ι// *pap.* θ c// ινδϛ *pap.* ἰνδικϛ(τιῶνος) *ed. pr. et SPP XX*

„† Es wurde bezahlt von den *kephalaiotai* von Halmyras dem Phoibammon, Sohn des Teetas, Verwalter … für 31 ½ Aruren, die mit Gräsern besät werden, für das Landgut, betreffend die Aussaat des 10. Indiktionsjahres (?), an Lotosklee fünfzehn, einhalb und ein viertel Artaben, das sind an Lotosklee Artaben 15 ¾. (2. H.?) Am 6. Phaophi des 9. Indiktionsjahres …“

Die Quittung bestätigt eine Saatgutzahlung der *kephalaiotai* des Dorfes Halmyras an einen *phrontistes* Phoibammon. Das betreffende Saatgut ist λώτινον, das entsprechend der Neulesung in Z. 2 (s. Zeilenkomm.) synonym mit χόρτος verwendet wird. Beide Begriffe haben ein ausgedehntes Bedeutungsfeld: Als χόρτος kann jede Art von Grünfutter ebenso wie trockenes Gras oder Heu bezeichnet werden; s. Preisigke, *WB II*, 743f. und Schnebel, *Landwirtschaft*, 211–218, bes. 213, wo auf die Benennung von Kleepflanzen (τρίφυλλον) als χόρτος eingegangen wird. Daß es sich hier bei χόρτος jedenfalls um angebaute Futterpflanzen handelt, zeigen σπειρομένων und καταστορ(ᾶς) der Z. 2. Ähnlich bezeichnet λωτός bzw. λώτινον nicht nur den ägyptischen weißen und blauen Lotus, also Seerosengewächse (*nymphaea*), sondern zahlreiche verschiedene Pflanzen, unter diesen auch Kleegewächse (*melilotus*), die als Futterpflanzen Verwendung fanden; s. A. Steier, *s.v. Lotus*, RE XIII.2, 1515–1532, bes. 1530ff. und L. Keimer, *Die Gartenpflanzen im Alten Ägypten*, Bd. 1, Hildesheim 1967, bes. 115f., Anm. 10. Beide Begriffe können also verschiedene Kleearten bezeichnen. Dies erweist sich bereits anhand mancher Texte, in denen der allgemeine Begriff χόρτος durch die Beifügung des Adjektivs λώτινος spezifiziert wird; vgl. BGU VI 1266, 17 (203/202 v. Chr.), PSI IV 432, 3 (3. Jh. v. Chr.) und P.Münch. III 89, 13 (339). In dem vorliegenden Text hat es den Anschein, als würde χόρτος die angebaute Pflanze bezeichnen und demgegenüber das Saatgut als λώτινον benannt werden. Dies muß nicht auf einen festen Sprachgebrauch zurückgehen, es könnte bloß eine zufällige Variation zweier Synonyme vorliegen.

Bei der Zahlung handelt es sich also um mehr als fünfzehn Artaben an Kleesamen für die Aussaat des 10. Indiktionsjahres auf einem Landgut, das im erhaltenen Text nicht genauer bezeichnet wird. Vermutlich ist Phoibammon als φροντιστής eben dieser οὐσία tätig; vgl. zu den *phrontistai* der spätantiken Domänenverwaltung Hardy, *Large Estates*, 133 und Gascou, *Grands domaines*, 20. Offenbar war für die Bemessung der Saatgutmenge die Grundstückgröße von Bedeutung, da diese in Z. 2 ausdrücklich genannt wird und das bezahlte Saatgut exakt ¹/₂ Artaben Kleesamen je Arure entspricht.

Die geographische Einordnung des Papyrus läßt schon anhand des genannten Ortsnamens (s. dazu Z.–Komm.) aber auch aufgrund paläographischer Kriterien bestimmen. Das gleichmäßige und kantige Schriftbild mit dem in zwei runde Bogen geteilten ε, mit schmal und weit nach unten gezogenem ersten Bogen von α, gleichmäßigem Dreiecks-δ und oben spitz zulaufendem θ ist die im Herakleopolites des 5. Jh. vorherrschende Schrift; vgl. die erstmalige Beobachtung dieser lokalen Besonderheit bei H. Harrauer, B. Rom, *Drei byzantinische Papyri*, ZPE 54 (1984) 95–100, bes. 95f. mit zahlreichen weiteren paläographischen Merkmalen. Da alle bislang publizierten und sicher datierbaren Papyri mit diesem Schreibstil aus dem 5. Jh. stammen — vgl. etwa P.Rain.Cent. 95 (446), 102 (459), 106 (475) und 123 (478) mit Abb. — ist auch für diesen Papyrus eine Datierung ins 5. Jh., vermutlich in dessen zweite Hälfte, anzunehmen.

1. κεφαλαιωτῶν: Der Titel κεφαλαιωτής („Hauptmann“) ist ein sehr allgemeines Prädikat, das für verschiedenste Funktionäre verwendet werden konnte, etwa für Personen, die Polizeiaufgaben wahrnahmen (so in P.Oxy. LXIII 4369, 9 [345], wo sie zusammen mit den εἰρήναρχοι genannt sind) oder Vorsteher von Berufsverbänden (vgl. z.B. den κεφαλαιωτὴς ταρσικαρίων in P.Lips. I 89 [4. Jh.]). Die hier genannten *kephalaiotai* sind Funktionäre des Dorfes, die — wie die Parallelen zeigen — unter anderem auch bei der Erhebung sowie dem Transport der Naturalsteuern tätig waren; vgl. P.Cair. Isid. 57 (315) und P.NYU 15 (315) sowie zu diesen R. S. Bagnall, *P.NYU 15 and the Kephalaiotai of Karanis*, Stud. Pap. 17 (1978) 49–54. Mit dieser Tätigkeit dürfte auch die hier

vorgenommene Saatgutzahlung in einem weiteren Zusammenhang stehen, vgl. Bagnall, *op. cit.*, 54: „They probably had responsibility [...] also to distribute the compensation received from the authorities back to the contributors."

ʽΑλμυρᾶ: Ein arsinoitisches Dorf Halmyras ist im 1. und 2. nachchristlichen Jahrhundert für den Themistos-Bezirk, nahe bei Heraklia, verschiedentlich belegt; vgl. Calderini, Daris, *Dizionario I/2*, 3–4 (1. cit.) mit *Suppl. I*, 27. Schwieriger ist die geographische Zuordnung der Zeugnisse eines solchen Ortsnamens aus spätbyzantinischer und arabischer Zeit: Wessely, *Topographie*, 34 identifiziert den byzantinischen mit dem römischen Ort, weist aber auf eine wahrscheinlich herakleopolitanische Herkunft von SPP X 8 (5. Jh.) hin. In B. P. Grenfell, A. S. Hunt, P.Tebt. II S. 366 werden demgegenüber alle damals bekannten Zeugnisse aus später Zeit eher dem Herakleopolites zugeordnet und folglich vom römischen Halmyras getrennt. Calderini, Daris, *Dizionario I/2*, 3–4 unterscheiden drei verschiedene Dörfer, und zwar neben dem römischen Halmyras in byz.–arab. Zeit ein arsinoitisches (2. cit.) und ein herakleopolitanisches (3. cit.). Vorliegender Text ist als Beleg für den Arsinoites verzeichnet. Falivene, *Herakleopolite Nome*, 47 verzeichnet diesen und die sechs weiteren Belege für Halmyras aus dem 5.–8. Jh. als Zeugnisse für ein herakleopolitanisches Dorf dieses Namens (übernommen von Calderini, Daris, *Suppl. III*, 15); *i.e.* SB I 5338, 15 (byz. Zt.); SPP VIII 1309, 4 (7. Jh.; mit BL X 267); SPP X 8, 4 (5. Jh.); 72, 11–14 (8. Jh.); 223, 1 (8. Jh.) und 230, 2 (7.–8. Jh.). Tatsächlich ist bis auf SB I 5338, eine Liste arsinoitischer Ortsnamen, bei der in Z. 15 mit Fragezeichen versehen ʽΑ[λμυ]ρ̣ᾶ̣ς gelesen wurde, bei allen Texten eine Herkunft aus dem Herakleopolites zumindest wahrscheinlich. Dies stützt auch der letzte hinzugekommene Beleg für den Ort CPR XIX 47, 7 (6. Jh.), eine Liste von βοηθοί herakleopolitanischer Dörfer. Entsprechend ist die Lesung in SB I 5338 abzulehnen, der Text als Zeugnis für Halmyras zu streichen und für die byzantinische und arabische Zeit nur ein, im herakleopolitanischen Gau gelegenes Dorf mit Namen ʽΑλμυρᾶς anzunehmen.

Τεετᾶ: Ein Personenname Τεετᾶ (Nom. vielleicht Τεετᾶς; s. Preisigke, *NB*, 426) ist in keinem anderen griechischen Text belegt. Das deutlich auf eine ägyptische Grundform zurückgehende Wort ist wie andere (männliche) Namen mit der Anlautsilbe Τεε- (etwa Τεεφῖβις und Τεεβῆς) vermutlich die gräzisierte Form eines der zahlreichen ägyptischen Namen auf *ḏd-ḥr*-NN („Das Gesicht des NN hat gesprochen"); s. zu diesen J. Quaegebeur, *Tithoes, dieu oraculaire?*, Enchoria 7 (1977) 103–108. Allerdings ist weder bei Ranke, *Ägyptische Personennamen*, 411 noch bei Lüddeckens, Thissen, *Demotisches Namenbuch I.3*, 1367–1373 eine zur griechischen Silbe -τας passende Namensvariante verzeichnet.

2. (ἀρουρῶν) λα ∠ σπ̣ι̣ρ̣[ο]μένων ἐν χόρτῳ: Wessely liest am Zeilenbeginn ἀ̣λ̣λα[σσο]μένων in der *ed. pr.* bzw. ἀλ̣α[σσο]μένων in SPP XX und läßt damit an ein Tauschgeschäft denken. Keine der beiden Lesungen ist allerdings mit den Tintenspuren vereinbar. Zwar wäre vor der Lücke Doppel-σ nicht unmöglich, danach ist aber deutlich eine Ober- und eine Unterlänge (-ιρ-) zu sehen. Auch wäre die Lücke für nur ο viel zu groß. In Wesselys Transkription ebenfalls unbeachtet blieb die großzügige geschwungene Linie nach λα, die kaum anders als (ἥμισυ) gedeutet werden kann. Es ist daher (wie in vielen Parallelen vor ἐν χόρτῳ) mit der Angabe der Grundstücksgröße zu rechnen. Die Spuren am Zeilenbeginn sind auch gut als Aruren-Zeichen ᘔ zu deuten.

εἰς τὴν οὐσίαν κατασπορ(ᾶς) ι: In der *ed. pr.* und in SPP XX fehlt das deutlich zu sehende οὐσίαν völlig. Durch die Neulesung verkompliziert sich die Struktur der Phrase, da nunmehr καταϲπορά ohne Präposition an die Wendung εἰς τὴν οὐσίαν angeschlossen ist. Der übergebene Klee war einerseits für die οὐσία, andererseits für die Aussaat des 10. Indiktionsjahres bestimmt; καταϲπορ( ) ist entsprechend als absoluter Genitiv aufzulösen

ι (ἰνδικτίωνος?): Wessely liest in der *ed. pr.* nur ι für ἰνδικτίων, ohne Zahlenangabe. Auf καταϲπορά folgt jedoch im Allgemeinen die Bezifferung des Saatjahres, hier also das kommende zehnte Jahr. Das dem ι nachfolgende Zeichen ᶜ// ist dasselbe, das auf θ in Z. 3 folgt. Vermutlich wird derart das sonst oft der Indiktionsangabe beigefügte ȝ//–Zeichen als Zeichen für (ἰνδικτίων) gebraucht, wobei in Z. 3 zusätzlich auch ινδ₅ geschrieben steht.

3. (ἀρτάβας) ιε ϑ′: Wessely liest die Bruchzahlen ∠ ιβ′, tatsächlich ist auf dem Papyrus das Kürzel für 3/4, die Ligatur aus ∠ und δ′, zu sehen. Somit ist die Summe der übergebenen Artaben genau halb so groß wie die zu besäende Fläche in Aruren.

Φαῶφι ς = 3. (4.) Oktober.

ἰνδ(ικτίωνος) . : Nach ινδ/ ist noch eine Wellenlinie zu sehen, die sicher nicht für ικ steht (vgl. Wesselys ἰνδικ₅(τιῶνος)). Möglicherweise ist δ doppelt abgekürzt; vielleicht beginnt aber auch ein neuer Text, etwa die Unterschrift des Ausstellers.

578bis. EMBOLEQUITTUNG ?

P.Vindob. G 11456 5 × 9,1 cm 7. Jh.
Arsinoites / Herakleopolites Tafel LXI

Ed. pr.: SPP III 578 (6. Jh., angeblich Fayum).
Revision am Original.

Mittelbrauner Papyrus. Der obere und untere Rand der Blattes ist erhalten, rechts gerade Bruchkante. Entgegen der Transkription Wesselys ist der linke Rand teilweise intakt. Beschrieben mit schwarzer Tinte, Schrift quer zur Faserrichtung. Die von Wessely angegebenen horizontalen Faltungen in Abständen von 0,5, 1,4, 1,7 und 1 cm sind nach der Konservierung nicht mehr erkennbar. Das Verso ist leer.

In SPP III beendete Wessely die Seite 122 mit Nr. 578 und begann die folgende Seite erneut mit derselben Publikationsnummer. Nach der hier verwendeten Zählung und um den Eindruck von zwei zusammengehörigen Fragmenten bzw. Rekto- und Verso-Seite zu vermeiden, ist das auf **578** folgende Stück von diesem als **578bis** zu unterscheiden.

↓ 1 [. . τ]ο̣ῦ̣ κυρ(ίου) Στέφανος βοηθ(οῦ) (ὑπὲρ) ἐμ[βολῆς? - - -]
2 τ̣ε̣ . . [σ]ί̣του κόκκου ἀρ(τάβας) τέσσα̣[ρας - - -]
3 ἐγρ(άφη) μ̣η̣(νὶ) Τῦβι τῆς αὐτ(ῆς) ιε ἰνδ(ικτίωνος). † Μ . [- - -]

1.]-, κύρ/(ιος) Στέφανος βοη^θ(ός)^ *ed. pr.* *l.* Στεφάνου εκ[*ed. pr.* 2.]/////// τῶν κόκκου ἀρ/(ταβῶν) τεσσ[άρων *ed. pr.* 3.]ἐγρ/(άφη) [μ(ηνὶ)] τυβι *ed. pr.*

„... von dem Herrn Stephanos, Boethos, für die Embole (?) .... an Weizenkörnern vier Artaben ... Geschrieben im Monat Tybi desselben 15. Indiktionsjahres. † M- ...“

Vermutlich ist am Ende der Zeile 1, wo besser εμ- statt Wesselys εκ - zu lesen ist, der Zahlungsgrund der Embole zu ergänzen. Möglich wäre als Ergänzung auch ὑπὲρ ἐμφυτεύματος, wobei die Erbpacht (Emphyteuse) in den Quellen freilich viel seltener als die Embole-Steuer bezeugt ist. Bezahlt wurde durch den Boethos Stephanos, wobei am Zeilenbeginn vielleicht δι(ὰ) τοῦ zu ergänzen ist. Die bezahlte Summe beträgt vier Artaben an Weizenkörnern plus eventuell in Z. 2 noch zu ergänzende Bruchzahlen.

2. Die Buchstaben am Zeilenbeginn sind nur zum Teil erhalten. Dem Formular der Embole-Quittungen entsprechend (s. etwa oben **473**) wäre direkt vor der Artabenzahl das Indiktionsjahr zu erwarten. Ein Rest von πεντεκαιδεκάτης ἰνδικτίωνος ist aber mit Sicherheit nicht zu lesen.

[σ]ι̣του κόκκου: Zu κόκκος in der Bedeutung „Kern“ vgl. Schnebel, *Landwirtschaft*, 119. Die Kombination der beiden Worte kommt nur selten vor, vgl. etwa die Embolequittung SPP III^2 66, 4 (Anfang 7. Jh.).

579. ZAHLUNGSAUFTRAG AN MESITAI

P.Paris M.N. E 6951 W 523 — 7,3 × 2,9 cm — 7. Jh.
Arsinoites / Herakleopolites — Tafel LXI

Ed. ant.: Wessely, *Pariser Papyri*, 251, App. 523.
Ed. pr.: SPP III 579 (6. Jh., Fayum).
Revision am Original.

Hellbrauner Papyrus mit einigen dunklen Flecken. Erhalten ist nur der Mittelstreifen des ursprünglichen Blattes mit intaktem unteren und teilweise unversehrtem oberen Rand. Die geraden Bruchkanten verlaufen wahrscheinlich entlang zweier vertikaler Faltungen, die das Blatt in drei gleich breite Streifen teilten. Beschrieben mit schwarzer Tinte. Schrift quer zur Faserrichtung. Auf dem Verso sind ein paar dunkle Flecken, eventuell abgewaschene Tinte, zu sehen.

↓
[±8 ὀρ]ρ̣(ίων) πολιτῶ(ν) Φ[±10]
[±8 Θ]εοδοσίῳ̣ Ζαχ[αρία ±6]
[±8 Ἰ]ωάννου (ὑπὲρ) λοιπά(δος) [±10]
[±8 ἀρ]τάβας ἕνδ[εκα ἥμ̣ισυ εἰκ(οστοτέταρτον),]
[σί(του) ἀρ(τάβας) ια ∠ κ(δ)ʹ] μ̣ό(νον). Θὼθ ι[±10]
[*vac.?*] ⟦ . . . . . ἀρ(τάβας) ια ∠ κ̣(δ)ʹ . . ⟧ [±10]

1. ὁρρ()] πολιτ/ᵏ(-ικῶν) Φ[*ed. pr.* 3. Ἰω]άννου *ed. pr.* λοιπ[άδος *ed. pr.* 4. [κα]ταβαλεν̣ ‘[ ] *ed. pr.* 5. [ ]γ// θωθ[ ] *ed. pr.* 6. *imit. script.* *ed. pr.*

„... der städtischen Getreidespeicher, Ph- ..., dem Theodosios, Sohn des Zacharias, ... des Ioannes, für den Restbetrag ... an Weizen elf, eine halbe und ein vierundzwanzigstel Artaben, Artaben 11 1/2 1/24, sonst nichts. Am ...-zehnten Thoth ...

[... Artaben 11 1/2 1/24 ...]. “

Der erhaltene Teil des Textes entspricht im Formular den Zahlungsaufträgen an einen oder mehrere Mesitai, die aus mehreren Parallelen aus dem 5.–8. Jh. bekannt sind: neben den folgenden Texten **580** und **581** vgl. vor allem SPP VIII 957, 967, 970 (= SPP XX 193), 973 (= SPP XX 168), 1024, 1140–1146 (= BGU II 683–689 [in anderer Reihenfolge]), 1151 und 1176 sowie CPR VI 9, P.Prag. I 68 und 69 (Timotheos-Dossier), P.Vind.Worp 6 und SB XX 14072 (Agathammon-Dossier).

Diese Texte nennen gewöhnlich zuerst den / die Adressaten des Textes, dann den / die Auftraggeber; z.B. P.Prag. I 68, 1–2: [τοῖς ἀδελφ(οῖς)] μεσίτ(αις) ὁρρ(ίων) πολιτ(ῶν) μεσῖτ(αι) | ὁ̣ρρ(ίων) μεγάλ(ων). Mit παράσχ(ου/-ετε), λόγισαι / λογίσασθε oder ähnlichen Verben in imperativischer Form wird dann der eigentliche Auftrag eingeleitet. Genannt ist immer der Zahlungsempfänger (etwa in P.Prag. I 68, 2–3: τῷ κόμ(ετι) Θεοδώρῳ | χαρτουλαρ(ίῳ)), bisweilen das Konto, von dem die Zahlung abgerechnet werden soll (ebd., 3: ἀπὸ λόγ(ου) ὑπ(οδέκτου) Μαγαΐδος; zur Lesung s. oben **C. 10.** Anm. 85), und vereinzelt auch der Zahlungsgrund (etwa in P.Prag. I 69, 3: (ὑπὲρ) ἀντιχρήσεως, in SPP VIII 957: (ὑπὲρ) σιλιγνιαρ(ίῳ)). Der zweifach genannten Summe folgt schließlich das Datum des Auftrages und nur bisweilen die Unterschrift des Verfassers.

Im vorliegenden Text beziehen sich die genannten städtischen Getreidespeicher in Z. 1 auf die adressierten Mesitai, die diesen *horrea* vorstehen. Mit Φ - beginnt wohl der Name des Auftraggebers. Der im Dativ genannte Theodosios ist Begünstigter der Zahlung, Zacharias dann sein Vater. Am Beginn der Z. 2 stand ein Imperativ wie παράσχετε. Unklar ist, in welcher Funktion der in Z. 3 genannte Ioannes auftritt. Eine Ergänzung ἀπὸ λόγου Ἰωάννου kann sich nicht auf direkte Parallelen stützen, da die Belasteten gewöhnlich mit ihrer Funktion oder Amtsbezeichnung angeführt sind. Als Zahlungsgrund ist hier ausdrücklich ὑπὲρ λοιπάδος, also die Begleichung eines Zahlungsrückstandes erwähnt. Die genannte Summe dieses Restbetrages von 11 1/2 1/24 Artaben ist im Textteil verloren, jedoch in der nochmaligen Nennung in dem durchstrichenen Kontrollvermerk der Z. 6 lesbar. Vom Datum ist nur der Monatsname Thoth und ι erhalten (für κ ist der Strich zu lang). Eine Unterschrift ist aufgrund der individualisierten Nennung des Auftraggebers in Z. 1–2 nicht mehr zu erwarten.

1. ὁρ]ρ(ίων) πολιτῶ(ν): Zur Diskussion um die korrekte Auflösung der Abkürzung vgl. P.Vind.Worp 6, wo πολᵀ adjektivisch als πολιτικῶν aufgefaßt wird, sowie andererseits CPR VI 9 Einl., wo S. Van Lith für die substantivische Ergänzung πολιτῶν eintritt. Daß die Genitivverbindung ὅρρια πολιτῶν dem Sprachgebrauch dieser Zeit jedenfalls auch entspricht, zeigt etwa SPP VIII 1038, 2, wo ausgeschrieben πολιτῶν zu lesen ist (zur

Korrektur der Lesung s. oben **C. 10.** Anm. 84); vgl. auch SPP VIII 1140, 1142–1144 und 1146. Demgegenüber ist z.B. in SPP VIII 1141 die adjektivische Form durch hochgestelltes κ deutlich angezeigt; so auch in SB VIII 9771 πολιτικ(ῶν) und in SPP XX 168 πολιτικῶ(ν). Eine Entscheidung über die vom Schreiber intendierte Auflösung jener Beispiele, in denen πολιτ() oder πολ^{τ}() abgekürzt ist, läßt sich daher nicht treffen. Auch in vorliegendem Text wäre eine Binnenkürzung πολιτ(ικ)ῶ(ν) denkbar.

Inhaltlich dürfte zwischen beiden Ausdrücken kein Unterschied bestehen. Der deutlich städtische Bezug des Nomen πολίτης (s. J. G. Keenan, *On Village and Polis in Byzantine Egypt*, Proc. XVIth Int. Congr. of Pap., ASP 23, Chico 1981) läßt darauf schließen, daß es sich bei den so bezeichneten Kornspeichern um Speicher in der Gauhauptstadt Arsinoiton Polis (oder Herakleopolis) handelt.

580. ZAHLUNGSAUFTRAG AN MESITAI DER STÄDTISCHEN GETREIDESPEICHER

P.Berlin Aeg. Mus. 5820 — 6,8 × 16,5 cm — 7.–8. Jh.
Arsinoites / Herakleopolites — Tafel LXI

Descr.: Wilcken, *Tafeln zur Palaeographie*, S. XIV, ad Tafel XX b (Leseprobe Z. 3).
Ed. ant.: BGU II 689 (arab. Zeit).
Ed. pr.: SPP III 580 (6.–7. Jh., Fayum).
Ed. post.: SPP VIII 1141 (arab. Zeit).
Korr.: F. Preisigke, BL I 439.
Abb.: Wilcken, *Tafeln zur Palaeographie*, Tafel XX b.
Revision am Photo.

Papyrus. Das Blatt ist vollständig und mit intakten Rändern erhalten. Faltungen sind nicht mehr erkennbar. Beschrieben mit schwarzer Tinte. Schrift quer zur Faserrichtung. Unbeschriebener Rand oben ca. 1 cm, unten etwa 2 cm. Der Schreiber kürzt die Wörter mehrfach durch einen nach rechts unten geführten Schrägstrich ab. Das Verso ist leer.

Der von Wilcken in den *Tafeln zur Palaeographie* abgedruckte und in BGU II publizierte Papyrus wurde von C. Wessely zweimal in die P.Klein. Form. aufgenommen: Einmal anschließend an die Quittungen für die Naturalsteuer als SPP III 580 und später erneut in der Zusammenstellung von Zahlungsaufträgen an Mesitai unter SPP VIII 1141.

↓ 1 † Κυρ(ίοις) μεσίτ(αις) ὁρρ(ίων) πολιτῶ̣(ν). † Ζαχαρίας
2 δ(ι') ἐμοῦ Κύρου· π(αράσ)χ̣(ετε) Ἄββα Σαρμάτα̣ μο(ναχῷ̣)
3 σί(του) ἀ(ρτάβας) ς, σίτου ἀρτάβ(ας) ἓξ μό(νας). Χο(ιὰκ) ζ ἰ(νδικτίωνος)
ς † *Paraphe.*

1. μεσιτ⸓'τ⸓(ευομένοις) *ed. pr.* πολιτ⸓^{κ}/(-ικῶν) *ed. pr. et SPP VIII* 2. Κύρο(υ) *BGU* π/̄ pap. π⁊(αράσχετε) Ἀσβα.αρ'() Μαγαιδ(ος) *ed. pr.* Π(αράσχου) ἄππα Σαρματα̣ιβο(.) *BGU* ἀββᾶ̣ Σαρμάτα̣ Ἰβό(ιτος) *Preisigke* π/(αράσχου) Αββα Σαρμαται βο( ) *SPP VIII* 3. σί(του) ⏆ *ed. pr., BGU et SPP VIII* ἰ/(ν)δ(ικτιονος) *SPP VIII* † *Tachygraphie BGU*

„† Den Herren Mesitai der städtischen Getreidespeicher. † Zacharias, durch mich, Kyros: Zahlt dem Abba Sarmatas, Mönch, an Weizen 6 Artaben, an Weizen sechs Artaben, sonst nichts. Am 7. Choiak des 6. Indiktionsjahres † *Paraphe*.“

Zu den Zahlungsaufträgen an Mesitai s. oben **579** Einl. Hier beauftragt ein nicht näher bezeichneter Zacharias, vertreten durch einen gewissen Kyros, die Mesitai der städtischen Getreidespeicher mit der Auszahlung von sechs Artaben Weizen an den Mönch Abba Sarmatas. Zacharias selbst war wohl nicht Mesites, sonst hätte er seine Kollegen als ἀδελφοί angesprochen, hatte aber aufgrund anderer Prämissen Zugriff auf die Getreidevorräte der städtischen Kornspeicher. Diese und die zweite von Kyros für Zacharias ausgefertigte Zahlungsanweisung SPP VIII 1140 = BGU II 688 (P.Berlin Aeg. Mus. 2678) legen eine Tätigkeit des Zacharias im Rahmen der Kirchenverwaltung nahe. Zur besseren Übersichtlichkeit sei der Text hier mit kleinen Korrekturen zu den älteren Editionen abgedruckt:

↓ 1 † Κυρ(ίοις) μεσίτ(αις) ὁρρ(ίων) πολιτῶ(ν). † Ζαχαρίας
2 δ(ι') ἐμοῦ Κ[ύ]ρ̣ου· λημμ(ατίσατε) τῇ ἁγί(ᾳ) ἐκκλησί(ᾳ) τοῦ ἁγί(ου) Κολλούθου
3 σί(του) ἀ(ρτάβας) κ, σίτου ἀρτάβ(ας) εἴκοσι μό(νας). Φαῶφ(ι) ς ἰ(νδικτίωνος) ς †
Paraphe.

2. Κ[ύ]ρο(υ) *BGU* λημμ(ατ...) τῆ(ς) ἁγί(ας) ἐκκλησί(ας) τ(ο)ῦ *BGU et SPP VIII* 3. $\overline{\circ}$ *BGU et SPP VIII* σίτ(ο)υ *BGU et SPP VIII* † *Tachygraphie BGU*

Begünstigte der angewiesenen Getreidezahlungen sind einmal ein Mönch, ein andermal die Kirche des hl. Kolluthos. Die Parallele wie die verhältnismäßig große Menge an Weizen zeigen, daß Abba Sarmatas die sechs Artaben nicht für sich selbst, sondern wohl für die von ihm vertretene klösterliche Gemeinschaft erhielt.

1. πολιτῶ̣(ν): Wessely schlägt entsprechend seiner üblichen Lesart die Auflösung πολιτ(ικῶν) vor; über der Zeile befindet sich aber noch ein etwas undeutlich geschriebener Buchstabe, der immerhin in der Parallele SPP VIII 1140 einwandfrei als ω zu lesen ist.

2. Ἄββα Σαρμάτᾳ: Dieser Abba Sarmatas ist sonst nicht bekannt. Im 6. Jh. ist in einem — allerdings oxyrhynchitischen — Verzeichnis von Ausgaben aus dem Apionen-Archiv ein κοινόβιον des Abba Sarmatas bezeugt; s. PSI VIII 953 Kol. 2, 9. Aufgrund der geographischen und zeitlichen Gegebenheiten scheint es keinen Zusammenhang zwischen beiden zu geben.

μο(ναχῷ): Das Zeilenende μ° wurde in den älteren Editionen unterschiedlich verstanden: Wessely liest in der *ed. pr.* den Dorfnamen Μαγαΐς. Wilcken transkribiert anstelle des μο paläographisch nicht auszuschließendes ιβο, was von Preisigke als Nennung des oxyrhynchitischen Dorfes Ἴβοις aufgefaßt wurde (vgl. Pruneti, *Ossirinchite*, 67 und Calderini, Daris, *Dizionario III*, 15 mit *Suppl. II*, 78). Allerdings stammt der Papyrus nach Wilckens Angaben in den *Tafeln zur Palaeographie*, S. XIV aus dem Fayum. Für eine nachgestellte Nennung des Herkunftsortes müßte man auch eine Auslassung der Präposition ἀπό akzeptieren. Demgegenüber trennt Wessely in SPP VIII 1141 die gelesenen Buchstaben in Σαρμαται βο() für βο(ηθῷ). Dem Duktus der Schrift entsprechend ist besser μ als ιβ zu lesen. Die Abkürzung μο() könnte auch als μο(νάζοντι) aufgelöst werden, beide Ausdrücke sind häufig als Bezeichnung für Mönche bezeugt.

3. Χο(ιὰκ) ζ = 3. (4.) Dezember.

581. ZAHLUNGSAUFTRAG AN MESITAI

P.Paris M.N. E 6846 W 578 Rekto 6,5 × 8,5 cm 6. Jh.
Arsinoites / Herakleopolites Tafel LXII

Ed. ant.: Wessely, *Pariser Papyri*, 242, App. 578.
Ed. pr.: SPP III 581 (6. Jh., Fayum).
Revision am Original.

Hellbrauner Papyrus. Entgegen der Transkription Wesselys in SPP III ist nicht nur der obere, sondern auch der rechte Rand des Blattes intakt. Links gerade Bruchkante. Zwei vertikale Faltungen teilen das Blatt in drei gleich breite Streifen von ca. 3 cm. Das lose rechte Drittel wurde etwa 2 mm zu hoch an dem linken Teil angefügt, wodurch der Schriftverlauf gestört erscheint. Links ist wohl ein Streifen dieser Breite abgebrochen, wobei aber wenig Text verloren ging. Unten ist das Blatt unregelmäßig abgebrochen. Beschrieben mit schwarzer Tinte. Schrift parallel zur Faserrichtung. Unbeschriebener Rand oben 1 cm. Großzügige Schrift eines versierten Schreibers. Zu dem von Wessely nicht transkribierten Verso s. unten **581a**.

→ [† τ]οῖς κυρ(ίοις) μεσίτες ὀρρίων
[οὐ]σιῶν Φιλόξενος
[±2]ε̣ ̣ επισ̣ κο ̣ ̣( ) παράσχ(ετε)
[±2] (ὑπὲρ) φόρ(ων) ̣[±2]ε̣ ̣α̣δοσι ̣ ̣ου
[±2] ̣ ̣[- - -]
— — — — — — — — — — — —

1. *l.* μεσίταις]οις κυρ/() μεσιτευομένων [ὀρρίων *ed. pr.* 2. δημο]σίων Φιλόξενος [*ed. pr.*
3.]ἐπισκοπχ̣ παρασχ[*ed. pr.* 4.]φορρ/() αἰ̣δε̣σιμο^υ [*ed. pr.* φο ρ̣ρ̣ *pap.*

„† Den Herren Mesitai der Getreidespeicher der Landgüter, Philoxenos …, zahlt … für Pachtzinsen …“

Der erhaltene Text des Fragmentes zeigt, daß es sich um einen Zahlungsauftrag an Mesitai (s. zu diesen Texten oben **579**, Einl.) handelt. Der unten verlorene Teil war wohl verhältnismäßig groß, mehrere zu erwartende Angaben fehlen. Zu erkennen ist, daß ein gewisser Philoxenos die Mesitai von ὅρρια οὐσίων (s. Komm. zu Z. 1–2) beauftragt eine Zahlung ὑπὲρ φόρων, also für Pacht- oder Mietzinsen vorzunehmen. Der Empfänger wie die Höhe der Zahlung sind nicht erhalten.

1. ὁρρίων | [οὐ]σιῶν: Mesitai der Getreidespeicher eines Landgutes sind in mehreren anderen derartigen Zahlungsaufträgen bezeugt: vgl. CPR VI 9, 2, SPP VIII 962, 1 und 1024, 1, P.Vind.Worp 6, 1–2 und die problematische Lesung der ὁρρ[(ίων)] μεγάλ(ης) οὐσί(ας) in P.Prag. I 69, 1 (s. dazu oben **C. 10.** Anm. 87). Abgesehen von P.Prag. I 69 sind die μεσῖται ὁρρίων οὐσιῶν allerdings immer die Auftraggeber, die sich jeweils an die μεσῖται ὁρρίων πολιτῶν wenden.

2. Wesselys Lesung ἐπισκοπ( ) kann nicht bestätigt werden, da zwischen επισ und κ ein weiterer Buchstabe steht. Vor der Kürzung könnte ξ oder ου zu lesen sein.

4. Von ὑπέρ sind nur wenige Spuren zu sehen, nach dem Formular ist es aber an dieser Stelle zu erwarten. Wesselys αἰ̣δε̣σιμο^υ ist nicht nachzuvollziehen, α schließt direkt an δ an und nach φορ̣ρ̣ wurde von Wessely die Lücke und Reste von insgesamt etwa fünf Buchstaben übergangen.

581a. LISTE MIT NAMEN UND GETREIDEZAHLUNGEN

P.Paris M.N. E 6846 W 578 Verso	6,5 × 8,5 cm	6.–7. Jh.
Arsinoites / Herakleopolites		Tafel LXII

Ined. — Erstedition nach dem Original

Auf dem Verso von **581** sind zum Rekto um 180° gedreht Reste von vier in SPP nicht transkribierten Zeilen einer ursprünglich größeren Liste erhalten. Der rechte und untere Blattrand ist intakt, links und oben verblieb eine gerade und eine unregelmäßige Bruchkante. Geschrieben in schwarzer Tinte quer zur Faserrichtung. Der Text ist im Gegensatz zu den Angaben Wesselys („Verso verwischt") zum Teil intakt erhalten, an manchen Stellen freilich ist die Tinte stark abgerieben. Die Lesung wird auch durch zwei horizontal angebrachte Klebestreifen und das ovale Klebeblatt mit der Inventarnummer beeinträchtigt.

— — — — — — — — — — — — — — — —

↓ 1 [- - -]αρ( ) β ̣ ̣ ̣[- - -]
2 [- - -] *Spuren von ± 12 Buchstaben* ῥ̣(υπαρὰς?) (ἀρτάβας) ̣[- - -]
3 [- - - Φ]οβα̣μ̣μ̣( ) (ἀρτάβας) ̣ γ̣ κ̣(δ)ʹ
4 [- - -]Ἄπα Ὀλ̣ Σ̣ί̣ων (ἀρτάβας) α ∠ μ̣(όνας)

3. *l.* Φοιβαμμ( ) 4. *l.* Σίωνος

582. FRAGMENT MIT NENNUNG VON „KLEINEN" GETREIDESPEICHERN

P.Paris M.N. E 6846 W 712 — 10,7 × 3,7 cm — 7. Jh.
Arsinoites / Herakleopolites — Tafel LXII

Ed. ant.: Wessely, *Pariser Papyri*, 168, App. 712 = SB I 4837 (byz. Zeit).
Ed. pr.: SPP III 582 (6. Jh., Fayum).
Revision am Original.

Hellbrauner Papyrus. Erhalten ist nur der untere Teil eines schmalen Vertikalstreifens des ursprünglich wohl weit größeren Blattes. Der untere Rand ist noch intakt. Die beiden seitlichen Bruchkanten verlaufen vermutlich entlang von vertikalen Faltungen. Oben unregelmäßig abgerissene Kante. Beschrieben mit schwarzer Tinte in großzügiger Blattnutzung, unten unbeschriebener Rand von 4,5 cm. Schrift quer zur Faserrichtung. Das Verso ist leer.
In SPP III sind nur die unteren vier Zeilen transkribiert. Wessely vermerkt weder die darüber noch erhaltenen Tintenspuren, noch, daß das Blatt oben abgebrochen ist.

— — — — — — — — — —

↓ 1 [- - -]α̣ρ̣[±3]ον[- - -]
2 [- - -] ὀρρ(ι-) μικρ( ) [ ]
3 [- - -] ̣ μηχαν( ) ε[- - -]
4 [- - -]τούτων π[- - -]
5 [- - - τετ]άρτης ἰνδ(ικτίωνος) †̣[- - -]

1. *om. ed. pr.* 2. ορρ/ μικρρ⸓ *pap.* ὀρρ/(ίων) μικρρ⸓(ῶν) *ed. pr.* 3.]μηχαν⸓() *ed. pr.* 5. ϊνδ/ *pap.* ἰνδ°/(ικτιῶνος)[*ed. pr.*

„... kleine Getreidespeicher ... Wasserschöpfrad (?) ... von diesen ... des vierten Indiktionsjahres ..."

Der inhaltliche Kontext des Papyrus ist anhand des erhaltenen Fragmentes nicht mehr rekonstruierbar. Von Interesse ist immerhin die Erwähnung von sonst kaum bezeugten ὄρρια μικρά, weswegen Wessely das Bruchstück wohl an dieser Stelle im Anschluß an die Getreidequittungen in SPP aufnahm. Neben den in spätbyzantinischer und arabischer Zeit bezeugten ὄρρια μεγάλα (s. oben **476**), ὄρρια πολιτῶν / πολιτικῶν (z.B. **580**) und ὄρρια οὐσιῶν (oben **581**) sind sogenannte „kleine Kornspeicher" außer in diesem Text nur in P.Ross.Georg. V 46 Nr. 1 (8. Jh.) und in SPP X 161 (6.–7. Jh.) erwähnt, und zwar jeweils in Verbindung mit den „großen Kornspeichern". Bei den ὄρρια μεγάλα und den ὄρρια πολιτῶν handelt es sich vermutlich um Speicher von Arsinoiton Polis (s. dazu oben **476**, Komm. zu Z. 3 und **579**, Komm. zu Z. 1). Dies könnte angesichts der beiden zuletzt genannten Belege auch für die ὄρρια μικρά gelten.

3. μηχαν( ): Vermutlich steht die Abkürzung für μηχανή, ein allgemeines Wort für Gerät oder Werkzeug, das in den Papyri zumeist als *terminus technicus* zur Bezeichnung des

großen Wasserschöpfrades, der Sakije, verwendet wird. In übertragener Bedeutung kann μηχανή auch das durch ein Schöpfrad bewässerte Grundstück bezeichnen. Zur Sakije vgl. D. Bonneau, *Le régime administratif de l'eau du Nil dans l'Égypte grecque, romaine et byzantine*, Leiden 1993, bes. 105–115 und 220–234, W. Habermann, *Zur Wasserversorgung einer Metropole im kaiserzeitlichen Ägypten. Neuedition von P.Lond. III 1177*, München 2000, bes. 173–182 und 185–186 sowie P.Louvre I 11 Einl. mit zahlreichen weiteren Literaturhinweisen. Neben diesem gebräuchlichen Wort könnte auch das zugehörige Adjektiv μηχανικόν, ein Komposition wie μηχανοστάσιον (Unterbau der Schöpfanlage) oder die Berufsbezeichnung μηχανᾶρις bzw. μηχανάριος gemeint sein.

4. τούτων π[: Vielleicht τούτων πάντων, wofür sich zahlreiche Parallelen anführen lassen; vgl. etwa CPR I 186, 8 (2. Jh.): τούτων π[άν]των ὡς πρ[όκει]ται.

Liste der vorgeschlagenen Berichtigungen

BGU II 688 = SPP VIII 1140 — **580** Einleitung (am Photo)
Z. 2: Κ[ύ]ρο(υ) λημμ(ατ...) τῆ(ς) ἁγί(ας) ἐκκλησί(ας) τ(ο)ῦ → Κ[ύ]ρ̣ου· λημμ(ατίσατε) τῇ ἁγί(ᾳ) ἐκκλησί(ᾳ) τοῦ.
Z. 3: σί(του) ⫟ → σί(του) ἀ(ρτάβας).

BGU II 695 = SPP VIII 1151 — **C. 10.** S. LX Anm. 86 (am Photo)
Der Zahlungsauftrag gehört zum Timotheos-Dossier (Datierung: 7.–8. Jh. / arab. Zeit).
Z. 6: κ̣[α]γ̣κέ(λλῳ) (s. BL IX 22) Μεσορ(ὴ) ι → κ̣α̣γκέ(λλῳ) Μεσορ(ὴ) ια.

CPR XIV 22 — **C. 7.** S. LV Anm. 79 und 80 (am Original)
Z. 2: Ταμᾶνις → Ταμαῦις (vgl. auch schon BL X 2).
Z. 3: σ(ίτου) → συ(); aufzulösen vermutlich als σὺ(ν εἰκοστῇ), s. **460** Komm. zu Z. 3.
Z. 3 und 4: Statt εἰκ(οστόν) ist eher εἰκ(οστοτέταρτον) aufzulösen und die Ziffer κ̸ als κ(δ)ʹ zu verstehen.

CPR XIV 28 — **C. 7.** S. LVI und Anm. 80 (am Original)
Z. 2: Statt . . . . . ου ist vom Ortsnamen ̣ε ̣ ̣ ̣ ̣νυ̣ zu lesen; vielleicht Τ̣ε̣β̣έ̣τ̣ν̣υ̣.
Z. 3: σ(ίτου) → συ(); aufzulösen vermutlich als σὺ(ν εἰκοστῇ), s. **460** Komm. zu Z. 3.

P.Bodl. I 107, 1 — **497** Komm. zu Z. 2 (anhand der Abbildung)
Z. 1: χω(ρίου) → χωρ(ίου).

P.Lond. V 1738 — **465** Einleitung (nach dem Mikrofilm)
Eine Herkunft des Textes aus dem Fayum ist angesichts der Parallele in **465** zumindest in Betracht zu ziehen.
In Z. 3 ist nach τέταρ[(τον)] noch μ̣[ό](νον) zu erkennen.
Ende von Z. 3: στ[οι]χ → vielleicht ἐλ(ά)χ̣(ιστος).
Z. 4: Tintenspuren; möglicherweise ist διά(κονος) zu lesen.

P.Mich. VI 399–411 — **479a–c** Einleitung mit Anm. 3
Die Datierung der Erstherausgeber (1. Hälfte des 4. Jh.) basierte auf Namensgleichheiten und daher vermuteter Identitäten von Personen mit solchen in datierten Texten und sollte entgegen BL VIII 213 beibehalten werden.

P.Oxy. XII 1447 — **B. 7.** S. XXXI Anm. 37
Z. 4–5: μ̣[έτρῳ] τ̣ῷ καν|κέλλῳ → μ̣[έ(τρῳ) ξυσ]τ̣ῷ καν|κέλλῳ.

P.Prag. I 68 **C. 10.** S. LX Anm. 85 (am Original)
Der Zahlungsauftrag gehört zum Timotheos-Dossier (Datierung: 7.–8. Jh. / arab. Zeit).
Z. 3: κα̣ὶ̣ 'Ερ(μοῦ πόλεως) → καγκ(έλλῳ). Der Hypodektes ist also nur Hypodektes von Magais und nicht Hypodektes von Magais und Hermupolis.
Z. 4: (ἀρτάβαι) ξς ρ̣(υ)π̣(αραί) → (ἀρτάβαι) ξς μ̣ό(ναι).

P.Prag. I 69 **C. 10.** S. LX Anm. 87 (am Original)
Der Zahlungsauftrag gehört zum Timotheos-Dossier (Datierung: 7.–8. Jh. / arab. Zeit).
Die Lesung des Textes ist in den Z. 1–2 aufgurnd des starken Abriebs sehr unsicher.
Z. 1: μεσίτ(η) ὀρρ[(ίων)] μεγάλ(ης) οὐσί(ας) Κῦ̣ρος → nach μεγαλ( ) sind nur wenige und schwache Spuren zu sehen. Vielleicht ist eher μεσίτ(η) ὀρρ[(ίων)] μεγάλ(ων) aufzulösen (vgl. denselben Titel des Timotheos in P.Prag. I 68, 1–2) worauf direkt der Name des Epistates folgen könnte.
Z. 2: Die Lesung τροφ[ῷ̣] ist unsicher.
Z. 5: γ(ίνονται) → (ἀρτάβαι).

P.Prag. I 82 **479a–c** Einleitung und **479b** Komm. zu Z. 6 (am Original)
Datierung: Anfang 5. Jh.
Z. 5: Θεοφ( ) σε(σημείωμαι) → eher nur Θεόφ(ιλος?) *Paraphe* (vgl. die Parallele **479b**).

P.Prag. I 83 **C. 10.** S. LX Anm. 82 (am Original)
Die Quittung gehört zum Timotheos-Dossier (Datierung: 7.–8. Jh. / arab. Zeit).
Z. 2: ε̣κ̣ χ(ωρίου) Ερλαδ( ) → σάκ(κους) ε πρ(ὸς) λα δ' (zur Bedeutung s. **B. 10.**).
Z. 3: καγκ(έλλῳ) δεκαπέντε → καγκ(έλλῳ) (ἀρτάβας) δεκαπέντε.
Z. 4: † Τιμόλεος τέ(κτων) → † Τιμόθεος †.

P.Prag. I 84 **C. 6.** S. LIII Anm. 76 (am Original)
Die Quittung gehört zum Kammon-Dossier (Datierung: 7.–8. Jh.).
Z. 4: εἰκ(οστοτέταρτον), (γίνεται) ἀ̣ρτ(άβη) α γ κ̣δ' μ(όνη) → εἰκ(οστο)τ(έταρτον), (ἀρτάβην) α γ' κ(δ)' μ(όνην).
Zu ergänzen ist eine Z. 5: [† δ(ι') ἐμοῦ Κάμμων † *Paraphe*] (*l.* Κάμμωνος).

P.Prag. I 85 **C. 4.** S. XLIX Anm. 70 (am Original)
Die Quittung gehört zum Ioannes-Dossier.
Z. 2: διὰ τιμιω(τάτ)ου δι(ακόνου) → ιατιμι 'Αιοῦλις. Die Steuer bezahlt nicht Phoibammon, sondern sein Sohn Aiulis. Zur Bedeutung von ιατιμι s. **567** Komm. zu Z. 2 (koptischer Flurname?).
Verso:] ⲡⲥⲁ/ ⲁⲓⲁϩⲧⲓⲙⲓ [→ ⲡⲥⲁϩ ⲛ̣ⲓⲁϩⲧⲓⲙⲓ „Schreiber des Dorffeldes“. Die Zeile ist vollständig erhalten.

P.Ross. Georg. V 46 Nr. 2 **C. 6.** S. LIII Anm. 77
Die Quittung gehört zum Kammon-Dossier (Datierung: 7.–8. Jh.).
Z. 3: *b* κ˙ (laut Komm. vielleicht (ἀρουρῶν) 20) ἀρτ(άβης) ἥμισυ → κ(αγ)κ(έ)λ(λῳ) ἀρτ(άβης) ἥμισυ.
Z. 4: Die abgezeichnete Passage nach τρίτον ist als εἰκ(οστο)τ(έταρτον) (ἀρτάβης) ∠ γ' κ(δ)' zu lesen. In der anschließenden Lücke könnte [μ(όνης)] zu ergänzen sein.

SB I 5338 **491** Komm. zu Z. 2 und **578** Komm zu Z. 1

Z. 10: Τασάθ̣ → vielleicht Τασάτ̣, da die Schreibung Τασάθ anderweitig nicht mehr bezeugt ist.

Z. 15: Die Lesung bzw. Ergänzung Ἀ[λμυ]ρ̣ᾶ̣ς ist sehr zweifelhaft, da dies der einzige Beleg für ein arsinoitisches Dorf dieses Namens aus byzantinischer Zeit wäre.

SB VI 9595 **506** Komm. zu Z. 1 (am Original)

Z. 1: Πιῆος → Πιῆους.

SB VIII 9771 **C. 4.** S. LXI Anm. 88 (am Original)

Der Darlehensschuldschein gehört zum Timotheos-Dossier (Datierung: 7.–8. Jh. / arab. Zeit).

Z. 2: τ[ῶν πολιτ]ικ(ῶν) ὁ̣ρρ(ίων) → τ̣[ῶν πολι]τ̣ι̣κ̣(ῶν) ὁρρ(ίων).

Z. 9, 14 und Verso: statt *f* für 1/4 → δ mit waagrechtem Bruchzahlenstrich.

Verso: εἰς τὸν θαυμα(σιώτατον) (so nach BL VII 214) → εἰς τ(ὸν) θαυμα(σιώτατον).

SB XVIII 13262 **460** Komm. zu Z. 2 und **525** Komm zu Z. 2 (am Original)

Z. 1: Ταμ̣άν̣ε(ως) → Ταμαύε(ως). Die Vermutung in BL X 2 ist auch am Original zu bestätigen.

Z. 16: Die Lesung Ψ̣ε̣ον̣ν̣ό̣(φρεως) ist nicht nachzuvollziehen; zu lesen ist Ψ̣ε̣ο̣ε̣[, somit vermutlich Ψεοε[νάφρεως zu ergänzen.

SB XVIII 13267 **460** Komm. zu Z. 2 (am Original)

Z. 6: Ταμᾶ⟦η⟧ις → Ταμαῦις.

SB XX 14072 **C. 1.** S. XXXIX Anm. 64 (am Photo)

Der Zahlungsauftrag gehört zum Agathammon-Dossier.

Z. 1: ὁρρ(ίων) πολιτικ̣(ῶν) → ὁρρ(ίων) πολιτῶ(ν).

SB XXII 15726 **B. 8.** Anm. 48 und **B. 10.**

Z. 4–5: ῥυπαρ/ ist den Artaben und nicht den Säcken zuzuordnen: *l.* also ἀρτάβ(αι) | ἐννέα ἥμισυ δωδέκ(ατον) ῥυπαρ(αί), σάκκοι δ κτλ.

Z. 3: πρ(ὸς) β δ′ (zu je 2 1/4) → eher πρ(ὸς) κδ (zu je 24); dann stimmt die Verhältniszahl mit den Parallelen (s. **B. 10.** Übersicht) überein.

SPP III 595 **C. 10.** S. LIX Anm. 81 (am Original)

Die Weizenquittung gehört zum Timotheos-Dossier (Datierung: 7.–8. Jh. / arab. Zeit). Über dem erhaltenen Fragment fehlen vermutlich zwei Zeilen.

Z. 1:]ν τρίτον δωδέκ(ατον) μ(όνον) γ̅ί̅(νεται) → [- - - ἀρ(τάβην) μία]ν τρίτον δωδέκ(ατον), (ἀρτάβην) α γ′ ι[β]′.

SPP VIII 839 **C. 6.** S. LV Anm. 78

Z. 7: Statt Καμμ᾿ο′νικια ist überhaupt keine Unterschrift zu sehen, sondern ein durchstrichener Kontrollvermerk, dessen ursprünglich intendierte Buchstaben nicht mehr nachzuvollziehen sind. Die Lesung Καμμ᾿ο′νικια ist jedenfalls zu verwerfen.

SPP VIII 957 **C. 10.** S. LX Anm. 83 (am Original)
Gehört zum Timotheos-Dossier (Datierung: 7.–8. Jh. / arab. Zeit); Herkunft Arsinoites.
Die in der Edition angegebene Überstreichung des Namens ist in Wahrheit der Kürzungsstrich des darüber stehenden ἀδελφ(ῷ̣).

SPP VIII 1038 **C. 10.** S. LX und Anm. 84 (am Original)
Gehört zum Timotheos-Dossier (Datierung: 7.–8. Jh. / arab. Zeit); Herkunft Arsinoites.
Z. 1: Nach † τοῖς ἀδελφ(οῖς) ist [μεσίτ(αις) ... μεσῖτ(αι) ὁρρ(ίων)] zu ergänzen.
Z. 2: ποντων λ[ο]γι[→ πολιτῶν· λογίσ̣[ασθε ... ἀπὸ λόγου].
Z. 5: † Τιμ[→ † Τιμ[όθεος.

SPP X 43 **497** Komm. zu Z. 2 (am Original)
Z. 14: Πτεμψαεί → Πτε̣νψαεί, vielleicht auch Πτα̣νψαεί. Die in P.Eirene II 5 Einl. (S. 39) vorgeschlagene Lesung Π̇λεμψαει ist nicht möglich.

SPP X 79 **497** Komm. zu Z. 2 (am Original)
Kol. 2, Z. 4: Πταουϊαει/ → Πταομ̣ψ̣αεί.

SPP X 82 **492** Komm. zu Z. 2
Z. 4: Τασσ[αθ → Τασσ[άτ (für die Schreibung Τασσάθ gibt es keine Belege mehr).

SPP X 122 **460** Komm. zu Z. 2 (am Original)
Z. 2: χω(ρίον) Ταμάνεως → χω(ρίον) Ταμαύεω̣ς. Die Vermutung in BL X 2 ist auch am Original zu bestätigen.

SPP X 239 **497** Komm. zu Z. 2 (am Original)
Kol. 1, Z. 14: Πταυ////ει → Πταν̣ψ̣α̣εί.

SPP XX 251 **535** Komm. Zu Z. 2 (am Original)
Datierung: eher 7. Jh. statt dem in der Edition angegebenen 6. Jh.
Z. 4: „vielleicht Λαή̣ο̣υ̣“ in BL VIII 475 → Λαήο̣υ ist sicher zu lesen.

SPP VIII 897, 1029, 1030, 1132, 1136, SPP XX 278 **457** Komm. zu Z. 2 (am Original)
Die Texte gehören zum Dossier des οἰνοπαραλήμπτης Ioannes; Datierung: 7.–8. Jh.

INDICES

I. Chronologie

I. a. Indiktionen

I. B. MONATE

I. C. TAGE

II. PERSONENNAMEN

S. = Sohn; V. = Vater; G. = Gatte bzw. Gattin; Br. = Bruder; Schw. = Schwester

III. Geographie, Topographie

IV. Ämter, Berufe & Militär

V. Rang- und Ehrentitel

VI. Religion und Kirche

VII. Masse, Münzen und Gewichte

VIII. Steuern und Abgaben

IX. SYMBOLE, ABKÜRZUNGEN UND ZIFFERN

IX. A. SYMBOLE

IX. B. ABKÜRZUNGEN

IX. C. ZIFFERN

s. auch Index I. A. und I. C.

X. Allgemeines Wörterverzeichnis

X. A. Griechisch

X. B. Koptisch

TAFELANHANG

Abbildungsnachweis:

Österreichische Nationalbibliothek, Wien

Staatliche Museen zu Berlin Preußischer Kulturbesitz
Ägyptisches Museum und Papyrussammlung
Photos: Margarete Büsing
(Nr. 487, 493 und 580)

Ägyptisches Museum Kairo
Reproduktion von Tafel VIII a) in ZPE 64 (1986)
(Nr. 556)

British Library, London
(Nr. 506)

Bodleian Library, Oxford
(Nr. 468)

Musée national du Louvre, Paris
(Nr. 450, 451, 471, 472, 490–492, 501, 502,
504, 505, 507–510, 544, 554, 579, 581, 582)

449. Weizenquittung

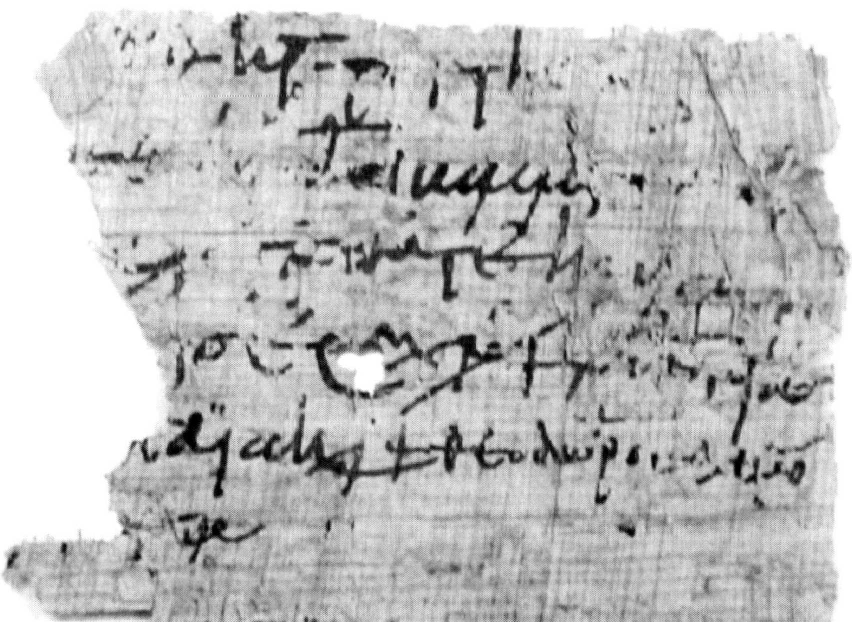

450. Quittung für Gerste aus dem Georgios-Dossier

150%

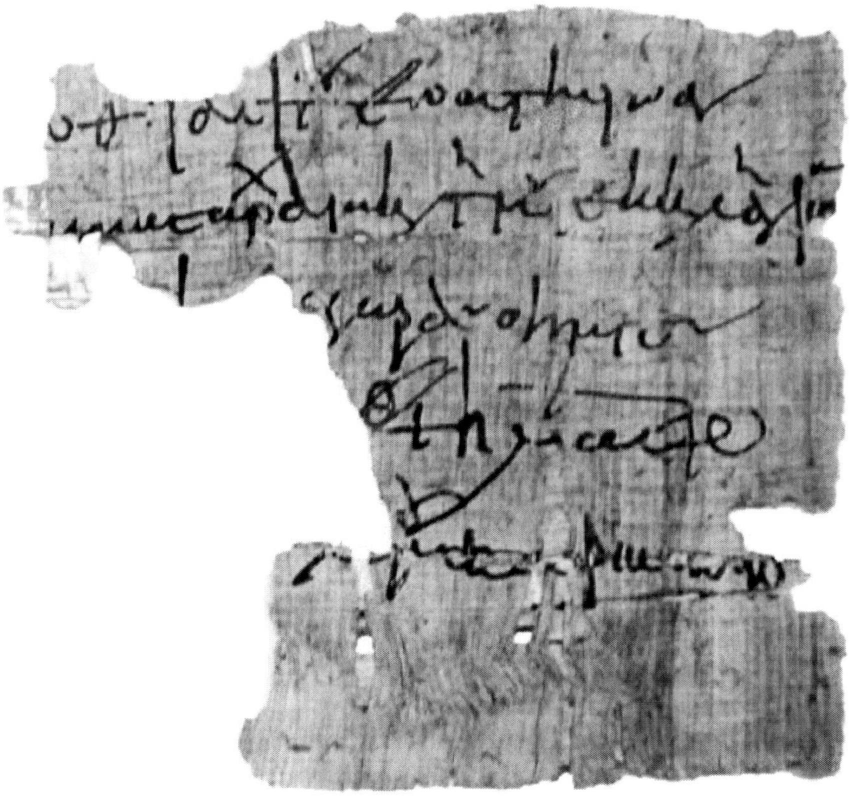

451. Weizenquittung aus dem Georgios-Dossier

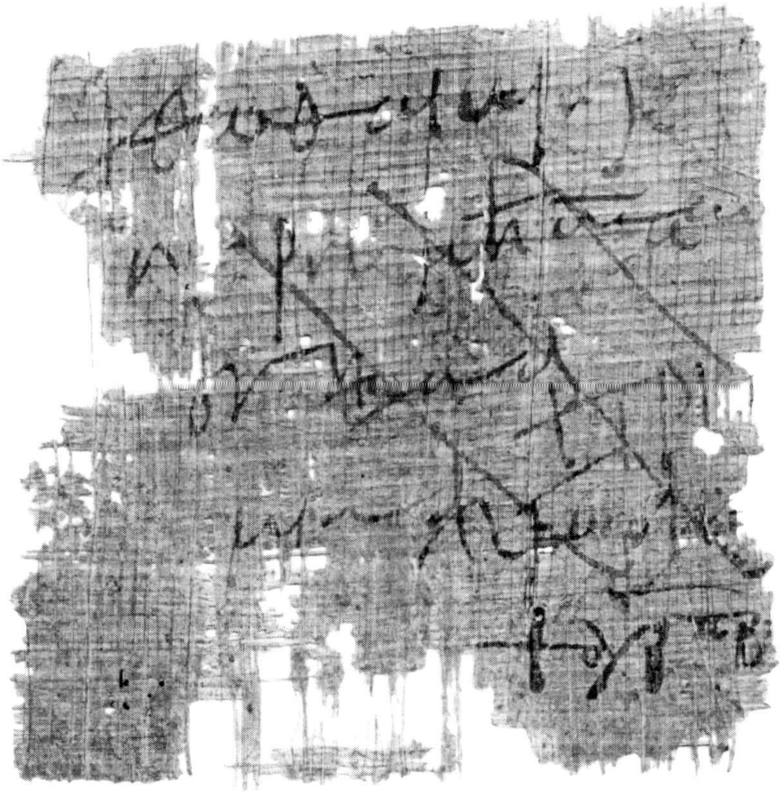

150%

452. Quittung für Getreide aus dem Elias-Dossier

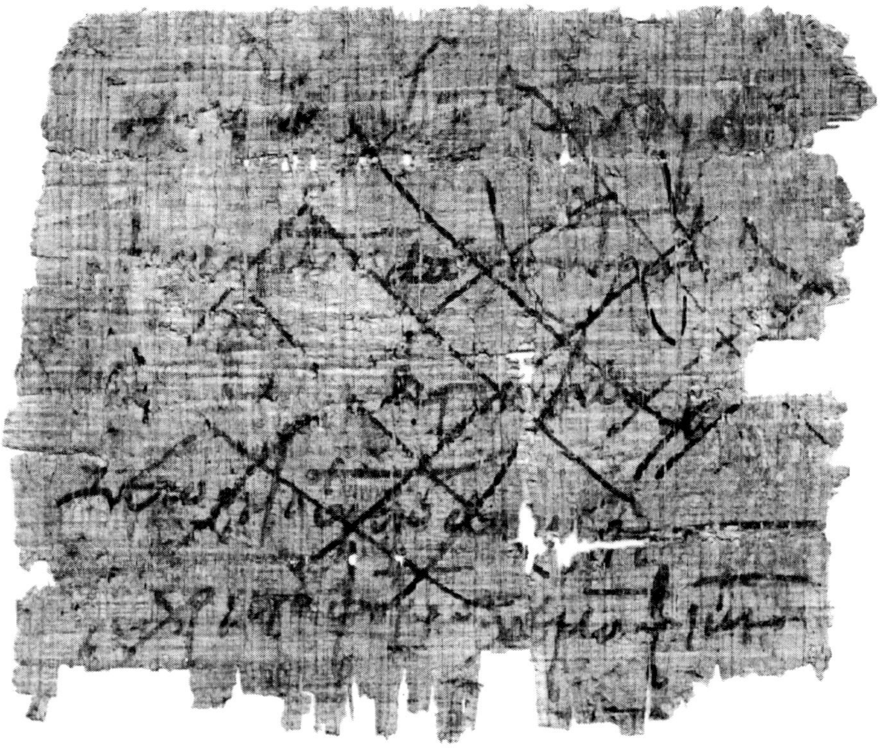

453. Quittung für Gerste aus dem Georgios-Dossier

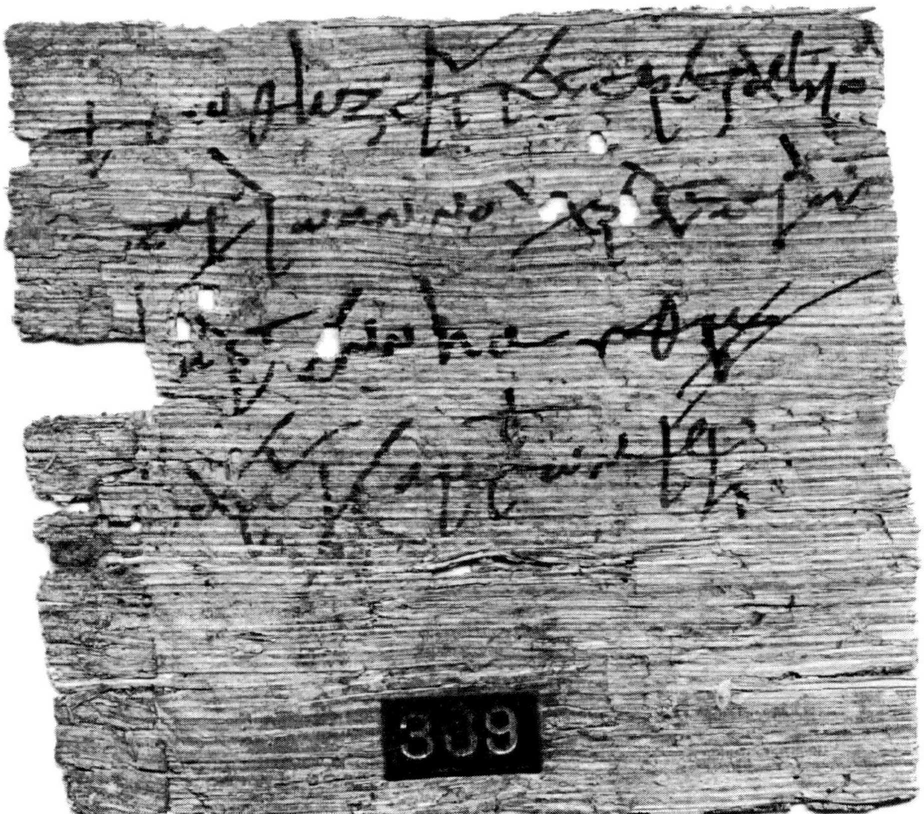

454. Weizenquittung des Kammon

455. Weizenquittung des Neilos

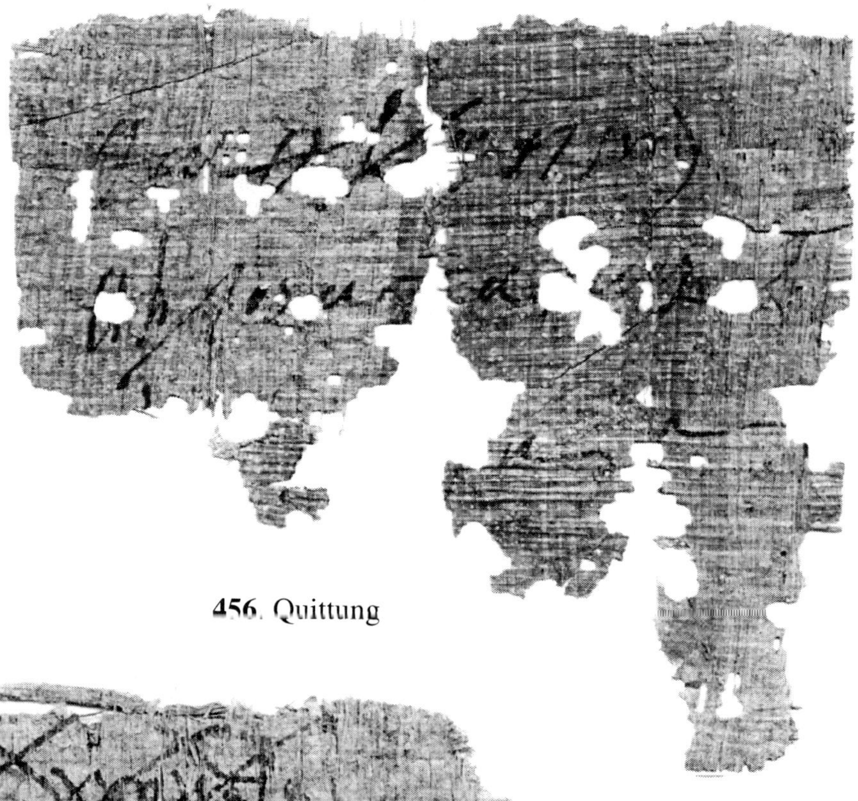

456. Quittung

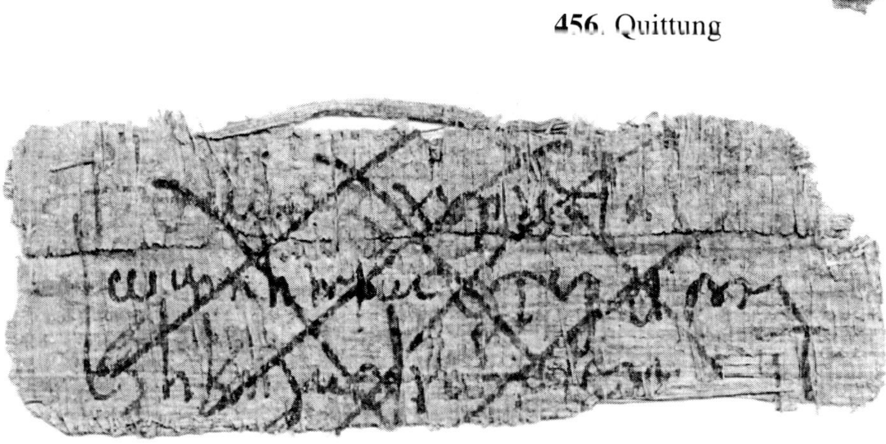

457. Zahlungsanweisung

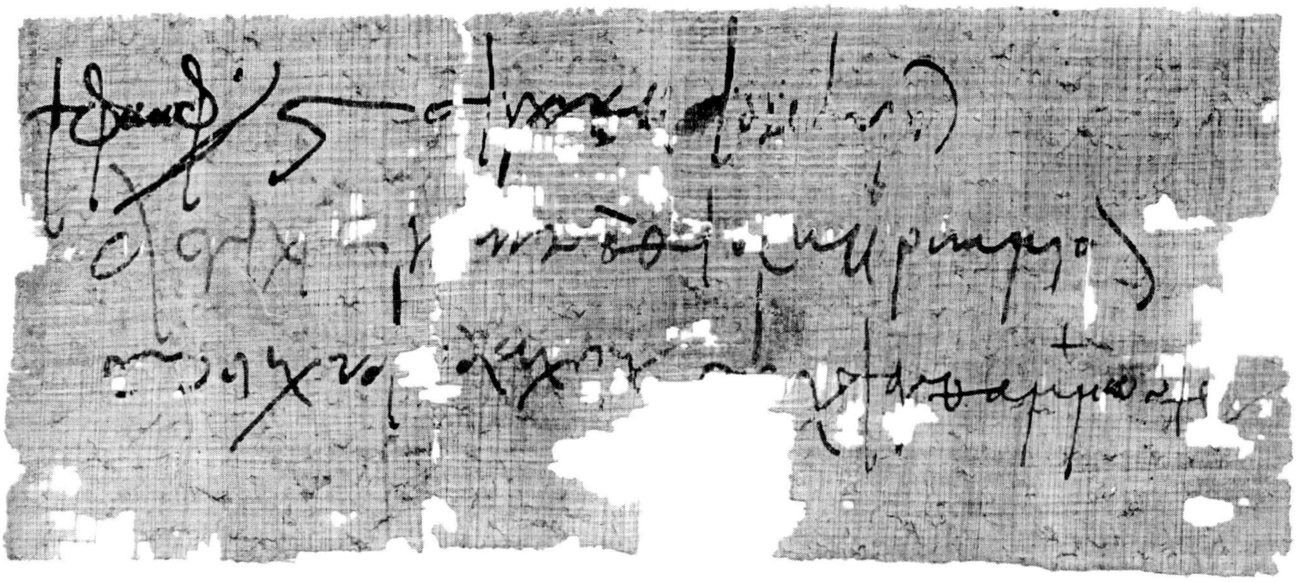

458. Weizenquittung des Agathammon

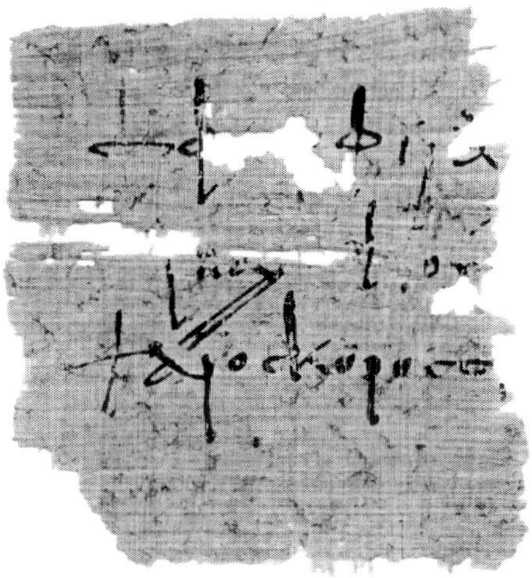

459. Quittung für Weizen?

120%

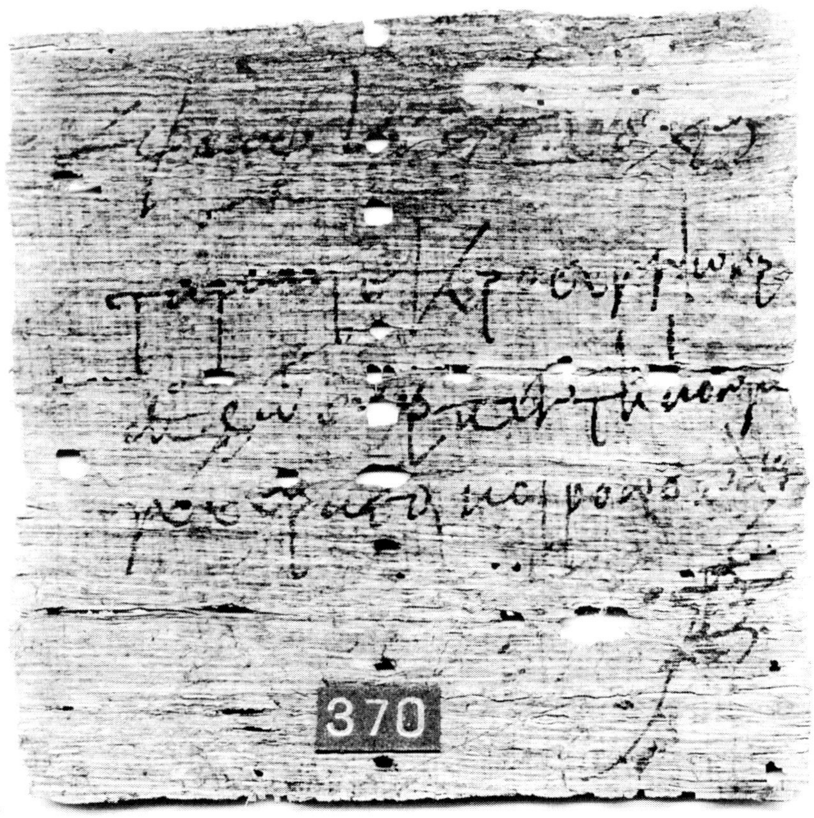

460. Weizenquittung des Makarios

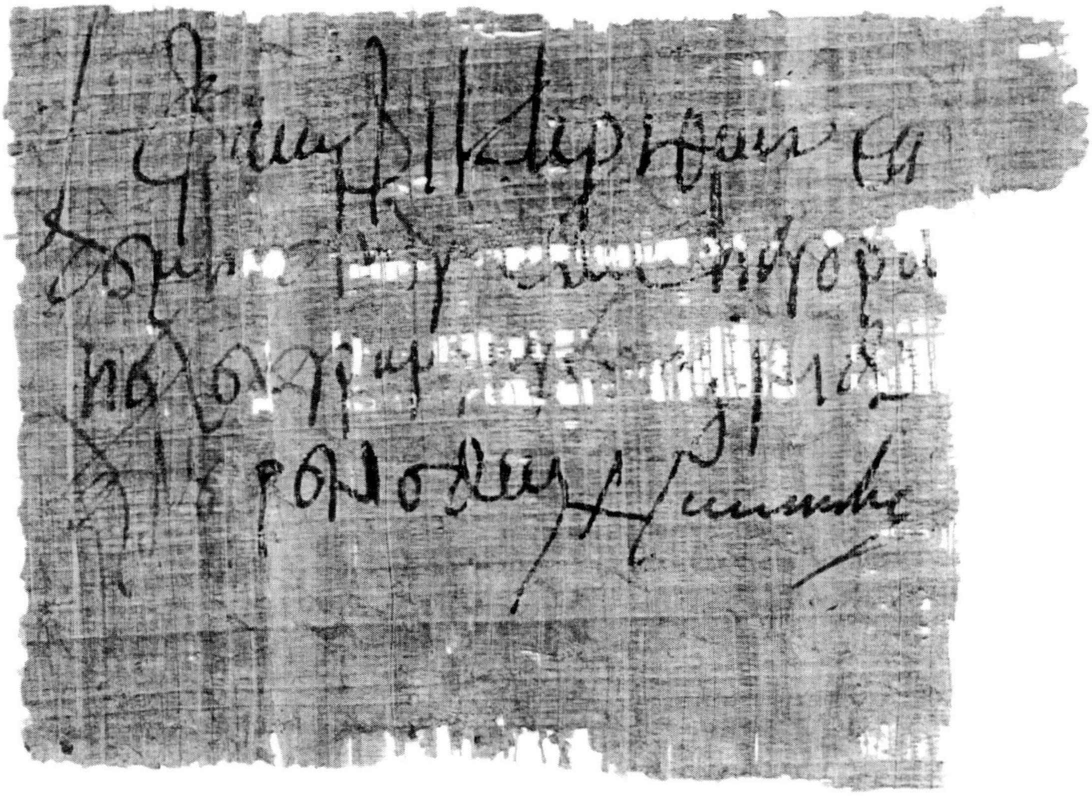

461. Gerstenquittung des Ioannes

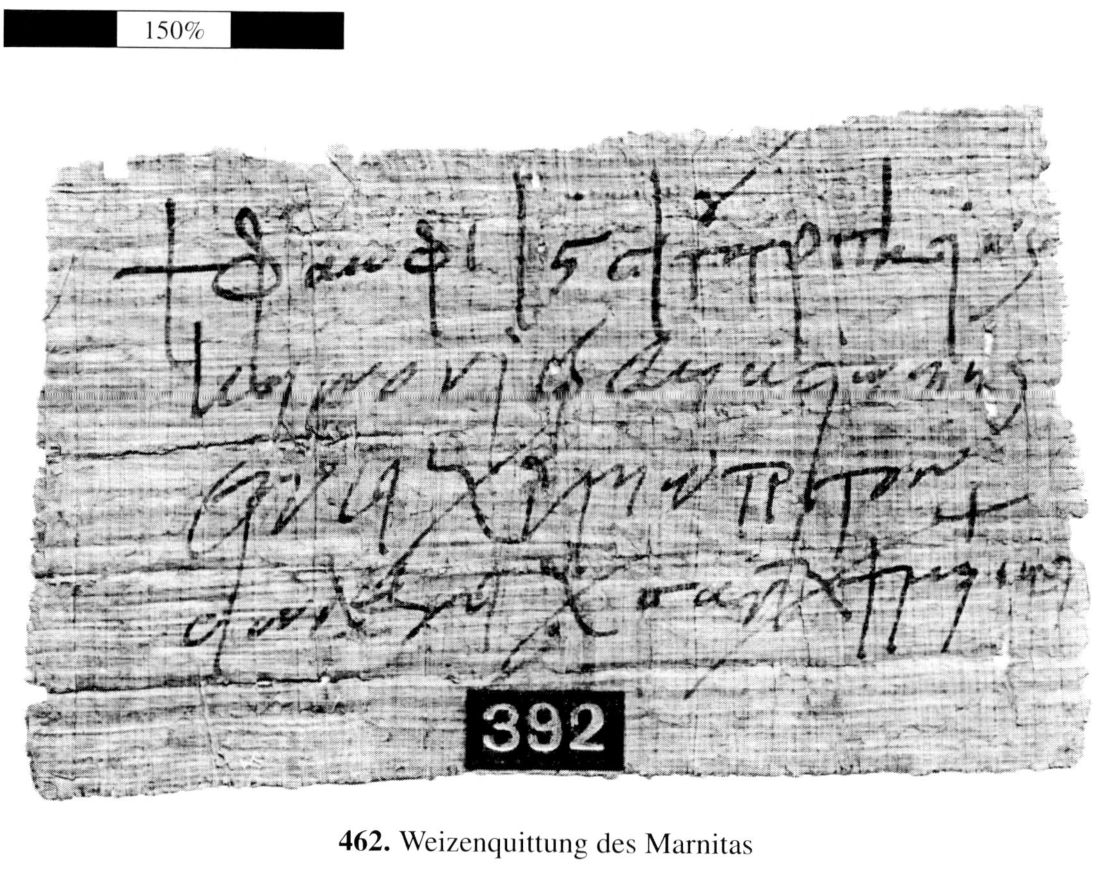

462. Weizenquittung des Marnitas

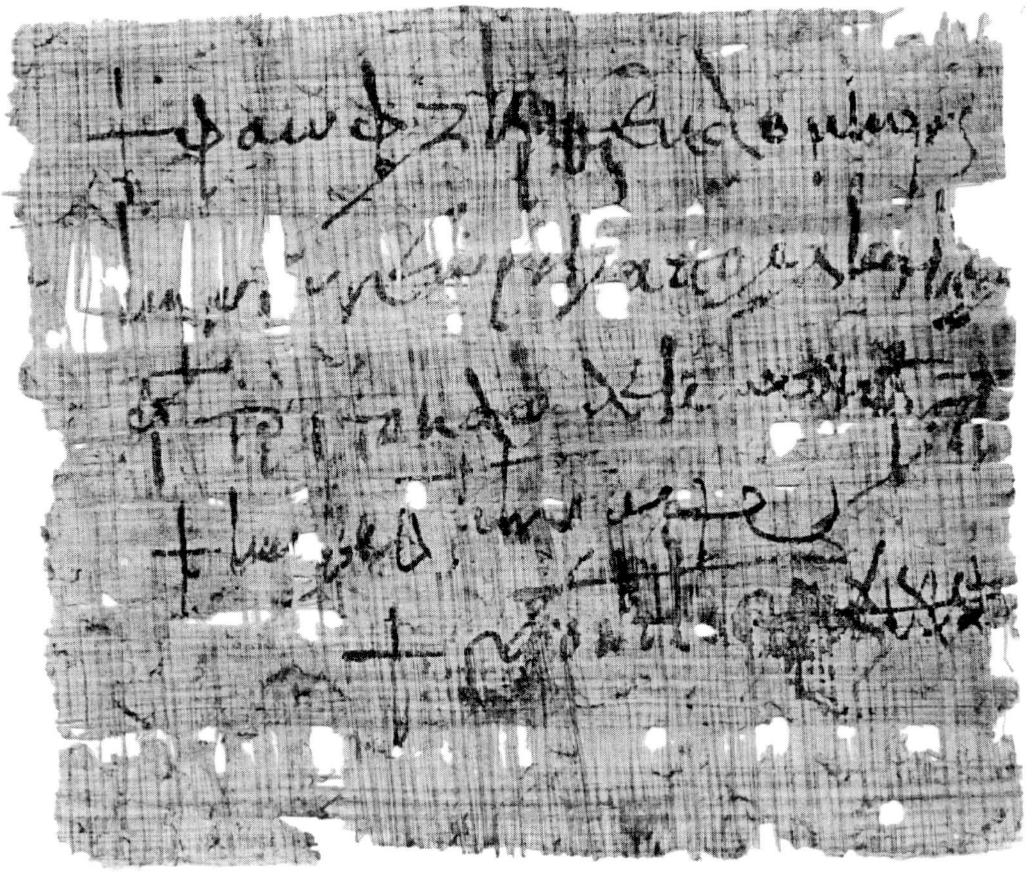

463. Quittung für Gerste aus dem Georgios-Dossier

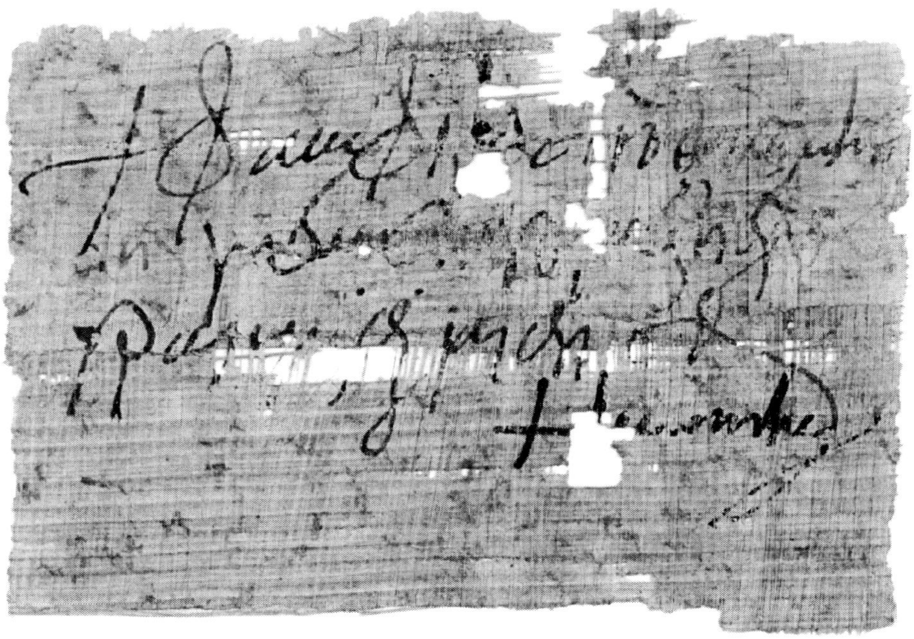

464. Weizenquittung des Ioannes

150%

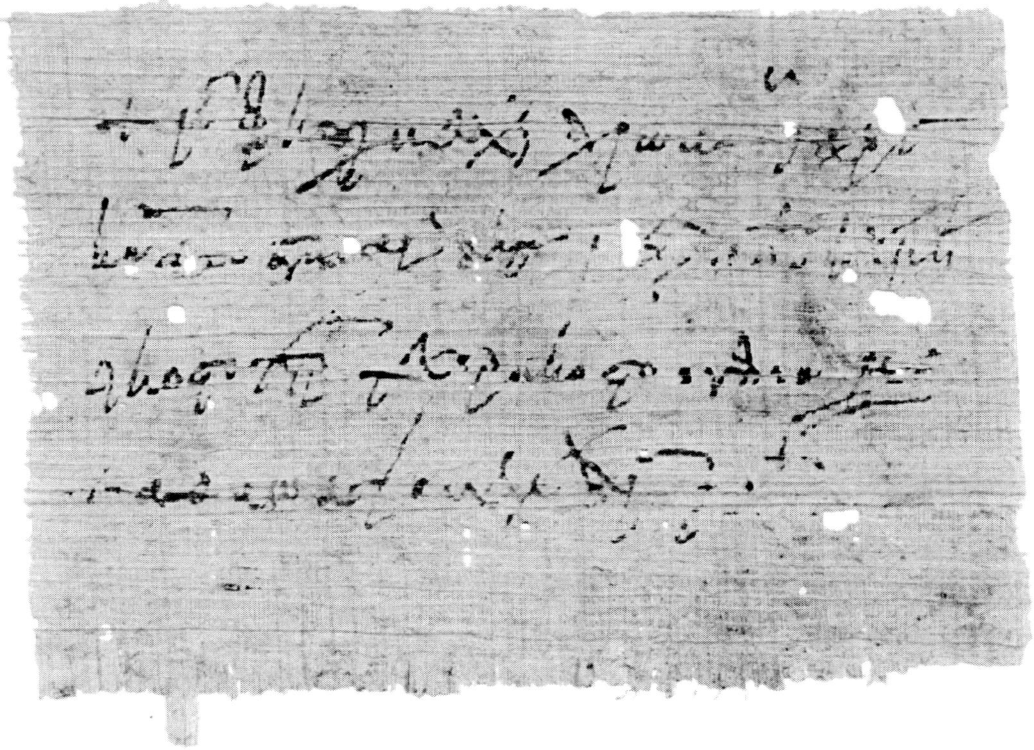

465. Quittung des Athanasios für Dapane und Demosia

150%

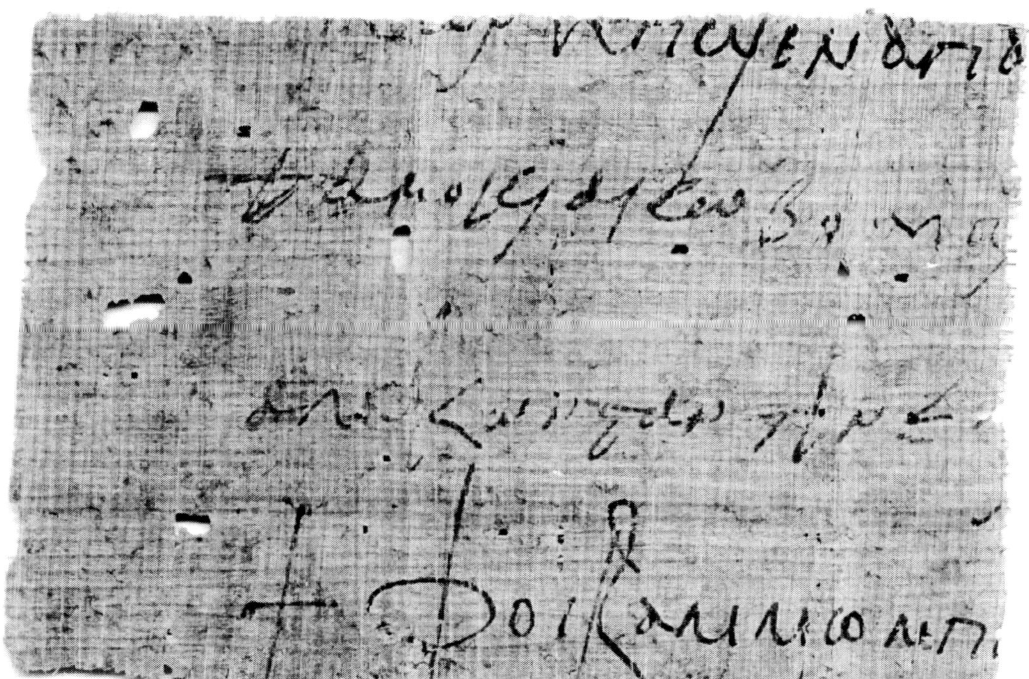

465a. Zeugen eines koptischen Vertrages

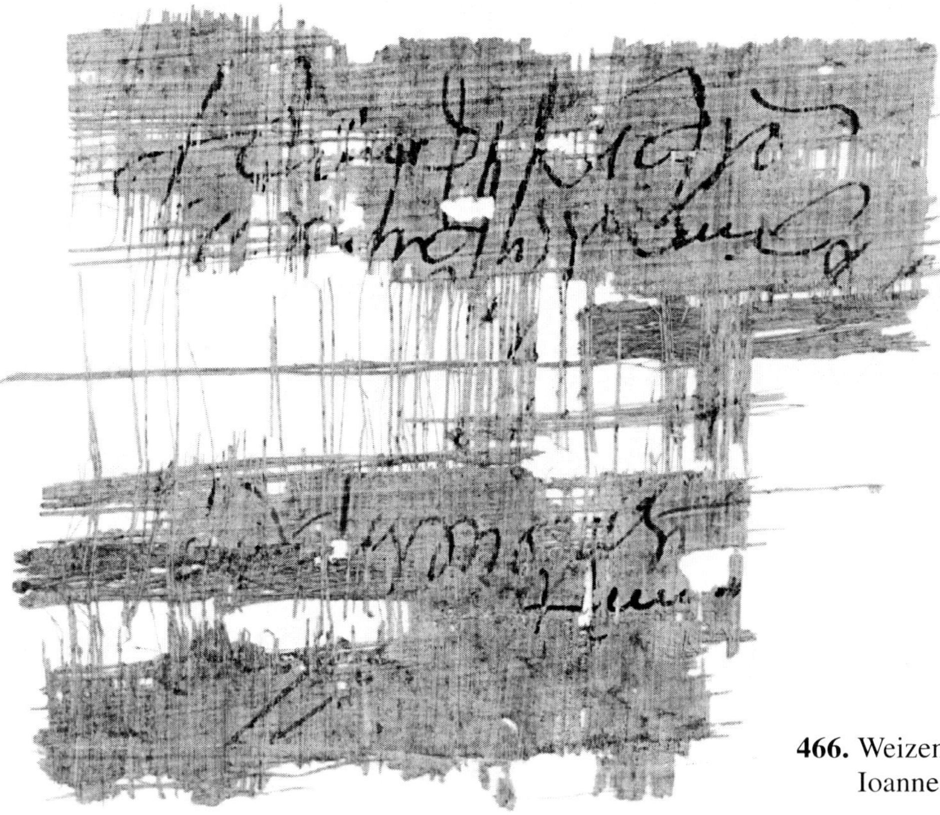

150%

466. Weizenquittung des Ioannes

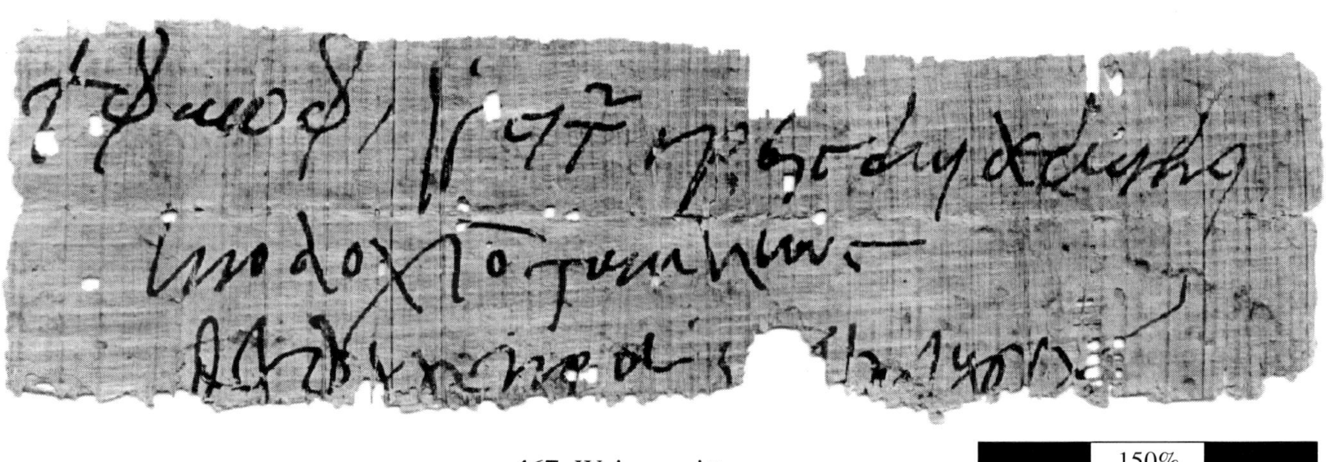

150%

467. Weizenquittung

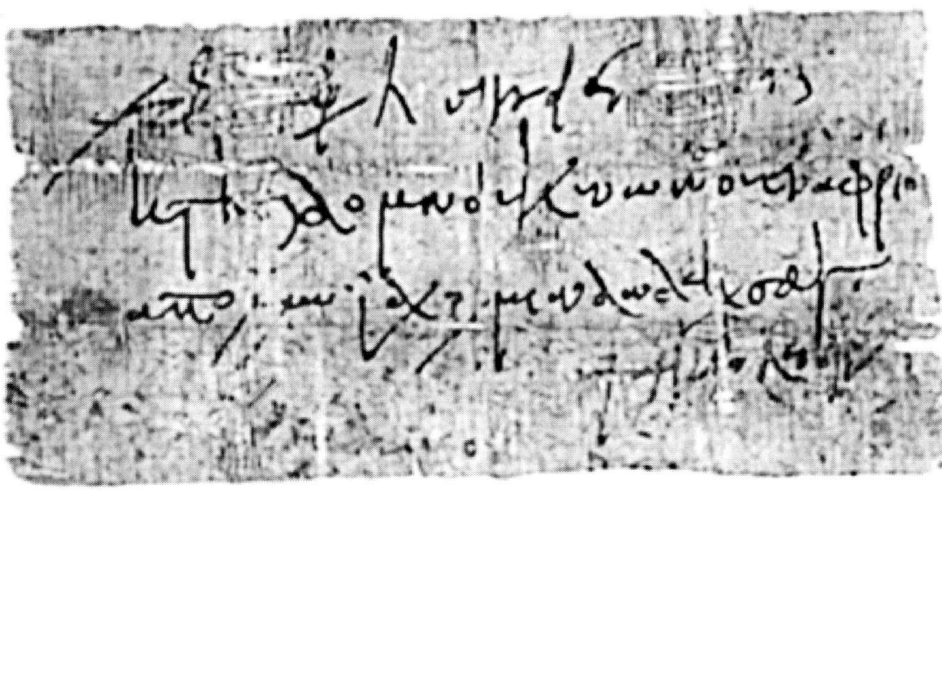

110%

468. Weizenquittung des Timotheos

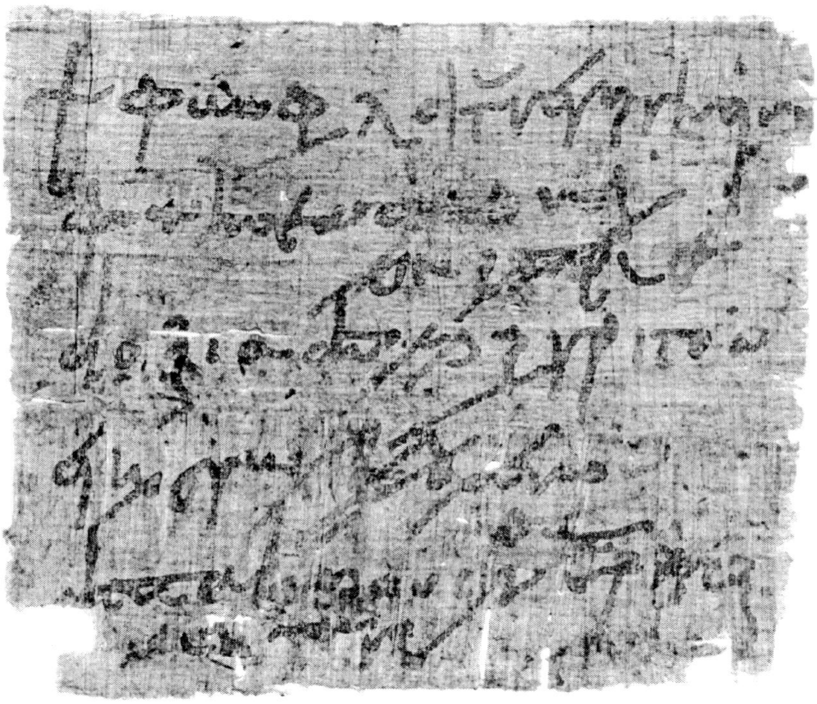

469. Weizenquittung

150%

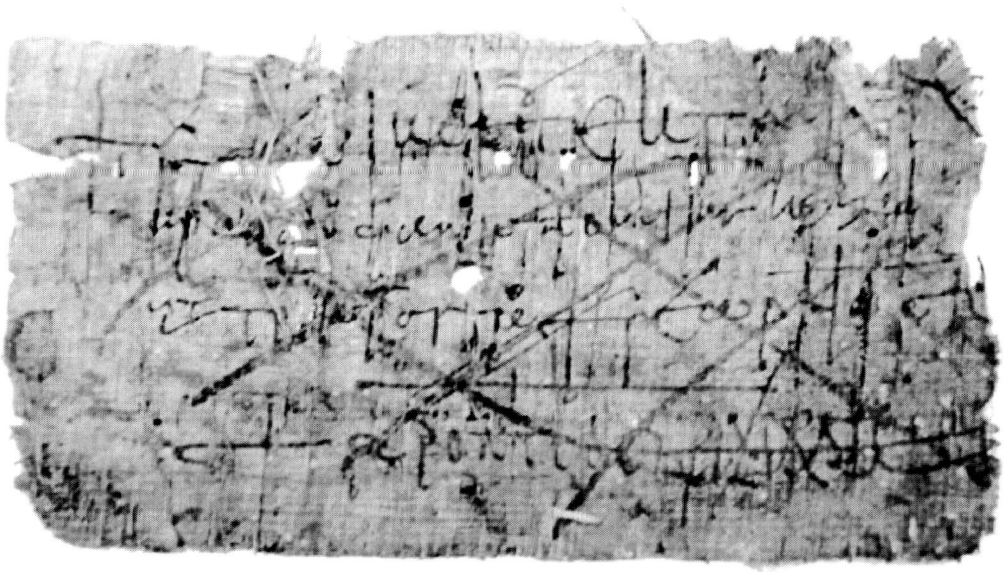

471. Weizenquittung aus dem Georgios-Dossier

150%

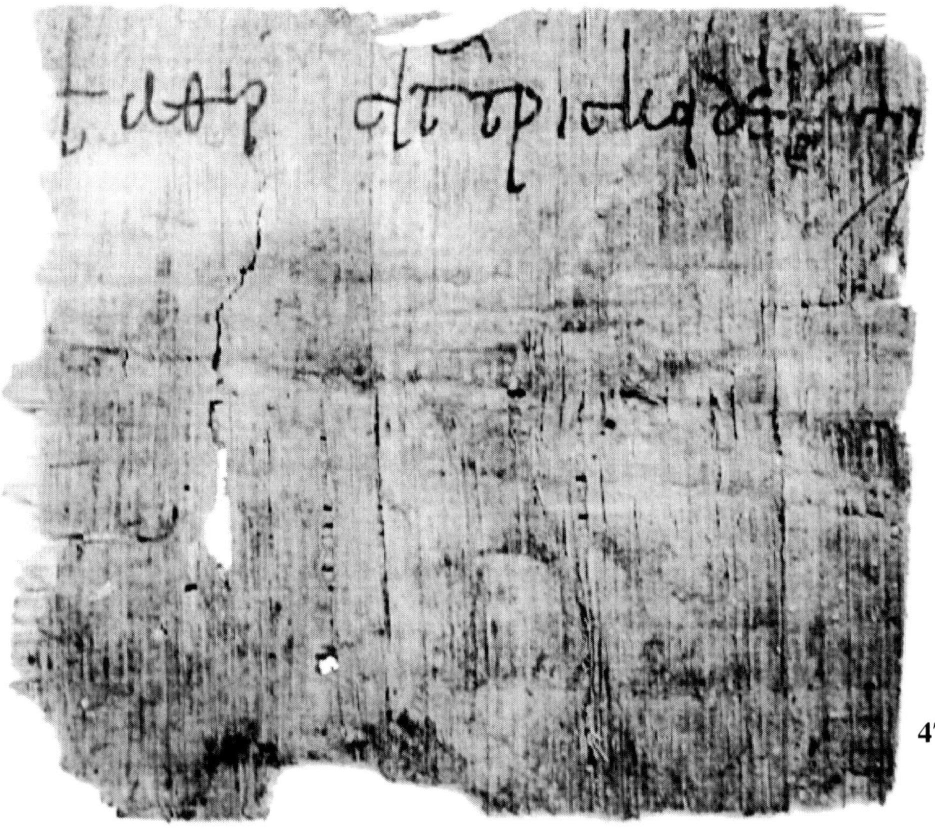

472. Datumszeile einer Weizen-quittung

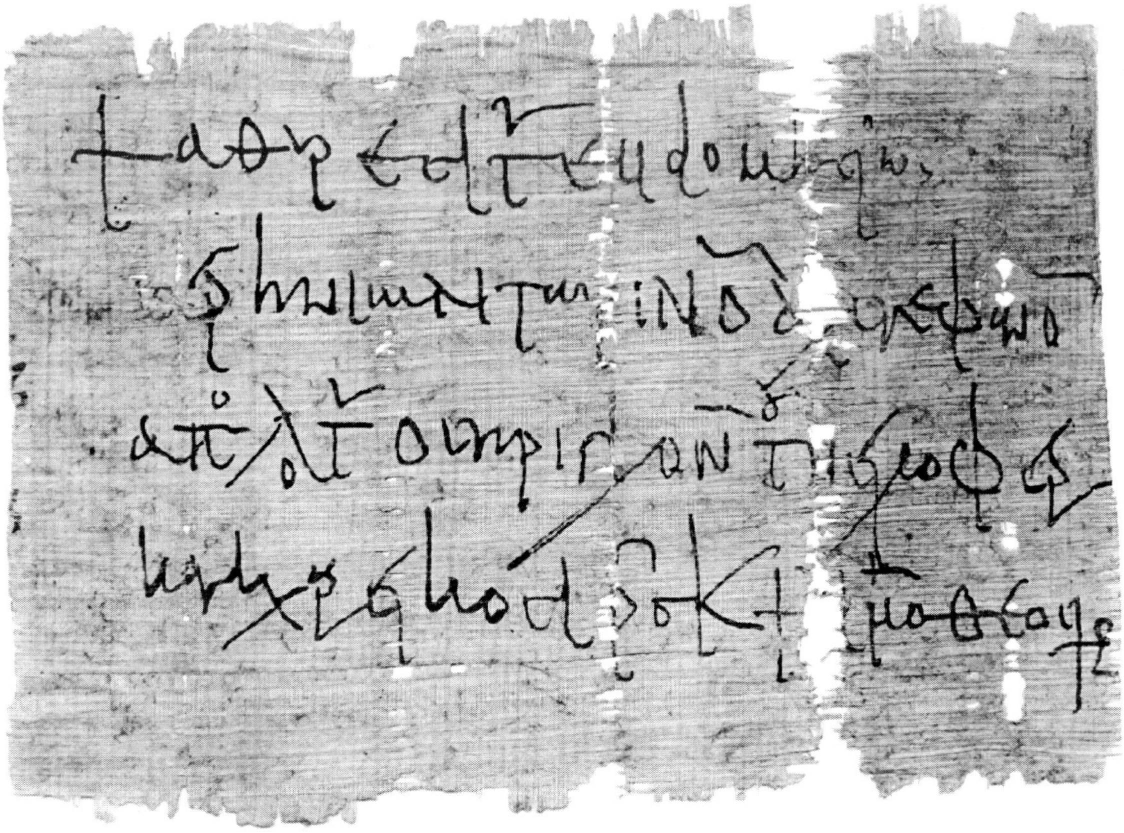

473. Weizenquittung für eine Zahlung vom Konto der Osprigitai

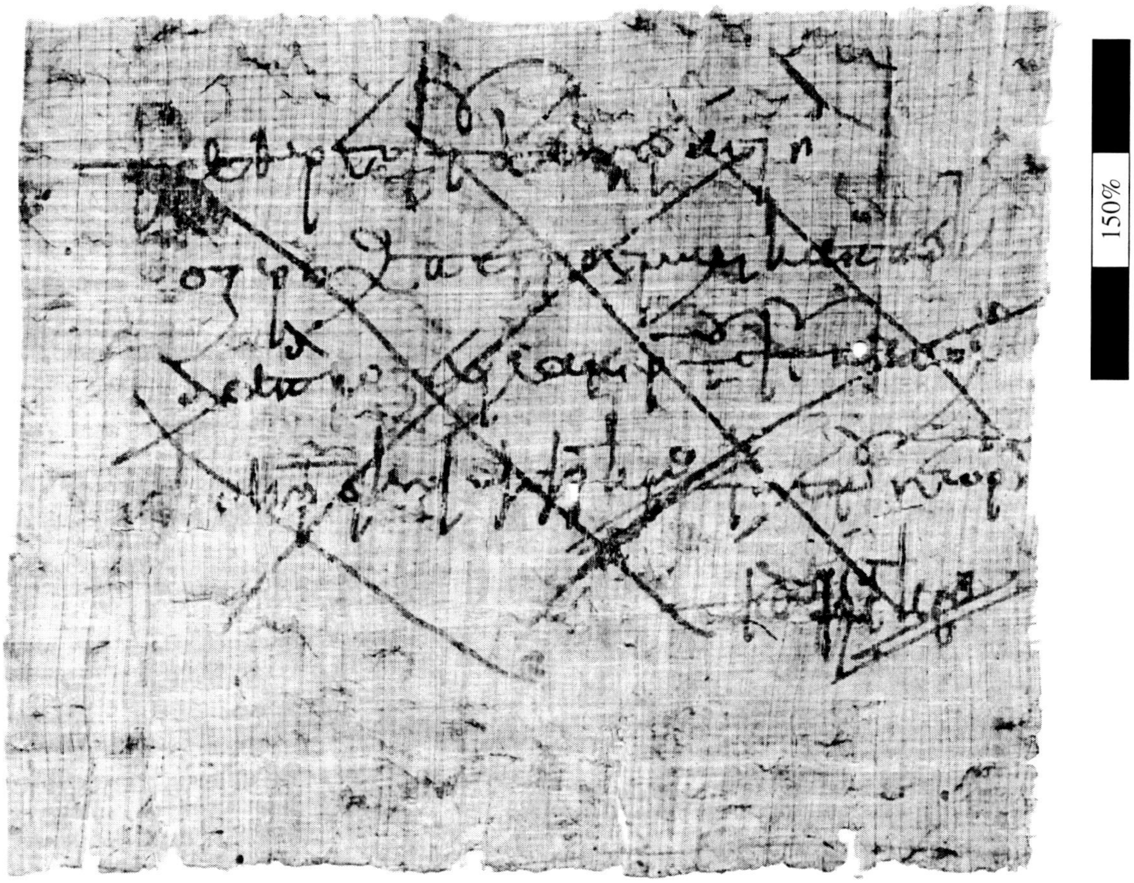

474. Weizenquittung aus dem Georgios-Dossier

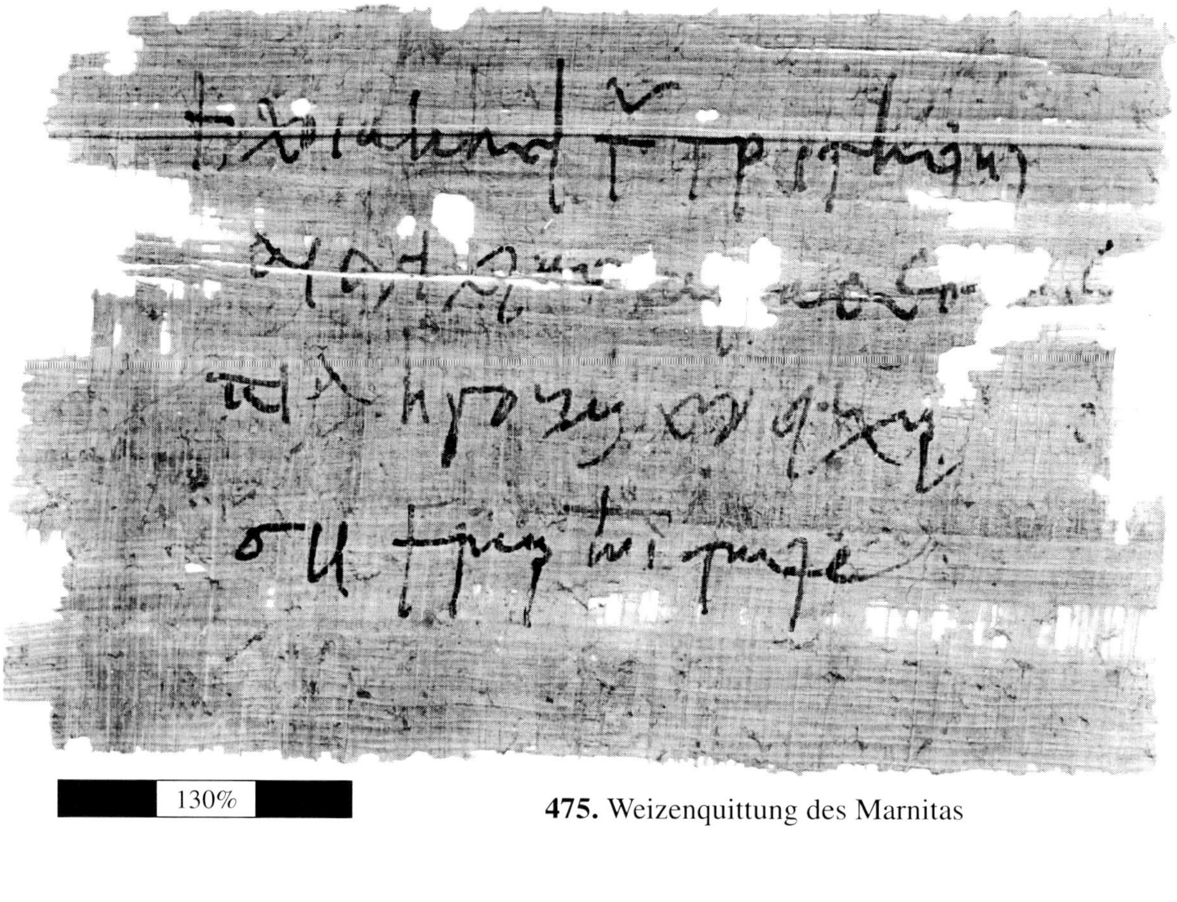

475. Weizenquittung des Marnitas

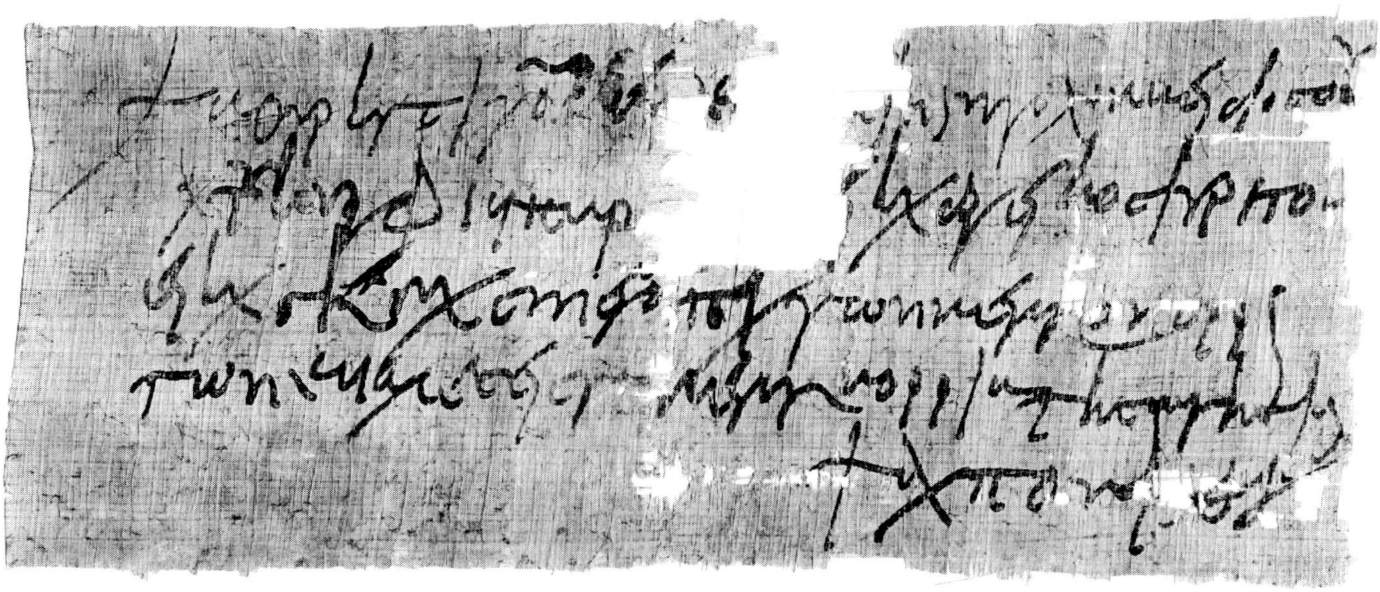

476. Quittung für eine Weizenzahlung durch ein Pittakion der großen Speicher von Ptolemais Hormu

100%

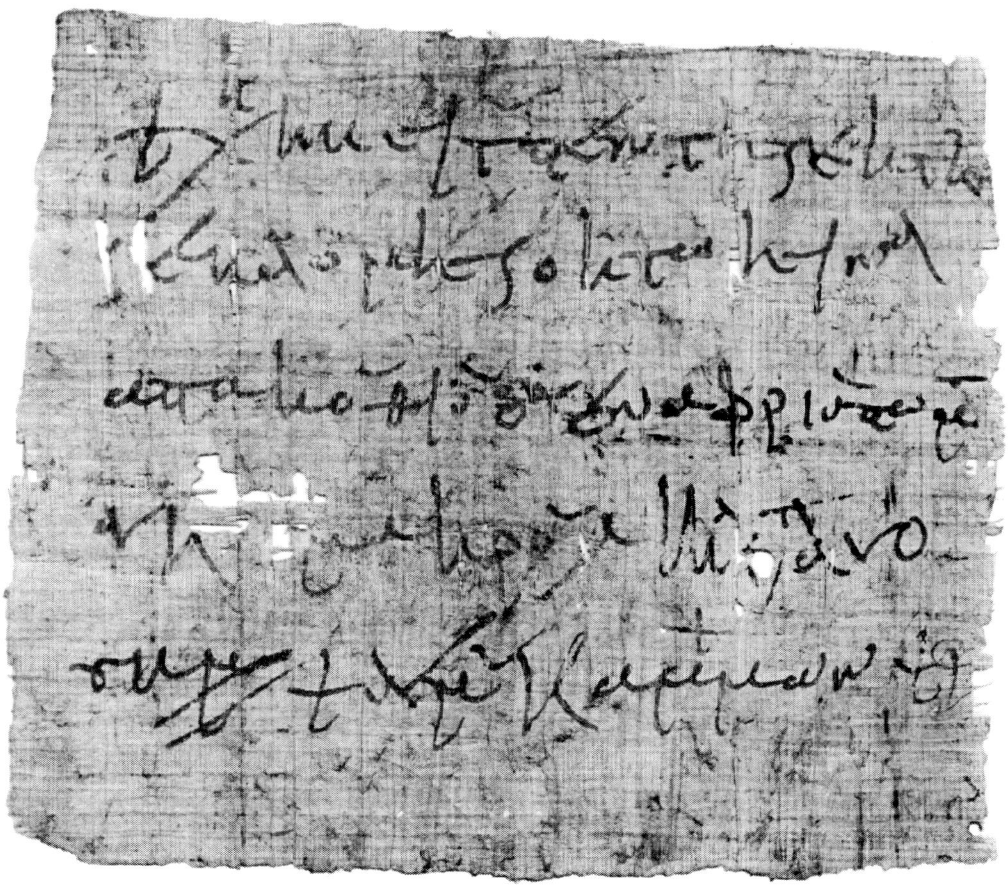

477. Weizenquittung des Kammon

150%

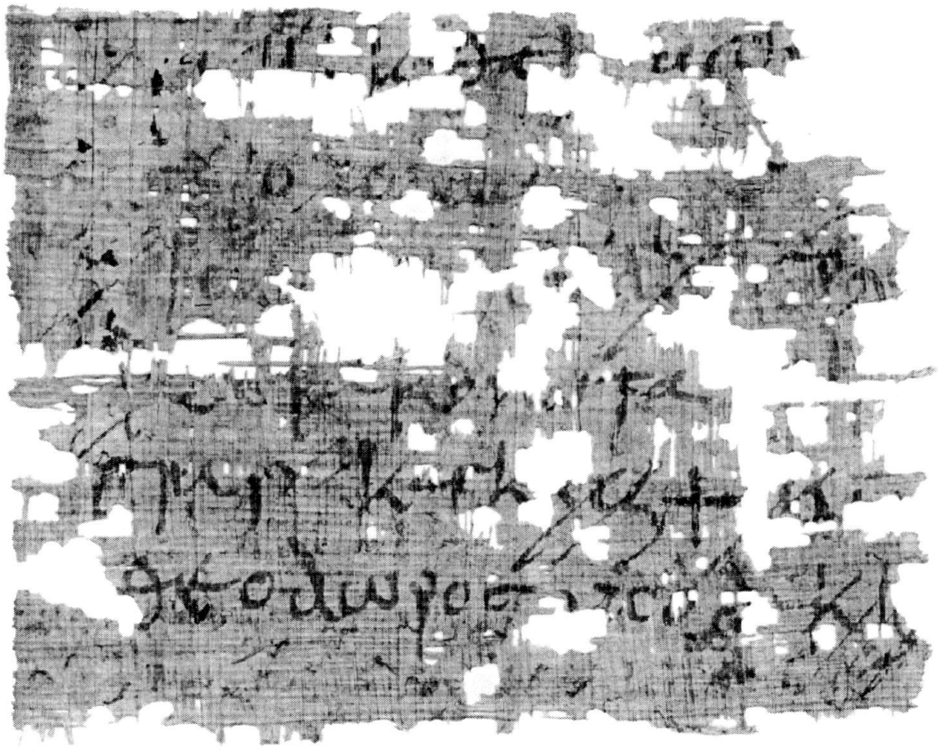

150%

478. Weizenquittung mit Summe in Säcken und Artaben

479c. Fragment einer Weizenquittung

130%

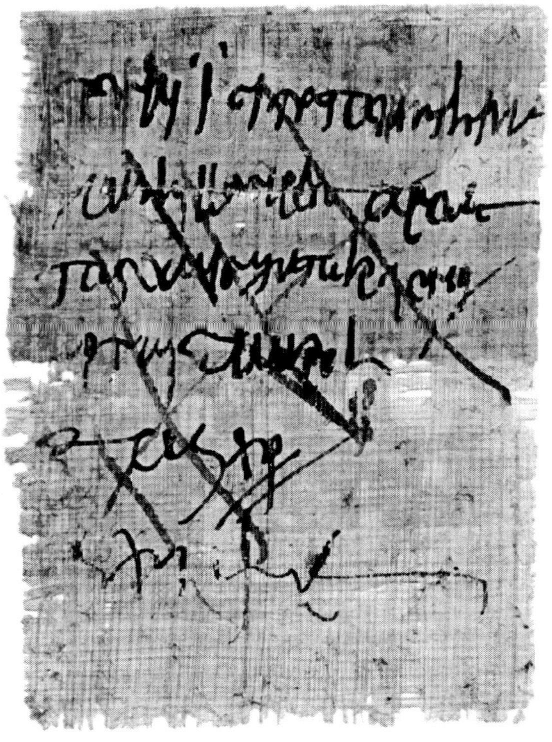

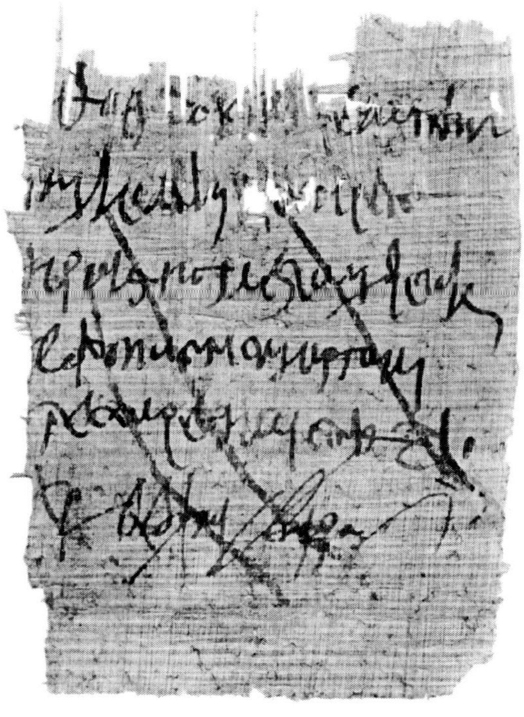

479a. Weizenquittung

479b. Weizenquittung

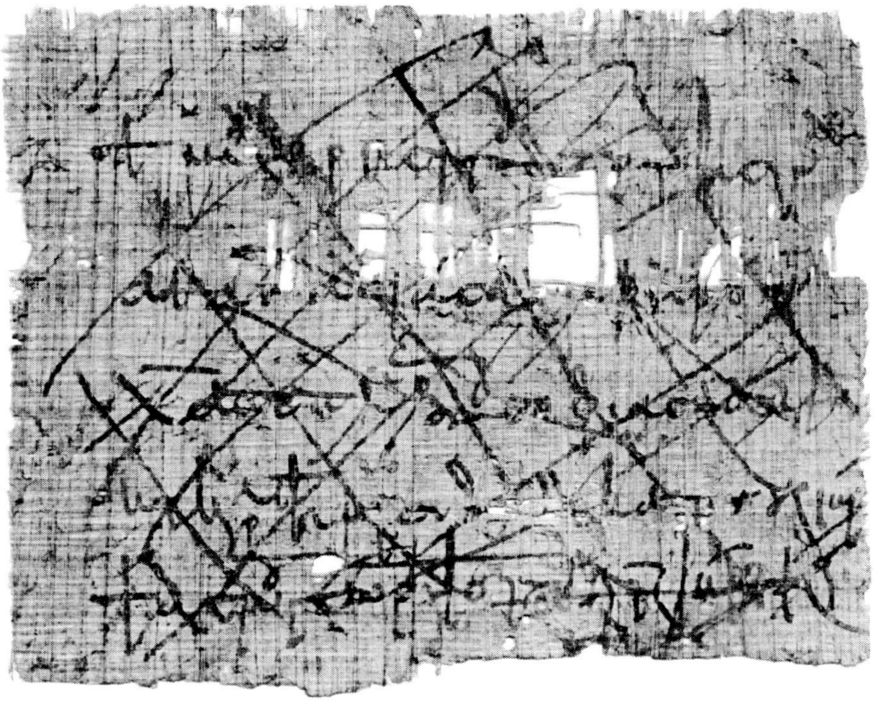

480. Weizenquittung aus dem Georgios-Dossier

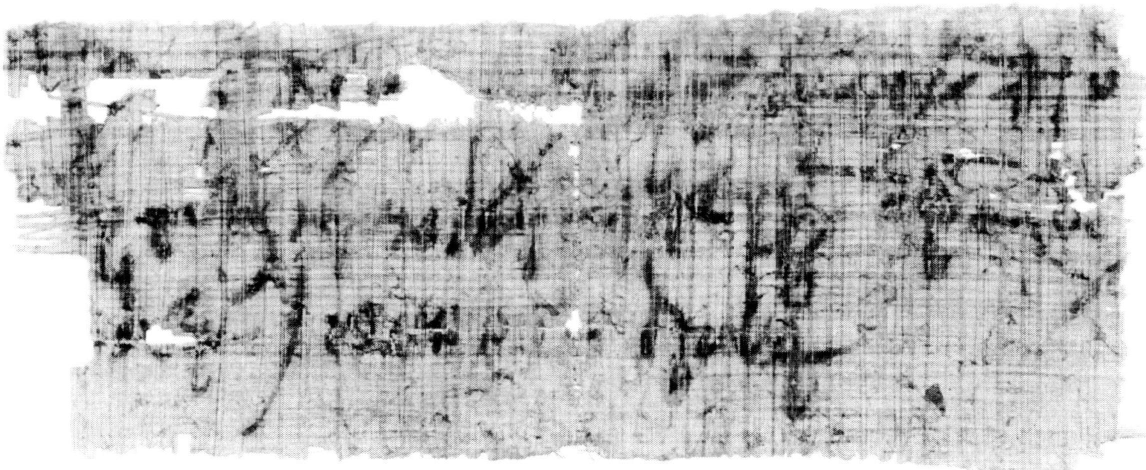

481. Embolequittung

150%

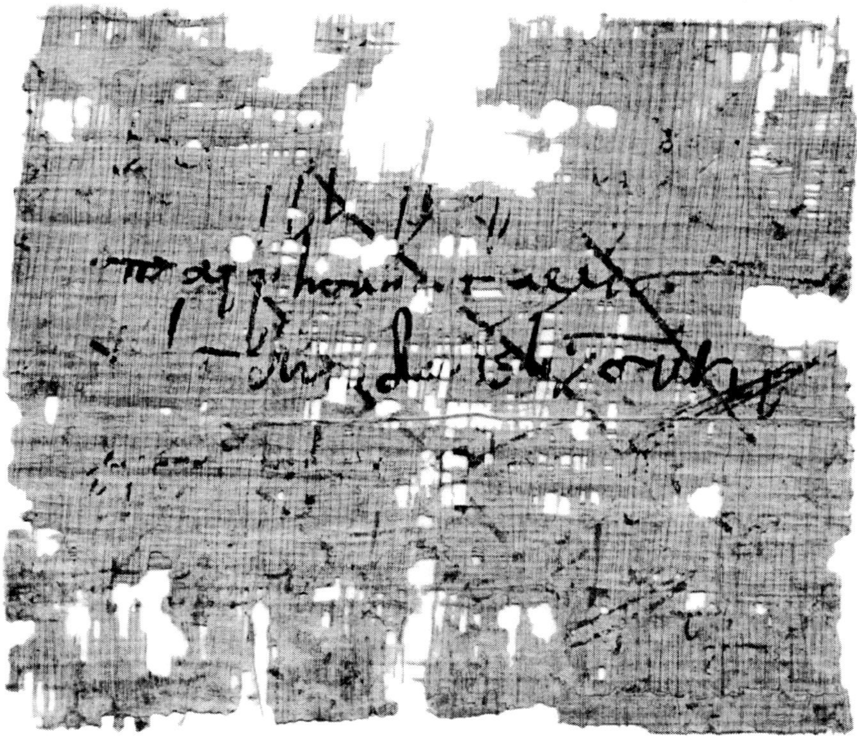

130%

482. Weizenquittung aus dem Georgios-Dossier

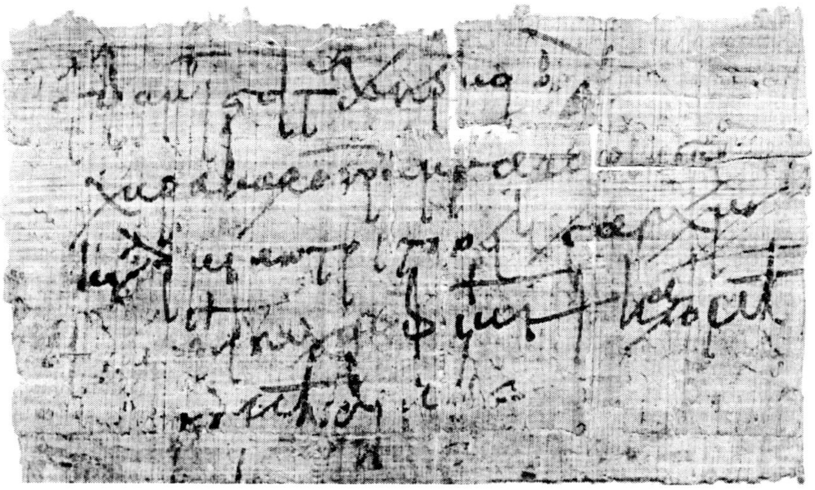

483. Weizenquittung aus dem Georgios-Dossier

120%

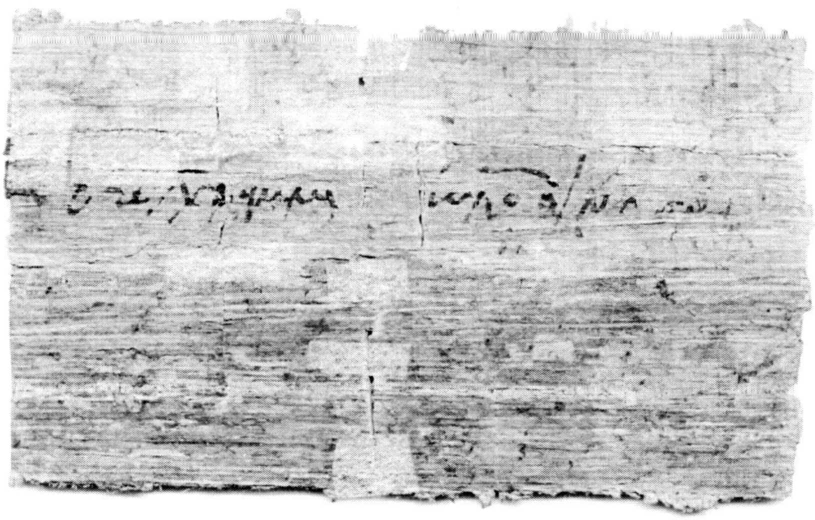

483. Verso

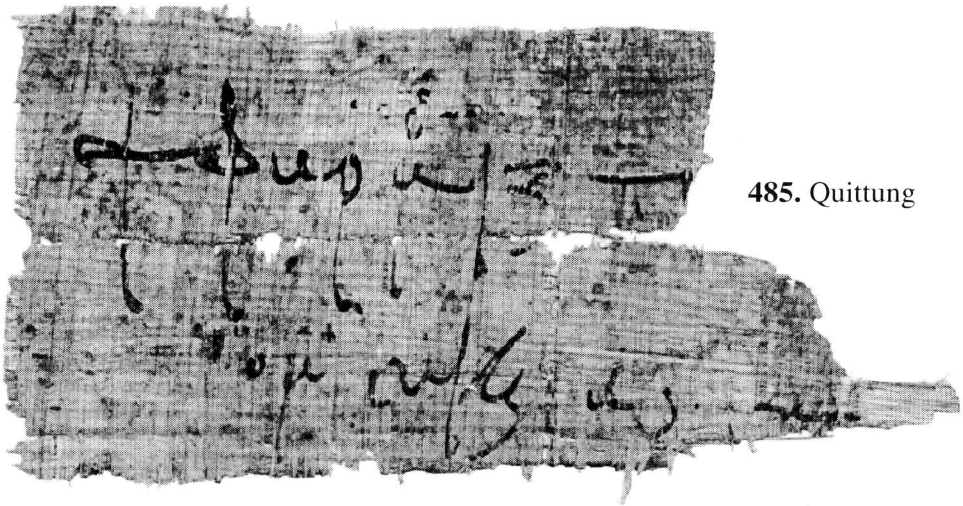

485. Quittung

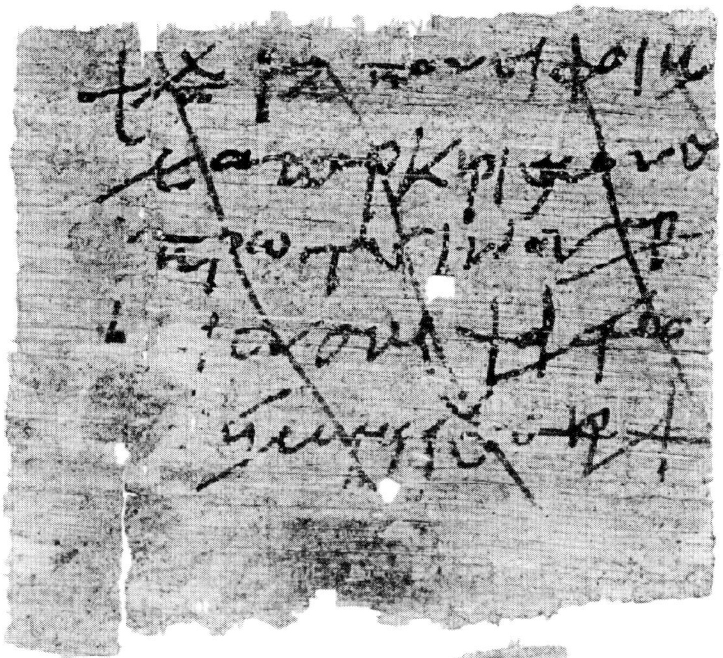

486. Quittung für eine Adaerationszahlung

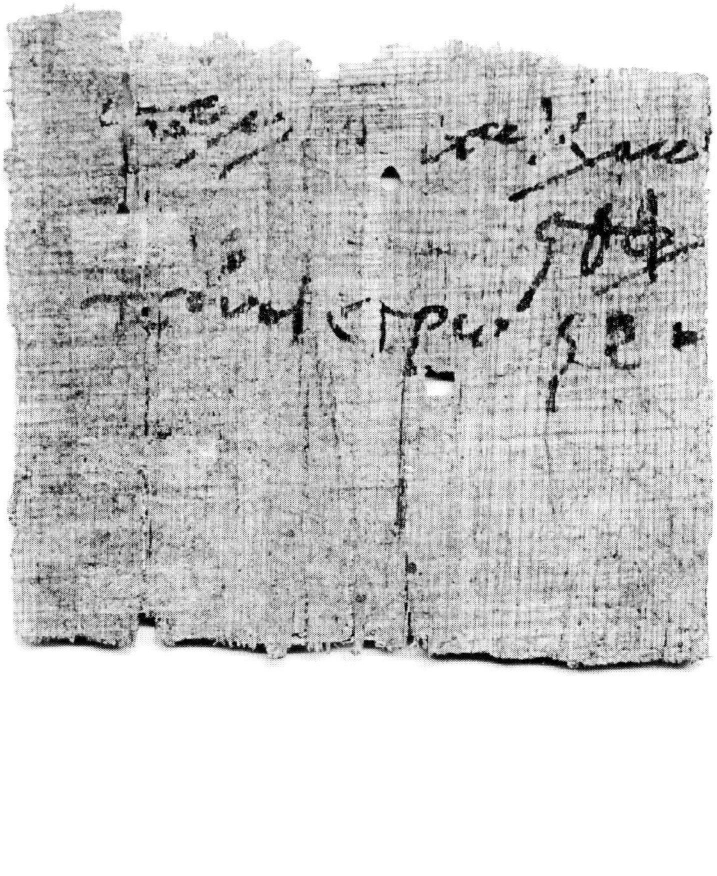

486a. Liste von Namen und Geldbeträgen

150%

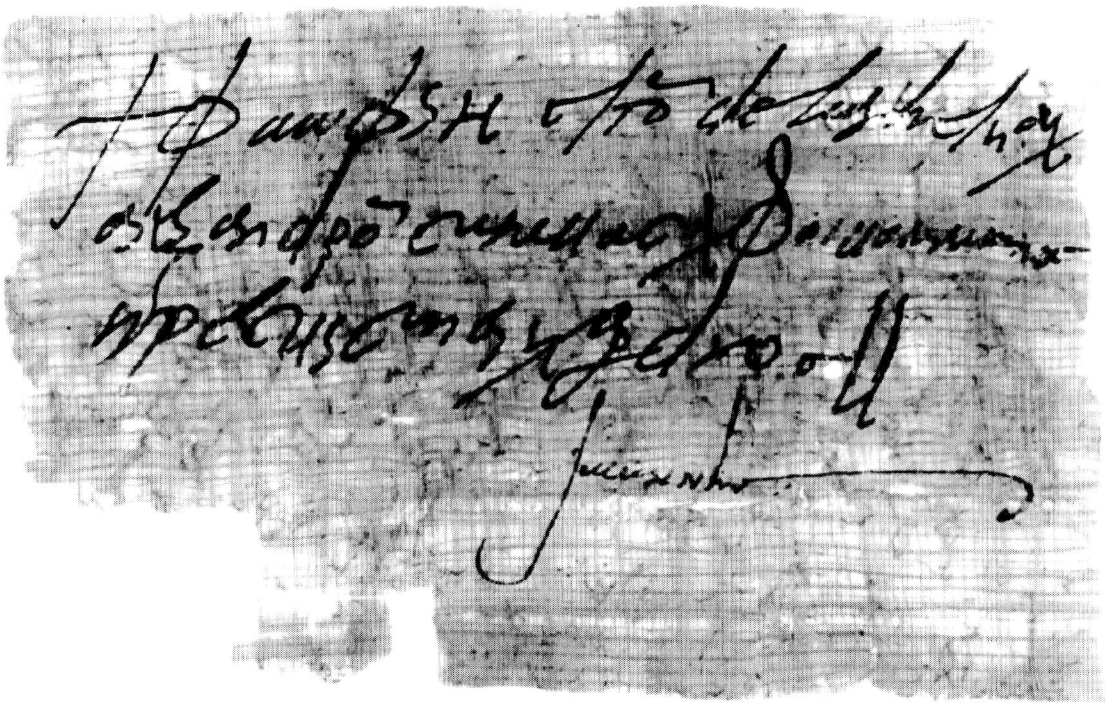

150%

487. Weizenquittung

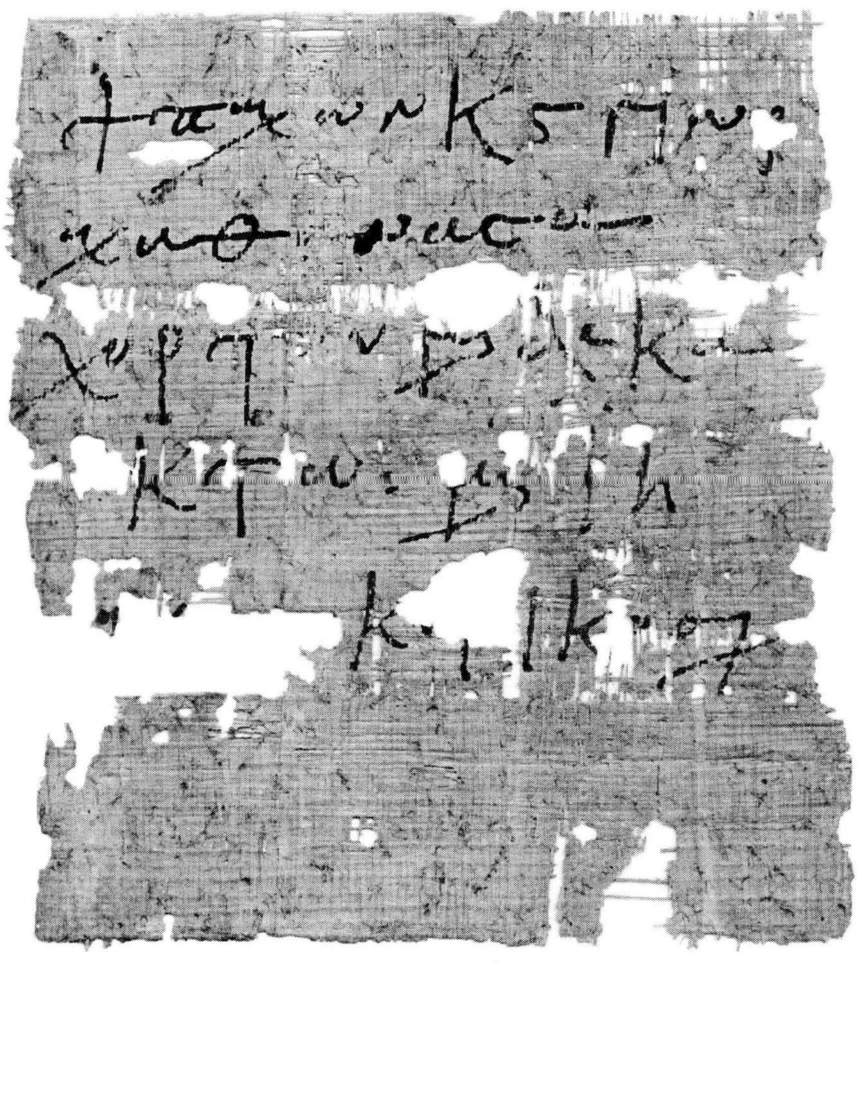

120%

488. Quittung für Heu

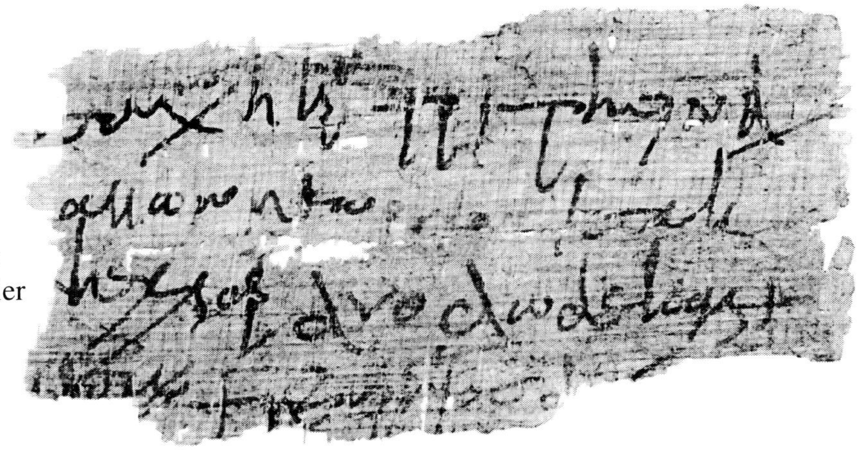

489. Quittung für Gerste aus dem Georgios-Dossier

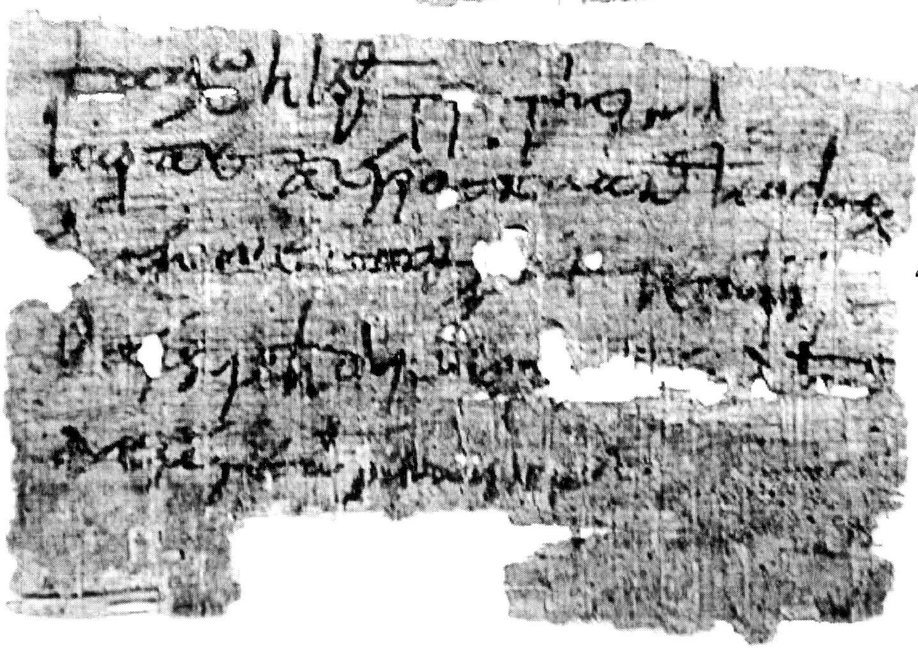

490. Quittung für Gerste aus dem Georgios-Dossier

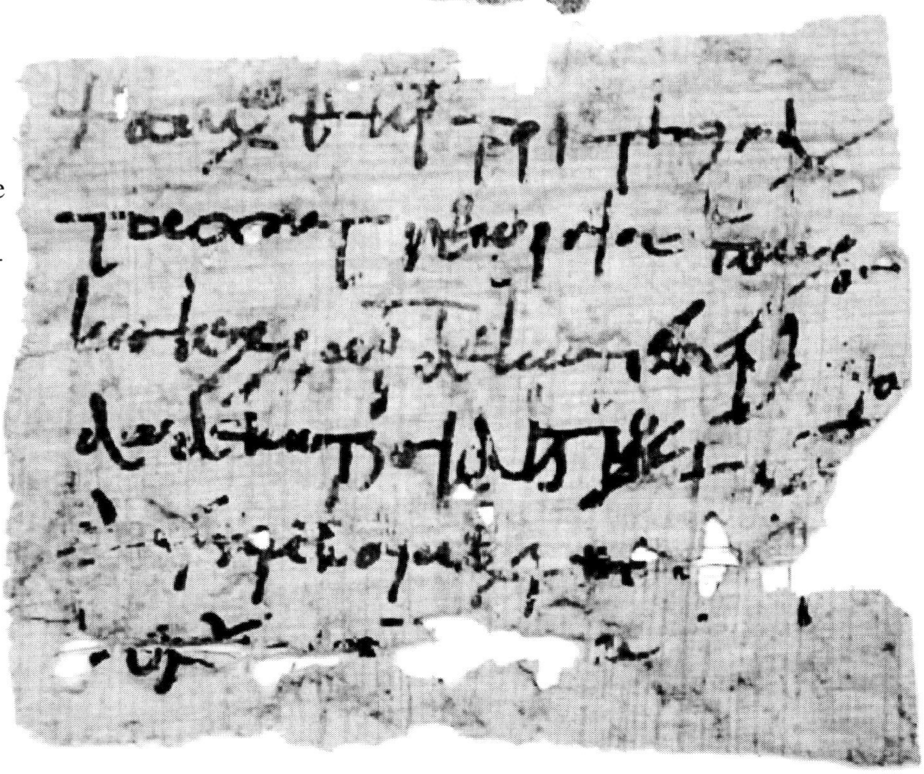

491. Quittung für Gerste aus dem Georgios-Dossier

150%

TAFEL XX

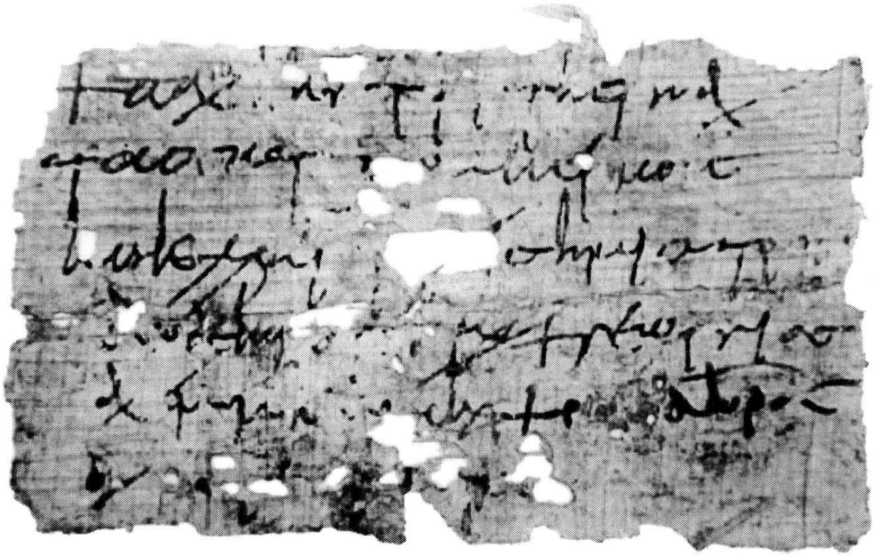

492. Quittung für Gerste aus dem Georgios-Dossier

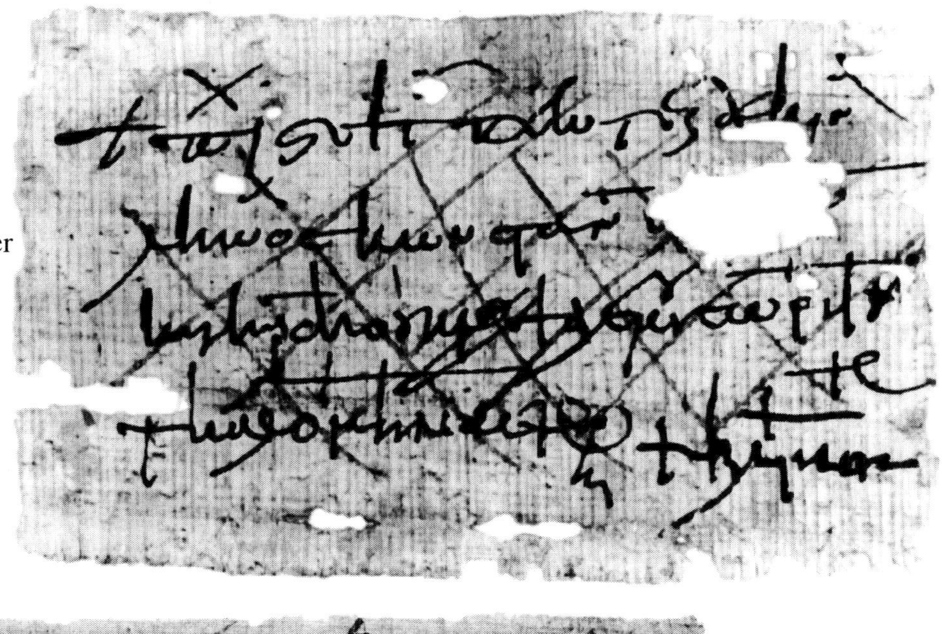

493. Weizenquittung aus dem Georgios-Dossier

494. Weizenquittung aus dem Georgios-Dossier

140%

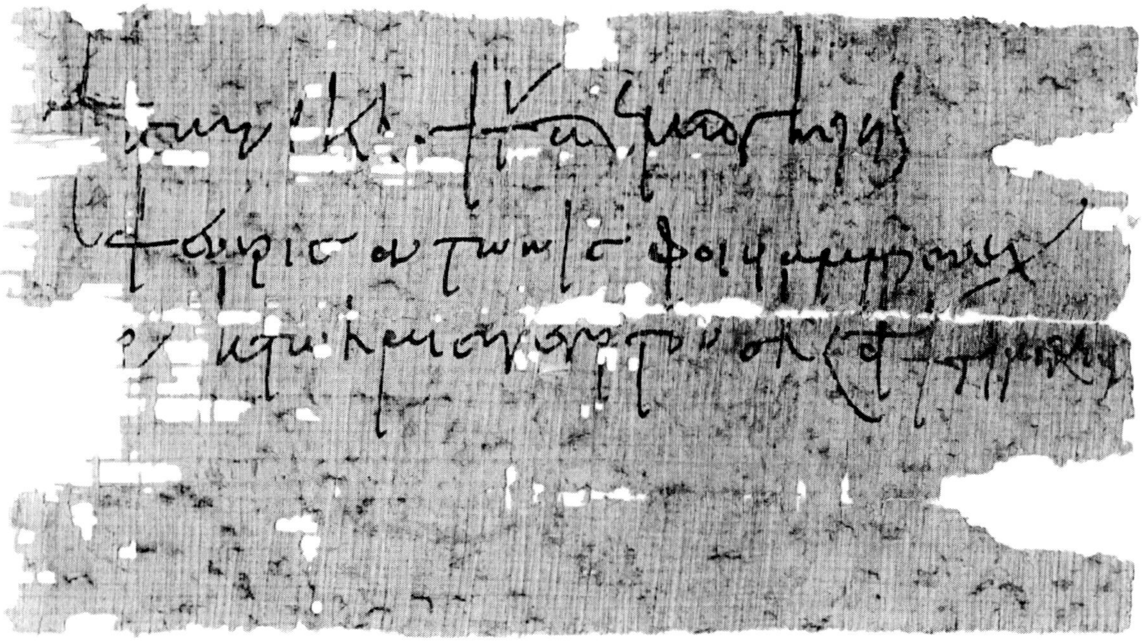

495. Weizenquittung des Timotheos

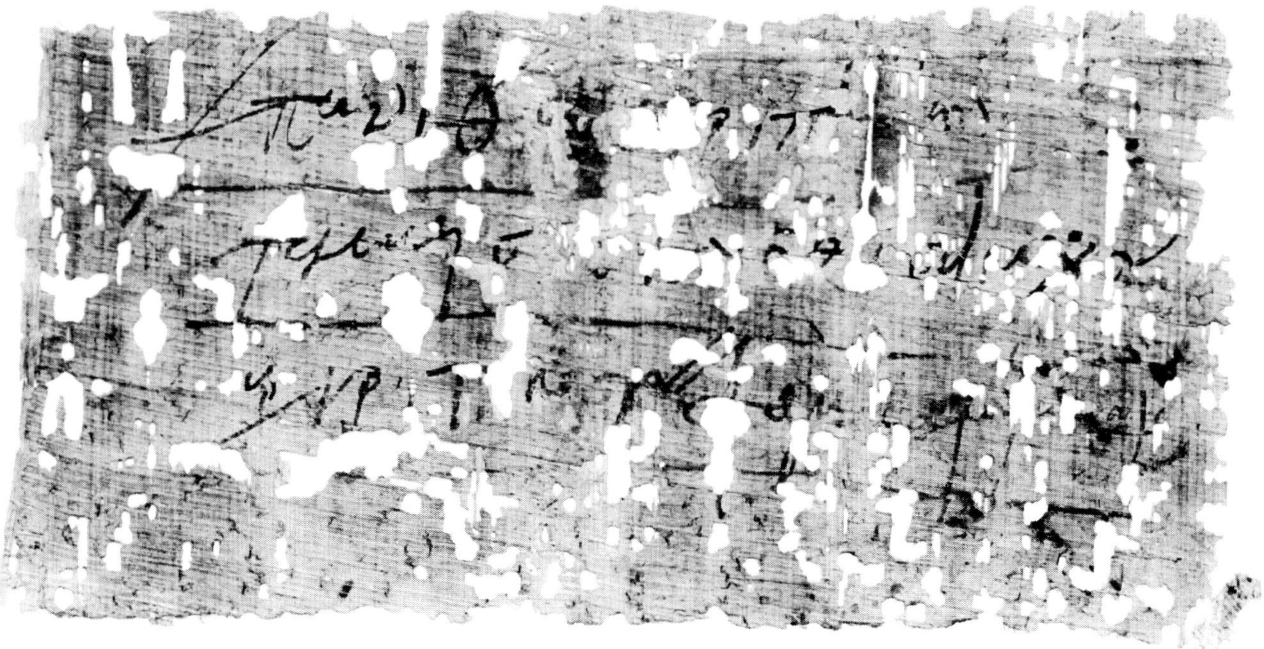

496. Weizenquittung des Agathammon

130%

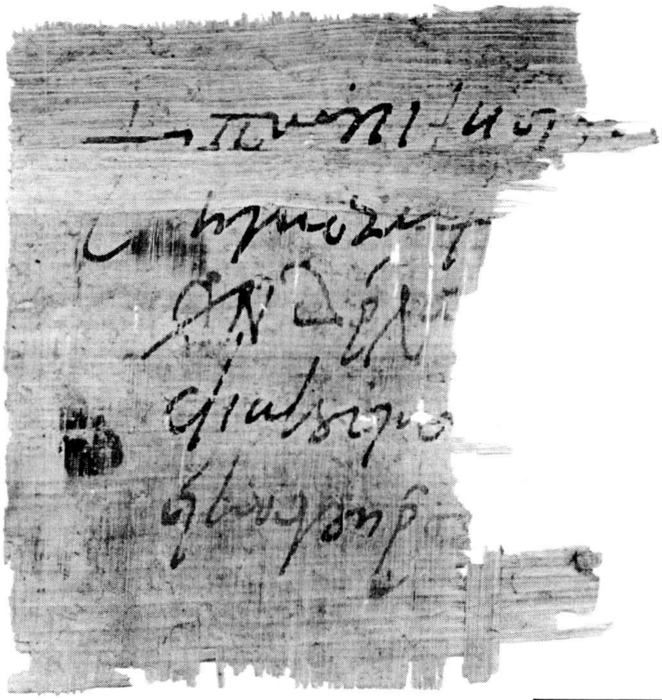

110%

497. Fragment einer Weizenquittung mit Summe in Säcken und Artaben

497. Verso

150%

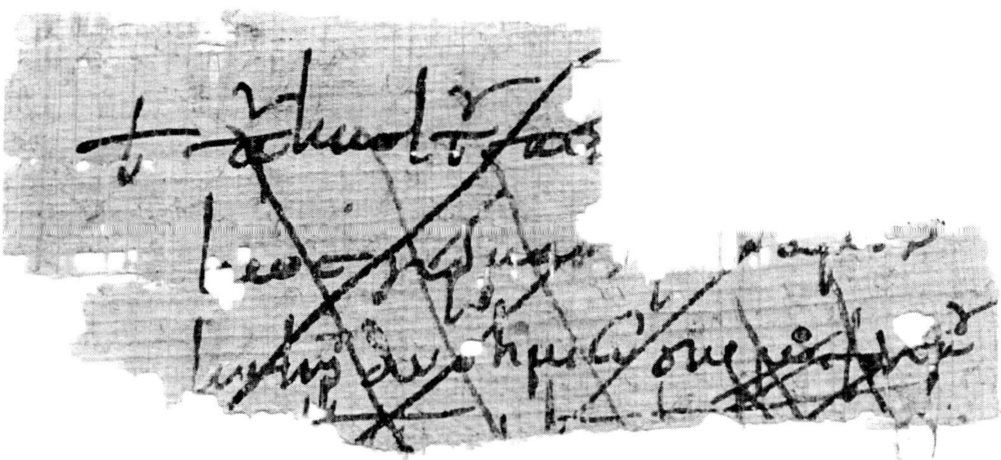

498. Weizenquittung aus dem Georgios-Dossier

499. Weizenquittung aus dem Georgios-Dossier

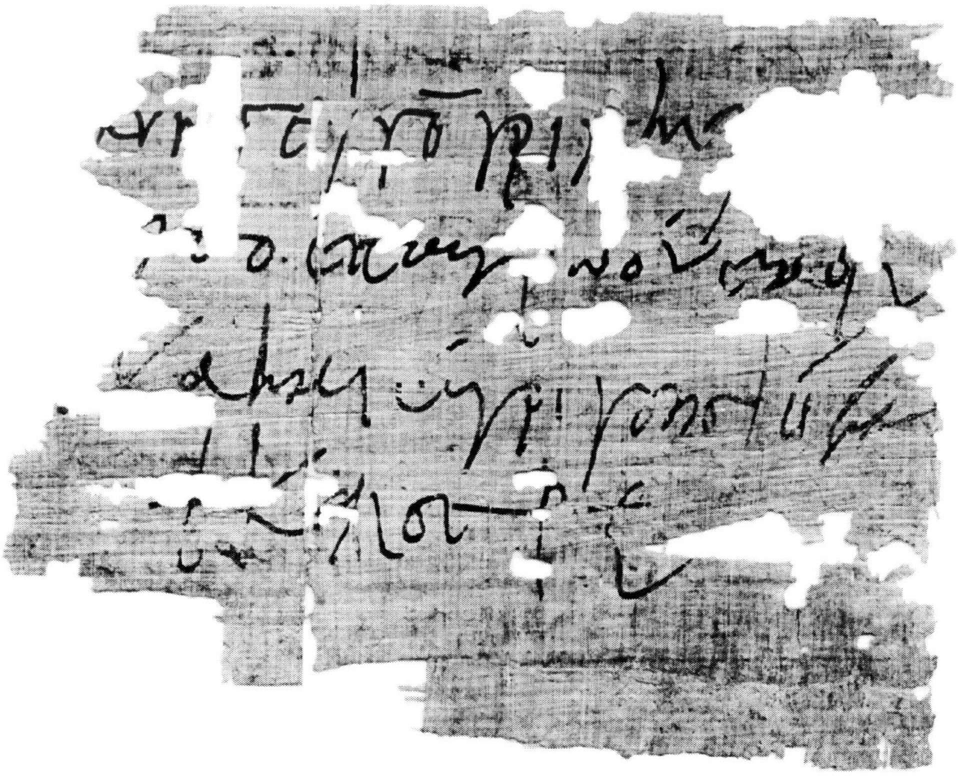

500. Weizenquittung

150%

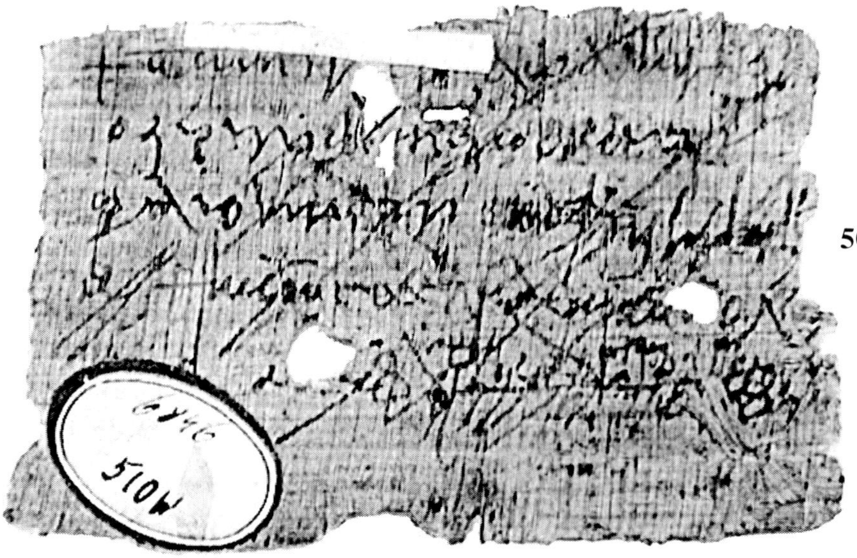

501. Weizenquittung des Kalos

130%

501. Verso

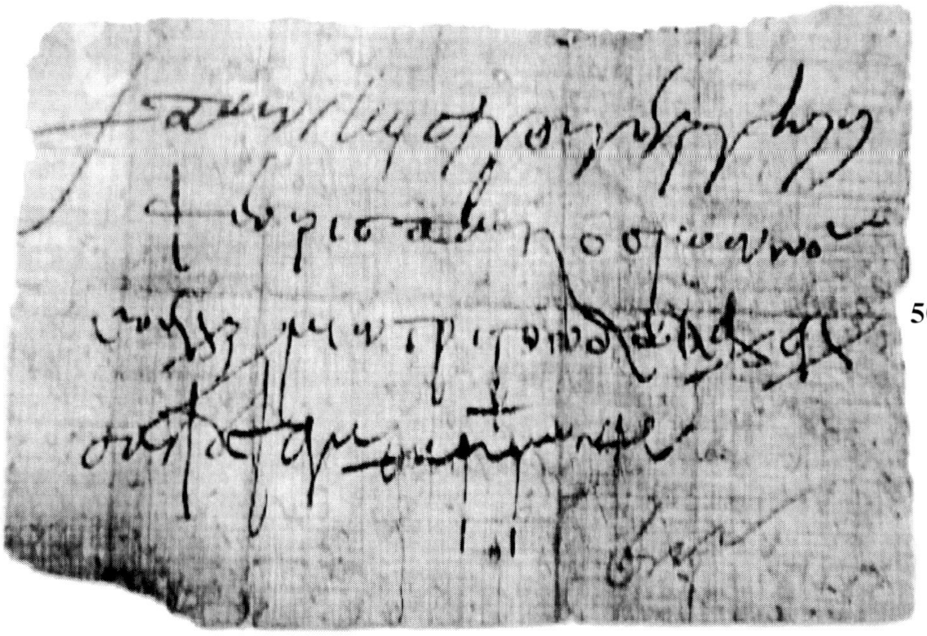

502. Weizenquittung des Agathammon

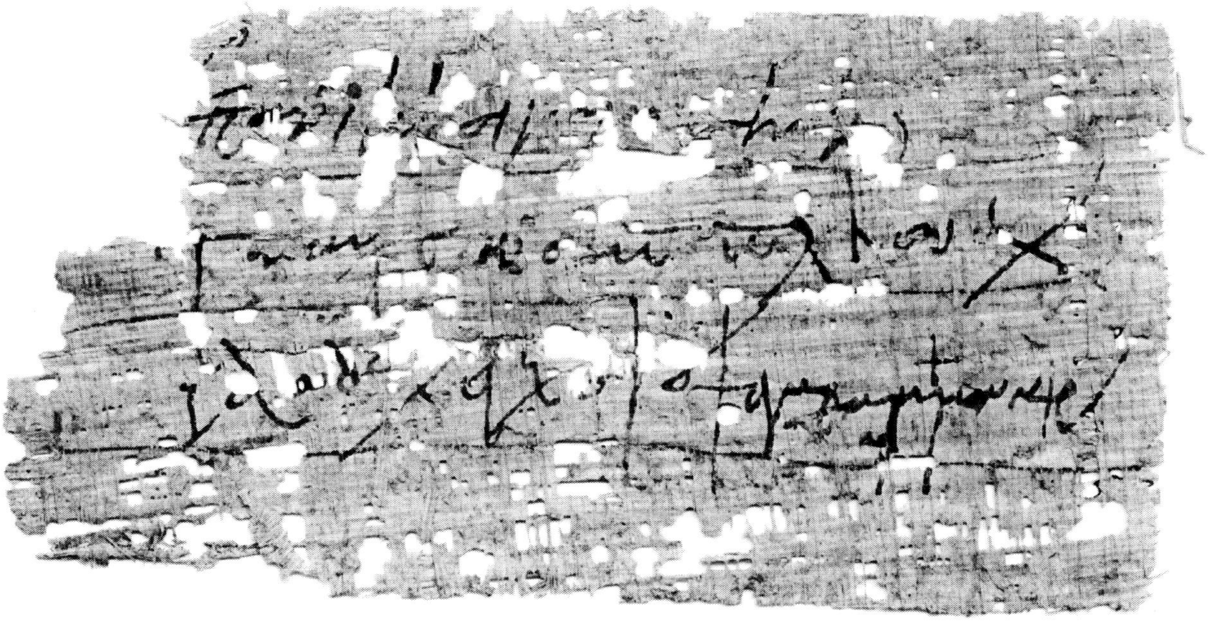

503. Weizenquittung des Agathammon

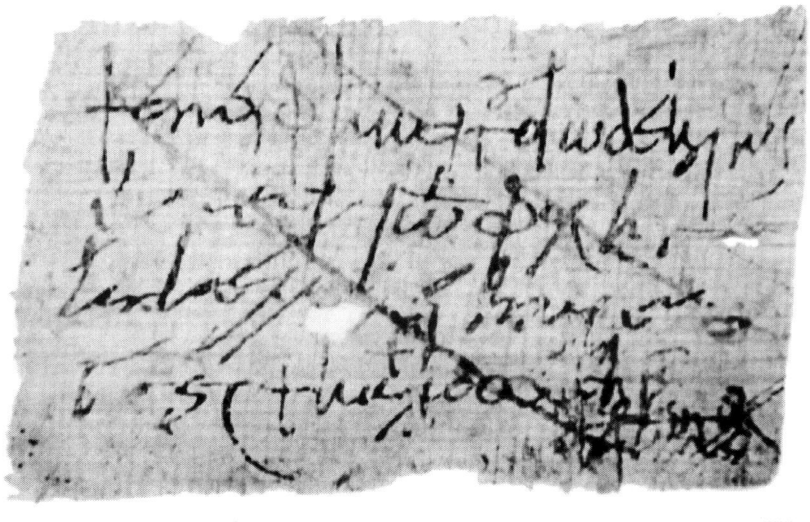

504. Weizenquittung des Kalos

130%

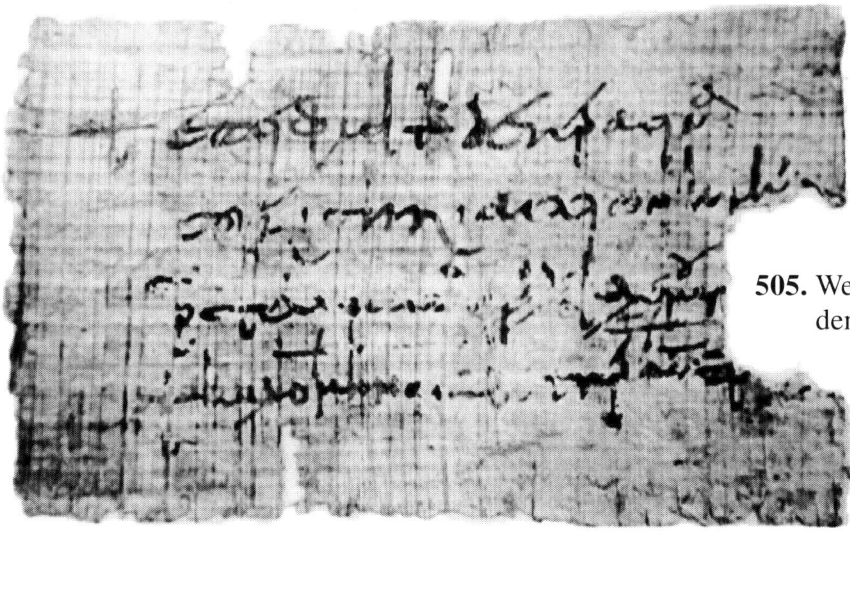

505. Weizenquittung aus dem Georgios-Dossier

506. Register mit Getreidezahlungen für das Dorf Makronos

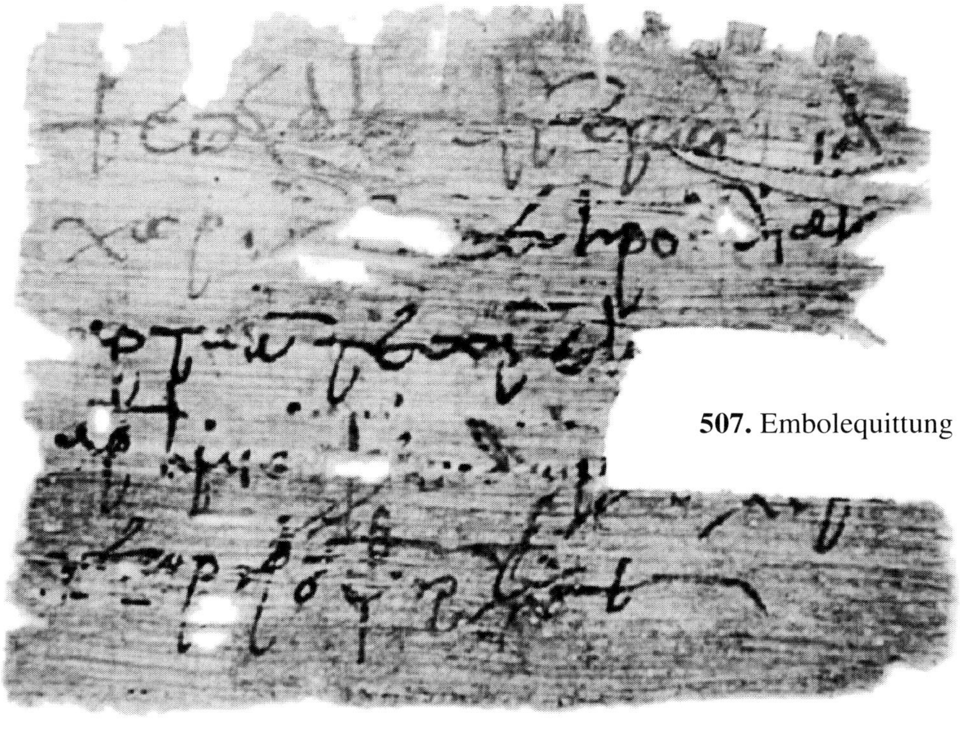

507. Embolequittung

507a. Liste mit Zahlen

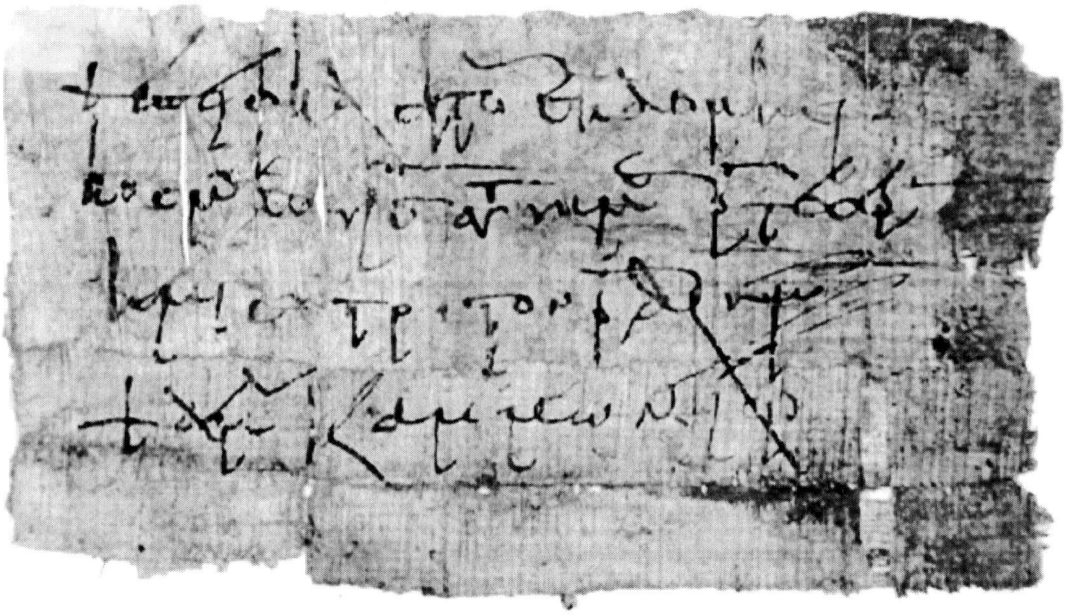

508. Weizenquittung des Kammon

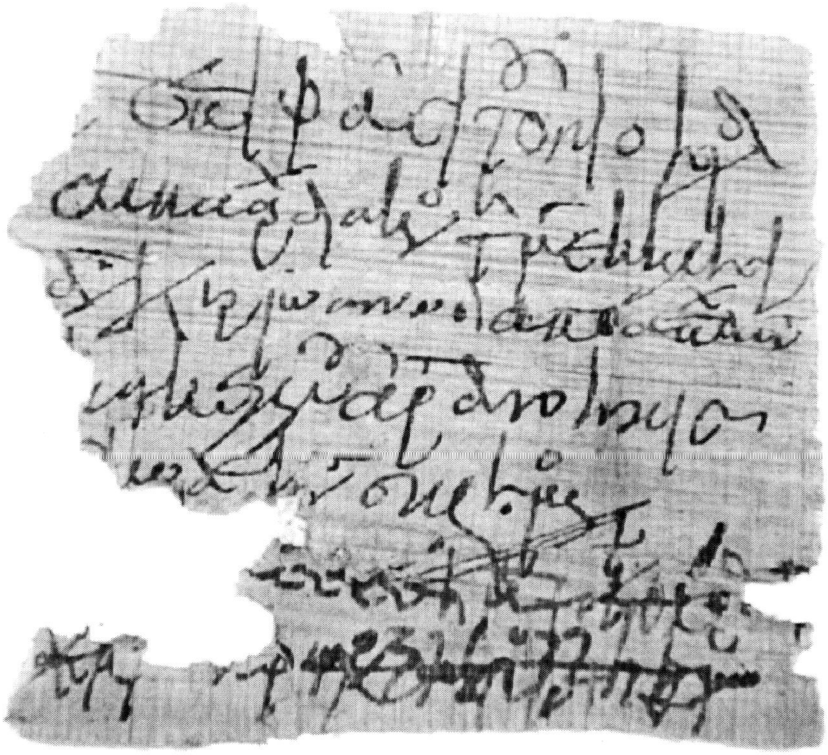

509. Weizenquittung des Kalos

150%

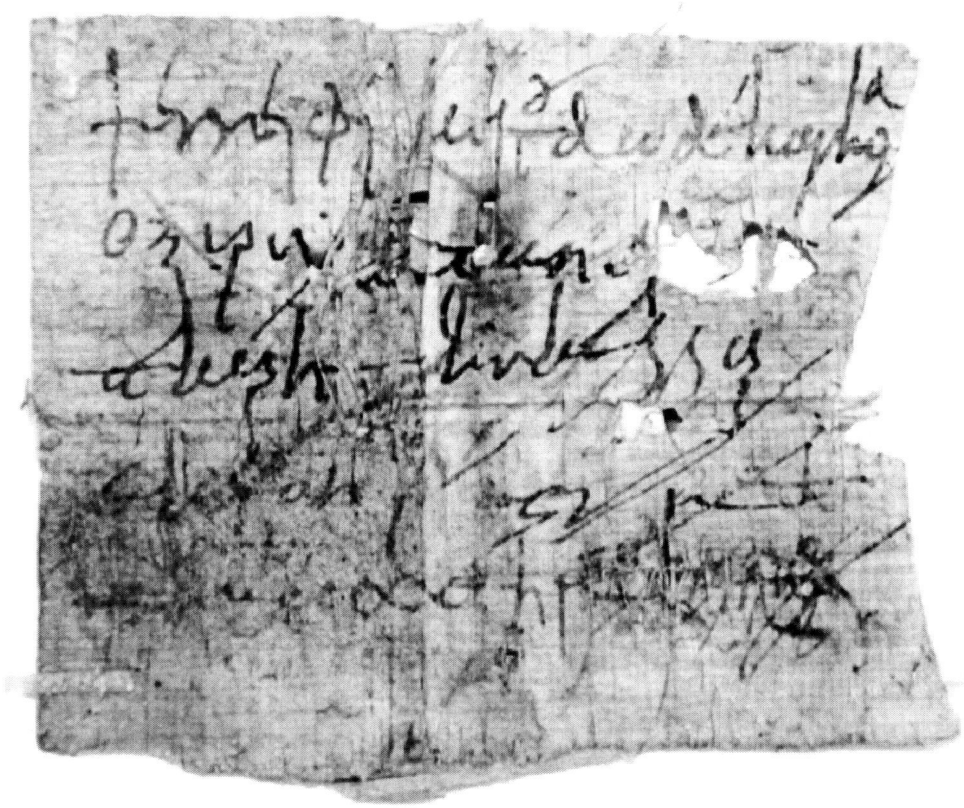

510. Weizenquittung des Kalos

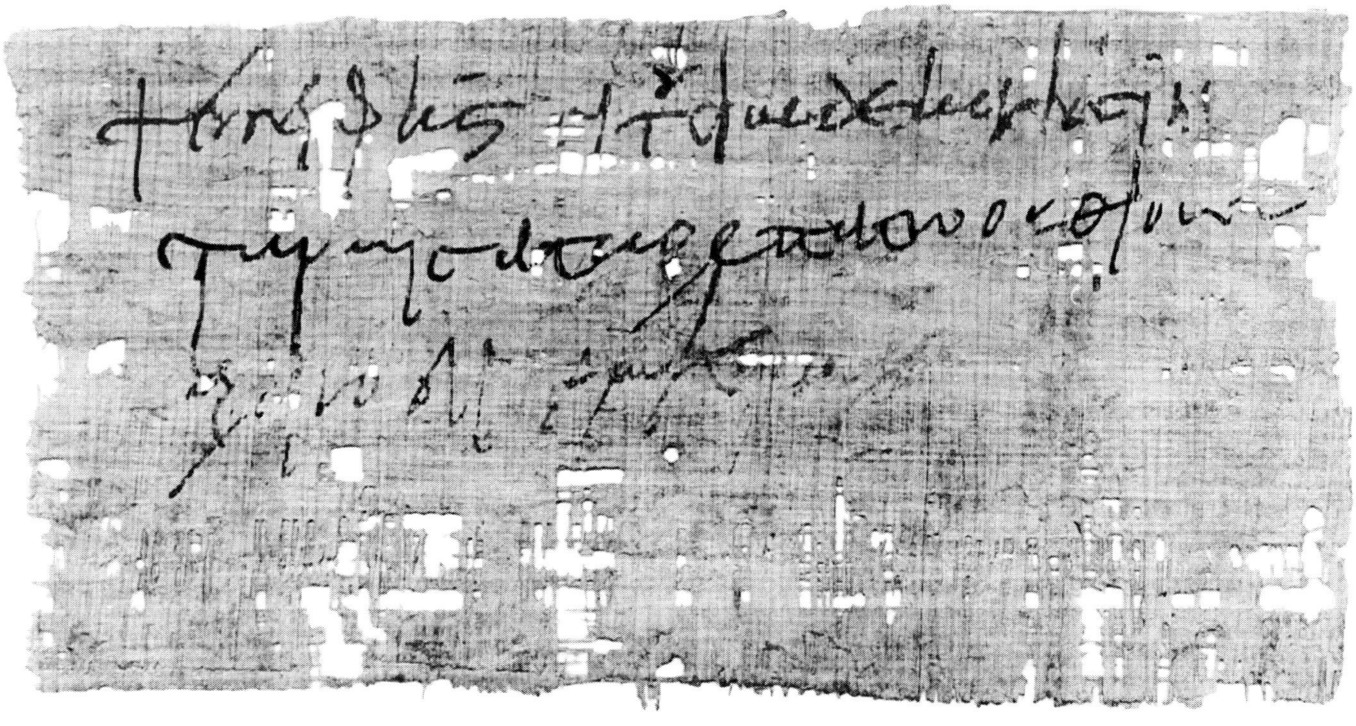

511. Weizenquittung des Makarios

150%

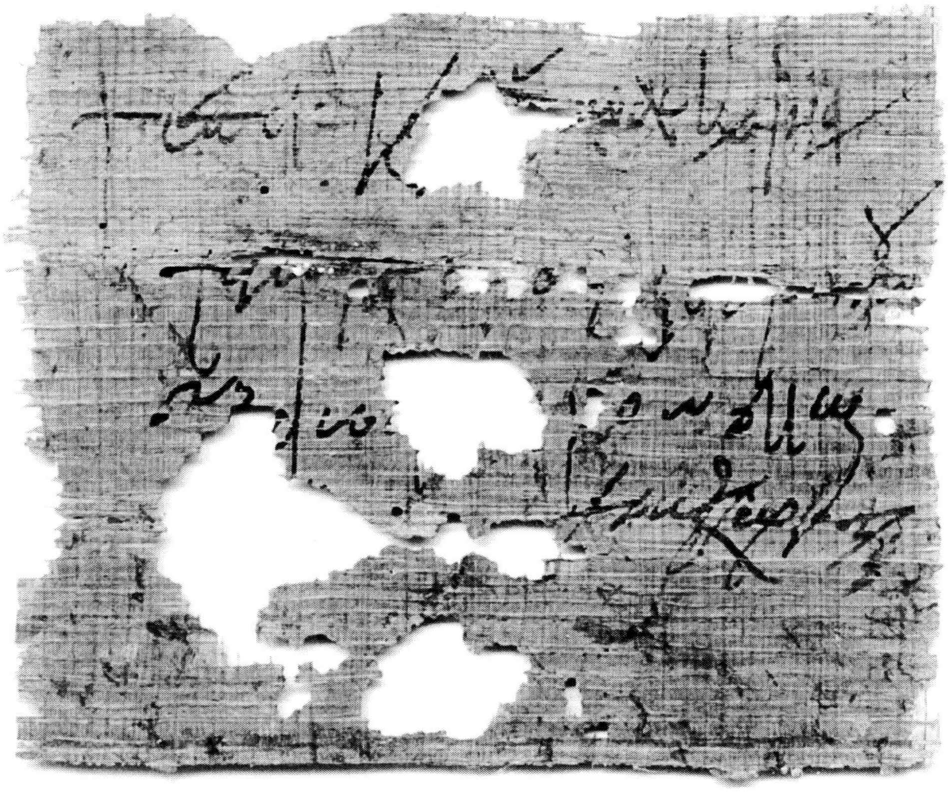

512. Weizenquittung des Makarios

512a. Fragment einer Urkunde

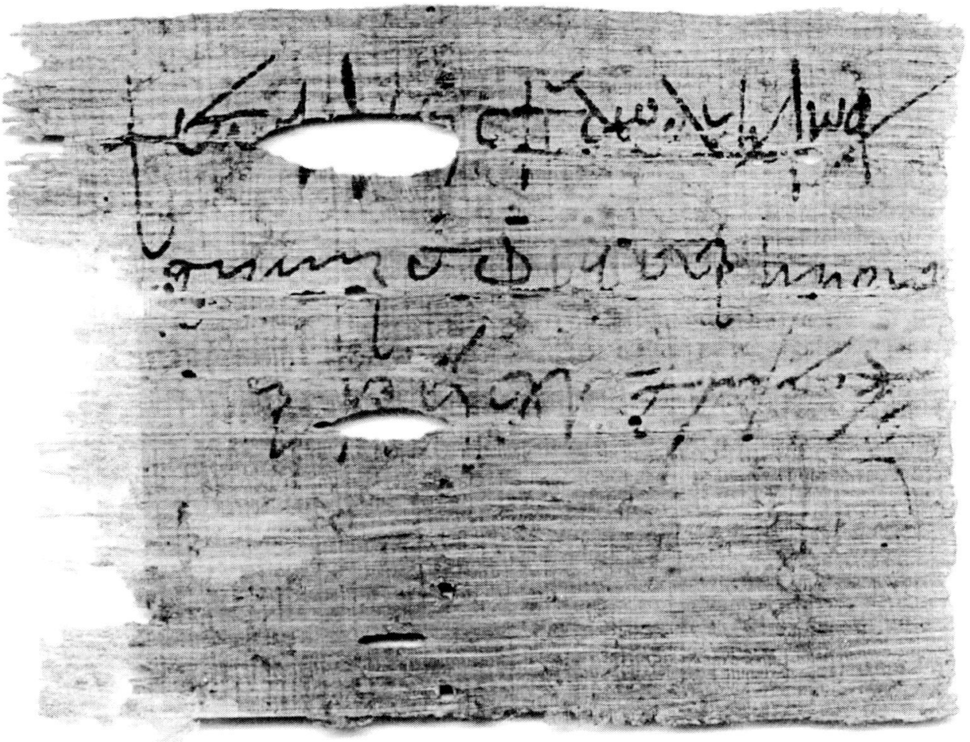

150%

513. Weizenquittung des Makarios

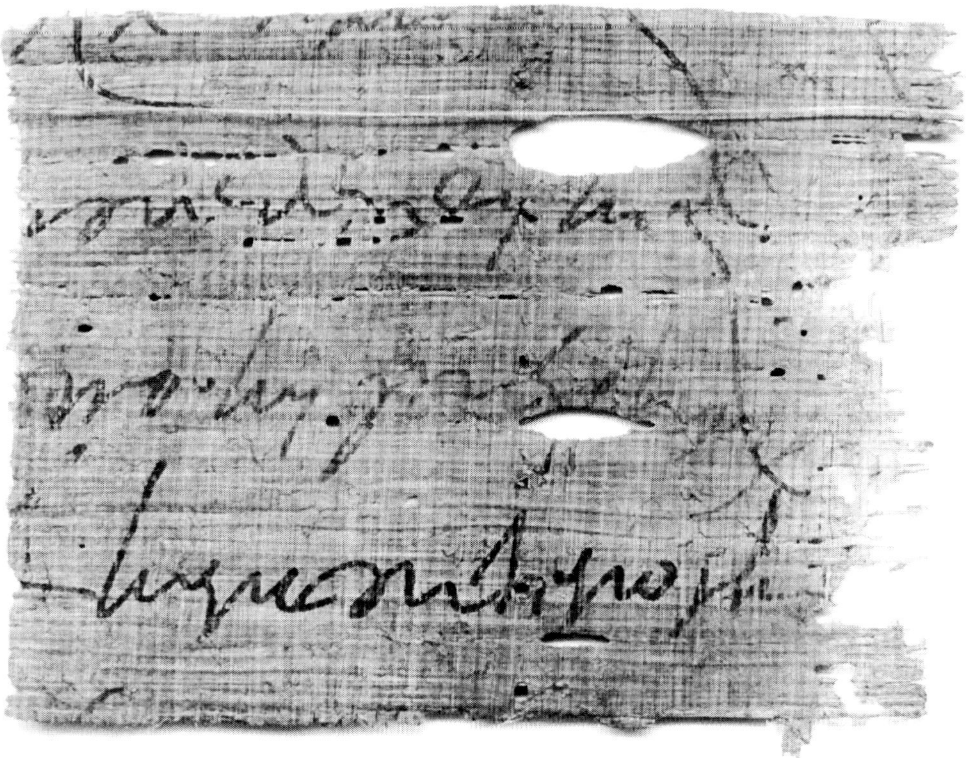

513a. Fragment einer Urkunde

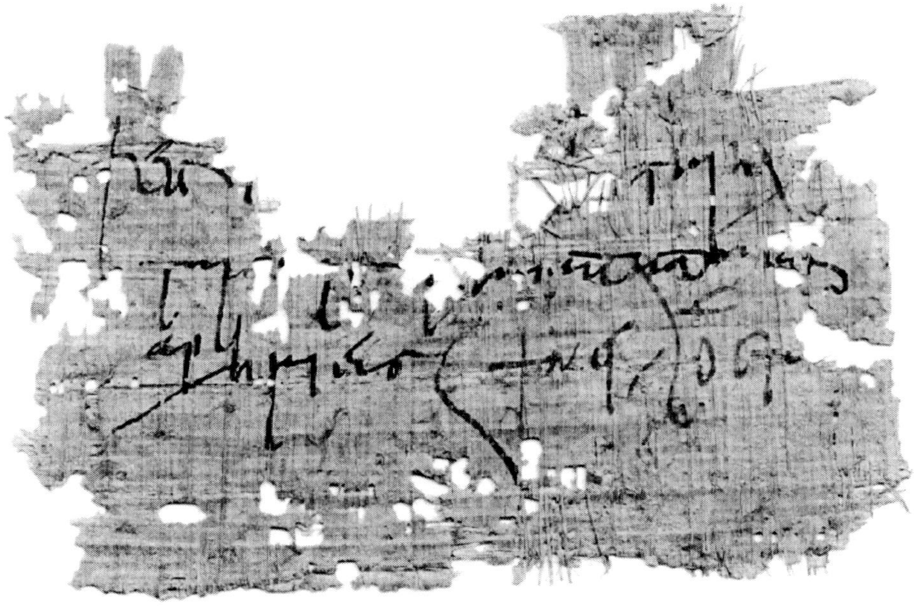

514. Weizenquittung des Neilos

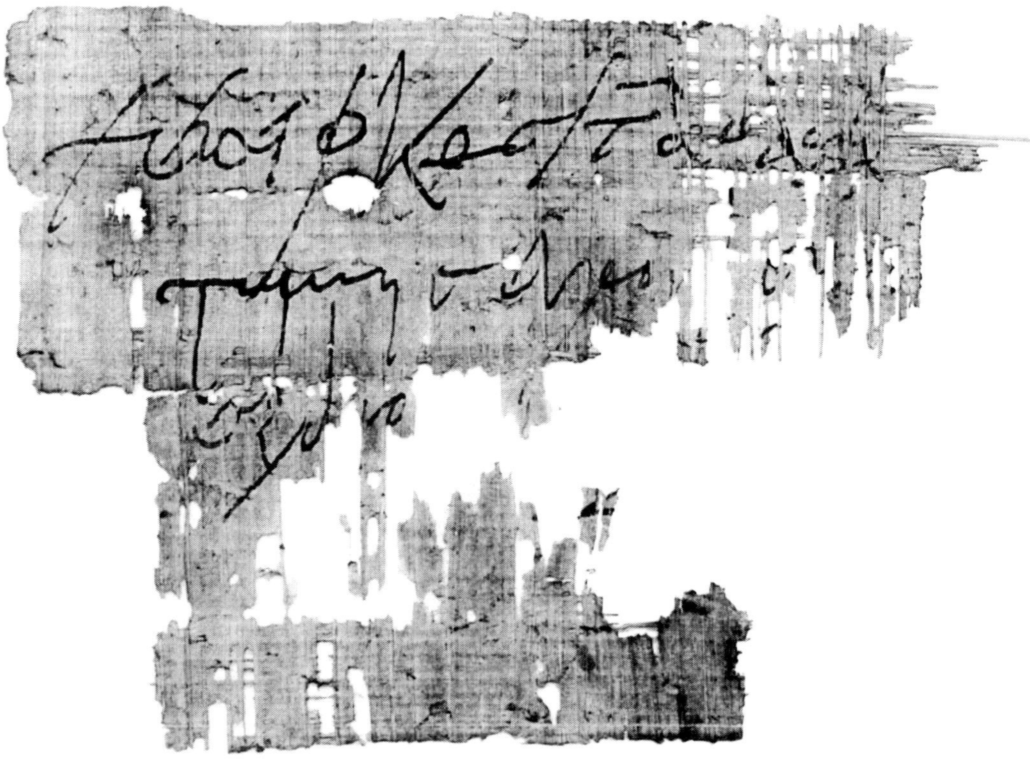

515. Weizenquittung des Makarios

150%

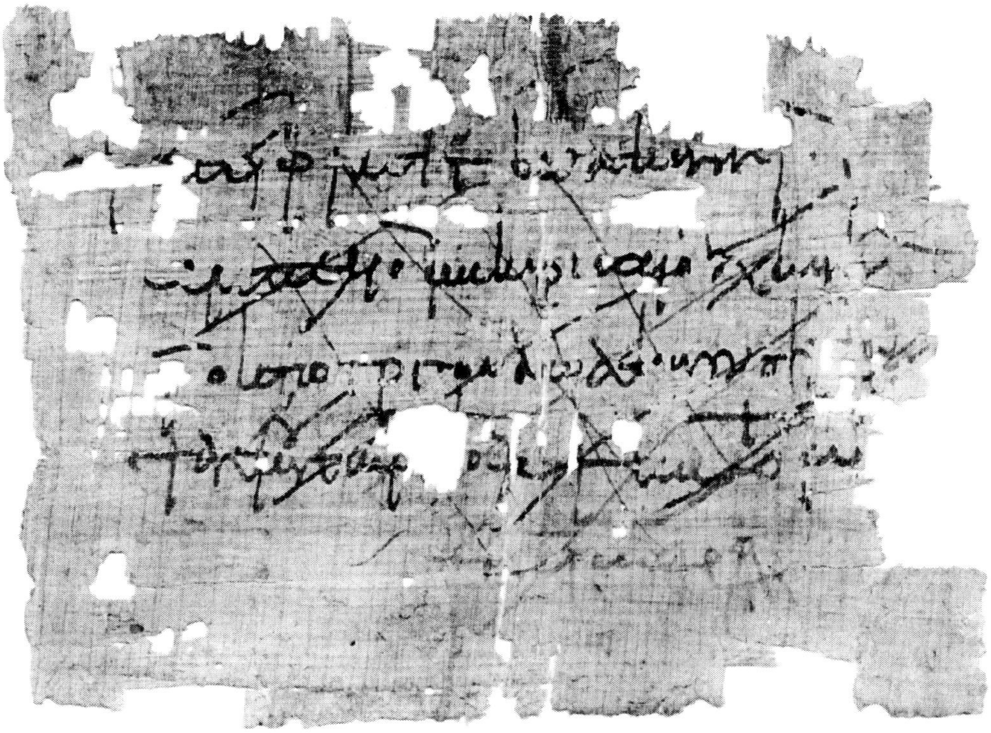

516. Weizenquittung aus dem Georgios-Dossier

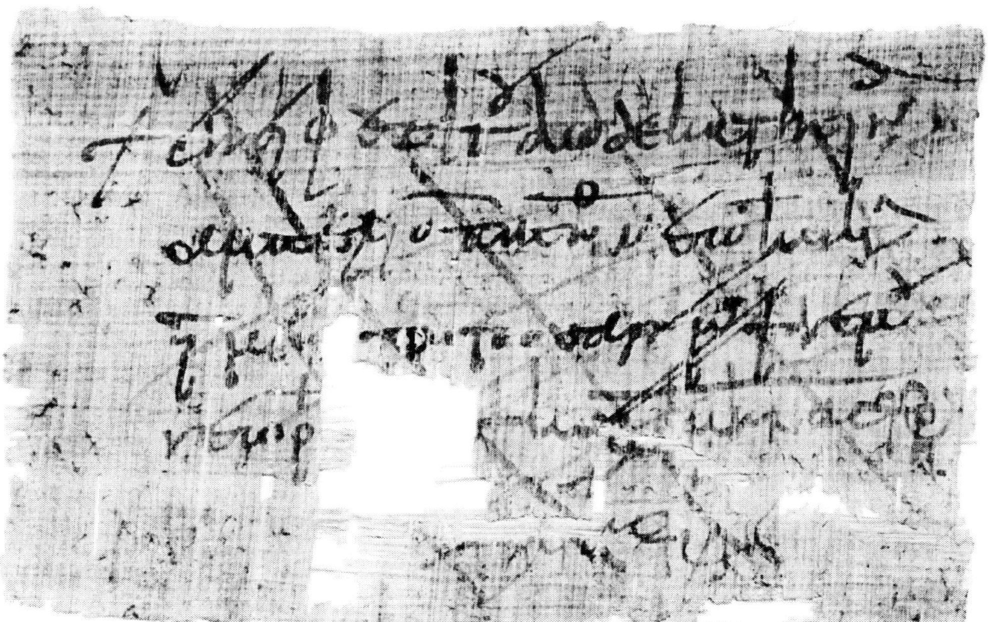

517. Weizenquittung aus dem Georgios-Dossier

150%

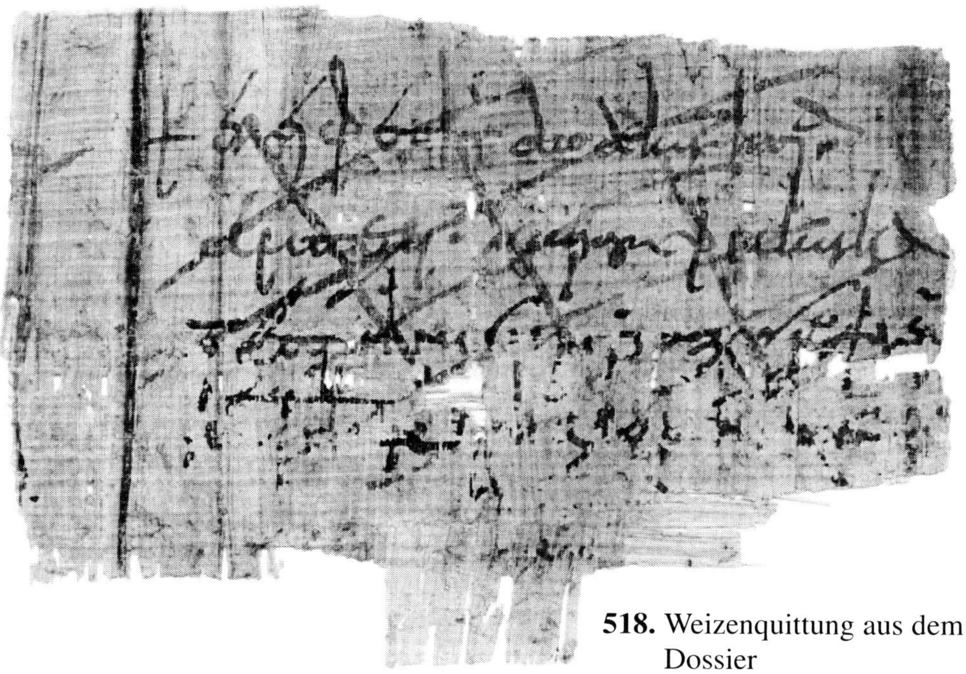

150%

518. Weizenquittung aus dem Georgios-Dossier

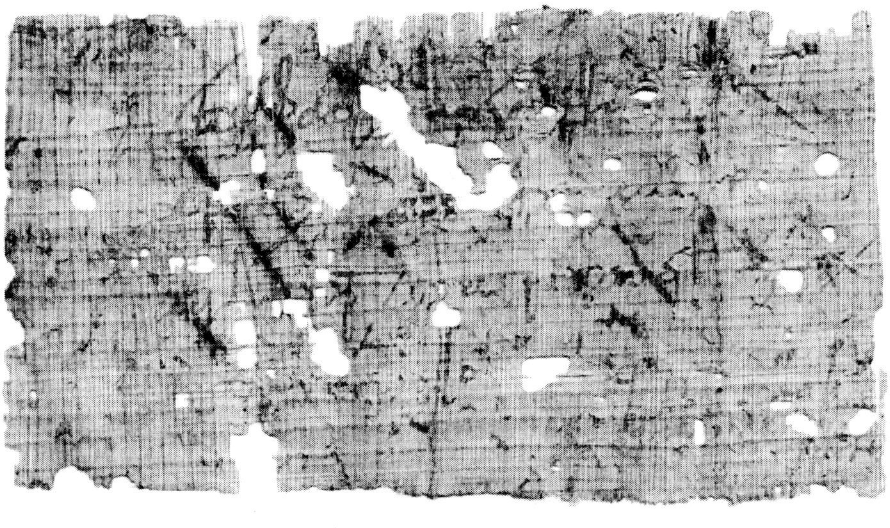

519. Weizenquittung aus dem Georgios-Dossier

130%

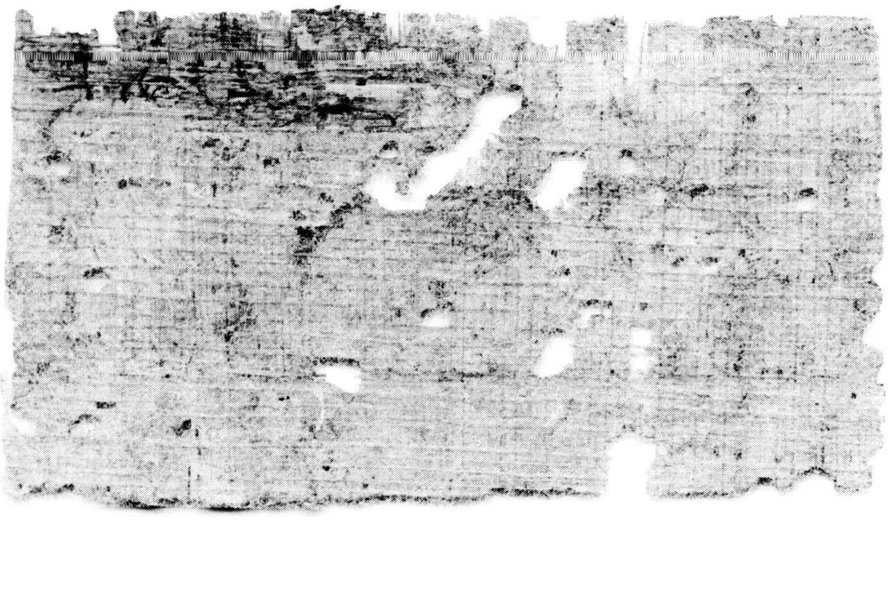

519. Verso

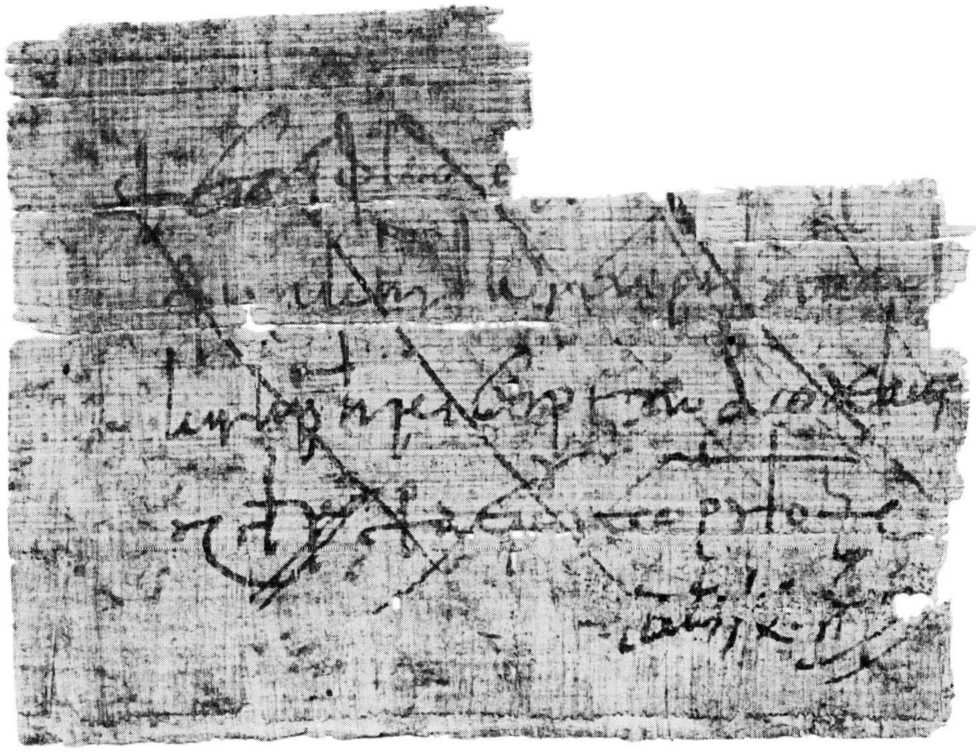

520. Weizenquittung aus dem Georgios-Dossier

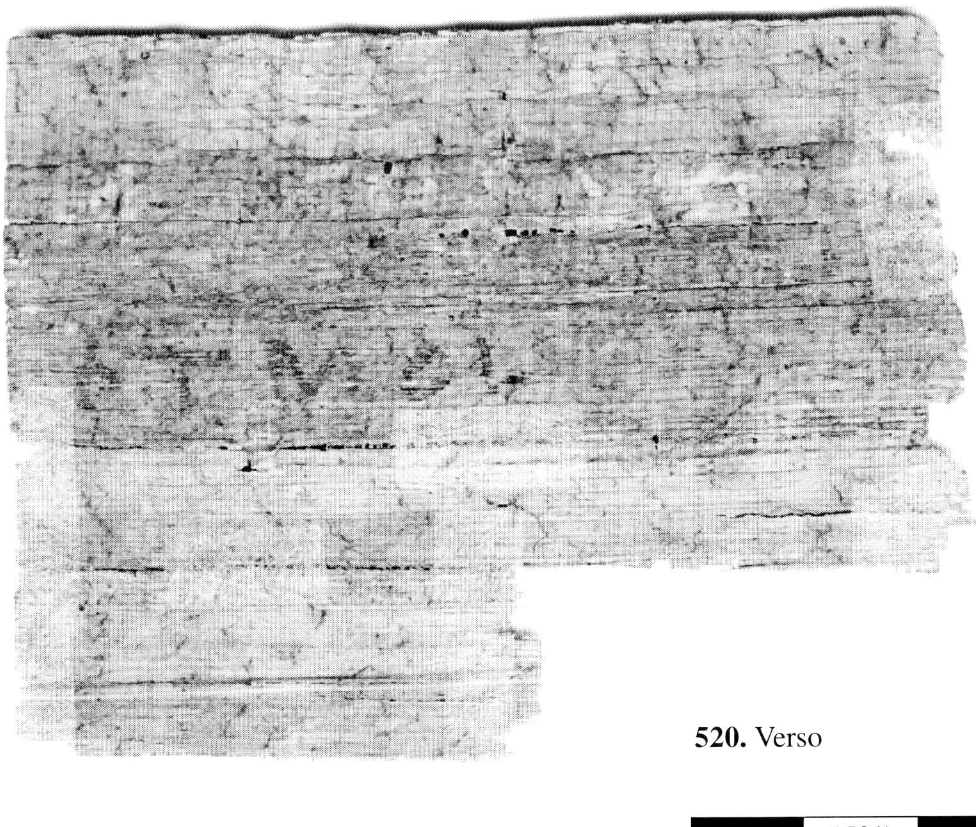

520. Verso

150%

150%

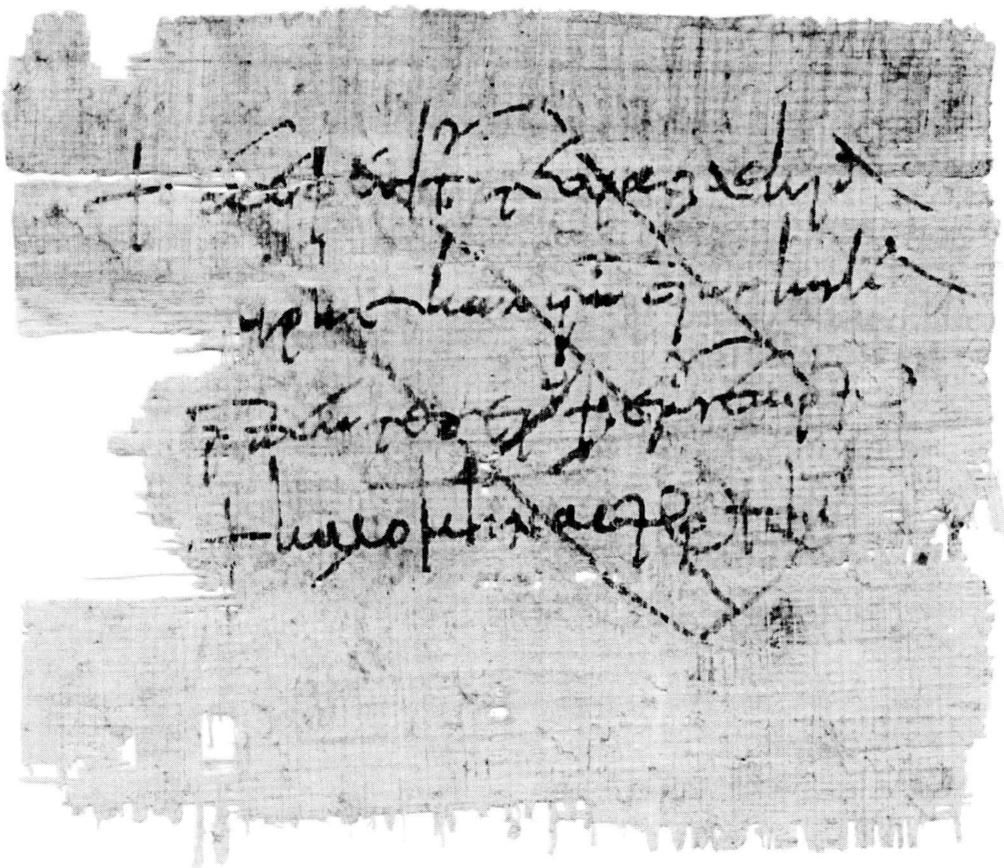

521. Weizenquittung aus dem Georgios-Dossier

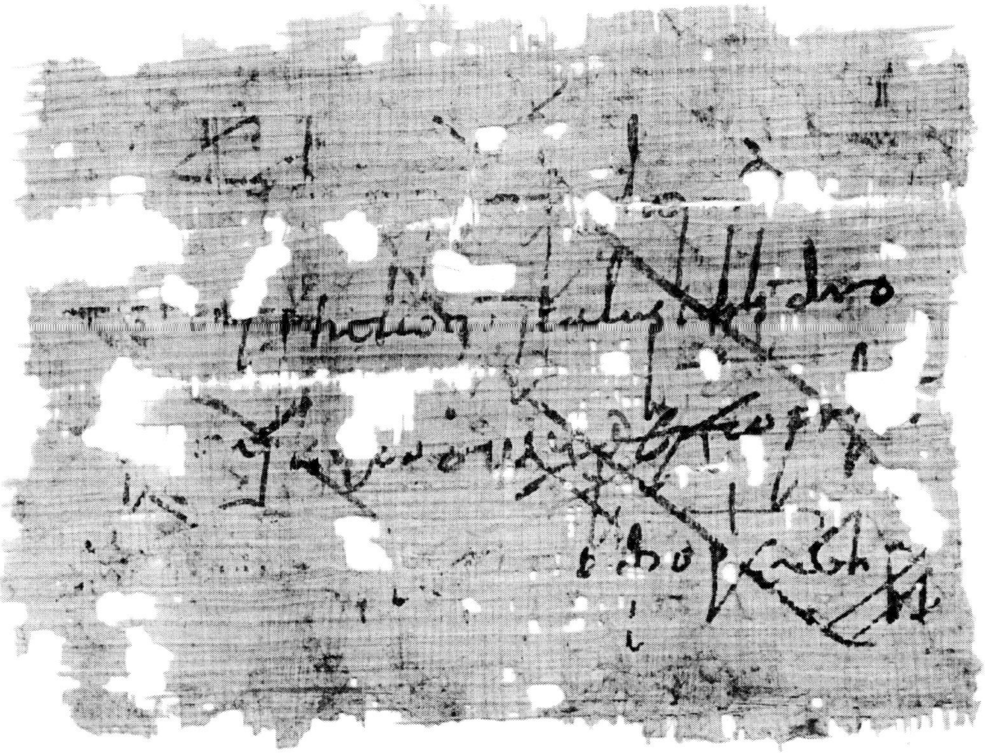

522. Weizenquittung aus dem Georgios-Dossier

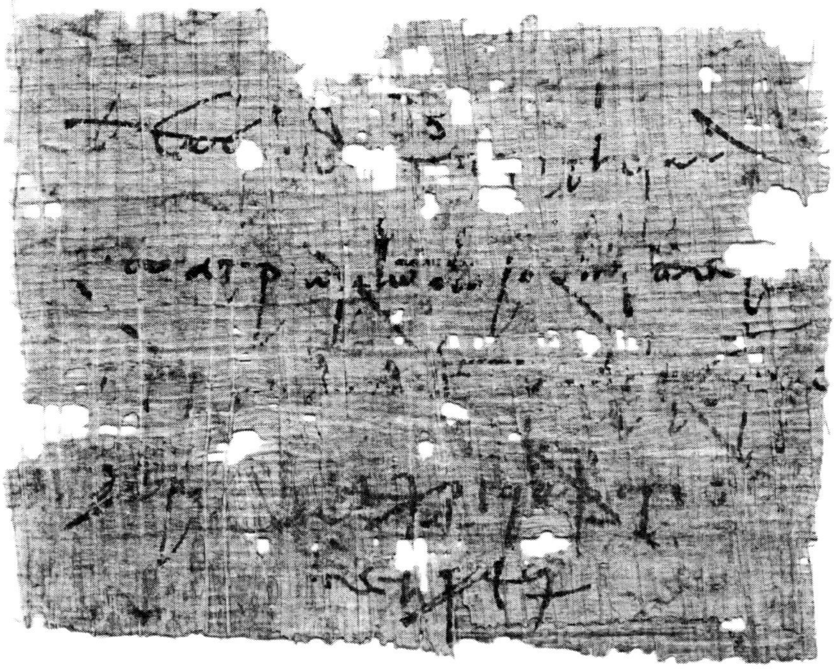

130%

523. Weizenquittung aus dem Georgios-Dossier

524. Weizenquittung

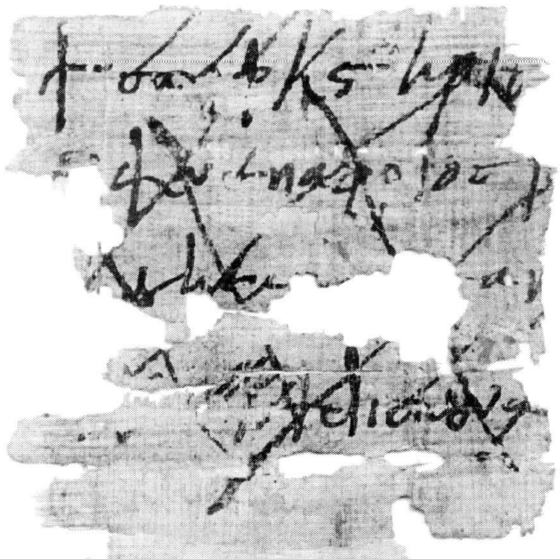

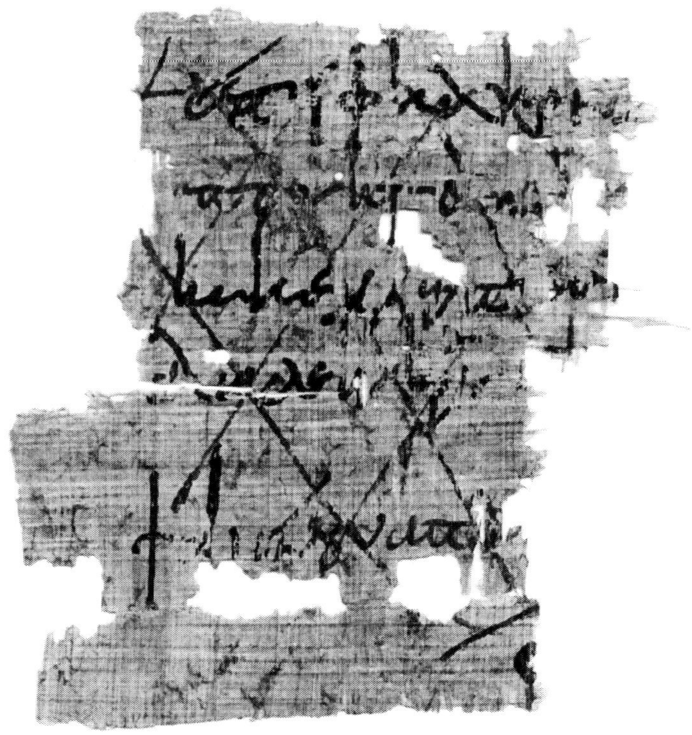

525. Quittung für Gerste des Apphuas

526. Quittung für Gerste des Apphuas

150%

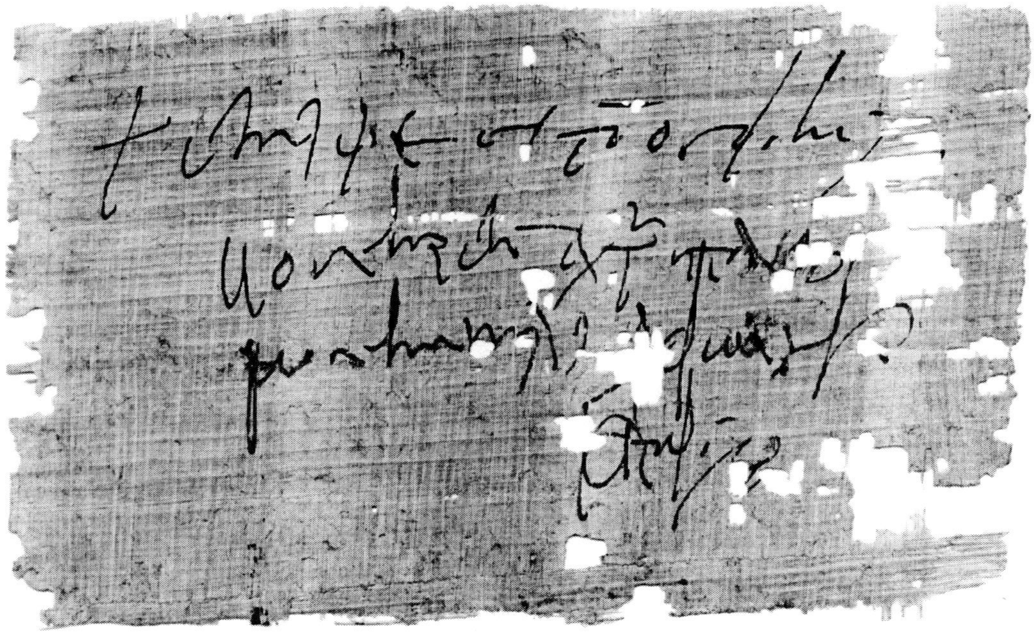

120%

527. Weizenquittung

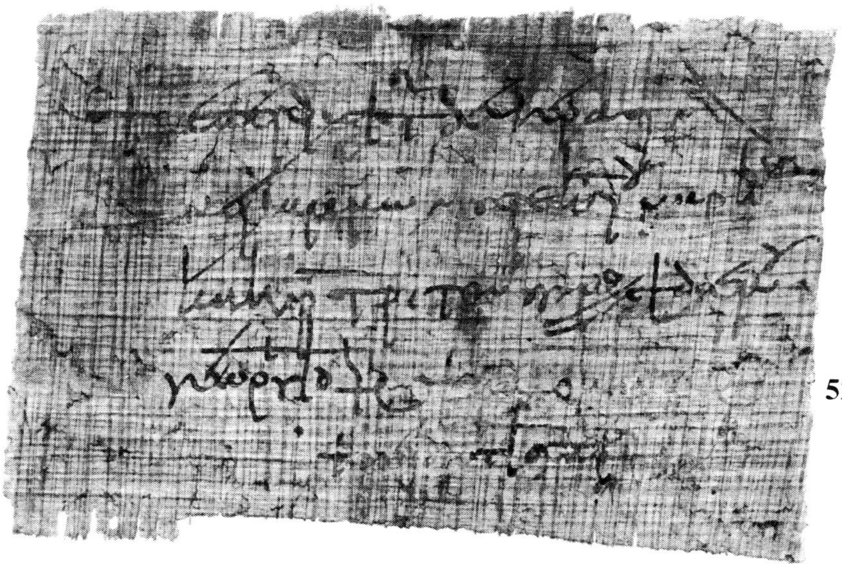

120%

528. Weizenquittung aus dem Georgios-Dossier

528. Rekto

100%

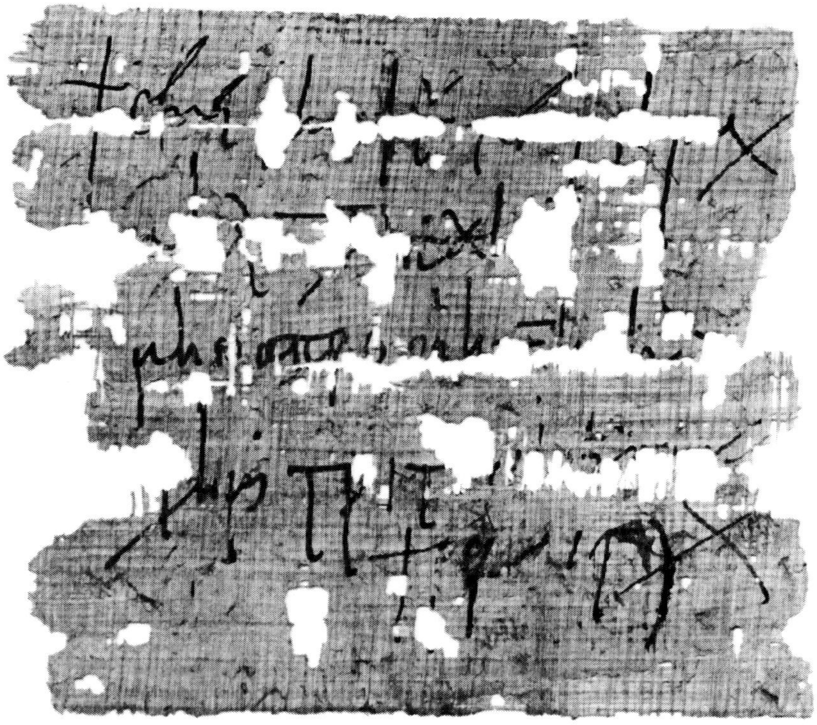

529. Weizenquittung des Marnitas

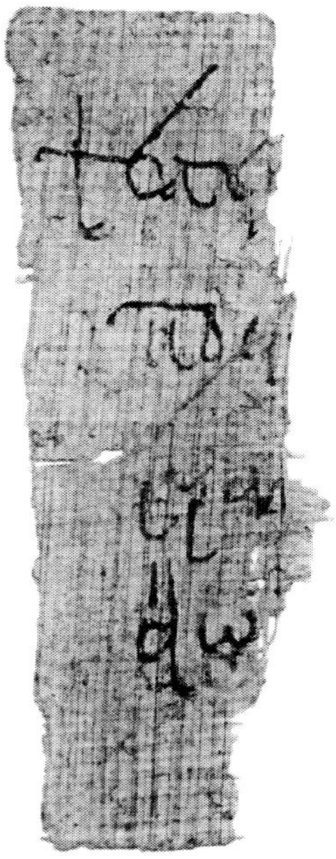

530. Fragment einer Quittung?

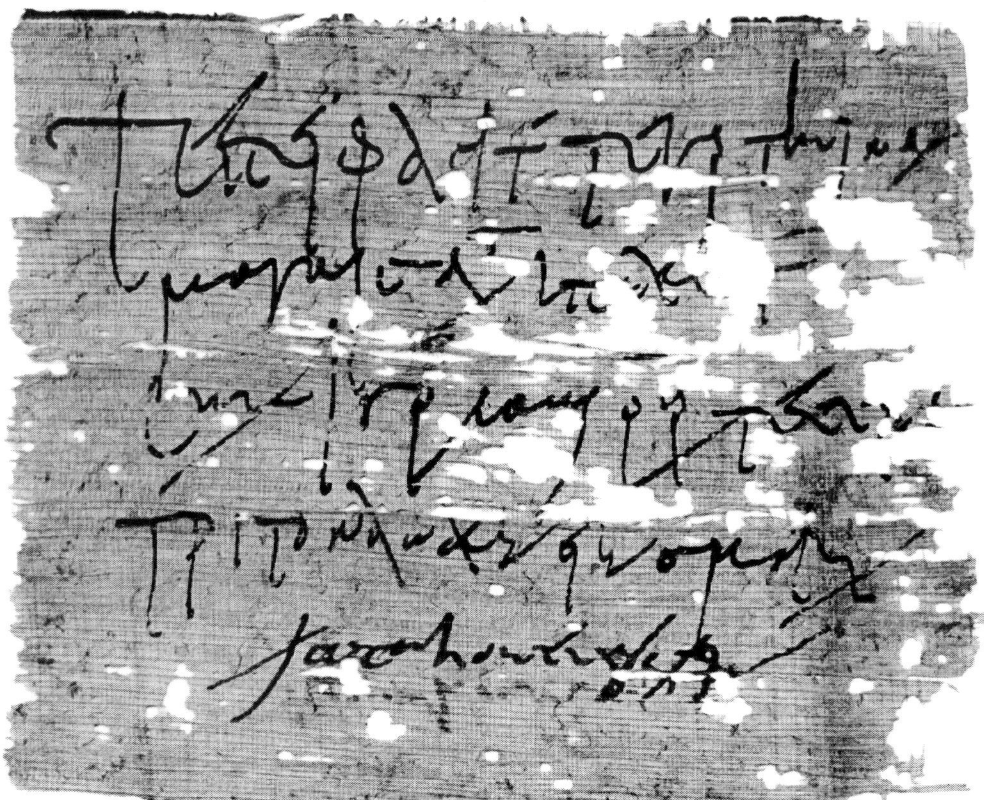

531. Weizenquittung mit Summe in Säcken und Artaben

130%

532. Weizenquittung

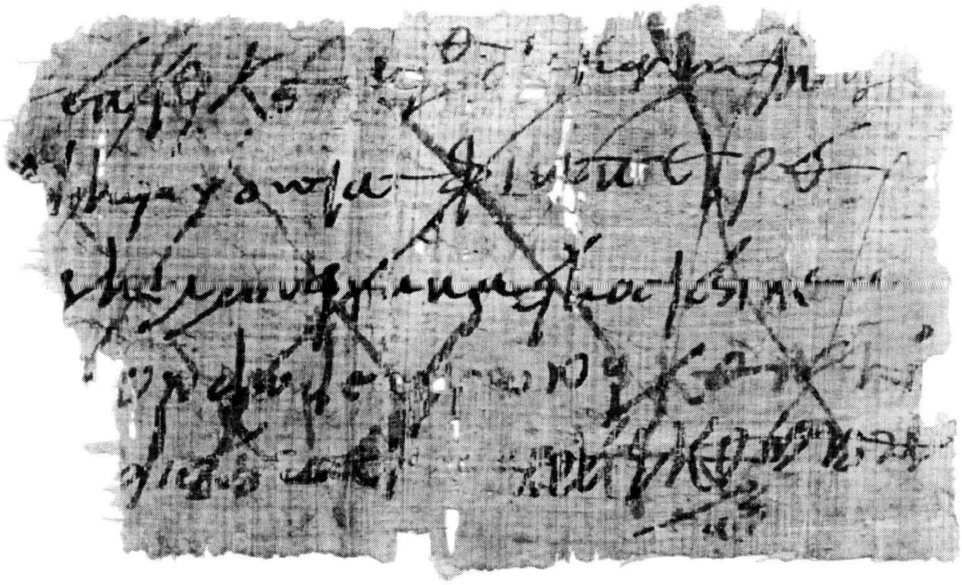

533. Quittung für Gerste des Apphuas

150%

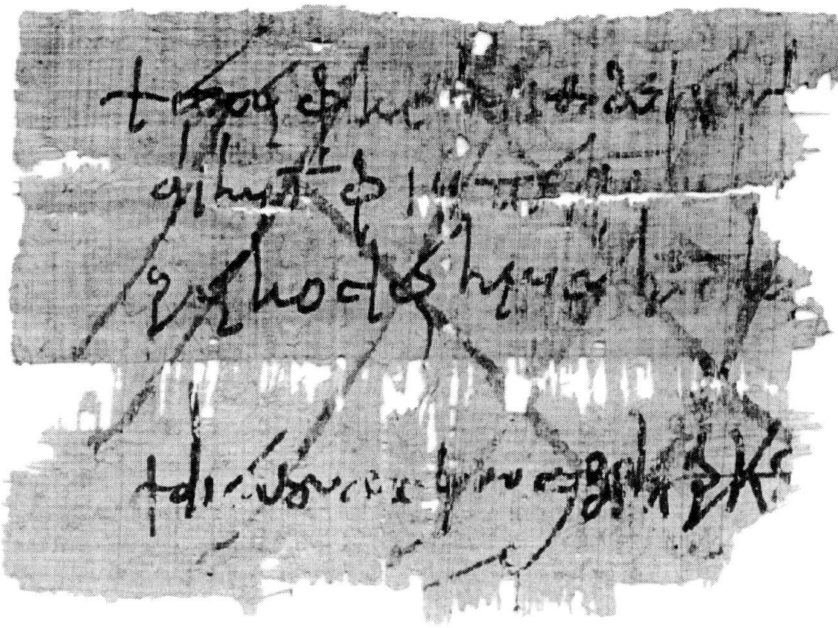

534. Quittung für Gerste des Apphuas

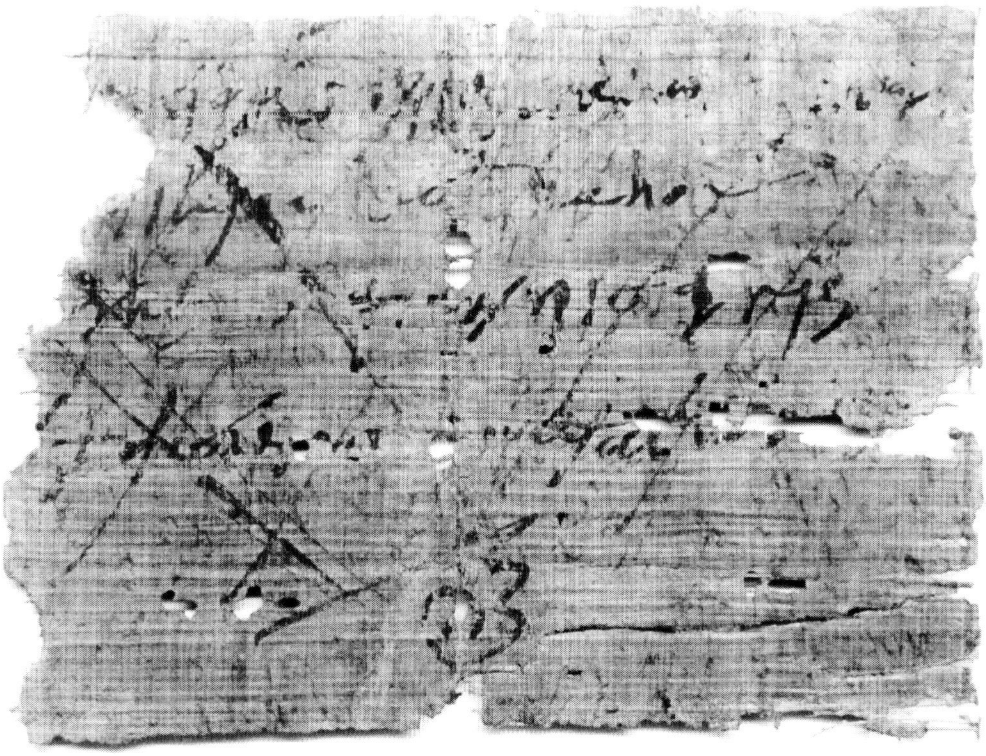

535. Quittung für Gerste des Apphuas

150%

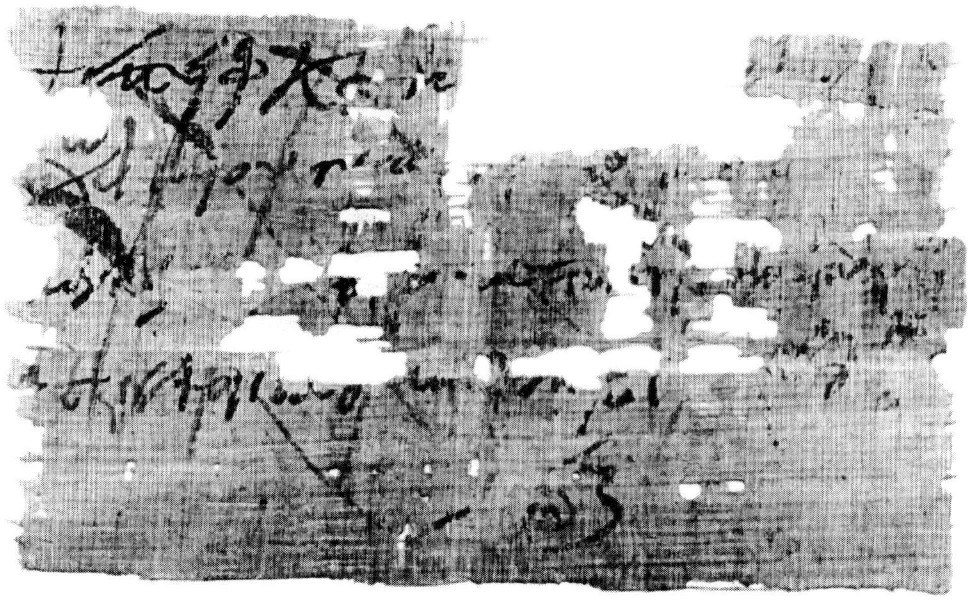

536. Quittung für Gerste des Apphuas

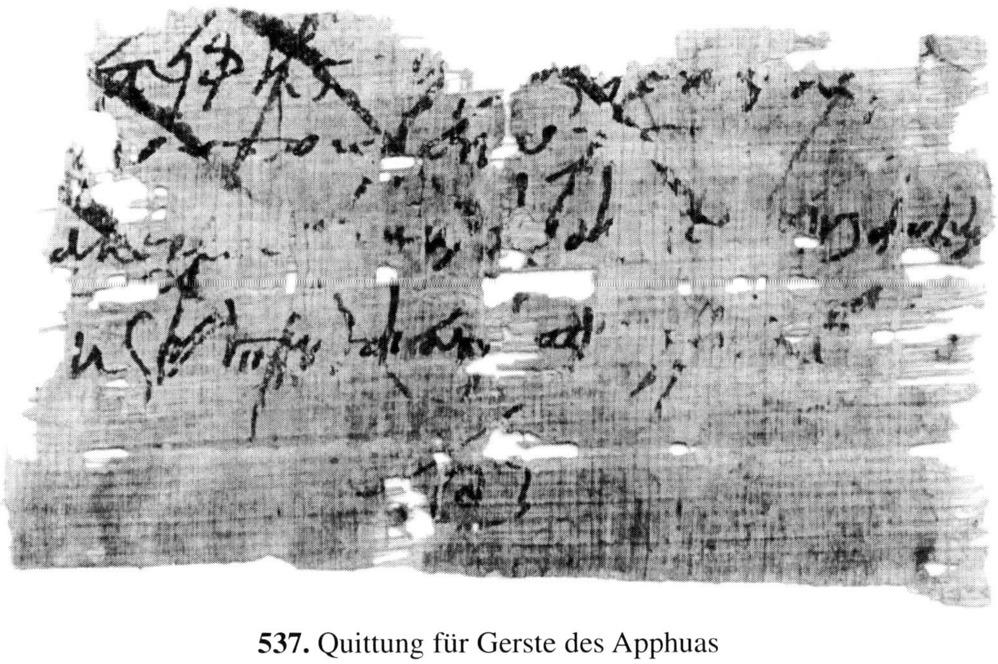

537. Quittung für Gerste des Apphuas

150%

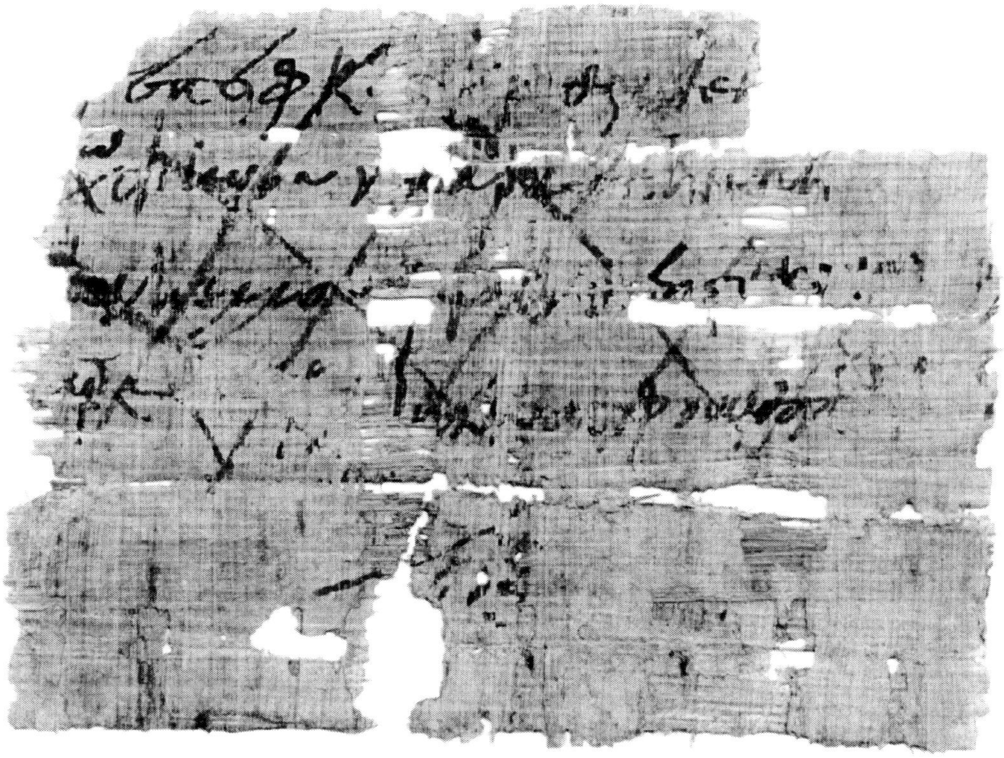

538. Quittung für Gerste des Apphuas

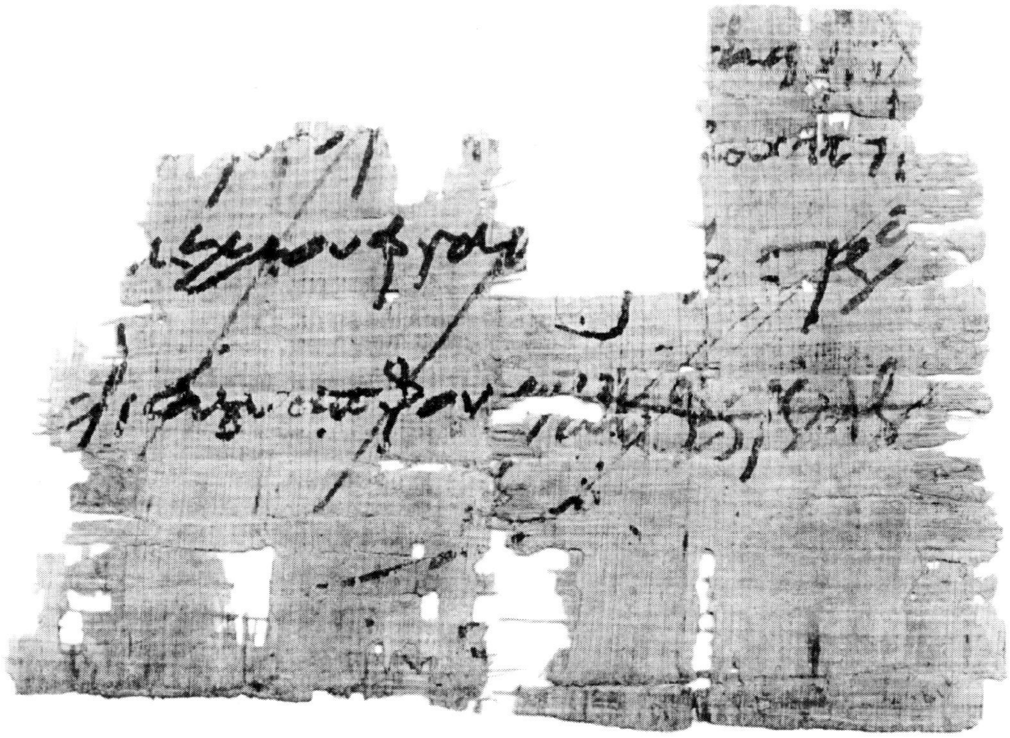

539. Quittung für Gerste des Apphuas

150%

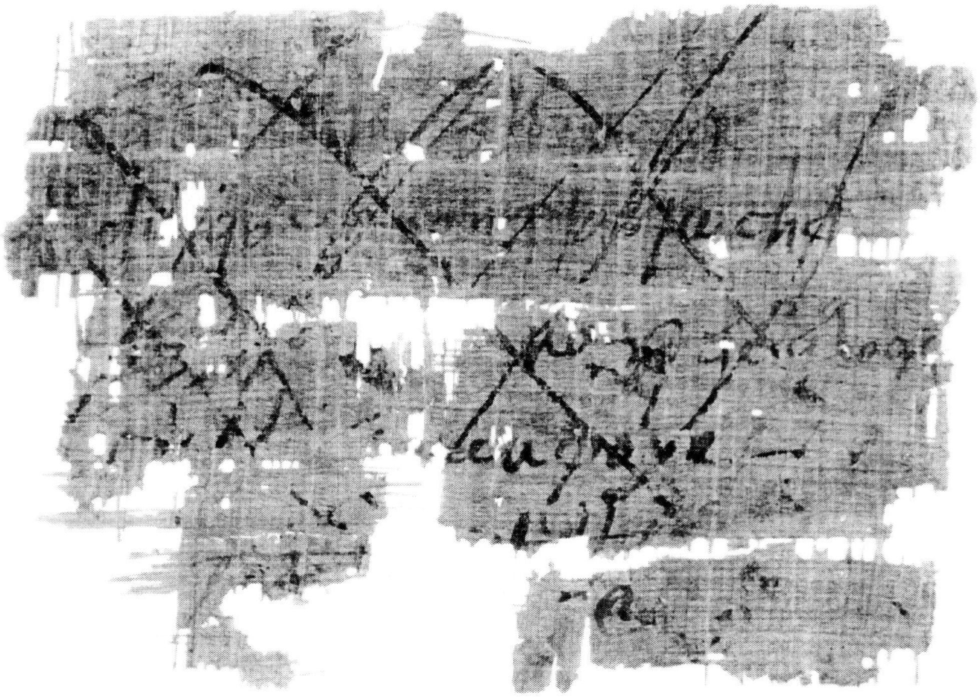

540. Quittung für Gerste des Apphuas

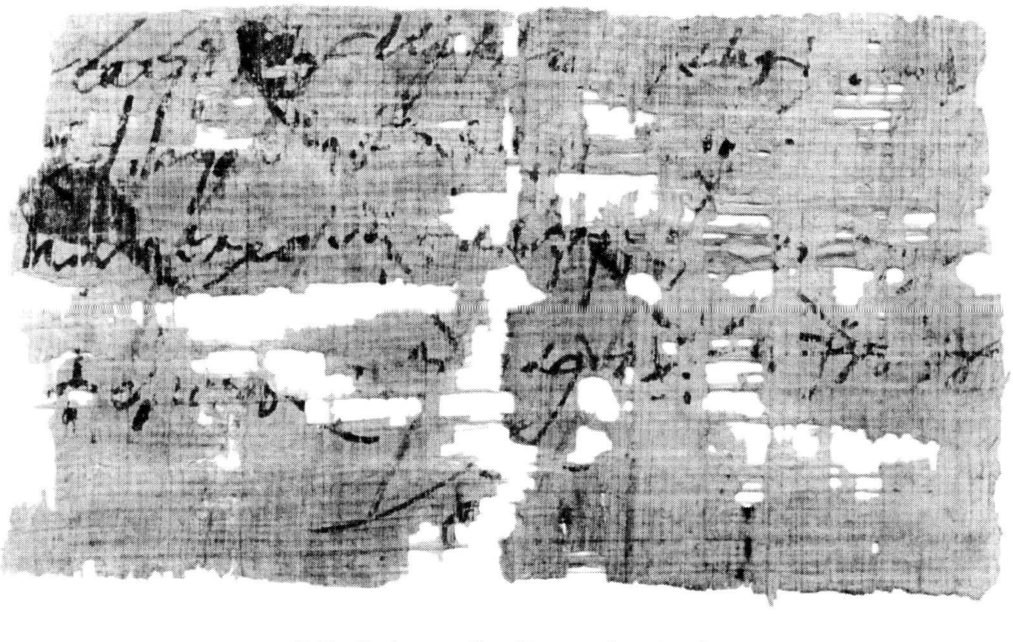

541. Quittung für Gerste des Apphuas

150%

150%

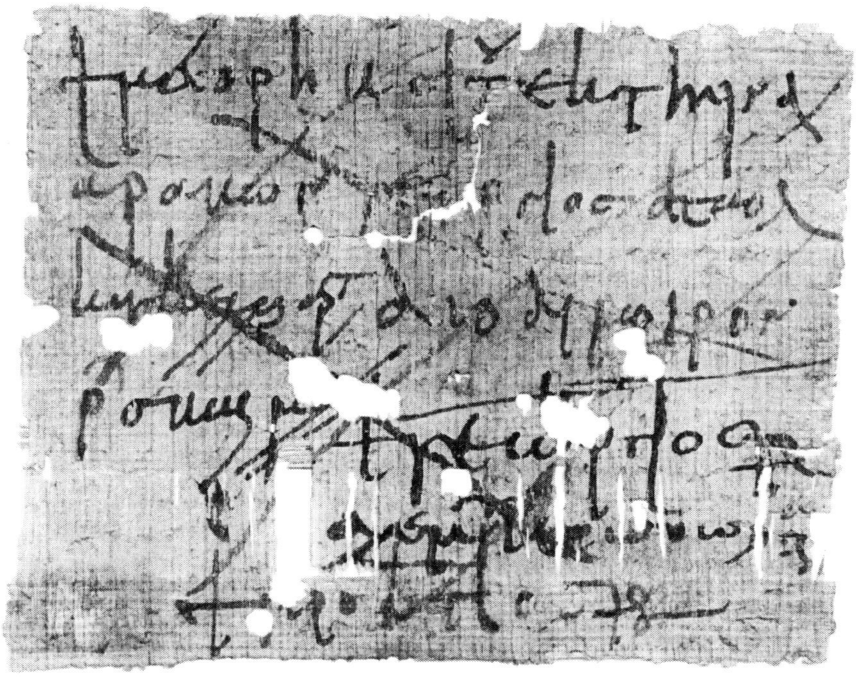

543. Weizenquittung aus dem Georgios-Dossier

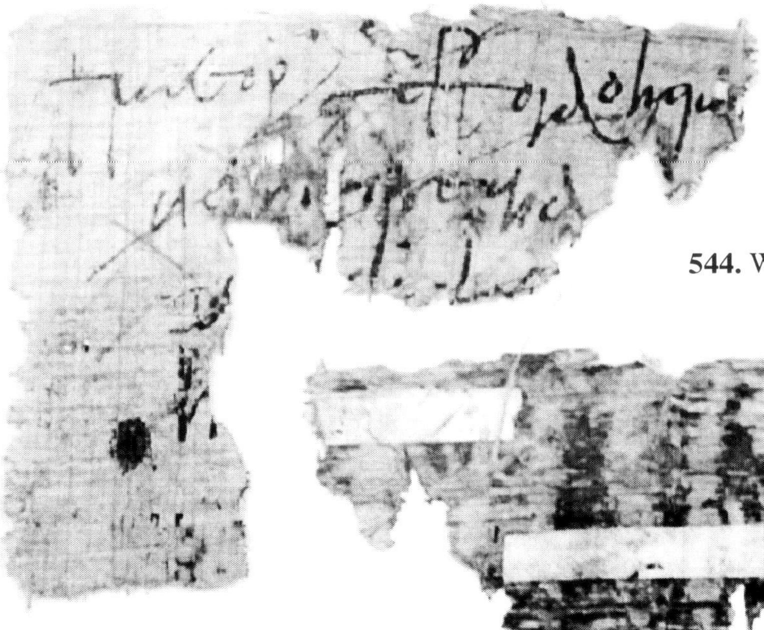

544. Weizenquittung

544. Verso

130%

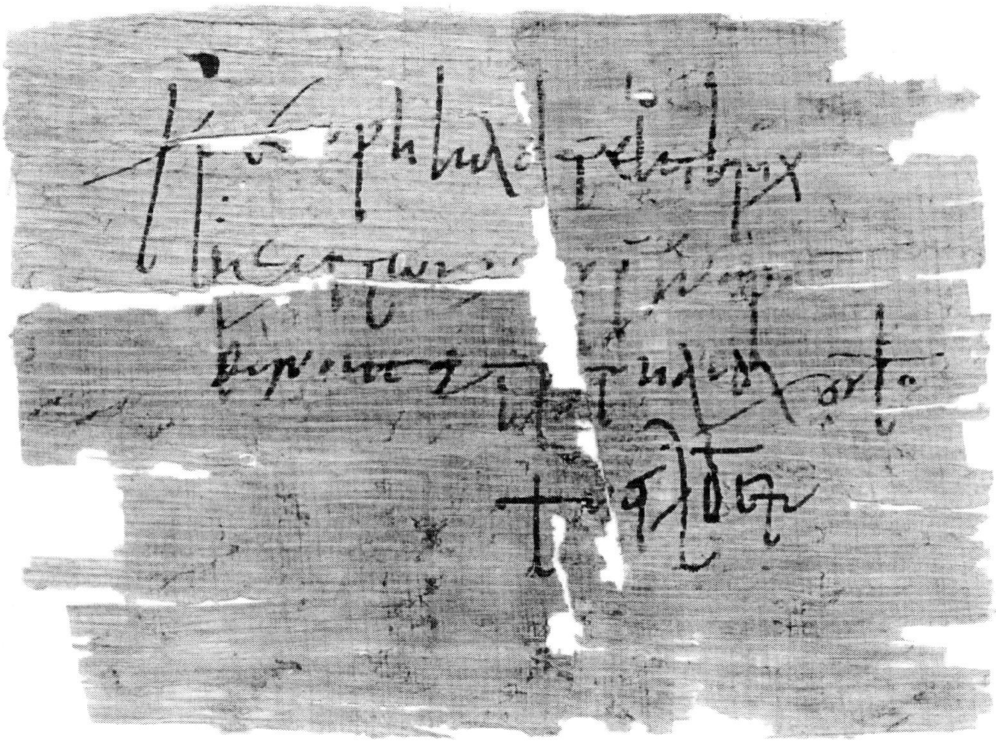

545. Weizenquittung des Neilos

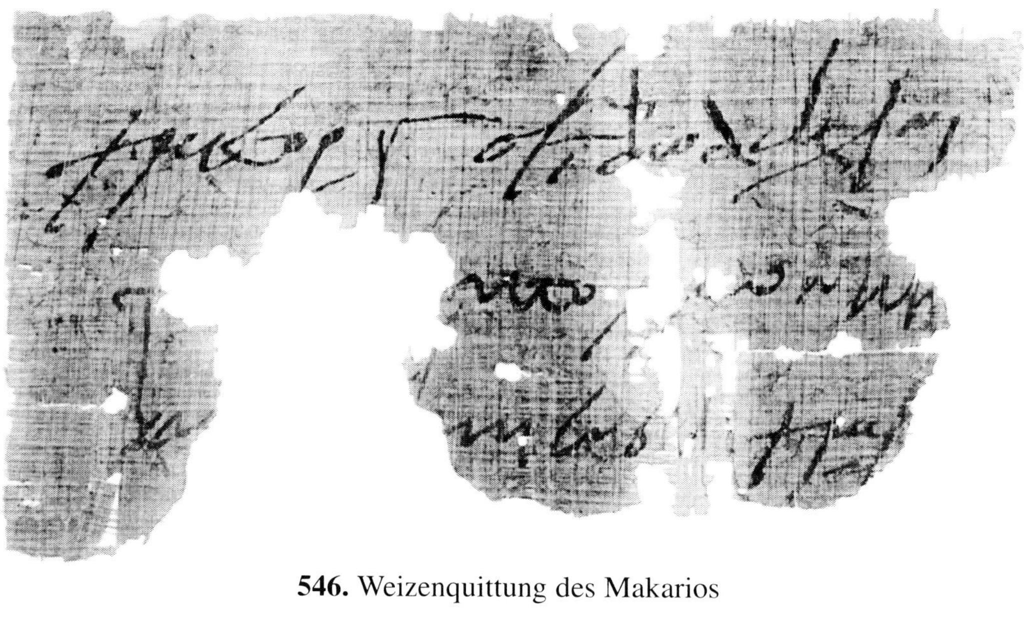

546. Weizenquittung des Makarios

150%

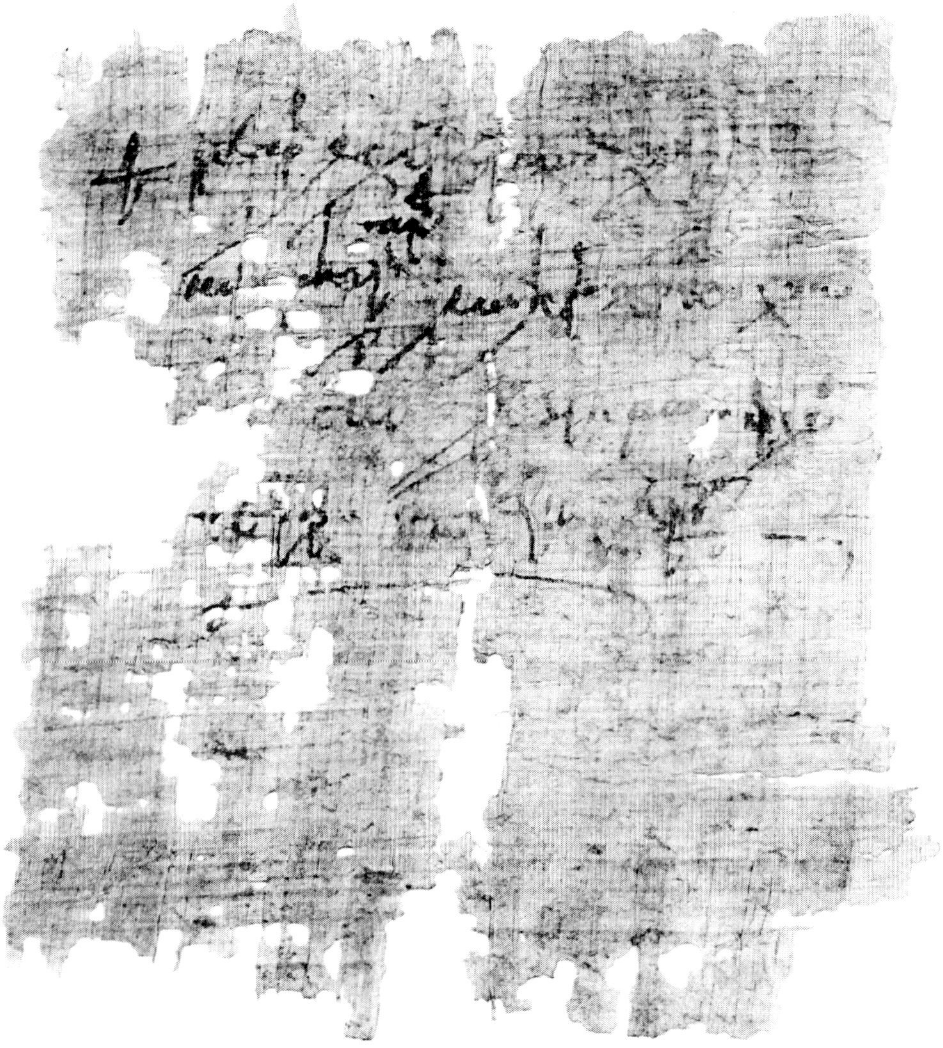

547. Embolequittung

150%

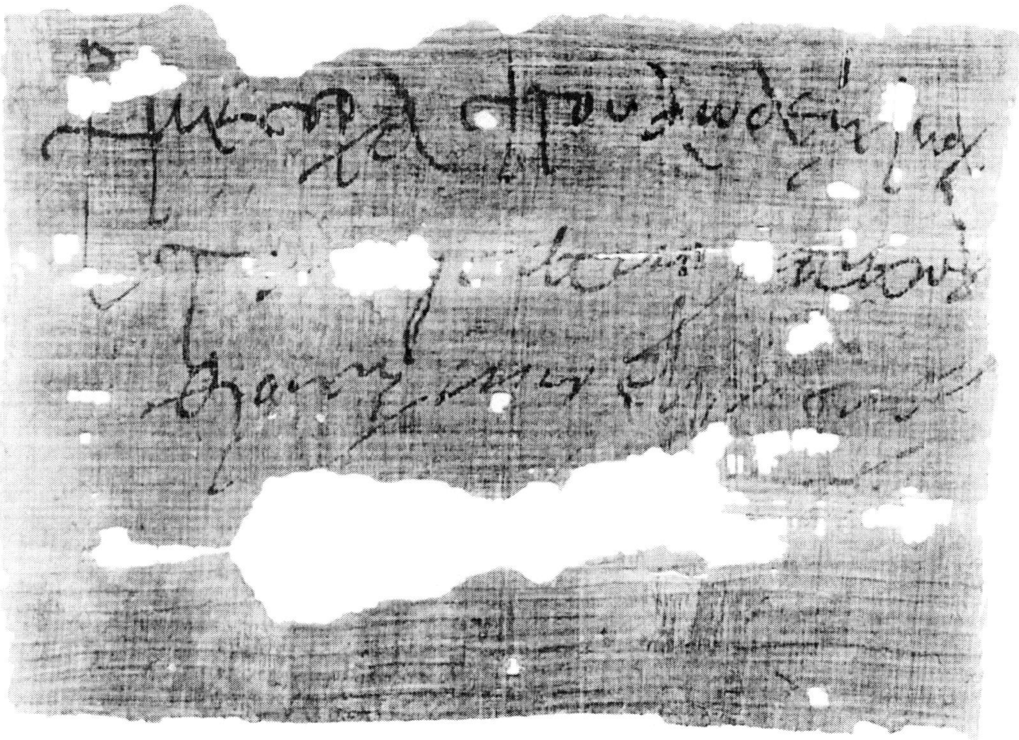

150%

548. Weizenquittung des Makarios

100%

548. Verso

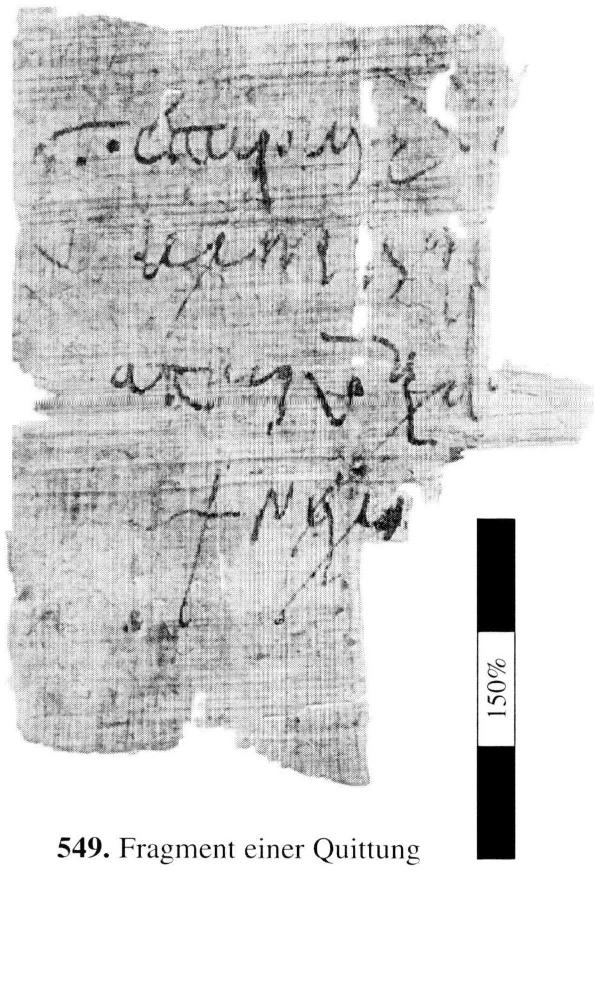

150%

549. Fragment einer Quittung

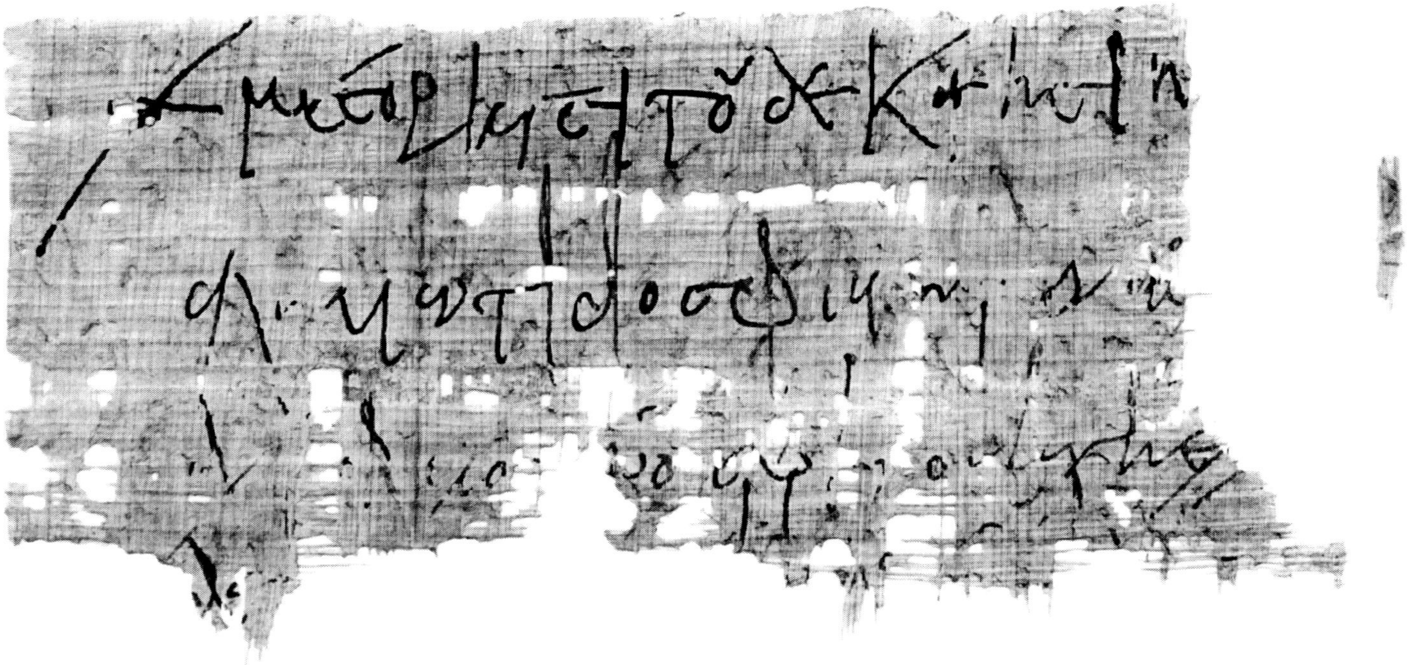

550. Weizenquittung

150%

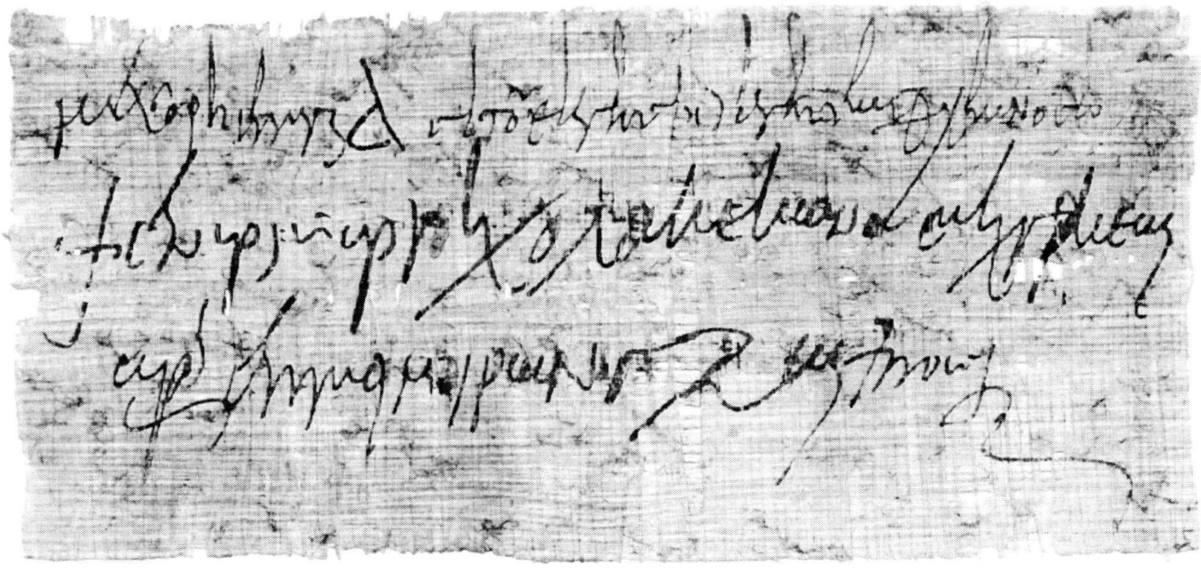

551. Quittung einer Weizenzahlung für einen Bäcker (Bäckerei) mit Summe in Säcken und Artaben

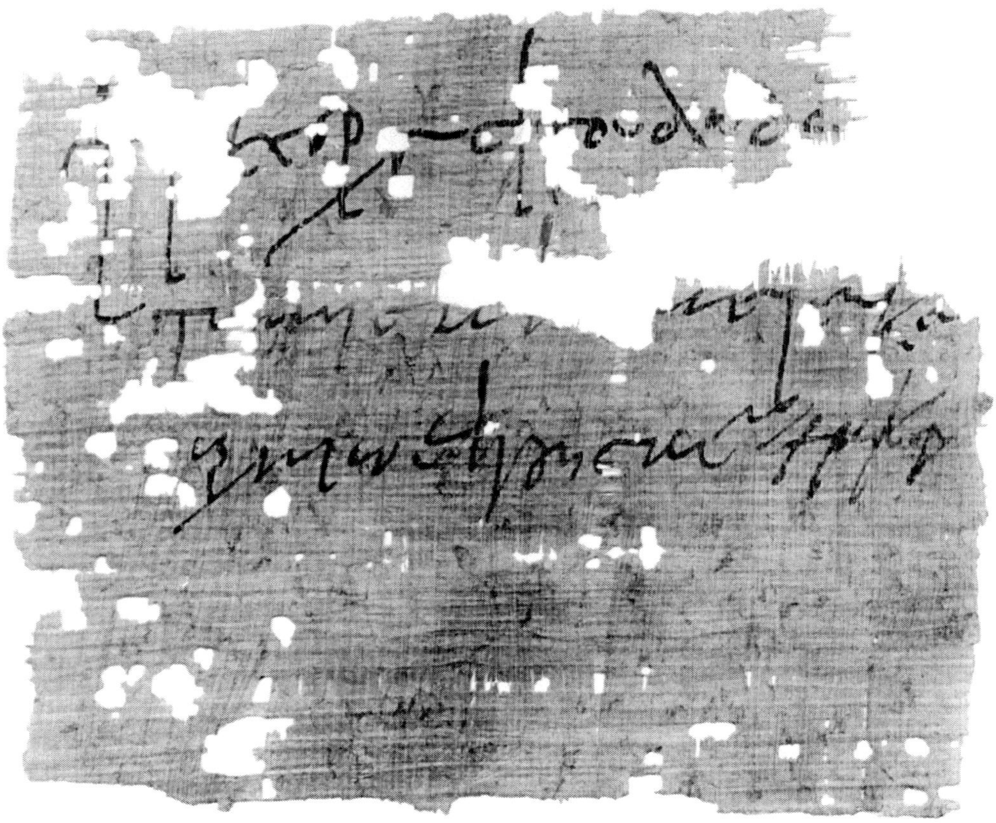

150%

552. Weizenquittung des Makarios

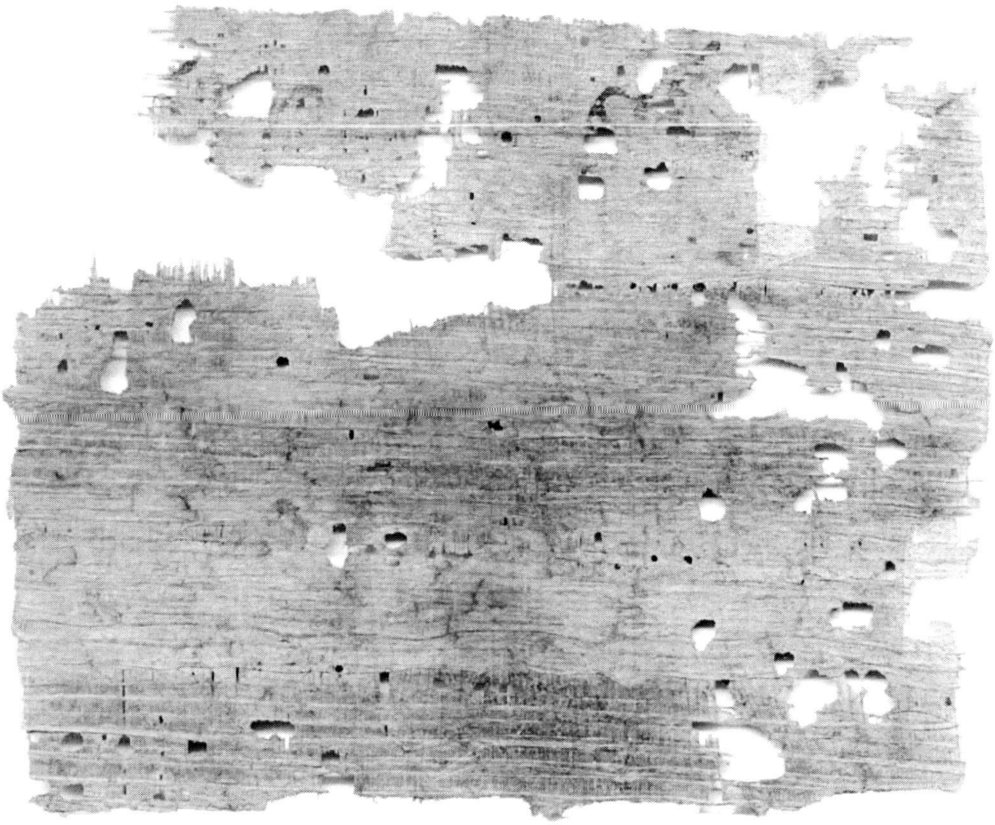

552. Verso

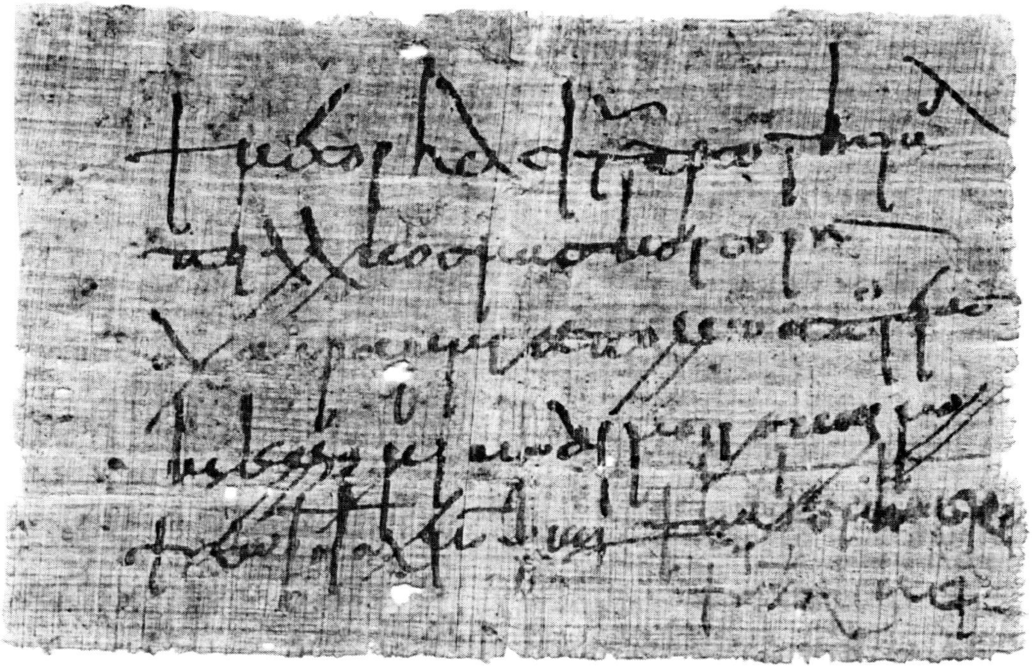

553. Weizenquittung aus dem Georgios-Dossier

150%

150%

554. Weizenquittung des Kalos

100%

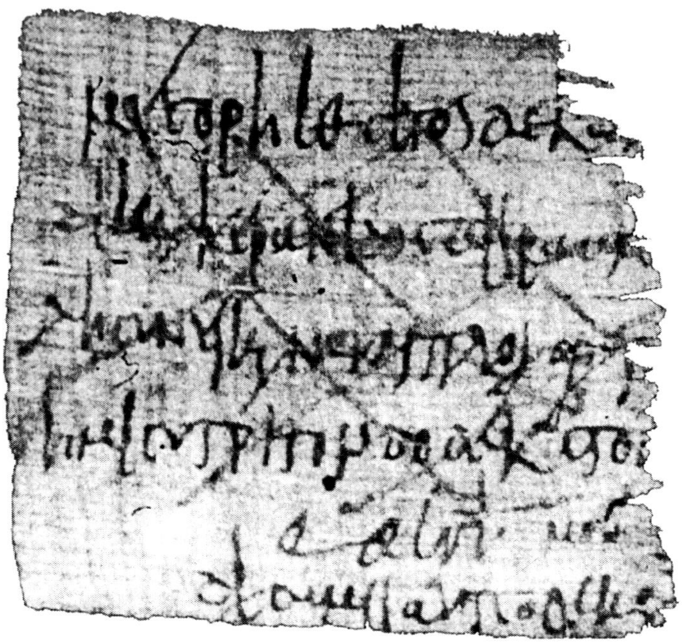

556. Weizenquittung aus Karanis

150%

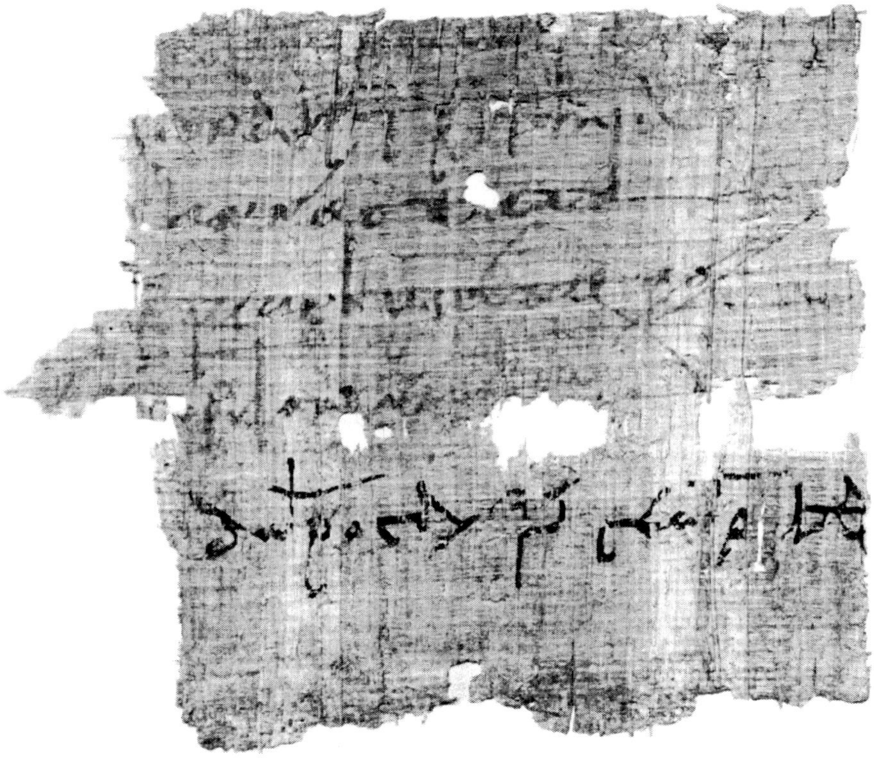

557. Quittung für Gerste aus dem Georgios-Dossier

558. Zahlungsauftrag über Gerste

130%

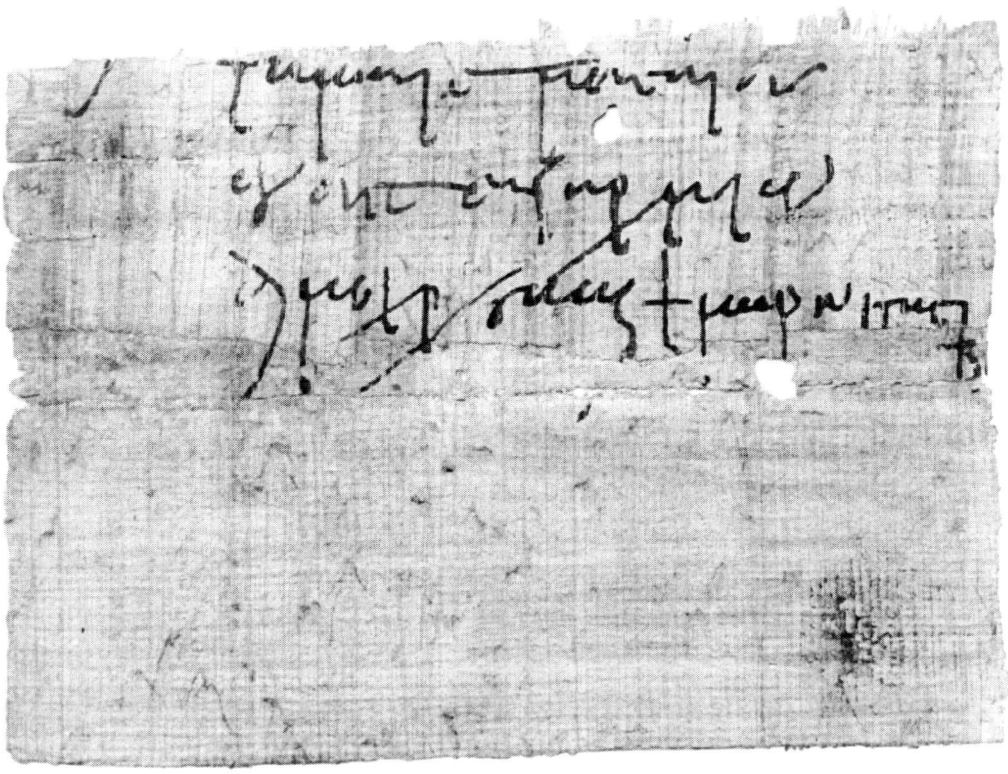

559. Getreidequittung des Marnitas

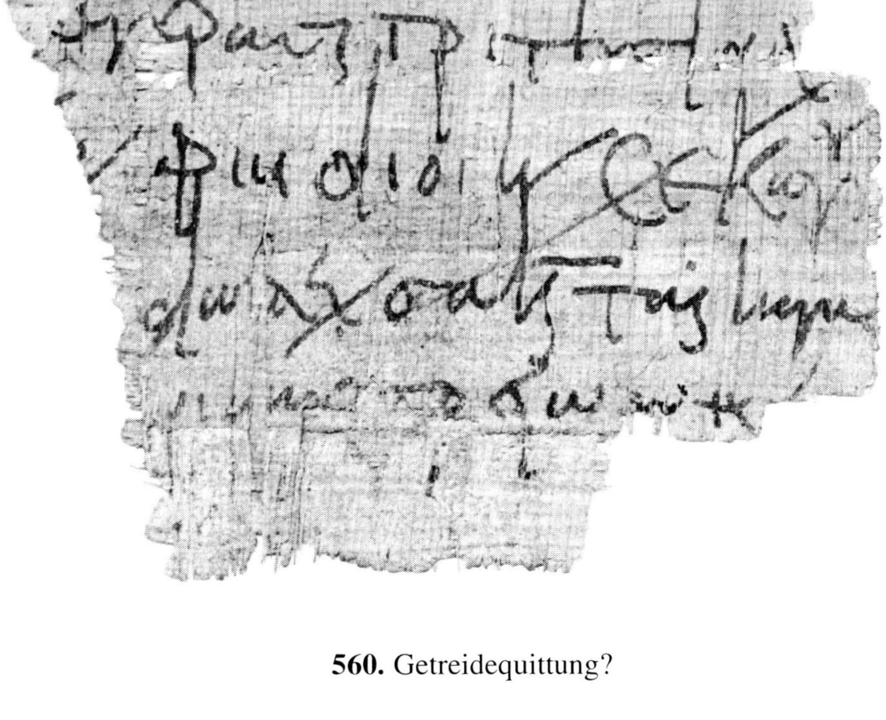

150%

560. Getreidequittung?

100%

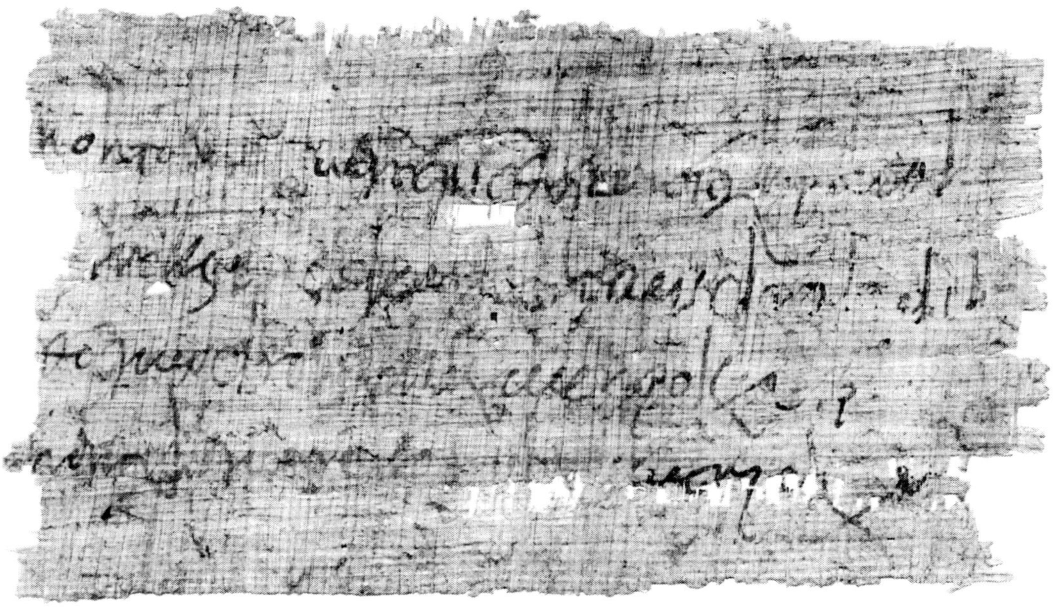

561. Quittung für Lohn?

562. Embole-quittung

150%

100%

562. Verso

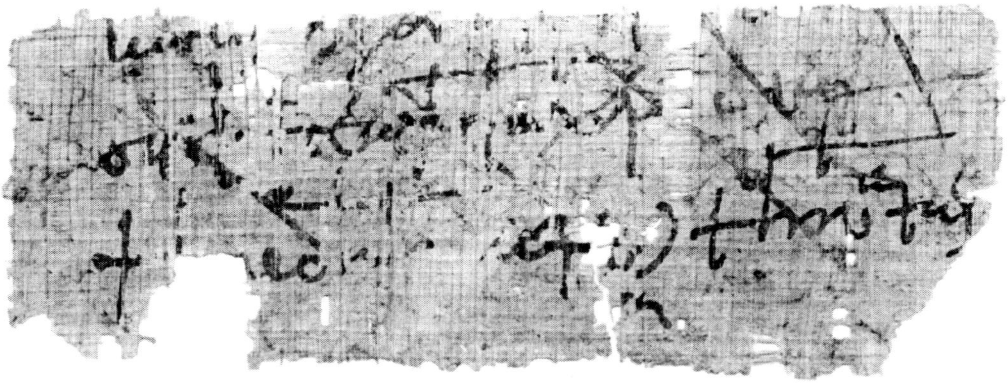

563. Quittung für Gertreide aus dem Georgios-Dossier

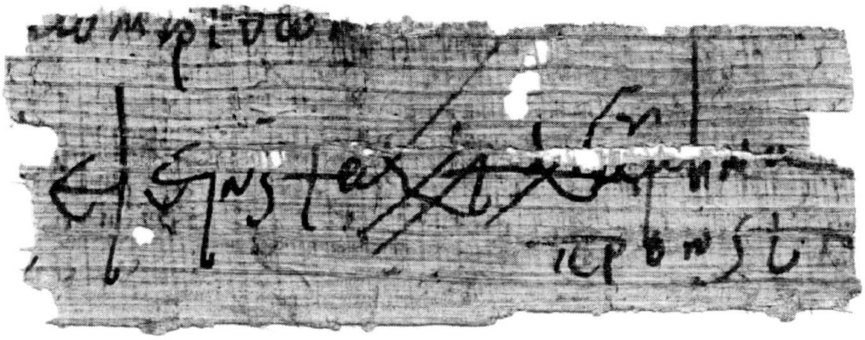

564. Fragment mit Unterschrift

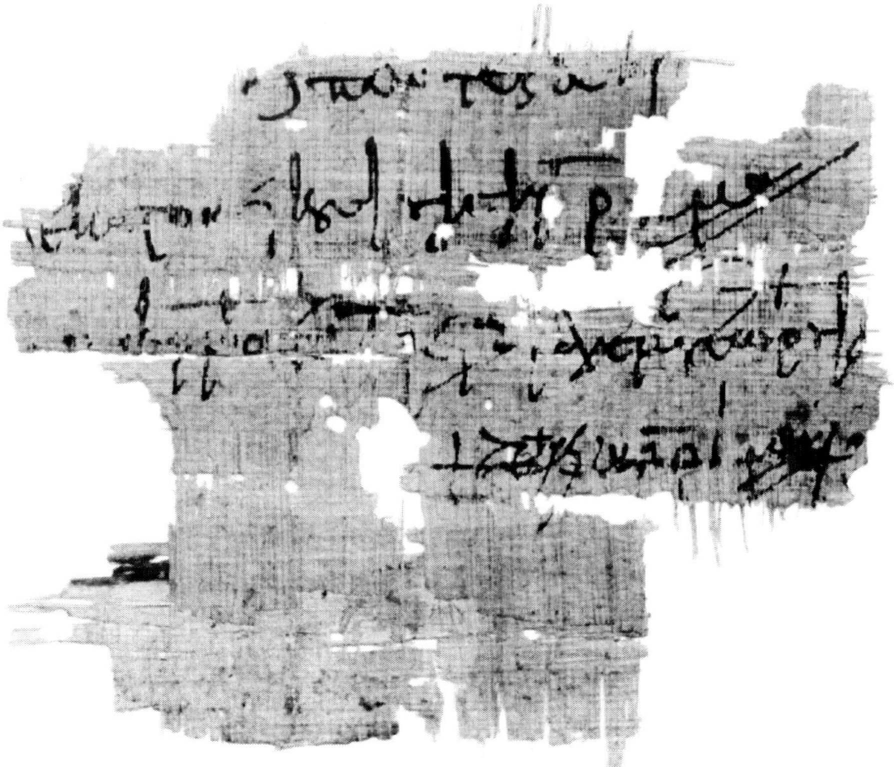

565. Weizenquittung aus dem Georgios-Dossier

150%

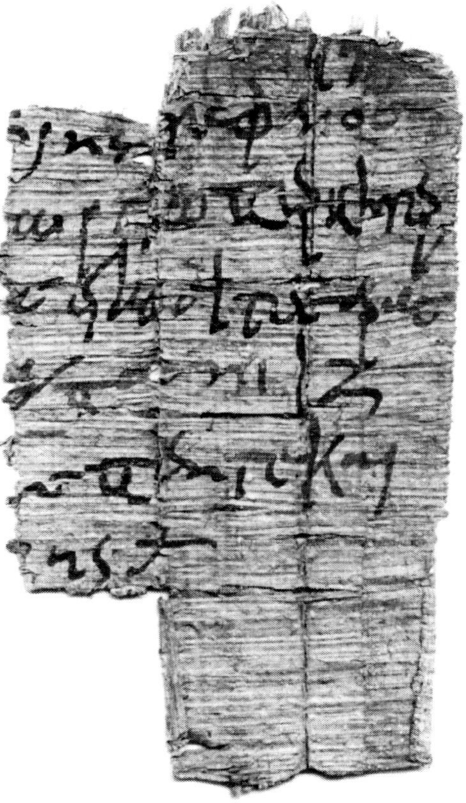

566. Zahlungsanweisung

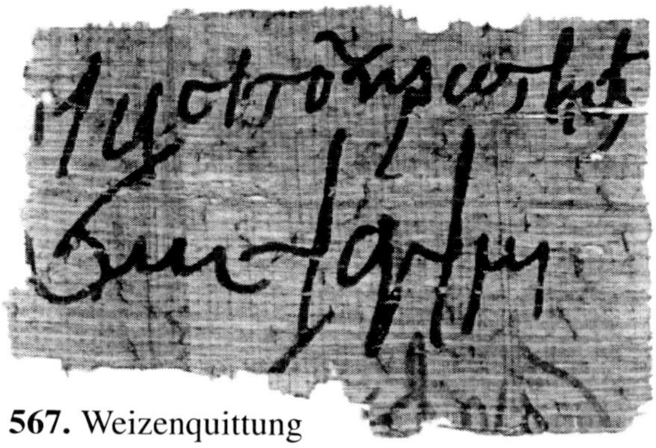

567. Weizenquittung des Ioannes?

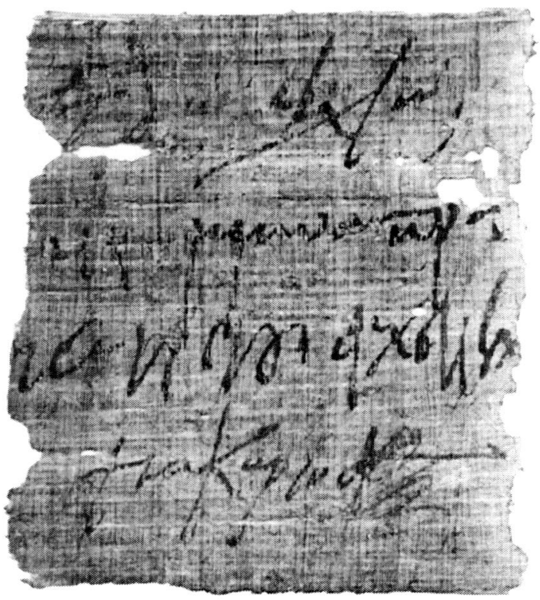

568. Weizenquittung des Makarios

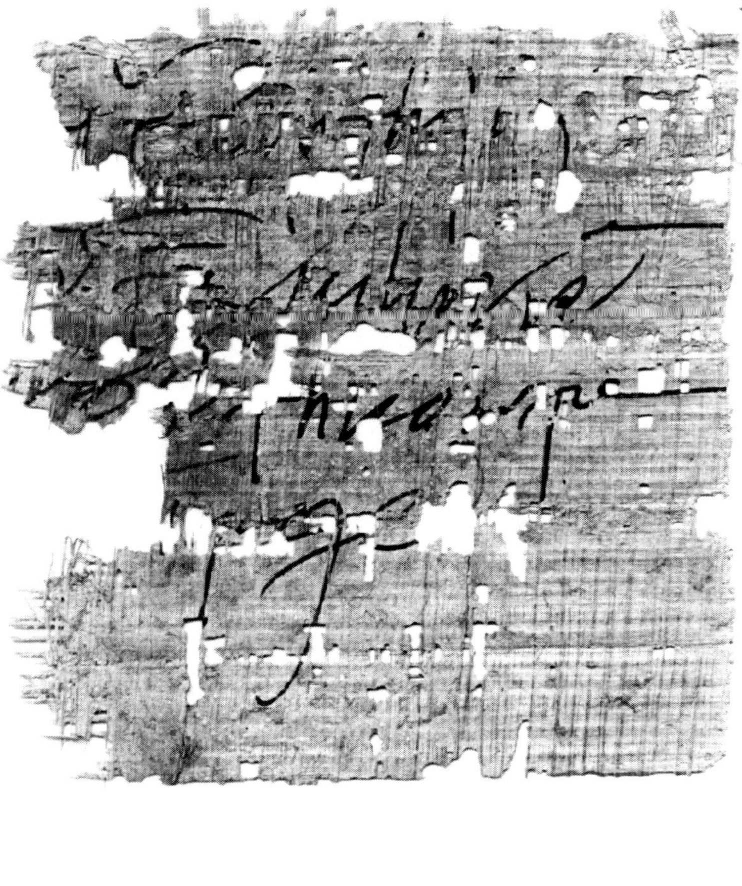

150%

570. Weizenquittung des Marnitas

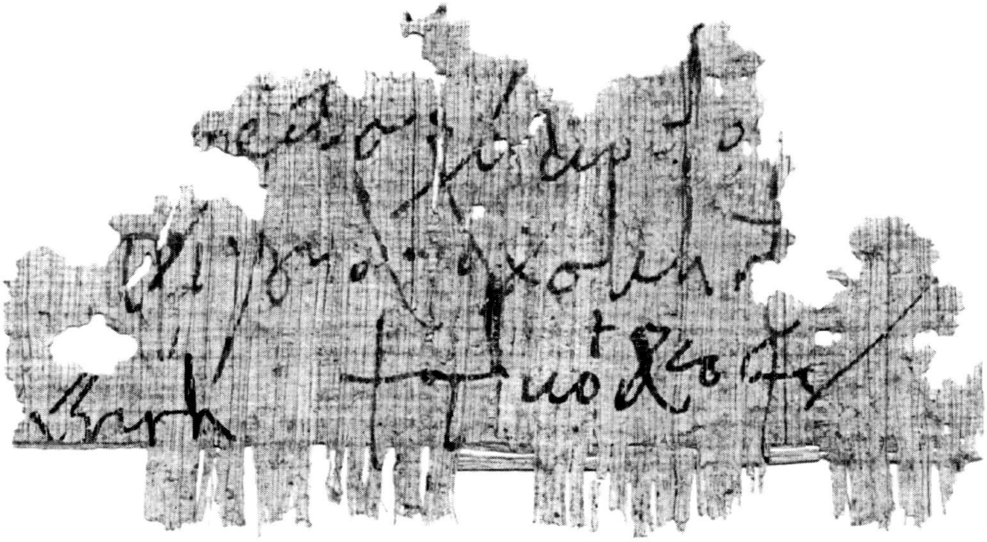

571. Weizenquittung des Timotheos

571. Verso

150%

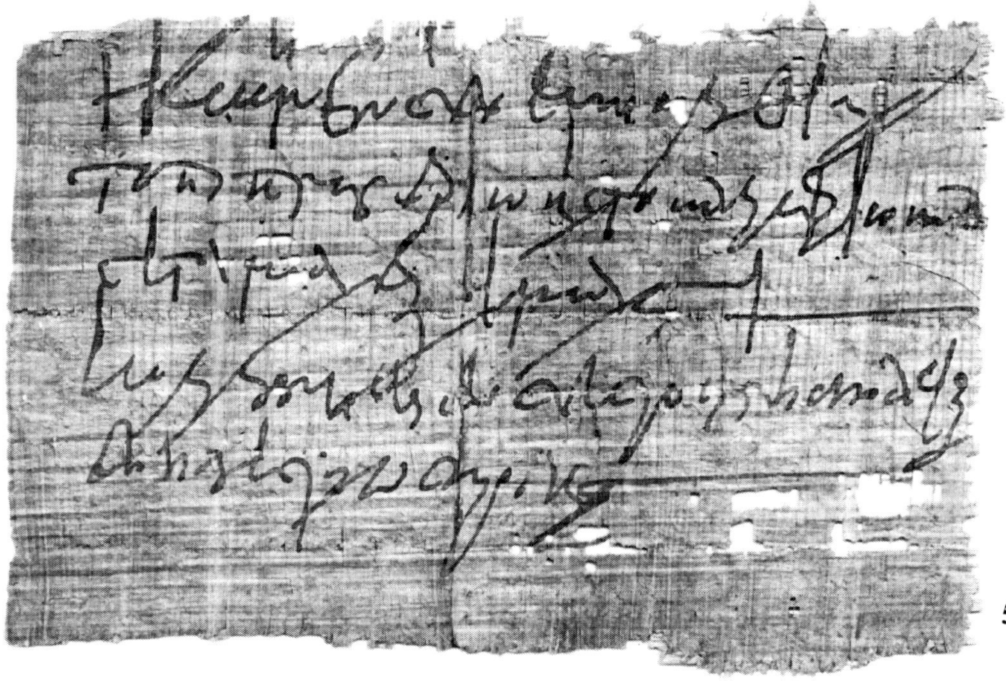

572. Embole-
quittung

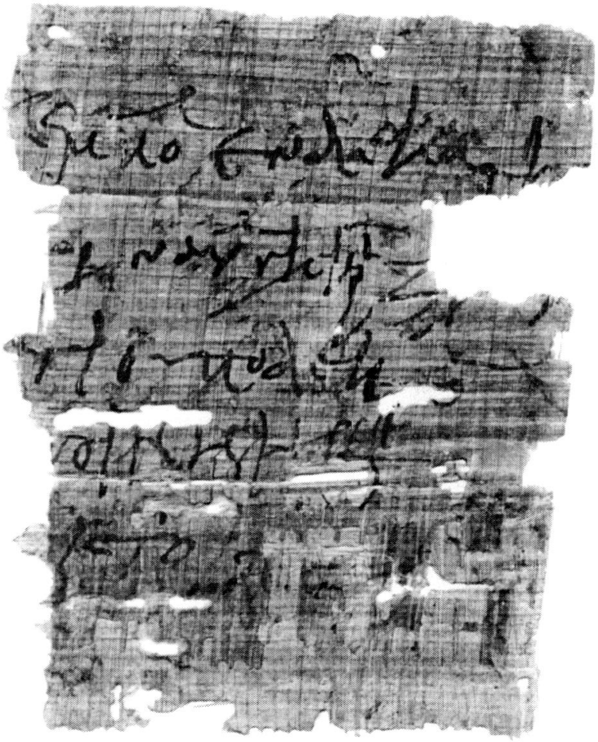

573. Embolequittung aus dem Dossier des Hypodektes Leontios

573. Verso

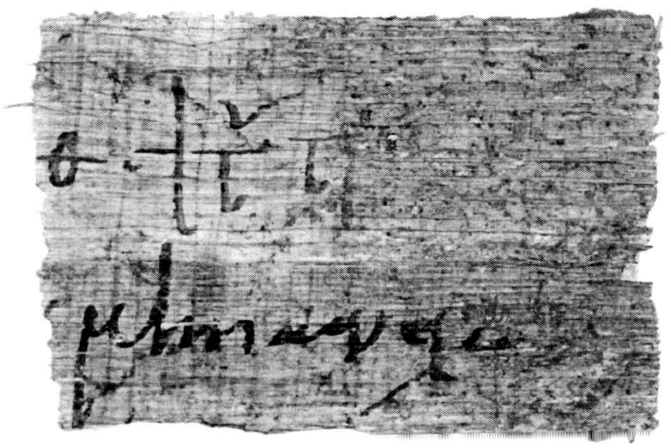

574. Quittung für Getreide aus dem Georgios-Dossier

150%

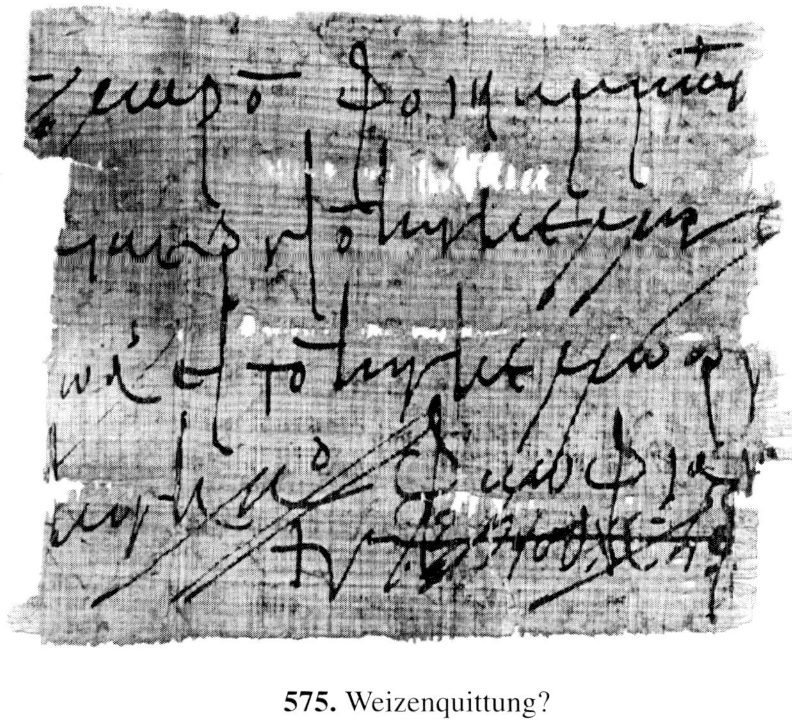

575. Weizenquittung?

150%

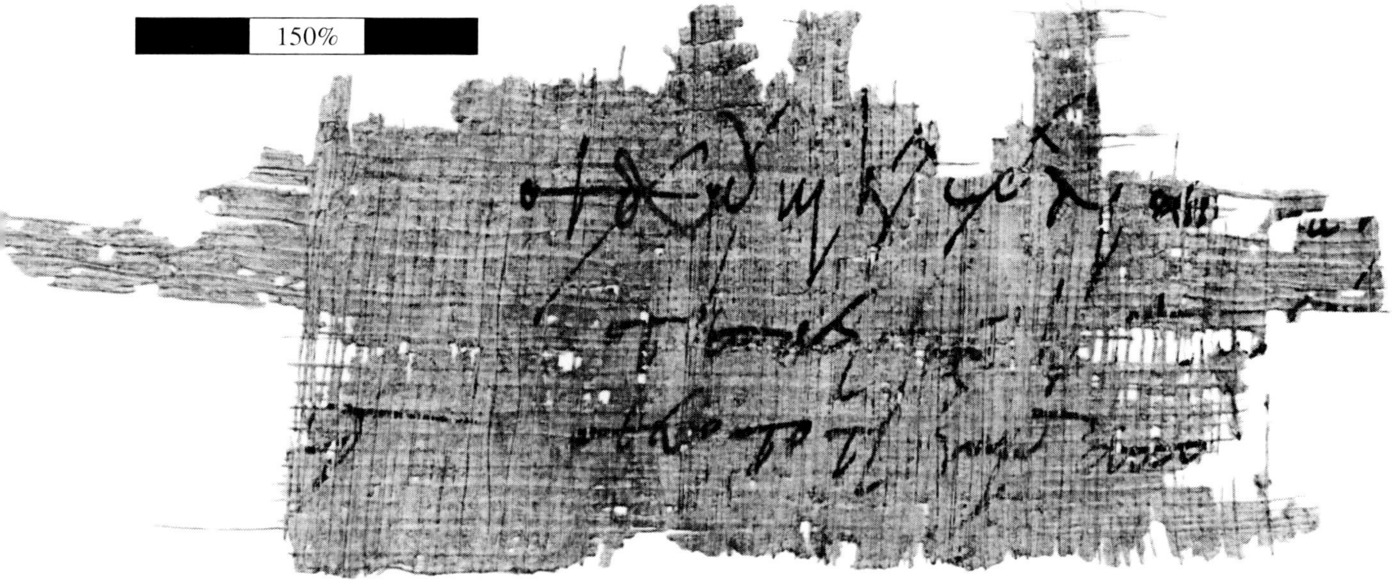

576. Fragment mit Unterschrift eines Diakonos Viktor

120%

577. Quittung für Brot

60%

577. Verso

578. Zahlungsbestätigung für Lotosklee

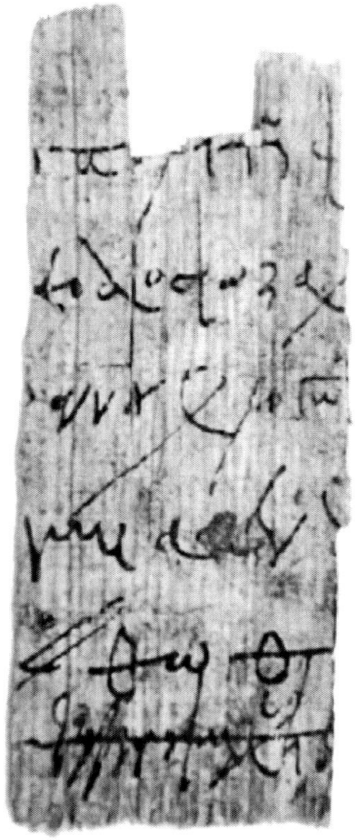

579. Zahlungsauftrag an Mesitai

140%

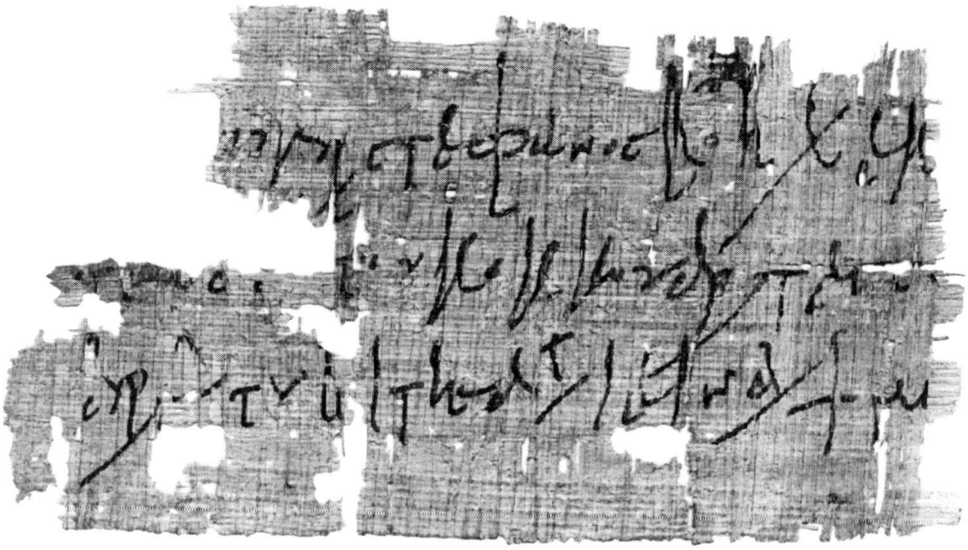

578bis. Embolequittung?

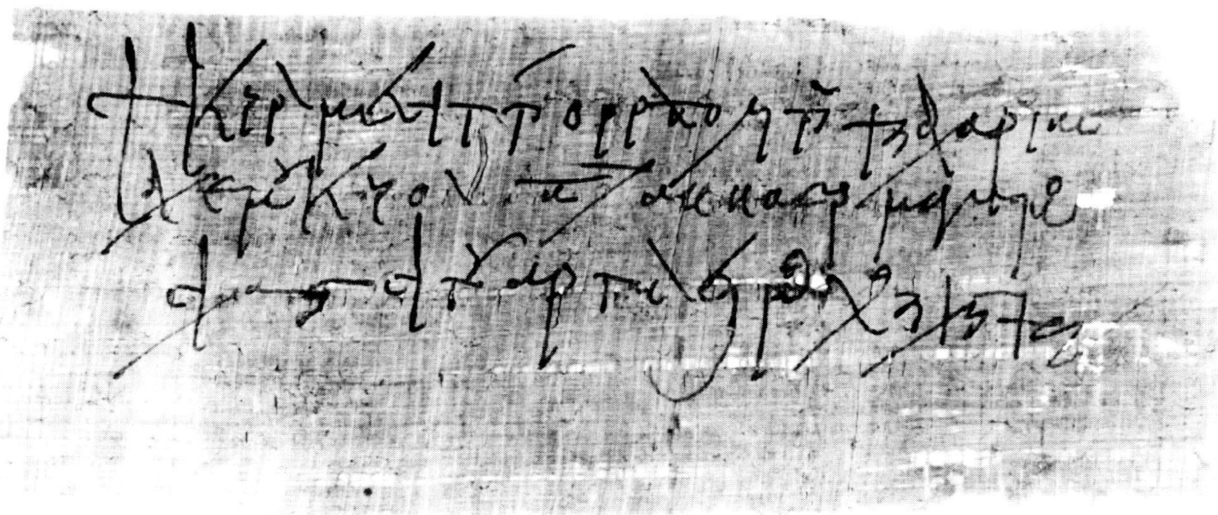

580. Zahlungauftrag an Mesitai der städtischen Getreidespeicher

100%

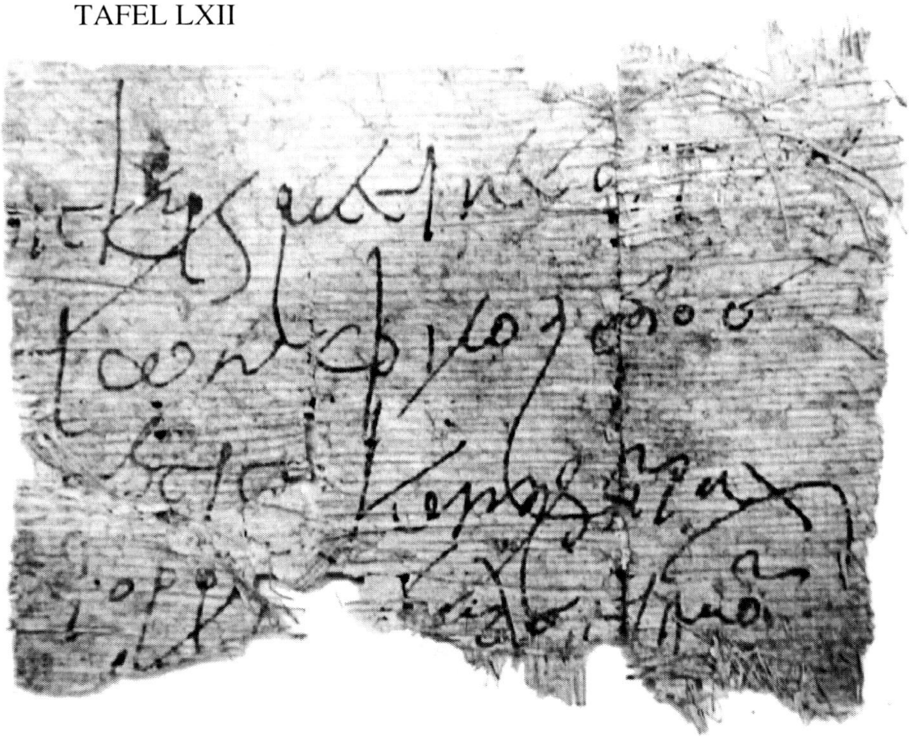

581. Zahlungsauftrag an Mesitai

140%

581a. Liste mit Namen und Getreidezahlungen

120%

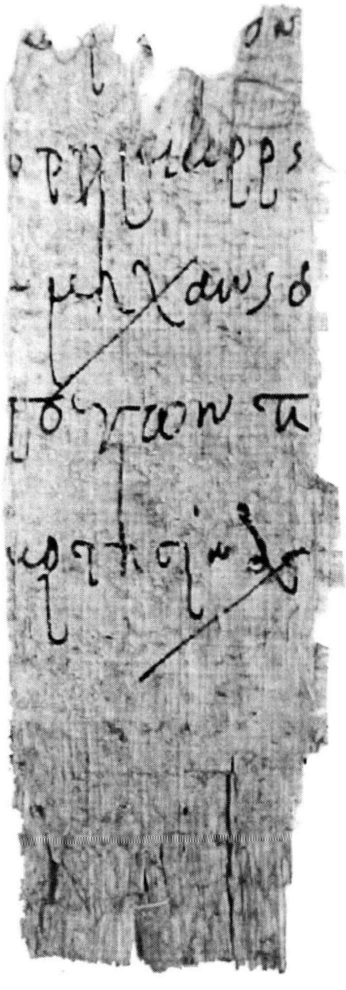

582. Fragment mit Nennung von „kleinen“ Getreidespeichern